U0756287

荆楚文库编纂出版委员会

华中科技大学出版社

湖北方言

HUBEI FANGYAN

图书在版编目（CIP）数据

湖北方言 / 汪国胜主编. -- 武汉：华中科技大学出版社，2025. 1. --（荆楚文库）. -- ISBN 978-7-5772-0438-3

Ⅰ. H172.3

中国国家版本馆CIP数据核字第2024RG7065号

项目编辑：荣　静　周清涛
责任编辑：吴柯静　李　鹏
整体设计：范汉成　曾显惠　思　蒙
责任校对：封力煊
责任印制：周治超
出版发行：华中科技大学出版社（中国·武汉）
地址：武汉市东湖新技术开发区华工科技园
电话：（027）81321913　邮政编码：430223
录排：华中师范大学腾腾打字室
印刷：湖北新华印务有限公司
开本：720mm×1000mm　1/16
印张：52.5　　插页：4
字数：756千字
版次：2025年1月第1版　2025年1月第1次印刷
定价：298.00元(全二册)

ISBN 978-7-5772-0438-3

教育部人文社会科学重点研究基地成果
中国语言文学国家双一流建设学科成果

出版说明

湖北乃九省通衢，北学南学交会融通之地，文明昌盛，历代文献丰厚。守望传统，编纂荆楚文献，湖北渊源有自。清同治年间设立官书局，以整理乡邦文献为旨趣。光绪年间张之洞督鄂后，以崇文书局推进典籍集成，湖北乡贤身体力行之，编纂《湖北文征》，集元明清三代湖北先哲遗作，收两千七百余作者文八千余篇，洋洋六百万言。卢氏兄弟辑录湖北先贤之作而成《湖北先正遗书》。至当代，武汉多所大学、图书馆在乡邦典籍整理方面亦多所用力。为传承和弘扬优秀传统文化，湖北省委、省政府决定编纂大型历史文献丛书《荆楚文库》。

《荆楚文库》以“抢救、保护、整理、出版”湖北文献为宗旨，分三编集藏。

甲、文献编。收录历代鄂籍人士著述，长期寓居湖北人士著述，省外人士探究湖北著述。包括传世文献、出土文献和民间文献。

乙、方志编。收录历代省志、府县志等。

丙、研究编。收录今人研究评述荆楚人物、史地、风物的学术著作和工具书及图册。

文献编、方志编录籍以 1949 年为下限。

研究编简体横排，文献编繁体横排，方志编影印或点校出版。

《荆楚文库》编纂出版委员会

2015 年 11 月

前　言

这部书稿从签订出版合同到成书交稿，历经 5 年。之所以花费这么长时间，是因为要等待 21 世纪有关方面组织的两次较大规模的湖北方言调查的材料。这两次调查涉及的范围广，难度大，历经了几年时间。

本书主要立足于当代湖北方言的共时描写，致力于如实反映现时湖北方言的基本面貌，内容包括湖北方言概说、方言语音、方言词汇、方言语法、方言发展和方言文化。本书对于湖北方言及其文化的保护与传承，对于普通话的推广与普及，对于汉语方言学和汉语发展史研究的推进，对于语言接触理论和语言类型学研究的深化，都有着积极的意义。

需要说明的是，本书当中涉及湖北方言的发展，因其可以利用的有关历史资料有限，难以系统观察湖北方言的发展变化，所写内容只能是举例性的，提供一些方言演变的线索。最后一章写到方言文化，也是举例性的。方言文化浩如烟海，博大精深，写这一章是想表明方言与文化密不可分，方言文化需要关注和重视，需要保护和传承，需要加强和深化研究。附上“湖北方言研究文献”，是为了让读者对湖北方言的研究现状有一个较为全面的了解，为进一步的研究提供帮助。

本书由主编拟定写作大纲，各编委分工写作，初稿完成后，再由主编统改定稿。编委具体分工如下：

第一章　汪国胜（华中师范大学）

第二章　谢荣娥（中南民族大学）

第三章　王宏佳（湖北科技学院）

第四章　苏俊波（华中师范大学）

第五章　张道俊（湖北师范大学）

第六章　王莹莹（华中师范大学）

附录“湖北方言研究文献”由主编和 2021 级硕士研究生吴涛、范思琪共同辑录整理。

还需说明的是，21 世纪组织的两次调查，由于调查的地点和对象（发音人）不同，记录的结果可能会有差异。比如，语法例句的注音，个别地方就可能跟字音对照、词汇对照的记音有所不同。

本书的写作除了利用两次湖北方言调查的材料，还参考了大量的相关文献。应该说，本书是大家共同完成的一项成果，在此对各位调查者和文献作者表示衷心的感谢。由于编者的教学和科研任务都很繁重，很多问题没有时间做深入的思考和研究，因此书中难免存在不少问题，恳请读者批评指正。

本书为教育部人文社会科学重点研究基地、中国语言文学国家双一流建设学科成果。

汪国胜

2022 年 12 月 31 日

目　录

第一章　湖北方言概说

第一节　湖北的政区、民族及语言

湖北位于我国中部偏南，相邻省份有：东面安徽，东南面江西，南面湖南，西面重庆，西北面陕西，北面河南。截至2024年，湖北省有12个省辖市、1个自治州、39个市辖区、26个县级市、35个县、2个自治县、1个林区。[①] 省内除了汉族，人口过万的少数民族主要有土家族、苗族、回族、侗族、满族、蒙古族、维吾尔族和彝族[②]，但这些民族都不会或不说本族语言，日常交际都是用汉语。据调查，恩施土家族苗族自治州的鹤峰已经没人会说土家语，据说来凤还有老人多少知道一点土家语词汇。至于恩施州的其他市县、宜昌市的土家族自治县长阳和五峰，更是无人会说土家语。来凤县政府为了发展旅游事业，传承地方文化，曾要求干部能懂一点土家语，但收效甚微。有的小学还从湖南龙山请来教师，给小孩教授一点土家语，但只是作为二语学习，离开课堂，小孩还是说汉语。[③] 可以说，湖北已经没人把土家语作为日常的交际语言来使用。这就是湖北境内少数民族语言的生存现状。

---

① 本数据来源于湖北省民政厅 http：//mzt. hubei. gov. cn /ywzc /ywzc /qhc /202312 /t20231229_ 5021958. shtml。

② 本数据来源于湖北省人民政府门户网站 http：//www. hubei. gov. cn /jmct /hbgk /202404 / t20240416_ 5159972_ 3. shtml。

③ 该情况由中南民族大学熊英提供，在此表示感谢。

第二节　湖北方言的分区及依据

一、湖北方言的分区

关于湖北方言的分区，有3份重要的文献。

（1）赵元任等著《湖北方言调查报告》（商务印书馆，1948。以下简称《报告》）。《报告》对湖北方言的调查是在1936年春进行的。它将湖北方言分为4区：第一区，包括武汉市（黄陂除外）、恩施市、宜昌市、荆州市、襄阳市、十堰市（竹山、竹溪除外）等；第二区，包括黄冈市、孝感市、鄂州市、十堰市的竹山和竹溪等；第三区，包括咸宁市、黄石市（黄石市区除外）；第四区，包括鹤峰、松滋、公安、石首、监利等县。如图1－1所示。

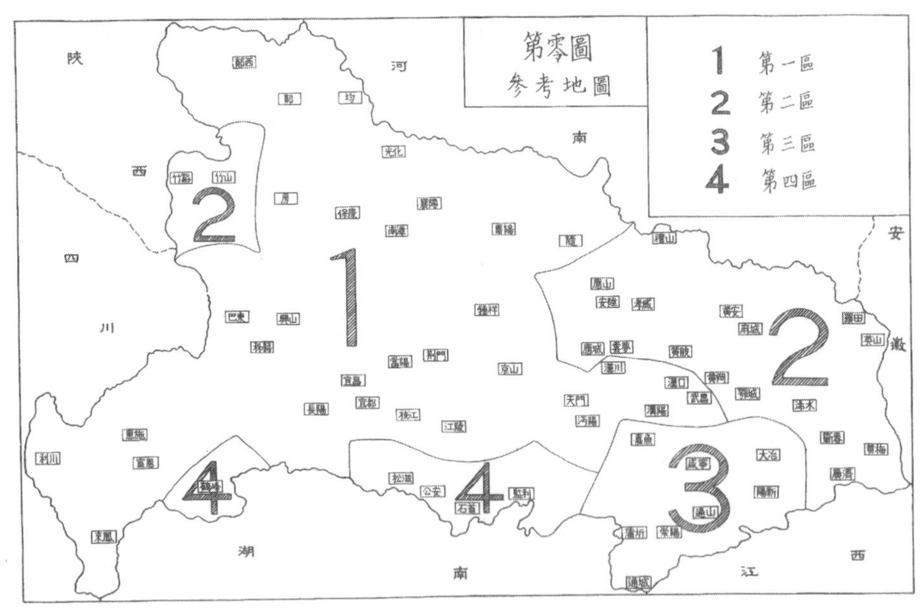

图1－1　湖北方言分区图

从图上看，第一区范围最大，约占全省面积的三分之二，属于西南官话；第二区约占全省的五分之一，“可以算典型的楚语”，但有“下江话”（江淮官话）的味道；第三区处于东南角，方言最特别，内部也最复杂，“大致可以归入赣语系统”；第四区处在靠近湖南的边沿地区，这一区“有点近乎第二区，但更近湖南方言”①。

（2）湖北省教育厅组织编写的《湖北方言概况》（内部油印本，1960。以下简称《概况》）。《概况》将湖北方言分为 3 区：第一区西南官话，包括武汉市、恩施市、宜昌市、荆州市、襄樊市、十堰市，以及南部的鹤峰、松滋、公安、石首等；第二区楚语区，范围与《报告》一致；第三区鄂南区，包括咸宁市、黄石市（黄石市区除外）和监利。与《报告》比较，《概况》在分区上有两点不同：其一，《报告》分 4 区，《概况》分 3 区；其二，将《报告》的第四区分别归并到西南官话区（鹤峰、松滋、公安、石首）和鄂南区（监利）。值得注意的是，《概况》对鄂南区的方言没有定性。

（3）中国社会科学院语言研究所等编《中国语言地图集（第 2 版）：汉语方言卷》（商务印书馆，2012。以下简称《地图集》）。《地图集》也是将湖北方言分为 3 区：西南官话区、江淮官话区和赣语区。《地图集》与《概况》的分区相同，但在方言归属的处理上不同。《地图集》明确地将《概况》的“楚语区”和“鄂南区”分别归入“江淮官话区”和“赣语区”。《地图集》对于湖北方言的分区，成为学界目前比较认可的意见。

二、方言分区的依据

方言分区的问题很复杂，分区的标准不同，分区的结果就不一样。汉语的方言，分布范围很广，内部歧异很大，进行科学的分区，不是一件容易的事情。我们现在的分区，主要依据的是语音标准，并只考虑语音上几个重要的特点，比如：入声的有无，声母n、l的分混和ts组、tʂ组

① 赵元任等：《湖北方言调查报告》，商务印书馆，1948 年，第 1569、1570 页。

的区分，韵尾-n、-ŋ的分混等；暂时不考虑或仅仅参考词汇、语法因素。这是因为语音差别较大，且最容易被感知。方言语法的差别不显著。方言词语容易借用，不太可靠，有的分布范围广，难以为据。《概况》和《地图集》就只依据语音；《报告》则参考了词汇、语法特点，比如：站—企（徛）；小孩子—细伢；他—其；什么—么事；的—个。《地图集》首先把入声作为方言分区的重要标准，依有无入声将方言分为官话和非官话，又根据入声的去向将官话分为 8 区；其次，依据古全浊声母今天的读法，将非官话分开。比如，赣语古全浊声母（“并、定、从、群”等）今读塞音、塞擦音时，都是送气清音，如大冶话：病pʻian、代tʻa、坐tsʻo。南昌话也一样。又如，湘语古全浊声母今读塞音、塞擦音时，一般为不送气清音，如长沙话：爬pa、同tən、桥tɕiau。

分区是相对的，不是绝对的，特别是方言区的具体界线更难划定。正如《报告》所言：“方言跟方言的分界有颜色跟颜色间的界限那么糊涂，而所含的因素比颜色跟颜色的分别还复杂得多。所以把一省的方言大致分为几区是容易分的，而在区间交接的地方指出某地一定是属哪一区而不属隔壁的一区，有时就做不到。”① 就湖北方言来说，分为西南官话、江淮官话和赣语 3 区，虽然在语言地图上标有界线，但这界线是相对的，赣语区和官话区之间绝不是一刀两断、相互对立的，事实上往往是你中有我、我中有你。比如，大冶处在赣语区和官话区的边缘，跟属于江淮官话的鄂州毗邻，政区界线是清楚的，但方言界线是模糊的。方言是这样，语言同样如此。语言是个连续统，汉语和民族语言的界线就难以截然划定。同样，方言也是连续统，汉语从北部的哈尔滨到南部的广州，纵贯 9 省市，从西部的新疆到东部的闽浙，横跨数千里，跟普通话的差异逐渐增大，由听得懂到大体听得懂，再到大体听不懂，再到完全听不懂，反映的是一个连续渐变的过程。

---

① 赵元任等：《湖北方言调查报告》，商务印书馆，1948 年，第 1567 页。

第三节　湖北方言的分布及特点

一、西南官话区

湖北境内属西南官话区的有47个市县，主要分布在江汉平原、鄂西和鄂西北。主要特点：有阴平、阳平、上声、去声4个调类，一般入声归到阳平。《地图集》将湖北境内的西南官话分为鄂北、鄂西、鄂中、湘北四个小片。①

（1）鄂北小片。主要分布在湖北西北部和北部的十堰市和襄阳市，包括丹江口、房县、谷城、老河口、南漳、十堰、随州、襄樊、郧县、枣阳等10个市县。它处于中原官话和西南官话的过渡地带，听起来有点像河南话，跟武汉话有明显差异。

（2）鄂西小片。包括竹山、竹溪和郧西等3个市县。

（3）鄂中小片。主要分布于湖北西部的恩施、宜昌及临近地带，包括巴东、保康、长阳、当阳、恩施、建始、江陵、荆门、荆州、潜江、松滋、五峰、咸丰、兴山、宜昌、宜城、宜都、钟祥、汉川、天门、武汉市区、仙桃等30个市县。

（4）湘北小片。主要分布在湖北南部与湖南毗邻的地区，包括鹤峰、石首、公安和洪湖等4个市县。

二、江淮官话区

湖北境内属江淮官话区的有19个市县，主要分布在东部的黄冈、孝感、鄂州一带，包括广水、安陆、云梦、应城、孝感、孝昌、大悟、武汉（黄陂、新洲）、鄂州、黄冈、团风、红安、麻城、罗田、英山、浠

---

① 中国社会科学院语言研究所、中国社会科学院民族学与人类学研究所、香港城市大学语言资讯科学研究中心编：《中国语言地图集（第2版）：汉语方言卷》，商务印书馆，2012年，第86页。

水、蕲春、黄梅、武穴。主要特点：有入声调；去声多分阴去、阳去；有ʮ类韵母。

三、赣语区

湖北境内属赣语区的有10个市县，主要分布在东南部，包括咸宁、嘉鱼、赤壁、崇阳、通城、通山、大冶、阳新、监利、黄石。主要特点：有入声调，多送气音。

湖北方言的3大方言区，就声调来说，大体情况是，西南官话区4个，江淮官话区6个，赣语区5个。也有特殊，比如阳新，就只有4个声调。

第四节　湖北方言的地位及价值

湖北地处我国中部，处于汉语南北方言（官话和非官话）的过渡地带，语言状况相当复杂，既有官话，也有非官话。江淮官话作为官话又不是很典型，保存入声调类；境内赣语也是处于赣语区的边缘，有学者对其身份存有疑问，《概况》不定身份（归属）就是证明。

湖北方言正因为复杂，才显示出语言学上的价值，对湖北方言进行全面深入的调查有以下4个方面重要的意义。

第一，有助于语言接触问题的研究。作为过渡地带的湖北方言，既受东南部吴、徽、赣语的浸润，也受北部中原官话的影响。通过跟周边方言的比较，不仅可以深化我们对过渡方言的特点的认识，还可以发现语言接触的生动素材。

第二，有助于汉语方言史的研究。汉语方言史的研究一直是汉语方言研究中的一个薄弱环节，主要原因在于缺乏方言史料。20世纪30年代，赵元任等先生对湖北方言进行过全面调查，留下了宝贵的方言史料。时隔80来年，方言有了变化，对湖北方言重新进行调查，并通过比较分析，可以从一个侧面观测到汉语方言演变的轨迹及走向。

第三，有助于语言教育问题的研究。对于方言复杂的地区，如何有效地学习和推广普通话？如何恰当地使用教学语言？如何促使“地普”向“标普”的过渡？湖北方言的调查，可以为这些问题的解决提供有益的借鉴。

第四，有助于湖北地域文化的建设。方言是最富特色的地域文化，记录和研究湖北方言，不光是为了保护和开发湖北的语言文化资源，对于和谐语言生活的建构与和谐社会的建设，也可以起到积极的促进作用。当今优势方言的日益活跃，反映了社会对方言的需求。

第五节　湖北方言的调查与研究

一、湖北方言的调查

对于湖北方言，历史上有过两次大规模的调查。

第一次是1936年赵元任先生组织的调查。1935年，国立中央研究院历史语言研究所制订了一个全国方言调查的计划，拟在几年之内，由少数人给全国的汉语方言做一个粗略的调查，并且灌制全国的代表音档，所调查的地方要多到能够画得出方言地图，每处所调查的材料要少到能够在几年之内就完成计划。[①] 1935年春调查了江西，1935年秋调查了湖南，1936年春调查了湖北，1940年春调查了云南，1941—1946年调查了四川。这次大规模的调查，由于时局的影响，时间都很短，所找的发音人也不算很理想，但这些调查开创了汉语方言大面积调查的良好先例；而且调查材料整齐，记录准确，便于大范围的比较研究，因此对后来的方言调查产生了重大影响。这次调查的结果，在湖北方言方面就是于1948年由商务印书馆出版的《湖北方言调查报告》。

《报告》由赵元任、丁声树、杨时逢、吴宗济、董同龢等5位先生

① 赵元任等:《湖北方言调查报告》，商务印书馆，1948年，序。

共同撰写，包括“分地报告”和“综合报告”两个部分。“分地报告”包括全省64个方言点的详细语音材料（当时全省共71个市县，潜江、谷城、远安、宜城、建始、五峰、咸丰7个市县未做调查），每一点都有声韵调表，800个字的同音字表，方音与古音比较表，还有一部分会话材料。“综合报告”包括各地字音比较，常用词比较，湖北方言的分区，以及56幅方言特征地图。这56幅地图是汉语方言研究历史上第一次对一个省的方言绘制语言特征地图，在中国地理语言学的发展中有着重要意义。除了上述内容之外，还有两部分内容特别值得注意：一是“总说明”，讨论了方言调查的很多重要问题和基本概念；二是“综合报告”的“特字表”和“湖北特点及概说”。总之，无论是内容和体例，《报告》都是现代汉语方言调查研究最重要的文献之一，特别是如何在一个省区范围内进行大规模的方言调查，如何编撰一个省区的方言调查报告，《报告》提供了一个非常成功的模型和样板。[①] 当然，《报告》也有不足和瑕疵：内容偏重语音，词汇条目很少，语法基本上没有涉及，记音上也有个别失误的地方，比如钟祥的颤音r就没有反映出来。这些不足和瑕疵都是由于当时的调查条件有限所致。当时无法进行实地调查，发音合作人的选择受到限制，一定程度上影响到调查的质量。

第二次是20世纪50年代的全国汉语方言普查。这次普查以市县为单位，共普查了1849个点（县），编写了学习普通话手册320种，比如《蒲圻人怎样学习普通话》。这次普查以语音为重点，每个方言点调查了2500多个单音字，172条词语，37个语法例句。利用这次湖北的调查材料，湖北省教育厅组织编写了《湖北方言概况》，内部印行，没有出版。《概况》也主要限于语音方面，未能全面反映湖北方言的整体面貌。

《报告》和《概况》是反映湖北方言调查成果的重要文献。关于湖北方言的文献，“文革”前除了上述两种，还有一种就是赵元任先生的《钟祥方言记》（科学出版社，1956。以下简称《方言记》）。《方言记》

---

① 张振兴：《汉语方言调查研究名著讲解》，华中师范大学出版社，2014年，第17页。

以语音为重点，也有词汇和语法条目的调查，内容上比《报告》和《概况》全面。

除了上述的两次调查，21 世纪以来还有两次重要的调查。第一次是华中师范大学语言与语言教育研究中心组织实施的对湖北方言的重点调查。调查工作于 2007 年 12 月启动，计划选择 20 个左右的方言点。这次调查，力求做到两个结合：一是“点”“面”结合，以“点”见“面”，通过重点方言的调查，反映当今湖北方言的基本面貌；二是“语”“文”结合，以“语”观“文”，透过方言现象，发掘方言背后的文化内涵，展示地方文化的自然生态。① 这次的调查成果正在陆续出版，截至 2023 年，已经出版 18 种。第二次是 2015 年启动实施的“中国语言资源保护工程”湖北方言调查项目。该项目由湖北省语委办负责，首席专家为汪国胜教授，依托省内高校，共组织了 10 支调查团队（华中师范大学、江汉大学、湖北师范大学、三峡大学、长江大学、黄冈师范学院、湖北科技学院、湖北工程学院、湖北文理学院、汉江师范学院），40 多位高校教师参与。② 根据项目计划，将对湖北 80 个市县的方言进行语音、词汇、语法的全面调查。这次的调查，就范围来说，以市县设点，实现了全覆盖；就要求而言，各点的调查内容一致，同时既做纸笔记录，也做录音录像，建立音像档案。该项目 2021 年基本完成。这次的调查无论是规模上还是系统性上都是空前的，通过调查，有望获得对湖北方言更全面、更深入的了解。本书的撰写主要依据的是 21 世纪这两次调查的材料。

---

① 邢福义、汪国胜：《关于湖北方言研究》，《汉语学报》2015 年第 3 期，第 32 页。

② 具体参加调查人员：朱芸、袁海霞、张义、张磊、饶琪、阮桂君、张鹏飞、熊英、黎立夏；熊一民、宗丽、王桂亮；赵爱武、张道俊、徐红；周卫华、徐英、刘志富、柯移顺；陈秀、李华平、吴松、刘金勤；项菊、蒋静、王琼子；王宏佳、祝敏、孙和平、李爱国；王求是、盛银花、余乐；刘群、马婷婷、杨琳、辛亚宁；王进、陈洁、张亚明、付开平。这次调查得到教育部语言文字信息管理司、湖北省语言文字工作委员会办公室和华中师范大学的大力支持，在此一并表示衷心的感谢！

二、湖北方言的研究

关于湖北方言的研究，除了赵元任等先生的著作，“文革”前的研究是很少的，20 世纪 80 年代以后才逐渐多了起来，并由语音的研究拓展到词汇和语法的研究，在西南官话、江淮官话和赣语的研究方面都取得了不少成果，反映了湖北方言研究的活跃。除了论文，列举主要著作如下：语音方面的有黄群建主编《鄂东南方言音汇》（华中师范大学出版社，2002）；词汇方面的有朱建颂《武汉方言词典》（江苏教育出版社，1995）、《武汉俗语纵横谈》（中国档案出版社，2002），王宏佳《咸宁方言词汇研究》（华中师范大学出版社，2009），王作新《三峡峡口方言词汇与民俗》（社会科学文献出版社，2009），刘国斌、黎立夏主编《方言词典》（通城县文化系列丛书，长江出版社，2015），芜崧《荆楚方言词汇研究》（湖北人民出版社，2017）等；语法方面的有汪国胜《大冶方言语法研究》（湖北教育出版社，1994），陈淑梅《鄂东方言语法研究》（江苏教育出版社，2001），芜崧《荆楚方言语法研究》（武汉大学出版社，2014），汪化云《黄孝方言语法研究》（语文出版社，2016），赵葵欣《武汉方言语法研究》（武汉大学出版社，2012），盛银花《安陆方言语法研究》（华中师范大学出版社，2012），苏俊波《丹江方言语法研究》（华中师范大学出版社，2012），徐英《罗田方言语法研究》（中国社会科学出版社，2022），祝敏《崇阳方言语法研究》（中国社会科学出版社，2022）等；综合研究的有陈有恒《蒲圻方言》（华中师范大学出版社，1989），邵则遂《天门方言研究》（华中师范大学出版社，1991），朱建颂《武汉方言研究》（武汉出版社，1992），刘海章《荆楚方言研究》（华中师范大学出版社，1992），刘兴策《宜昌方言研究》（华中师范大学出版社，1994），王群生《湖北荆沙方言》（武汉大学出版社，1994），王作新《三峡方言研究》（武汉大学出版社，2003），汪化云《鄂东方言研究》（巴蜀书社，2004），芜崧《湖北江陵方言》（东北师范大学出版社，2008），朱建颂《武汉方言概要》（华中师范大学出版社，2009），汪国胜主编《湖北方言研究丛书》（华中师范大学出版社，2014—2023，18种）。此外还有一些方言志，如黄群建《通山方言志》（武汉大学出版社，1994）、《阳新方言志》（中国三峡出版社，1995），万幼斌《鄂州方言志》（天地出版社，2000），王定国《黄梅方言志》（华中师范大学出版社，2016）等。从上述著作中可以看出以下几点。①研究领域的转向。此前有关湖北方言的研究，无论是《报告》《方言记》，还是《概况》，都只涉及语音或重在语音，20世纪80年代以来的研究倒是在语音方面显出不足，全面综合的研究则受到了重视，成果最多。这种综合的研究，最能反映方言的全貌。②语法研究得到了加强。相比语音和词汇，语法的研究要难，因为语法规律比较隐蔽，方言语法上的差异比较小，不易觉察，要揭示规律，反映差异，就必须做充分的调查、细致的考察和深入的发掘。湖北在这方面能够取得一批成果，反映了湖北学者在方言语法研究上所做的努力。同时我们也可以看出一些问题：①词汇研究仍显薄弱；②比较研究有待加强；③方言与文化的关系的研究值得关注。我们计划，待全面完成“中国语言资源保护工程”湖北方言调查项目、取得系统丰富的调查材料之后，将组织湖北的方言学者，重点开展湖北方言的词汇研究、比较研究和湖北方言文化的研究。

主要参考文献

1. 邢福义，汪国胜. 关于湖北方言研究［J］. 汉语学报，2015（3）：31－32.

2. 张振兴. 汉语方言调查研究名著讲解［M］. 武汉：华中师范大学出版社，2014.

3. 赵元任，等. 湖北方言调查报告［M］. 北京：商务印书馆，1948.

4. 中国社会科学院语言研究所，中国社会科学院民族学与人类学研究所，香港城市大学语言资讯科学研究中心. 中国语言地图集（第2版）：汉语方言卷［M］. 北京：商务印书馆，2012.

第二章　湖北方言语音

第一节　语音特点

2020年，由华中师范大学汪国胜教授主持的“中国语言资源保护工程”湖北方言调查项目圆满结束，此次调查涉及58个方言点，据《地图集》分为以下三区。

第一区为西南官话，属于湖广片，分属四个小片：鄂北小片、鄂西小片、鄂中小片、湘北小片。鄂北小片是中原官话和西南官话的过渡区，包括丹江口、房县、谷城、十堰、随州、襄樊、郧县、枣阳等；鄂西小片包括竹山、竹溪和郧西；鄂中小片包括巴东、保康、长阳、恩施、建始、荆门、荆州、潜江、松滋、五峰、咸丰、兴山、宜昌、宜城、宜都、钟祥、汉川、天门、武汉市区、仙桃、江夏、蔡甸等；湘北小片包括鹤峰、公安等。

第二区属江淮官话黄孝片，包括广水、安陆、云梦、应城、孝感、黄陂、新洲、黄冈、红安、罗田、英山、蕲春、黄梅、武穴等。

第三区属赣语大通片，包括大冶、咸宁、嘉鱼、赤壁、黄石、崇阳、通城、通山、阳新、监利等。

湖北方言各区在语音上各有差异，但也表现出一些共性。①

在声母方面，全浊声母大多消失，古浊塞音和浊塞擦音一律归入相应的清声母，少数方言点保留部分全浊声母，如崇阳、通城、赤壁等。各区大多不分尖团音，少数方言点存在尖团音现象，如武穴、通山、阳新、大冶、咸宁等地。n、l在洪音前混读，多表现为同一音位的自由变

① 本章语料主要来自中国语言资源保护工程采录展示平台，同时参考相关专著。

体，在细音前，古来母字n、l混读，古泥母字多读为ȵ。f与x大多分明，不相混读，但部分地区存在混读，如通城、崇阳、巴东、恩施、广水、红安等。各区大多存在ŋ声母，古疑影两母的开口洪音字声母大多读为ŋ，这一点在第二区与第三区语音中体现最为集中与普遍，第一区多读为零声母，部分方言读为ŋ声母。ts组与tʂ组的对立在各区均存在，第二区尤为突出，除黄梅、鄂州以外，其余各点均存在两者的对立，第一区与第三区大多无ts组与tʂ组的对立，赤壁、嘉鱼、保康、恩施、建始、兴山、随州、竹溪、鹤峰等存在两者对立，但与普通话有别，集中体现在知、庄组字多读为ts组读音。十堰话中ts组与tʂ组的对立与普通话基本一致。

在韵母方面，深臻曾梗摄舒声中鼻音大多为前鼻音，即iŋ并入in、əŋ并入ən。这一点在各区具有较强的普遍性。臻摄合口声母部分今读没有介音u,集中体现在臻摄合口一等三等的端组、精组、泥组字由合口变为开口，在各区较为常见。古药觉二韵字，今读齐齿呼、撮口呼的，多读为io或yo。蟹摄开口二等见母匣母字，各区均开口呼，无介音i。

在声调方面，根据保留入声情况大体可分为四种类型。入声完全消失，归入阳平的，如武汉市区、巴东、荆州、随州、鹤峰、广水等；入声保留完好的，如应城、阳新、大冶、崇阳、监利、通城、黄石等；入声部分保留，清声母入声仍读入声、全浊声母入声部分或全部归入阳去的，如红安、黄梅、蕲春、武穴、英山、罗田、通山、咸宁等；入声部分保留，清声母入声仍读入声，全浊声母入声部分或全部归入阳平的，如安陆、黄陂、孝感、黄冈、云梦等。无入声调的方言大多为阴平、阳平、上声、去声，有入声调的方言多为阴平、阳平、上声、去声、入声，有些去声还分为阴去与阳去，因而有的方言有 6 个声调。平声分为阴平与阳平、非全浊上声读上声是各区各点一致的语音现象。

一、音系特点

1. 第一区

(1) 声母

①ts组与tʂ组的分布情况在本区可以分为四种类型。一是只有tʂ组，没有ts组。如荆门话、神农架话、钟祥话、房县话等，全都读成舌尖后音。二是只有ts组，没有tʂ组，这种情况在本区最为普遍，分布最为广泛，如巴东话、汉川话、江夏话、荆州话、潜江话、松滋话、天门话、五峰话、武汉话、仙桃话、咸丰话、宜昌话、宜城话、宜都话、长阳话、丹江口话、襄阳话、郧阳话、枣阳话、公安话、蔡甸话、谷城话等。三是ts组与tʂ组均有，但与普通话的分布情况有微别，集中体现在知、庄组字有的声母读为ts组读音，如保康话、恩施话、建始话、兴山话、随州话、竹溪话、鹤峰话等。四是ts组与tʂ组均有，与普通话分布情况基本相同，如十堰话。

②本区各点均不分尖团音。

③n、l的分混问题。本区方言点关于n、l的分混情况可以分为如下几种情形。一是全部读n，没有l，如巴东话、保康话、恩施话、建始话、荆门话、神农架话、潜江话、江夏话、汉川话、松滋话、咸丰话、兴山话、宜城话、宜都话、长阳话、钟祥话、房县话、随州话、襄阳话、枣阳话、公安话、鹤峰话等。二是全部读l，没有n，如天门话、五峰话、武汉话、仙桃话、宜昌话、谷城话、荆州话、郧阳话、竹溪话（泥母细音前读ȵ）等。三是n、l都存在，但与普通话中n、l的分布有着一定的区别，如蔡甸话，泥母（细音前）读ȵ，来母、泥母（洪音前）均为l；丹江口话，泥母（细音前）读n，洪音前读l。

④f、x分混问题。本区大多方言点f、x不混，如保康话、蔡甸话、汉川话、武汉话、建始话、江夏话、宜昌话、荆州话、神农架话、天门话、五峰话、兴山话、宜城话、长阳话、钟祥话、丹江口话、房县话、谷城话、随州话、郧阳话、枣阳话、公安话、十堰话等。有些方言文读不混，白读相混，u韵母前全读f，如咸丰话。老派读法相混，新派读法不相混，有些方言老派读法中不存在f，f全读ɸ，u韵母前全读ɸ，其他与x不相混，如荆门话。本区存在f、x相混的方言不多，主要存在如下三种情况。

第一种情况是f、x均存在，存在把x读f，也存在把f读x现象。巴东话、鹤峰话普遍存在将声母f读为声母x，如“反”“翻”“饭”“发”“罚”“方”“放”“房”“犯”“法”“飞”“费”“肥”等字声母均读为x,同时也存在将x声母读为f声母的现象，如巴东话中的“虎”“壶”“户”“灰”“婚”“魂”等字声母均读为f，鹤峰话的“虎”“壶”“户”等字声母均读为f。

第二种情况是f、x均存在，把x读f。竹溪话普遍存在将x声母读为f声母，如“虎”“壶”“户”“灰”“会”“怀”“欢”“换”“还”“婚”“魂”“黄”“慌”“烘”等字在竹溪话中声母全读为f。

第三种情况是f、x均存在，一般把f读x。恩施话、潜江话老派读音中往往存在把f读x的现象，如“分”“粉”“福”“服”“府”“父”“肺”“犯”“法”“发”“罚”“反”“饭”等字。新派读法已发生了改变，与普通话相一致。松滋话中将f读x，如“凤”“丰”“风”“府”“付”“父”“飞”“费”“肥”“富”“犯”“法”等字声母均读为x。

⑤普通话ʐ声母在本区方言有z、ʐ、n、l、等多种读音。读为z声母的主要有潜江话、咸丰话、宜城话、丹江口话、谷城话、襄阳话、郧阳话、枣阳话等；读为ʐ声母的有巴东话、保康话、恩施话、建始话、荆门话、神农架话（“日”字除外）、兴山话（“日”字除外）、宜昌话（“日”字除外）、宜都话（“日”“热”两字除外）、长阳话（“日”字除外）、钟祥话、房县话、随州话（“人”“闰”“日”三字为零声母）、竹溪话（“日”“热”“软”三字为零声母）、鹤峰话（“日”字除外）等；大多读为n声母的有汉川话、江夏话等；大多读为l声母的有蔡甸话、荆州话、武汉话等；大多读为零声母的有松滋话、天门话、五峰话、仙桃话、公安话等。

⑥古影疑两母开口洪音字，本区方言多读为零声母，如巴东话、保康话、恩施话、建始话、荆门话、荆州话、潜江话、神农架话、松滋话、天门话、五峰话、仙桃话、兴山话、宜昌话、宜城话、宜都话、长阳话、钟祥话、丹江口话、房县话、谷城话、襄阳话、郧阳话、公安话、十堰

话等；部分方言读为ŋ声母，如蔡甸话、汉川话、江夏话、武汉话、咸丰话、随州话、枣阳话、竹溪话、鹤峰话等，“爱”“矮”“岸”“熬”“藕”“暗”“岩”“安”“恩”等字声母多读为ŋ。

⑦本区古泥母的细音字多读n或l，古疑母细音字声母多为零声母。古泥母细音字读n的，如巴东话、保康话、恩施话、汉川话、建始话、江夏话、荆门话、潜江话、神农架话、松滋话、咸丰话、宜都话、长阳话、钟祥话、兴山话、宜城话、丹江口话、房县话、随州话、襄阳话、枣阳话、公安话、鹤峰话等；古泥母细音字读l的，如荆州话、五峰话、武汉话、仙桃话、宜昌话、谷城话、郧阳话等；本区大部分方言古疑母细音字声母为零声母，部分方言疑母细音字读n或ȵ声母，如蔡甸话、恩施话、建始话、竹溪话、鹤峰话等。

⑧普通话u韵的零声母字本区方言多读为零声母，部分方言读为v，如“吴”“五”“乌”“武”“雾”“物”等字，随州话、鹤峰话等声母读为v。

（2）韵母

①本区方言深臻曾梗舒声中的鼻音都是前鼻音。

②果摄一等、咸摄山摄开口一等入声，逢见系字，如“歌”“割”“可”“河”“合”“恶”等，本区方言多读o、uo、ɤ、ə。读o韵的有蔡甸话、汉川话、建始话、江夏话、潜江话、松滋话、天门话、武汉话、咸丰话、宜城话、宜都话、长阳话、随州话、竹溪话等，读uo韵的有巴东话、恩施话、荆门话、荆州话、神农架话、五峰话、仙桃话、兴山话、宜昌话、钟祥话、公安话、鹤峰话等，读ɤ韵的有丹江口话、房县话、郧阳话、枣阳话、十堰话等，读ə韵的有保康话、谷城话、襄阳话等。

③山摄合口今读声母为t、tʻ、n(l) 或ts、tsʻ、s的字部分没有介音u。uan韵在t、tʻ、n(l) 或ts、tsʻ、s后，如“短”“暖”“乱”“算”“酸”等字，本区方言多读an，如保康话、蔡甸话、汉川话、江夏话、潜江话、神农架话、天门话、武汉话、仙桃话、兴山话、宜城话、钟祥话、丹江口话、房县话、谷城话、随州话、襄阳话、郧阳话、枣阳话、竹溪话、公

安话、鹤峰话等；巴东话、荆门话、荆州话部分读an，“算”“酸”韵母读uan。

④臻摄合口声母字今读部分无介音u，uən韵在端系归入ən或en，这在本区方言是较为普遍的语音现象。如“敦”“吞”“轮”“尊”“村”“孙”等字，保康话、恩施话、建始话、汉川话、江夏话、荆门话、荆州话、潜江话、神农架话、松滋话、天门话、五峰话、仙桃话、咸丰话、兴山话、宜昌话、宜城话、长阳话、钟祥话、丹江口话、房县话、谷城话、随州话、襄阳话、郧阳话、枣阳话、竹溪话、公安话、鹤峰话等均读为ən，蔡甸话、武汉话读为en。

⑤曾摄开口一等、梗摄开口二等入声字，本区方言韵母多为ɤ、e、ɛ。多读ɤ韵的有巴东话、荆州话、江夏话、潜江话、松滋话、天门话、五峰话、兴山话、宜昌话、宜都话、长阳话、仙桃话、公安话等；多读e韵的有武汉话、保康话、恩施话、宜城话、房县话等；多读ɛ韵的有建始话、荆门话、神农架话、咸丰话、丹江口话、枣阳话、鹤峰话、竹溪话、十堰话等。这些字还有一些个别的读音，如汉川话读æ、蔡甸话读iæ、谷城话读ie、随州话读a、郧阳话读ɛi。

⑥支韵开口三等和蟹摄开口三四等的帮组字，本区方言多读ei韵，如“臂”“闭”“披”“批”“币”等，蔡甸话、恩施话、汉川话、建始话、江夏话、荆门话、荆州话、潜江话、松滋话、天门话、五峰话、武汉话、仙桃话、咸丰话、宜都话、钟祥话、随州话、竹溪话、公安话、鹤峰话等均读ei韵。

⑦模韵端系字、鱼虞韵庄组字、沃屋烛韵端系知系字，本区方言多读əu或ou韵。如“杜”“吐”“土”“奴”“租”“苏”“竹”“初”“督”等字，保康话、汉川话、神农架话、天门话、仙桃话、咸丰话、房县话、随州话、郧阳话、竹溪话、鹤峰话等多读əu，江夏话、武汉话、蔡甸话、十堰话多读ou。

⑧古药觉两韵，本区方言多读io或yo、yɔ。如“脚”“学”“约”等字，巴东话、恩施话、汉川话、荆门话、荆州话、潜江话、宜昌话、钟

祥话、松滋话、宜都话、随州话、枣阳话、竹溪话、鹤峰话等多读io；蔡甸话、咸丰话、建始话、江夏话、五峰话、长阳话、武汉话、仙桃话、兴山话、宜城话、神农架话、天门话、丹江口话、房县话、谷城话、襄阳话、郧阳话、公安话等多读yo；十堰话多读yɔ。

⑨蟹摄开口二等见母匣母字，本区方言多为开口呼。如“皆”“阶”“街”“界”“鞋”等字，本区方言大多读ai韵，少数方言读法例外，如宜城话、丹江口话、谷城话读ɛ韵，郧阳话读ɛi韵，枣阳话读iɛ韵，十堰话读ɛ韵。

⑩止摄开口三等日母字在本区多读ɚ或ɯ。如“儿”“而”“二”等字，巴东话、保康话、恩施话、建始话、江夏话、神农架话、咸丰话、兴山话、宜昌话、宜城话、宜都话、长阳话、丹江口话、谷城话、襄阳话、郧阳话、竹溪话、鹤峰话、十堰话等读ɚ韵，蔡甸话、汉川话、荆门话、荆州话、潜江话、松滋话、天门话、武汉话、仙桃话、公安话等读ɯ韵，五峰话读ɤ韵，房县话读ær韵，随州话、枣阳话读ar韵。

（3）声调

本区方言除蔡甸话、汉川话、江夏话、天门话、仙桃话、公安话外，其他各点均为四个调类，分别为阴平、阳平、上声、去声，全浊上声归入去声（除鹤峰外），入声大多归入阳平。丹江口话、房县话、郧阳话、枣阳话、竹溪话、十堰话等全浊上声归入去声，全浊入声归入阳平，次浊及清声母入声归阴平、阳平。

蔡甸话、汉川话、天门话、仙桃话、公安话等有阴平、阳平、上声、去声、入声五个调类，全浊上声归入去声，全浊入声归入阳平，清声母入声、次浊声母入声仍保留入声调。江夏话有阴平、阳平、上声、阴去、阳去五个调类，去声分为阴去、阳去两类，全浊上声归入阳去，全浊声母入声字归入阳平，次浊声母入声字及清声母入声字归入阴去。

为了方便呈现本区方言声调情况，列表如下（表2－1）。

表 2-1　第一区方言声调情况表

<table>
<tr><td>古调类</td><td colspan="2">平</td><td colspan="3">上</td><td colspan="2">去</td><td colspan="3">入</td><td rowspan="3">声调数</td></tr>
<tr><td>古声母</td><td>清</td><td>浊</td><td>清</td><td>次浊</td><td>全浊</td><td>清</td><td>浊</td><td>清</td><td>次浊</td><td>全浊</td></tr>
<tr><td>例字</td><td>东该</td><td>铜皮</td><td>懂古</td><td>买老</td><td>动罪</td><td>冻怪</td><td>地洞</td><td>谷百</td><td>麦月</td><td>毒罚</td></tr>
<tr><td>武汉、巴东、荆州、随州、襄阳、钟祥、长阳、宜都、宜城、宜昌、兴山、咸丰、荆门、潜江、松滋、五峰等</td><td>阴平</td><td>阳平</td><td colspan="2">上声</td><td colspan="3">去声</td><td colspan="3">阳平</td><td>4</td></tr>
<tr><td>鹤峰、恩施</td><td>阴平</td><td>阳平</td><td colspan="3">上声</td><td colspan="2">去声</td><td colspan="3">阳平</td><td>4</td></tr>
<tr><td>丹江口、房县、郧阳、枣阳、神农架、竹溪、谷城、十堰等</td><td>阴平</td><td>阳平</td><td colspan="2">上声</td><td colspan="3">去声</td><td colspan="2">阴平、阳平</td><td>阳平</td><td>4</td></tr>
<tr><td>江夏</td><td>阴平</td><td>阳平</td><td colspan="2">上声</td><td>阳去</td><td>阴去</td><td>阳去</td><td colspan="2">阴去</td><td>阳平</td><td>5</td></tr>
<tr><td>蔡甸、汉川、天门、仙桃等</td><td>阴平</td><td>阳平</td><td colspan="2">上声</td><td colspan="3">去声</td><td colspan="2">入声</td><td>阳平</td><td>5</td></tr>
<tr><td>公安</td><td>阴平</td><td>阳平</td><td colspan="2">上声</td><td colspan="3">去声</td><td colspan="3">入声</td><td>5</td></tr>
</table>

2. 第二区

(1) 声母

①除武穴以外，其余各点不分尖团音。武穴存在尖团音现象，部分精组细音声母为ts、tsʻ、s。如武穴话中，七tsʻɿ^{13}、取tsʻɿ^{33}、罪tsi^{22}、碎tsʻɿ^{35}、嘴tsi^{33}、醉tsi^{35}、集tsi^{22}、习si^{22}等。

②除黄梅话、鄂州话以外，其余各点均有ts组与tʂ组的对立，但对立系统与普通话的不尽一致，部分古知组、庄组、章组读ts组音。

③n与l的混读。本区绝大多数地方n、l在洪音前混读，为同一音位的自由变体。在细音前，古来母n、l混读，古泥母多读ȵ。安陆话、孝感话、英山话、广水话、黄陂话、云梦话、应城话、黄冈话、蕲春话、浠水话、罗田话、新洲话无n、l对立。古来母均读为n，古泥母在洪音前均读为n，在细音前读为零声母，如安陆话；古来母、泥母均读为n，如孝感话；古来母、古泥母（洪音前）均读为n，古泥母（细音前）读为ȵ，如新洲话。古来母、泥母均读为l，如广水话、黄陂话、云梦话、应城话；古来母、古泥母（洪音前）均读为l，古泥母（细音前）读为ȵ，如英山话、黄冈话、蕲春话、浠水话、罗田话。古来母、古泥母（洪音前）均读为l，古泥母（细音前）读为n，如红安话。n、l不混读，古泥母（细音前）读ȵ，如黄梅话。古泥母（细音前）读为ȵ，古泥母（洪音前）读为n,古来母n、l混读，如武穴话。

④除广水话、红安话外，f、x大多不混读。广水话f在u韵前并入x。如府xu^{34}、法xua^{53}、罚xua^{53}等。红安话x在u韵前并入f。如壶fu^{31}、回fei^{31}、话fa^{33}、魂fən^{31}等。

⑤古匣母开口二等字声母多读为x。安陆话、红安话、黄陂话、孝感话、武穴话、蕲春话、黄梅话、罗田话、黄冈话、新洲话、英山话、云梦话、应城话等均存在这种现象。“鞋”“咸”“项”“黑”“虾”“瞎”“下”等字声母多读为x。

⑥古日母字在本区声母大多为ʐ或零声母。安陆话、广水话、罗田话、黄陂话、黄冈话、蕲春话、孝感话、鄂州话、英山话、应城话、云梦话、红安话等多数字声母读ʐ，少数字声母为零声母。武穴话、黄梅话古日母字多读为零声母。

⑦古疑影两母的开口洪音字在本区声母多读为ŋ。如“翁”“哑”“爱”“矮”“熬”“藕”“暗”“岸”“安”“恩”“硬”“眼”等在本区声母多读ŋ。

⑧古泥母字细音字和疑母部分细音字声母多读为ȵ。如黄冈话、黄梅话、罗田话、蕲春话、武穴话、新洲话、英山话等，其中新洲话较为特

殊，古泥母、来母字细音字和疑母字部分细音字声母一律为ȵ，如“梨”“李”“里”“类”“流”等字声母在新洲话中读为ȵ。

⑨与普通话tɕ、tɕʻ、ɕ相拼的撮口呼，本区声母多变为tʂ、tʂʻ、ʂ。如“举”“锯”“句”“区”“卷”“权”“劝”“许”“决”“缺”“菊”“局”等字，安陆话、广水话、红安话、黄陂话、黄冈话、罗田话、蕲春话、武穴话、孝感话、新洲话、英山话、应城话、云梦话等均存在这种情况。

（2）韵母

①本区普遍存在ɥ类韵。ɥ类韵不仅包括普通话中绝大多数撮口呼字，而且还包括了普通话的部分合口呼字。

②əŋ韵字一般归入ən韵，声母是双唇音或唇齿音，有的əŋ并入oŋ。iŋ韵字一般归入in韵。

③普通话的uən韵字，只有当声母是k、kʻ、x或者零声母时，本区读uən韵，如“困”“滚”“婚”“温”等字。其他声母情况下，一部分归入ən，一部分归入ɥən。如“吞”“村”“墩”等归入ən，“准”“春”“顺”等归入ɥən。

④属于端系的模韵字、庄组的鱼虞韵字，如“土”“赌”“图”“怒”“租”“初”“锄”“数”等，除武穴话以外，本区大多读入开口呼əu韵。

⑤蟹摄止摄合口的帮系端系字，在本区大多读i韵或ei韵，少数地区两种读音均有。如“赔”“煤”“对”“类”“罪”“随”等，安陆话、广水话、黄冈话、应城话、云梦话等多读ei韵，黄梅话、罗田话、蕲春话、武穴话、新洲话、英山话、红安话多读i韵。少数地区读i韵或ei韵不定，如孝感话。有些地区新老异读有别，大多老读i韵，新读ei韵，如云梦话、黄陂话等。

⑥曾摄开口一等入声和梗摄开口二等入声字，如“北”“墨”“麦”“色”等字，在本区多读e或ɛ韵。黄冈话、罗田话、武穴话、新洲话、英山话、云梦话、红安话等多读e韵，孝感话、应城话、安陆话、广水话等多读ɛ韵。此外，黄梅话、黄陂话读为æ韵，蕲春话读为a韵。

⑦蟹摄开口二等见匣母字，如“蟹”“街”“解”“鞋”等字，本区大多读开口呼ai韵。新洲话、英山话、应城话、云梦话、安陆话、广水话、黄冈话、黄梅话、罗田话、蕲春话、武穴话等均读ai韵。

⑧uən韵在t、tʻ、n、l后读ən，如“蹲”“吞”“轮”等字。

⑨梗摄撮口合口三等阳声韵，本区多读为ɥən，如“荣”“永”等字。英山话、应城话、云梦话、安陆话、广水话、罗田话均读ɥən，新洲话、红安话、武穴话“荣”与“永”读音不同，“永”读ɥən，黄冈话、黄梅话有所不同，黄冈话均读ioŋ，黄梅话“荣”读ioŋ，“永”读ən。

（3）声调

①调类。

广水话有四个声调：阴平、阳平、上声、去声；应城话有五个声调：阴平、阳平、上声、去声、入声。其他各点均有六个声调，分别是阴平、阳平、阴去、阳去、上声、入声。

在有四个声调的地区，入声派入阳平，这与湖北省方言第一区的特征相同。

在有六个声调的地区，去声分阴阳。古去声清音归阴去，古去声浊音字和上声全浊字归阳去，古全浊入声字多数归入阳平，次浊声母与清声母入声字保留入声调。

②调值。

为更好地呈现本区方言声调情况，列表如下（表2－2）。

表2－2　第二区方言声调情况表

古调类	平		上			去		入			声调数
古声母	清	浊	清	次浊	全浊	清	浊	清	次浊	全浊	
例字	东该	铜皮	懂古	买老	动罪	冻怪	地洞	谷百	麦月	毒罚	
广水	阴平31	阳平53	上声34		去声13			阳平53			4
应城	阴平44	阳平213	上声41		去声55			入声24			5
红安	阴平11	阳平31	上声55		阳去33	阴去35	阳去33	入声213		入声213 阳去33	6

续表

古调类	平		上			去		入			声调数
古声母	清	浊	清	次浊	全浊	清	浊	清	次浊	全浊	
例字	东该	铜皮	懂古	买老	动罪	冻怪	地洞	谷百	麦月	毒罚	
安陆	阴平 44	阳平 31	上声 51		阳去 55	阴去 35	阳去 55	入声 24		阳平 31	6
黄陂	阴平 334	阳平 212	上声 41		阳去 455	阴去 35	阳去 455	入声 214		阳平 212	6
黄冈	阴平 22	阳平 31	上声 55		阳去 44	阴去 35	阳去 44	入声 213		阳平 31 入声 213	6
黄梅	阴平 21	阳平 55	上声 13		阳去 33	阴去 35	阳去 33	入声 42		阳去 33	6
蕲春	阴平 42	阳平 31	上声 34		阳去 212	阴去 25	阳去 212	入声 21		阳去 212 入声 21	6
武穴	阴平 55	阳平 31	上声 33		阳去 22	阴去 35	阳去 22	入声 13		阳去 22	6
孝感	阴平 33	阳平 21	上声 52		阳去 55	阴去 35	阳去 55	入声 213		阳平 21	6
新洲	阴平 31	阳平 224	上声 55		阳去 33	阴去 324	阳去 33	入声 213		阳去 33 阳平 224 入声 213	6
英山	阴平 31	阳平 55	上声 24		阳去 33	阴去 35	阳去 33	入声 213		阳去 33 入声 213	6
云梦	阴平 33	阳平 22	上声 53		阳去 55	阴去 35	阳去 55	入声 13		阳平 22 入声 13	6
罗田	阴平 21	阳平 42	上声 45		阳去 33	阴去 25	阳去 33	入声 213		阳去 33 入声 213	6

3. 第三区

(1) 声母

①ts组与tʂ组对立问题。本区赤壁话、嘉鱼话存在ts组与tʂ组对立现象，大体与普通话一致，但还是存在区别，主要体现在古精（洪音）庄两组多读ts组，古知章两组多读tʂ组上。黄石话、大冶话、监利话、通城话、通山话、咸宁话、阳新话有ts、tsʻ、s，无tʂ、tʂʻ、ʂ。崇阳话较为特殊，普通话中读tʂ、tʂʻ的音大多读t组音。

②尖团音问题。本区大多方言不分尖团，如崇阳话、黄石话、嘉鱼话、监利话、通城话、赤壁话等。部分方言存在尖团音现象，如通山话、阳新话、大冶话、咸宁话等。举例如下：

大冶话：

洗	sɐi^{44}	西	sɐi^{22}

咸宁话：

洗	sæ^{42}	西	sæ^{44}

通山话：

姐	tsi^{42}	写	si^{42}	谢	si^{33}
洗	sæ^{42}	节	tsi^{55}	西	sæ^{213}
钱	tsĩ^{21}	前	tsĩ^{21}	线	sĩ^{45}

阳新话：

姐	tsiɒ^{31}	写	siɒ^{31}	借	tsiɒ^{44}
小	si^{31}	笑	si^{44}	斜	siɒ^{213}
洗	sai^{31}	节	tsi^{25}	西	sai^{44}
钱	tsʻiĩ^{213}	前	tsʻiĩ^{213}	线	siĩ^{44}

③n、l的分混问题。赤壁话、崇阳话有n、l。赤壁话中，来母在洪音前，n、l相混，在细音前读l，古泥母在细音前为ȵ。崇阳话中，来母在细音前读tʻ，除特殊的“两”字外，古泥母在细音前读ȵ。大冶话、黄石话、阳新话有l无n，来母均读为l，泥母在洪音前读为l，泥母在细音前读为ȵ。嘉鱼话、监利话、通城话、咸宁话有n无l，嘉鱼话、咸宁话古泥母、来母均读为n，监利话来母读为n，泥母（洪音前）读为n，泥母（细音前）读为零声母，通城话来母、泥母（洪音前）多读为n，泥母（细音前）为ȵ。

④f、x相混问题。本区方言大多f、x分明，不相混读。如大冶话、黄石话、嘉鱼话、监利话、阳新话、赤壁话等，f、x分布与普通话相一致。但本区方言也存在两者混读的现象，通城话多将x读为f。崇阳话部分x读f，如“花”“华”“化”“虎”“壶”“户”“怀”“坏”等，崇阳话

将其声母全读为f。通山话、咸宁话大多能区分，但部分x读为f，如“虎”“壶”“户”等。

⑤古匣母开口二等字声母多读为x。赤壁话、通山话、大冶话、黄石话、阳新话、嘉鱼话、监利话、咸宁话、通城话、崇阳话等普遍存在这种现象。通城话与崇阳话较为特殊，均将x读为h。代表字如“鞋”“咸”“项”“虾”“瞎”等。

⑥古日母字在本区大多读为z、ʐ、ȵ或∅。赤壁话大多读z、ʐ、∅，大冶话、阳新话、咸宁话多读z，黄石话、嘉鱼话、监利话多读ʐ、∅，通城话多读ʐ、∅、ȵ等，通山话多读z、∅，比较特殊的是崇阳话，大多读tʻ，少量读ȵ或∅。

⑦均存在ŋ声母。本区方言均存在ŋ声母，代表例字有“鹅”“饿”“哑”“爱”“矮”“熬”“藕”“暗”“岸”“安”“恩”“硬”“额”“眼”“鸭”等。

⑧ȵ声母的存在。本区方言除嘉鱼话、咸宁话、监利话无ȵ外，其他各方言均存在。

⑨全浊声母的存在问题。本区方言仅有崇阳话、通城话、赤壁话存在全浊声母，其余各点全浊声母已消失。赤壁话有d、dz、dʐ、dʑ、g等浊声母，崇阳话有dz、dʑ、ɓ、ɗ等浊声母，通城话有ɓ、ɗ、dz、dʑ等浊声母。古全浊上去入三声在咸宁话、阳新话、监利话、大冶话、嘉鱼话变为送气的清声母，通山话、黄石话变为不送气的清声母。

（2）韵母

①蟹止摄合口的端系字，如“罪”“催”“对”“堆”“推”“随”“嘴”“雷”等字，在本区一律读为开口韵，崇阳话、赤壁话、黄石话、嘉鱼话、通城话读i韵，大冶话读ɐi韵，监利话读ei韵，通山话、咸宁话读æ韵，阳新话读ai韵。

②臻摄合口一等、三等的端系字，如“敦”“墩”“尊”“村”“蹲”“孙”“寸”“嫩”“轮”“遵”“荀”等字，在本区读开口韵，赤壁话、崇阳话、嘉鱼话、监利话、通城话、咸宁话读ən韵；大冶话、通山话读

ɐn韵；黄石话读en韵；阳新话读an韵。

③模韵端系字，鱼虞韵庄系字，屋沃烛韵端系、知系字，如“赌”“肚”“土”“杜”“奴”“租”“初”“锄”“数”“叔”“竹”“畜”“毒”“足”“属”等字，赤壁话、监利话、黄石话、通城话多读ou韵，崇阳话、嘉鱼话多读əu韵，大冶话多读ɐu韵，通山话多读ɑu韵，咸宁话多读ɒu韵，阳新话多读au韵。

④复元音单元音化是本区较普遍的一种语音现象。如“台”“来”“财”“该”“改”“带”“害”等字韵母大冶话读ɐ韵，黄石话读æ韵；“宝”“抱”“毛”“桃”“道”“脑”“老”“草”等字韵母大冶话、阳新话读ɔ韵，咸宁话读o韵；“抖”“偷”“头”“豆”“楼”“走”“够”等字韵母大冶话读e韵，阳新话读ɛ韵；“杯”“配”“赔”“煤”“妹”等字韵母黄石话、赤壁话读i韵，通山话、咸宁话读æ韵；“贪”“潭”“南”“蚕”“感”“含”等字韵母赤壁话多读ə韵；“表”“票”“庙”“焦”“小”“笑”等字韵母阳新话读i韵。

⑤鼻韵尾n和ŋ的分混情况较为复杂。本区各点大多iŋ并入in，əŋ并入ən。崇阳话、赤壁话中通摄合口一等三等（除晓组影组外）归入ən韵或uən韵；大冶话、嘉鱼话山摄开口三等帮系端系字归入in韵；崇阳话、嘉鱼话梗摄合口三等影组字归入in韵。

⑥鼻化韵主要见于大冶话、咸宁话、阳新话、通山话。大冶话中有鼻化韵ɐ̃、iɐ̃、uɐ̃、iɛ̃、uɛ̃、yɛ̃等；咸宁话中有鼻化韵ɒ̃、iɒ̃、uɒ̃、yɒ̃、ẽ、iẽ、yẽ、õ、iõ、uõ等；阳新话中有鼻化韵uã、yã、uõ、iĩ、ɛ̃、yɛ̃、ɔ̃、uɔ̃、iɔ̃、ã、iã等；通山话中有鼻化韵ᴀ̃、iᴀ̃、ᴇ̃、iᴇ̃、œ̃、uœ̃、ĩ、uᴀ̃、yᴇ̃等。

⑦本区的入声韵尾大多消失，只有通城话入声还保留喉塞音尾，如鼻ɓiʔ^{55}，踏ɗanʔ^{55}，鸽konʔ^{55}，蜡nanʔ^{55}，夹kanʔ^{55}，鸭ŋanʔ^{55}，贴ɗiɛnʔ^{55}，习ɕiʔ^{55}，集dʑiʔ^{55}，立ɗinʔ^{55}，别ɓiɛnʔ^{55}，灭miɛn^{55}，夺ɗonʔ^{55}等。

⑧歌韵开口一等、戈韵合口一等在本区均读为开口韵。如“多”“拖”“左”“歌”“可”“何”“螺”“坐”“课”“过”“火”等字，赤壁话、崇阳话、大冶话、黄石话、嘉鱼话、通城话、阳新话均读o韵，监利

话读uo韵，咸宁话读ə韵，通山话读oʊ韵。

（3）声调

本区各点均有入声调，阳新话有四个调类，分别是阴平、阳平、上声、入声；大冶话有五个调类，分别是阴平、阳平、上声、去声、入声；赤壁话、崇阳话、嘉鱼话、监利话、通城话、通山话、咸宁话、黄石话均有六个调类，分别是阴平、阳平、上声、阴去、阳去、入声。

为具体呈现本区方言声调情况，列表如下（表2－3）。

表2－3　第三区方言声调情况表

<table>
<tr><td>古调类</td><td colspan="2">平</td><td colspan="3">上</td><td colspan="2">去</td><td colspan="3">入</td><td rowspan="3">声调数</td></tr>
<tr><td>古声母</td><td>清</td><td>浊</td><td>清</td><td>次浊</td><td>全浊</td><td>清</td><td>浊</td><td>清</td><td>次浊</td><td>全浊</td></tr>
<tr><td>例字</td><td>东该</td><td>铜皮</td><td>懂古</td><td>买老</td><td>动罪</td><td>冻怪</td><td>地洞</td><td>谷百</td><td>麦月</td><td>毒罚</td></tr>
<tr><td>阳新</td><td>阴平44</td><td>阳平213</td><td colspan="2">上声31</td><td colspan="3">阴平44</td><td colspan="3">入声25</td><td>4</td></tr>
<tr><td>大冶</td><td>阴平22</td><td>阳平31</td><td colspan="2">上声44</td><td>阴平22</td><td>去声25</td><td>阴平22</td><td colspan="3">入声213</td><td>5</td></tr>
<tr><td>赤壁</td><td>阴平44</td><td>阳平13</td><td colspan="2">上声31</td><td>阳去22</td><td>阴去213</td><td>阳去22</td><td colspan="2">入声45</td><td>阳平13</td><td>6</td></tr>
<tr><td>崇阳</td><td>阴平22</td><td>阳平21</td><td colspan="2">上声53</td><td>阳去44</td><td>阴去214</td><td>阳去44</td><td colspan="3">入声55</td><td>6</td></tr>
<tr><td>嘉鱼</td><td>阴平44</td><td>阳平24</td><td colspan="2">上声31</td><td>阳去22</td><td>阴去213</td><td>阳去22</td><td colspan="2">入声55</td><td>阳平24
（少数归阴去）</td><td>6</td></tr>
<tr><td>监利</td><td>阴平44</td><td>阳平13</td><td colspan="2">上声21</td><td>阳去33</td><td>阴去25</td><td>阳去33</td><td colspan="3">入声55</td><td>6</td></tr>
<tr><td>通城</td><td>阴平212</td><td>阳平33</td><td colspan="2">上声42</td><td>阳去35</td><td>阴去214</td><td>阳去35</td><td colspan="3">入声55</td><td>6</td></tr>
<tr><td>通山</td><td>阴平213</td><td>阳平21</td><td colspan="2">上声42</td><td>阳去33</td><td>阴去45</td><td>阳去33</td><td>入声55</td><td colspan="2">阳去33</td><td>6</td></tr>
<tr><td>咸宁</td><td>阴平44</td><td>阳平31</td><td colspan="2">上声42</td><td>阳去33</td><td>阴去213</td><td>阳去33</td><td colspan="2">入声55</td><td>阳去33
（少数归阳平）</td><td>6</td></tr>
<tr><td>黄石</td><td>阴平33</td><td>阳平31</td><td colspan="2">上声55</td><td>阳去324</td><td>阴去25</td><td>阳去324</td><td colspan="3">入声213</td><td>6</td></tr>
</table>

二、文白异读

1. 第一区

①见系开口二等字文读声母为tɕ、tɕʻ、ɕ或零声母，白读声母为k、kʻ、x、ŋ。示例如下：

武汉话：

例字	文读	白读	例字	文读	白读
铅	tɕʻian^{55}	kʻan^{55}	嵌	tɕʻian^{25}	kʻan^{55}
咸	ɕian^{213}	xan^{213}	角	tɕyo^{213}	ko^{213}

公安话：

例字	文读	白读	例字	文读	白读
街	tɕiɛ^{55}	kai^{55}	解	tɕiɛ^{21}	kai^{21}
介	tɕiɛ^{33}	kai^{33}	戒	tɕiɛ^{33}	kai^{33}
界	tɕiɛ^{33}	kai^{33}	皆	tɕiɛ^{55}	kai^{55}
夹	tɕia^{35}	ka^{35}	甲	tɕia^{35}	ka^{35}
家	tɕia^{55}	ka^{55}	间	tɕian^{55}	kan^{55}
教	tɕiau^{33}	kau^{33}	跤	tɕiau^{55}	kau^{33}
敲	tɕʻiau^{55}	kʻau^{55}	咸	ɕian^{24}	xan^{24}
鞋	ɕiɛ^{24}	xai^{24}	项	ɕiaŋ^{33}	xaŋ^{33}

潜江话：

例字	文读	白读	例字	文读	白读
夹	tɕia^{13}	ka^{13}	间	tɕian^{35}	kan^{35}
敲	tɕʻiau^{35}	kʻau^{35}	咸	ɕiɛn^{13}	xan^{13}
鞋	ɕiɛ^{13}	xai^{13}	项	ɕiaŋ^{55}	xaŋ^{55}

钟祥话：

例字	文读	白读	例字	文读	白读
街	tɕie^{24}	kai^{24}	间	tɕien^{24}	kan^{24}
敲	tɕʻiau^{24}	kʻau^{24}	咸	ɕien^{31}	xan^{31}
解	ɕiɛ^{53}	xai^{53}	项	ɕiaŋ^{214}	xaŋ^{214}

神农架话：

例字	文读	白读	例字	文读	白读
街	tɕiɛ^{24}	kai^{24}	戒	tɕiɛ^{313}	kai^{313}
甲	tɕia^{53}	ka^{53}	蟹	ɕiɛ^{313}	xai^{313}
鞋	ɕiɛ^{53}	xai^{53}	项	ɕiaŋ^{313}	xaŋ^{313}

荆州西边腔：

例字	文读	白读	例字	文读	白读
敲	tɕiɑu^{55}	kʻɑu^{55}	戒	tɕiᴇ^{214}	kai^{214}
蟹	ɕiᴇ^{214}	xai^{55}	项	ɕian^{214}	xᴀn^{214}

荆门话：

例字	文读	白读	例字	文读	白读
瞎	tɕia^{24}	xa^{24}	解	tɕiɛ^{55}	kai^{55}
敲	tɕʻiau^{445}	kʻau^{445}	蟹	ɕiɛ^{55}	xai^{55}
间	tɕian^{445}	kan^{445}	街	ɕiɛ^{55}	kai^{55}

恩施话：

例字	文读	白读	例字	文读	白读
间	tɕiɛn^{55}	kan^{55}	觉	tɕiau^{51}	kau^{22}
甲	tɕia^{33}	ka^{33}	敲	ɕiau^{55}	kʻau^{55}
角	tɕio^{33}	kuo^{33}	项	ɕiaŋ^{35}	xaŋ^{35}

丹江口话：

例字	文读	白读	例字	文读	白读
戒	tɕiɛ^{31}	kɛ^{31}	蟹	tɕiɛ^{31}	xɛ^{31}
角	tɕyo^{51}	kɤ^{51}	项	ɕiaŋ^{31}	xaŋ^{31}

竹溪话：

例字	文读	白读	例字	文读	白读
咸	ɕian^{53}	xan^{53}	解	tɕiɛ^{35}	kai^{35}
鞋	ɕiɛ^{53}	xai^{53}	蟹	ɕiɛ^{313}	xai^{313}
角	tɕio^{53}	ko^{53}	项	ɕiaŋ^{313}	xaŋ^{313}

汉川话：

例字	文读	白读	例字	文读	白读
街	tɕiɛ^{55}	kai^{55}	敲	tɕʻiau^{55}	kʻau^{55}
巷	ɕiaŋ^{33}	xaŋ^{33}			

仙桃话：

例字	文读	白读	例字	文读	白读
街	tɕie^{45}	kai^{45}	敲	tɕʻiau^{45}	kʻau^{45}
咸	ɕiɛn^{13}	xan^{13}	掐	tɕʻia^{24}	kʻa^{24}
鞋	ɕie^{13}	xai^{13}			

咸丰话：

例字	文读	白读	例字	文读	白读
街	tɕiɛ^{55}	kai^{55}	蟹	ɕiɛ^{213}	xai^{213}
戒	tɕiɛ^{213}	kai^{213}	夹	tɕia^{22}	ka^{22}
间	tɕiɛ^{55}	kan^{55}	巷	ɕiaŋ^{213}	xaŋ^{213}
项	ɕiaŋ^{213}	xaŋ^{213}			

宜城话：

例字	文读	白读	例字	文读	白读
街	tɕie^{24}	kɛ^{24}	蟹	ɕie^{53}	xɛ^{53}
戒	tɕie^{412}	kɛ^{412}	角	tɕyo^{53}	kuo^{53}
项	ɕiaŋ^{412}	xaŋ^{412}	巷	ɕiaŋ^{412}	xaŋ^{412}

襄阳话：

例字	文读	白读	例字	文读	白读
街	tɕie^{24}	kai^{24}	蟹	ɕie^{31}	xai^{31}
戒	tɕie^{31}	kai^{31}	角	tɕyo^{53}	kə^{53}
项	ɕiaŋ^{31}	xaŋ^{31}	巷	ɕiaŋ^{31}	xaŋ^{31}
解	tɕie^{35}	kai^{35}			

随州话：

例字	文读	白读	例字	文读	白读
街	tɕiai^{44}	kai^{44}	蟹	ɕiai^{213}	xai^{353}
戒	tɕiai^{213}	kai^{213}	角	tɕio^{42}	ko^{42}
项	ɕiaŋ^{213}	xaŋ^{213}	间	tɕian^{213}	kan^{44}
解	tɕiai^{353}	kai^{353}	咸	ɕian^{42}	xan^{42}
敲	tɕʻiau^{44}	kʻau^{44}	甲	tɕiɔ^{42}	kɔ^{42}

②部分文读声母不送气，白读送气。示例如下：

公安话：

例字	文读	白读	例字	文读	白读
跪	kuei³³	kʻuei³³	庇	pi³³	pʻi³³
昨	tsuo²¹⁴	tsʻuo²¹⁴	造	tsau³³	tsʻau³³
夺	tuo²¹⁴	tɕʻo²¹⁴	翅	tsɿ³³	tsʻɿ³³

潜江话：

例字	文读	白读	例字	文读	白读
箍	ku³⁵	kʻu³⁵	弟	ti⁵⁵	tʻi⁵⁵
鼻	pi¹³	pʻi¹³	地	ti⁵⁵	tʻi⁵⁵
字	tsɿ⁵⁵	tsʻɿ⁵⁵	舅	tɕiəu⁵⁵	tɕʻiəu⁵⁵
淡	tan⁵⁵	tʻan⁵⁵	垫	tiɛn⁵⁵	tʻiɛn⁵⁵
病	pin⁵⁵	pʻin⁵⁵	定	tin⁵⁵	tʻin⁵⁵
动	tuŋ⁵⁵	tʻuŋ⁵⁵	毒	tu¹³	tʻu¹³
凳	tən⁵⁵	tʻən⁵⁵	直	tsɿ¹³	tsʻɿ¹³

竹溪话：

例字	文读	白读	例字	文读	白读
择	tʂɛ⁵³	tʂʻɛ⁵³	撞	tʂuaŋ³¹³	tʂʻuaŋ³⁵
抖	təu³⁵	tʻəu³⁵			

荆门话：

例字	文读	白读	例字	文读	白读
垫	tian⁴⁴	tʻian⁴⁴	夺	tuo³²⁴	tʻuo³²⁴

神农架话：

例字	文读	白读	例字	文读	白读
撞	tʂuaŋ³¹³	tʂʻuaŋ³¹³	搬	pan²⁴	pʻan⁵³

咸丰话：

例字	文读	白读	例字	文读	白读
泼	po²²	pʻo²²	等	tən⁴²	tʻən²¹³

③uan韵遇声母为t、tʻ、l、n时某些方言存在文白异读。示例如下：

荆州话：

例字	文读	白读	例字	文读	白读
端	$tuan^{55}$	tan^{55}	短	$tuan^{42}$	tan^{42}
断	$tuan^{35}$	tan^{35}	乱	$luan^{35}$	lan^{35}

公安话：

例字	文读	白读	例字	文读	白读
端	$tuan^{55}$	tan^{55}	短	$tuan^{21}$	tan^{21}
断	$tuan^{33}$	tan^{33}	乱	$nuan^{33}$	nan^{33}
团	tʻuan^{214}	tʻan^{214}	暖	$nuan^{21}$	nan^{21}

咸丰话：

例字	文读	白读	例字	文读	白读
暖	$nuan^{42}$	nan^{42}	乱	$nuan^{213}$	nan^{213}

④uən韵遇声母端组、精组时某些方言存在文白异读现象。示例如下：

公安话：

例字	文读	白读	例字	文读	白读
墩	tuən^{55}	tən^{55}	顿	tuən^{33}	tən^{33}
轮	nuən^{214}	nən^{214}	吞	tʻuən^{55}	tʻən^{55}
寸	tsʻuən^{33}	tsʻən^{33}	孙	suən^{55}	sən^{55}

⑤支韵开口三等和蟹摄开口三等帮组字某些方言存在文白异读。示例如下：

公安话：

例字	文读	白读	例字	文读	白读
避	pi^{33}	pei^{33}	闭	pi^{33}	pei^{33}
弊	pi^{33}	pei^{33}	批	pʻi^{55}	pʻei^{55}
披	pʻi^{55}	pʻei^{55}	砒	pʻi^{55}	pʻei^{55}

⑥f、x声母上有些方言存在文白异读现象。示例如下：

咸丰话：

例字	文读	白读	例字	文读	白读
灰	xuei^{55}	fei^{55}	回	xuei^{22}	fei^{22}
飞	fei^{55}	xuei^{55}	肥	fei^{22}	xuei^{22}
会	xuei^{213}	fei^{213}			

潜江话：

例字	文读	白读	例字	文读	白读
飞	fei^{35}	xuei^{35}	饭	fan^{55}	xuan^{55}
发	fa^{13}	xua^{13}	罚	fa^{13}	xua^{13}
放	faŋ^{55}	xuaŋ^{55}	房	faŋ^{13}	xuaŋ^{13}

⑦部分方言文白异读属于擦音与塞擦音的区别。示例如下：

公安话：

例字	文读	白读	例字	文读	白读
盛	sən^{24}	tsʻən^{24}	膝	ɕi^{35}	tɕʻi^{35}
伸	sən^{55}	tsʻən^{55}	晨	tsʻən^{24}	sən^{24}
像	ɕiaŋ^{33}	tɕʻiaŋ^{55}			

钟祥话：

例字	文读	白读	例字	文读	白读
像	ɕiaŋ^{214}	tɕʻiaŋ^{214}	祥	ɕiaŋ^{31}	tɕʻiaŋ^{31}
纯	tʂʻuən^{31}	ʂuən^{31}	碎	ʂuəi^{214}	tʂʻuən^{214}

潜江话：

例字	文读	白读	例字	文读	白读
深	ʂən^{35}	tʂʻən^{35}	像	ɕiaŋ^{55}	tɕʻiaŋ^{55}
尝	tsʻaŋ^{13}	saŋ^{13}	溪	ɕi^{35}	tɕʻi^{35}

⑧部分遇摄字白读为əu或y，文读为u。示例如下：

咸丰话：

例字	文读	白读	例字	文读	白读
赌	tu^{42}	təu^{42}	土	tʻu^{42}	tʻəu^{42}

图	tʻu^{22}	tʻəu^{22}	初	tsʻu^{55}	tsʻəu^{55}
锄	tsʻu^{22}	tsʻəu^{22}	数	su^{42}	səu^{42}
主	tsu^{42}	tɕy^{42}	输	su^{55}	ɕy^{55}

2. **第二区**

①部分文读声母不送气，白读送气。本区方言文白异读较为普遍的是送气不送气的对立。示例如下：

安陆话：

例字	文读	白读	例字	文读	白读
躁	tsau^{35}	tsʻau^{35}	歼	tɕiɛn^{44}	tɕʻiɛn^{44}
族	tsəu^{24}	tsʻəu^{24}	助	tsəu^{55}	tsʻəu^{55}
造	tsau^{35}	tsʻau^{35}	跪	kuei^{55}	kʻuei^{55}

孝感话：

例字	文读	白读	例字	文读	白读
造	tsɑu^{55}	tsʻɑu^{55}	撞	tʂʮɑŋ^{55}	tʂʻʮɑŋ^{52}
族	tsəu^{213}	tsʻəu^{213}	摆	pɑi^{52}	pʻɑi^{52}
挂	kuɑ^{35}	kʻuɑ^{35}	跪	kuei^{55}	kʻuei^{55}

但也存在文读送气，白读不送气，只是数量相对较少。如安陆话中，“侧”字文读送气tsʻɛ^{24}，白读不送气tsɛ^{24}；孝感话中，“畔”字文读送气pʻan^{35}，白读不送气pan^{55}。

②部分文读声母读擦音，白读读塞音或塞擦音，或文读读塞音或塞擦音，白读读擦音。示例如下：

安陆话：

例字	文读	白读	例字	文读	白读
喷	pʻən^{35}	fən^{35}	尝	tʂʻaŋ^{31}	ʂaŋ^{31}
像	ɕiaŋ^{55}	tɕiaŋ^{55}			

孝感话：

例字	文读	白读	例字	文读	白读
伸	ʂən^{33}	tʂʻən^{33}	详	ɕiɑŋ^{21}	tɕʻiɑŋ^{33}

像　　ɕiaŋ^{55}　　tɕiaŋ^{55}

③蟹摄、止摄开口三四等帮端系，部分文读为i，白读为ei。示例如下：

孝感话：

例字	文读	白读	例字	文读	白读
弊	pi^{55}	pei^{55}	批	p‘i^{33}	p‘ei^{33}
迷	mi^{21}	mei^{21}	闭	pi^{35}	pei^{35}
抵	ti^{52}	tei^{52}	披	p‘i^{33}	p‘ei^{33}
臂	pi^{35}	pei^{35}	避	pi^{55}	pei^{55}

④蟹摄、止摄合口一三等帮端系、止摄开口三等帮系，部分文读为ei，白读为i。示例如下：

安陆话：

例字	文读	白读	例字	文读	白读
眉	mei^{31}	mi^{31}	霉	mei^{31}	mi^{31}
媒	mei^{31}	mi^{31}	泪	nei^{55}	ni^{55}
累	nei^{55}	ni^{55}	雷	nei^{31}	ni^{31}
对	tei^{35}	ti^{35}	堆	tei^{44}	ti^{44}

孝感话：

例字	文读	白读	例字	文读	白读
眉	mei^{21}	mi^{21}	霉	mei^{33}	mi^{21}
媒	mei^{21}	mi^{21}	泪	nei^{55}	ni^{55}
累	nei^{55}	ni^{55}	雷	nei^{21}	ni^{21}
对	tei^{35}	ti^{35}	堆	tei^{33}	ti^{33}

⑤见系开口二等文读为tɕ、tɕ‘、ɕ或零声母，白读为k、k‘、x、ŋ。示例如下：

安陆话：

例字	文读	白读	例字	文读	白读
架	tɕia^{35}	ka^{35}	街	tɕiai^{44}	kai^{44}

觉	tɕiau^{35}	kau^{35}	角	tɕio^{24}	ko^{24}
豇	tɕiaŋ^{44}	kaŋ^{44}	敲	tɕʻiau^{44}	kʻau^{44}
搅	tɕiau^{51}	kau^{51}	解	tɕiai^{51}	kai^{51}
阶	tɕiai^{44}	kai^{44}	介	tɕiai^{35}	kai^{35}
戒	tɕiai^{35}	kai^{35}	衔	ɕiɛn^{31}	xan^{31}
项	ɕiaŋ^{55}	xaŋ^{55}	巷	ɕiaŋ^{55}	xaŋ^{55}
鞋	ɕiɛ^{31}	xai^{31}	咸	ɕin^{21}	xan^{21}

孝感话：

例字	文读	白读	例字	文读	白读
架	tɕiɑ^{35}	kɑ^{35}	街	tɕiɛ^{33}	kɑi^{33}
觉	tɕiɑu^{35}	kɑu^{35}	角	tɕio^{213}	ko^{213}
豇	tɕiɑŋ^{33}	kɑŋ^{33}	敲	tɕʻiɑu^{33}	kʻɑu^{33}
搅	tɕiɑu^{52}	kɑu^{52}	解	tɕiɛ^{52}	kɑi^{52}
阶	tɕiɛ^{33}	kɑi^{33}	介	tɕiɛ^{35}	kɑi^{35}
戒	tɕiɛ^{35}	kɑi^{35}	衔	ɕin^{22}	xɑn^{22}
项	ɕiɑŋ^{55}	xɑŋ^{55}	巷	ɕiɑŋ^{55}	xɑŋ^{55}
鞋	ɕiɛ^{22}	xɑi^{22}	咸	ɕin^{21}	xɑn^{21}

黄冈话：

例字	文读	白读	例字	文读	白读
嫁	tɕia^{35}	ka^{35}	牙	ia^{31}	ŋa^{31}
虾	ɕia^{22}	xa^{22}	下	ɕia^{44}	xa^{44}
哑	ia^{55}	ŋa^{35}	敲	tɕʻiau^{22}	kʻau^{22}
鸭	ia^{213}	ŋa^{213}	间	tɕien^{22}	kan^{22}
项	ɕiaŋ^{44}	xaŋ^{44}	瞎	ɕia^{213}	xa^{213}
蟹	ɕie^{44}	xai^{55}			

红安话：

例字	文读	白读	例字	文读	白读
哑	ia^{35}	ŋe^{35}	下	ɕia^{33}	xa^{33}

角	tɕio^{213}	ko^{213}	眼	ian^{55}	ŋan^{55}
项	ɕiaŋ^{33}	xaŋ^{33}	间	tɕian^{11}	kan^{11}
蟹	ɕie^{35}	xai^{33}			

英山话：

例字	文读	白读	例字	文读	白读
嫁	tɕia^{35}	ka^{35}	牙	ia^{55}	ŋa^{55}
虾	ɕia^{31}	xa^{31}	下	ɕia^{33}	xa^{33}
哑	ia^{24}	ŋa^{24}	敲	tɕʻiau^{31}	kʻau^{31}
鸭	ia^{213}	ŋa^{213}	间	tɕian^{31}	kan^{31}
眼	ian^{24}	ŋan^{24}	瞎	ɕia^{213}	xa^{213}

武穴话：

例字	文读	白读	例字	文读	白读
嫁	tɕia^{35}	ka^{35}	下	ɕia^{22}	xa^{22}
夹	tɕia^{13}	ka^{13}	敲	tɕʻiau^{55}	kʻau^{55}
哑	ia^{33}	ŋa^{33}	间	tɕiɛn^{55}	kan^{55}
鸭	ia^{13}	ŋa^{13}	瞎	ɕia^{13}	xa^{13}
眼	iɛn^{33}	ŋan^{33}			

蕲春话：

例字	文读	白读	例字	文读	白读
嫁	tɕiɒ^{25}	kɒ^{25}	牙	iɒ^{31}	ŋɒ^{31}
虾	ɕiɒ^{42}	xɒ^{42}	下	ɕiɒ^{212}	xɒ^{212}
哑	ŋɒ^{34}	ŋɒ^{34}	敲	tɕʻiɑu^{42}	kʻɑu^{42}
鸭	iɒ^{21}	ŋɒ^{21}	间	tɕian^{42}	kan^{42}
眼	ian^{34}	ŋan^{34}	瞎	ɕiɒ^{21}	xɒ^{21}
蟹	ɕiɛ^{25}	xai^{34}			

黄梅话：

例字	文读	白读	例字	文读	白读
家	tɕia^{21}	ka^{21}	牙	ia^{55}	ŋa^{55}

蟹	ɕie^{33}	xai^{13}	下	ɕia^{33}	xa^{33}
江	tɕiaŋ^{21}	kaŋ^{21}	敲	tɕʻiɑu^{21}	kʻɑu^{21}
眼	iɛn^{13}	ŋan^{13}			

黄陂话：

例字	文读	白读	例字	文读	白读
限	ɕian^{455}	xan^{455}	角	tɕio^{214}	ko^{214}
间	tɕian^{334}	kan^{334}	眼	ian^{41}	ŋan^{41}
甲	tɕia^{214}	ka^{214}	敲	tɕʻiao^{334}	kʻao^{334}

⑥精组蟹摄合口三等、止摄合口三等和知照组梗摄开口二等字，文读声母多为舌尖前音ts、tsʻ、s，白读声母多为舌面音tɕ、tɕʻ、ɕ。示例如下：

安陆话：

例字	文读	白读	例字	文读	白读
嘴	tsei^{51}	tɕi^{51}	醉	tsei^{35}	tɕi^{35}
罪	tei^{55}	tɕi^{55}	随	sei^{31}	ɕi^{31}
岁	sei^{35}	ɕi^{35}	虽	sei^{44}	ɕi^{44}
碎	tsʻei^{35}	ɕi^{35}	髓	sei^{31}	ɕi^{31}

孝感话：

例字	文读	白读	例字	文读	白读
嘴	tsei^{52}	tɕi^{52}	醉	tsei^{35}	tɕi^{35}
罪	tsei^{55}	tɕi^{55}	穗	sei^{35}	ɕi^{35}
岁	sei^{35}	ɕi^{35}	虽	sei^{33}	ɕi^{33}

黄陂话：

例字	文读	白读	例字	文读	白读
对	tei^{35}	ti^{35}	背	pei^{35}	pi^{35}
赔	pʻei^{212}	pʻi^{212}	妹	mei^{455}	mi^{455}
贝	pei^{455}	pi^{455}	配	pʻei^{35}	pʻi^{35}
雷	lei^{212}	li^{212}	嘴	tsei^{41}	tɕi^{41}

罪	tsei^{455}	tɕi^{455}	碎	tsʻei^{35}	ɕi^{35}
随	sei^{212}	ɕi^{212}			

新洲话：

例字	文读	白读	例字	文读	白读
对	tei^{324}	ti^{324}	贝	pei^{324}	pi^{324}
赔	pʻei^{224}	pʻi^{224}	妹	mei^{33}	mi^{33}
配	pʻei^{324}	pʻi^{324}	煤	mei^{224}	mi^{224}
雷	nei^{224}	ȵi^{224}	罪	tsei^{33}	tɕi^{33}
背	pei^{324}	pi^{324}	碎	tsʻei^{324}	ɕi^{324}

广水话：

例字	文读	白读	例字	文读	白读
嘴	tsei^{34}	tɕi^{34}	醉	tsei^{13}	tɕi^{13}
碎	tsʻei^{13}	ɕi^{13}	岁	sei^{13}	ɕi^{13}

⑦古疑母、影母效摄假摄梗摄山摄开口二等字，文读多读为零声母，白读多读为ŋ。示例如下：

安陆话：

例字	文读	白读	例字	文读	白读
咬	iau^{51}	ŋau^{51}	硬	in^{55}	ŋən^{55}
轧	ia^{55}	ŋa^{55}	哑	ia^{51}	ŋa^{55}

浠水话：

例字	文读	白读	例字	文读	白读
咬	iau^{34}	ŋau^{34}	鸭	ia^{313}	ŋa^{313}
牙	ia^{42}	ŋa^{42}	眼	ian^{34}	ŋan^{34}

孝感话：

例字	文读	白读	例字	文读	白读
咬	iɑu^{52}	ŋɑu^{52}	晏	in^{35}	ŋɑn^{35}
轧	iɑ^{55}	ŋɑ^{55}	哑	iɑ^{52}	ŋɑ^{55}

3. 第三区

本区方言点文白异读现象比较突出，有的成系统地表现在声母或韵母的不同上，还有少数的表现为声韵调三方面的不同。这些异读或与语音演变有关，或与普通话的影响有关，下面分类来进行说明。

①假摄江摄咸摄山摄开口二等见组晓组字，如“家”“假”“牙”“虾”“讲”“项”“咸”“限”等字，本区方言存在文白异读，文读tɕ或ɕ，白读k或h或x。示例如下：

崇阳话：

例字	文读	白读	例字	文读	白读
假	tɕiɑ^{53}	kɑ^{53}	嫁	tɕiɑ^{214}	kɑ^{214}
夹	tɕiɑ^{55}	kæ^{55}	家	tɕiɑ^{22}	kɑ^{22}
闲	ɕiɛ^{21}	hæ^{21}	讲	tɕiaŋ^{53}	kaŋ^{53}
咸	ɕiɛ^{21}	hæ^{21}	项	ɕiaŋ^{44}	haŋ^{44}

嘉鱼话：

例字	文读	白读	例字	文读	白读
嫁	tɕiɒ^{213}	kɒ^{213}	甲	tɕia^{55}	k‘a^{55}
夹	tɕia^{55}	ka^{55}	下	ɕiɒ^{22}	xɒ^{22}
角	tɕio^{55}	ko^{55}	虾	ɕiɒ^{22}	xɒ^{22}

通城话：

例字	文读	白读	例字	文读	白读
甲	tɕiaʔ^{55}	kanʔ^{55}	间	tɕiɛn^{212}	kan^{212}
限	ɕiɛn^{35}	han^{35}	奸	tɕiɛn^{212}	kan^{212}
讲	tɕioŋ^{42}	koŋ^{42}	角	tɕioʔ^{55}	koʔ^{55}

通山话：

例字	文读	白读	例字	文读	白读
夹	tɕiɔ^{55}	kɔ^{55}	甲	tɕiɔ^{55}	k‘ɔ^{55}

监利话：

例字	文读	白读	例字	文读	白读
夹	tɕia^{55}	ka^{55}	间	tɕiɛn^{44}	kan^{44}

讲	tɕiaŋ^{21}	kaŋ^{21}	项	ɕiaŋ^{33}	xaŋ^{33}

阳新话：

例字	文读	白读	例字	文读	白读
家	tɕiɒ^{44}	kɒ^{44}	嫁	tɕiɒ^{44}	kɒ^{44}
夹	tɕiɒ^{25}	kɒ^{25}	掐	tɕʻiɒ^{44}	kʻɒ^{44}
下	ɕiɒ^{44}	xɒ^{44}	甲	tɕiɒ^{25}	kɒ25
咸	ɕiæ̃^{213}	xæ̃^{213}	项	xiɔŋ^{44}	xɔ̃^{44}

②古疑母字在本区存在文白异读的现象，如“业”“银”“验”“言”等字，声母文读为零声母，白读为n或ȵ。示例如下：

崇阳话：

例字	文读	白读	例字	文读	白读
银	in^{21}	ȵin^{21}	验	iɛ^{44}	ȵiɛ^{44}
业	iɛ^{55}	ȵiɛ^{55}			

嘉鱼话：

例字	文读	白读	例字	文读	白读
银	iən^{24}	niən^{24}	验	ie^{55}	nie^{55}
业	ie^{55}	nie^{55}	言	in^{24}	nin^{24}

③蟹摄、止摄合口一三等帮端系、止摄开口三等帮系，部分文读为ei,白读为i。示例如下：

嘉鱼话：

例字	文读	白读	例字	文读	白读
妹	mei^{22}	mi^{22}	雷	nei^{24}	ni^{24}
眉	mei^{24}	mi^{24}	贝	pei^{213}	pi^{213}

监利话：

例字	文读	白读	例字	文读	白读
嘴	tsei^{21}	tɕi^{21}	尾	uei^{21}	i^{21}
岁	sei^{25}	ɕi^{25}			

④全浊声母在本区方言中大多消失，仅有崇阳话、通城话、赤壁话

存在全浊声母，这些全浊声母存在文白异读的现象。示例如下：

通城话：

例字	文读	白读	例字	文读	白读
递	ti^{214}	ɗi^{35}	垫	tiɛn^{35}	ɗiɛn^{35}
像	ɕioŋ^{214}	dʑioŋ^{35}			

⑤梗摄开口细音舒声字（除知庄章组外）字，如“青”“清”“晴”“轻”“星”“病”“命”“平”“零”等，多存在文白异读，文读为in、iən，白读为ian、iaŋ、iɔŋ或鼻化韵。示例如下：

崇阳话：

例字	文读	白读	例字	文读	白读
青	ʑin^{22}	ʑiaŋ^{22}	清	ʑin^{22}	ʑiaŋ^{22}
平	ɓin^{21}	ɓiaŋ^{21}	领	tʻin^{53}	tʻiaŋ^{53}
命	min^{44}	miaŋ^{44}	钉	tin^{214}	tiaŋ^{214}
星	ɕin^{22}	ɕiaŋ^{22}	井	tɕin^{53}	tɕiaŋ^{53}
明	min^{21}	miaŋ^{21}	镜	tɕin^{214}	tɕiaŋ^{214}
影	in^{53}	iaŋ^{53}	饼	pin^{53}	piaŋ^{53}
名	min^{21}	miaŋ^{21}	轻	ʑin^{22}	ʑiaŋ^{22}
赢	in^{21}	iaŋ^{21}	听	ɗin^{214}	ɗiaŋ^{214}
零	ɗin^{21}	ɗiaŋ^{21}			

咸宁话：

例字	文读	白读	例字	文读	白读
青	tɕʻiən^{44}	tɕʻiɒ̃^{44}	清	tɕʻiən^{44}	tɕʻiɒ̃^{44}
平	pʻiən^{31}	pʻiɒ̃^{31}	领	niən^{42}	niɒ̃^{42}
命	miən^{33}	miɒ̃^{33}	钉	tiən^{44}	tiɒ̃^{44}
星	ɕiən^{44}	ɕiɒ̃^{44}	井	tɕiən^{42}	tɕiɒ̃^{42}
轻	tɕʻiən^{44}	tɕʻiɒ̃^{44}	赢	iən^{31}	iɒ̃^{31}
零	niən^{31}	niɒ̃^{31}			

通城话：

例字	文读	白读	例字	文读	白读
青	tɕʻin^{212}	dʑiaŋ^{212}	清	tɕʻin^{212}	dʑiaŋ^{212}
平	ɓin^{33}	ɓiaŋ^{33}	领	ɗin^{42}	ɗiaŋ^{42}
命	min^{35}	miaŋ^{35}	钉	tin^{212}	tiaŋ^{212}
星	ɕin^{212}	ɕiaŋ^{212}	井	tɕin^{42}	tɕiaŋ^{42}

阳新话：

例字	文读	白读	例字	文读	白读
青	tsʻin^{44}	tsʻiɔŋ^{44}	清	tsʻin^{44}	tsʻiɔŋ^{44}
平	pʻin^{213}	pʻiɔŋ^{213}	领	lin^{31}	liɔŋ^{31}
命	min^{44}	miɔŋ^{44}	钉	tin^{44}	tiɔŋ^{44}
星	ɕin^{44}	ɕiɔŋ^{44}	井	tsin^{31}	tsiɔŋ^{31}

嘉鱼话：

例字	文读	白读	例字	文读	白读
平	pʻiən^{24}	pʻian^{24}	病	pʻiən^{22}	pʻian^{22}
明	miən^{24}	mian^{24}	命	miən^{22}	mian^{22}
影	iən^{31}	ian^{31}	名	miən^{24}	mian^{24}
井	tɕiən^{31}	tɕian^{31}	清	tɕʻiən^{44}	tɕʻian^{44}
轻	tɕʻiən^{44}	tɕʻian^{44}	赢	iən^{24}	ian^{24}
听	tʻiən^{213}	tʻian^{213}	零	niən^{24}	nian^{24}
青	tɕʻiən^{44}	tɕʻian^{44}	星	ɕiən^{44}	ɕian^{44}

赤壁话：

例字	文读	白读	例字	文读	白读
平	bin^{13}	bian^{13}	饼	pin^{31}	pian^{31}
清	dʑin^{44}	dʑian^{44}	星	ɕin^{44}	ɕian^{44}

⑥假摄开口三等精组、章组、影组字，本区方言存在文白异读现象。示例如下：

崇阳话：

例字	文读	白读	例字	文读	白读

姐	tɕiɛ^{53}	tɕiɑ^{53}	借	tɕiɛ^{214}	tɕiɑ^{214}
爷	iɛ^{21}	iɑ^{53}			

嘉鱼话：

例字	文读	白读	例字	文读	白读
爷	ie^{24}	iɒ^{24}	野	ie^{31}	iɒ^{31}
夜	ie^{22}	iɒ^{22}	蛇	ʂə^{24}	ʂɒ^{24}
射	ʂə^{22}	ʂɒ^{22}			

咸宁话：

例字	文读	白读	例字	文读	白读
姐	tɕie^{42}	tɕiɒ^{42}	谢	ɕie^{33}	ɕiɒ^{33}

阳新话：

例字	文读	白读	例字	文读	白读
野	iɛ^{31}	iɒ^{31}	夜	iɛ^{44}	iɒ^{44}
射	sɛ^{44}	sɒ^{44}	舍	sɛ^{31}	sɒ^{31}
车	tsʻɛ^{44}	tsʻɒ^{44}	惹	zɛ^{31}	zɒ^{31}

监利话：

例字	文读	白读	例字	文读	白读
姐	tɕiɛ^{21}	tɕia^{21}	爷	iɛ^{13}	ia^{13}

⑦本区方言点阳新话、通山话存在尖团音，通山话此类音中存在文白异读现象。示例如下：

例字	文读	白读	例字	文读	白读
姐	tɕiɔ^{42}	tsi^{42}	谢	tɕiɔ^{33}	si^{33}
写	ɕiɔ^{42}	si^{42}			

⑧部分透母字、部分定母清化送气字的声母白读为x，文读为tʻ。示例如下：

监利话：

例字	文读	白读	例字	文读	白读
土	tʻou^{21}	xou^{21}	梯	tʻi^{44}	xi^{44}

桃	tʻau^{13}	xau^{13}	道	tʻau^{33}	xau^{33}
头	tʻou^{13}	xou^{13}	豆	tʻou^{33}	xou^{33}
天	tʻiɛn^{44}	xiɛn^{44}	吞	tʻɛn^{44}	xɛn^{44}

三、新老异读

由于社会的发展和方言自身的演变，各方言在不同的历史时期语音面貌有所不同，从同一时间段来看，就表现为新老派异读。新老派异读和文白异读有着内在的联系，一般来说，新派读法往往跟文读音相联系，而老派读法往往与白读音相联系。

1．第一区

本区新派读音主要受普通话的影响，老派读音保留方言原有读音，两者存在一定的差异，也体现出语音的演变关系。

①泥母字存在新派老派读音差异。

丹江口话、竹溪话、江夏话中，泥母（洪音前）在新派、老派读音中表现为不同情况：新派一般读为n，老派一般读为l。郧阳话中，泥母（细音前）在新派、老派读音中表现为不同情况：新派一般读为n，老派一般读为l。建始话中，泥母（细音前）在新老派读音上有不同表现：新派一般读为l，老派一般读为n。

②知组、庄组、章组字存在新派老派读音差异。

如房县话，知、章、庄组字声母在新老派读音中表现不同：新派一般读为ts、tsʻ、s，老派读为tʂ、tʂʻ、ʂ。竹溪话中，知组、庄组、章组的虞韵合口三等字韵母在新老派读音中有所不同：新派读为u，老派读为ʮ。示例如下：

例字	新读	老读	例字	新读	老读
主	tʂu^{35}	tʂʮ^{35}	住	tʂu^{312}	tʂʮ^{313}
柱	tʂu^{312}	tʂʮ^{313}	书	ʂu^{24}	ʂʮ^{24}
除	tʂʻu^{53}	tʂʻʮ^{53}	竖	ʂu^{312}	ʂʮ^{313}

③非组合口三等字、晓母匣母合口字声母存在新老派读音差异。

非组字新派一般读为f，老派读为x(荆门话老派部分读为ɸ)，晓母匣母部分字新派一般读为x，老派一般读为f。示例如下：

竹溪话：

例字	新读	老读	例字	新读	老读
会	xuei^{312}	fei^{313}	怀	xuai^{53}	fai^{53}
欢	xuan^{24}	fan^{24}	换	xuan^{312}	fan^{313}
慌	xuaŋ^{24}	faŋ^{24}	灰	xuei^{24}	fei^{24}
虎	xu^{35}	fu^{35}	壶	xu^{53}	fu^{53}

巴东话：

例字	新读	老读	例字	新读	老读
翻	fan^{45}	xuan^{45}	虎	xu^{51}	fu^{51}
饭	fan^{24}	xuan^{24}	户	xu^{24}	fu^{24}
肺	fei^{24}	xuei^{24}	犯	fan^{24}	xuan^{24}
反	fan^{51}	xuan^{51}	魂	xuən^{22}	fən^{22}
婚	xuən^{45}	fən^{45}	费	fei^{24}	xuei^{24}
壶	xu^{22}	fu^{22}			

恩施话：

例字	新读	老读	例字	新读	老读
富	fu^{35}	xu^{35}	妇	fu^{35}	xu^{35}
粉	fən^{51}	xuən^{51}	坟	fən^{33}	xuən^{35}
方	faŋ^{55}	xuaŋ^{55}	丰	foŋ^{55}	xoŋ^{55}
副	fu^{35}	xu^{35}	浮	fu^{33}	xu^{33}
福	fu^{33}	xu^{33}	服	fu^{33}	xu^{33}
反	fan^{51}	xuan^{51}	翻	fan^{55}	xuan^{55}
饭	fan^{35}	xuan^{35}	放	faŋ^{35}	xuaŋ^{35}
纺	faŋ^{51}	xuaŋ^{51}	防	faŋ^{33}	xuaŋ^{33}
肥	fei^{33}	xuei^{33}	费	fei^{35}	xuei^{35}
发	fa^{33}	xua^{33}	罚	fa^{33}	xua^{33}

犯	fan^{35}	xuan^{35}	分	fən^{55}	xuən^{55}

荆门话：

例字	新读	老读	例字	新读	老读
飞	fei^{445}	xuei^{445}	费	fei^{44}	xuei^{44}
肥	fei^{324}	xuei^{324}	反	fan^{55}	ɸan^{55}
翻	fan^{445}	ɸan^{445}	分	fən^{445}	ɸən^{445}
放	faŋ^{44}	ɸuaŋ^{44}	房	faŋ^{324}	ɸuaŋ^{324}
法	fa^{324}	xua^{324}	犯	fan^{44}	xuan^{44}
风	fəŋ^{445}	ɸoŋ^{445}	丰	fəŋ^{445}	ɸoŋ^{445}
浮	fu^{24}	ɸu^{24}	府	fu^{55}	ɸu^{55}
付	fu^{33}	ɸu^{33}	副	fu^{33}	ɸu^{33}
富	fu^{33}	ɸu^{33}	父	fu^{33}	ɸu^{33}
饭	fan^{33}	ɸuan^{33}	缝	foŋ^{33}	ɸoŋ^{33}

潜江话：

例字	新读	老读	例字	新读	老读
富	fu^{55}	xu^{55}	费	fei^{55}	xuei^{55}
肥	fei^{13}	xuei^{13}	反	fan^{31}	xuan^{31}
翻	fan^{35}	xuan^{35}	分	fən^{35}	xuən^{35}
方	faŋ^{35}	xuaŋ^{35}	房	faŋ^{13}	xuaŋ^{13}
法	fa^{13}	xua^{13}	犯	fan^{55}	xuan^{55}
风	fuŋ^{35}	xuŋ^{35}	丰	fuŋ^{35}	xuŋ^{35}

松滋话：

例字	新读	老读	例字	新读	老读
府	fu^{31}	xu^{31}	付	fu^{35}	xu^{35}
父	fu^{35}	xu^{35}	肺	fei^{35}	xuei^{35}
肥	fei^{13}	xuei^{13}	犯	fan^{35}	xuan^{35}
费	fei^{35}	xuei^{35}	法	fa^{13}	xua^{13}
风	foŋ^{55}	xoŋ^{55}	丰	foŋ^{55}	xoŋ^{55}

④蟹摄开合口一等、止摄合口三等韵存在新老派读音差异。

郧阳话中，蟹摄开口一等韵在新老派读音中表现不同：新派一般读为ɛ，老派一般读为ɛi。示例如下：

例字	新读	老读	例字	新读	老读
胎	t‘ɛ^{24}	t‘ɛi^{45}	来	lɛ^{51}	lɛi^{51}
菜	ts‘ɛ^{31}	ts‘ɛi^{31}	该	kɛ^{24}	kɛi^{45}
开	k‘ɛ^{24}	k‘ɛi^{45}	盖	kɛ^{31}	kɛi^{31}
害	xɛ^{31}	xɛi^{31}	解	kɛ^{33}	kɛi^{43}

潜江话、松滋话中，蟹摄合口一等、止摄合口三等精组字韵母在新老派读音中有不同表现：新派一般读为uei，老派一般读为ei。

⑤臻摄合口一等、三等字韵母存在新老派读音差异。

钟祥话、长阳话、兴山话、咸丰话、潜江话、荆门话中，泥组、精组的臻摄合口一等、三等字韵母在新老派读音中表现不同：新派读音为uən，老派读音为ən。

⑥遇摄合口一等字韵母存在新老派读音差异。

保康话、咸丰话、神农架话中，遇摄合口一等的端组字、泥组字、精组字韵母在新老派读音上有不同表现：新派一般读为u，老派一般读为əu。示例如下：

保康话：

例字	新读	老读	例字	新读	老读
赌	tu^{55}	təu^{55}	土	t‘u^{55}	t‘əu^{55}
图	t‘u^{53}	t‘əu^{53}	杜	tu^{312}	təu^{312}
奴	nu^{53}	nəu^{53}	路	nu^{312}	nəu^{312}
毒	tu^{53}	təu^{53}			

咸丰话：

例字	新读	老读	例字	新读	老读
路	nu^{213}	nəu^{213}	杜	tu^{213}	təu^{213}
奴	nu^{22}	nəu^{22}			

神农架话：

例字	新读	老读	例字	新读	老读
图	$t^{h}u^{53}$	$t^{h}əu^{53}$	租	$tʂu^{24}$	$tʂəu^{24}$
奴	nu^{53}	$nəu^{53}$	初	$tʂ^{h}u^{24}$	$tʂ^{h}əu^{24}$
锄	$tʂ^{h}u^{53}$	$tʂ^{h}əu^{53}$			

⑦山摄合口一等字韵母存在新老派读音差异。

荆州话、潜江话、荆门话、兴山话、长阳话中，山摄合口一等端组、精组、泥组字韵母在新老派读音中表现不同：新派一般读为uan，老派一般读为an。

⑧咸摄、山摄开口合口三等、四等字，宕摄开口三等字，江摄开口二等字韵母存在新老异读差异。

建始话中，咸摄、山摄开口三等、四等字韵母在新老派读音中有不同表现：新派一般读为iɛn，老派一般读为in。示例如下：

例字	新读	老读	例字	新读	老读
尖	$tɕiɛn^{45}$	$tɕin^{45}$	剑	$tɕiɛn^{35}$	$tɕin^{35}$
欠	$tɕ^{h}ian^{35}$	$tɕ^{h}in^{35}$	点	$tiɛn^{51}$	tin^{51}
店	$tiɛn^{35}$	tin^{35}	嫌	$ɕiɛn^{22}$	$ɕin^{22}$
骗	$p^{h}iɛn^{35}$	$p^{h}in^{35}$	面	$miɛn^{35}$	min^{35}
钱	$tɕ^{h}iɛn^{22}$	$tɕ^{h}in^{22}$	线	$ɕiɛn^{35}$	$ɕin^{35}$
建	$tɕiɛn^{35}$	$tɕin^{35}$	前	$tɕ^{h}iɛn^{22}$	$tɕ^{h}in^{22}$
盐	$iɛn^{22}$	in^{22}	年	$niɛn^{22}$	nin^{22}

江夏话中，咸摄、山摄开口三等、四等字韵母在新老派读音中有不同表现：新派一般读为ian，老派一般读为ien。示例如下：

例字	新读	老读	例字	新读	老读
尖	$tɕian^{45}$	$tɕien^{35}$	剑	$tɕian^{324}$	$tɕien^{324}$
欠	$tɕ^{h}ian^{324}$	$tɕ^{h}ien^{324}$	点	$tian^{42}$	$tien^{41}$
店	$tian^{324}$	$tien^{324}$	嫌	$ɕian^{312}$	$ɕien^{13}$
验	ian^{24}	ien^{445}	面	$mian^{24}$	$mien^{445}$

钱	tɕʻian^{312}	tɕʻien^{13}	前	tɕʻian^{312}	tɕʻien^{13}
建	tɕian^{324}	tɕien^{324}			

武汉话中，山摄合口三等知组、庄组字，宕摄开口三等庄组字，江摄开口二等知组、庄组字韵母在新老派读音中表现不同：新派读音中山摄字一般读为uan，宕摄、江摄字一般读为uaŋ，老派读音中山摄字一般读为yan，宕摄、江摄字一般读为yaŋ。示例如下：

例字	新读	老读	例字	新读	老读
传	tɕʻuan^{213}	tɕʻyan^{213}	转	tsuan^{42}	tɕyan^{42}
砖	tsuan^{55}	tɕyan^{55}	船	tsʻuan^{213}	tɕʻyan^{213}
装	tsuaŋ^{55}	tɕyaŋ^{55}	壮	tsuaŋ^{25}	tɕyaŋ^{25}
霜	suaŋ^{55}	ɕyaŋ^{55}	桩	tsuaŋ^{55}	tɕyaŋ^{55}
撞	tsʻuaŋ^{42}	tɕʻyaŋ^{42}	窗	tsʻuaŋ^{55}	tɕʻyaŋ^{55}
双	suaŋ^{55}	ɕyaŋ^{55}	床	tsʻuaŋ^{213}	tɕʻyaŋ^{213}

⑨部分老派读齐齿呼韵母字，新派读为撮口呼。如宜城话：

例字	新读	老读	例字	新读	老读
雨	y^{55}	i^{55}	橘	tɕy^{53}	tɕi^{53}
局	tɕy^{53}	tɕi^{53}	靴	ɕye^{24}	ɕie^{24}
月	ye^{53}	ie^{53}	权	tɕʻyan^{53}	tɕʻian^{53}
云	yn^{53}	in^{53}			

新老派异读还体现在部分字声母的送气与不送气上，如汉川话，“概”字新派读为kai^{33}，老派读为kʻai^{33}，“翅”字新派读为tsʻɿ^{33}，老派读为tsɿ^{33}；仙桃话中“跪”字新派读为kuei^{53}，老派读为kʻuei^{53}，“袋”字新派读为tai^{53}，老派读为tʻai^{53}。部分微母字也存在新老派读音差异，仙桃话中“问”“网”“忘”字新派声母均读为零声母，老派声母均读为m。

2. **第二区**

本区新老派异读在声母韵母中均有体现，声母方面集中体现在疑母、泥母、来母字与见组、精组字上，韵母方面集中体现在蟹摄、止摄字中。

①来母、泥母、疑母、微母字存在新老派异读。

黄陂话中，来母、泥母字在新老派读音中有别，新派皆读为n，老派皆读为l。新洲话中，来母、泥母字新老派读音有别，新派读音均读为l，老派读音均读为n。武穴话部分来母字存在新老派异读。示例如下：

例字	新读	老读	例字	新读	老读
龙	ləŋ^{31}	nəŋ^{31}	落	lo^{13}	no^{13}
连	liɛn^{31}	niɛn^{31}	梨	li^{31}	ni^{31}
蓝	lan^{31}	nan^{31}	蜡	la^{13}	na^{13}
锣	lo^{31}	no^{31}	螺	lo^{31}	no^{31}
路	lu^{22}	neu^{22}	雷	li^{31}	ni^{31}
犁	li^{31}	ni^{31}	力	li^{13}	nei^{13}

黄冈话中，疑母、泥母字新老派读音有所不同，集中体现在：

例字	新读	老读	例字	新读	老读
女	mʮ^{55}	ȵʮ^{55}	泥	ni^{31}	ȵi^{31}
鸟	niau^{55}	ȵiau^{55}	牛	niəu^{31}	ȵiəu^{31}
黏	nien^{31}	ȵien^{31}	验	ien^{44}	ȵien^{44}
业	ie^{213}	ȵie^{213}	念	nien^{44}	ȵien^{44}
孽	nie^{213}	ȵie^{213}	年	nien^{31}	ȵien^{31}
捏	nie^{213}	ȵie^{213}	娘	niaŋ^{31}	ȵiaŋ^{31}
弱	ʐo^{213}	ȵio^{213}			

黄陂话中，部分疑母、微母字新老派读音有别。示例如下：

例字	新读	老读	例字	新读	老读
艺	i^{455}	li^{455}	蚁	i^{41}	li^{41}
尾	i^{41}	li^{41}	验	ian^{455}	lian^{455}
严	ian^{212}	lian^{212}	业	ie^{214}	lie^{214}

②部分匣母、非母字存在新老派异读。

如红安话：

例字	新读	老读	例字	新读	老读
或	xo^{33}	fe^{33}	横	xən^{31}	fən^{31}

风	foŋ^{11}	xoŋ^{11}	凤	foŋ^{33}	xoŋ^{33}
蜂	foŋ^{11}	xoŋ^{11}	缝	foŋ^{33}	xoŋ^{33}

③见组、精组、晓组字存在新老派异读。

黄冈话中，见组、精组、晓组字新老派读音有所不同。示例如下：

例字	新读	老读	例字	新读	老读
嫁	tɕia^{35}	ka^{35}	局	tɕʯ^{213}	tṣʯ^{213}
举	tɕʯ^{55}	tṣʯ^{55}	锯	tɕʯ^{35}	tṣʯ^{35}
许	ɕʯ^{55}	ṣʯ^{55}	句	tɕʯ^{35}	tṣʯ^{35}
区	tɕʻʯ^{22}	tṣʻʯ^{22}	戒	tɕie^{35}	kai^{35}
罪	tsei^{44}	tɕi^{44}	岁	sei^{35}	ɕi^{35}
嘴	tsei^{55}	tɕi^{55}	随	sei^{31}	ɕi^{31}
醉	tsei^{35}	tɕi^{35}	圈	tɕʻɥan^{22}	tṣʻɥan^{22}
权	tɕʻɥan^{31}	tṣʻɥan^{31}	劝	tɕʻɥan^{35}	tṣʻɥan^{35}
决	tɕɥe^{213}	tṣɥe^{213}	缺	tɕʻɥe^{213}	tṣʻɥe^{213}

罗田话中，部分匣母、见母字新老派读音有别：

例字	新读	老读	例字	新读	老读
嫁	tɕia^{25}	ka^{25}	虾	xa^{21}	ɕia^{21}
下	xa^{33}	ɕia^{33}	角	tɕio^{213}	ko^{213}

新洲话中，部分匣母、见母字新老派读音有别：

例字	新读	老读	例字	新读	老读
虾	ɕia^{31}	xa^{31}	限	ɕien^{33}	xan^{55}
瞎	ɕia^{213}	xa^{213}	间	tɕien^{31}	kan^{31}

④部分蟹摄、止摄字存在新老派异读。

红安话中，蟹摄合口一等灰韵、合口三等祭韵，止摄开口三等脂韵、支韵和合口三等支韵中部分字新老派读音有别。示例如下：

例字	新读	老读	例字	新读	老读
赔	pʻei^{31}	pʻi^{31}	背	pei^{33}	pi^{35}
煤	mei^{31}	mi^{31}	对	tei^{35}	ti^{35}

雷	lei^{31}	ni^{31}	岁	sei^{35}	ɕi^{35}
被	pei^{33}	pi^{33}	眉	mei^{31}	mi^{31}

黄陂话中，蟹摄合口一等、三等，止摄开合口三等的部分字新老派读音有别。示例如下：

例字	新读	老读	例字	新读	老读
妹	mei^{455}	mi^{455}	罪	tsei^{35}	tɕi^{455}
醉	tsei^{35}	tɕi^{35}	岁	sei^{35}	ɕi^{35}
被	pei^{455}	pi^{455}	眉	mei^{212}	mi^{212}

黄梅话、应城话、云梦话中，蟹摄合口一等、止摄开合三等部分字中新老派读音有别。示例如下：

黄梅话：

例字	新读	老读	例字	新读	老读
煤	mei^{55}	mi^{55}	眉	mei^{55}	mi^{55}
随	sei^{55}	ɕi^{55}	类	lei^{33}	li^{33}
碎	ɕi^{35}	tsʻei^{35}			

应城话：

例字	新读	老读	例字	新读	老读
罪	tsei^{55}	tɕi^{55}	碎	tsʻei^{55}	ɕi^{55}
被	pei^{55}	pi^{55}	雷	lei^{213}	li^{213}

云梦话：

例字	新读	老读	例字	新读	老读
罪	tsei^{55}	tɕi^{55}	碎	sei^{35}	ɕi^{35}
雷	lei^{22}	li^{22}			

黄冈话中，蟹摄合口一三等、止摄开合口三等部分字存在新老派异读。示例如下：

例字	新读	老读	例字	新读	老读
岁	sei^{35}	ɕi^{35}	眉	mei^{31}	mi^{31}
随	sei^{55}	ɕi^{55}	嘴	tsei^{55}	tɕi^{55}

醉 tsei^{35} tɕi^{35}

蕲春话中，蟹摄合口一等、止摄合口三等部分字存在新老派异读。示例如下：

例字	新读	老读	例字	新读	老读
煤	mei^{31}	mi^{31}	配	pʻi^{25}	pʻei^{25}
雷	lei^{31}	li^{31}	类	lei^{212}	li^{212}

武穴话中，蟹摄开口三四等帮组、端组部分字新老派读音有别。示例如下：

例字	新读	老读	例字	新读	老读
币	pi^{22}	pei^{22}	米	mi^{33}	mei^{33}
低	ti^{55}	tei^{55}	梯	tʻi^{55}	tʻei^{55}
剃	tʻi^{35}	tʻei^{35}	弟	ti^{22}	tei^{22}
壁	pi^{13}	pei^{13}	劈	pʻi^{13}	pʻei^{13}
踢	tʻi^{13}	tʻei^{13}	递	ti^{22}	tei^{22}
历	li^{13}	lei^{13}	锡	si^{13}	sei^{13}
积	tsi^{13}	tsei^{13}	惜	si^{13}	sei^{13}
席	si^{22}	sei^{22}	力	li^{13}	nei^{13}
息	si^{13}	sei^{13}	碑	pi^{55}	pei^{55}
被	pi^{22}	pei^{22}	地	ti^{22}	tei^{22}

⑤部分通摄字存在新老派异读。

武穴话中，通摄合口一三等屋韵字，新老派读音有所不同。示例如下：

例字	新读	老读	例字	新读	老读
读	tu^{22}	tʻeu^{22}	鹿	lu^{13}	leu^{13}
族	tsu^{22}	tsʻeu^{22}	毒	tu^{22}	teu^{22}
六	lu^{13}	leu^{13}	宿	su^{13}	seu^{13}
竹	tsu^{13}	tseu^{13}	畜	tsʻu^{13}	tsʻeu^{13}
缩	so^{13}	seu^{13}	粥	təu^{13}	tseu^{13}

叔	su^{13}	seu^{13}	熟	su^{22}	seu^{22}
绿	lu^{13}	leu^{13}	足	tsu^{13}	tseu^{13}

⑥部分知组、庄组、章组字存在新老派异读。

红安话中，知组、庄组、章组字存在新老派异读，老派韵母多为齐齿呼，新派韵母为开口呼：

例字	新读	老读	例字	新读	老读
张	tʂaŋ^{11}	tʂiaŋ^{11}	长	tʂʻaŋ^{31}	tʂʻiaŋ^{31}
装	tsaŋ^{11}	tsiaŋ^{11}	壮	tsaŋ^{35}	tsiaŋ^{35}
疮	tsʻaŋ^{11}	tsʻiaŋ^{11}	床	tsʻaŋ^{31}	tsʻiaŋ^{31}
霜	saŋ^{11}	siaŋ^{11}	厂	tʂʻaŋ^{55}	tʂʻiaŋ^{55}
唱	tʂʻaŋ^{35}	tʂʻiaŋ^{35}			

3. **第三区**

本区新老派异读与文白异读有着一定的内在联系，体现了语音的变化。

赤壁话在新老派异读中体现了清浊声母的变化，有些浊声母在老派读音中保留，在新派读音中变为清声母，如“集”字，新派读音为tɕi^{45}，老派读音为dʑi^{22}。

新派读音更接近普通话的读音。

崇阳话中，来母（细音前）在新派、老派读音中呈现不同的情况：新派读音一般为l，与普通话相同，老派读音一般为tʻ或ɗ。示例如下：

例字	新读	老读	例字	新读	老读
雷	li^{21}	tʻi^{21}	梨	li^{21}	tʻi^{21}
李	li^{53}	tʻi^{53}	楼	lio^{21}	ɗio^{21}
流	liəu^{21}	ɗio^{21}	林	lin^{21}	tʻin^{21}
邻	lin^{21}	tʻin^{21}	亮	liaŋ^{44}	tʻiaŋ^{44}
领	liaŋ^{53}	tʻiaŋ^{53}	绿	liəu^{55}	tʻiəu^{55}

大冶话中，新派读音与普通话相近，与老派读音有所不同。

例字	新读	老读	例字	新读	老读

靴	ɕye^{22}	ɕie^{22}	姐	tɕie^{44}	tɕi^{44}
写	ɕie^{44}	ɕiɒ^{44}	斜	ɕie^{31}	ɕiɒ^{31}
取	tɕʻy^{44}	tɕʻɐi^{44}	蚁	i^{55}	ȵi^{55}

黄石话中，泥母（细音前）在新老派读音中有所区别：新派读音多读为零声母，老派读音多读为ȵ，如“业”“严”等字。古疑母、影母效摄假摄梗摄山摄开口二等字，新派多读为零声母，老派读音多读为ŋ，如“牙”“哑”“岩”“鸭”等字。蟹摄合口一等帮系端系等字，新派与老派读音也有区别。示例如下：

例字	新读	老读	例字	新读	老读
杯	pei^{33}	pi^{33}	配	pʻei^{25}	pʻi^{25}
赔	pʻei^{31}	pʻi^{31}	背	pei^{324}	pi^{324}
煤	mei^{31}	mi^{31}	妹	mei^{324}	mi^{324}
对	tei^{25}	ti^{25}	雷	lei^{31}	li^{31}
贝	pei^{25}	pi^{25}			

阳新话中，在尖团音现象上新老派读音有区别：新派读音与普通话接近，不分尖团音，老派读音还存在分尖团的现象。示例如下：

例字	新读	老读	例字	新读	老读
姐	tɕiɒ^{25}	tsiɒ^{31}	借	tɕiɒ^{44}	tsiɒ^{44}
写	ɕiɒ^{31}	siɒ^{31}	斜	ɕiɒ^{213}	siɒ^{213}
小	ɕi^{31}	si^{31}	笑	ɕi^{44}	si^{44}
夹	tɕiɒ^{25}	kɒ^{25}	甲	tɕiɒ^{25}	kɒ^{25}
焦	tɕiɛ^{44}	tsi^{44}	箫	ɕi^{44}	si^{44}
敲	tɕʻiɔ^{44}	kʻɔ^{44}	谢	ɕiɛ^{44}	si^{44}
锯名	tɕy^{44}	kɛ^{44}	取	tɕʻy^{31}	tsʻai^{31}
酒	tɕiu^{31}	tsiu^{31}	修	ɕiau^{44}	siu^{44}
袖	ɕiu^{44}	tsʻiu^{44}	尖	tɕiĩ^{44}	tsiĩ^{44}
签~名	tɕʻiẽ^{44}	tsʻiĩ^{44}	接	tɕi^{25}	tsi^{25}
侵	tɕin^{44}	tsʻin^{44}	心	ɕin^{44}	sin^{44}

寻	ɕyan^{213}	sin^{213}	剪	tɕiĩ^{31}	tsiĩ^{31}
浅	tɕʻiɛ̃^{31}	tsʻiĩ^{31}	钱	tɕʻiĩ^{213}	tsʻiĩ^{213}
鲜	ɕʻiɛ̃^{44}	siĩ^{44}	节	tɕiɛ^{25}	tsi^{25}
切动	tɕʻi^{25}	tsʻi^{25}	截	tɕiɛ^{25}	tsʻi^{25}
全	tɕʻyɛ̃^{213}	tsʻiĩ^{213}	选	ɕyɛ̃^{31}	siĩ^{31}
绝	tɕyɛ^{25}	tsʻi^{25}	雪	ɕi^{25}	si^{25}
进	tɕin^{44}	tsin^{44}	亲	tɕʻin^{44}	tsʻin^{44}
新	ɕin^{44}	sin^{44}	俊	tɕin^{44}	tsin^{44}
削	ɕio^{25}	siu^{25}	井	tɕian^{31}	tsin^{31}
清	tɕʻin^{44}	tsʻin^{44}	静	tɕin^{44}	tsʻin^{44}
姓	ɕin^{44}	sin^{44}	青	tɕʻin^{44}	tsʻin^{44}
星	ɕin^{44}	sin^{44}	锡	ɕi^{44}	sai^{25}

阳新话中，全浊仄声字，老派一律读送气声母，新派部分字读不送气声母。如：

例字	新读	老读	例字	新读	老读
柱	tɕy^{44}	tɕʻy^{44}	治	tsɿ^{44}	tsʻɿ^{44}
柜	kuai^{44}	kʻuai^{44}	轿	tɕiɔ^{44}	tɕʻiɛ^{44}
集	tsai^{25}	tsʻai^{25}	及	tɕi^{25}	tɕʻi^{25}
极	tɕi^{25}	tɕʻi^{25}	夺	to^{25}	tʻo^{25}
择	tsɛ^{25}	tsʻɛ^{25}	匠	tɕiɔ̃^{44}	tɕʻiɔ̃^{44}

咸宁话中，部分合口一等三等字存在新老派异读，老派韵母没有介音u。如：

例字	新读	老读	例字	新读	老读
外	ua^{33}	ŋa^{33}	活	xue^{33}	xe^{33}
公	kuəŋ^{44}	kəŋ^{44}	共	kʻuəŋ^{33}	tɕʻiəŋ^{33}

监利话中，部分日母字、喻母字存在新老派异读。如：

例字	新读	老读	例字	新读	老读
日	zɿ^{55}	ʐʮ^{55}	热	zɤ^{55}	ʐʮɛ^{55}

软	zən^{21}	ɥɛn^{21}	弱	zuo^{55}	io^{55}
容	zoŋ^{13}	ioŋ^{13}	任	zən^{33}	ʐən^{25}
让	zan^{33}	ʐaŋ^{33}	肉	zou^{55}	ʐou^{55}
绕	zau^{21}	ʐau^{21}	荣	zoŋ^{13}	ʐuən^{13}

监利话中，有部分老派读音中韵腹或韵头为ɥ或i的字，新派读为y，如：

例字	新读	老读	例字	新读	老读
玉	y^{55}	ɥ^{55}	律	ly^{55}	ni^{55}
圆	yn^{13}	ɥɛn^{13}	园	yn^{13}	ɥɛn^{13}
削	ɕyɛ^{55}	ɕiou^{55}			

第二节 语音变化

语流当中，由于音素之间的互相影响使得音素读音发生改变，这就是语流音变。这种变化有的表现在音段音位上，有的表现在超音段音位上。

一、连读变调

连读变调现象可分为叠字两字组连读变调、非叠字轻声两字组连读变调、非叠字非轻声两字组连读变调三种类型。轻声问题我们单独讨论，这里我们重点说明叠字变调与非叠字非轻声变调。

1. 第一区

(1) 叠字变调

武汉话叠字两字组连读变调在小称音与轻声中有不同表现。武汉话用叠字表小称，其语音特点是，除上声外，叠字的第二个音节为高调，调值记作5。主要表现在这几个方面：一是人名的小名，凡是用叠字的，后字一律为高调的小称，如“芳芳”“建建”等；二是叠字的亲属称谓，除极少数叙称外，全都是高调小称，如“妈妈”“爸爸”等；第三是日常生活中叠字名词的后字，一般也是高调，如“菜菜”“星星”等。

蔡甸话叠字两字组连读变调受语音和语义条件的制约。前字一般不变调，后字变为短调，调值为半高调 4。如星星ɕin^{15}ɕin^{4}、婆婆pʻo^{213}pʻo^{4}、舅舅tɕiou^{55}tɕiou^{4}等等。

江夏纸坊话的叠字变调主要体现在后字均读轻声，实际音值受前字影响有所不同。主要是一些亲属称谓词，如娘娘niaŋ^{13}niaŋ^{1}；也有少数其他类词语，如星星ɕin^{35}ɕin^{3}、刚刚kaŋ^{35}kaŋ^{3}等。

荆州话叠字变调现象不多，主要出现在“阳平＋阳平”和“去声＋去声”上，叠字中的第二字多上扬，较为短促，一般记为轻声，但实际音值接近55。如爸爸pa^{13}pa^{55}、妹妹mei^{35}mei^{55}等。

建始话叠字变调主要出现在“去声＋去声”上，叠字中的第二字多上扬，较为短促，一般记为轻声，实际调值接近55，如凳凳儿tən^{35}tɚ^{55}、棍棍儿kuŋ^{35}kuɚ^{55}等。

宜城话叠字连读变调规律主要体现在：当叠字为阴平时，前字变22调，后字变55调，如哥哥ko^{24}ko^{24}读成ko^{22}ko^{55}；当叠字为阳平和上声时，前字不变，后字变为 32 调，如婆婆pʻuo^{53}pʻuo^{53}读成pʻuo^{53}pʻuo^{32}，姐姐tɕie^{55}tɕie^{55}读成tɕie^{55}tɕie^{32}；当叠字为去声时，前字变为 41 调，后字变为 23 调，如弟弟ti^{412}ti^{412}读成ti^{41}ti^{23}。

保康话叠字后字都会发生变调。当叠字为阳平和上声时，前字不变，后字读作低降调 21，如爷爷ie^{53}ie^{0}读成ie^{53}ie^{21}，奶奶nai^{55}nai^{0}读成nai^{55}nai^{21}。叠字为阴平和去声时，前字也会发生变调。当叠字为阴平时，前字变读为低平调，后字变读为高平调，如哥哥kə^{22}kə^{55}；当叠字为去声时，前字变读为中降调，记作 31，后字变读为比阴平调起音低的低升调 13，如舅舅tɕiəu^{31}tɕiəu^{13}。

襄阳话叠字连读，前字声调的音值不变，后字的音值受前字声调音值的控制，阴平后的变调实际音值为 54，如哥哥kə^{24}kə^{24}读成kə^{24}kə^{54}；阳平和上声后的变调实际音值为 32，如婆婆pʻo^{53}pʻo^{53}读成pʻo^{53}pʻo^{32}，姐姐tɕie^{35}tɕie^{35}读成tɕie^{35}tɕie^{32}；去声后的变调实际音值为21，如弟弟ti^{31}ti^{31}读成ti^{31}ti^{21}。

随州话叠字变调多集中在后字，后字的音值受前字声调音值的控制。当叠字为阴平时，前字不变，后字变调的实际音值为22，如公公koŋ^{44}koŋ^{44}读成koŋ^{44}koŋ^{22}；当叠字为阳平时，前字不变，后字变调的实际音值为21，如说说ʂua^{42}ʂua^{42}读成ʂua^{42}ʂua^{21}；当叠字为上声时，前字变调的实际音值为35，后字变调的实际音值为21，如奶奶nai^{353}nai^{353}读成nai^{35}nai^{21}；当叠字为去声时，前字变调的实际音值为24，后字变调的实际音值为35，如舅舅tɕiəu^{213}tɕiəu^{213}读成tɕiəu^{24}tɕiəu^{35}。

公安话叠字变调主要表现在第二个音节读轻声，轻声调值较 2 度略高，比 3 度略低。

（2）非叠字变调

非叠字变调往往为语音条件所制约。如武汉话，前字为阴平或上声、去声时，后字基本不变调，如中间tsoŋ^{44}tɕian^{55}、冷水len^{33}suei^{42}、土豆t'ou^{33}tou^{25}；前字为阳平时，后字为阴平、上声时，前字调由213变为13，如洋灰iaŋ^{13}xuei^{55}、如果y^{13}ko^{42}，后字为阳平时，前字调变为13或21，或后字调变为33，如一百i^{21}pe^{213}、厨房tɕ'y^{13}faŋ^{33}等。

江夏话非叠字变调突出表现为前字为阴平、阳平、阳去时，前字调基本不变，如今朝tɕin^{35}tsao^{55}、朋友p'oŋ^{13}iou^{33}；前字调为上声、阴去时，后字调基本不变，如电棒tien^{34}paŋ^{324}、左手tso^{44}sou^{41}等。

汉川话非叠字变调集中表现为入声在阴平、去声前近似阳平，记作13，如一千i^{13}tɕ'ian^{55}、一万i^{13}uan^{33}等。

荆州话非叠字变调主要表现为前字变调，后字基本不变调；阴平、阳平基本不变调，上声处于前字时变调，变读为44。去声处于去声前时，存在变调和不变调两种情况，变调时为 32，如小偷ɕiau^{44}t'əu^{55}、左手tsuo^{44}səu^{42}、水药suei^{44}io^{13}、种菜tsoŋ^{32}ts'ai^{35}等。

仙桃话、天门话非叠字变调有相似之处。当前字为入声时，往往前字不变调，后字变读为平调。前字为阴平时，前字基本不变调；阳平处于后字时一般变读为平调22，但处于上声后时不变调；上声处于前字时一般变读为平调33，但在阴平前不变调；去声处于前字时一般变读为55。

荆门话两字连读基本保持单字原调，非叠字变调主要体现在阳平上。当阳平后面的字为高调时，前面的阳平会变为降调，由24变为21。如：啤酒pʻi^{21} tɕiou^{55}，朋友pʻoŋ^{21} iou^{55}，晴天tɕʻin^{21} tʻian^{45}，台风tʻai^{21} ɸoŋ^{45}。这种情况还会出现在由入声派入阳平的汉字上，如：结果tɕiɛ^{21} kuo^{55}，谷雨ku^{21} y^{55}，物理u^{21} ni^{55}，局长tɕy^{21} tʂaŋ^{55}。

钟祥话非叠字变调集中体现为当前字为阴平时，后字为阴平、阳平、去声时，统一变调，前字变为21，后字变为55；当前字为去声时，无论后字为何调，后字调均不变，前字调会产生变调；当后字为阴平或上声时，前字调变为21；当后字为阳平或去声时，前字调变为24。如沙子ʂa^{24} ɾ^{0}读成ʂa^{21} ɾ^{55}，兔子tʻu^{214} ɾ^{0}读成tʻu^{21} ɾ^{24}。

兴山话非叠字变调突出体现在前字为阴平时，前后字都不变调；前字为上声时，仅后字为阴平时，发生变调，后字调变为11，其余情况均不变调；前字调为阳平时，后字调均变为11，后字为阳平时，前字调由31变为45；前字调为去声时，后字调为阳平，前后字调均发生变化，前字调变为 32，后字调变为45，其余情况后字均不变调，前调均变为 32。

长阳话非叠字变调突出表现在后字为阳平时，前字为阴平、上声、去声时，前字调均不变，后字调由22变为21，如水笔suei^{31} pi^{21}、上学saŋ^{24} ɕyo^{21}。前字调为上声或去声，后字调为阴平、去声时，前字调均变为33，后字调一般不变，如演戏iɛn^{33} ɕi^{24}、后妈xəu^{33} ma^{45}等。

宜昌话非叠字变调主要表现为阳平调作为后字调时，除前字调为去声外，一律变调为21；上声调作为后字调时，前字调基本不变，后字调变为31；阴平调作为后字调时，后字调基本不变，前字调或不变，或变为21、22。

宜都话非叠字变调集中体现在后字调为阳平时，前字调不变，后字调均由13变为21，两个去声连读，前字调变为33，如清明tɕʻin^{55} min^{21}、做寿tsəu^{33} səu^{35}等。

恩施话非叠字变调中，后字变调现象居多，当后字为阳平或去声时，前字调基本不变调，后字调分别变为 32、33，如清明tɕʻin^{55}min^{32}、大门ta^{35}mən^{32}、山药ʂan^{55}io^{33}等。

咸丰话非叠字变调以前字变调居多，当前字为上声或去声时，后字无论何调均不发生变化，前字调变为33或24，如大门ta^{24}mən^{22}、打针ta^{33}tsən^{55}等。

建始话非叠字变调以后字变调居多，当后字调为阳平或去声时，前字调基本不发生变化，后字调变为21或22，如眉毛mei^{22}mau^{21}、狐臭xu^{22}tʂʻəu^{22}等。

宜城话非叠字变调集中体现在去声上，当后字为去声时，前字调基本不变，后字调由 412 变为41，如菠菜puo^{24}tsʻɛ^{412}读成puo^{24}tsʻɛ^{41}；木炭mu^{53}tʻan^{412}读成mu^{53}tʻan^{41}；柳树niəu^{55}fu^{412}读成niəu^{55}fu^{41}等。当前字为去声时，在阳平和去声前读作阴平，如叫鸣tɕiɔ^{412}min^{53}读成tɕiɔ^{24}min^{53}；对面儿teɪ^{412}miɐr^{412}读成teɪ^{24}miɐr^{41}等；在阴平和上声前读作半去声，如垫单tian^{412}tan^{24}读成tian^{41}tan^{24}；稻草tɔ^{412}tsʻɔ^{55}读成tɔ^{41}tsʻɔ^{55}等。当前字为阴平时，在上声字前读作22调，如端午tan^{24}u^{55}读成tan^{22}u^{55}。当前字为阳平时，在阳平字前读作上声，如茶瓶tsʻa^{53}pʻin^{53}读成tsʻa^{55}pʻin^{53}。

保康话非叠字变调中后字一般不发生变化。阴平字作为前字在上声、轻声前变读为低平调，记作22。去声字作为前字有两种变调情况：一是后字为阴平、上声或轻声时，前字变读为半去，记作31，如唱歌tʂʻaŋ^{31}kər^{24}，少量去声前字与上声调组合时变读为低平调，记作22，如地震ti^{22}tʂən^{55}、上火ʂaŋ^{22}xuo^{55}等；二是后字为阳平或去声时，前字一般变读为半去，记作31，如化肥xua^{31}fei^{53}、顺便ʂun^{31}piɛn^{312}等，部分变读为低平调，记作22，如浪费naŋ^{22}fei^{312}等。

襄阳话非叠字变调集中体现在去声上，当前字为去声，后字也为去声时，前字变为24，后字不变，如算卦san^{31}kua^{31}读成san^{24}kua^{31}。

随州话非叠字变调集中在上声和去声。当前字为阳平42时，后字为阴平和阳平时不变读，后字为上声和去声时则变读为42，如伏法fu^{42}fɔ^{353}读成fu^{42}fɔ^{42}、竹叶tʂəu^{42}i^{213}读成tʂəu^{42}i^{42}；当前字为上声353时，前字变读为35，后字不变读，如酒杯tɕiəu^{353} pei^{44}读成tɕiəu^{35} pei^{44}；当前字为去声213时，前字变读为24，后字一般不变读，如菜单ts‘ai^{213} tan^{44}读成ts‘ai^{24} tan^{44}；但也有例外，如汽车tɕ‘i^{213} tʂ‘a^{44}读成tɕ‘i^{24} tʂ‘a^{24}。

郧阳话非叠字变调以前字变调为主，前字为去声，后字调均不变，前字调统一变为45，如放牛faŋ^{45} liəu^{51}；前字调为阳平，后字调基本不变，前字调变为45，如泥塘li^{45} t‘aŋ^{51}。

2. 第二区

（1）叠字变调

黄陂话的叠字有轻声变调现象，轻声有低调和高调两种形式。阴平、阳平、上声、阳去的叠字，后字轻声为低调 1；入声叠字的后字轻声为高调 5；阴去重叠时，轻声变调现象大多不明显。入声叠字，前字上升段降低，变调为212。除此之外，叠字轻声的前字不变调。黄陂话的叠音词和重叠词较少，主要为亲属称谓词，非亲属称谓词较少，如星星、馍馍等，此外，杯杯、手手、刷刷为儿语词。亲属称谓词若轻声形式为低调，一般还有一个高调形式，面称须采用高调。个别叠字不产生变调，比如悄悄、刚刚。

新洲话的叠字变调较为复杂，两字组后字一律变为短调，具体调值有所不同。阴平、阳平、上声、入声（其中一类）的叠字两字组后字，调值为35，阳去和入声（另一类）为 3，阴去的后字为24。

安陆话叠字变调现象出现在除了阳平之外的其他声调叠字中，叠字后字变调，分三类：一是叠字中的后字读降调，较为短促，记为31；二是叠字中的后字读高平调，记为55；三是叠字中的后字读半高平调，记为44。

广水话的叠字变调现象一般为叠字组后字变调，分为两类：一是叠字中的后字读降调，较为短促，记为21；二是叠字中的后字读中升调，记为35。

（2）非叠字变调

黄冈非叠字两字组连读变调主要集中在前字为入声，后字为阳平、上声、阴去、阳去、入声的情况下。前字为入声，后字为阳平、上声、入声时，前字读为13，后字不变，如脚鱼tɕio^{213} ʐʮ^{31}读作tɕio^{13} ʐʮ^{31}，发火fa^{213} xo^{55}读作fa^{13} xo^{55}，割谷ko^{213} ku^{213}读作ko^{13} ku^{213}；前字为入声，后字为阴去，阳去，前字读为31，后字不变，如隔妈ke^{213} ma^{35}读作ke^{31} ma^{35}，柏树pe^{213} ʂʮ^{44}读作pe^{31} ʂʮ^{44}。

红安话非叠字两字组连读变调主要集中在上声和入声，当非叠字为上声时，前字读作近似阴去调34，后字保持本调，如眼珠ian^{55} tʂʮ^{11}读成ian^{34} tʂʮ^{11}；当非叠字为入声时，前字要读作22调，后字保持本调，如出去tʂʻʮ^{213} tɕʻi^{35}读成tʂʻʮ^{22} tɕʻi^{35}。

英山话非叠字两字组连读变调主要集中在入声，入声字与其他声调字连组，后字不变，前字入声由降升调变为平调，调值变为22，如结婚tɕie^{213} xuən^{31}读成tɕie^{22} xuən^{31}。

蕲春话非叠字两字组连读变调主要集中在阳平和阳去，当前字为阳平时，变读为32，后字不变，如苹果pʻin^{31} ko^{34}读成pʻin^{32} ko^{34}；当前字为阳去时，变读为22，后字不变，如旱地xan^{212} ti^{212}读成xan^{22} ti^{212}。

武穴话非叠字两字组连读变调主要集中阳平和入声。前字为阳平，变调为32，后字不变，如祠堂tsʻɿ^{31} tʻaŋ^{31}读成tsʻɿ^{32} tʻaŋ^{31}，肥皂fi^{31} tsau^{22}读成fi^{32} tsau^{22}；前字为入声，变调为22，后字不变，如出葬tʂʻʮ^{13} tsaŋ^{35}读成tʂʻʮ^{22} tsaŋ^{35}，吃药tɕʻi^{13} io^{13}读成tɕʻi^{22} io^{13}。

黄梅话非叠字两字组连读变调主要集中在前字为上声、入声及两字同为阴平时的情况下。两字同为阴平时，后字读为11，如观音kuan^{21} in^{21}读作kuan^{21} in^{11}；两字同为上声时，前字读为11，如冷水lən^{13} ɕʮ^{13}读作lən^{11} ɕʮ^{13}；前字为入声字，后字为上声、阴去、阳去时，前字都读为33，如麦草mæ^{42} tsʻau^{13}读作mæ^{33} tsʻau^{13}，咳嗽kʻæ^{42} seu^{35}读作kʻæ^{33} seu^{35}，出位tɕʻʮ^{42} uei^{33}读作tɕʻʮ^{33} uei^{33}。

黄陂话非叠字两字组连读变调以后字变调居多，当前字为阴去或阳去时，前字调不变，后字调发生变化，变为23、44或212，如豆浆tou^{455} tɕiaŋ^{23}；当前字为入声时，多为前字调发生变化，变为212，如节气tɕie^{212}

$tɕ^{h}i^{35}$。

孝感话非叠字两字组连读变调主要体现在入声上，当前字为入声时，往往后字不变调，前字调统一由213变为31或13，如热闹$ɥɛ^{31}$ $nɑu^{55}$。

安陆话非叠字两字组连读不变调的情况主要有7种：阴平与阳平连读、阳平与阳平连读、上声与阳平连读、阴去与上声连读、阴去与阳去连读、阳去与阳平连读、入声与上声连读。两字组变调主要是不同的两个音节构成的两字组连读变调，一般前字不变调，后字变调。

广水话非叠字两字组连读变调以后字变调居多。前字调为非去声时，后字调变调，如起来$tɕ^{h}i^{34}$ lai^{21}；前字调为去声时，前字调由13变为21，如下来$ɕia^{21}$ lai^{35}，后字调属阴平或阳平则变为35，后字调属上声或去声则不变调，如大麦ta^{21} $mɛ^{35}$。

3. 第三区

（1）叠字变调

本区方言点某些名词重叠成双音节时，声调有时要发生变化。

咸宁话前一个音节若为阳平调则保持不变，若不是阳平调则要变为阳平调，后一个音节则要变为入声调①，如姐姐$tɕie^{31}$ $tɕie^{55}$、爷爷ie^{31} ie^{55}等。大人与咿呀学语的孩子说话时，提到某人或某物，若用叠字，也发生此类音变，如桃桃$t^{h}o^{31}$ $t^{h}o^{55}$、鱼鱼y^{31} y^{55}等。当称呼某人时，若用名字的某个字叠字称呼，也会发生此类音变，如红红$fəŋ^{31}$ $fəŋ^{55}$、强强$tɕ^{h}iõ^{31}$ $tɕ^{h}iõ^{55}$等。被叠字一般是阳平字，个别为上声字。若被叠字不是阳平字一般不发生变调。被叠字一般是名词性成分，如果不是也不发生变调。

崇阳话重叠式数量较少，发生叠字变调的情况主要是名词。有些名词重叠时，声调有时会发生变化，一般是前一个音节声调不变，后一常读为轻声。② 如舅舅、家家户户、宝宝等。

崇阳话对直系亲属的称谓很少用叠音词，基本都用单音词。但有一

① 材料主要参考王宏佳：《咸宁方言研究》，华中师范大学出版社，2015年，第29、30页。

② 材料主要参考祝敏：《崇阳方言研究》，华中师范大学出版社，2019年，第24、25页。

种情况除外，就是成人需要与儿童对话时，往往受北京音影响，加上模拟婴幼儿语言，会使用叠音词，此时第二个音节声调也会发生变化，常读为入声调，如妈妈mɑ^{22}mɑ^{55}、哥哥ko^{22}ko^{55}等。

通城话亲属名词重叠使用时，声调大多发生变化，主要表现为后一个常弱读为轻声，如姐姐tɕia^{42}tɕia^{0}、爹爹tia^{212}tia^{0}等。普通名词重叠使用时，后一个常弱读为轻声，如馍馍mo^{33}mo^{0}等。

通山话中的叠字现象较少，主要表现在称呼人名时的单字叠用上，当这个名字是阳平调时，重叠后第二个字读成入声调，如明明men^{21}men^{55}、强强tɕiɔŋ^{21}tɕiɔŋ^{55}等。

嘉鱼话叠字变调，后字有时失去本调，比前字音程稍短，如星星ɕiən^{44}ɕiən^{4}；有时后字读入声，如毛毛mau^{24}mau^{55}、婆婆pʻo^{24}pʻo^{55}。

（2）非叠字变调

非叠字变调在本区集中体现在若阴去作为第一个音节，与其他音节连读时，其发音动程变短。示例如下：

赤壁话：　背后pi^{213}xɑu^{22}　变调后为 pi^{21}xɑu^{22}

　　　　　放牛fou^{213}niu^{13}　变调后为fou^{21}niu^{13}

崇阳话：　唱歌tʻaŋ^{214}ko^{22}　变调后为tʻaŋ^{24}ko^{22}

　　　　　放学faŋ^{214}ho^{55}　变调后为faŋ^{24}ho^{55}

嘉鱼话：　订婚tiən^{213}xuən^{44}　变调后为tiən^{24}xuən^{44}

　　　　　做事tsəu^{213}sɿ^{22}　变调后为tsəu^{24}sɿ^{22}

通城话：　酱油tɕioŋ^{214}iou^{33}　变调后为tɕioŋ^{24}iou^{33}

　　　　　扫地sau^{214}ɗi^{35}　变调后为sau^{24}ɗi^{35}

赤壁话非叠字变调集中表现在阴去上，当阴去作为第一个音节与其他音节连读时，其发音动程变短，变为21。崇阳话非叠字变调主要体现在阴去字与其他调类字的连读上，在连读过程中，曲折动程被弱化，214直接读成24；如果拖长发音，也会有曲折动程，但不会到214，基本是213。嘉鱼话非叠字变调主要体现在阴去上，当前字为阴去时，后字不变调，前字调由213变为24。通城话非叠字变调主要体现在阴去上，当前字为阴去时，后字不变调，前字调由214变为24。

（3）代词变调

本区方言中代词存在变调的现象。

崇阳话中指示代词、疑问代词有变调现象。崇阳方言的指示代词是三分的，在指示方所时，往往有三种说法，意思基本相同，但其中有一种声调会发生变化，如表2－4所示①。

表2－4　崇阳方言指示代词变调表

	近指（这里）	中远指（那里）	远指（那里）
213调	个子呐 ko^{213} tsæ^{0}næ^{0} 个边 ko^{213} piɛ^{22}	伊子呐 i^{213} tsæ^{0}næ^{0} 伊边 i^{213} piɛ^{22}	阿子 æ^{213} tsæ^{0}næ^{0} 阿边 æ^{213}piɛ^{22}
53调	个呐 ko^{53} næ^{0}	伊呐 i^{53} næ^{0}	阿呐 æ^{53} næ^{0}

崇阳话中远指的指示代词“伊”同时也能作第三人称代词，两者读音有别：作远指代词时读为i^{213}，作第三人称代词时读为i^{53}。

疑问代词“哪”也有变调现象，问人、问事都可以用“哪个”，问“哪一天”可用“哪日”，问方所时有三种形式：“哪子呐”“哪边”“哪呐”。崇阳话中疑问代词的变调情况如表2－5所示②。

表2－5　崇阳方言疑问代词变调表

	近指（这里）	中远指（那里）	远指（那里）	疑问形式（哪里）
213调	个子呐ko^{213} tsæ^{0}næ^{0} 个边ko^{213} piɛ^{22}	伊子呐i^{213} tsæ^{0}næ^{0} 伊边i^{213} piɛ^{22}	阿子æ^{213} tsæ^{0}næ^{0} 阿边æ^{213}piɛ^{22}	哪子nɑ^{213} tsæ^{0}næ^{0} 哪边nɑ^{213} piɛ^{22}
53调	个呐 ko^{53} næ^{0}	伊呐 i^{53} næ^{0}	阿呐æ^{53} næ^{0}	哪呐nɑ^{55} næ^{0}

咸宁话三身代词单数作定语时，要发生变调。“我、你”由上声变为阴去，“伊”由阳平变阴去。

赤壁话存在人称代词、疑问代词、指示代词音变现象，如我ŋo^{31}、你

① 见祝敏：《崇阳方言研究》，华中师范大学出版社，2019年，第25页。

② 见祝敏：《崇阳方言研究》，华中师范大学出版社，2019年，第26页。

n̩^{31}，而我爷（我爸爸）、你里爷（你爸爸）分别读作ŋo^{13}iɑ^{13}、n̩^{213}di^{44}iɑ^{13}。“哪”一般读作nɑ^{31}，语流中随意性较大，“哪个”有时亦变读为nɑ^{13}ko^{0}。nɑ^{31}ko^{0}表示不耐烦的加重的问话语气，nɑ^{13}ko^{0}表示一般的问话语气。“那”一般读作nɑ^{213}，“那个”读作nə^{213}ko^{0}。“这”一般读作tɑ^{213}，“这个”又读作tɑ^{13}ko^{0}、tə^{13}ko^{0}。

通城话中，存在人称代词、指示代词、疑问代词变调现象。人称代词我、尔、伊在作复数和作定语的时候，往往有两种调，一种是本调，一种是变调，如我仂ŋo^{33}ɗe^{0}、ŋo^{42}ɗe^{0}，尔仂n̩^{33}ne^{0}、n̩^{42}ne^{0}，伊仂ie^{33}ɗe^{0}、ie^{42}ɗe^{0}等。指示代词也会发生变调，甚至变韵现象，如格样ke^{24}ȵioŋ^{33}、ko^{24}ȵioŋ^{33}，格个ke^{24}ko^{0}、ko^{24}ko^{0}等。疑问代词也会发生变调，如么仂mo^{33}ɗe^{0}、mo^{42}ɗe^{0}等。

二、轻声

1. 第一区

西南官话区中，名词后缀绝大部分读轻声；用在名词后的方位词一般读轻声；部分时间名词的后字读轻声；叠音词的后一音节读轻声；重叠式名词的后一音节读轻声；重叠儿化的名词后一音节读轻声；部分助词（如“的、地、了”）读轻声；语气词读轻声；作补语的单音节趋向动词一般读轻声；AAB 式形容词中，叠音形式 AA 的后一音节多读轻声；A 里 AB 式中的“里”和双音节词 AB 中的后字 B 多读轻声。

鹤峰话的轻声现象格外丰富，名词后缀绝大部分读轻声；用在名词后的单纯方位词一般读轻声；部分时间名词的后字读轻声；叠音词的后一音节读轻声；重叠式名词的后一音节读轻声；重叠儿化的名词后一音节略往上扬，读为轻声；部分助词读轻声；语气词读轻声。

公安话轻声现象不多，多发生在叠音词后一音节，名词重叠后第二个字通常读作轻声。非叠字两字组连读变调中，后一字调为去声时，连读过程中，放在后一个音节上的去声被弱化，33 直接读成短促的 3，变为轻声调。

随州、巴东话中轻声现象较多，词语中意义相对较虚的后字、后缀以及句子中的语气词、助词等多读为轻声。

谷城、保康、宜城、襄阳话很少有严格意义上“轻而短”的声调，少量的轻声音节存在于多音节词中间的位置，或是句子中的助词。

荆门话轻声主要体现在词缀、助词和某些词的后一词素上，与前字调值关系不大。轻声失去了原来的调值，变得轻而短，有的声韵也发生变化。

神农架话轻声变调主要出现在阴平调上，阴平在阴平及去声前会变读成 22 调。

松滋话的轻声较少，轻声主要体现在词缀、助词上，与前字调值关系不大。轻声失去了原来的调值，变得轻而短，有的声韵也发生变化。

五峰话轻声的音高不固定，主要是受前一个字声调的影响，其中轻声在去声后读得较重，在阴平、阳平、上声后区别不太明显。

武汉话中轻声现象比较丰富，语音形式一般为低短调，调值记作 1，主要出现的具体环境有名词或代词后缀、时间名词的后字、结构助词、部分联绵词的后一音节、的字短语等。

蔡甸话的轻声变化比较丰富，且变成固定的单调，调值多为 4 或者 3。

汉川话的轻声有固定音高，调值为 3。

咸丰话轻声字主要表现在词尾“子”“头”“得”或重叠后字上。

兴山话轻声的音高不固定，主要是受前一个字声调的影响，其中轻声在阳平后读得较重，在阴平、阳平、上声后区别不太明显。

宜昌话词语中意义相对较虚的后字及句子中的动态助词、语气词等多读为轻声。

长阳话轻声的音高不固定，调值由前一个音节的调值决定，阴平和去声后面的轻声调值大致是 5，阳平和上声后面的轻声调值大约为 3。词语中意义相对较虚的后字及句子中的动态助词、语气词等多读为轻声。

2. **第二区**

本区轻声变调规律与普通话大体一致。名词或代词后缀“头”“子”皆读轻声；重叠音节大多读轻声；表方位的语素或词大多读轻声；夹在词语中间的“不”等多读轻声；结构助词“的”“了”“过”“个”读成轻声等。本区轻声变调也存在一些特色之处。

黄陂话的轻声有低调和高调两种形式，分别记为 1 和 5。阴平、阳平、上声作为后字变为轻声时多为低调 1；当阴去、阳去、入声为轻声后字时，有高调 5 和低调 1 两种可能。当轻声后字的音变取高调时，作为前字的入声变调接近阳平调，可记为 212。

红安话存在轻声现象，变调规律与普通话有一致之处。主要表现为名词或代词后缀“头”“子”读轻声；重叠音节大多读轻声；表方位的语素或词大多读轻声；夹在词语中间的“不”等多读轻声；结构助词“的”“了”“过”“个”读成轻声。

罗田话中，轻声音节一般读起来短而轻，有的调型明显，有的不明显。名词后缀常读轻声；双音节词的后一音节常读轻声；名词和代词后表示方位的音节多读轻声；重叠词的后一音节或叠词后缀读轻声。

孝感话中轻声虽是一种变调现象，它往往能影响到声母和韵母的发音。如“计”单念读tɕi^{35}，“伙计”一词读为xo^{52} tɕiɛ^{0}；“罪”单念读tsei^{55}，“得罪”一词读为tɛ^{213} tɕi^{0}；“晨”单念读tʂʻən^{21}，“早晨”一词读为tsɑu^{52} ʂən^{0}；“筝”单念读“tsən^{33}”，“风筝”一词读为foŋ^{33} tən^{0}等等。

英山话存在轻声现象。主要表现为词的后缀“子”“巴”“儿”，部分表方位的“上”“下”，表趋向的“去”“来”等读轻声；部分动态助词“了”、“倒”、语气词等读轻声；部分重叠音节、少数双音节词第二个音节读轻声。

安陆话、广水话中轻声现象比较多，普通话里的轻声词在安陆话里也念轻声，包括词语中意义相对较虚的后字、后缀等。

3. **第三区**

与普通话相比较，本区方言的轻声音节较少。

崇阳话的轻声主要表现在如下几类情况中：一是助词读轻声，如结构助词“个”“倒”“得”等，语气助词“呢”“吧”等；二是叠音词的第二个音节读轻声；三是部分词尾，如“子”“呐”等；四是部分名词，如“石榴”“耳朵”等。

赤壁话中，“儿”“子”“头”“上”“来”“去”“里”“边”“年”“底”“得”等作为词尾，一般读作轻声，部分名物词也多读轻声。

大冶话、黄石话词语中意义相对较虚的尾字（主要为“子”缀和“个”缀）及句子中的动态助词、语气词等往往弱读为轻声。

通城话亲属名词重叠使用时，后字常弱读为轻声；普通名词重叠使用，一般是后字常弱读为轻声；表示名词性的构词语素“者”“仂”“子”“匠”读为轻声，如帽者、盖者、栗仂、耳子、木匠等。通城话轻声音节有区别词和短语的作用，通城话轻声一般不改变词汇意义。但有一部分字轻读与不轻读词性不同，意义也不同，如“东西”，“西”字轻读指物件，“西”字不轻读指方向；“烧酒”中的“酒”轻读指酒，不轻读指制酒的过程。

阳新话的轻声一律读低短调，在各声调后均如此。咸宁话没有轻声或者说轻声音节不明显。嘉鱼话中有时后字读轻声，但数量很少，主要见于前字为阴平或入声时。

三、儿化

1. 第一区

西南官话鄂北小片儿化现象集中体现在：一般情况下，主要元音变为ə后，再加卷舌r；部分韵尾脱落，主要元音不变或主要元音变为ə后，再加卷舌r；部分后鼻音韵尾ŋ脱落，主要元音直接鼻化或变为ə再鼻化后，最后再加卷舌r。

在鄂北小片中，随州话和枣阳话的儿化现象较多，构词形式主要有A儿、AA儿、AB儿、AAB儿、AABB儿等，如“印儿”“歌儿”“尖尖儿”“财财儿”“下家儿”“熊样儿”“般般多儿”“麻麻亮儿”“白白胖胖儿”“边边角角儿”等。但是两地原本的韵母和儿化后的韵母数量不一样，随州话是36个韵母儿化后形成23个儿化韵，韵母经过儿化形成五类儿化韵：①ər类：ər、iər、uər、yər；②ar类：ar、iar、ɐr、iɐr、uɐr、yɐr、ãr、iãr、uãr；③or类：or、ior、ɔr、iɔr、uɔr、õr、iõr；④aur类：aur、iaur；⑤əur类：əur、iəur。而枣阳话是38个韵母儿化后形成24个儿化韵，韵母经过儿化产生归并，形成六类儿化韵：①ər类：ər、iər、uər、yər、ɤr、ə̃r、iə̃r、uə̃r；②ɛr类：ɛr、iɛr、yɛr；③ar类：ar、iar、uar、yar、ãr、iãr、uãr；④aur类：aur、iaur；⑤əur类：əur、iəur；⑥or类：ior、uor。

除此之外，有两个地区的儿化音变规律比较特殊，即谷城和襄阳。其中谷城的儿化音变规律为，当韵母为a、ia、ua时，主要元音变为ʌ后，再加卷舌r，如把儿pʌr^{31}、梅花mei^{53} xuʌr^{24}；当韵母为an、ian、uan、yan时，前鼻音韵尾n脱落，主要元音变为ɐ后，再加卷舌r，如门槛儿mən^{53} kɐr^{55}、馅儿ɕyɐr^{31}；当韵母为ɛ、uɛ时，主要元音变为ɐ后，再加卷舌r，如苦莱儿k'u^{35} ts'ɐr^{31}、门外儿mən^{53}uɐr^{31}等。襄阳话的儿化音较丰富，舌尖前音声母字，儿化后大多舌位后移读作舌尖后音，如糖人儿t'aŋ^{53} ʐər^{53}、好事儿xau^{35} ʂər^{31}。“子”作为名词后缀儿化时，变读为颤音r，音值随前字调值发生变化，记作轻声，如袜子儿ua^{24} r̩^{0}。

鄂西小片，大多数情况下，主要元音变为ə后，再加卷舌r。如事儿sər^{313}；前鼻音韵尾n脱落、主要元音不变或主要元音加上ə后，再加卷舌r。如眼儿ȵiar^{35}、背心儿pei^{31} ɕiər^{24}；后鼻音韵尾ŋ脱落、主要元音鼻化后，再加卷舌r。如地方儿ti^{31} fãr^{24}。竹溪话儿化现象较丰富，口语中儿化时易出现语音弱化的现象，如主要元音a弱化后往往读作ə。如“往常儿”会弱化为uaŋ^{35} tʂ'ər^{53}”；“下儿”弱化为xər。

湘北小片，大多数情况下，韵尾脱落，主要元音变为ə后，再加卷舌r。公安话没有儿化，只有儿尾，读作ɯ^{24}。儿尾词不多，如：昨儿ts'uo^{24} ɯ^{24}、今儿tɕi^{55} ɯ^{24}、明儿mɤ^{24} ɯ^{24}、妹儿mei^{33} ɯ^{24}、兄儿ɕioŋ^{55} ɯ^{24}、玩意儿uan^{24} i^{55} ɯ^{24}。人名后加儿尾比较常见，如霞儿ɕia^{24} ɯ^{24}、华儿xua^{24}ɯ^{24}、俊儿tɕyn^{33} ɯ^{24}、军儿tɕyn^{55} ɯ^{24}、平儿p'in^{24} ɯ^{24}。鹤峰话存在明显的儿化现

象，主要有单字儿化、双音节词和重叠儿化三种，重叠儿化时，儿化只发生在第二个叠字的音节上，如“嘎嘎儿”“格格儿”“籽籽儿”“铺铺儿”“蛐蛐儿”“杯杯儿”等。

鄂中小片，一般情况下，主要元音变为ə后，再加卷舌r；部分韵尾脱落，主要元音不变或主要元音变为ə后，再加卷舌r；部分后鼻音韵尾ŋ脱落、主要元音直接鼻化或变为ə再鼻化后，最后再加卷舌r；部分韵母直接加卷舌音r。

宜昌话、兴山话、长阳话、宜都话的儿化丰富，其中儿化韵为ər的韵母很多，主要有ɿ、ai、an、ei、əu、ən(或in)，带有介音的ər韵母，如i、ie、iəu、iɛn、u、uei、uən、y、yɛn；其他的非鼻尾韵a、ia、ua、ɤ、o、yo(或io)、au、iau，直接加卷舌动作，变成ar、iar、uar、ɤr、or、yor(或ior)、aur、iaur，鼻尾韵aŋ、iaŋ、uaŋ、oŋ、yoŋ(或ioŋ)韵尾脱落，鼻化后加上卷舌动作，变成ãr、iãr、uãr、õr、yõr(或iõr)。儿化多与重叠相伴，如“齿齿儿”“牌牌儿”“坛坛儿”“杯杯儿”“钩钩儿”“桩桩儿”“缝缝儿”等。

恩施话、建始话、巴东话中儿化现象突出表现在重叠儿化上，儿化只发生在第二个叠字的音节上。需要说明的一点是，带鼻韵尾的韵母如in、ian、uan、uən、uŋ、yn等儿化时鼻韵尾脱落，主元音变为央元音ə后卷舌，略带鼻化色彩，但不明显，ioŋ韵字没有儿化的现象。

咸丰话儿化音变主要特点是主元音央化并同时带上卷舌色彩ɚ。以i、u、y开头的韵母，如果是i、u、y作韵腹，儿化则直接在主元音后加上ɚ；如果有韵尾的，则脱落韵尾后主元音变为ɚ。一般情况下咸丰话单音节不儿化；所指事物具有［+小］的语义特征，以及一些汉字具有［+大］的语义特征的事物不能用儿化，如“大山”“堂屋”“天”“江”；表达轻微、程度低、时间短的含义时，也可用儿化；表昵称或小称时可用儿化，能够使得表达更加亲切；儿化可用于褒义，也可用于贬义；在表示地名时，常存在儿化现象，这些儿化地名大部分的面积相对不大。

宜城话的儿化现象，当音节末尾是a时，主要元音变为ʌ后，再加卷舌r，如把儿pᴀr^{412}；部分舌尖前音声母字，儿化后舌位后移读作舌尖后音，如过生儿kuo^{41} ʂər^{24}；“子”作为名词后缀儿化时，变读为颤音r，音值随前字调值发生变化，记作轻声，如烟子儿ian^{22} r^{0}；还有人称代词“你”“我”“他”“她”作定语时通常儿化，如你儿老爹nər^{55} nɔ^{55} tie^{24}、她儿姐姐tʻᴀr^{22} tɕie^{55} tɕie^{0}、我儿的书uor^{55} ni^{0} fu^{24}。

钟祥话中的部分儿化韵具有表意功能，即这部分儿化韵尾不仅是语音形式上的存在，也是整个词汇语义不可或缺的一部分，即如果没有儿化韵尾，就不成其为词汇，也就无法准确表义。如今儿、明儿、昨儿。钟祥话中有个较大的语音特点就是类似舌颤音的“子”尾儿化音ɾ。它不能独立存在，而是作为词汇系统中的、部分固有名词或代词的轻声后缀而存在，相当于北京音中的轻声“子”尾，但是又类似舌颤音儿化了，所以单独记作一个音位ɾ，如桌子tʂuo^{31} ɾ^{0}、柜子kuəi^{21} ɾ^{24}、椅子i^{53} ɾ^{0}、坛子tʻan^{31} ɾ^{0}、瓶子pʻin^{31} ɾ^{0}、筷子kʻuai^{21} ɾ^{24}。

建始话存在儿化现象，比较有特点的是带鼻韵尾的韵母如an、in、ian、uan、uən、uŋ、yn等儿化时鼻韵尾脱落，主元音变为央元音ə后卷舌，略带鼻化色彩，但不明显。ioŋ韵字在建始话中没有儿化的现象。

保康话38个韵母均有儿化音。由于复元音发音时，舌位动程不大，因此，当末尾是u的韵母，包括u、au、iau、əui、əu儿化时，u音很轻，有时甚至丢失，直接儿化成ər、ar、iar、ər、iər。

神农架话儿化音卷舌的动作很轻，儿化后的音介于ər和ɯ之间，为平舌儿化。

2. 第二区

本区方言儿化以三种类型为主，一是直接加r型，二是主要元音央化型，三是鼻音韵尾脱落型，但内部也存在个体差别。

红安话儿化现象大都出现在名词后面。部分名词是后加词缀“子”构成，如芯子（馅儿）、梨子（梨），还有一部分名词与普通话的词缀“儿”一致，比如门槛儿（门槛儿）、雀儿（鸟儿）、水凼儿（水坑儿），也有少部分词普通话加词缀“子”，而读成红安话，则后加词缀“儿”，如扣儿（扣子）。红安话儿化韵卷舌动作部分不甚明显，如蚕儿。

黄陂话的儿化不是卷舌儿化。黄陂话的“儿”音为ɯ^{212}，故黄陂话的儿化为附加ɯ韵。舌位较高的舌面元音直接变为ɯ（u除外）；低元音a带高元音韵尾和前鼻韵尾时，去掉韵尾后加ɯ尾；高元音i及i介音的复韵母、前鼻韵母，在介音后加ɯ；高元音u以及u介音的复韵母、前鼻韵母，在介音后加ɯ。

黄冈话儿化现象不是很丰富，部分名词是后加词缀“子”构成，如水凼子（水坑儿）、芯子（馅儿）、窗子（窗），还有一部分名词是后加词缀“儿”构成的，如山沟儿（山谷）。黄冈话儿化韵卷舌动作不甚明显，如零角儿lin^{31} kɔr^{213}。

罗田方言儿化韵的词以名词为主，尤其是人名、物名，常以儿化称之。如妹儿miɚ^{33}、壶儿xur^{42}、盘儿pʻɚ^{42}、竿儿kɚ^{21}等。另有少量的动词和量词等词类，如（打）褊儿piɚ^{45}；（一）点儿tiɚ^{45}等。

武穴话儿化现象较为丰富，以名词为主，少数“儿”读轻声或儿化视语境而定。

孝感话儿化现象丰富，包括“娃儿”类和“儿”类两种形式。“娃儿”自成音节，读作uɑr，汉字写作“娃儿”；“儿”不自成音节，而是使前一音节韵母带上卷舌色彩，汉字写作“儿”。孝感话 41 个韵母中，ɐr本身是卷舌韵母，不能再儿化，ɥɑi、ɥe两个韵母没有儿化词，剩下的 38 个韵母可以儿化为 29 个儿化韵。

新洲邾城话有比较丰富的儿化音变，很多表示“称小”和“亲昵”的名词都可以儿化，甚至少数名词发音人的口语没有一般形式，只有儿化形式，比如豆儿、歌儿、雀儿等。

英山话儿化现象不是很丰富，部分名词为后加词缀“子”构成，如梨子（梨）、耳子（木耳）。有的名词不需带词缀，如鞋（鞋子）、虱（虱子）。还有一部分名词为后加词缀“儿”构成，可分两类：一是读儿化韵，卷舌动作较明显，如棍儿kuər^{35}、酒瓶儿pʻiər^{55}；二是“儿”自成音节，构成儿尾，读轻声ɚ^{0}，如冷子儿（冰雹）lən^{24} tsɿ^{24} ɚ^{0}、番茄儿fan^{31}

tɕʻie^{55} ɚ^{0}、尺儿tʂʻʅ^{213}ɚ^{0}、帖儿tʻie^{213}ɚ^{0}、钵儿po^{213}ɚ^{0}等，此类严格来说不属儿化。

蕲春话、广水话儿化现象不是很丰富，视语境而定。蕲春话少数韵母后的“儿”读作轻声ɚ^{0}，如水凼儿ʂʯei^{34} taŋ^{25} ŋər^{0}等。

浠水话有13个儿化韵母，n、ŋ韵尾加卷舌作用形成儿化韵后，n、ŋ尾一律消失。儿化以后，主要元音一般不发生变化。儿化韵的词绝大多数是名词，少数是量词、动词等词类，如阵儿、份儿、玩儿等。

武穴话、安陆话儿化现象较为丰富，武穴话共有17个儿化韵母，安陆话有15个儿化韵母。黄梅城关话无儿化现象。

3. **第三区**

本区方言儿化现象较少，大多没有儿化韵，如咸宁、崇阳、大治、监利、通城、通山、阳新等基本没有儿尾词，没有儿化韵。

赤壁话中的“儿”跟在其他词语的后面，绝大部分都读成一个单独的音节，形成儿尾，仅少数词语读为儿化音。当“儿”前一个音节是以ɑ、ə结尾时，“儿”多与前一个音节结合，形成儿化音，如断黑儿dei^{22} xər^{45}、女伢儿ɱʯ^{31} ŋɑr^{13}，但也有少数变读为儿尾，形成独立音节者，如末儿mər^{45}。当“儿”前一个音节是以u结尾时，“儿”多独立成音节，读作轻声uɑr^{0}，其中的u舌位较低，而且不太明显。如水沟儿ʂʯ^{31} tɕiau^{44} uɑr^{0}、花苞儿xuɑ^{44} pɑu^{213} uɑr^{0}。也有直接儿化，韵尾加卷舌动作的，如屋抔儿u^{45} bour^{44}、膝头包儿sə^{45} diɑu^{0} pɑur^{44}。当“儿”前一个音节是以n结尾时，“儿”多独立成音节，读作轻声ɳɑr^{0}，如：明儿miɑn^{13} ɳɑr^{0}、眼儿ŋɑn^{31} ɳɑr^{0}。

黄石话没有特定的儿化韵母，一般在音节后添加r来表示。如指头儿（手指）tsɿ^{31} tor^{213}、铺儿（商店）pʻuər^{35}、背搭儿（背心）pi^{35} tɒr^{31}、裤头儿（短裤）kʻu^{15} tʻər^{31}、土豆儿（马铃薯）tʻou^{31} tour^{24}、喜鹊儿（喜鹊）ɕi^{55}tɕʻior^{213}、麻雀儿（麻雀）mɒ^{31} tɕʻior^{213}等。

嘉鱼话中有儿尾，也存在儿化现象。有儿尾，“儿”本读作ɔr^{24}，有时变调，读作ɔr^{31}，如檐老鼠儿 in^{24} nau^{31} ɕy^{31} ɔr^{31} 、雀儿tɕʻio^{55} ɔr^{31}等；有时

变读作ar^{31}，如水凼儿ɕy^{31} tʻoŋ^{22} ar^{31}、煞黑儿sa^{55} xə^{55} ar^{31}。也有儿化，如麦豌儿ma^{55} unr^{44}、瓶儿pʻia^{24} ar^{31}、肚脐眼儿təu^{31} tɕʻi^{24} ŋanr^{31}、钉锤儿tian^{44} tɕʻyr^{24}等。

咸宁话没有儿化韵，仅有一个儿缀词，即“猫儿”。崇阳话基本没有儿尾词，也没有儿化韵。阳新话没有北京话那样的儿化音节，北京话表示小的意义的儿化词，在阳新话表现为在原词的后面加上一个“儿”zɿ^{213}的小称变音zɐn^{25}。因此，在阳新话里，一些不发生小称音变的音节，如果要表示小的意义，就在音节后面加上“儿”尾。

四、小称音变

1. 第一区

鄂北小片中，在指称形体较小的事物或表示“亲昵”等意义时，有两种方式：一种是通过构词的方式来表现，如重叠、添加词缀；另一种则是通过音变的方式来表现，如儿化、元音鼻化、变韵、变调等方式。采用添加词缀方式来实现的，多用“娃子/娃儿”指称幼崽或形体较小的事物，如猪娃子tsu^{31} ua^{53} tsɿ^{0}（谷城）、凳娃儿tən^{213} uɔr^{0}（随州）、猪娃儿tsu^{24}uar^{53}（襄阳）、猫娃儿mau^{24}uar^{0}（襄阳）、剪娃儿tɕian^{35} uar^{0}（襄阳）、牛娃儿niəu^{42}uɔr^{0}（随州）、树娃儿su^{52}uar^{0}（枣阳）。采用儿化方式来表现的，多用重叠＋儿化的方式，如盖儿kər^{31}、缝缝儿fən^{31} fər^{31}、狗狗儿kəu^{35} kəur^{0}（襄阳）、狗狗儿kəu^{353} kəur^{0}（随州）。

鄂中小片，多采用重叠方式来表示小称义，主要通过直接重叠、重叠＋儿化方式来实现。直接重叠，构成“AA”，如洞洞tuŋ^{44} tuŋ^{0}（意为“小洞”，荆门）；重叠＋儿化，构成“AA儿”，如把把儿pa^{31} par^{0}（保康）、瓶瓶儿pʻin^{53} pʻiər^{0}（宜城）等。除了重叠，添加词缀也是一种重要的构词方式，有代表性的是名词＋词缀方式，在名词后加上“娃儿/伢儿/娃子/伢子/巴子”等，指小孩、年轻人、小动物、小的无生命事物体。如刀娃儿tau^{22}uar^{0}（保康）、小猪娃儿ɕiɔ^{55} tsu^{24}uar^{53}（宜城）、女伢儿ny^{31}a^{13}ɯ^{0}（松滋）、沟娃子kəu^{45} a^{22} tsɿ^{0}（天门）、鹅巴子uo^{34} pa^{45} r（荆门）

等，其中荆门话中的“子”发颤音，记作r。荆门和五峰的小称音变主要是通过构词的方式来表现的，但两者具体的表现方式也不完全一样。荆门除了直接重叠这一形式外还有重叠后再加“子”，构成“AA 子”这样的方式，其中“子”发颤音，记作r，如末豌子mo^{32}uan^{45} r（意为“豌豆”）。而五峰是用名词 + “子”表示小称，如猫子mɑu^{55} tsʅ^{0}、叶子ie^{213} tsʅ^{0}。

除了诸上构词方式外，鄂中小片的小称音变各个地区的具体方式也不一样。比如蔡甸话，一是通过元音鼻化表示小称义，最后一个音节是阴声韵的，通过元音鼻化表示小称的意义，如斗嘴（亲嘴）tou^{44} tsẽ^{334}、大胡椒ta^{55} xu^{21} tɕiaõ^{15}；是阳声韵的，则音节末尾的鼻音尾脱落，主要元音鼻化，比如七月半tɕ'i^{324} ye^{32} pæ̃^{55}、中间tsuŋ^{13} tɕiẽ^{15}等。二是通过半高调表小称。蔡甸话表小义的叠字小名、亲属称谓、部分名词等，用半高调。如华华xua^{213} xua^{4}、叔叔sou^{324} sou^{4}、喜鹊ɕi^{334} tɕ'yo^{4}等。

汉川话是通过变韵表示小称、亲昵义的。它的具体变韵方式为后字韵尾脱落，主要元音变为ɛ，如宝贝pɑu^{42} pɛ^{33}；或后字韵尾脱落，主要元音变为ɛ后且鼻化，如老板nɑu^{42} pɛ̃^{42}；或后字韵尾脱落，主要元音直接鼻化，如老娘nɑu^{42} niã^{13}。

荆州话通过变调表示小称义，且后字一般变读为高平调 55，如姑娘ku^{55} lian^{55}、麻雀ma^{13} tɕ'io^{55}、指甲tsʅ^{13} ka^{55}、妹妹mei^{35} mei^{55}。

武汉话小称音变现象有两种类型，一是变韵小称，一种是高调小称。武汉话变韵小称只发生在有元音或辅音韵尾的韵母上。变韵后的词语为表小（认知上的形状小、质量轻、时间短、距离近以及亲热、舒适、调侃、贬损等）的名词或动词，如“小菜”的“菜”原韵母为ai，变韵后为ɛ，表小之义。武汉话的高调小称，无论双音节或多音节词语的前后字是哪种声调，后字一律变为稍短的高调，调值记作 5。如姑娘、筲箕、茶叶、故事等词。上声的叠词，如姐姐、屉屉屎，没有发现高调形式。高调小称也表示形状小、质量轻、时间短、距离近以及亲热、舒适、调侃、贬损等小量。

2. 第二区

黄冈话部分名词带上儿缀后可表示小称，如棍儿kɥɛr^{35}指称小棍子，锤儿tʂʻɥɛr^{31}指称小锤子。

红安话小称现象主要是在词语之后加上“子”，读作轻声，如叶子、冷子、降子等。

英山话、蕲春话、武穴话部分名词带上儿缀后可表示小称。如尺儿tʂʅ^{213} ɚ^{0}（英山），指称小尺子；店儿tiər^{35}（蕲春），指称小商铺；瓶儿pʻiər^{31}（蕲春），指称小瓶子；坛儿tʻar^{31}（武穴），指称小坛子；男伢儿nan^{31} ŋar^{31}（武穴），指称小男孩。

黄梅城关话无儿化现象，小称现象主要是在词语之后加上“嘞、嘚”两种助词，读作轻声。“嘞”缀型小称中的“嘞”读ne^{0}，与前面的音节构成名词，如鸟嘞（鸟）tiau^{13} ne^{0}、伢嘞（小孩子）ŋa^{55} ne^{0}、笛嘞（笛子）tʻi^{55} ne^{0}、竹嘞（竹子）tseu^{42} ne^{0}、叶嘞（叶）iæ^{42} ne^{0}等等。“嘚”缀型小称中的“嘚”读te^{0}，跟前面的音节构成名词。如：笋嘚（笋）sən^{13} te^{0}、梨嘚（梨）li^{55} te^{0}、菇嘚（蘑菇）ku^{21} te^{0}、鸽嘚（鸽子）ko^{42} te^{0}、猴嘚（猴子）xeu^{55}te^{0}、梯嘚（梯子）tʻi^{55} te^{0}等。

黄陂话除了儿化外，有零星小称音变现象，表现为韵尾脱落型和央化型。韵尾脱落型比较少，此类变韵见于日常语体，后鼻尾脱落后主元音带鼻化，如今朝tsen^{334}tsɔ^{0}、亮相liaŋ^{455} ɕiã^{35}等。央化型小称很少，主要是中低舌位的元音和不含高元音的复韵母，只有极少几个词，如指甲儿tsɿ^{212} kɤ^{0}、花苞儿xua^{334} pɯ^{334}等。

孝感话小称音变现象，主要用后缀“娃儿”来表示。如袋娃儿tɑi^{55} uɑr^{0}、狗娃儿kəu^{52} uɑr^{0}、凳娃儿təŋ^{35}uɑr^{0}、鸭娃儿iɑ^{213}uɑr^{0}、篮娃儿nɑn^{21} uɑr^{0}、瓶娃儿piŋ^{21} uɑr^{0}、框娃儿kuɑŋ^{33} uɑr^{0}、箱娃儿ɕiɑŋ^{33} uɑr^{0}等。

3. 第三区

黄石城区话小称音变主要体现为儿化，它没有特定的儿化韵母，而是紧跟在音节后发出儿化音，一般在音节后添加r来表示。如指头儿（手指）tsɿ^{31} tor^{213}、铺儿（商店）pʻuər^{35}、背搭儿（背心）pi^{35} tɒr^{31}、雀儿

tɕior^{213}、指头儿（手指）tsɿ^{31} tor^{213}、裤头儿（短裤）kʻu^{15} tʻər^{31}、土豆儿（马铃薯）tʻou^{31} tour^{24}、喜鹊儿（喜鹊）ɕi^{55} tɕʻior^{213}、麻雀儿（麻雀）mɒ^{31} tɕʻior^{213}等。

阳新话小称音变主要体现在通过语音变化来表示小称意义，集中表现为两种类型，一是改变声调，声调变读为高升调，调值与阳新话入声调一致。如“呼暖（暖和）”的“呼”由xu^{44}变为xu^{25}，“菜坛”的“坛”由tʻɔ̃^{21}变为tʻɔ̃^{25}，“冰棒”的“棒”由pɔ̃^{44}变为pɔ̃^{25}，“酒樽（小酒杯）”的“樽”由tsan^{44}变为tsan^{25}，“细瓶（小瓶子）”的“瓶”由pʻin^{21}变为pʻin^{25}等。二是改变韵母，声调也同时变为高升调，调值与阳新话入声调一致。如“筲箕（小筲箕）”的“箕”由tɕi^{44}变为tɕian^{25}，“姐夫（丈夫）”的“夫”由fu^{44}变为fan^{25}，“酒壶（小酒壶）”的“壶”由xu^{213}变为xuan^{25}，“刀（小刀）”由tɔ^{44}变为tən^{25}，“火星（小火花）”的“星”由ɕin^{44}变为ɕiɔ̃^{25}等。

崇阳话表小称的“子”尾往往由tsɿ^{0}读为tsæ^{0}。如“一下子”读为i^{55} hɑ^{44} tsæ^{0}，“细伢子”（小孩子）读为ɕi^{214} ŋɑ^{21} tsæ^{0}，“小鱼子”（小鱼儿）读为ɕio^{53} ŋi^{21} tsæ^{0}等。

监利容城话中没有儿化音，表示小称意义一般采用自成音节的词汇手段。如加构词语素“伢”ŋɑ^{13}，“伢”有词汇意义，同时有亲近喜爱之意。加在人物称谓名词后，表年幼者、年轻人，如奶伢nai^{21} ŋɑ^{13}、学生伢ɕio^{55} sən^{44} ŋɑ^{13}等；加在家禽家畜名词后，表动物幼体，如猪伢tsʮ^{44} ŋɑ^{13}、牛伢niou^{13} ŋɑ^{13}等。第二种类型是加构词语素“伢”，再加词缀“子”，构成“N伢子”结构，表小称之义。加在家禽家畜名词后，除小称义之外，亲近喜爱程度比单纯的“N伢”更重，如猪伢子tsʮ^{44} ŋɑ^{13} tsɿ^{0}、猫伢子mɑu^{44} ŋɑ^{13} tsɿ^{0}、狗伢子kou^{21} ŋɑ^{13} tsɿ^{0}等；加在小件日用品名词之后，表小称，如瓢伢子pʻiɑu^{13} ŋɑ^{13} tsɿ^{0}、桶伢子tʻoŋ^{21} ŋɑ^{13} tsɿ^{0}等。第三种类型是加在规模很小的地形地貌名词之后，表小称，如沟伢子kou^{44} ŋɑ^{13} tsɿ^{0}、坑伢子kʻən^{44} ŋɑ^{13} tsɿ^{0}等。监利容城话通过这些方式来表示小称意义，但没有小称音变现象。

通城话没有儿化韵，也没有事物为表小称而产生小称音变的语音现象。通城话一般借助词汇语法手段名词性标记“者”tse^{0}来表达小、可爱、亲昵之义。

五、合音

1. 第一区

西南官话片区中，合音现象不多见。宜都话中，“这时候”发音为tsɤ^{35} sur^{55}，“那时候”发音为na^{35} sur^{55}，“只要”发音为tsau^{13}。潜江话中，什么ʂuŋ^{31}、那么naŋ^{31}、这么tsan^{31}、怎么nan^{31}。公安话中，“是哪个”可以读作sɿ^{33} na^{35} kuo^{33}，也可以合音为sa^{35}kuo^{33}。

2. 第二区

语流中，语速较快时出现合音。如黄梅城关话，老人家lau^{13}ən^{55}ka^{0}，读成laŋ^{13} ka^{0}。蕲春话，冇得（没有）mau^{212} tɛ^{21}有时说成mɛ^{21}。武穴话，地下ti^{22} xa^{22}读成tia^{22}。英山话，不晓得pu^{213} ɕiau^{24} te^{0}读作pʿie^{213}，前日tɕʿian^{55} ɚ^{213}读作tɕʿia^{213} ɚ^{0}。孝感话，伙计xo^{52} tɕiɛ^{0}读作xue^{33}，走吧tsəu^{52}pɑ^{0}读作tsɑ^{52}，么样mo^{52} iɑŋ^{55}读作mɑ̃r^{52}，不需要pu^{213} ɕi^{33} iɑu^{35}读作pu^{213} ɕiɑu^{33}，去了tɕʿi^{35} iɑu^{0}读作tɕʿiɑu^{35}等。

3. 第三区

本区方言存在少数合音现象，主要表现为双音节合音成一个音节，集中体现在咸宁话、阳新话、通山话、大冶话中。

大冶城区话中出现了合音现象。大冶城区话中，有的词合音后会发生变调现象，如起来 tɕʿi^{44} lɐ^{31}读作tɕʿiɐ^{31}，没得（没有）mɐ^{213} tɐ^{213}读作miɐ^{413}，不晓得（不知道）pu^{213} ɕie^{44} tɐ^{213}读作piɐ^{413}，舅爷（舅舅）tɕʿiɐu^{22} ie^{31}读作 tɕʿie^{52}，几多（多少）tɕi^{44} to^{22}读作tɕio^{22}等。有的词合音后调不变，如扫地下（扫地）sɔ^{44}tʿiɒ^{22}/sɔ^{44} tʿɐi^{22} xɒ^{22}，被窝pʿio^{22}/pʿɐi^{22} uo^{22}等。

通山话存在少量合音现象，如照理说tsᴇʊ^{45} læ^{42} ɕyᴇ^{55}读作 tsæ^{42} ɕyᴇ^{55}，在哪里tsa^{33} nɔ^{42} læ^{33}常会合音为在哩tsa^{33} ȵi^{33}。

咸宁话存在合音现象。表示“什么”之义时，咸宁话将“么呢”

mo^{42} næ^{44}读作 mæ^{44}，表示“是不是”之义时，咸宁话将“是不是”sɿ^{33} pu^{55} sɿ^{33} ŋa^{44}读作sa^{44}，表示“全部、都”之义时，咸宁话将“一下”i^{55} xɒ^{33}读作 iɒ^{55}。

阳新话存在少数合音现象，主要表现为双音节合音成一个单音节。么西mo^{31} sai^{44}合音为脉mai^{44}；么人mo^{31} zan^{44}合音为们man^{213}；不敹pu^{25} ε^{0}合音为百pε^{25}。

第三节　语音比较

一、共时比较

1. 第一区

(1) 声母

①与普通话相比，本区方言大多没有tʂ组，少数方言没有ts组，ts组与tʂ组均有的有保康话、恩施话、建始话、兴山话、随州话、竹溪话、鹤峰话等，与普通话相比较又存在不同的地方，集中体现在知组、庄组字有的声母读为ts组读音。

②本区各点均不分尖团音，这一点与普通话相一致。

③本区方言大多有n没有l，部分方言有l无n，与普通话有较大的区别，极少数方言存在n与l，但具体情况与普通话相比也存在差异：如蔡甸话，泥母（细音前）读ȵ，来母、泥母（洪音前）均为l；丹江口话，泥母（细音前）读n，洪音前读l，这些都与普通话有所不同。

④在f与x的分布上，本区方言大多与普通话相一致：f、x不相混。少数方言也存在混用的现象，主要有三种情况。一是f、x互相混读，即存在把部分x读f，也存在把部分f读x。巴东普遍存在将声母f读声母x，如“反”“翻”“饭”“发”“罚”“方”“放”“房”“犯”“法”“飞”“费”“肥”等字在巴东话中声母全读为x，同时也存在将x声母读为f声母的现象，如“虎”“壶”“户”“灰”“婚”“魂”等字。二是把部分x读f。竹

溪话普遍存在将x声母读为f声母，如“虎”“壶”“户”“灰”“会”“怀”“欢”“换”“还”“婚”“魂”“黄”“慌”“烘”等字在竹溪话中声母全读为f。三是把部分f读x。恩施话老派读音中往往存在把f读x的现象，如“分”“粉”“福”“服”“府”“父”“肺”“犯”“法”“发”“罚”“反”“饭”等字，新派读法已发生改变，与普通话相一致。松滋话中将f读x，如“凤”“丰”“风”“府”“付”“父”“飞”“费”“肥”“富”“犯”“法”等字声母均读为x。

⑤普通话ʐ声母在本区方言有z、ʐ、n、l、零声母等多种读音。读为z声母的主要有潜江话、咸丰话、宜城话、丹江口话、谷城话、襄阳话、郧阳话、枣阳话等；读为ʐ声母的有巴东话、保康话、恩施话、建始话、荆门话、神农架话（“日”字除外）、兴山话（“日”字除外）、宜昌话（“日”字除外）、宜都话（“日”“热”两字除外）、长阳话（“日”字除外）、钟祥话、房县话、随州话（“入”“闰”“日”三字为零声母）、竹溪话（“日”“热”“软”三字为零声母）、鹤峰话（“日”字除外）等；读为n或零声母的有汉川话、江夏话等；读为l声母或零声母的有蔡甸话、荆州话、武汉话等；大多读为零声母的有松滋话、天门话、五峰话、仙桃话、公安话等。

⑥普通话u韵的零声母字本区方言多读为零声母，部分方言读为v，如“吴”“五”“乌”“武”“雾”“物”等字，随州话、鹤峰话等声母读为v。

（2）韵母

①普通话中的əŋ、iŋ本区多读为ən、in。

②普通话的uan韵在t、tʻ、n(l) 或ts、tsʻ、s后，如“短”“暖”“乱”“算”“酸”等字，本区方言多读an。如保康话、蔡甸话、汉川话、江夏话、潜江话、神农架话、天门话、武汉话、仙桃话、兴山话、宜城话、钟祥话、丹江口话、房县话、谷城话、随州话、襄阳话、郧阳话、枣阳话、竹溪话、公安话、鹤峰话等，巴东话、荆门话、荆州话部分读an，“算”“酸”韵母读uan。

③普通话的uən韵在端系后归入ən或en，这在本区方言是较为普遍的语音现象。如“敦”“吞”“轮”“尊”“村”“孙”等字，在保康话、恩施话、建始话、汉川话、江夏话、荆门话、荆州话、潜江话、神农架话、松滋话、天门话、五峰话、仙桃话、咸丰话、兴山话、宜昌话、宜城话、长阳话、钟祥话、丹江口话、房县话、谷城话、随州话、襄阳话、郧阳话、枣阳话、竹溪话、公安话、鹤峰话等均读为ən，蔡甸话、武汉话读为en。

（3）声调

与普通话相比，本区方言大多四个调类，分别为阴平、阳平、上声、去声，全浊上声归入去声，全浊入声归入阳平，这些均与普通话一致。但本区方言入声大多归入阳平，与普通话存在一定差异。丹江口话、房县话、谷城话、郧阳话、枣阳话、竹溪话等全浊上声归入去声，全浊入声归入阳平，次浊及清声母入声归阴平、阳平，与普通话有区别。蔡甸话、汉川话、天门话、仙桃话、公安话等保留入声，全浊入声虽归入阳平，但次浊声母及清声母的入声仍保留入声调，与普通话相区别。江夏话有阴平、阳平、上声、阴去、阳去五个调类，去声分为阴去、阳去两类，全浊上声归入阳去，全浊声母入声字归入阳平，次浊声母入声字及清声母入声字归入阴去，与普通话的调类存在区别。

2. 第二区

（1）声母

本区与普通话相比，声母均多出一个ŋ。安陆话、孝感话、新洲话有n无l，广水话、黄陂话、云梦话、应城话、黄冈话、蕲春话、英山话、浠水话、罗田话有l无n，红安话、武穴话、黄梅话有l也有n，与普通话相比，红安话泥母（洪音前）读为l，存在n、l混读的现象，武穴话、黄梅话n、l不混读，与普通话相区别的地方在于泥母（细音前）读ȵ。

本区部分方言声母与普通话相比，多出一个ȵ，主要是古泥母在细音前读为ȵ，如黄冈话、黄梅话、蕲春话、英山话、浠水话、罗田话、武穴话、新洲话等。

本区部分方言无tʂ、tʂʻ、ʂ、ʐ，如黄梅话。其余各点都有ts组与tʂ组的对立，但对立系统与普通话不尽一致，部分古知组、庄组、章组字读ts组。

本区除武穴以外，其余各点与普通话相同，不分尖团音。

本区除广水话、红安话（大悟、应山）外，其余各点与普通话相同，f、x大多不混读。

与普通话tɕ、tɕʻ、ɕ相拼的撮口呼，本区声母多变为tʂ、tʂ、ʂ。如安陆话、广水话、红安话、黄陂话、黄冈话、罗田话、蕲春话、武穴话、孝感话、新洲话、英山话、应城话、云梦话等中的“举”“锯”“句”“区”“卷”“权”“劝”“许”“决”“缺”“菊”“局”等字。

（2）韵母

本区普遍存在ɥ类韵。ɥ类韵不仅包括普通话中绝大多数撮口呼字，而且还包括了普通话的部分合口呼字。

本区əŋ韵字一般归入ən韵，iŋ韵字一般归入in韵，与普通话有所不同。

普通话的uən韵字，只有当声母是k、kʻ、x或者零声母时，本区与普通话相同，读uən韵，其他声母情况下，一部分归入ən，一部分归入ɥən，与普通话有别。

（3）声调

本区除广水话外，均存在入声调，与普通话相区别。大多数点去声均分为阴去与阳去两个调类，与普通话相区别。

3. **第三区**

（1）声母

本区除赤壁话、嘉鱼话中存在ts组与tʂ组对立现象，其余方言点均无tʂ、tʂʻ、ʂ。与普通话相比，赤壁话、嘉鱼话中ts组与tʂ组的对立也存在一定差异性。主要体现在古精（洪音）庄两组多读ts组，古知章两组多读tʂ组。

日母字在本区大多读为z、ʐ、ȵ或∅，与普通话相比，有一定区别。

赤壁话大多读为z、ȵ、∅，大冶话、阳新话多读z，黄石话、嘉鱼话、监利话读ʐ、∅，通城话多读ʐ、∅、ȵ，通山话读z、∅，咸宁话多读z。

与普通话相比，本区各方言点基本多出ŋ与ȵ两个声母。本区各方言点均有ŋ声母，除嘉鱼话、监利话、咸宁话无ȵ外，其他各方言均有ȵ声母。

本区除阳新话、通山话、大冶话、咸宁话以外，其他各方言点与普通话一致，均不分尖团音。

与普通话相比，本区方言存在n、l相混现象。赤壁话、崇阳话有n、l，赤壁话中，来母在洪音前，n、l相混，在细音前多读l，古泥母在细音前为ȵ。崇阳话中，来母在细音前读t‘，除特殊的“两”字外，古泥母在细音前读ȵ。大冶话、黄石话、阳新话有l无n，来母均读为l，泥母在洪音前读为l，泥母在细音前读为ȵ。嘉鱼话、监利话、通城话、咸宁话有n无l，嘉鱼话、咸宁话古泥母、来母均读为n，监利话来母读为n，泥母（洪音前）读为n，泥母（细音前）读为零声母，通城话来母、泥母（洪音前）多读为n，泥母（细音前）为ȵ。

本区方言大多f、x分明，与普通话一致，但通城话、崇阳话、通山话、咸宁话存在两者混读现象，通城话将x全部读为f。崇阳话部分x读f，如“花”“华”“化”“虎”“壶”“户”“怀”“坏”等。通山话、咸宁话大多能区分，但部分x读为f，如“虎”“壶”“户”等。

本区方言全浊声母大多消失，与普通话相比还存在一定区别，主要表现在古全浊上去入三声在咸宁话、阳新话、监利话、大冶话、嘉鱼话中变为送气的清声母。另外本区崇阳话、通城话、赤壁话还存在部分全浊声母。赤壁话有d、dz、dʐ、dʑ、g等浊声母，崇阳话有dz、dʑ、ɓ、ɗ等浊声母，通城话有ɓ、ɗ、dz、dʑ等浊声母。

（2）韵母

复元音单元音化是本区较普遍的一种语音现象。如“台”“来”“财”“该”“改”“带”“害”等字韵母大冶话读ɐ韵，黄石话读æ韵；“宝”“抱”“毛”“桃”“道”“脑”“老”“草”等字韵母大冶话、阳新话读ɔ韵，咸宁话读o韵；“抖”“偷”“头”“豆”“楼”“走”“够”等字韵母大冶话读e韵，阳新话读ɛ韵；“杯”“配”“赔”“煤”“妹”等字韵母黄石话、赤壁话读i韵，通山话、咸宁话读æ韵；“贪”“潭”“南”“蚕”“含”等字韵母赤壁话读ɑn韵；“表”“票”“庙”“焦”“小”“笑”等字韵母阳新话读i韵。

鼻韵尾n和ŋ的分混情况较为复杂。本区各点大多iŋ并入in，əŋ并入ən。

鼻化韵主要见于大冶话、咸宁话、阳新话、通山话。大冶话中有鼻化韵ɐ̃、iɐ̃、uɐ̃、iɛ̃、uɛ̃、yɛ̃等；咸宁话中有鼻化韵ɒ̃、iɒ̃、uɒ̃、yɒ̃、ẽ、iẽ、yẽ、õ、iõ、uõ等；阳新话中有鼻化韵uã、yã、uõ、iĩ、ɛ̃、yɛ̃、ɔ̃、uɔ̃、iɔ̃、ã、iã、õ等；通山话中有鼻化韵ᴀ̃、iᴀ̃、ᴇ̃、iᴇ̃、œ̃、uœ̃、ĩ、uᴀ̃、yᴇ̃等。

（3）声调

与普通话相比较，本区普遍保存入声调，大多方言点有阳去与阴去两个调类，与普通话相区别。

二、历时比较

1. 第一区

（1）声母

①全浊声母消失，变为相应的清声母，按声母的清浊发生分化，一般古全浊声母平声读为送气清声母，仄声读为不送气清声母，这在本区方言是普遍的语音现象。

②古影疑两母开口洪音字，本区方言多读为零声母，如巴东话、保康话、恩施话、建始话、荆门话、荆州话、潜江话、神农架话、松滋话、天门话、五峰话、仙桃话、兴山话、宜昌话、宜城话、宜都话、长阳话、钟祥话、丹江口话、房县话、谷城话、襄阳话、郧阳话、公安话等；部分方言读为ŋ声母，如蔡甸话、汉川话、江夏话、武汉话、咸丰话、随州话、枣阳话、竹溪话、鹤峰话等，“爱”“矮”“岸”“熬”“藕”“暗”“岩”“安”“恩”等字声母多读为ŋ。

③本区古泥母的细音字多读n或l，古疑母细音字声母多为ø。古泥母细音字读n，如巴东话、保康话、恩施话、汉川话、建始话、江夏话、荆门话、潜江话、神农架话、松滋话、咸丰话、宜都话、长阳话、钟祥话、兴山话、宜城话、丹江口话、房县话、随州话、襄阳话、枣阳话、公安话、鹤峰话等；古泥母细音字读l，如荆州话、五峰话、武汉话、仙桃话、宜昌话、谷城话、郧阳话等；本区大部分方言古疑母细音字声母为ø，部分方言疑母细音字读n或ȵ声母，如蔡甸话、恩施话、建始话、竹溪话、鹤峰话等。

（2）韵母

①本区方言深臻曾梗舒声中的鼻音都是前鼻音。

②果摄开口一等、果摄合口一等、咸摄山摄开口一等入声，逢见系字，如“歌”“割”“可”“河”“合”“恶”等，本区方言多读uo、o、ɤ、ə韵。读o韵的有蔡甸话、汉川话、建始话、江夏话、潜江话、松滋话、天门话、武汉话、咸丰话、宜城话、宜都话、长阳话、随州话、竹溪话、鹤峰话等，读uo韵的有巴东话、恩施话、荆门话、荆州话、神农架话、五峰话、仙桃话、兴山话、宜昌话、钟祥话、公安话等，读ɤ韵的有丹江口话、房县话、郧阳话、枣阳话等，读ə韵的有保康话、谷城话、襄阳话等。

③山摄合口今读声母为t、tʻ、n(l) 或ts、tsʻ、s的字部分没有介音u。uan韵在t、tʻ、n(l) 或ts、tsʻ、s后，如“短”“暖”“乱”“算”“酸”等字，本区方言多读an韵。如保康话、蔡甸话、汉川话、江夏话、潜江话、神农架话、天门话、武汉话、仙桃话、兴山话、宜城话、钟祥话、丹江口话、房县话、谷城话、随州话、襄阳话、郧阳话、枣阳话、竹溪话、公安话、鹤峰话等，巴东话、荆门话、荆州话部分读an韵，“算”“酸”韵母读uan韵。

④臻摄合口声母字今读部分没介音u，uən韵在端系后归入ən或en韵，这在本区方言是较为普遍的语音现象。如“敦”“吞”“轮”“尊”“村”“孙”等字，在保康话、恩施话、建始话、汉川话、江夏话、荆门话、

荆州话、潜江话、神农架话、松滋话、天门话、五峰话、仙桃话、咸丰话、兴山话、宜昌话、宜城话、长阳话、钟祥话、丹江口话、房县话、谷城话、随州话、襄阳话、郧阳话、枣阳话、竹溪话、公安话、鹤峰话等均读为ən韵，蔡甸话、武汉话读为en韵。

⑤曾摄开口一等入声、梗摄开口二等入声字，本区方言韵母多为ɤ、e、ɛ。读为ɤ韵的有巴东话、荆州话、江夏话、潜江话、松滋话、天门话、五峰话、兴山话、宜昌话、宜都话、长阳话、仙桃话、公安话等；读e韵的有武汉话、保康话、恩施话、宜城话、房县话等；读ɛ韵的有建始话、荆门话、神农架话、咸丰话、丹江口话、枣阳话、鹤峰话、竹溪话等。还有一些个别的读音，如汉川话读æ韵、蔡甸话读iæ韵、谷城话读ie韵、随州话读a韵、郧阳话读ɛi韵。

⑥支韵开口三等和蟹摄开口三四等的帮组字，本区方言多读ei韵，如“臂”“闭”“披”“批”“币”等，蔡甸话、恩施话、汉川话、建始话、江夏话、荆门话、荆州话、潜江话、松滋话、天门话、五峰话、武汉话、仙桃话、咸丰话、宜都话、钟祥话、随州话、竹溪话、公安话、鹤峰话等均读ei韵。

⑦模韵端系字、鱼虞韵庄组字、沃屋烛韵端系知系字，本区方言多读əu或ou韵。如“杜”“吐”“土”“奴”“租”“苏”“竹”“初”“督”等字，保康话、汉川话、神农架话、天门话、仙桃话、咸丰话、房县话、随州话、郧阳话、竹溪话、鹤峰话等多读əu韵，江夏话、武汉话、蔡甸话多读ou韵。

⑧古药觉两韵，本区方言多读io或yo韵。如“脚”“学”“约”等字，巴东话、恩施话、汉川话、荆门话、荆州话、潜江话、宜昌话、钟祥话、松滋话、宜都话、随州话、枣阳话、竹溪话、鹤峰话等多读io，蔡甸话、咸丰话、建始话、江夏话、五峰话、长阳话、武汉话、仙桃话、兴山话、宜城话、神农架话、天门话、丹江口话、房县话、谷城话、襄阳话、郧阳话、公安话等多读yo韵。

⑨蟹摄开口二等见匣母字，本区方言多为开口呼。如“皆”“阶”

“街”“界”“鞋”等字，本区方言大多读ai韵，少数方言读法例外，如宜城话、丹江口话、谷城话读ɛ韵，郧阳话、枣阳话读iɛ韵。

⑩止摄开口三等日母字在本区多读ɚ或ɯ韵。如“儿”“而”“二”等字，巴东话、保康话、恩施话、建始话、江夏话、神农架话、咸丰话、兴山话、宜昌话、宜城话、宜都话、长阳话、丹江口话、谷城话、襄阳话、郧阳话、竹溪话、鹤峰话等读ɚ韵，蔡甸话、汉川话、荆门话、荆州话、潜江话、松滋话、天门话、武汉话、仙桃话、公安话等读ɯ韵，五峰话读ɤ韵，房县话读ær韵，随州话、枣阳话读ar韵。

（3）声调

本区方言古平声清声母字今读阴平，浊声母字今读阳平。

古上声清声母字和次浊声母字今仍读上声，古全浊声母上声字多读去声，除了鹤峰外。鹤峰话古全浊声母上声字仍读上声。

古去声字今读去声，本区方言中有些方言去声依据声母清浊分为阴去与阳去，清声母的古去声字多为阴去，浊声母的古去声字多为阳去。如江夏话，去声分为阴去与阳去。

古入声字在本区的分化有不同情况，本区大多方言已没有入声，入声大多归入阳平，丹江口话、房县话、谷城话、郧阳话、枣阳话、竹溪话等全浊入声归入阳平，次浊及清声母入声归阴平、阳平。

蔡甸话、汉川话、天门话、仙桃话、公安话等存在入声，全浊入声归入阳平，清声母入声、次浊声母入声仍保留入声调。

2. 第二区

（1）声母

古匣母开口二等字声母多读为x。安陆话、红安话、黄陂话、孝感话、武穴话、蕲春话、黄梅话、罗田话、黄冈话、新洲话、英山话、云梦话、应城话等均存在这种现象。“鞋”“咸”“项”“黑”“虾”“瞎”“下”等字声母多读为x。

古日母字在本区声母大多为ʐ或零声母。安陆话、广水话、罗田话、黄陂话、黄冈话、蕲春话、孝感话、鄂州话、英山话、应城话、云梦话、红安话等多数声母读ʐ，少数字声母为零声母。武穴话、黄梅话古日母字多读为零声母。

古疑影两母的开口洪音字在本区声母多读为ŋ。如“翁”“哑”“爱”“矮”“熬”“藕”“暗”“岸”“安”“恩”“硬”“眼”等在本区声母多读ŋ。

古泥母字细音字和疑母部分细音字声母多读为ȵ。如黄冈话、黄梅话、罗田话、蕲春话、武穴话、新洲话、英山话等，其中新洲话较为特殊，古泥母、来母字细音字和疑母字部分细音字声母一律为ȵ，如“梨”“李”“里”“类”“流”等字声母在武穴话均为ȵ。

（2）韵母

蟹摄止摄合口的帮端系字，在本区大多读i韵或ei韵，少数地区两种读音均有，如“赔”“煤”“对”“类”“罪”“随”等，安陆话、广水话、黄冈话、应城话、云梦话等多读ei韵，黄梅话、罗田话、蕲春话、武穴话、新洲话、英山话、红安话多读i韵。少数地区读i或ei韵不定，如孝感话。有些地区新老异读有别，多老读i韵，新读ei韵，如云梦话、黄陂话等。

曾摄开口一等入声和梗摄开口二等入声字，如“北”“墨”“麦”“色”等字，在本区多读e或ɛ韵。黄冈话、罗田话、武穴话、新洲话、英山话、云梦话、红安话等多读e韵，孝感话、应城话、安陆话、广水话等多读ɛ韵。此外，黄梅话、黄陂话读为æ韵，蕲春话读为a韵。

蟹摄开口二等见匣母字，如“蟹”“街”“解”“鞋”等字，本区大多读ai韵。新洲话、英山话、应城话、云梦话、安陆话、广水话、黄冈话、黄梅话、罗田话、蕲春话、武穴话等均读ai韵。

梗摄撮合口三等阳声韵，本区多读为ɥən韵，如“荣”“永”等字。英山话、应城话、云梦话、安陆话、广水话、罗田话均读ɥən韵，新洲话、红安话、武穴话“荣”与“永”读音不同，“永”读ɥən韵，黄冈话、黄梅话有所不同，黄冈话均读ioŋ韵，黄梅话“荣”读ioŋ韵，“永”读ən韵。

（3）声调

本区方言古平声清声母字今读阴平，浊声母字今读阳平。古上声清声母及次浊声母字今仍读上声，全浊声母字多读为去声，应城除外，应城话古上声字无论声母清浊仍读上声。古去声根据声母清浊，除广水话、应城话外，大多有阴去、阳去之分，广水话、应城话去声无阴阳之分。古入声字在本区大多保留入声调，清声母及次浊声母的入声字大多保留入声调，广水话古入声字全部读为阳平。全浊声母的入声字多读为阳平或入声，广水话、安陆话、黄陂话、孝感话等古全浊入声全部变为阳平，武穴话、黄梅话等古全浊入声全部变为阳去。

3. **第三区**

（1）声母

古匣母开口二等字声母多读为x。赤壁话、通山话、大冶话、黄石话、阳新话、嘉鱼话、监利话、咸宁话、通城话、崇阳话等普遍存在这种现象。通城话与崇阳话较为特殊，均将x读为h，代表字如“鞋”“咸”“项”“虾”“瞎”等。

古日母字在本区大多读为z、ʐ、ȵ或ø。赤壁话大多读为z、ʐ、ø，大冶话、阳新话、咸宁话多读z，黄石话、嘉鱼话、监利话多读ʐ、ø，通城话多读ʐ、ø、ȵ等，通山话多读z、ø，比较特殊的是崇阳话，大多读tʻ，少量读ȵ或ø。

（2）韵母

蟹止摄合口的端系字，如“罪”“催”“对”“堆”“推”“随”“嘴”“雷”等字，在本区一律读为开口韵，崇阳话、赤壁话、黄石话、嘉鱼话、通城话读i韵，大冶话读ɐi韵，监利话读ei韵，通山话、咸宁话读æ韵，阳新话读ai韵。

臻摄合口一等、三等的端系字，如“敦”“墩”“尊”“村”“蹲”“孙”“寸”“嫩”“轮”“遵”“荀”等字，在本区读开口韵，赤壁话、崇阳话、嘉鱼话、监利话、通城话、咸宁话读ən韵；大冶话、通山话读ɐn韵；黄石话读en韵；阳新话读an韵。

模韵端系字，鱼虞韵庄组字，屋沃烛韵端系、知系字，如“赌”“肚”“土”“杜”“奴”“租”“初”“锄”“数”“叔”“竹”“畜”“毒”“足”“属”等字，赤壁、监利、黄石、通城多读ou韵，崇阳、嘉鱼多读əu韵，大冶多读ɐu韵，通山多读ɑu韵，咸宁多读ɒu韵，阳新话读au韵。

本区的入声韵尾大多消失，只有通城话入声还保留喉塞音尾，如鼻ɓiʔ^{55}、踏ɗanʔ^{55}、鸽konʔ^{55}、蜡nanʔ^{55}、夹kanʔ^{55}、鸭ŋanʔ^{55}、贴ɗinʔ^{55}、习ɕiʔ^{55}、集dʑiʔ^{55}、立ɗinʔ^{55}、别ɓiɛnʔ^{55}、灭miɛn^{55}、夺ɗonʔ^{55}等。

歌韵开口一等、戈韵合口一等在本区均读为开口韵。如“多”“拖”“左”“歌”“可”“何”“螺”“坐”“课”“过”“火”等字，赤壁话、崇阳话、大冶话、黄石话、嘉鱼话、通城话、阳新话均读o韵，监利话读uo韵，咸宁话读ə韵，通山话读oʊ韵。

（3）声调

声调方面，保留入声声调，平声按声母清浊分为阴平与阳平，去声按声母清浊分为阴去与阳去。全浊上声归入阳去。古入声清声母或次浊声母字大多保留入声声调，通山话中次浊声母的入声字读为阳去，全浊声母的入声字大多仍读入声调，如阳新话、大冶话、崇阳话、通城话、黄石话等，部分归入阳平或阳去，如赤壁话、嘉鱼话读为阳平，通山话、咸宁话归入阳去。

第四节　代表音系

一、武汉音系

1. 声母

p	兵步病别	pʻ	平赔判拍	m	明马命麦	f	飞纺饭服		
t	端躲杜搭	tʻ	天甜讨铁					l	连脑路热
ts	张左证竹	tsʻ	仓草唱尺			s	孙手世石		
tɕ	焦九柱主	tɕʻ	清全取缺			ɕ	双鼠顺刷		
k	高敢共格	kʻ	开孔课客	ŋ	安熬矮爱	x	灰活好盒		

ø　温王软药

说明：

①声母/l/有两个条件变体l(路、奴)、ȵ(泥、犁)和一个自由变体n(雷、暖)。

②舌尖前ts、tsʻ、s声母的发音部位稍偏后。

③有舌根音声母ŋ，且发音稍后，接近小舌。

④零声母发音开头稍有摩擦，齐齿呼近j、合口呼近w、撮口呼近ɥ。

2. 韵母

ɿ 师丝试十	i 皮米戏七	u 箍五裤骨	y 猪鱼句局
a 茶塔辣八	ia 鸭牙假夏	ua 瓜瓦挂滑	ya 抓刷
e 热北色白	ie 写接贴节		ye 靴缺茄月
ɯ 儿耳去白读日			
o 歌过国盒			yo 削药弱脚
ai 开鞋改袋		uai 歪怀拐快	
ei 赔嘴对岁		uei 吹围鬼位	
ao 刀毛宝炮	iao 焦桥表笑		
ou 偷走六绿	iou 流油育浴		
an 山南短半	ian 监盐典面	uan 官完碗惯	yan 闩权转赚
en 深梗寸灯	in 心品病星	uen 横婚滚问	yn 春云准运
aŋ 汤糖党浪	iaŋ 江响讲降	uaŋ 光王黄旺	yaŋ 双床撞壮
oŋ 东朋母冻	ioŋ 兄穷永用		
ṃ 姆			
ṇ 尔			

说明：

①韵母o稍开，唇稍展，有时不稳定，有复元音uo的倾向。

②元音e有四个条件变体。单韵母e的实际音值是ɤ，复韵母ie、ye、ei、uei的主要元音实际音值是稍开的e，鼻韵母en、uen的主要元音实际音值是ə，语气词“咧”和亲属称谓“太奶奶”等小称变韵的实际音值是ε。

③单韵母u、y稍开，唇稍展。

④前鼻韵母in、en韵尾的发音部位稍靠后。

⑤韵母ya、yaŋ的韵头实际音值是ɥ，如“抓装壮霜桩撞窗双”等字。韵母yan的韵头实际音值有两类，部分为ɥ，如“砖船卷圈权劝”等字，部分为y，如“全软圆院原远”

等字。

⑥aŋ韵母少数字后鼻韵母靠前，似前鼻韵母，如“放纺筐”。

3. 声调

阴平 55	东该灯风通开天春
阳平 213	龙牛铜红节塔麦毒
上声 42	懂古统苦草买老有
去声 25	动罪近后怪寸卖洞

说明：

第一调阴平，实际调值445或55，记作55。

二、荆州音系

1. 声母

p	兵步病别	pʻ	平赔判拍	m	明马命麦	f	飞纺饭服		
t	端躲杜搭	tʻ	天甜讨铁					l	连软路热
ts	张左证竹	tsʻ	仓草唱尺			s	孙手世石		
tɕ	焦九叫急	tɕʻ	清全取缺			ɕ	西洗现席		
k	高敢共格	kʻ	开孔课客			x	灰活好盒		
ø	温王晚药								

说明：

①n和l不分。

②开口洪音和开口细音的零声母字，前有紧喉摩擦成分，这里均作零声母处理。

2. 韵母

ʅ	师丝试十	i	皮米戏七	u	箍五裤骨	y	区鱼举局
ɯ	儿二去日						
a	茶塔辣八	ia	牙鸭假夏	ua	瓜瓦挂滑		
ɤ	热北色白						
		ie	写接贴节			ye	靴月缺茄
o	剥婆磨破	io	药学雀脚	uo	歌坐过盒		
ai	开鞋改袋			uai	歪怀拐快		
ei	赔对妹背			uei	吹围鬼位		
au	刀毛宝炮	iau	焦桥表笑				

əu 偷走豆六	iəu 流油九袖		
an 山南短半	ian 江响讲降	uan 官床王双	
	ien 尖盐年蚁		yen 冤权远院
ən 深梗灯升	in 心品病星	uən 春滚寸横	yin 军均裙俊
oŋ 东朋冻通	ioŋ 云兄永用		

说明：

①ɯ是u的不圆唇，只在kʻ和零声母后出现。

②ɤ偏央，接近ə。

③复韵母uo的u较松、较弱。

④复韵母ie、ye、ien、yen中元音e接近ᴇ。

3. 声调

阴平 55	东该灯风通开天春
阳平 13	龙牛铜红节塔麦毒
上声 42	懂古统苦草买老有
去声 35	动罪近后怪寸卖洞

说明：

阳平 13 接近 213，起始阶段有降的痕迹，但以升为主。

三、荆门音系

1. 声母

p 兵步病别	pʻ 平赔判拍	m 明马命麦	ɸ 飞纺饭服	
t 端躲杜搭	tʻ 天甜讨铁	n 连脑路老		
tʂ 张左证竹	tʂʻ 仓草唱尺		ʂ 孙手世石	ʐ 热软人日
tɕ 焦九叫急	tɕʻ 清全取缺		ɕ 西洗现席	
k 高敢共格	kʻ 开孔课客		x 灰活好盒	
ø 温王晚药				

说明：

①声母n是个变值音位，有n、l两种读法，以发n为主，如“脑”“老”均读nau^{55}，“南”“蓝”均读nau^{24}。有时部分n声母（如“锣”“路”）发音带塞音特征，接近t。由于不具备语义区别作用，故统一记作n。

②声母x与合口呼相拼时有明显的双唇音特点，如“灰”$x^{w}uei^{445}$。

2. 韵母

ʅ	师丝试十	i	皮米戏七	u	箍五裤骨	y	区鱼举局
ɯ	儿耳二日						
a	茶塔辣八	ia	牙白读假嫁鸭	ua	瓜瓦法刮		
ɛ	格特热色	iɛ	写接贴节			yɛ	靴月绝雪
o	北白薄摸	io	药学脚雀	uo	多盒左国		
ai	开排海鞋			uai	歪怪快拐		
ei	碑赔对类			uei	飞锤鬼罪		
au	刀桃宝饱	iau	交桥表笑				
ou	偷头走豆	iou	修油酒袖				
an	山南短半	ian	尖盐点欠	uan	官顽碗换	yan	圈权选院
ən	深门本寸	in	心行柄星	uən	春横滚困	yən	军云俊运
aŋ	糖忙党浪	iaŋ	姜娘响匠	uaŋ	双床纺壮		
oŋ	东朋懂冻	ioŋ	兄荣永用				
m̩	姆						
n̩	您						

说明：

①韵母ɛ实际发音时位置接近央化的ɘ。

②韵母ɯ实际发音时部位偏中，接近ɨ。

③韵母uən，yən主元音ə发音很弱，接近un，yn。

3. 声调

阴平 445	东该灯风通开天春
阳平 324	龙牛铜红节塔麦毒
上声 55	懂古统苦草买老有
去声 33	动罪近后怪寸卖洞

说明：

①阴平为半高升调，由半高升至高且前半程稍长（445），或者由中升至高（335），宽式记作445。

②阳平为半低升调，由半低升至半高（24），或者带有曲折，由中降至半低再升至半高（314），宽式记作24。

③上声高平（55），或者由半高升至高（45），这时与阴平调值接近，但前半程音长

相对要短，宽式记作55。

④去声半高平调（33），实际发音有时为44调，宽式记作33。

四、公安音系

1. 声母

p	兵步病别	p‘	平赔判拍	m	明马命麦	f	飞纺饭服
t	端躲杜搭	t‘	天甜讨铁	n	脑南连路		
ts	资贼装照	ts‘	抄茶刺春			s	孙手世石
tɕ	焦九句急	tɕ‘	清全取缺			ɕ	西洗现席
k	高敢叫格	k‘	开孔课客			x	灰鞋海害
ø	味热云药						

说明：

①声母n有n、l两读，一般可任意替换。但今细音前多倾向读n。

②零声母与开口呼拼合时，前面带摩擦音，近于ɣ，如“硬”“安”“熬”。

③x与u相拼时，常混入f，有时可自由变读。

2. 韵母

ɿ	师尺试寺	i	皮米戏七	u	箍五裤骨	y	区鱼举局
a	茶塔辣八	ia	甲鸭假夏	ua	瓜瓦刮滑		
ɤ	热北色白						
ɯ	儿去二日						
		iɛ	写接贴节			yɛ	靴缺茄月
o	磨拨泼末			uo	歌过盒活	yo	学雀脚药
ai	开鞋改袋			uai	歪怀拐快		
ei	飞赔对背			uei	吹围鬼位		
au	刀毛宝炮	iau	焦桥表笑				
əu	偷走六肉	iəu	流油九袖				
an	山南短半	ian	尖盐年欠	uan	官顽换惯	yan	鲜权选劝
ən	深梗寸灯	in	心品病星	uən	春横滚困	yn	云营裙俊
aŋ	汤糖党浪	iaŋ	江响讲降	uaŋ	床王双旺		
oŋ	东朋猛冻	ioŋ	穷雄兄用				
m̩	（姆）						

n̩ 您

说明：

①韵母u自成音节时有时是一个唇齿浊擦音v，在唇齿清擦音f后摩擦也较重。

②əu、ən里的元音发音稍偏后。

③ɤ比较低，有时候读得偏央。

④əu、iəu中的ə有时候是圆唇音。

⑤有自成音节的m̩、n̩。

3. 声调

阴平 55　　东该灯风通开天春

阳平 24　　门龙牛油铜皮糖红

上声 21　　懂古统苦草买老有

去声 33　　怪寸动罪近后卖洞

入声 35　　搭节急拍塔刻麦毒

说明：入声来自古阴入，是一个较高的上升的调子，调值记做35。

五、宜昌音系

1. 声母

p 兵步病别	pʻ 平赔判拍	m 明马命麦	f 飞纺妇饭	
t 端躲杜搭	tʻ 天甜讨铁			l 脑南连验
ts 张左证竹	tsʻ 仓草唱尺		s 孙手世石	
				ʐ 热软人闰
tɕ 酒九叫急	tɕʻ 清全取缺		ɕ 西洗现席	
k 高敢共格	kʻ 开孔课客		x 灰活好盒	
ø 安温王药				

说明：

①n、l不具有音位区别，多读为边音l，在洪音前部分字略带鼻音色彩。

②ʐ接近无擦通音ɹ。

③“牛、逆”等古疑母字为零声母。

2. 韵母

ɿ 师丝试十　　i 皮米戏七　　u 箍五裤骨　　y 区鱼举局

ɯ 去

ɚ	儿耳二日						
ɤ	热北色白						
a	茶塔辣八	ia	鸭牙假夏	ua	瓜瓦挂滑		
		ie	写接贴节			ye	靴缺茄月
o	摸磨剥破	io	药学雀削	uo	歌坐过盒		
ai	开鞋改袋			uai	歪怀拐快		
ei	赔飞妹背			uei	吹围鬼位		
au	刀毛宝饱	iau	焦桥表笑				
əu	偷走六凑	iəu	流油九袖				
an	山南短半	iɛn	尖盐年欠	uan	官完万惯	yɛn	鲜权选劝
ən	深梗证升	in	心品病星	uən	横滚寸顺	yn	云裙俊营
aŋ	汤糖党浪	iaŋ	江讲响降	uaŋ	床王双旺		
oŋ	东朋冻通	ioŋ	兄穷永用	uoŋ	翁		

说明：

①o、uo互补分布，p、pʻ、m后读作o，t、tʻ、l、ts、tsʻ、s、k、kʻ、x和零声母后读作uo。

②io、oŋ有圆唇倾向，接近yo、yoŋ。

③iɛn、yɛn中ɛ开口度偏小，接近e。

3. 声调

阴平 55　　东该灯风通开天春

阳平 13　　龙牛铜红节塔麦毒

上声 33　　懂古统苦草买老有

去声 35　　怪寸卖洞动罪近后

说明：

①阴平为55，大部分字调值略接近45。

②阳平为13，实际调值接近12。

③上声为33，部分字带轻微降幅，但不稳定。

④去声为35，部分字实际调值接近335。

六、五峰音系

1. 声母

p　兵步病别	pʻ　平赔判拍	m　明马命麦	f　飞纺饭服	
t　端躲杜搭	tʻ　天甜讨铁			l　脑南连路
ts　张左证竹	tsʻ　仓草唱尺		s　孙手世石	
				ʐ　热软绕人
tɕ　酒九叫急	tɕʻ　清全取缺		ɕ　西洗现席	
k　高敢共格	kʻ　开孔课客		x　灰活好盒	
ø　安温用药				

说明：

①l含有n、l两个音位变体。

②ts组的ts、tsʻ、s比普通话的ts、tsʻ、s偏后，在介音u前几乎像偏前的tʂ、tʂʻ、ʂ。

2. 韵母

ɿ　师丝试十	i　皮米戏七	u　箍五裤骨	y　区鱼举局
a　茶塔辣八	ia　鸭牙假夏	ua　瓜瓦挂滑	
	ie　写接贴节		ye　靴缺茄月
ɤ　二热北色			
o　薄婆磨破		uo　歌坐过盒	yo　药学雀脚
ai　开鞋改袋		uai　歪怀拐快	
ei　赔飞妹背		uei　吹围鬼位	
au　刀毛宝炮	iau　焦桥表笑		
əu　偷走六凑	iəu　流油九袖		
an　山南满半	iɛn　尖盐年欠	uan　官完短惯	yɛn　鲜权选劝
ən　深梗证升	in　心品病星	uən　横滚寸顺	yn　云裙俊营
aŋ　汤糖党浪	iaŋ　江响讲降	uaŋ　床王双旺	
oŋ　东朋冻通			yoŋ　兄荣永用

说明：

①u韵母拼声母时双唇略有摩擦。

②o、uo两韵母互补分布，唇音韵母p、pʻ、m、f后读作o，其它韵母、零声母后读作uo。

③ɤ韵母单独使用时，有时接近于ɯ。

④iɛn、yɛn中ɛ开口度偏小，接近e。

3. 声调

阴平 55　　东该灯风通开天春
阳平 213　　龙牛铜红节塔麦毒
上声 33　　懂古统苦草买老有
去声 35　　怪寸卖洞动罪近后

说明：

①阴平为55，大部分字调值略接近45。

②上声为33。上声调值不稳定，有时平，有时降，有时先平后降。

③去声为35，部分字实际调值接近335。

七、襄阳音系

1. 声母

p	兵步病别	pʻ	平赔判拍	m	明马命麦	f	飞纺饭服		
t	端躲杜搭	tʻ	天甜讨铁	n	脑南连路				
ts	张左证竹	tsʻ	仓草唱尺			s	孙手世石	z	热软日任
tɕ	酒九叫急	tɕʻ	清全取缺			ɕ	西洗现席		
k	高敢共格	kʻ	开孔课客			x	灰活好盒		
ø	温云用药								

说明：

①n和l不分，在齐齿呼韵母前多读鼻音，但鼻音较轻。n、l统一记作n。

②没有舌尖后音tʂ、tʂʻ、ʂ、ʐ，声母s、z在合口呼韵母前舌位略靠后。

2. 韵母

ɿ	师试丝十	i	皮米戏七	u	箍五裤骨	y	区鱼举局
ɚ	儿耳二						
a	茶塔辣八	ia	鸭牙假夏	ua	瓜瓦挂滑		
ə	歌热北色						
ɯ	去						
		ie	写接贴节			ye	靴缺茄月
o	摸磨婆破			uo	坐过活托	yo	药削脚学
ai	开鞋改袋			uai	歪怀拐快		
ei	赔对飞背			uei	吹围鬼位		
au	刀毛宝炮	iau	焦桥表笑				

əu 偷走六绿	iəu 流油九袖		
an 南山半短	ian 尖盐年欠	uan 官完万惯	yan 鲜权选劝
ən 深梗寸灯	in 心品病星	uən 春横滚顺	yn 军云裙永
aŋ 汤糖党浪	iaŋ 江响讲降	uaŋ 床王双旺	
əŋ 东朋冻通		uəŋ 翁	
		uŋ 中重种宋	yŋ 兄穷容用

说明：

①零声母开口洪音前多带有喉塞音ʔ，如：安an、硬ən；合口洪音以开口细音以高元音居多，间或略带有摩擦音w、j、ɥ，如：我uo、呀ia、元yan。

②韵母iau和tɕ、tɕʻ、ɕ相拼时，发音近似于iɔ。

③韵母au和p、pʻ、m相拼时，发音近似于ɔ。

④韵母uŋ、yŋ主要元音略展唇。

3．声调

阴平 24	东该灯风通开天春
阳平 53	龙牛铜红节塔麦毒
阴上 35	懂古统苦草买老有
去声 31	动罪近后怪寸卖洞

说明：

①阴平调调值为24，阴平调前有小平段。

②去声调值为31，有时读作313，如：顿、趟、对。

八、随州音系

1．声母

p 兵步病别	pʻ 平赔判拍	m 明马命麦	f 飞纺饭服	v 吴五武物
t 端躲杜搭	tʻ 天甜讨铁	n 脑南连路		
ts 资早灶贼	tsʻ 初草寸祠		s 丝伞算事	
tʂ 张装主竹	tʂʻ 春茶产撤		ʂ 山双顺十	ʐ 热软人弱
tɕ 酒九叫急	tɕʻ 清全取缺		ɕ 西洗现席	
k 高敢共格	kʻ 开孔课客	ŋ 熬安矮爱	x 灰活好盒	
ø 温云用药				

说明：

①不区分n、l，鼻音成份比较明显，记作n。

②ŋ可充当声母，只存在于开口呼韵母前，如：安、爱、欧。

③tʂ、tʂʻ、ʂ、ʐ舌位略靠前。

④k、kʻ与u相拼时，舌位靠前，有唇齿化色彩，如：古、苦；k、kʻ与u开头的韵母相拼时，没有唇齿化倾向，如：官、光；f与u相拼时，有浊化色彩，如：副、服、附。

⑤普通话u韵母零声母字，随州话都读v声母，如：无、五、雾、屋。

2. 韵母

ɿ	师丝紫寺	i	皮米戏捏	u	箍五裤骨	y	靴雨橘局
ʅ	试十直尺					ʯ	猪除鼠出
ar	儿耳二日						
ə	个这扯贼	ie	爹些揭也			yɛ	缺决月越
a	北色白格			ua	国热或		
ɔ	茶塔辣八	iɔ	牙鸭假夏	uɔ	瓜瓦刮滑		
o	歌坐活托	io	药学脚削				
ai	开鞋改袋			uai	歪怀拐快		
ei	赔对飞背			uei	吹围鬼位		
au	刀毛宝炮	iau	焦桥表笑				
əu	偷走六绿	iəu	油流九袖				
an	山南短半	ian	尖盐年欠	uan	官完万惯	yan	圈权远劝
ən	深梗寸灯	in	心品病星	uən	春横滚顺	yn	军云裙永
aŋ	汤糖党浪	iaŋ	江响讲降	uaŋ	床王双旺		
oŋ	东梦统宋	ioŋ	兄雄穷用				

说明：

①ʅ舌位略靠前。

②有ʯ韵母，ʯ只拼tʂ、tʂʻ、ʂ、ʐ，如：猪、出。

③yn的实际音值近似yən，本文记作yn。

④oŋ、ioŋ中的o开口度略小。

⑤ar自成音节，如：儿、而、耳、尔、二、日。

3. 声调

阴平 44　　东该灯风通开天春

阳平 42　　龙牛铜红节塔麦毒

上声 353　　懂古统苦草买老有

去声 213　　怪寸洞卖动罪近后

说明：

①阴平调值为 44，有时读作中升调（34）。

②上声调值为 353，有时读作高降调（53）。

④去声调值为 213，有时读作中降升调（313）。

④古入声今读阳平，但有例外，如：玉、肉。

九、十堰音系

1. 声母

p 兵步病别	pʻ 平赔判拍	m 明马命麦	f 飞纺饭服	
t 端躲杜搭	tʻ 天甜讨铁	n 脑年南泥		l 老蓝连路
ts 资早租贼	tsʻ 刺草寸祠		s 丝三酸寺	
tʂ 张竹柱纸	tʂʻ 抽茶产撤		ʂ 双顺手十	ʐ 热软任入
tɕ 酒九叫急	tɕʻ 清全取缺		ɕ 西洗现席	
k 高敢共格	kʻ 开孔课客		x 含好活盒	
ø 问熬温药				

2. 韵母

ɿ 资丝紫寺	i 皮米戏七	u 箍五裤骨	ʮ 区鱼举局
ʅ 师十直尺			
ər 儿耳二			
a 茶塔辣八	ia 鸭牙假夏	ua 瓜瓦挂滑	
ɤ 歌盒热色			
ɯ 黑去			
ɔ 婆磨拨泼		uɔ 坐活托国	yɔ 药抓药绝脚约
ɛ 开排北白	iɛ 写接帖节	uɛ 乖	ye 靴学药药店月
ai 害盖菜袋		uai 外怪快坏	
ei 飞对文读杯碎		uei 亏围鬼位	
au 刀毛宝炮	iau 焦桥表笑		
ou 偷走六绿	iou 流油九袖		
an 山南短半	ian 尖盐年欠	uan 官顽换惯	yan 权远劝院

ən 深梗灯东	in 心品病星	uən 蚊滚困问	yn 兄云永用
aŋ 汤糖党浪	iaŋ 江响讲降	uaŋ 光王狂旺	

说明：

①ɛ韵母字在语流中如果声音拉长，如发作 24 调时，有可能发作ai韵母。

②ai主要出现在去声调中，其他声调的字基本都省作ɛ韵母，而单字中读作ai韵母的字如果在语流中不读去声，而读轻声，则也可能读作ɛ。因为ɛ、ai韵母出现的位置互补，也可以考虑合并为一个音位。

③au韵母在语流中发音如快时，可能读作o。

④ian韵母的实际发音为iɛn。

3. 声调

阴平 33	东该灯风搭切麦叶
阳平 52	龙牛铜红节盒刻毒
上声 54	懂古统苦草买老有
去声 31	动罪近后怪寸卖洞

说明：

①阳平 52 和上声 54 的区别是一个降程略长，一个降程略短。

②上声发音时长相对略短。

③去声发音时长相对略长。

十、竹溪音系

1. 声母

p 兵步病别	pʻ 平赔判拍	m 明马命麦	f 欢横会服	
t 端躲杜搭	tʻ 天甜讨铁			l 脑南连路
ts 资早租字	tsʻ 刺草寸祠		s 丝三酸事	
tʂ 张柱竹折	tʂʻ 抽茶产撤		ʂ 山双顺手	ʐ 人任弱肉
tɕ 酒九叫急	tɕʻ 清全取缺	ȵ 年泥鸟验	ɕ 西洗现席	
k 高敢共格	kʻ 开孔课客	ŋ 安熬矮爱	x 花红好活	
ø 热软温药				

说明：

①洪音前鼻边音不区分，在有鼻音韵尾的韵母前声母略带鼻音；细音前，鼻音作舌面鼻音ȵ。

②翘舌音发音部位略靠前。

2. 韵母

ɿ	师丝紫寺	i	皮米戏七	u	箍五裤骨	y	区鱼举局
ʅ	试十直尺					ʮ	猪出
a	茶塔辣八	ia	牙鸭夏夹	ua	瓜瓦刮滑		
ɛ	北色白测	iɛ	写接贴节	uɛ	国	yɛ	靴缺月雪
ɚ	儿耳二日白读						
o	歌坐过盒	io	药削脚学				
ai	开鞋白读改袋			uai	歪怪拐快		
ei	赔对飞背			uei	吹围鬼位		
au	刀毛宝炮	iau	焦桥表笑				
əu	偷走六绿	iəu	流油九袖				
an	山南短半	ian	尖盐年欠	uan	官顽转惯	yan	鲜权软劝
ən	深梗寸横	in	心品病星	uən	春蚊滚顺	yn	军云纯永
aŋ	汤糖党浪	iaŋ	江响讲降	uaŋ	床王双旺		
əŋ	东朋猛冻			uəŋ	翁冲弄送	yəŋ	兄穷容用

说明：

①ʅ韵母受tʂ组声母的影响舌位靠前。

②yɛ、yan韵母中个别字中的y介音读作ʮ，如“热、软”两字；还有部分字在慢慢由ʮ变成y的过程之中，如“园、远”。但因字太少，故不另立音位。

③“解”字的文读音实际读音为iɛi，但因只有一个字读音如此，故不另设音位。

④əŋ韵母发音时易带上u介音，听感上介于əŋ、uəŋ之间。

⑤yəŋ等，y介音可能不太明显而发作i介音。

3. 声调

阴平 24　　东该灯风哭切麦叶

阳平 53　　龙牛铜红节急毒盒

上声 35　　懂古统苦草买老有

去声 313　　动罪近后怪寸卖洞

说明：

①阴平前有略微降感。

②上声发音时动程较短。

③去声发音时可能发成413调。

十一、恩施音系

1. 声母

p	兵步病别	pʻ	平赔判拍	m	明马命麦	f	封缝缚佛		
t	端躲杜搭	tʻ	天甜讨铁	n	脑南连路				
ts	资早租字	tsʻ	刺草寸拆			s	丝三酸事		
tʂ	张主证桌	tʂʻ	抽茶产撤			ʂ	山双顺十	ʐ	人软热日
tɕ	酒九叫急	tɕʻ	清全取缺			ɕ	西洗现席		
k	高敢共格	kʻ	开孔课客			x	灰活好盒		
∅	温云用药								

说明：

n与l自由变读，以读n为常，音系中统一记做n。

2. 韵母

ɿ	师紫刺事	i	皮米戏七	u	箍五裤骨	y	区鱼举局
ʅ	试十直尺						
ɚ	儿耳二						
a	茶塔马八	ia	鸭牙假夏	ua	瓜瓦挂滑		
o	拨摸末磨	io	雀学约脚	uo	歌坐过盒		
e	车蛇射白	ie	写接贴借	ue	国或	ye	靴茄月雪
ai	开鞋改袋			uai	歪怀拐快		
ei	杯赔配币			uei	吹围鬼对		
ao	刀毛宝炮	iao	焦桥表笑				
əu	偷走豆粥	iəu	流油九袖				
an	山南满半	iɛn	尖盐年欠	uan	官短暖断	yɛn	圈权选院
ən	深梗寸根	in	心零挺定	uən	春唇滚问	yn	云军裙运
aŋ	汤糖党浪	iaŋ	江响讲样	uaŋ	窗床双旺		
oŋ	东聋送痛	ioŋ	兄荣雄用				

说明：

①ie、ue、ye一组中e稍低，略近ɛ。

②u作韵头时总体圆唇不够，uo中u略短。

③ai中的a偏前，i尾很松；uai介音u较松，a偏前。

④əu中ə较长，u较低；iəu中的ə很短，u较低。

⑤io、ioŋ中i略近y，o略近为ɔ。

3. 声调

阴平 55　　东该灯风通开天春

阳平 33　　龙牛铜红搭急麦毒

上声 51　　懂古统苦草买老有

去声 35　　怪快寸卖洞硬饭树

说明：

①阴平 55 前面起头略微偏低。

②阳平 33 略偏高，近 44。

③上声 51 略偏高，近 52。

④去声 35 略低，近 24，如果拖得比较长就，变成 334。

十二、咸丰音系

1. 声母

p	兵步病别	pʻ	平赔判拍	m	明马命麦	f	飞纺饭服		
t	端躲杜搭	tʻ	天甜讨铁	n	脑南连路				
ts	张左证竹	tsʻ	仓草唱尺			s	孙手世石	z	热软人日
tɕ	酒九叫急	tɕʻ	清全轻权			ɕ	西洗现席		
k	高敢共格	kʻ	开孔课客	ŋ	熬安矮爱	x	灰活好盒		
ø	温云用药								

说明：

①p组p、pʻ、m、f四母读法同北京音。f、x可以互换。

②有些鼻音n边化。

③有舌尖前音ts、tsʻ、s、z，无舌尖后音。部分ts、tsʻ、s音较北京音舌尖前音舌位略靠后，大致介于北京音舌尖前音与舌尖后音之间。z浊音不明显，接近无擦通音ɹ。

④tɕ组tɕ、tɕʻ、ɕ三母读法同北京音，不分尖团。

2. 韵母

ɿ	师丝试十	i	皮米戏七	u	箍五裤骨	y	区鱼雨局
ɚ	儿耳二						

a	茶塔辣八	ia	鸭牙假夏	ua	瓜瓦挂滑		
o	歌过盒活			uo	桌索坐托	yo	药削脚学
ɛ	热北色白	iɛ	写接贴节	uɛ	国	yɛ	靴茄月雪
ai	开鞋改袋			uai	歪怀拐快		
ei	赔煤配贝			uei	对鬼岁位		
au	刀毛宝炮	iau	焦桥表笑				
əu	偷走六凑	iəu	流油九袖				
an	山南满半	iɛn	尖盐年欠	uan	短官铲惯	yɛn	鲜卷圆院
ən	深梗寸灯	in	心品病星	uən	春唇滚顺	yən	云裙寻俊
aŋ	汤糖党浪	iaŋ	江响讲降	uaŋ	床王双撞		
oŋ	东朋猛冻					yoŋ	兄穷容用
m̩	姆						
n̩	嗯						

说明：

①ɿ、i、u、y、a、o、ɛ七个元音都可以单独作韵母，ə、e两个元音不单独作韵母，只做韵母的主要元音。i、u、y可作介音，i、u可作韵尾，n、ŋ两个辅音在韵母中只作韵尾。ɚ可以单独作韵母，如“伢”“而”“耳”“讹”。

②只有舌尖前音ɿ，没有舌尖后音ʅ。

③a在开音节以及ŋ韵尾中，发音部位靠后，开口度接近ɑ。

④ɛ在开音节中开口较大，有i、u、y介音时，开口较小，接近于e。比较特殊的是，uɛ中的ɛ开口度较大，大于e的开口度。

⑤o、uo互补分布，舌根音、双唇音与o相拼，其他与uo相拼。

⑥只有前鼻音in、ən，没有后鼻音iŋ、əŋ，ən的实际发音舌位略微靠后。部分北京音中的əŋ韵，在咸丰话中读作oŋ、ən两韵。

⑦u与əu、i与ie两组韵母与特定声母相拼，可以互换。

⑧单元音u作韵母与ts、tsʻ、s相拼时，有tsu、tsʻu、su与tɕy、tɕʻy、ɕy两读。

3. 声调

阴平 55　　东该灯风通开天春

阳平 22　　龙牛铜红节塔麦毒

上声 42　　懂古统苦草买老有

去声 213　　怪寸卖洞动罪近后

说明：

①阴平为高平调，部分字略升，调值接近45，统一记为55。

②上声降调较明显，调值为42；全浊上声归去声，记为213。

③入声派入阳平，为低平调22。

十三、黄冈音系

1. 声母

p 兵步病别	pʻ 平赔判拍	m 明马命麦	f 飞风副饭	
t 端躲杜搭	tʻ 天甜讨铁			l 脑南连路
ts 资贼张竹	tsʻ 刺祠产撤		s 丝事山手	
tʂ 柱装主橘	tʂʻ 春渠劝曲		ʂ 双顺书许	ʐ 热软月云
tɕ 酒九叫急	tɕʻ 清全欠缺	ȵ 年泥娘验	ɕ 西洗现席	
k 高敢共格	kʻ 开孔课客	ŋ 熬安矮爱	x 好灰活盒	
ø 问温用药				

说明：

①tʂ组出现在介音ʯ的前面。ʐ发音时翘舌程度较弱，似乎是介于ʐ和z之间的音。

②x发音时位置偏后。

2. 韵母

ɿ 师丝试十	i 米戏急七	u 苦五骨谷	ʯ 区鱼举局
a 牙白塔鸭白读	ia 假夏甲夹	ua 瓜瓦挂滑	ʯa 抓刷
ɚr 儿耳二日			
e 北色白舌	ie 写接贴节	ue 国或	ʯe 靴缺热月
o 歌坐过盒	io 药削脚学		
ai 开鞋改袋		uai 歪怀拐快	ʯai 衰
ei 对飞妹碎		uei 围鬼柜位	ʯei 吹追锤水
au 刀毛宝炮	iau 焦桥表笑		
əu 豆走六绿	iəu 流油九袖		
an 南山半短	ien 尖盐年欠	uan 官顽换惯	ʯan 砖权远劝
ən 深根寸硬	in 心新病星	uən 滚横困准	ʯən 春云文闰
aŋ 汤糖党浪	iaŋ 江响讲降	uaŋ 光王狂旺	ʯaŋ 双床窗壮
oŋ 东朋猛冻	ioŋ 兄穷永用		

m̩ 姆

说明：

①元音i在p、t两组声母后读得较松，在tɕ组声母后读得较紧。

②元音u读得较开，但嘴唇不够圆。

③a与ua的a都是后ɑ，ia的a位置偏前。

④ɛr不存在于黄冈话的韵母系统中，只在儿化、儿韵中出现。

⑤元音e开口较大且位置偏后，在入声中尤其像ɛ。

⑥əu音值因声母而略有差异，在p、t、ts三组声母后读əu，在k组声母后近乎ou。

⑦韵母ɔr卷舌动作不明显。

⑧元音o的开口较大，尤其是在k组声母后明显。

⑨m̩仅用于拼词“姆妈”。

3. 声调

阴平 22	东该灯风通开天春
阳平 31	龙牛铜皮红白盒罚
上声 55	懂古统苦草买老有
阴去 35	冻怪半四痛快寸去
阳去 44	卖路洞饭动罪近后
入声 213	谷百节哭塔刻麦毒

说明：

①阴平为低平调22，有时起点音稍高，接近33。

②上声尾音略降，趋于高平调，宽式记作55。

③阳去尾音略升，接近34，宽式记作44，为半高平调。

④入声为曲折调213，其下降过程略短，上升过程稍长。

十四、黄梅音系

1. 声母

p 兵步病壁	pʻ 平赔判拍	m 明马命麦	f 飞纺饭服	
t 端躲杜搭	tʻ 天甜讨铁	n 脑南闹		l 老蓝连路
ts 张左证竹	tsʻ 仓草唱尺		s 孙手世石	
tɕ 酒主罪接	tɕʻ 清全取缺	ȵ 年泥验业	ɕ 西洗现席	
k 高敢共格	kʻ 开孔课客	ŋ 熬安矮爱	x 好灰活盒	

ø　味软温药

说明：

①舌尖前ts组声母发音部位较为靠前，无舌尖后tʂ组声母，但长期受普通话和黄梅县域内其它地区方言的影响，舌尖前ts组声母与oŋ韵相拼时，舌尖也趋于接近硬腭，如“重、肿、种”，但还是比较明显的舌尖前音。

②舌面音tɕ、tɕʻ、ɕ的发音相对于普通话稍微靠后，特别是与舌尖后元音ʮ或ʮ开头的韵母相拼时，更趋向于舌叶音tʃ、tʃʻ、ʃ，但仍记作tɕ、tɕʻ、ɕ，如“准、春、唇”。

③舌根音k、kʻ、x组声母与韵母o、u拼合发本音，与a、e及其开头的韵母相拼时，舌位靠前，近似于舌面中音，仍记作k、kʻ、x。

④辅音n、m分别表示第二人称“你”和“姆妈”时自成音节。

⑤ȵ只与细音相拼，n只与洪音相拼，两者音值不同，互补分布，音值差别明显，将其区别为两个音位。

⑥n与l，对立分布，音值不同，记作两个不同的音位。

⑦零声母ø与ʮ开头的复韵母相拼时，ʮ读得较松较轻，有轻微磨擦。

2. 韵母

ɿ　师丝试十	i　皮米戏七	u　箍五裤骨	ʮ　猪出橘局
ər　儿耳二日			
a　茶鸭辣八	ia　茄假写借	ua　瓜瓦挂滑	ʮa　靴抓刷
æ　北色白文读墨	iæ　接贴节列	uæ　国或阔	ʮæ　热月决越
e　车者社射	ie　此白写且		
o　歌坐过盒	io　药削脚学		
ai　开鞋改袋		uai　歪怀拐快	
ei　飞杯肺碎		uei　围鬼活位	ʮei　追垂
au　刀毛宝炮	iau　焦桥表笑		ʮau　绕
eu　偷豆走凑	ieu　流油九袖		ʮeu　肉
an　南山感暗		uan　官顽换惯	
ɛn　战扇缠善	iɛn　尖盐年欠		ʮɛn　砖权卷劝
ən　深梗半寸		uən　滚横困婚	ʮn　春均准顺
on　端短断乱			
	in　新寻病星		
aŋ　汤糖党浪	iaŋ　筐响讲降	uaŋ　光王网旺	ʮaŋ　让

oŋ 东朋猛冻　　ioŋ 兄穷荣用

n̩ 你

m̩ 姆

说明：

①a的实际发音开口度较标准元音a小，记作a。

②o的开口度比标准元音要大，嘴唇较松，在语流中o有时向不圆唇元音ɤ靠近，记作o。

③e开口度要稍大，趋向于ɛ，记作e，主要用来拼读非入声字。

④æ开口度较大，主要用于拼读入声字。

⑤ei的韵尾收音不太明显，仍记ei韵。

⑥ɥ实际发音与标准舌尖元音ɥ相比，舌尖色彩弱化，舌面色彩加强，记音时仍记作ɥ。

⑦iæ、ɥæ主要用于拼读入声字。

⑧ei、uei、ɥei中的e，舌位偏后偏低，整个发音过程动程不够，i的收音有时不太明显。

⑨au、iau、ɥau的韵尾较弱。

⑩入声无明显喉塞韵尾。

3. 声调

阴平 21　　东该灯风通开天春

阳平 55　　门龙牛油铜皮糖红

上声 13　　懂古统苦草买老有

阴去 35　　冻怪半四痛快寸去文读

阳去 33　　动罪近后路洞盒罚

入声 42　　节塔切刻麦叶月毒文读白文读

说明：

①阴平 21 是低降调，降幅不太明显，发音较为平缓，有时起音略低于 2，仍记作 21。

②阳平 55 是高平调，发音时，尾音有稍微的降幅，有时形成 54 调值，记作 55。

③上声 13 是低升调，重读时有时起点略高，趋于 24，仍记作 13。

④入声 42 是中降调，有明显降幅，发音相对短促有力，无明显喉塞韵尾。

十五、孝感音系

1．声母

p	兵步病别	pʻ	平赔判拍	m	明马命麦	f	飞纺饭服		
t	端躲杜搭	tʻ	天甜讨铁	n	脑南连路				
ts	资左字贼	tsʻ	初愁刺策			s	丝三酸事		
tʂ	张整柱竹	tʂʻ	抽茶厂撤			ʂ	山顺手十	ʐ	弱人荣肉
tʻ	酒九叫急	tɕʻ	清全轻七			ɕ	西洗现席		
k	高敢共格	kʻ	开孔课客	ŋ	熬安	x	好灰活盒		
ø	问热月药								

说明：

①n、l混读，属无条件音位变体。n在孝感话中除做声母外，还做韵尾，l只做声母不做韵尾，因此用n表示音位。

②tʂ、tʂʻ、ʂ与ɥ类韵相拼时舌位与北京话tʂ、tʂʻ、ʂ相当，与其他韵母相拼时舌位略靠前。

2．韵母

ɿ	师丝紫寺	i	皮米戏七	u	箍五裤骨	ɥ	区鱼举局
ʅ	试十直尺						
ɐr	儿耳二日						
ɑ	茶塔辣八	iɑ	鸭牙假夏	uɑ	瓜瓦挂滑	ɥɑ	抓爪刷耍
ɛ	北色白墨	iɛ	写接贴节	uɛ	国或	ɥɛ	热缺月越
e	车赊射惹					ɥe	靴
o	歌坐过盒	io	药削脚学				
ɑi	开鞋改袋			uɑi	歪怀拐快	ɥɑi	揣帅率甩
ei	飞煤杯币白读			uei	灰围鬼柜	ɥei	追吹垂水
ɑu	刀毛宝炮	iɑu	焦桥表笑				
əu	偷走六绿	iəu	流油九袖				
ɑn	山南短半			uɑn	欢顽换惯	ɥɑn	砖权卷劝
ən	深梗寸灯	in	心盐年星	uən	滚横白读	ɥən	春云永顺
ɑŋ	汤糖党浪	iɑŋ	江响讲降	uɑŋ	光王网旺	ɥɑŋ	装双窗壮
oŋ	东朋猛冻	ioŋ	兄牛穷用				

m̩ 姆

n̩ 嗯

说明：

①没有北京话的撮口韵，但有9个ɥ类韵。ɥ是ʅ的圆唇音，但舌尖更靠后些。

②a与声母相拼时舌位较后，一律记作ɑ。

③ɛ组（ɛ、iɛ、uɛ、ɥɛ）和e组（e、ɥe）相配，条件是：入声读ɛ类，舒声读e类。e组本应还有ie、ue与ɛ组配对，但受i介音的影响，iɛ读音很接近ie，本文记作iɛ，不另立ie；ue没有相应的舒声字，没有列出。

④有m̩、n̩、ŋ̍三个自成音节的辅音，如“嗯”“姆妈”的“姆(m)”等。

⑤卷舌韵母ɐr的开口度比北京话ər大，本文记作ɐr。

3. 声调

阴平 33	东该灯风通开天春
阳平 21	铜红毒白盒罚龙牛
上声 52	懂古统苦草买老有
阴去 35	冻怪半四痛快寸去
阳去 55	动罪近后卖路洞饭
入声 213	谷搭节急哭拍刻麦

说明：

全浊入声归阳平，全浊上声归阳去。入声没有塞尾或喉塞音ʔ，以独立调值与其他调类区别；部分入声字舒化。

十六、黄陂音系

1. 声母

p 兵步病别	pʻ 平赔判拍	m 明马命麦	f 飞纺饭服	
t 端躲杜搭	tʻ 天甜讨铁			l 脑南连路
ts 资左字贼	tsʻ 初愁刺策		s 丝事山十	
tʂ 装菊主局	tʂʻ 春渠撞曲		ʂ 双顺熏许	ʐ 热软月云
tɕ 酒九罪醉	tɕʻ 清全轻寻		ɕ 西洗现席	
k 高敢共格	kʻ 开孔课客	ŋ 熬安矮爱	x 好灰活盒	
ø 问温王药				

说明：

①l和n不能区分，自然发音状态多为l。

②舌尖前组ts、tsʻ、s发音位置略靠后。

③舌尖后组tʂ、tʂʻ、ʂ、ʐ仅与ʮ和ʮ介音韵母搭配。该组声母实际发音部位为舌叶，一般带凸唇。

④舌面后音k、kʻ、x，尤其是x发音位置偏后。

2. 韵母

ʅ	师丝试十	i	皮米戏七	u	箍五裤骨	ʮ	区鱼举局
a	茶塔辣八	ia	鸭牙假夏	ua	瓜瓦挂滑	ʮa	抓刷
æ	北白色墨			uæ	国或	ʮæ	热缺月越
e	射车	ie	写接贴节			ʮe	靴
o	歌坐过盒	io	药削脚学				
ɯ	儿耳二日						
ai	开鞋改袋	iai	岩	uai	歪怀拐快	ʮai	摔帅
ei	杯飞煤类			uei	亏围鬼位	ʮei	吹垂追水
ao	刀毛宝炮	iao	焦桥表笑				
ou	偷走六绿	iou	流油九袖				
an	山南短半	ian	尖盐年欠	uan	官还碗惯	ʮan	砖权卷劝
en	深梗寸灯	in	心品病星	uen	蚊滚横困	ʮen	春云裙永
aŋ	汤糖党浪	iaŋ	江响讲降	uaŋ	光王网旺	ʮaŋ	装双窗壮
oŋ	东朋猛冻	ioŋ	兄雄穷用				
m̩	姆						
n̩	你						

说明：

①a韵开口偏小，舌位前偏央。aŋ、iaŋ、uaŋ的主要元音实际音值为ɑ，ian、ʮan的主元音实际音值为ɛ。

②e韵略开，介于e与ɛ之间。鼻韵母en、uen、ʮen中的e实际音值为ə。

③o稍展，与双唇音和唇齿音搭配时略带介音u；oŋ有时听感近əŋ；ou韵中的o实际音值为ə。

④前鼻韵母en和in韵尾的发音部位稍靠后。该方言无eŋ、iŋ韵母。

⑤ʮen韵与声母ʐ搭配时，介音较轻，偶或丢失介音。

⑥有声化韵m̩和n̩。

⑦舌尖后音ɥ在演变中，作为介音时有时听感近u。

⑧en组开齐合撮四呼中e的实际音值为ə。

3．声调

阴平 334	东该灯风通开天春
阳平 212	龙牛铜红毒白盒罚
上声 41	懂古统苦草买老有
阴去 35	冻怪半四痛快寸去
阳去 455	动罪近后卖路洞饭
入声 214	谷搭节哭拍切刻麦

说明：

①阴平调为尾部略升的中平调，记为 334。

②阳平调为低曲折调，记为 212。阳平调值不稳，也可能表现为 323，223，32，21 等。

③入声调为尾部较高的曲折调，调值 214，非短促调。入声调尾部有时接近 4 或 5。

十七、黄石音系

1．声母

p	兵步病壁	pʻ	平赔判拍	m	明马命麦	f	飞纺饭服		
t	端躲杜搭	tʻ	天甜讨铁					l	脑南连路
ts	张左字竹	tsʻ	初愁刺策			s	丝事山十		
								ʐ	人认弱肉
tɕ	装菊主局	tɕʻ	春渠撞曲	ȵ	年泥义验	ɕ	双顺许熏		
k	高敢共格	kʻ	开孔课客	ŋ	熬安矮爱	x	好灰活盒		
∅	问软温药								

说明：

①没有出现明显的翘舌系统，只出现了一个ʐ声母。

②黄石话中的ɥ介音不典型，声母与其相拼时接近舌叶音，如：装、船、全、春、撞等，统一记为tɕ组。

③n、l相混，鼻音不清晰，统一记为边音。

2．韵母

ɿ	师丝试十	i	皮米戏七	u	箍五裤骨	ɥ	区鱼举局

ɚ	儿耳二日						
ɒ	茶牙辣八	iɒ	假甲夹夏	uɒ	瓜瓦挂滑	ɥɒ	抓刷
o	歌坐过盒	io	药削脚学	uo	握		
e	蛇射车折	ie	写接贴节			ɥe	靴
æ	开鞋北色			uæ	怀拐快国	ɥæ	热缺月越
ei	飞费肥			uei	围鬼亏位	ɥei	追
au	刀毛宝炮	iau	焦桥表笑				
ou	偷走六绿	iou	流油九袖				
an	山南短半	ian	尖盐年欠	uan	官顽换惯	ɥan	砖权卷劝
en	深梗寸灯	in	心品病星	uen	蚊滚横困	ɥen	春云裙顺
aŋ	汤糖党浪	iaŋ	江响讲降	uaŋ	光王网旺	ɥaŋ	装窗双壮
oŋ	东朋猛冻	ioŋ	兄荣永用				

说明：

①果摄一部分字u介音已弱化，较为模糊，且圆唇明显，记作o。

②假摄一部分字发音时圆唇明显，记为ɒ。

③ei、uei、ɥei发音不到位，韵尾实际发音舌位偏低，接近于ɪ。

④au、iau实际发音没有到u，韵腹舌位偏高，韵尾舌位偏低。

⑤an、ian、uan、ɥan前鼻韵尾不明显，鼻音很弱。

⑥uæ韵母中的æ有很小的动程，不明显。

3. 声调

阴平 33	东该灯风通开天春
阳平 31	门龙牛油铜皮糖红
上声 55	懂古统苦草买老有
阴去 25	冻怪半四痛快寸去
阳去 324	动罪近后卖路洞饭
入声 213	谷搭节哭拍刻麦毒

说明：

①阳平低降，统一记为 31。

②上声高平，听感上略有上升，绝对音高介乎 44 和 55 之间，辅助发音人发音平稳、清晰，统一记作 55。

③阳去平缓上升，中间略有降幅，接近 324，记为 324。

十八、阳新音系

1. 声母

p	兵本半百	pʻ	贫爬步别	m	明马命麦	f	飞纺饭服		
t	多东躲搭	tʻ	天甜讨铁					l	脑南连路
ts	焦早酒竹	tsʻ	初前刺贼			s	丝小笑十	z	热人日任
tɕ	砖主九决	tɕʻ	春船权及	ȵ	年泥软银	ɕ	书许树顺		
k	高敢梗格	kʻ	开共课客	ŋ	熬安矮爱	x	好灰活盒		
ø	问温王药								

说明：

①双唇鼻辅音声母的鼻腔共鸣较弱，接近清鼻音，仍记作m。

②舌尖中边音以口腔共鸣为主而略带鼻音，仍记作l。

③ts、tsʻ、s在齐齿呼韵母前有颚化倾向，如“酒清全”等字，但仍然有别于tɕ、tɕʻ、ɕ，仍记作ts、tsʻ、s。

④ts、tsʻ、s在宕摄开口三等字前完全颚化，如“浆抢匠想像”等字，记作tɕ、tɕʻ、ɕ。

⑤tɕ、tɕʻ、ɕ在撮口呼韵母前略近tʂ、tʂʻ、ʂ，如“柱主春顺”等字，但仍然有别于tʂ、tʂʻ、ʂ，仍记作tɕ、tɕʻ、ɕ。

2. 韵母

ɿ	师丝试二	i	篦喜料贴	u	箍五裤骨	y	区鱼举局
ɒ	牙塔辣鸭	iɒ	姐写假野	uɒ	瓜瓦挂滑	yɒ	抓
o	歌坐过盒	io	药弱脚学	uo	莴涡倭蜗		
a	开鞋街解			ua	歪怀拐快		
ɔ	刀毛宝炮	iɔ	交巧孝校				
ɛ	车热北色	iɛ	桥茄腰结	uɛ	喂获国或	yɛ	靴缺决月
ai	米赔对七			uai	围亏鬼位	yai	垂追
au	六绿州手	iau	油九旧幼				
		iu	削流酒袖				
ã	山间产扮	iã	奸监减限	uã	关还晚惯	yã	赚
õ	南短半扇			uõ	官顽碗换		
		iĩ	尖签点店				
ɛ̃	展	iɛ̃	盐年见显			yɛ̃	砖权卷劝

ɔ̃ 糖床双浪　iɔ̃ 江响讲降　uɔ̃ 光王网旺

an 深根寸灯　ian 金蝇影镜　uan 魂滚横困　yan 春云纯顺

ən 汉　in 心新病星　uən 罐　yən 转

aŋ 东朋猛冻　iaŋ 兄穷永用　uaŋ 翁

m̩ 母

n̩ 你

说明：

①y在tɕ、tɕʻ、ɕ后略近ʮ如“猪出橘局春云”等字，但仍然有别于ʮ，仍记作y。

②o、io、uo、õ、uõ中的o舌位偏央，圆唇明显，实际音值接近ɵ。为便于书写辨认，仍记作o。

③a、ua、ã、iã、uã、yã中的a舌位偏央，实际音值为ᴀ。ai、uai、yai、au、iau、an、ian、uan、yan、aŋ、iaŋ、uaŋ中的a舌位偏央偏上，实际音值为ɐ。在阳新音系中，ᴀ、ɐ没有区别意义的作用，将之合并为一个/a/音位。

④iu的发音较为紧凑，中间没有出现过渡元音ə。

⑤ã、õ、ĩ、ɛ̃、ɔ̃等鼻化元音的鼻化特征较弱，鼻腔共鸣不很强，但仍然明显有别于相应的口元音a、o、i、ɛ、ɔ及鼻尾韵an、on、in、ɛn、ɔŋ，仍记作鼻化元音。

3. 声调

阴平 44　东开动罪近后怪洞

阳平 213　门龙牛油铜皮糖红

上声 31　懂古统讨草买老有

入声 25　谷节哭拍塔刻麦毒

说明：

①阴平呈平调调型，调值多近44，有时略近33，记作44。

②阳平明显呈降升降调型，调值多近2131，有时略近2121，记作213。

③上声呈降调调型，调值多近31，有时略近21，记作31。

④入声呈急升调型，起调较低，收调很高，记作25。

⑤阳新古清平字、古去声字、古全浊上声字今声调合流，调值为44。

十九、咸宁音系

1. 声母

p 兵本半百　pʻ 贫爬步别　m 明马命麦　f 灰纺饭服

t 多东躲搭	tʻ 天甜讨铁	n 脑南连路		
ts 资整证竹	tsʻ 初祠字族		s 丝山双十	z 热人日耳
tɕ 酒主赚局	tɕʻ 清全柱出		ɕ 书许树顺	
k 高敢恭格	kʻ 开孔课客	ŋ 熬安矮爱	x 好活号盒	
ø 问软温药				

说明：

①送气音较多。

②没有翘舌音。

③x常混入f，有时也可自由变读。

④不区分n、l，鼻音成份比较明显，记作n，n在齐、撮二呼前有读ȵ的痕迹，考虑到不区分意义，今统记作n。

⑤ŋ可充当声母。

2. 韵母

ɿ 师丝试二	i 戏接贴急	u 苦五雾谷	y 区鱼举局
a 开排鞋辣	ia 谐	ua 歪拐快刮	ya 倔喘甩
ɒ 茶塔鸭尺	iɒ 写爷姐谢	uɒ 抓瓦花挂	yɒ 靴刷
o 刀毛宝炮	io 交孝校		
e 偷走热北	ie 焦桥表笑	ue 国阔	ye 决缺月越
æ 米赔对飞		uæ 亏围鬼位	yæ 垂追
ə 歌坐盒托	iə 药削脚学	uə 果过	
ɒu 六土路族	iɒu 油流酒绿		
ɒ̃ 南山硬争	iɒ̃ 听平领命	uɒ̃ 关弯惯晚	yɒ̃ 扔
ẽ 根层肯恨	iẽ 尖盐年灯		yẽ 砖权软劝
õ 糖床半短	iõ 江响讲降	uõ 官王网旺	
ən 深寸升横	iən 心新兵镜	uən 蚊温滚困	yən 春云裙永
əŋ 东朋猛冻	iəŋ 穷用荣雄	uəŋ 恭翁宫	
n̩ 你嗯			

说明：

①a和ɒ区分意义，分属两个不同的音位，ɒ及含ɒ的韵母可以说是咸宁话语音的一个特色。

②有鼻化元音ɒ̃、ẽ、õ。

③文白异读主要通过韵母来体现，较明显的且成规律的文白异读韵母为iɒ̃白/iən文。

④e有时有圆唇的迹象，接近ø，因不区分意义，今统记作e。

⑤后鼻音ŋ充当韵尾的韵母较少，当地人多半不能区分普通话的前后鼻韵。

⑥有自成音节的n。

3. 声调

阴平 44　　东该灯风通开天春

阳平 31　　门龙牛油铜皮糖红

上声 42　　懂古统苦草买老有

阴去 213　　冻怪半四痛快寸去

阳去 33　　卖洞动罪近后毒盒

入声 55　　谷节急塔切哭刻麦

说明：

①上声（42）的起点比阳平（31）要高。

②阴去有时接近 214，为均衡考虑，今记作 213。

③入声高升且短促，实际音值为 45。由于阴平最高为 44，为便于整个声调系统的记录，入声记作 55，而不记作 45 或 35。

二十、崇阳音系

1. 声母

p 兵本半百	pʻ 朋排步簿	ɓ 派片爬病	m 明马命麦	f 灰纺服饭	v 味云胃围
t 多东张竹	tʻ 天甜讨连	ɗ 抽桃条垫	n 脑南蓝路		
ts 资早租争		dz 插茶赚撤		s 丝双手十	z 初刺字坐
tɕ 酒九经俊		dʑ 匠筐层极	ȵ 年牛人日	ɕ 西洗现席	ʑ 清贼谢轻
k 高敢惯格		ŋ 泥软熬月	h 开共好客		
ø 问权活温					

说明：

①送气塞音pʻ和tʻ偶有浊音成分，可能是浊音清化的残留，但不成系统不区分意义，故统一记作清塞。

②内爆音ɓ和ɗ有时内爆成分比较弱，某些字则近似b、d，如单字“爬”“派”等字声母近似b，“弟”“传”声母近似d，似乎表明ɓ、ɗ是b、d浊音清化的一种过渡状态。但这种现象不稳定不成系统，尤其在词汇、句子等语流中，内爆音特征更为典型，故统一记为

内爆音ɓ、ɗ。

③v声母不太浊。

④喉音h介于x和h之间，但多数时候比x靠后，故记作h。

⑤古来母字拼细音时在崇阳话中读为tʻ，如“李tʻi^{53}”“连tʻiɛ^{21}”等，拼洪音时读为n，如“来næ^{21}”等。

2. 韵母

ɿ	师丝试直	i	雨赔戏飞	u	苦谷步付		
æ	排山塔鸭			uæ	快关弯袜		
ɛ	根肯耕黑	iɛ	盐灯接色	uɛ	国卷决	yɛ	茄权远跪
ə	二南短盒			uə	官活骨物		
ɑ	茶牙白尺	iɑ	写夜借壁	uɑ	瓦刮瓜话		
o	歌坐过托	io	笑桥走药				
				ui	规鬼贵橘		
au	刀毛宝炮						
əu	猪路叔够	iəu	油六绿局				
ən	深寸春升	in	心新云用	uən	温滚问困		
				uin	军均		
aŋ	糖床双硬	iaŋ	响病兄钉	uaŋ	光王网旺		
n̩	五						

说明：

①韵母u与零声母相拼时实际有一个唇齿相碰的过程，实际音值为ʋ。

②ɛ组开口度稍小，介于e和ɛ之间，但比较接近ɛ。

③æ介于æ和a之间，记作æ。另外，æ组偶有较弱的i尾。

④单元音i与双唇塞音相拼时会偏ɪ，in则偏ien，但实则不区分意义，故统一记作i和in。

⑤æ和ɑ区分比较明显。如花fɑ^{22} ≠ 翻fæ^{22}，辣næ^{55} ≠ 拿nɑ^{55}等。另外，ɑ稍有圆唇现象。

⑥io韵母有时会开口度稍大，接近iɔ。

⑦au的开口度偏小，有些字如“宝”的韵母实际音值为ou。

⑧yɛ是唯一的一个撮口呼韵母，但实际上也不典型，y的圆唇度不够，发音也偏后。

3. 声调

阴平 22　　　东该灯风通开天春

阳平 21　　门龙牛油铜皮糖红

上声 53　　懂古统苦草买老有

阴去 214　　冻怪半四痛快寸去

阳去 44　　卖路洞饭动罪近后

入声 55　　谷节哭塔切刻麦毒

说明：

①阳平 21 有时接近 31。

②阴去 214 有时接近 213，阴平 22 时有曲折现象，接近 212 或 221。

③入声 55 高且促，无明显闭塞成分。

第五节　字音对照

表 2－6　湖北方言字音对照表

例字 / 方言	001 多	002 大	003 锣	004 左	005 歌	006 可
	果开一 平歌端	果开一 去歌定	果开一 平歌来	果开一 上歌精	果开一 平歌见	果开一 上歌溪
武汉	to^{55}	ta^{25}	lo^{213}	tso^{42}	ko^{55}	kʻo^{42}
荆州	tuo^{55}	ta^{35}	luo^{13}	tsuo^{42}	kuo^{55}	kʻuo^{42}
荆门	tuo^{445}	ta^{44}	nuo^{324}	tʂuo^{55}	kuo^{445}	kʻuo^{55}
公安	tuo^{55}	ta^{33}	nuo^{24}	tsuo^{21}	kuo^{55}	kʻuo^{21}
宜昌	tuo^{55}	ta^{35}	luo^{13}	tsuo^{33}	kuo^{55}	kʻuo^{33}
五峰	tuo^{55}	ta^{35}	luo^{213}	tsuo^{33}	kuo^{55}	kʻuo^{33}
襄阳	tuo^{24}	ta^{31}	nuo^{53}	tsuo^{35}	kə^{24}	kʻə^{35}
随州	to^{44}	tɔ^{213}	no^{42}	tso^{353}	ko^{44}	kʻo^{353}
十堰	tuɔ^{33}	ta^{31}	luɔ^{52}	tsuɔ^{54}	kɤ^{33}	kʻɤ^{54}
竹溪	to^{24}	ta^{313}	lo^{53}	tso^{35}	ko^{24}	kʻo^{35}
恩施	tuo^{55}	ta^{35}	nuo^{33}	tsuo^{51}	kuo^{55}	kʻuo^{51}
咸丰	tuo^{55}	ta^{213}	nuo^{22}	tsuo^{42}	ko^{55}	kʻo^{42}
黄冈	to^{22}	ta^{44}	lo^{31}	tso^{55}	ko^{22}	kʻo^{55}
黄梅	to^{21}	tai^{33}	lo^{55}	tso^{13}	ko^{21}	kʻo^{13}
孝感	to^{33}	tɑ^{55}	no^{21}	tso^{52}	ko^{33}	kʻo^{52}
黄陂	to^{334}	ta^{455}	lo^{212}	tso^{41}	ko^{334}	kʻo^{41}
黄石	to^{33}	tɒ^{324}	lo^{31}	tso^{55}	ko^{33}	kʻo^{55}
阳新	to^{44}	tɒ^{44}	lo^{213}	tso^{31}	ko^{44}	kʻo^{31}
咸宁	tə^{44}	tʻa^{33}	nə^{31}	tsə^{42}	kə^{44}	kʻə^{42}
崇阳	to^{22}	tʻæ^{44}	no^{21}	tso^{53}	ko^{22}	ho^{53}

续表

例字 方言	007 鹅 果开一 平歌疑	008 河 果开一 平歌匣	009 茄 果开三 平戈群	010 破 果合一 去戈滂	011 磨 果合一 平戈明	012 躲 果合一 上戈端
武汉	o^{213}	xo^{213}	tɕʻye^{213}	pʻo^{25}	mo^{213}	to^{42}
荆州	uo^{13}	xuo^{13}	tɕʻye^{13}	pʻo^{35}	mo^{13}	tuo^{42}
荆门	uo^{324}	xuo^{324}	tɕʻyɛ^{324}	pʻo^{44}	mo^{324}	tuo^{55}
公安	uo^{24}	xuo^{24}	tɕʻyɛ^{24}	pʻuo^{33}	mo^{24}	tuo^{21}
宜昌	uo^{13}	xuo^{13}	tɕʻye^{13}	pʻo^{35}	mo^{13}	tuo^{33}
五峰	uo^{213}	xuo^{213}	tɕʻye^{213}	pʻo^{35}	mo^{213}	tuo^{33}
襄阳	ə^{53}	xə^{53}	tɕʻye^{53}	pʻo^{31}	mo^{31}	tuo^{35}
随州	o^{42}	xo^{42}	tɕʻyɛ^{42}	pʻo^{213}	mo^{42}	to^{353}
十堰	ɤ^{52}	xɤ^{52}	tɕʻiɛ^{52}	pʻɔ^{31}	mɔ^{52}	tuɔ^{54}
竹溪	ŋo^{53}	xo^{53}	tɕʻyɛ^{53}	pʻo^{313}	mo^{53}	to^{35}
恩施	uo^{33}	xuo^{33}	tɕʻye^{33}	pʻo^{35}	mo^{33}	tuo^{51}
咸丰	uo^{22}	xo^{22}	tɕʻyɛ^{22}	pʻo^{213}	mo^{55}	tuo^{42}
黄冈	ŋo^{31}	xo^{31}	tɕʻie^{31}	pʻo^{35}	mo^{44}	to^{55}
黄梅	ŋo^{55}	xo^{55}	tɕʻia^{55}	pʻo^{35}	mo^{33}	to^{13}
孝感	o^{21}	xo^{21}	tɕʻiɛ^{21}	pʻo^{35}	mo^{55}	to^{52}
黄陂	ŋo^{212}	xo^{212}	tɕʻie^{212}	pʻo^{35}	mo^{212}	to^{41}
黄石	ŋo^{31}	xo^{31}	tɕʻie^{31}	pʻo^{25}	mo^{31}	to^{55}
阳新	ŋo^{213}	xo^{213}	tɕʻiɛ^{213}	pʻo^{44}	mo^{213}	to^{31}
咸宁	ŋə^{31}	xə^{31}	tɕʻi^{31}	pʻə^{213}	mə^{31}	tə^{42}
崇阳	ŋo^{21}	ho^{21}	yɛ^{21}	ɓo^{214}	mo^{21}	to^{53}

续表

例字 方言	013 螺 果合一 平戈来	014 坐 果合一 上戈从	015 锁 果合一 上戈心	016 果 果合一 上戈见	017 火 果合一 上戈晓	018 靴 果合三 平戈晓
武汉	lo^{213}	tso^{25}	so^{42}	ko^{42}	xo^{42}	ɕye^{55}
荆州	luo^{13}	tsuo^{35}	suo^{42}	kuo^{42}	xuo^{42}	ɕye^{55}
荆门	nuo^{324}	tʂuo^{44}	ʂuo^{55}	kuo^{55}	xuo^{55}	ɕyɛ^{445}
公安	nuo^{24}	tsuo^{33}	suo^{21}	kuo^{21}	xuo^{21}	ɕyɛ^{55}
宜昌	luo^{13}	tsuo^{35}	suo^{33}	kuo^{33}	xuo^{33}	ɕye^{55}
五峰	luo^{213}	tsuo^{35}	suo^{33}	kuo^{33}	xuo^{33}	ɕye^{55}
襄阳	nuo^{53}	tsuo^{31}	suo^{35}	kuo^{35}	xuo^{35}	ɕye^{24}
随州	no^{42}	tso^{213}	so^{353}	ko^{353}	xo^{353}	ɕy^{44}
十堰	luɔ^{52}	tsuɔ^{31}	suɔ^{54}	kuɔ^{54}	xuɔ^{54}	ɕyɛ^{33}
竹溪	lo^{53}	tso^{313}	so^{35}	ko^{35}	xo^{35}	ɕyɛ^{24}
恩施	nuo^{33}	tsuo^{35}	suo^{51}	kuo^{51}	xuo^{51}	ɕye^{55}
咸丰	nuo^{22}	tsuo^{213}	suo^{42}	ko^{42}	xo^{42}	ɕyɛ^{55}
黄冈	lo^{31}	tso^{44}	so^{55}	ko^{55}	xo^{55}	ʂʮe^{22}
黄梅	lo^{55}	tso^{33}	so^{13}	ko^{13}	xu^{13}	ɕʮa^{21}
孝感	no^{21}	tso^{55}	so^{52}	ko^{52}	xo^{52}	ʂʮe^{33}
黄陂	lo^{212}	tso^{455}	so^{41}	ko^{41}	xo^{41}	ʂʮe^{334}
黄石	lo^{31}	tso^{324}	so^{55}	ko^{55}	xo^{55}	ɕʮe^{33}
阳新	lo^{213}	tsʻo^{44}	so^{31}	ko^{31}	xo^{31}	ɕyɛ^{44}
咸宁	nə^{31}	tsʻə^{33}	sə^{42}	kuə^{42}	xə^{42}	ɕyɒ^{44}
崇阳	no^{21}	zo^{44}	so^{53}	ko^{53}	ho^{53}	fiɛ^{22}

续表

例字 方言	019 爬 假开二 平麻並	020 马 假开二 上麻明	021 茶 假开二 平麻澄	022 沙 假开二 平麻生	023 假真~ 假开二 上麻见	024 牙 假开二 平麻疑
武汉	pʻa^{213}	ma^{42}	tsʻa^{213}	sa^{55}	tɕia^{42}	ia^{213}
荆州	pʻa^{13}	ma^{42}	tsʻa^{13}	sa^{55}	tɕia^{42}	ia^{13}
荆门	pʻa^{324}	ma^{55}	tʂʻa^{324}	ʂa^{445}	tɕia^{55}	a^{324}（白读） ia^{324}（文读）
公安	pʻa^{24}	ma^{21}	tsʻa^{24}	sa^{55}	tɕia^{21}	a^{24}（白读） ia^{24}（文读）
宜昌	pʻa^{13}	ma^{33}	tsʻa^{13}	sa^{55}	tɕia^{33}	ia^{13}
五峰	pʻa^{213}	ma^{33}	tsʻa^{213}	sa^{55}	tɕia^{33}	ia^{213}
襄阳	pʻa^{53}	ma^{35}	tsʻa^{53}	sa^{24}	tɕia^{35}	ia^{53}
随州	pʻɔ^{44}	mɔ^{353}	tʂʻɔ^{42}	ʂɔ^{44}	tɕiɔ^{353}	iɔ^{42}
十堰	pʻa^{52}	ma^{54}	tʂʻa^{52}	ʂa^{33}	tɕia^{54}	ia^{52}
竹溪	pʻa^{53}	ma^{35}	tʂʻa^{53}	ʂa^{24}	tɕia^{35}	ia^{53}
恩施	pʻa^{33}	ma^{51}	tʂʻa^{33}	ʂa^{55}	tɕia^{51}	ia^{33}
咸丰	pʻa^{22}	ma^{42}	tsʻa^{22}	sa^{55}	tɕia^{42}	ia^{22}
黄冈	pʻa^{31}	ma^{55}	tsʻa^{31}	sa^{22}	tɕia^{55}	ŋa^{31}（白读） ia^{31}（文读）
黄梅	pʻa^{55}	ma^{13}	tsʻa^{55}	sa^{21}	tɕia^{13}	ŋa^{55}（白读） ia^{55}（文读）
孝感	pʻɑ^{21}	mɑ^{52}	tʂʻɑ^{21}	ʂɑ^{33}	tɕiɑ^{52}	iɑ^{21}
黄陂	pʻa^{212}	ma^{41}	tsʻa^{212}	sa^{334}	tɕia^{41}	ia^{212}
黄石	pʻɒ^{31}	mɒ^{55}	tsʻɒ^{31}	sɒ^{33}	tɕiɒ^{55}	ŋɒ^{31}
阳新	pʻɒ^{213}	mɒ^{31}	tsʻɒ^{213}	sɒ^{44}	tɕiɒ^{31}	ŋɒ^{213}
咸宁	pʻɒ^{31}	mɒ^{42}	tsʻɒ^{31}	sɒ^{44}	tɕiɒ^{42}	ŋɒ^{31}
崇阳	ɓɑ^{21}	mɑ^{53}	dzɑ^{21}	sɑ^{22}	kɑ^{53}（白读） tɕiɑ^{53}（文读）	ŋɑ^{21}（白读） iɑ^{21}（文读）

续表

例字 方言	025 虾 假开二 平麻晓	026 哑 假开二 上麻影	027 姐 假开三 上麻精	028 谢 假开三 去麻邪	029 车～辆 假开三 平麻昌	030 蛇 假开三 平麻船
武汉	ɕia^{55}	ia^{25}	tɕie^{42}	ɕie^{25}	tsʻe^{55}	se^{213}
荆州	ɕia^{55}	a^{42}	tɕie^{42}	ɕie^{35}	tsʻɤ^{55}	sɤ^{13}
荆门	xa^{445}	a^{55}	tɕiɛ^{55}	ɕiɛ^{44}	tʂʻɛ^{445}	ʂɛ^{324}
公安	xa^{55}（白读） ɕia^{55}（文读）	a^{21}（白读） ia^{21}（文读）	tɕiɛ^{21}	ɕiɛ^{33}	tsʻɤ^{55}	sɤ^{24}
宜昌	ɕia^{55}	ia^{33}	tɕie^{33}	ɕie^{35}	tsʻɤ^{55}	sɤ^{13}
五峰	ɕia^{55}	a^{33}	tɕie^{33}	ɕie^{35}	tsʻɤ^{55}	sɤ^{213}
襄阳	ɕia^{24}	ia^{31}	tɕie^{35}	ɕie^{31}	tsʻə^{24}	sə^{53}
随州	ɕiɔ^{44}	iɔ^{213}	tɕi^{353}	ɕi^{213}	tʂʻa^{44}	ʂa^{42}
十堰	ɕia^{33}	ia^{31}	tɕiɛ^{54}	ɕiɛ^{31}	tʂʻɤ^{33}	ʂɤ^{52}
竹溪	ɕia^{53}	ia^{35}	tɕiɛ^{35}	ɕiɛ^{313}	tʂʻɛ^{24}	ʂɛ^{53}
恩施	ɕia^{55}	ia^{51}	tɕie^{51}	ɕie^{35}	tʂʻe^{55}	ʂe^{33}
咸丰	ɕia^{55}	ŋa^{42}	tɕiɛ^{42}	ɕiɛ^{213}	tsʻɛ^{55}	sɛ^{22}
黄冈	xa^{22}（白读） ɕia^{22}（文读）	ŋa^{35}（白读） ɕia^{55}（文读）	tɕie^{55}	ɕie^{44}	tsʻe^{22}	se^{31}
黄梅	xa^{21}	ŋa^{13}	tɕia^{13}（白读） tɕie^{13}（文读）	ɕie^{33}	tsʻa^{21}（白读） tsʻe^{21}（文读）	sa^{55}
孝感	ɕiɑ^{33}	ŋɑ^{35}	tɕiɛ^{52}	ɕiɛ^{55}	tʂʻe^{33}	ʂɛ^{21}
黄陂	ɕia^{334}	ŋa^{455}	tɕie^{41}	ɕie^{455}	tsʻe^{334}	sæ^{212}
黄石	xɒ^{33}	ŋɒ^{55}	tɕie^{55}	ɕie^{324}	tsʻe^{33}	se^{31}
阳新	xɒ^{44}	ŋɒ^{31}	tsiɒ^{31}	si^{44}	tsʻɛ^{44}	sɒ^{213}
咸宁	xɒ^{42}	ŋɒ^{42}	tɕiɒ^{42}（白读） tɕie^{42}（文读）	ɕiɒ^{33}（白读） ɕie^{33}（文读）	tsʻɒ^{44}	sɒ^{31}
崇阳	hɑ^{22}	ŋɒ^{53}	tɕiɑ^{53}（白读） tɕie^{53}（文读）	ʑiɑ^{44}	tʻɑ^{22}	sɑ^{21}

续表

例字 方言	031 射	032 爷	033 瓜	034 瓦	035 花	036 华中～
	假开三 去麻船	假开三 平麻以	假合二 平麻见	假合二 上麻疑	假合二 平麻晓	假合二 平麻匣
武汉	se^{25}	ie^{213}	kua^{55}	ua^{42}	xua^{55}	xua^{213}
荆州	sɤ^{35}	ie^{13}	kua^{55}	ua^{42}	xua^{55}	xua^{13}
荆门	ʂɛ^{44}	iɛ^{324}	kua^{445}	ua^{55}	xua^{445}	xua^{324}
公安	sɤ^{33}	iɛ^{24}	kua^{55}	ua^{21}	xua^{55}	xua^{24}
宜昌	sɤ^{35}	ie^{13}	kua^{55}	ua^{33}	xua^{55}	xua^{13}
五峰	sɤ^{35}	ie^{213}	kua^{55}	ua^{33}	xua^{55}	xua^{213}
襄阳	sə^{31}	ie^{53}	kua^{24}	ua^{35}	xua^{24}	xua^{53}
随州	ʂa^{213}	i^{42}	kuɔ^{44}	uɔ^{353}	xuɔ^{44}	xuɔ^{42}
十堰	ʂɤ^{31}	iɛ^{52}	kua^{33}	ua^{54}	xua^{33}	xua^{52}
竹溪	ʂɛ^{313}	iɛ^{53}	kua^{24}	ua^{35}	xua^{24}	xua^{53}
恩施	ʂe^{35}	ie^{33}	kua^{55}	ua^{51}	xua^{55}	xua^{33}
咸丰	sɛ^{213}	iɛ^{22}	kua^{55}	ua^{42}	xua^{55}	xua^{22}
黄冈	se^{44}	ie^{31}	kua^{22}	ua^{55}	xua^{22}	xua^{31}
黄梅	sa^{33}	ia^{55}	kua^{21}	ua^{13}	xua^{21}	xua^{55}
孝感	ʂe^{35}	iɛ^{21}	kuɑ^{33}	uɑ^{52}	xuɑ^{33}	xuɑ^{21}
黄陂	se^{455}	ie^{212}	kua^{334}	ua^{41}	xua^{334}	xua^{212}
黄石	se^{324}	ie^{31}	kuɒ^{33}	uɒ^{55}	xuɒ^{33}	xuɒ^{31}
阳新	sɒ^{44}	i^{213}	kuɒ^{44}	uɒ^{31}	xuɒ^{44}	xuɒ^{213}
咸宁	sɒ^{33}	iɒ^{31}	kuɒ^{44}	uɒ^{42}	xuɒ^{44}	xuɒ^{31}
崇阳	sɑ^{44}	iɑ^{21}（表父亲） iɛ^{21}（表祖父）	kuɑ^{22}	uɑ^{53}	fɑ^{22}	fɑ^{21}

续表

例字 / 方言	037 谱家~	038 铺动	039 步	040 赌	041 土	042 图
	遇合一上模帮	遇合一平模滂	遇合一去模並	遇合一上模端	遇合一上模透	遇合一平模定
武汉	pʻu^{42}	pʻu^{55}	pu^{25}	tou^{42}	tʻou^{42}	tʻou^{213}
荆州	pʻu^{42}	pʻu^{55}	pu^{35}	tu^{42}	tʻu^{42}	tʻu^{13}
荆门	pʻu^{55}	pʻu^{445}	pu^{44}	tu^{55}	tʻu^{55}	tʻu^{324}
公安	pʻu^{21}	pʻu^{55}	pu^{33}	təu^{21}	tʻu^{21}	tʻu^{24}
宜昌	pʻu^{33}	pʻu^{55}	pu^{35}	tu^{33}	tʻu^{33}	tʻu^{13}
五峰	pʻu^{33}	pʻu^{55}	pu^{35}	tu^{33}	tʻu^{33}	tʻu^{213}
襄阳	pʻu^{35}	pʻu^{24}	pu^{31}	tu^{35}	tʻu^{35}	tʻu^{53}
随州	pʻu^{353}	pʻu^{213}	pu^{213}	təu^{353}	tʻəu^{353}	tʻəu^{42}
十堰	pʻu^{54}	pʻu^{33}	pu^{31}	tou^{54}	tʻou^{54}	tʻou^{52}
竹溪	pʻu^{35}	pʻu^{24}	pu^{313}	təu^{35}	tʻəu^{35}	tʻəu^{53}
恩施	pu^{51}	pʻu^{55}	pu^{35}	tu^{51}	tʻu^{51}	tʻu^{33}
咸丰	pʻu^{42}	pʻu^{55}	pu^{213}	tu^{42}	tʻu^{42}	tʻu^{22}
黄冈	pʻu^{55}	pʻu^{22}	pu^{44}	təu^{55}	tʻəu^{55}	tʻəu^{31}
黄梅	pʻu^{13}	pʻu^{21}	pu^{33}	teu^{13}	tʻeu^{13}	tʻeu^{55}
孝感	pʻu^{52}	pʻu^{33}	pu^{55}	təu^{52}	tʻəu^{52}	tʻəu^{21}
黄陂	pʻu^{41}	pʻu^{334}	pu^{455}	tou^{41}	tʻou^{41}	tʻou^{212}
黄石	pʻu^{55}	pʻu^{33}	pu^{324}	tou^{55}	tʻou^{55}	tʻou^{31}
阳新	pʻu^{31}	pʻu^{44}	pʻu^{44}	tau^{31}	tʻau^{31}	tʻau^{213}
咸宁	pʻu^{42}	pʻu^{44}	pʻu^{33}	tɒu^{42}	tʻɒu^{42}	tʻɒu^{31}
崇阳	ɓu^{53}	ɓu^{22}	pʻu^{44}	təu^{53}	ɗəu^{53}	tʻəu^{21}

续表

例字 方言	043 奴	044 路	045 租	046 错对~	047 苦	048 吴
	遇合一 平模泥	遇合一 去模来	遇合一 平模精	遇合一 去模清	遇合一 上模溪	遇合一 平模疑
武汉	lou^{213}	lou^{25}	tsou^{55}	tsʻo^{25}	kʻu^{42}	u^{213}
荆州	lu^{13}	lu^{35}	tsu^{55}	tsʻuo^{35}	kʻu^{42}	u^{13}
荆门	nu^{324}	nu^{44}	tʂu^{445}	tʂʻuo^{44}	kʻu^{55}	u^{324}
公安	nu^{24}	nu^{33}	tsu^{55}	tsʻuo^{33}	kʻu^{21}	u^{24}
宜昌	lu^{13}	lu^{35}	tsu^{55}	tsʻuo^{35}	kʻu^{33}	u^{13}
五峰	lu^{213}	lu^{35}	tsu^{55}	tsʻuo^{35}	kʻu^{33}	u^{213}
襄阳	nəu^{53}	nəu^{31}	tsu^{24}	tsʻuo^{31}	kʻu^{35}	u^{53}
随州	nəu^{42}	nəu^{213}	tsəu^{44}	tsʻo^{213}	kʻu^{353}	vu^{42}
十堰	nou^{52}	lou^{31}	tsou^{33}	tsʻuɔ^{31}	kʻu^{54}	u^{52}
竹溪	ləu^{53}	ləu^{313}	tsʻu^{24}	tsʻo^{313}	kʻu^{35}	u^{53}
恩施	nu^{33}	nu^{35}	tsu^{55}	tsʻuo^{35}	kʻu^{51}	u^{33}
咸丰	nəu^{22}	nəu^{213}	tsu^{55}	tsuo^{213}	kʻu^{42}	u^{22}
黄冈	ləu^{31}	ləu^{44}	tsəu^{22}	tsʻo^{35}	kʻu^{55}	u^{31}
黄梅	neu^{55}	leu^{33}	tseu^{21}	tsʻo^{35}	kʻu^{13}	u^{55}
孝感	nəu^{21}	nəu^{55}	tsəu^{33}	tsʻo^{35}	kʻu^{52}	u^{21}
黄陂	lou^{212}	lou^{455}	tsou^{334}	tsʻo^{35}	ku^{41}	u^{212}
黄石	lou^{31}	lou^{324}	tsou^{33}	tsʻo^{25}	kʻu^{55}	u^{31}
阳新	lau^{213}	lau^{44}	tsau^{44}	tsʻo^{44}	kʻu^{31}	u^{213}
咸宁	nɒu^{31}	nɒu^{33}	tsɒu^{44}	tsʻə^{213}	kʻu^{42}	u^{31}
崇阳	nəu^{21}	nəu^{44}	tsəu^{22}	zo^{214}	u^{53}	u^{21}

续表

例字 方言	049 虎 遇合一 上模晓	050 户 遇合一 上模匣	051 女 遇合三 上鱼泥	052 吕 遇合三 上鱼来	053 徐 遇合三 平鱼邪	054 猪 遇合三 平鱼知
武汉	xu^{42}	xu^{25}	y^{42}	y^{42}	ɕy^{213}	tɕy^{55}
荆州	xu^{42}	xu^{35}	ly^{42}	ly^{42}	ɕy^{13}	tsu^{55}
荆门	ɸu^{55}	ɸu^{44}	ny^{55}	ny^{55}	ɕy^{324}	tʂu^{445}
公安	xu^{21}	xu^{33}	ny^{21}	ny^{21}	ɕy^{24}	tsu^{55}
宜昌	xu^{33}	xu^{35}	ly^{33}	ly^{33}	ɕy^{13}	tsu^{55}
五峰	xu^{33}	xu^{35}	ly^{33}	ly^{33}	ɕy^{213}	tsu^{55}
襄阳	xu^{35}	xu^{31}	ny^{35}	ny^{35}	ɕy^{53}	tsu^{24}
随州	xu^{353}	xu^{213}	ny^{353}	ny^{353}	ɕi^{42}	tʂʯ^{44}
十堰	xu^{54}	xu^{31}	ny^{54}	ly^{54}	ɕi^{52}	tʂu^{33}
竹溪	fu^{35}	fu^{313}	ȵy^{35}	y^{35}	ɕy^{53}	tʂʯ^{24}
恩施	xu^{51}	xu^{35}	ny^{51}	ny^{51}	ɕy^{33}	tʂu^{55}
咸丰	fu^{42}	fu^{213}	ny^{42}	nuei^{42}	ɕy^{22}	tsu^{55}
黄冈	xu^{55}	xu^{44}	ȵʯ^{55}	ʐʯ^{55}	ɕi^{31}	tʂʯ^{22}
黄梅	xu^{13}	xu^{33}	ȵ̣ʯ^{13}	ʯ^{13}	ɕi^{55}	tɕʯ^{21}
孝感	xu^{52}	xu^{55}	ʯ^{52}	ʯ^{52}	ɕi^{21}	tʂʯ^{33}
黄陂	xu^{41}	xu^{455}	ʐʯ^{41}	ʐʯ^{41}	ɕi^{212}	tʂʯ^{334}
黄石	xu^{55}	xu^{324}	ȵʯ^{55}	lʯ^{55}	ɕi^{31}	tɕʯ^{31}
阳新	xu^{31}	xu^{44}	ȵy^{31}	y^{31}	sai^{213}	tɕy^{44}
咸宁	fu^{42}	fu^{33}	y^{42}	y^{42}	ɕy^{31}	tɕy^{44}
崇阳	fu^{53}	fu^{44}	ȵi^{53}	tʻi^{53}	dʑi^{21}	təu^{22}

续表

例字 方言	055 锄	056 所	057 书	058 如	059 举	060 去
	遇合三 平鱼崇	遇合三 上鱼生	遇合三 平鱼书	遇合三 平鱼日	遇合三 上鱼见	遇合三 去鱼溪
武汉	tsʻou^{213}	so^{42}	ɕy^{55}	y^{213}	tɕy^{42}	kʻɯ^{25}（白读） tɕʻy^{25}（文读）
荆州	tsʻu^{13}	suo^{42}	su^{55}	lu^{13}	tɕy^{42}	kʻɯ^{35}
荆门	tʂʻu^{324}	ʂuo^{55}	ʂu^{445}	ʐu^{324}	tɕy^{55}	kʻɯ^{44}
公安	tsʻuo^{24}	suo^{21}	su^{55}	nu^{24}	tɕy^{21}	kʻɯ^{35}
宜昌	tsʻu^{13}	suo^{33}	su^{55}	ʐu^{13}	tɕy^{33}	kʻɯ^{35}
五峰	tsʻu^{213}	suo^{33}	su^{55}	u^{213}	tɕy^{33}	kʻɤ^{35}
襄阳	tsʻu^{53}	suo^{35}	su^{24}	zu^{53}	tɕy^{35}	kʻɯ^{31}
随州	tsʻəu^{42}	so^{353}	ʂʯ^{44}	ʐʯ^{42}	tɕy^{353}	tɕʻi^{213}
十堰	tʂʻou^{52}	suɔ^{54}	ʂu^{33}	ʐu^{52}	tɕy^{54}	kʻɯ^{31}
竹溪	tʂʻəu^{53}	so^{35}	ʂʯ^{24}	y^{53}	tɕy^{35}	tɕʻi^{313}（白读） tɕʻy^{313}（白读）
恩施	tsʻu^{33}	suo^{51}	ʂu^{55}	ʐu^{33}	tɕy^{51}	tɕʻie^{35}
咸丰	tsʻu^{22}	suo^{42}	su^{55}	zu^{22}	tɕy^{42}	tɕʻy^{213}
黄冈	tsʻəu^{31}	so^{55}	ʂʯ^{22}	ʐʯ^{31}	tʂʯ^{55}	tɕʻi^{35}（白读） tɕʻʯ^{35}（文读）
黄梅	tsʻeu^{55}	so^{13}	ɕʯ^{21}	ʯ^{55}	tɕʯ^{13}	tɕʻi^{33}（白读） tɕʻʯ^{35}（文读）
孝感	tsʻəu^{21}	so^{52}	ʂʯ^{33}	ʯ^{21}	tʂʯ^{52}	tɕʻi^{35}
黄陂	tsʻou^{212}	so^{41}	ʂʯ^{334}	ʐʯ^{212}	tʂʯ^{41}	tɕʻi^{35}
黄石	tsʻou^{31}	so^{55}	ɕʯ^{33}	ʯ^{31}	tɕʯ^{55}	tɕʻi^{25}
阳新	tsʻau^{213}	so^{31}	ɕy^{44}	y^{213}	tɕy^{31}	tɕʻi^{44}
咸宁	tsʻɒu^{31}	sə^{42}	ɕy^{44}	y^{31}	tɕy^{42}	tɕʻie^{213}
崇阳	zɿ^{21}	so^{53}	səu^{22}	ə^{21}	kui^{53}	dʑiɛ^{214}

续表

例字 方言	061 鱼 遇合三 平鱼疑	062 许 遇合三 上鱼晓	063 余 遇合三 平鱼以	064 府 遇合三 上虞非	065 雾 遇合三 去虞微	066 取 遇合三 上虞清
武汉	y^{213}	ɕy^{42}	y^{213}	fu^{42}	u^{25}	tɕʻy^{42}
荆州	y^{13}	ɕy^{42}	y^{13}	fu^{42}	u^{35}	tɕʻy^{42}
荆门	y^{324}	ɕy^{55}	y^{324}	ɸu^{55}	u^{44}	tɕʻy^{55}
公安	y^{24}	ɕy^{21}	y^{24}	fu^{21}	u^{33}	tɕʻy^{21}
宜昌	y^{13}	ɕy^{33}	y^{13}	fu^{33}	u^{35}	tɕʻy^{33}
五峰	y^{213}	ɕy^{33}	y^{213}	fu^{33}	u^{35}	tɕʻy^{33}
襄阳	y^{53}	ɕy^{35}	y^{53}	fu^{35}	u^{31}	tɕʻy^{35}
随州	y^{42}	ɕy^{353}	y^{42}	fu^{353}	vu^{213}	tɕʻy^{353}
十堰	y^{52}	ɕy^{52}	y^{52}	fu^{54}	u^{31}	tɕʻy^{54}
竹溪	y^{53}	ɕy^{35}	y^{53}	fu^{35}	u^{313}	tɕʻy^{35}
恩施	y^{33}	ɕy^{51}	y^{33}	xu^{51}	u^{35}	tɕʻy^{51}
咸丰	y^{22}	ɕy^{42}	y^{22}	fu^{42}	u^{213}	tɕʻy^{42}
黄冈	ʐɥ^{31}	ʂɥ^{55}	ʐɥ^{31}	fu^{55}	u^{44}	tɕʻi^{55}
黄梅	ȵɥ^{55}	ɕɥ^{13}	ɥ^{55}	fu^{13}	u^{33}	tɕʻi^{13}
孝感	ɥ^{21}	ʂɥ^{52}	ɥ^{21}	fu^{52}	u^{55}	tɕʻi^{52}
黄陂	ʐɥ^{212}	ʂɥ^{41}	ʐɥ^{212}	fu^{41}	u^{455}	tɕʻi^{41}
黄石	ɥ^{31}	ɕɥ^{55}	ɥ^{31}	fu^{55}	u^{324}	tɕʻi^{55}
阳新	y^{213}	ɕy^{31}	y^{213}	fu^{31}	u^{44}	tsʻai^{31}
咸宁	y^{31}	ɕy^{42}	y^{31}	fu^{42}	u^{33}	tsʻæ^{42}
崇阳	ŋi^{21}	fi^{53}	vi^{21}	fu^{53}	u^{44}	ʑi^{53}

续表

例字 方言	067 住	068 数动	069 主	070 输	071 区	072 遇
	遇合三 去虞澄	遇合三 上虞生	遇合三 上虞章	遇合三 平虞书	遇合三 平虞溪	遇合三 去虞疑
武汉	tɕy^{25}	so^{42}（白读） sou^{42}（文读）	tɕy^{42}	ɕy^{55}	tɕʻy^{55}	y^{25}
荆州	tsu^{35}	su^{42}	tsu^{42}	su^{55}	tɕʻy^{55}	y^{35}
荆门	tʂu^{44}	ʂuo^{55}	tʂu^{55}	ʂu^{445}	tɕʻy^{445}	y^{44}
公安	tsu^{33}	suo^{21}	tsu^{21}	su^{55}	tɕʻy^{55}	y^{33}
宜昌	tsu^{35}	su^{33}	tsu^{33}	su^{55}	tɕʻy^{55}	y^{35}
五峰	tsu^{35}	su^{33}	tsu^{33}	su^{55}	tɕʻy^{55}	y^{35}
襄阳	tsu^{31}	su^{35}	tsu^{35}	zu^{24}	tɕʻy^{24}	y^{31}
随州	tʂʯ^{213}	səu^{353}	tʂʯ^{353}	ɕy^{44}	tɕʻy^{44}	y^{213}
十堰	tʂu^{31}	sou^{54}（白读） ʂu^{33}（文读）	tʂu^{54}	zu^{33}	tɕʻy^{33}	y^{31}
竹溪	tʂʯ^{313}	səu^{35}	tʂʯ^{35}	y^{24}（白读） ʂʯ^{24}（文读）	tɕʻy^{24}	y^{313}
恩施	tʂu^{35}	su^{51}	tʂu^{51}	ʂu^{55}	tɕʻy^{55}	y^{35}
咸丰	tsu^{213}	su^{42}	tsu^{42}	su^{55}	tɕʻy^{55}	y^{213}
黄冈	tʂʯ^{44}	səu^{55}	tʂʯ^{55}	ʂʯ^{22}	tʂʻʯ^{22}	ʐʯ^{44}
黄梅	tɕʯ^{33}	seu^{13}	tɕʯ^{13}	ɕʯ^{21}	tɕʻʯ^{21}	ʯ^{33}
孝感	tʂʯ^{55}	səu^{52}	tʂʯ^{52}	ʂʯ^{33}	tʂʻʯ^{33}	ʯ^{55}
黄陂	tʂʯ^{455}	sou^{41}	tʂʯ^{41}	ʂʯ^{334}	tʂʻʯ^{334}	ʐʯ^{455}
黄石	tɕʯ^{324}	sou^{55}	tɕʯ^{55}	ɕʯ^{33}	tɕʻʯ^{33}	ʯ^{324}
阳新	tɕʻy^{44}	sau^{31}	tɕy^{31}	ɕy^{44}	tɕʻy^{44}	y^{44}
咸宁	tɕʻy^{33}	sɒu^{42}	tɕy^{42}	ɕy^{44}	tɕʻy^{44}	y^{33}
崇阳	tʻəu^{44}	səu^{53}	təu^{53}	səu^{22}	vi^{22}	ŋi^{44}

续表

例字 方言	073 雨 遇合三 上虞云	074 台戏~ 蟹开一 平咍定	075 来 蟹开一 平咍来	076 财 蟹开一 平咍从	077 改 蟹开一 上咍见	078 海 蟹开一 上咍晓
武汉	y^{42}	tʻai^{213}	lai^{213}	tsʻai^{213}	kai^{42}	xai^{42}
荆州	y^{42}	tʻai^{13}	lai^{13}	tsʻai^{13}	kai^{42}	xai^{42}
荆门	y^{55}	tʻai^{324}	nai^{324}	tʂʻai^{324}	kai^{55}	xai^{55}
公安	y^{21}	tʻai^{24}	nai^{24}	tsʻai^{24}	kai^{21}	xai^{21}
宜昌	y^{33}	tʻai^{13}	lai^{13}	tsʻai^{13}	kai^{33}	xai^{33}
五峰	y^{33}	tʻai^{213}	lai^{213}	tsʻai^{213}	kai^{33}	xai^{33}
襄阳	y^{35}	tʻai^{53}	nai^{53}	tsʻai^{53}	kai^{35}	xai^{35}
随州	y^{353}	tʻai^{42}	nai^{42}	tsʻai^{42}	kai^{353}	xai^{353}
十堰	y^{54}	tʻɛ^{52}	lɛ^{52}	tsʻɛ^{52}	kɛ^{54}	xɛ^{54}
竹溪	y^{35}	tʻai^{53}	lai^{53}	tsʻai^{53}	kai^{35}	xai^{35}
恩施	y^{51}	tʻai^{33}	nai^{33}	tsʻai^{33}	kai^{51}	xai^{51}
咸丰	y^{42}	tʻai^{22}	nai^{22}	tsʻai^{22}	kai^{42}	xai^{42}
黄冈	ʐɥ^{55}	tʻai^{31}	lai^{31}	tsʻai^{31}	kai^{55}	xai^{55}
黄梅	ər^{13}	tʻai^{55}	lai^{55}	tsʻai^{55}	kai^{13}	xai^{13}
孝感	ɥ^{52}	tʻɑi^{21}	nɑi^{21}	tsʻɑi^{21}	kɑi^{52}	xɑi^{52}
黄陂	ʐɥ^{41}	tʻai^{212}	lai^{212}	tsʻai^{212}	kai^{41}	xai^{41}
黄石	ɥ^{55}	tʻæ^{31}	læ^{31}	tsʻæ^{31}	kæ^{55}	xæ^{55}
阳新	y^{31}	tʻa^{213}	la^{213}	tsʻa^{213}	ka^{31}	xa^{31}
咸宁	y^{42}	tʻa^{31}	na^{31}	tsʻa^{31}	ka^{42}	xa^{42}
崇阳	vi^{53}	tʻæ^{21}	næ^{21}	zæ^{21}	kæ^{53}	hæ^{53}

续表

例字 方言	079 爱 蟹开一 去咍影	080 贝 蟹开一 去泰帮	081 盖 蟹开一 去泰见	082 害 蟹开一 去泰匣	083 排 蟹开二 平皆並	084 埋 蟹开二 平皆明
武汉	ŋai^{25}	pei^{25}	kai^{25}	xai^{25}	pʻai^{213}	mai^{213}
荆州	ai^{35}	pei^{35}	kai^{35}	xai^{35}	pʻai^{13}	mai^{13}
荆门	ai^{44}	pei^{44}	kai^{44}	xai^{44}	pʻai^{324}	mai^{324}
公安	ai^{33}	pei^{33}	kai^{33}	xai^{33}	pʻai^{24}	mai^{24}
宜昌	ai^{35}	pei^{35}	kai^{35}	xai^{35}	pʻai^{13}	mai^{13}
五峰	ai^{35}	pei^{35}	kai^{35}	xai^{35}	pʻai^{213}	mai^{213}
襄阳	ai^{31}	pei^{31}	kai^{31}	xai^{31}	pʻai^{53}	mai^{53}
随州	ŋai^{213}	pei^{213}	kai^{213}	xai^{213}	pʻai^{42}	mai^{42}
十堰	ai^{31}	pei^{31}	kai^{31}	xai^{31}	pʻɛ^{52}	mɛ^{52}
竹溪	ŋai^{313}	pei^{313}	kai^{313}	xai^{313}	pʻai^{53}	mai^{53}
恩施	ai^{35}	pei^{35}	kai^{35}	xai^{35}	pʻai^{33}	mai^{33}
咸丰	ŋai^{213}	pei^{213}	kai^{213}	xai^{213}	pʻai^{22}	mai^{22}
黄冈	ŋai^{35}	pei^{35}	kai^{35}	xai^{44}	pʻai^{31}	mai^{31}
黄梅	ŋai^{35}	pi^{35}	kai^{35}	xai^{33}	pʻai^{55}	mai^{55}
孝感	ŋɑi^{35}	pi^{35}	kɑi^{35}	xɑi^{55}	pʻɑi^{21}	mɑi^{21}
黄陂	ŋai^{35}	pi^{35}	kai^{35}	xai^{455}	pʻai^{212}	mai^{212}
黄石	ŋæ^{25}	pi^{25}	kæ^{25}	xæ^{324}	pʻæ^{31}	mæ^{31}
阳新	ŋa^{44}	pai^{44}	ka^{44}	xa^{44}	pʻa^{213}	ma^{213}
咸宁	ŋa^{213}	pæ^{213}	ka^{213}	xa^{33}	pʻa^{31}	ma^{31}
崇阳	ŋæ^{214}	pi^{55}	kæ^{214}	hæ^{44}	pʻæ^{21}	mæ^{21}

续表

例字 方言	085 戒 蟹开二 去皆见	086 派 蟹开二 去佳滂	087 牌 蟹开二 平佳並	088 买 蟹开二 上佳明	089 柴 蟹开二 平佳崇	090 晒 蟹开二 去佳生
武汉	kai^{25}	pʻai^{25}	pʻai^{213}	mai^{42}	tsʻai^{213}	sai^{25}
荆州	kai^{35}	pʻai^{35}	pʻai^{13}	mai^{42}	tsʻai^{13}	sai^{35}
荆门	kai^{44}	pʻai^{44}	pʻai^{324}	mai^{55}	tʂʻai^{324}	ʂai^{44}
公安	kai^{33}	pʻai^{33}	pʻai^{24}	mai^{21}	tsʻai^{24}	sai^{33}
宜昌	kai^{35}	pʻai^{35}	pʻai^{13}	mai^{33}	tsʻai^{13}	sai^{35}
五峰	kai^{35}	pʻai^{35}	pʻai^{213}	mai^{33}	tsʻai^{213}	sai^{35}
襄阳	kai^{31}	pʻai^{31}	pʻai^{53}	mai^{35}	tsʻai^{53}	sai^{31}
随州	kai^{213}	pʻai^{213}	pʻai^{42}	mai^{353}	tʂʻai^{42}	ʂai^{213}
十堰	kai^{31}（白读） tɕiɛ^{31}（文读）	pʻɛ^{52}	pʻɛ^{52}	mɛ^{54}	tʂʻɛ^{52}	ʂai^{31}
竹溪	kai^{313}	pʻai^{313}	pʻai^{53}	mai^{35}	tʂʻai^{53}	ʂai^{313}
恩施	kai^{35}	pʻai^{35}	pʻai^{33}	mai^{51}	tʂʻai^{33}	ʂai^{35}
咸丰	kai^{213}	pʻai^{213}	pʻai^{22}	mai^{42}	tsʻai^{22}	sai^{213}
黄冈	kai^{35}	pʻai^{35}	pʻai^{31}	mai^{55}	tsʻai^{31}	sai^{35}
黄梅	kai^{35}	pʻai^{35}	pʻai^{55}	mai^{13}	tsʻai^{55}	sai^{35}
孝感	kɑi^{35}（白读） tɕiɛ^{35}（文读）	pʻɑi^{35}	pʻɑi^{21}	mɑi^{52}	tsʻɑi^{21}	sɑi^{35}
黄陂	kai^{35}	pʻai^{35}	pʻai^{212}	mai^{41}	tsʻai^{212}	sai^{35}
黄石	kæ^{25}	pʻæ^{25}	pʻæ^{31}	mæ^{55}	tsʻæ^{31}	sæ^{25}
阳新	ka^{44}	pʻa^{44}	pʻa^{213}	ma^{31}	tsʻa^{213}	sa^{44}
咸宁	ka^{213}	pʻa^{213}	pʻa^{31}	ma^{42}	tsʻa^{31}	sɒ^{213}
崇阳	kæ^{214}	ɓæ^{214}	pʻæ^{21}	mæ^{53}	zæ^{21}	sɑ^{214}

续表

例字 方言	091 街 蟹开二 平佳见	092 鞋 蟹开二 平佳匣	093 败 蟹开二 去夬並	094 币 蟹开三 去祭並	095 世 蟹开三 去祭书	096 米 蟹开四 上齐明
武汉	kai^{55}	xai^{213}	pai^{25}	pei^{25}	sɿ^{25}	mi^{42}
荆州	kai^{55}	xai^{13}	pai^{35}	pei^{35}	sɿ^{35}	mi^{42}
荆门	kai^{445}	xai^{324}	pai^{44}	pei^{44}	ʂʅ^{44}	mi^{55}
公安	kai^{55}	xai^{24}	pai^{33}	pei^{33}	sɿ^{33}	mi^{21}
宜昌	kai^{55}	xai^{13}	pai^{35}	pi^{35}	sɿ^{35}	mi^{33}
五峰	kai^{55}	xai^{213}	pai^{35}	pei^{35}	sɿ^{35}	mi^{33}
襄阳	kai^{24}	xai^{53}	pai^{31}	pi^{31}	sɿ^{31}	mi^{35}
随州	kai^{44}	xai^{42}	pai^{213}	pei^{213}	ʂʅ^{213}	mi^{353}
十堰	kɛ^{33}（白读） tɕiɛ^{33}（文读）	xɛ^{52}（白读） ɕiɛ^{52}（文读）	pai^{31}	pi^{31}	ʂʅ^{31}	mi^{54}
竹溪	kai^{24}	xai^{53}（白读） ɕiɛ^{53}（文读）	pai^{313}	pei^{313}	ʂʅ^{313}	mi^{35}
恩施	kai^{55}	xai^{33}	pai^{35}	pei^{35}	ʂʅ^{35}	mi^{51}
咸丰	kai^{55}	xai^{22}	pai^{213}	pei^{213}	sɿ^{213}	mi^{42}
黄冈	kai^{22}	xai^{31}	pai^{44}	pi^{44}	sɿ^{35}	mi^{55}
黄梅	kai^{21}	xai^{55}	pai^{33}	pi^{33}	sɿ^{35}	mi^{13}
孝感	kɑi^{33}	xɑi^{21}	pɑi^{55}	pei^{55}（白读） pi^{55}（文读）	ʂʅ^{35}	mi^{52}
黄陂	kai^{334}	xai^{212}	pai^{455}	pei^{455}	sɿ^{35}	mi^{41}
黄石	kæ^{33}	xæ^{31}	pæ^{324}	pi^{324}	sɿ^{25}	mi^{55}
阳新	ka^{44}	xa^{213}	pʻa^{44}	pʻai^{44}	sɿ^{44}	mai^{31}
咸宁	ka^{44}	xa^{31}	pʻa^{33}	pʻæ^{33}	sɿ^{213}	mæ^{42}
崇阳	kæ^{22}	hæ^{21}	ɓæ^{44}	ɓi^{44}	sɿ^{214}	mi^{53}

续表

例字 / 方言	097 低	098 梯	099 弟	100 泥	101 犁	102 洗
	蟹开四 平齐端	蟹开四 平齐透	蟹开四 上齐定	蟹开四 平齐泥	蟹开四 平齐来	蟹开四 上齐心
武汉	ti^{55}	tʻi^{55}	ti^{25}	li^{213}	li^{213}	ɕi^{42}
荆州	ti^{55}	tʻi^{55}	ti^{35}	li^{13}	li^{13}	ɕi^{42}
荆门	ti^{445}	tʻi^{445}	ti^{44}	ni^{324}	ni^{324}	ɕi^{55}
公安	ti^{55}	tʻi^{55}	ti^{33}	ni^{24}	ni^{24}	ɕi^{21}
宜昌	ti^{55}	tʻi^{55}	ti^{35}	li^{13}	li^{13}	ɕi^{33}
五峰	ti^{55}	tʻi^{55}	ti^{35}	li^{213}	li^{213}	ɕi^{33}
襄阳	ti^{24}	tʻi^{24}	ti^{31}	ni^{53}	ni^{53}	ɕi^{35}
随州	ti^{44}	tʻei^{44}	ti^{213}	ni^{42}	ni^{42}	ɕi^{353}
十堰	ti^{33}	tʻi^{33}	ti^{31}	ni^{52}	li^{52}	ɕi^{54}
竹溪	ti^{24}	tʻi^{24}	ti^{313}	ȵi^{53}	li^{53}	ɕi^{35}
恩施	ti^{55}	tʻi^{55}	ti^{35}	ni^{33}	ni^{33}	ɕi^{51}
咸丰	ti^{55}	tʻi^{55}	ti^{213}	ni^{22}	ni^{22}	ɕi^{42}
黄冈	ti^{22}	tʻi^{22}	ti^{44}	ȵi^{31}	li^{31}	ɕi^{55}
黄梅	ti^{21}	tʻi^{21}	ti^{33}	ȵi^{55}	li^{55}	ɕi^{13}
孝感	ti^{33}	tʻi^{33}	ti^{55}	ni^{21}	ni^{21}	ɕi^{52}
黄陂	ti^{334}	tʻi^{334}	ti^{455}	li^{212}	li^{212}	ɕi^{41}
黄石	ti^{33}	tʻi^{33}	ti^{25}	ȵi^{31}	li^{31}	ɕi^{55}
阳新	tai^{44}	tʻai^{44}	tʻai^{44}	ȵi^{213}	lai^{213}	sai^{31}
咸宁	tæ^{44}	tʻæ^{44}	tʻæ^{33}	ni^{31}	næ^{31}	sæ^{42}
崇阳	ti^{22}	tʻi^{22}	di^{44}	ŋi^{21}	tʻi^{21}	ɕi^{53}

续表

例字 方言	103 鸡 蟹开四 平齐见	104 溪 蟹开四 平齐溪	105 杯 蟹合一 平灰帮	106 配 蟹合一 去灰滂	107 赔 蟹合一 平灰並	108 煤 蟹合一 平灰明
武汉	tɕi^{55}	tɕʻi^{55}	pei^{55}	pʻei^{25}	pʻei^{213}	mei^{213}
荆州	tɕi^{55}	ɕi^{55}	pei^{55}	pʻei^{35}	pʻei^{13}	mei^{13}
荆门	tɕi^{445}	ɕi^{445}	pei^{445}	pʻei^{44}	pʻei^{324}	mei^{324}
公安	tɕi^{55}	ɕi^{55}	pei^{55}	pʻei^{33}	pʻei^{24}	mei^{24}
宜昌	tɕi^{55}	tɕʻi^{55}	pei^{55}	pʻei^{35}	pʻei^{13}	mei^{13}
五峰	tɕi^{55}	tɕʻi^{55}	pei^{55}	pʻei^{35}	pʻei^{213}	mei^{213}
襄阳	tɕi^{24}	ɕi^{53}	pei^{24}	pʻei^{31}	pʻei^{53}	mei^{53}
随州	tɕi^{44}	ɕi^{44}	pei^{44}	pʻei^{213}	pʻei^{42}	mei^{42}
十堰	tɕi^{33}	tɕʻi^{33}	pei^{33}	pʻei^{31}	pʻei^{52}	mei^{52}
竹溪	tɕi^{24}	tɕʻi^{24}	pei^{24}	pʻei^{313}	pʻei^{53}	mei^{53}
恩施	tɕi^{55}	tɕʻi^{55}	pei^{55}	pʻei^{35}	pʻei^{33}	mei^{33}
咸丰	tɕi^{55}	tɕʻi^{55}	pei^{55}	pʻei^{213}	pʻei^{22}	mei^{22}
黄冈	tɕi^{22}	ɕi^{22}	pei^{22}	pʻei^{35}	pʻi^{31}	mei^{31}
黄梅	tɕi^{21}	ɕi^{55}	pei^{21}	pʻi^{35}	pʻi^{55}	mi^{55}
孝感	tɕi^{33}	ɕi^{33}	pei^{33}	pʻi^{35}（白读） pʻei^{35}（文读）	pʻi^{21}（白读） pʻei^{22}（文读）	mei^{21}
黄陂	tɕi^{334}	tɕʻi^{334}	pei^{334}	pʻi^{35}	pʻi^{212}	mei^{212}
黄石	tɕi^{33}	tɕʻi^{33}	pi^{33}	pʻi^{25}	pʻi^{31}	mi^{31}
阳新	tɕi^{44}	tɕʻi^{44}	pai^{44}	pʻai^{44}	pʻai^{213}	mai^{213}
咸宁	tɕi^{44}	tɕʻi^{44}	pæ^{44}	pʻæ^{213}	pʻæ^{31}	mæ^{31}
崇阳	tɕi^{22}	ʑi^{22}	pi^{22}	ɓi^{214}	ɓi^{21}	mi^{21}

续表

例字 方言	109 对 蟹合一 去灰端	110 雷 蟹合一 平灰来	111 罪 蟹合一 上灰从	112 灰 蟹合一 平灰晓	113 外 蟹合一 去泰疑	114 怪 蟹合二 去皆见
武汉	tei^{25}	lei^{213}	tsei^{25}	xuei^{55}	uai^{25}	kuai^{25}
荆州	tei^{35}	lei^{13}	tsuei^{35}	xuei^{55}	uai^{35}	kuai^{35}
荆门	tei^{44}	nei^{324}	tʂuei^{44}	xuei^{445}	uai^{44}	kuai^{44}
公安	tei^{33}	nei^{24}	tsuei^{33}	xuei^{55}	uai^{33}	kuai^{33}
宜昌	tuei^{35}	lei^{13}	tsuei^{35}	xuei^{55}	uai^{35}	kuai^{35}
五峰	tuei^{35}	luei^{213}	tsuei^{35}	xuei^{55}	uai^{35}	kuai^{35}
襄阳	tei^{31}	nei^{53}	tsei^{31}	xuei^{24}	uai^{31}	kuai^{31}
随州	tei^{213}	nei^{42}	tsei^{213}	xuei^{44}	uai^{213}	kuai^{213}
十堰	tei^{31}	lei^{52}	tsei^{31}	xuei^{33}	uai^{31}	kuai^{31}
竹溪	tei^{313}	lei^{53}	tsei^{313}	fei^{24}	uai^{313}	kuai^{313}
恩施	tuei^{35}	nuei^{33}	tsuei^{35}	xuei^{55}	uai^{35}	kuai^{35}
咸丰	tuei^{213}	nuei^{22}	tsuei^{213}	xuei^{55}	uai^{213}	kuai^{213}
黄冈	tei^{35}	li^{31}	tɕi^{44}	xuei^{22}	uai^{44}	kuai^{35}
黄梅	ti^{35}	li^{55}	tɕi^{33}	xuei^{21}	uai^{33}	kuai^{35}
孝感	ti^{35}（白读） tei^{35}（文读）	ni^{21}	tɕi^{55}	xuei^{33}	uɑi^{55}	kuɑi^{35}
黄陂	ti^{35}	li^{212}	tɕi^{455}	xuei^{334}	uai^{455}	kuai^{35}
黄石	ti^{25}	li^{31}	tɕi^{324}	xuei^{33}	uæ^{324}	kuæ^{25}
阳新	tai^{44}	lai^{213}	tsʻai^{44}	xuai^{44}	ua^{44}	kua^{44}
咸宁	tæ^{213}	næ^{31}	tsʻæ^{33}	fæ^{44}	ŋa^{33}	kua^{213}
崇阳	ti^{214}	tʻi^{21}	dʑi^{44}	fi^{22}	ŋæ^{44}	kuæ^{214}

续表

例字 方言	115 坏 蟹合二 去皆匣	116 拐 蟹合二 上佳见	117 歪 蟹合二 平佳晓	118 画 蟹合二 去佳匣	119 快 蟹合二 去夬溪	120 岁 蟹合三 去祭心
武汉	kuai^{42}（白读） xuai^{42}（文读）	kuai^{42}	uai^{55}	xua^{25}	kʻuai^{25}	sei^{25}
荆州	xuai^{35}	kuai^{42}	uai^{55}	xua^{35}	kʻuai^{35}	suei^{35}
荆门	xuai^{44}	kuai^{55}	uai^{445}	xua^{44}	kʻuai^{44}	ʂuei^{44}
公安	xuai^{33}	kuai^{21}	uai^{55}	xua^{33}	kʻuai^{33}	suei^{33}
宜昌	xuai^{35}	kuai^{33}	uai^{55}	xua^{35}	kʻuai^{35}	suei^{35}
五峰	xuai^{35}	kuai^{33}	uai^{55}	xua^{35}	kʻuai^{35}	suei^{35}
襄阳	xuai^{31}	kuai^{35}	uai^{24}	xua^{31}	kʻuai^{31}	sei^{31}
随州	xuai^{213}	kuai^{353}	uai^{44}	xuɔ^{213}	kʻuai^{213}	sei^{213}
十堰	xuai^{31}	kuɛ^{54}	uɛ^{33}	xua^{31}	kʻuai^{31}	sei^{31}
竹溪	xuai^{313}	kuai^{35}	uai^{24}	xua^{313}	kʻuai^{313}	sei^{313}
恩施	xuai^{35}	kuai^{51}	uai^{55}	xua^{35}	kʻuai^{35}	suei^{35}
咸丰	xuai^{213}	kuai^{42}	uai^{55}	xua^{213}	kʻuai^{213}	suei^{213}
黄冈	xuai^{44}	kuai^{55}	uai^{22}	xua^{44}	kʻuai^{35}	ɕi^{35}（白读） sei^{35}（文读）
黄梅	xuai^{33}	kuai^{13}	uai^{21}	xua^{33}	kʻuai^{35}	ɕi^{35}
孝感	xuɑi^{55}	kuɑi^{52}	uɑi^{33}	xuɑ^{55}	kʻuɑi^{35}	ɕi^{35}（白读） sei^{35}（文读）
黄陂	xuai^{455}	kuai^{41}	uai^{334}	xua^{455}	kʻuai^{35}	ɕi^{35}
黄石	xuæ^{324}	kuæ^{55}	uæ^{33}	xuɒ^{324}	kʻuæ^{25}	ɕi^{25}
阳新	xua^{44}	kua^{31}	ua^{44}	xuɒ^{44}	kʻua^{44}	sai^{44}
咸宁	fa^{33}	kua^{42}	ua^{44}	xuɒ^{33}	kʻua^{213}	sæ^{213}
崇阳	fæ^{44}	kuæ^{53}	uæ^{22}	fɑ^{44}	uæ^{214}	ɕi^{214}

续表

例字 方言	121 肺 蟹合三 去废敷	122 皮 止开三 平支並	123 被～子 止开三 上支並	124 池 止开三 平支澄	125 儿 止开三 平支日	126 寄 止开三 去支见
武汉	fei^{25}	pʻi^{213}	pei^{25}	tsʻɿ^{213}	ɯ^{213}	tɕi^{25}
荆州	fei^{35}	pʻi^{13}	pei^{35}	tsʻɿ^{13}	ɯ^{13}	tɕi^{35}
荆门	xuei^{44}	pʻi^{324}	pei^{44}	tʂʻʅ^{324}	ɯ^{324}	tɕi^{44}
公安	fei^{33}	pʻi^{24}	pei^{33}	tsʻɿ^{24}	ɯ^{24}	tɕi^{33}
宜昌	fei^{35}	pʻi^{13}	pei^{35}	tsʻɿ^{13}	ɚ^{13}	tɕi^{35}
五峰	fei^{35}	pʻi^{213}	pei^{35}	tsʻɿ^{213}	ɤ^{213}	tɕi^{35}
襄阳	fei^{31}	pʻi^{53}	pei^{31}	tsʻɿ^{53}	ɚ^{53}	tɕi^{31}
随州	fei^{213}	pʻi^{42}	pei^{213}	tʂʻʅ^{42}	ar^{42}	tɕi^{213}
十堰	fei^{31}	pʻi^{52}	pei^{31}	tʂʻʅ^{52}	ɚ^{52}	tɕi^{31}
竹溪	fei^{313}	pʻi^{53}	pei^{313}	tʂʻʅ^{53}	ɚ^{53}	tɕi^{313}
恩施	xuei^{35}	pʻi^{33}	pʻei^{35}	tʂʻʅ^{33}	ɚ^{33}	tɕi^{35}
咸丰	fei^{213}	pʻi^{22}	pei^{213}	tsʻɿ^{22}	ɚ^{22}	tɕi^{213}
黄冈	fei^{35}	pʻi^{31}	pei^{44}	tsʻɿ^{31}	ɔr^{31}	tɕi^{35}
黄梅	fei^{35}	pʻi^{55}	pi^{33}	tsʻɿ^{55}	ər^{55}	tɕi^{35}
孝感	fei^{35}	pʻi^{21}	pi^{55}（白读） pei^{55}（文读）	tʂʻʅ^{21}	ɐr^{21}	tɕi^{35}
黄陂	fei^{35}	pʻi^{212}	pi^{455}	tsʻɿ^{212}	ɯ^{212}	tɕi^{35}
黄石	fei^{25}	pʻi^{31}	pi^{324}	tsʻɿ^{31}	ɚ^{31}	tɕi^{25}
阳新	fai^{44}	pʻai^{213}	pʻai^{44}	tsʻɿ^{213}	zɿ^{213}	tɕi^{44}
咸宁	fæ^{213}	pʻæ^{31}	pʻæ^{33}	tsʻɿ^{31}	zɿ^{31}	tɕi^{213}
崇阳	fi^{214}	ɓi^{21}	ɓi^{44}	zɿ^{21}	ə^{21}	tɕi^{214}

续表

例字 方言	127 骑	128 蚁	129 移	130 比	131 鼻	132 眉
	止开三 平支群	止开三 上支疑	止开三 平支以	止开三 上脂帮	止开三 去脂並	止开三 平脂明
武汉	tɕʻi^{213}	i^{25}	i^{213}	pi^{42}	pi^{213}	mei^{213}
荆州	tɕʻi^{55}	ien^{42}	i^{13}	pi^{42}	pi^{13}	mi^{13}（白读） mei^{13}（文读）
荆门	tɕʻi^{445}	i^{44}	i^{324}	pi^{55}	pi^{324}	mi^{324}
公安	tɕʻi^{24}	i^{21}	i^{24}	pi^{21}	pi^{24}	mei^{24}
宜昌	tɕʻi^{13}	i^{35}	y^{13}	pi^{33}	pi^{13}	mei^{13}
五峰	tɕʻi^{55}	i^{33}	y^{213}	pi^{33}	pi^{213}	mei^{213}
襄阳	tɕʻi^{53}	i^{31}	i^{53}	pi^{35}	pi^{53}	mei^{53}
随州	tɕʻi^{42}	i^{353}	i^{42}	pi^{353}	pi^{42}	mei^{42}
十堰	tɕʻi^{52}	i^{31}	i^{52}	pi^{54}	pi^{52}	mei^{52}
竹溪	tɕʻi^{53}	ȵi^{313}	i^{53}	pi^{35}	pi^{53}	mei^{53}
恩施	tɕʻi^{33}	i^{33}	i^{33}	pi^{51}	pi^{33}	mei^{33}
咸丰	tɕʻi^{22}	i^{213}	i^{22}	pi^{42}	pi^{22}	mi^{22}
黄冈	tɕʻi^{31}	i^{55}	i^{31}	pi^{55}	pi^{31}	mi^{31}（白读） mei^{31}（文读）
黄梅	tɕʻi^{55}	ȵi^{13}	i^{55}	pi^{13}	pʻi^{33}	mi^{55}
孝感	tɕʻi^{21}	i^{21}	i^{21}	pi^{52}	pi^{21}	mi^{21}
黄陂	tɕʻi^{212}	li^{41}	i^{212}	pi^{41}	pi^{212}	mi^{212}
黄石	tɕʻi^{31}	ȵi^{55}	i^{31}	pi^{55}	pʻi^{324}	mi^{31}
阳新	tɕʻi^{213}	ȵi^{31}	i^{213}	pai^{31}	pʻai^{25}	mai^{213}
咸宁	tɕʻi^{31}	ni^{42}	i^{31}	pæ^{42}	pʻæ^{33}	mæ^{31}
崇阳	dʑi^{21}	ŋi^{53}	i^{21}	pi^{53}	ɓi^{55}	mi^{21}

续表

例字 / 方言	133 地	134 梨	135 资	136 死	137 迟	138 师
	止开三 去脂定	止开三 平脂来	止开三 平脂精	止开三 上脂心	止开三 平脂澄	止开三 平脂生
武汉	ti^{25}	li^{213}	tsɿ^{55}	sɿ^{42}	tsʻɿ^{213}	sɿ^{55}
荆州	ti^{35}	li^{13}	tsɿ^{55}	sɿ^{42}	tsʻɿ^{13}	sɿ^{55}
荆门	ti^{44}	ni^{324}	tʂʅ^{445}	ʂʅ^{55}	tʂʻʅ^{324}	ʂʅ^{445}
公安	ti^{33}	ni^{24}	tsɿ^{55}	sɿ^{21}	tsʻɿ^{24}	sɿ^{55}
宜昌	ti^{35}	li^{13}	tsɿ^{55}	sɿ^{33}	tsʻɿ^{13}	sɿ^{55}
五峰	ti^{35}	li^{213}	tsɿ^{55}	sɿ^{33}	tsʻɿ^{213}	sɿ^{55}
襄阳	ti^{31}	ni^{53}	tsɿ^{24}	sɿ^{35}	tsʻɿ^{53}	sɿ^{24}
随州	ti^{213}	ni^{42}	tsɿ^{44}	sɿ^{353}	tʂʻʅ^{42}	sɿ^{44}
十堰	ti^{31}	li^{52}	tsɿ^{33}	sɿ^{54}	tʂʻʅ^{52}	ʂʅ^{33}
竹溪	ti^{313}	li^{53}	tsɿ^{24}	sɿ^{35}	tʂʻʅ^{53}	sɿ^{24}
恩施	ti^{35}	ni^{33}	tsɿ^{55}	sɿ^{51}	tʂʻʅ^{33}	sɿ^{55}
咸丰	ti^{213}	ni^{22}	tsɿ^{55}	sɿ^{42}	tsʻɿ^{22}	sɿ^{55}
黄冈	ti^{44}	li^{31}	tsɿ^{22}	sɿ^{55}	tsʻɿ^{31}	sɿ^{22}
黄梅	ti^{33}	li^{55}	tsɿ^{21}	sɿ^{13}	tsʻɿ^{55}	sɿ^{21}
孝感	ti^{55}	ni^{21}	tsɿ^{33}	sɿ^{52}	tʂʻʅ^{21}	sɿ^{33}
黄陂	ti^{455}	li^{212}	tsɿ^{334}	sɿ^{41}	tsʻɿ^{212}	sɿ^{334}
黄石	ti^{324}	li^{31}	tsɿ^{33}	sɿ^{55}	tsʻɿ^{31}	sɿ^{33}
阳新	tʻai^{44}	lai^{213}	tsɿ^{44}	sɿ^{31}	tsʻɿ^{213}	sɿ^{44}
咸宁	tʻæ^{33}	næ^{31}	tsɿ^{44}	sɿ^{42}	tsʻɿ^{31}	sɿ^{44}
崇阳	di^{44}	tʻi^{21}	tsɿ^{22}	sɿ^{53}	zɿ^{21}	sɿ^{22}

续表

例字 方言	139 二 止开三 去脂日	140 饥~饿 止开三 平脂见	141 器 止开三 去脂溪	142 姨 止开三 平脂以	143 李 止开三 上之来	144 子 止开三 上之精
武汉	ɯ^{25}	tɕi^{55}	tɕʻi^{25}	i^{213}	li^{42}	tsɿ^{42}
荆州	ɯ^{35}	tɕi^{55}	tɕʻi^{35}	i^{13}	li^{42}	tsɿ^{42}
荆门	ɯ^{44}	tɕi^{445}	tɕʻi^{44}	i^{324}	ni^{55}	tʂʅ^{55}
公安	ɯ^{33}	tɕi^{55}	tɕʻi^{33}	i^{24}	ni^{21}	tsɿ^{21}
宜昌	ɚ^{35}	tɕi^{55}	tɕʻi^{35}	i^{13}	li^{33}	tsɿ^{33}
五峰	ɤ^{35}	tɕi^{55}	tɕʻi^{35}	i^{213}	li^{33}	tsɿ^{33}
襄阳	ɚ^{31}	tɕi^{24}	tɕʻi^{31}	i^{53}	ni^{35}	tsɿ^{35}
随州	ar^{213}	tɕi^{44}	tɕʻi^{213}	i^{42}	ni^{353}	tsɿ^{353}
十堰	ɚ^{31}	tɕi^{33}	tɕʻi^{31}	i^{52}	li^{54}	tsɿ^{54}
竹溪	ɚ^{313}		tɕʻi^{313}	i^{53}	li^{35}	tsɿ^{35}
恩施	ɚ^{35}	tɕi^{55}	tɕʻi^{35}	i^{33}	ni^{51}	tsɿ^{51}
咸丰	ɚ^{213}	tɕi^{55}	tɕʻi^{213}	i^{22}	ni^{42}	tsɿ^{42}
黄冈	ɔr^{31}	tɕi^{22}	tɕʻi^{35}	i^{31}	li^{55}	tsɿ^{55}
黄梅	ər^{33}	tɕi^{21}	tɕʻi^{35}	i^{55}	li^{13}	tsɿ^{13}
孝感	ɐr^{55}	tɕi^{33}	tɕʻi^{35}	i^{21}	ni^{52}	tsɿ^{52}
黄陂	ɯ^{455}	tɕi^{334}	tɕʻi^{35}	i^{212}	li^{41}	tsɿ^{41}
黄石	ɚ^{324}	tɕi^{33}	tɕʻi^{25}	i^{31}	li^{55}	tsɿ^{55}
阳新	zɿ^{44}	tɕi^{44}	tɕʻi^{44}	i^{213}	lai^{31}	tsɿ^{31}
咸宁	zɿ^{33}	tɕi^{44}	tɕʻi^{213}	i^{31}	næ^{42}	tsɿ^{42}
崇阳	ə^{44}	tɕi^{22}	ʑi^{214}	i^{21}	tʻi^{53}	tsɿ^{53}

续表

例字 方言	145 祠 止开三 平之邪	146 治 止开三 去之澄	147 试 止开三 去之书	148 市 止开三 上之禅	149 耳 止开三 上之日	150 棋 止开三 平之群
武汉	tsɿ^{213}	tsɿ^{25}	sɿ^{25}	sɿ^{25}	ɯ^{42}	tɕi^{213}
荆州	tsɿ^{13}	tsɿ^{35}	sɿ^{35}	sɿ^{35}	ɤ^{42}	tɕi^{13}
荆门	tsɿ^{324}	tʂʅ^{44}	ʂʅ^{44}	ʂʅ^{44}	ɯ^{55}	tɕi^{324}
公安	tsɿ^{24}	tsɿ^{33}	sɿ^{33}	sɿ^{33}	ɤ^{21}	tɕi^{24}
宜昌	tsɿ^{13}	tsɿ^{35}	sɿ^{35}	sɿ^{35}	ə^{33}	tɕi^{13}
五峰	tsɿ^{213}	tsɿ^{35}	sɿ^{35}	sɿ^{35}	ɤ^{33}	tɕi^{213}
襄阳	tsɿ^{53}	tsɿ^{31}	sɿ^{31}	sɿ^{31}	ə^{35}	tɕi^{53}
随州	tsɿ^{42}	tʂʅ^{213}	ʂʅ^{213}	ʂʅ^{213}	ar^{353}	tɕi^{42}
十堰	tsɿ^{52}	tʂʅ^{31}	ʂʅ^{31}	ʂʅ^{31}	ə^{54}	tɕi^{52}
竹溪	tsɿ^{53}	tʂʅ^{313}	ʂʅ^{313}	ʂʅ^{313}	ə^{35}	tɕi^{53}
恩施	tsɿ^{33}	tʂʅ^{35}	ʂʅ^{35}	ʂʅ^{35}	ə^{51}	tɕi^{33}
咸丰	tsɿ^{22}	tsɿ^{213}	sɿ^{213}	sɿ^{213}	ə^{42}	tɕi^{22}
黄冈	tsɿ^{31}	tsɿ^{35}	sɿ^{35}	sɿ^{35}	ɔr^{55}	tɕi^{31}
黄梅	tsɿ^{55}	tsɿ^{33}	sɿ^{35}	sɿ^{33}	ər^{13}	tɕi^{55}
孝感	tsɿ^{21}	tʂʅ^{35}	ʂʅ^{35}	ʂʅ^{35}	ɐr^{52}	tɕi^{21}
黄陂	tsɿ^{212}	tsɿ^{455}	sɿ^{35}	sɿ^{35}	ɯ^{41}	tɕi^{212}
黄石	tsɿ^{31}	tsɿ^{324}	sɿ^{25}	sɿ^{25}	ə^{55}	tɕi^{31}
阳新	tsɿ^{213}	tsɿ^{44}	sɿ^{44}	sɿ^{44}	zɿ^{31}	tɕi^{213}
咸宁	tsɿ^{31}	tsɿ^{33}	sɿ^{213}	sɿ^{33}	zɿ^{42}	tɕi^{31}
崇阳	zɿ^{21}	zɿ^{44}	sɿ^{214}	sɿ^{44}	ə^{53}	dʑi^{21}

续表

例字 方言	151 气 止开三 去微溪	152 衣 止开三 平微影	153 嘴 止合三 上支精	154 随 止合三 平支邪	155 吹 止合三 平支昌	156 垂 止合三 平支禅
武汉	tɕʻi^{25}	i^{55}	tsei^{42}	sei^{213}	tsʻuei^{55}	tsʻuei^{213}
荆州	tɕʻi^{35}	i^{55}	tsuei^{42}	suei^{13}	tsʻuei^{55}	tsʻuei^{13}
荆门	tɕʻi^{44}	i^{445}	tʂuei^{55}	ʂuei^{324}	tʂʻuei^{445}	tʂʻuei^{324}
公安	tɕʻi^{33}	i^{55}	tsuei^{21}	suei^{24}	tsʻuei^{55}	tsʻuei^{24}
宜昌	tɕʻi^{35}	i^{55}	tsuei^{33}	suei^{13}	tsʻuei^{55}	tsʻuei^{13}
五峰	tɕʻi^{35}	i^{55}	tsuei^{33}	suei^{213}	tsʻuei^{55}	tsʻuei^{213}
襄阳	tɕʻi^{31}	i^{24}	tsei^{35}	suei^{53}	tsʻuei^{24}	tsʻuei^{53}
随州	tɕʻi^{213}	i^{44}	tsei^{353}	sei^{42}	tʂʻuei^{44}	tʂʻuei^{42}
十堰	tɕʻi^{31}	i^{33}	tsei^{54}	sei^{52}	tʂʻuei^{33}	tʂʻuei^{52}
竹溪	tɕʻi^{313}	i^{24}	tsei^{35}	sei^{53}	tʂʻuei^{24}	tʂʻuei^{53}
恩施	tɕʻi^{35}	i^{55}	tsuei^{51}	suei^{33}	tʂʻuei^{55}	tʂʻuei^{33}
咸丰	tɕʻi^{213}	i^{55}	tsuei^{42}	suei^{22}	tsʻuei^{55}	tsʻuei^{22}
黄冈	tɕʻi^{35}	i^{22}	tɕi^{55}（白读） tsei^{55}（文读）	ɕi^{31}（白读） sei^{31}（文读）	tʂʻɥei^{22}	tʂʻɥei^{31}
黄梅	tɕʻi^{35}	i^{21}	tɕi^{13}	ɕi^{55}	tɕʻʮ^{21}	tɕʻɥei^{55}
孝感	tɕʻi^{35}	i^{33}	tɕi^{52}（白读） tsei^{52}（文读）	sei^{21}	tʂʻɥei^{33}	tʂʻɥei^{21}
黄陂	tɕʻi^{35}	i^{334}	tɕi^{41}	ɕi^{212}	tʂʻɥei^{334}	tʂʻɥei^{212}
黄石	tɕʻi^{25}	i^{33}	tɕi^{55}	ɕi^{31}	tɕʻʮ^{33}	tɕʻʮ^{31}
阳新	tɕʻi^{44}	i^{44}	tsai^{31}	sai^{213}	tɕʻy^{44}	tɕʻyai^{213}
咸宁	tɕʻi^{213}	i^{44}	tsæ^{42}	sæ^{31}	tɕʻy^{44}	tɕʻyæ^{31}
崇阳	ʑi^{214}	i^{22}	tɕi^{53}	dʑi^{21}	ɗəu^{22}	vi^{21}

续表

例字 方言	157 规	158 跪	159 危	160 类	161 醉	162 锤
	止合三 平支见	止合三 上支群	止合三 平支疑	止合三 去脂来	止合三 去脂精	止合三 平脂澄
武汉	kuei^{55}	kuei^{25}	uei^{213}	lei^{25}	tsei^{25}	tsʻuei^{213}
荆州	kuei^{55}	kʻuei^{35}	uei^{13}	lei^{35}	tsuei^{35}	tsʻuei^{13}
荆门	kuei^{445}	kuei^{44}	uei^{324}	nei^{44}	tʂuei^{44}	tʂʻuei^{324}
公安	kuei^{55}	kʻuei^{33}	uei^{24}	nei^{33}	tsuei^{33}	tsʻuei^{24}
宜昌	kuei^{55}	kuei^{35}	uei^{13}	lei^{35}	tsuei^{35}	tsʻuei^{13}
五峰	kuei^{55}	kuei^{35}	uei^{213}	luei^{35}	tsuei^{35}	tsʻuei^{213}
襄阳	kuei^{24}	kuei^{31}	uei^{53}	nei^{31}	tsei^{31}	tsʻuei^{53}
随州	kuei^{44}	kuei^{213}	uei^{42}	nei^{213}	tsei^{213}	tʂʻuei^{42}
十堰	kuei^{33}	kuei^{31}	uei^{33}	nei^{31}	tsei^{31}	tʂʻuei^{52}
竹溪	kuei^{24}	kuei^{313}	uei^{53}	lei^{313}	tsei^{313}	tʂʻuei^{53}
恩施	kuei^{55}	kuei^{35}	uei^{33}	nuei^{35}	tsuei^{35}	tʂʻuei^{33}
咸丰	kuei^{55}	kuei^{213}	uei^{55}	nuei^{213}	tsuei^{213}	tsʻuei^{22}
黄冈	kuei^{22}	kuei^{44}	uei^{31}	li^{44}	tɕi^{35}（白读） tsei^{35}（文读）	tʂʻʯei^{31}
黄梅	kuei^{21}	kuei^{33}	uei^{21}	li^{33}	tɕi^{35}	tɕʻʯei^{55}
孝感	kuei^{33}	kʻuei^{55}	uei^{21}	nei^{55}	tɕi^{35}（白读） tsei^{35}（文读）	tʂʻʯei^{21}
黄陂	kuei^{334}	kuei^{455}	uei^{212}	lei^{455}	tɕi^{35}	tʂʻʯei^{212}
黄石	kuei^{33}	kuei^{324}	uei^{31}	li^{324}	tɕi^{25}	tɕʻʯ^{31}
阳新	kuai^{44}	kʻuai^{31}	uai^{213}	lai^{44}	tsai^{44}	tɕʻy^{213}
咸宁	kuæ^{44}	kʻuæ^{42}	uæ^{31}	næ^{33}	tsæ^{213}	tɕʻy^{31}
崇阳	kui^{22}	yɛ^{53}	ŋi^{21}	di^{44}	tɕi^{214}	tʻəu^{21}

续表

例字 / 方言	163 水	164 柜	165 飞	166 肥	167 尾	168 鬼
	止合三 上脂书	止合三 去脂群	止合三 平微非	止合三 平微奉	止合三 上微微	止合三 上微见
武汉	suei^{42}	kuei^{25}	fei^{55}	fei^{213}	uei^{42}	kuei^{42}
荆州	suei^{42}	kuei^{35}	fei^{55}	fei^{13}	uei^{42}	kuei^{42}
荆门	ʂuei^{55}	kuei^{44}	xuei^{445}	xuei^{324}	i^{55}（白读） uei^{55}（文读）	kuei^{55}
公安	suei^{21}	kuei^{33}	fei^{55}	fei^{24}	i^{21}	kuei^{21}
宜昌	suei^{33}	kuei^{35}	fei^{55}	fei^{13}	uei^{33}	kuei^{33}
五峰	suei^{33}	kuei^{35}	fei^{55}	fei^{213}	uei^{33}	kuei^{33}
襄阳	suei^{35}	kuei^{31}	fei^{24}	fei^{53}	i^{35}（白读） uei^{35}（文读）	kuei^{35}
随州	ʂuei^{353}	kuei^{213}	fei^{44}	fei^{42}	uei^{353}	kuei^{353}
十堰	ʂei^{54}	kuei^{31}	fei^{33}	fei^{52}	uei^{54}	kuei^{54}
竹溪	ʂuei^{35}	kuei^{313}	fei^{24}	fei^{53}	uei^{35}	kuei^{35}
恩施	ʂuei^{51}	kuei^{35}	xuei^{55}	xuei^{33}	uei^{51}	kuei^{51}
咸丰	suei^{42}	kuei^{213}	fei^{55}	fei^{213}	uei^{42}	kuei^{42}
黄冈	ʂɥei^{55}	kuei^{44}	fei^{22}	fei^{31}	uei^{55}	kuei^{55}
黄梅	ɕɥ^{13}	kuei^{33}	fei^{21}	fei^{55}	uei^{13}	kuei^{13}
孝感	ʂɥei^{52}	kuei^{55}	fei^{33}	fei^{21}	i^{52}（白读） uei^{52}（文读）	kuei^{52}
黄陂	ʂɥei^{41}	kuei^{455}	fei^{334}	fei^{212}	li^{41}	kuei^{41}
黄石	ɕɥ^{55}	kuei^{324}	fei^{33}	fei^{31}	uei^{55}	kuei^{55}
阳新	ɕy^{31}	kʻuai^{44}	fai^{44}	fai^{213}	uai^{31}	kuai^{31}
咸宁	ɕy^{42}（老派）	kʻuæ^{33}	fæ^{44}	fæ^{31}	uæ^{42}	kuæ^{42}
崇阳	fi^{53}	vi^{44}	fi^{22}	fi^{21}	mi^{53}（尾巴） vi^{53}（年尾）	kui^{53}

续表

例字 方言	169 围 止合三 平微云	170 抱 效开一 上豪並	171 帽 效开一 去豪明	172 刀 效开一 平豪端	173 桃 效开一 平豪定	174 道 效开一 上豪定
武汉	uei²¹³	pao²⁵	mao²⁵	tao⁵⁵	t‘ao²¹³	tao²⁵
荆州	uei¹³	pau³⁵	mau³⁵	tau⁵⁵	t‘au¹³	tau³⁵
荆门	uei³²⁴	pau⁴⁴	mau⁴⁴	tau⁴⁴⁵	t‘au³²⁴	tau⁴⁴
公安	uei²⁴	pau³³	mau³³	tau⁵⁵	t‘au²⁴	tau³³
宜昌	uei¹³	pau³⁵	mau³⁵	tau⁵⁵	t‘au¹³	tau³⁵
五峰	uei²¹³	pɑu³⁵	mɑu³⁵	tɑu⁵⁵	t‘ɑu²¹³	tɑu³⁵
襄阳	uei⁵³	pau³¹	mau³¹	tau²⁴	t‘au⁵³	tau³¹
随州	uei⁴²	pau²¹³	mau²¹³	tau⁴⁴	t‘au⁴²	tau²¹³
十堰	uei⁵²	pau³¹	mau³¹	tau³³	t‘au⁵²	tau³¹
竹溪	uei⁵³	pau³¹³	mau³¹³	tau²⁴	t‘au⁵³	tau³¹³
恩施	uei³³	pao³⁵	mao³⁵	tao⁵⁵	t‘ao³³	tao³⁵
咸丰	uei²²	pau²¹³	mau²¹³	tau⁵⁵	t‘au²²	tau²¹³
黄冈	uei³¹	pau⁴⁴	mau⁴⁴	tau²²	t‘au³¹	tau⁴⁴
黄梅	uei⁵⁵	pau³³	mau³³	tau²¹	t‘au⁵⁵	tau³³
孝感	uei²¹	pɑu⁵⁵	mɑu⁵⁵	tɑu³³	t‘ɑu²¹	tɑu⁵⁵
黄陂	uei²¹²	pao⁴⁵⁵	mao⁴⁵⁵	tao³³⁴	t‘ao²¹²	tao⁴⁵⁵
黄石	uei³¹	pau³²⁴	mau³²⁴	tau³³	t‘au³¹	tau³²⁴
阳新	uai²¹³	p‘ɔ⁴⁴	mɔ⁴⁴	tɔ⁴⁴	t‘ɔ²¹³	t‘ɔ⁴⁴
咸宁	uæ³¹	p‘o³³	mo³³	to⁴⁴	t‘o³¹	t‘o³³
崇阳	vi²¹	ɓau⁴⁴	mau⁴⁴	tau²²	ɗau²¹	t‘au⁴⁴

续表

例字 方言	175 脑 效开一 上豪泥	176 老 效开一 上豪来	177 早 效开一 上豪精	178 造 效开一 上豪从	179 嫂 效开一 上豪心	180 高 效开一 平豪见
武汉	lao42	lao42	tsao42	ts‘ao25	sao42	kao55
荆州	lau42	lau42	tsau42	ts‘au35	sau42	kau55
荆门	nau55	nau55	tʂau55	tʂ‘au44	ʂau55	kau445
公安	nau21	nau21	tsau21	ts‘au33	sau21	kau55
宜昌	lau33	lau33	tsau33	ts‘au35	sau33	kau55
五峰	lɑu33	lɑu33	tsɑu33	ts‘ɑu35	sɑu33	kɑu55
襄阳	nau35	nau35	tsau35	tsau31	sau35	kau24
随州	nau353	nau353	tsau353	ts‘au213	sau353	kau44
十堰	nau54	lau54	tsau54	tsau31	sau54	kau33
竹溪	lau35	lau35	tsau35	tsau313	sau35	kau24
恩施	nao51	nao51	tsao51	ts‘ao35	sao51	kao55
咸丰	nau42	nau42	tsau42	ts‘au213	sau42	kau55
黄冈	lau55	lau55	tsau55	tsau35	sau55	kau22
黄梅	nau13	lau13	tsau13	tsau33	sau13	kau21
孝感	nɑu52	nɑu52	tsɑu52	ts‘ɑu35	sɑu52	kɑu33
黄陂	lao41	lao41	tsao41	ts‘ao35	sao41	kao334
黄石	lau55	lau55	tsau55	tsau25	sau55	kau33
阳新	lɔ31	lɔ31	tsɔ31	ts‘ɔ44	sɔ31	kɔ44
咸宁	no42	no42	tso42	ts‘o213	so42	ko44
崇阳	nau53	nau53	tsau53	zau214	sau53	kau22

续表

例字 方言	181 熬 效开一 平豪疑	182 好 效开一 上豪晓	183 包 效开二 平肴帮	184 猫 效开二 平肴明	185 闹 效开二 去肴泥	186 罩 效开二 去肴知
武汉	ŋao²¹³	xao⁴²	pao⁵⁵	mao⁵⁵	lao²⁵	tsao²⁵
荆州	au¹³	xau⁴²	pau⁵⁵	mau¹³	lau³⁵	tsau³⁵
荆门	au³²⁴	xau⁵⁵	pau⁴⁴⁵	mau⁴⁴⁵	nau⁴⁴	tʂau⁴⁴
公安	au²⁴	xau²¹	pau⁵⁵	mau²⁴	nau³³	tsau³³
宜昌	au¹³	xau³³	pau⁵⁵	mau⁵⁵	lau³⁵	tsau³⁵
五峰	ɑu²¹³	xɑu³³	pɑu⁵⁵	mɑu⁵⁵	lɑu³⁵	tsɑu³⁵
襄阳	au⁵³	xau³⁵	pau²⁴	mau²⁴	nau³¹	tsau³¹
随州	ŋau⁴²	xau³⁵³	pau⁴⁴	mau⁴⁴	nau²¹³	tʂau²¹³
十堰	au⁵²	xau⁵⁴	pau³³	mau³³	nau³¹	tʂau³¹
竹溪	ŋau⁵³	xau³⁵	pau²⁴	mau²⁴	lau³¹³	tʂau³¹³
恩施	ao³³	xao⁵¹	pao⁵⁵	mao⁵⁵	nao³⁵	tʂao³⁵
咸丰	ŋau²²	xau⁴²	pau⁵⁵	mau⁵⁵	nau²¹³	tsau²¹³
黄冈	ŋau³¹	xau⁵⁵	pau²²	mau²²	lau⁴⁴	tsau³⁵
黄梅	ŋau⁵⁵	xau¹³	pau²¹	mau²¹	nau³³	tsau³⁵
孝感	ŋɑu²¹	xɑu⁵²	pɑu³³	mɑu³³	nɑu⁵⁵	tʂɑu³⁵
黄陂	ŋao²¹²	xao⁴¹	pao³³⁴	mao³³⁴	lao⁴⁵⁵	tsao³⁵
黄石	ŋau³¹	xau⁵⁵	pau³³	mau³³	lau³²⁴	tsau²⁵
阳新	ŋɔ²¹³	xɔ³¹	pɔ⁴⁴	mɔ⁴⁴	lɔ⁴⁴	tsɔ⁴⁴
咸宁	ŋo³¹	xo⁴²	po⁴⁴	mo⁴⁴	no³³	tso²¹³
崇阳	ŋau²¹	hau⁵³	pau²²	mio²²	nau⁴⁴	tsau²¹⁴

续表

例字 方言	187 抓 效开二 平肴庄	188 找 效开二 上肴庄	189 交 效开二 平肴见	190 敲 效开二 平肴溪	191 校学～ 效开二 去肴匣	192 表手～ 效开三 上宵帮
武汉	tɕya^{55}	tsao^{42}	tɕiao^{55}	kʻao^{55}	ɕiao^{25}	piao^{42}
荆州	tsua^{55}	tsau^{42}	tɕiau^{55}	kʻau^{55}（白读） tɕʻiau^{55}（文读）	ɕiau^{35}	piau^{42}
荆门	tʂua^{445}	tʂau^{55}	tɕiau^{445}	kʻau^{445}（白读） tɕʻiau^{445}（文读）	ɕiau^{44}	piau^{55}
公安	tsua^{55}	tsau^{21}	tɕiau^{55}	kʻau^{55}	ɕiau^{33}	piau^{21}
宜昌	tsua^{55}	tsau^{33}	tɕiau^{55}	kʻau^{55}	ɕiau^{35}	piau^{33}
五峰	tsua^{55}	tsɑu^{33}	tɕiɑu^{55}	kʻɑu^{55}	ɕiɑu^{35}	piɑu^{33}
襄阳	tsua^{24}	tsau^{35}	tɕiau^{24}	tɕʻiau^{24}	ɕiau^{31}	piau^{35}
随州	tʂuɔ^{44}	tʂau^{353}	tɕiau^{44}	tɕʻiau^{44}	ɕiau^{213}	piau^{353}
十堰	tʂua^{33}	tʂau^{54}	tɕiau^{33}	tɕʻiau^{33}	ɕiau^{31}	piau^{54}
竹溪	tʂua^{24}	tʂau^{35}	tɕiau^{24}	tɕʻiau^{24}	ɕiau^{313}	piau^{35}
恩施	tʂua^{55}	tʂao^{51}	tɕiao^{55}	kʻao^{55}	ɕiao^{35}	piao^{51}
咸丰	tsua^{55}	tsau^{42}	tɕiau^{55}	kʻau^{55}	ɕiau^{213}	piau^{42}
黄冈	tʂɥa^{22}	tsau^{55}	tɕiau^{22}	kʻau^{22}（白读） tɕʻiau^{22}（文读）	ɕiau^{44}	piau^{55}
黄梅	tɕɥa^{21}	tsau^{13}	tɕiau^{21}	kʻau^{21}	ɕiau^{33}	piau^{13}
孝感	tʂɥɑ^{33}	tʂɑu^{52}	tɕiɑu^{33}	kɑu^{33}	ɕiɑu^{55}	piɑu^{52}
黄陂	tʂɥa^{334}	tsao^{41}	tɕiao^{334}	kʻao^{334}	ɕiao^{455}	piao^{41}
黄石	tɕɥɒ^{33}	tsau^{55}	tɕiau^{33}	kʻau^{33}	ɕiau^{324}	piau^{55}
阳新	tɕyɒ^{44}	tsɔ^{31}	tɕiɔ^{44}	kʻɔ^{44}	ɕiɔ^{44}	pi^{31}
咸宁	tɕuɒ^{44}	tso^{42}	tɕio^{44}	kʻo^{44}	ɕio^{33}	pie^{42}
崇阳	tsɑ^{22}	tsau^{53}	tɕio^{22}	hau^{22}（白读） diao^{22}（文读）	ɕio^{44}	pio^{53}

续表

例字 方言	193 庙	194 焦	195 小	196 朝~代	197 绕~线	198 桥
	效开三 去宵明	效开三 平宵精	效开三 上宵心	效开三 平宵澄	效开三 去宵日	效开三 平宵群
武汉	miao^{25}	tɕiao^{55}	ɕiao^{42}	tsʻao^{213}	lao^{42}	tɕʻiao^{213}
荆州	miau^{35}	tɕiau^{55}	ɕiau^{42}	tsʻau^{13}	lau^{13}	tɕʻiau^{13}
荆门	miau^{44}	tɕiau^{445}	ɕiau^{55}	tʂʻau^{324}	ʐau^{55}	tɕʻiau^{324}
公安	miau^{33}	tɕiau^{55}	ɕiau^{21}	tsʻau^{24}	au^{21}	tɕʻiau^{24}
宜昌	miau^{35}	tɕiau^{55}	ɕiau^{33}	tsʻau^{13}	ʐau^{33}	tɕʻiau^{13}
五峰	miɑu^{35}	tɕiɑu^{55}	ɕiɑu^{33}	tsʻɑu^{213}	ɑu^{213}	tɕʻiɑu^{213}
襄阳	miau^{31}	tɕiau^{24}	ɕiau^{35}	tsʻau^{53}	zau^{31}	tɕʻiau^{53}
随州	miau^{213}	tɕiau^{44}	ɕiau^{353}	tʂʻau^{42}	ʐau^{353}	tɕʻiau^{42}
十堰	miau^{31}	tɕiau^{33}	ɕiau^{54}	tʂʻau^{52}	ʐau^{54}	tɕʻiau^{52}
竹溪	miau^{313}	tɕiau^{24}	ɕiau^{35}	tʂʻau^{53}	ʐau^{35}	tɕʻiau^{53}
恩施	miao^{35}	tɕiao^{55}	ɕiao^{51}	tʂʻao^{33}	ʐao^{51}	tɕʻiao^{33}
咸丰	miau^{213}	tɕiau^{55}	ɕiau^{42}	tsʻau^{22}	zau^{42}	tɕʻiau^{22}
黄冈	miau^{44}	tɕiau^{22}	ɕiau^{55}	tsʻau^{31}	ʐau^{55}	tɕʻiau^{31}
黄梅	miau^{33}	tɕiau^{21}	ɕiau^{13}	tsʻau^{55}	ɥau^{13}	tɕʻiau^{55}
孝感	miɑu^{55}	tɕiɑu^{33}	ɕiɑu^{52}	tʂʻɑu^{21}	ʐɑu^{52}	tɕʻiɑu^{21}
黄陂	miao^{455}	tɕiao^{334}	ɕiao^{41}	tsʻao^{212}	ʐao^{41}	tɕʻiao^{212}
黄石	miau^{324}	tɕiau^{33}	ɕiau^{55}	tsʻau^{31}	ʐau^{55}	tɕʻiau^{31}
阳新	mi^{44}	tsi^{44}	si^{31}	tsʻɛ^{213}	zɛ^{31}	tɕʻiɛ^{213}
咸宁	mie^{33}	tɕie^{44}	ɕie^{42}	tsʻe^{31}	ze^{31}	tɕʻie^{31}
崇阳	mio^{44}	tɕio^{22}	ɕio^{53}	tʻau^{21}	tʻau^{53}	dʑio^{21}

续表

例字 / 方言	199 腰 效开三 平宵影	200 鸟 效开四 上萧端	201 钓 效开四 去萧端	202 条 效开四 平萧定	203 料 效开四 去萧来	204 叫 效开四 去萧见
武汉	iao^{55}	liao^{42}	tiao^{25}	tʻiao^{213}	liao^{25}	tɕiao^{25}
荆州	iau^{55}	liau^{42}	tiau^{55}	tʻiau^{13}	liau^{35}	tɕiau^{35}
荆门	iau^{445}	niau^{55}	tiau^{44}	tʻiau^{324}	niau^{44}	tɕiau^{44}
公安	iau^{55}	niau^{21}	tiau^{55}	tʻiau^{24}	niau^{33}	kau^{33}
宜昌	iau^{55}	liau^{33}	tiau^{55}	tʻiau^{13}	liau^{35}	tɕiau^{35}
五峰	iɑu^{55}	liɑu^{33}	tiɑu^{55}	tʻiɑu^{213}	liɑu^{35}	tɕiɑu^{35}
襄阳	iau^{24}	niau^{35}	tiau^{24}	tʻiau^{53}	niau^{31}	tɕiau^{31}
随州	iau^{44}	niau^{353}	tiau^{213}	tʻiau^{42}	niau^{213}	tɕiau^{213}
十堰	iau^{33}	niau^{54}	tiau^{33}	tʻiau^{52}	liau^{31}	tɕiau^{31}
竹溪	iau^{24}	ȵiau^{35}	tiau^{313}	tʻiau^{53}	liau^{313}	tɕiau^{313}
恩施	iao^{55}	niao^{51}	tiao^{55}	tʻiao^{33}	niao^{35}	tɕiao^{35}
咸丰	iau^{55}	niau^{42}	tiau^{213}	tʻiau^{22}	niau^{213}	tɕiau^{213}
黄冈	iau^{55}	ȵiau^{55}	tiau^{35}	tʻiau^{31}	liau^{44}	tɕiau^{35}
黄梅	iau^{21}	tiau^{13}	tiau^{35}	tʻiau^{55}	liau^{33}	tɕiau^{35}
孝感	iɑu^{33}	niɑu^{52}	tiɑu^{35}	tʻiɑu^{21}	niɑu^{55}	tɕiɑu^{35}
黄陂	iao^{334}	liao^{41}	tiao^{35}	tʻiao^{212}	liao^{455}	tɕiao^{35}
黄石	iau^{33}	ȵiau^{55}	tiau^{25}	tʻiau^{31}	liau^{324}	tɕiau^{25}
阳新	iɛ^{44}	ȵiɛ^{31}	ti^{44}	tʻi^{213}	li^{44}	tɕiɛ^{44}
咸宁	ie^{44}	nie^{42}	tie^{213}	tʻie^{31}	nie^{33}	tɕie^{213}
崇阳	io^{22}	ȵio^{53}	tio^{214}	dʻio^{21}	tio^{44}	tɕio^{214}

续表

例字 方言	205 母 流开一 上侯明	206 偷 流开一 平侯透	207 楼 流开一 平侯来	208 走 流开一 上侯精	209 凑 流开一 去侯清	210 钩 流开一 平侯见
武汉	moŋ^{42}	tʻou^{55}	lou^{213}	tsou^{42}	tsʻou^{25}	kou^{55}
荆州	mu^{42}	tʻəu^{55}	ləu^{13}	tsəu^{42}	tsʻəu^{35}	kəu^{55}
荆门	mu^{55}	tʻou^{445}	nu^{324}	tʂou^{55}	tʂʻou^{44}	kou^{445}
公安	mu^{21}	tʻəu^{55}	nəu^{24}	tsəu^{21}	tsʻəu^{33}	kəu^{55}
宜昌	mu^{33}	tʻəu^{55}	ləu^{13}	tsəu^{33}	tsʻəu^{35}	kəu^{55}
五峰	mu^{33}	tʻəu^{55}	ləu^{213}	tsəu^{33}	tsʻəu^{35}	kəu^{55}
襄阳	mu^{35}	tʻəu^{24}	nəu^{53}	tsəu^{35}	tsʻəu^{31}	kəu^{24}
随州	mu^{353}	tʻəu^{44}	nəu^{42}	tsəu^{353}	tsʻəu^{213}	kəu^{44}
十堰	mu^{54}	tʻou^{33}	lou^{52}	tsou^{54}	tsʻou^{31}	kou^{33}
竹溪	mo^{35}	tʻəu^{24}	ləu^{53}	tsəu^{35}	tsʻəu^{313}	kəu^{24}
恩施	mu^{51}	tʻəu^{55}	nəu^{33}	tsəu^{51}	tsʻəu^{35}	kəu^{55}
咸丰	mu^{42}	tʻəu^{55}	nəu^{22}	tsəu^{42}	tsʻəu^{213}	kəu^{55}
黄冈	moŋ^{55}	tʻəu^{22}	ləu^{31}	tsəu^{55}	tsʻəu^{35}	kəu^{22}
黄梅	mo^{13}	tʻeu^{21}	leu^{55}	tseu^{13}	tsʻeu^{35}	keu^{21}
孝感	mu^{52}	tʻəu^{33}	nəu^{21}	tsəu^{52}	tsʻəu^{35}	kəu^{33}
黄陂	moŋ^{41}	tʻou^{334}	lou^{212}	tsou^{41}	tsʻou^{35}	kou^{334}
黄石	moŋ^{55}	tʻou^{33}	lou^{31}	tsou^{55}	tsʻou^{25}	kou^{33}
阳新	m̩^{31}	tʻɛ^{44}	lɛ^{213}	tsɛ^{31}	tsʻɛ^{44}	kɛ^{44}
咸宁	mə^{42}	tʻe^{44}	ne^{31}	tse^{42}	tsʻe^{213}	ke^{44}
崇阳	mo^{53}	ɗəu^{22}	ɗio^{21}	tɕio^{53}	dʑio^{214}	tɕio^{22}

续表

例字 方言	211 口 流开一 上侯溪	212 藕 流开一 上侯疑	213 后前~ 流开一 上侯匣	214 浮 流开三 平尤奉	215 流 流开三 平尤来	216 酒 流开三 上尤精
武汉	k'ou42	ŋou42	xou25	fou213	liou213	tɕiou42
荆州	k'əu42	əu42	xəu35	fu13	liəu13	tɕiəu42
荆门	k'ou55	ou55	xou44	ɸu324	niou324	tɕiou55
公安	k'əu21	əu21	xəu33	fu24	niəu24	tɕiəu21
宜昌	k'əu33	əu33	xəu35	fəu13	liəu13	tɕiəu33
五峰	k'əu33	əu33	xəu35	fu213	liəu213	tɕiəu33
襄阳	k'əu35	əu35	xəu31	fu53	niəu53	tɕiəu35
随州	k'əu353	ŋəu353	xəu213	fau42	niəu42	tɕiəu353
十堰	k'ou54	ou54	xou31	fu52	liou52	tɕiou54
竹溪	k'əu35	ŋəu35	xəu313	fu53	liəu53	tɕiəu35
恩施	k'əu51	əu51	xəu35	xu33	niəu33	tɕiəu51
咸丰	k'əu42	ŋəu42	xəu213	fu22	niəu22	tɕiəu42
黄冈	k'əu55	ŋəu55	xəu44	fu31	liəu31	tɕiəu55
黄梅	k'eu13	ŋeu13	xeu33	feu55	lieu55	tɕieu13
孝感	k'əu52	ŋəu52	xəu55	p'u21（白读） fəu21（文读）	niəu21	tɕiəu52
黄陂	k'ou41	ŋou41	xou455	fou212	liou212	tɕiou41
黄石	k'ou55	ŋou55	xou324	fau31	liou31	tɕiou55
阳新	k'ɛ31	ŋɛ31	xɛ44	fu213	liu213	tsiu31
咸宁	k'e42	ŋe42	xe33	fe31	niɒu31	tɕiɒu42
崇阳	dʑio53	ȵio53	dʑio44	fiəu21	dio21	tɕiəu53

续表

例字 方言	217 袖 流开三 去尤邪	218 抽 流开三 平尤彻	219 愁 流开三 平尤崇	220 瘦 流开三 去尤生	221 州 流开三 平尤章	222 臭香～ 流开三 去尤昌
武汉	çiou^{25}	tsʻou^{55}	tsʻou^{213}	sou^{25}	tsou^{55}	tsʻou^{25}
荆州	çiəu^{35}	tsʻəu^{55}	tsʻəu^{13}	səu^{35}	tsəu^{55}	tsʻəu^{35}
荆门	çiou^{44}	tʂʻou^{445}	tʂʻou^{324}	ʂou^{44}	tʂou^{445}	tʂʻou^{44}
公安	çiəu^{33}	tsʻəu^{55}	tsʻəu^{24}	səu^{33}	tsəu^{55}	tsʻəu^{33}
宜昌	çiəu^{35}	tsʻəu^{55}	tsʻəu^{13}	səu^{35}	tsəu^{55}	tsʻəu^{35}
五峰	çiəu^{35}	tsʻəu^{55}	tsʻəu^{213}	səu^{35}	tsəu^{55}	tsʻəu^{35}
襄阳	çiəu^{31}	tsʻəu^{24}	tsʻəu^{53}	səu^{31}	tsəu^{24}	tsʻəu^{31}
随州	çiəu^{213}	tʂʻəu^{44}	tsʻəu^{42}	səu^{213}	tʂəu^{44}	tʂʻəu^{213}
十堰	çiou^{31}	tʂʻou^{33}	tʂʻou^{52}	sou^{31}	tʂou^{33}	tʂʻou^{31}
竹溪	çiəu^{313}	tʂʻəu^{24}	tsʻəu^{53}	səu^{313}	tʂəu^{24}	tʂʻəu^{313}
恩施	çiəu^{35}	tʂʻəu^{55}	tsʻəu^{33}	səu^{35}	tʂəu^{55}	tʂʻəu^{35}
咸丰	çiəu^{213}	tsʻəu^{55}	tsʻəu^{22}	səu^{213}	tsəu^{55}	tsʻəu^{213}
黄冈	çiəu^{44}	tsʻəu^{22}	tsʻəu^{31}	səu^{35}	tsəu^{22}	tsʻəu^{35}
黄梅	çieu^{33}	tsʻeu^{21}	tsʻeu^{55}	seu^{35}	tseu^{21}	tsʻeu^{35}
孝感	çiəu^{55}	tʂʻəu^{33}	tsʻəu^{21}	səu^{35}	tʂəu^{33}	tʂʻəu^{35}
黄陂	çiou^{455}	tsʻou^{334}	tsʻou^{212}	sou^{35}	tsou^{334}	tsʻou^{35}
黄石	çiou^{324}	tsʻou^{33}	tsʻou^{31}	sou^{25}	tsou^{33}	tsʻou^{25}
阳新	tsʻiu^{44}	tsʻau^{44}	tsʻɛ^{213}	sɛ^{44}	tsau^{44}	tsʻau^{44}
咸宁	tɕiɒu^{33}	tsʻɒu^{44}	tsʻe^{31}	se^{213}	tsɒu^{44}	tsʻɒu^{213}
崇阳	dʑiəu^{44}	ɗəu^{22}	dʑio^{21}	çio^{214}	təu^{22}	tʻəu^{214}

续表

例字 方言	223 手 流开三 上尤书	224 九 流开三 上尤见	225 球 流开三 平尤群	226 旧 流开三 去尤群	227 牛 流开三 平尤疑	228 休 流开三 平尤晓
武汉	sou42	tɕiou42	tɕʻiou213	tɕiou25	liou213	ɕiou55
荆州	səu42	tɕiəu42	tɕʻiəu13	tɕiəu35	iəu13	ɕiəu55
荆门	ʂou55	tɕiou55	tɕʻiou324	tɕiou44	iou324	ɕiou445
公安	səu21	tɕiəu21	tɕʻiəu24	tɕiəu33	iəu24	ɕiəu55
宜昌	səu33	tɕiəu33	tɕʻiəu13	tɕiəu35	iəu13	ɕiəu55
五峰	səu33	tɕiəu33	tɕʻiəu213	tɕiəu35	iəu213	ɕiəu55
襄阳	səu35	tɕiəu35	tɕʻiəu53	tɕiəu31	niəu53	ɕiəu24
随州	ʂəu353	tɕiəu353	tɕʻiəu42	tɕiəu213	niəu42	ɕiəu44
十堰	ʂou54	tɕiou54	tɕʻiou52	tɕiou31	niou52	ɕiou33
竹溪	ʂəu35	tɕiəu35	tɕʻiəu53	tɕiəu313	ȵiəu53	ɕiəu24
恩施	ʂəu51	tɕiəu51	tɕʻiəu33	tɕiəu35	niəu33	ɕiəu55
咸丰	səu42	tɕiəu42	tɕʻiəu22	tɕiəu213	niəu22	ɕiəu55
黄冈	səu55	tɕiəu55	tɕʻiəu31	tɕiəu44	ȵiəu31	ɕiəu22
黄梅	seu13	tɕieu13	tɕʻieu55	tɕieu33	ȵieu55	ɕieu21
孝感	ʂəu52	tɕiəu52	tɕʻiəu21	tɕiəu55	nioŋ21	ɕiəu33
黄陂	sou41	tɕiou41	tɕʻiou212	tɕiou455	liou212	ɕiou334
黄石	sou55	tɕiou55	tɕʻiou31	tɕiou324	ȵiou31	ɕiou33
阳新	sau31	tɕiau31	tɕʻiau213	tɕʻiau44	ȵiau213	ɕiau44
咸宁	sɒu42	tɕiɒu42	tɕʻiɒu31	tɕʻiɒu33	niɒu31	ɕiɒu44
崇阳	səu53	tɕiəu53	dʑiəu21	dʑiəu44	ȵiəu21	ɕiəu22

续表

例字 / 方言	229 优 流开三 平尤影	230 丢 流开三 平幽端	231 潭 咸开一 平覃定	232 南 咸开一 平覃泥	233 蚕 咸开一 平覃从	234 含 咸开一 平覃匣
武汉	iou^{55}	tiou^{55}	t‘an^{213}	lan^{213}	ts‘an^{213}	xan^{213}
荆州	iəu^{55}	tiəu^{55}	t‘an^{13}	lan^{13}	ts‘an^{13}	xan^{13}
荆门	iou^{445}	tiou^{445}	t‘an^{324}	nan^{324}	tʂ‘an^{324}	xan^{324}
公安	iəu^{55}	tiəu^{55}	t‘an^{24}	nan^{24}	ts‘an^{24}	xan^{24}
宜昌	iəu^{55}	tiəu^{55}	t‘an^{13}	lan^{13}	ts‘an^{13}	xan^{13}
五峰	iəu^{55}	tiəu^{55}	t‘an^{213}	lan^{213}	ts‘an^{213}	xan^{213}
襄阳	iəu^{24}	tiəu^{24}	t‘an^{53}	nan^{53}	ts‘an^{53}	xan^{53}
随州	iəu^{44}	tiəu^{44}	t‘an^{42}	nan^{42}	ts‘an^{42}	xan^{42}
十堰	iou^{33}	tiou^{33}	t‘an^{52}	nan^{52}	ts‘an^{52}	xan^{52}
竹溪	iəu^{24}	tiəu^{24}	t‘an^{53}	lan^{53}	ts‘an^{53}	xan^{53}
恩施	iəu^{55}	tiəu^{55}	t‘an^{33}	nan^{33}	ts‘an^{33}	xan^{33}
咸丰	iəu^{55}	tiəu^{55}	t‘an^{22}	nan^{22}	ts‘an^{22}	xan^{22}
黄冈	iəu^{22}	tiəu^{22}	t‘an^{31}	lan^{31}	ts‘an^{31}	xan^{31}
黄梅	ieu^{21}	tieu^{21}	t‘an^{55}	nan^{55}	ts‘on^{55}	xan^{55}
孝感	iəu^{33}	tiəu^{33}	t‘ɑn^{21}	nɑn^{21}	ts‘ɑn^{21}	xɑn^{21}
黄陂	iou^{334}	tiou^{334}	t‘an^{212}	lan^{212}	ts‘an^{212}	xan^{212}
黄石	iou^{33}	tiou^{33}	t‘an^{31}	lan^{31}	ts‘an^{31}	xan^{31}
阳新	iau^{44}	tiu^{44}	t‘õ^{213}	lõ^{213}	ts‘õ^{213}	xõ^{213}
咸宁	iɒu^{44}	tiɒu^{44}	t‘ɒ̃^{31}	nɒ̃^{31}	ts‘ɒ̃^{31}	xɒ̃^{31}
崇阳	iəu^{22}	tiəu^{22}	t‘ə^{21}	nə^{21}	zə^{21}	hə^{21}

续表

方言＼例字	235 暗	236 搭	237 鸽	238 淡	239 蓝	240 三
	咸开一 去覃影	咸开一 入合端	咸开一 入合见	咸开一 上谈定	咸开一 平谈来	咸开一 平谈心
武汉	ŋan^{25}	ta^{213}	ko^{213}	tan^{25}	lan^{213}	san^{55}
荆州	an^{35}	ta^{13}	kuo^{13}	tan^{35}	lan^{13}	san^{55}
荆门	an^{44}	ta^{324}	kuo^{324}	tan^{44}	nan^{324}	ʂan^{445}
公安	an^{33}	ta^{35}	kuo^{35}	tan^{33}	nan^{24}	san^{55}
宜昌	an^{35}	ta^{13}	kuo^{13}	tan^{35}	lan^{13}	san^{55}
五峰	an^{35}	ta^{213}	kuo^{213}	tan^{35}	lan^{213}	san^{55}
襄阳	an^{31}	ta^{53}	kə^{53}	tan^{31}	nan^{53}	san^{24}
随州	ŋan^{213}	tɔ^{42}	ko^{42}	tan^{213}	nan^{42}	san^{44}
十堰	an^{31}	ta^{33}	kɤ^{33}	tan^{31}	lan^{52}	san^{33}
竹溪	ŋan^{313}	ta^{24}	ko^{53}	tan^{313}	lan^{53}	san^{24}
恩施	an^{35}	ta^{33}	kuo^{33}	tan^{35}	nan^{33}	san^{55}
咸丰	ŋan^{213}	ta^{22}	ko^{22}	tan^{213}	nan^{22}	san^{55}
黄冈	ŋan^{35}	ta^{213}	ko^{213}	tan^{44}	lan^{31}	san^{22}
黄梅	ŋan^{35}	ta^{42}	ko^{42}	tan^{33}	lan^{55}	san^{21}
孝感	ŋɑn^{35}	tɑ^{213}	ko^{213}	tɑn^{55}	nɑn^{21}	sɑn^{33}
黄陂	ŋan^{35}	ta^{214}	ko^{214}	tan^{455}	lan^{212}	san^{334}
黄石	ŋan^{25}	tɒ^{213}	ko^{213}	tan^{324}	lan^{31}	san^{33}
阳新	ŋõ^{44}	tɒ^{25}	ko^{25}	t'ã^{44}	lã^{213}	sã^{44}
咸宁	ŋõ^{213}	tɒ^{55}	kə^{55}	t'ɒ̃^{33}	nɒ̃^{31}	sɒ̃^{44}
崇阳	ŋə^{214}	tæ^{55}	kə^{55}	t'æ^{44}	næ^{21}	sæ^{22}

续表

例字 方言	241 甘 咸开一 平谈见	242 喊 咸开一 上谈晓	243 塔 咸开一 入盍透	244 蜡 咸开一 入盍来	245 赚 咸开二 去咸澄	246 咸~淡 咸开二 平咸匣
武汉	kan^{55}	xan^{42}	tʻa^{213}	la^{213}	tɕyan^{25}	xan^{213}（白读） ɕian^{213}（文读）
荆州	kan^{55}	xan^{42}	tʻa^{13}	la^{13}	tsuan^{35}	xan^{13}
荆门	kan^{445}	xan^{55}	tʻa^{324}	na^{324}	tʂuan^{44}	xan^{324}
公安	kan^{55}	xan^{21}	tʻa^{35}	na^{35}	tsuan^{33}	xan^{24}
宜昌	kan^{55}	xan^{33}	tʻa^{13}	la^{13}	tsuan^{35}	xan^{13}
五峰	kan^{55}	xan^{33}	tʻa^{213}	la^{213}	tsuan^{35}	xan^{213}
襄阳	kan^{24}	xan^{35}	tʻa^{53}	na^{53}	tsuan^{31}	ɕian^{53}
随州	kan^{44}	xan^{353}	tʻɔ^{42}	nɔ^{42}	tʂuan^{213}	xan^{42}
十堰	kan^{33}	xan^{54}	tʻa^{52}	la^{33}	tʂuan^{31}	ɕian^{52}
竹溪	kan^{24}	xan^{35}	tʻa^{24}	la^{24}	tʂuan^{313}	xan^{53}（白读） ɕian^{53}（文读）
恩施	kan^{55}	xan^{51}	tʻa^{33}	na^{33}	tʂuan^{35}	xan^{33}
咸丰	kan^{55}	xan^{42}	tʻa^{22}	na^{22}	tsuan^{213}	xan^{22}
黄冈	kan^{22}	xan^{55}	tʻa^{213}	la^{213}	tʂɥan^{44}	xan^{31}
黄梅	kan^{21}	xan^{13}	tʻa^{42}	la^{42}	tɕɥɛn^{33}	xan^{55}
孝感	kɑn^{33}	xɑn^{52}	tʻɑ^{213}	nɑ^{213}	tʂɥɑn^{55}	xɑn^{21}
黄陂	kan^{334}	xan^{41}	tʻa^{214}	la^{214}	tʂɥan^{455}	xan^{212}
黄石	kan^{33}	xan^{55}	tʻɒ^{213}	lɒ^{213}	tɕɥan^{324}	xan^{31}
阳新	kõ^{44}	xã^{31}	tʻɒ^{25}	lɒ^{25}	tɕʻyã^{44}	xã^{213}
咸宁	kõ^{44}	xɒ̃^{42}	tʻɒ^{55}	nɒ^{55}	tɕyẽ^{213}	xɒ̃^{31}
崇阳	kə^{22}	hæ^{53}	tʻæ^{55}	næ^{55}	dzə^{44}	hæ^{21}

续表

例字 方言	247 插 咸开二 入洽初	248 闸 咸开二 入洽崇	249 夹～子 咸开二 入洽见	250 岩 咸开二 平衔疑	251 甲 咸开二 入狎见	252 鸭 咸开二 入狎影
武汉	tsʻa^{213}	tsa^{213}	tɕia^{213}	ian^{213}	tɕia^{213}	ia^{213}
荆州	tsʻa^{13}	tsa^{13}	tɕia^{13}	ai^{13}	tɕia^{13}	ia^{13}
荆门	tʂʻa^{324}	tʂa^{324}	tɕia^{324}	ai^{324}	tɕia^{324}	ia^{324}
公安	tsʻa^{35}	tsa^{35}	ka^{35}（白读） tɕia^{35}（文读）	ian^{24}	tɕia^{35}	ia^{35}
宜昌	tsʻa^{13}	tsa^{13}	tɕia^{13}	ai^{33}	tɕia^{13}	ia^{13}
五峰	tsʻa^{213}	tsa^{213}	tɕia^{213}	ai^{213}	tɕia^{213}	ia^{213}
襄阳	tsʻa^{53}	tsa^{53}	tɕia^{24}	ai^{53}	tɕia^{53}	ia^{53}
随州	tʂʻɔ^{42}	tʂɔ^{42}	tɕiɔ^{42}	ian^{42}	tɕiɔ^{42}	iɔ^{42}
十堰	tʂʻa^{33}	tʂa^{52}	tɕia^{52}	ian^{52}	tɕia^{52}	ia^{33}
竹溪	tʂʻa^{24}	tʂa^{53}	tɕia^{24}	ian^{53}	tɕia^{53}	ia^{24}
恩施	tʂʻa^{33}	tʂa^{33}	tɕia^{33}	ai^{33}	tɕia^{33}	ia^{33}
咸丰	tsʻa^{22}	tsa^{22}	ka^{22}	ŋai^{22}	tɕia^{22}	ia^{22}
黄冈	tsʻa^{213}	tsa^{213}	tɕia^{213}	ŋai^{31}	tɕia^{213}	ŋa^{213}（白读） ia^{213}（文读）
黄梅	tsʻa^{42}	tsa^{42}	ka^{42}（白读） tɕia^{42}（文读）		tɕia^{42}	ŋa^{42}
孝感	tʂʻɑ^{213}	tʂɑ^{21}	tɕiɑ^{213}	ŋɑi^{22}（白读） in^{21}（文读）	tɕiɑ^{213}	iɑ^{213}
黄陂	tsʻa^{214}	tsa^{214}	tɕia^{214}	iai^{212}	ka^{214}	ia^{214}
黄石	tsʻɒ^{213}	tsɒ^{213}	tɕiɒ^{213}	ŋæ^{31}	tɕiɒ^{213}	ŋɒ^{213}
阳新	tsʻɒ^{25}	tsɒ^{25}	kɒ^{25}	ŋa^{213}	kɒ^{25}	ŋɒ^{25}
咸宁	tsʻɒ^{55}	tsɒ^{55}	kɒ^{55}	ŋa^{31}	kʻɒ^{55}	ŋɒ^{55}
崇阳	dzæ^{55}	tsɑ^{55}	kæ^{55}（白读） tɕiɑ^{55}（文读）	ŋæ^{21}	kæ^{55}（白读） tɕiɑ^{55}（文读）	ŋæ^{55}

续表

例字 方言	253 黏 咸开三 平盐泥	254 染 咸开三 上盐日	255 钳 咸开三 平盐群	256 验 咸开三 去盐疑	257 险 咸开三 上盐晓	258 炎 咸开三 平盐云
武汉	lian^{213}	lan^{42}	tɕʻian^{213}	lian^{25}	ɕian^{42}	ian^{213}
荆州	lien^{13}	lan^{42}	tɕʻien^{13}	ien^{35}	ɕien^{42}	ien^{13}
荆门	nian^{324}	ʐuan^{55}	tɕʻian^{324}	ian^{44}	ɕian^{55}	ian^{324}
公安	nian^{24}	an^{21}	tɕʻian^{24}	ian^{33}	ɕian^{21}	ian^{24}
宜昌	liɛn^{13}	ʐuan^{33}	tɕʻiɛn^{13}	liɛn^{35}	ɕyɛn^{33}	iɛn^{13}
五峰	liɛn^{213}	uan^{33}	tɕʻiɛn^{213}	iɛn^{35}	ɕyɛn^{33}	iɛn^{213}
襄阳	nian^{53}	zan^{35}	tɕʻian^{53}	ian^{31}	ɕian^{35}	ian^{53}
随州	nian^{42}	ʐuan^{353}	tɕʻian^{42}	nian^{213}	ɕian^{353}	ian^{42}
十堰	nian^{52}	ʐan^{54}	tɕʻian^{52}	ian^{31}	ɕian^{54}	ian^{52}
竹溪	ȵian^{53}	ʐan^{35}	tɕʻian^{53}	ȵian^{313}	ɕyan^{35}	ian^{53}
恩施	niɛn^{55}	ʐan^{51}	tɕʻiɛn^{33}	niɛn^{35}	ɕiɛn^{51}	iɛn^{33}
咸丰	nia^{22}	zan^{42}	tɕʻiɛn^{22}	niɛn^{213}	ɕiɛn^{42}	iɛn^{22}
黄冈	ȵien^{31}	ʐʮan^{55}	tɕʻien^{31}	ȵien^{44}	ɕien^{55}	ien^{31}
黄梅	ȵiɛn^{55}	ʮɛn^{13}	tɕʻiɛn^{55}	ȵiɛn^{33}	ɕiɛn^{13}	iɛn^{55}
孝感	tʂɑn^{33}	ʮɑn^{52}	tɕʻin^{21}	nin^{55}	ɕin^{52}	in^{21}
黄陂	lian^{212}	ʐʮan^{41}	tɕʻian^{212}	lian^{455}	ɕian^{41}	ian^{212}
黄石	ȵian^{31}	ʮan^{55}	tɕʻian^{31}	ȵian^{324}	ɕian^{55}	ian^{31}
阳新	ȵiɛ̃^{213}	zõ^{31}	tɕʻiɛ̃^{213}	ȵiɛ̃^{44}	ɕiɛ̃^{31}	iɛ̃^{213}
咸宁	niẽ^{31}	zẽ^{42}	tɕʻiẽ^{31}	niẽ^{33}	ɕiẽ^{42}	iẽ^{31}
崇阳	ŋiɛ^{21}	tʻə^{53}	dʑiɛ^{21}	ŋiɛ^{44}	ɕiɛ^{53}	iɛ^{21}

续表

例字 方言	259 折 山开三 入薛章	260 欠 咸开三 去严溪	261 严 咸开三 平严疑	262 业 咸开三 入业疑	263 点 咸开四 上添端	264 甜 咸开四 平添定
武汉	tse²¹³	tɕʻian²⁵	ian²¹³	ie²¹³	tian⁴²	tʻian²¹³
荆州	tsɤ¹³	tɕʻien³⁵	ien¹³	ie¹³	tien⁴²	tʻien¹³
荆门	tʂɛ³²⁴	tɕʻian⁴⁴	ian³²⁴	iɛ³²⁴	tian⁵⁵	tʻian³²⁴
公安	tsɤ³⁵	tɕʻian³³	ian²⁴	iɛ³⁵	tian²¹	tʻian²⁴
宜昌	tsɤ¹³	tɕʻiɛn³⁵	iɛn¹³	ie¹³	tiɛn³³	tʻiɛn¹³
五峰	tsɤ²¹³	tɕʻiɛn³⁵	iɛn²¹³	ie²¹³	tiɛn³³	tʻiɛn²¹³
襄阳	tsə⁵³	tɕʻian³¹	ian⁵³	ie⁵³	tian³⁵	tʻian⁵³
随州	tʂa⁴²	tɕʻian²¹³	ian⁴²	ni⁴²	tian³⁵³	tʻian⁴²
十堰	tʂɤ⁵²	tɕʻian³¹	ian⁵²	iɛ⁵²	tian⁵⁴	tʻian⁵²
竹溪	tʂɛ⁵³	tɕʻian³¹³	ȵian⁵³	ȵiɛ⁵³	tian³⁵	tʻian⁵³
恩施	tʂe³³	tɕʻiɛn³⁵	niɛn³³	nie³³	tiɛn⁵¹	tʻiɛn³³
咸丰	tsɛ²²	tɕʻiɛn²¹³	niɛn²²	niɛ²²	tiɛn⁴²	tʻiɛn²²
黄冈	tse²¹³	tɕʻien³⁵	ien³¹	ȵie²¹³	tien⁵⁵	tʻien³¹
黄梅	tsæ⁴²	tɕʻiɛn³⁵	ȵiɛn⁵⁵	ȵiæ⁴²	tiɛn¹³	tʻiɛn⁵⁵
孝感	tʂɛ²¹³	tɕʻin³⁵	nin²¹	niɛ²¹³	tin⁵²	tʻin²¹
黄陂	tsæ²¹⁴	tɕʻian³⁵	lian²¹²	lie²¹⁴	tian⁴¹	tʻian²¹²
黄石	tsæ²¹³	tɕʻian²⁵	ȵian³¹	ȵie²¹³	tian⁵⁵	tʻian³¹
阳新	tsɛ²⁵	tɕʻiɛ̃⁴⁴	ȵiɛ̃²¹³	ȵiɛ²⁵	tĩĩ³¹	tʻĩĩ²¹³
咸宁	tse⁵⁵	tɕʻiẽ²¹³	niẽ³¹	ni⁵⁵	tiẽ⁴²	tʻiẽ³¹
崇阳	tə⁵⁵	dʑiɛ²¹⁴	ŋiɛ²¹	ŋiɛ⁵⁵	tiɛ⁵³	tʻiɛ²¹

续表

例字 方言	265 念 咸开四 去添泥	266 跌 咸开四 入帖端	267 碟 咸开四 入帖定	268 协 咸开四 入帖匣	269 犯 咸合三 上凡奉	270 法 咸合三 入乏非
武汉	lian^{25}	tie^{213}	tie^{213}	ɕie^{213}	fan^{25}	fa^{213}
荆州	lien^{35}	tie^{13}	tie^{13}	ɕie^{13}	fan^{35}	fa^{13}
荆门	nian^{44}	tiɛ^{324}	tiɛ^{324}	ɕiɛ^{324}	xuan^{44}	xua^{324}
公安	nian^{33}	tiɛ^{35}	tiɛ^{35}	ɕiɛ^{35}	fan^{33}	fa^{35}
宜昌	liɛn^{35}	tie^{13}	tie^{13}	ɕie^{13}	fan^{35}	fa^{13}
五峰	liɛn^{35}	tie^{213}	tie^{213}	ɕye^{213}	fan^{35}	fa^{213}
襄阳	nian^{31}	tie^{53}	tie^{53}	ɕie^{53}	fan^{31}	fa^{53}
随州	nian^{213}	ti^{42}	ti^{42}	ɕi^{42}	fan^{213}	fɔ^{42}
十堰	nian^{31}	tiɛ^{52}	tiɛ^{52}	ɕiɛ^{52}	fan^{31}	fa^{52}
竹溪	ȵian^{313}	tiɛ^{53}	tiɛ^{53}	ɕiɛ^{53}	fan^{313}	fa^{53}
恩施	niɛn^{35}	tie^{33}	tie^{33}	ɕie^{33}	xuan^{35}	xua^{33}
咸丰	niɛn^{213}	tiɛ^{22}	tiɛ^{22}	ɕiɛ^{22}	fan^{213}	fa^{22}
黄冈	ȵien^{44}	tie^{213}	tie^{213}	ɕie^{213}	fan^{44}	fa^{213}
黄梅	ȵiɛn^{33}	tiæ^{42}	tiæ^{33}	ɕiæ^{33}	fan^{33}	fa^{42}
孝感	nin^{55}	tiɛ^{213}	tiɛ^{213}	ɕiɛ^{213}	fɑn^{55}	fɑ^{213}
黄陂	lian^{455}	tie^{214}	tie^{212}	ɕie^{214}	fan^{455}	fa^{214}
黄石	ȵian^{324}	tie^{213}	tie^{213}	ɕie^{213}	fan^{324}	fɒ^{213}
阳新	ȵiɛ̃^{44}	tɒ^{25}	tʻi^{25}	ɕiɛ^{25}	fã^{44}	fɒ^{25}
咸宁	niẽ^{33}	ti^{55}	ti^{55}	ɕi^{55}	fɒ̃^{33}	fɒ^{55}
崇阳	ŋiɛ^{44}	tiɛ^{55}	tʻiɛ^{55}	ɕiɛ^{55}	fæ^{44}	fæ^{55}

续表

例字 方言	271 品	272 林	273 心	274 寻	275 沉	276 深
	深开三 上侵滂	深开三 平侵来	深开三 平侵心	深开三 平侵邪	深开三 平侵澄	深开三 平侵书
武汉	pʻin^{42}	lin^{213}	ɕin^{55}	ɕyn^{213}	tsʻen^{213}	sen^{55}
荆州	pʻin^{42}	lin^{13}	ɕin^{55}	ɕioŋ^{13}	tsʻən^{13}	sən^{55}
荆门	pʻin^{55}	nin^{324}	ɕin^{445}	ɕin^{324}	tʂʻən^{324}	ʂən^{445}
公安	pʻin^{21}	nin^{24}	ɕin^{55}	ɕyn^{24}	tsʻən^{24}	sən^{55}
宜昌	pʻin^{33}	lin^{13}	ɕin^{55}	ɕyn^{13}	tsʻən^{13}	sən^{55}
五峰	pʻin^{33}	lin^{213}	ɕin^{55}	ɕin^{213}	tsʻən^{213}	sən^{55}
襄阳	pʻin^{35}	nin^{53}	ɕin^{24}	ɕyn^{53}	tsʻən^{53}	tsʻən^{24}
随州	pʻin^{353}	nin^{42}	ɕin^{44}	ɕin^{42}	tʂʻən^{213}	tʂʻən^{44}
十堰	pʻin^{54}	lin^{52}	ɕin^{33}	ɕyn^{52}	tʂʻən^{52}	tʂʻən^{33}（白读） ʂən^{33}（文读）
竹溪	pʻin^{35}	lin^{53}	ɕin^{24}	ɕyn^{53}	tʂʻən^{53}	ʂən^{24}
恩施	pʻin^{51}	nin^{33}	ɕin^{55}	ɕyn^{33}	tʂʻən^{33}	ʂən^{55}
咸丰	pʻin^{42}	nin^{22}	ɕin^{55}	ɕyən^{22}	tsʻən^{22}	sən^{55}
黄冈	pʻin^{55}	lin^{31}	ɕin^{22}	ɕin^{31}	tsʻən^{31}	sən^{22}
黄梅	pʻin^{13}	lin^{55}	ɕin^{21}	ɕin^{55}	tsʻən^{55}	sən^{33}
孝感	pʻin^{52}	nin^{21}	ɕin^{33}	ɕin^{21}	tʂʻən^{21}	ʂən^{33}
黄陂	pʻin^{41}	lin^{212}	ɕin^{334}	tɕʻin^{212}	tsʻen^{212}	sen^{334}
黄石	pʻin^{55}	lin^{31}	ɕin^{33}	ɕin^{31}	tsʻen^{31}	sen^{33}
阳新	pʻin^{31}	lin^{213}	sin^{44}	sin^{213}	tsʻan^{213}	san^{44}
咸宁	pʻiən^{42}	niən^{31}	ɕiən^{44}	tɕʻiən^{31}	tsʻən^{31}	sən^{44}
崇阳	ɓin^{53}	tʻin^{21}	ɕin^{22}	ʑin^{21}	tʻən^{21}	sən^{22}

续表

例字 方言	277 任	278 琴	279 立	280 集	281 习	282 入
	深开三去侵日	深开三平侵群	深开三入缉来	深开三入缉从	深开三入缉邪	深开三入缉日
武汉	len^{25}	tɕʻin^{213}	li^{213}	tɕi^{213}	ɕi^{213}	y^{213}
荆州	lən^{35}	tɕʻin^{13}	li^{13}	tɕi^{13}	ɕi^{13}	lu^{13}
荆门	ʐən^{44}	tɕʻin^{324}	ni^{324}	tɕi^{324}	ɕi^{324}	ʐu^{324}
公安	ən^{33}	tɕʻin^{24}	ni^{35}	tɕi^{35}	ɕi^{35}	nu^{35}
宜昌	ʐən^{35}	tɕʻin^{13}	li^{13}	tɕi^{13}	ɕi^{13}	ʐu^{13}
五峰	ən^{35}	tɕʻin^{213}	li^{213}	tɕi^{213}	ɕi^{213}	u^{213}
襄阳	zən^{31}	tɕʻin^{53}	ni^{53}	tɕi^{53}	ɕi^{53}	zu^{53}
随州	ʐən^{213}	tɕʻin^{42}	ni^{42}	tɕi^{42}	ɕi^{42}	y^{42}
十堰	ʐən^{31}	tɕʻin^{52}	li^{33}	tɕi^{52}	ɕi^{52}	ʐu^{52}
竹溪	ʐən^{313}	tɕʻin^{53}	li^{53}	tɕi^{53}	ɕi^{53}	y^{53}
恩施	ʐən^{35}	tɕʻin^{33}	ni^{33}	tɕi^{33}	ɕi^{33}	ʐu^{33}
咸丰	zən^{213}	tɕʻin^{22}	ni^{22}	tɕi^{22}	ɕi^{22}	zu^{22}
黄冈	ʐən^{44}	tɕʻin^{31}	li^{213}	tɕi^{213}	ɕi^{213}	ʐʮ^{213}
黄梅	ən^{33}	tɕʻin^{55}	li^{42}	tɕi^{33}	ɕi^{33}	ʮ^{42}
孝感	ʐən^{55}	tɕʻin^{21}	ni^{213}	tɕi^{213}	ɕi^{213}	ʮ^{213}
黄陂	ʐɥen^{455}	tɕʻin^{212}	li^{214}	tɕi^{214}	ɕi^{214}	ʐʮ^{214}
黄石	ʐen^{324}	tɕʻin^{31}	li^{213}	tɕi^{213}	ɕi^{213}	ʮ^{213}
阳新	zan^{44}	tɕʻian^{213}	lai^{25}	tsʻai^{25}	sai^{25}	zɿ^{25}
咸宁	zən^{33}	tɕʻiən^{31}	næ^{55}	tsʻæ^{33}	sæ^{33}	y^{55}
崇阳	tʻən^{44}	ʑin^{21}	tʻi^{55}	dʑi^{55}	ɕi^{55}	tʻə^{55}

续表

例字 / 方言	283 吸	284 弹～琴	285 难～易	286 兰	287 肝	288 岸
	深开三 入缉晓	山开一 平寒定	山开一 平寒泥	山开一 平寒来	山开一 平寒见	山开一 去寒疑
武汉	tɕi²¹³	tʻan²¹³	lan²¹³	lan²¹³	kan⁵⁵	ŋan²⁵
荆州	ɕi¹³	tʻan¹³	lan¹³	lan¹³	kan⁵⁵	an³⁵
荆门	ɕi³²⁴	tʻan³²⁴	nan³²⁴	nan³²⁴	kan⁴⁴⁵	an⁴⁴
公安	ɕi³⁵	tʻan²⁴	nan²⁴	nan²⁴	kan⁵⁵	an³³
宜昌	ɕi¹³	tʻan¹³	lan¹³	lan¹³	kan⁵⁵	an³⁵
五峰	ɕi²¹³	tʻan²¹³	lan²¹³	lan²¹³	kan⁵⁵	an³⁵
襄阳	ɕi²⁴	tʻan⁵³	nan⁵³	nan⁵³	kan²⁴	an³¹
随州	ɕi⁴⁴	tʻan⁴²	nan⁴²	nan⁴²	kan⁴⁴	ŋan²¹³
十堰	ɕi³³	tʻan⁵²	nan⁵²	lan⁵²	kan³³	an³¹
竹溪	ɕi²⁴	tʻan⁵³	lan⁵³	lan⁵³	kan²⁴	ŋan³¹³
恩施	ɕi³³	tʻan³³	nan³³	nan³³	kan⁵⁵	an³⁵
咸丰	tɕi²²	tan²¹³	nan²²	nan²²	kan⁵⁵	ŋan²¹³
黄冈	ɕi²¹³	tʻan³¹	lan³¹	lan³¹	kan²²	ŋan⁴⁴
黄梅	ɕi⁴²	tʻan⁵⁵	nan⁵⁵	lan⁵⁵	kan²¹	uan³³
孝感	tɕi²¹³	tʻɑn²¹	nɑn²¹	nɑn²¹	kɑn³³	ŋɑn⁵⁵
黄陂	tɕi²¹⁴（白读） ɕi²¹⁴（文读）	tʻan²¹²	lan²¹²	lan²¹²	kan³³⁴	ŋan⁴⁵⁵
黄石	tɕi²¹³	tʻan³¹	lan³¹	lan³¹	kan³³	ŋan³²⁴
阳新	tɕi²⁵	tʻã²¹³	lã²¹³	lã²¹³	kõ⁴⁴	ŋõ⁴⁴
咸宁	tɕi⁵⁵	tʻɒ̃³¹	nɒ̃³¹	nɒ̃³¹	kõ⁴⁴	ŋõ³³
崇阳	dʑi⁵⁵	tʻæ²¹	næ²¹	næ²¹	kə²²	ŋə⁴⁴

续表

例字 方言	289 汗 山开一 去寒匣	290 安 山开一 平寒影	291 达 山开一 入曷定	292 擦 山开一 入曷清	293 渴 山开一 入曷溪	294 办 山开二 去山並
武汉	xan^{25}	ŋan^{55}	ta^{213}	tsʻa^{213}	kʻo^{213}	pan^{25}
荆州	xan^{35}	an^{55}	ta^{13}	tsʻa^{13}	kʻuo^{42}	pan^{35}
荆门	xan^{44}	an^{445}	ta^{324}	tʂʻa^{324}	kʻuo^{324}	pan^{44}
公安	xan^{33}	an^{55}	ta^{35}	tsʻa^{35}	kʻuo^{35}	pan^{33}
宜昌	xan^{35}	an^{55}	ta^{13}	tsʻa^{13}	kʻuo^{13}	pan^{35}
五峰	xan^{35}	an^{55}	ta^{213}	tsʻa^{213}	kʻuo^{213}	pan^{35}
襄阳	xan^{31}	an^{24}	ta^{53}	tsʻa^{53}	kʻə^{53}	pan^{31}
随州	xan^{213}	ŋan^{44}	tɔ^{42}	tsʻɔ^{42}	kʻo^{42}	pan^{213}
十堰	xan^{31}	an^{33}	ta^{52}	tsʻa^{33}	kʻɤ^{33}	pan^{31}
竹溪	xan^{313}	ŋan^{24}	ta^{53}	tsʻa^{24}	kʻo^{24}	pan^{313}
恩施	xan^{35}	an^{55}	ta^{33}	tsʻa^{33}	kʻuo^{33}	pan^{35}
咸丰	xan^{213}	ŋan^{55}	ta^{22}	tsʻa^{22}	kʻo^{22}	pan^{213}
黄冈	xan^{44}	ŋan^{22}	ta^{213}	tsʻa^{213}	kʻo^{213}	pan^{44}
黄梅	xan^{33}	ŋɛn^{21}	ta^{42}	tsʻa^{21}	kʻo^{42}	pan^{33}
孝感	xɑn^{55}	ŋɑn^{33}	tɑ^{213}	tsʻɑ^{213}	kʻo^{213}	pɑn^{55}
黄陂	xan^{455}	ŋan^{334}	ta^{214}	tsʻa^{214}	kʻo^{214}	pan^{455}
黄石	xan^{324}	ŋan^{33}	tɒ^{213}	tsʻɒ^{213}	kʻo^{213}	pan^{324}
阳新	xõ^{44}	ŋõ^{44}	tɒ^{25}	tsʻɒ^{25}	kʻo^{25}	pã^{44}
咸宁	xõ^{33}	ŋõ^{44}	tʻɒ^{55}（白读） tɒ^{55}（文读）	tsʻa^{55}	kʻə^{55}	pɒ̃^{33}
崇阳	hə^{44}	ŋə^{22}	tʻæ^{55}	dzæ^{55}	hə^{55}	ɓʻæ^{44}

续表

例字 方言	295 山	296 间房～	297 眼	298 限	299 扎	300 班
	山开二 平山生	山开二 平山见	山开二 上山疑	山开二 上山匣	山开二 入黠庄	山开二 平删帮
武汉	san^{55}	tɕian^{55}	ian^{42}	ɕian^{25}	tsa^{213}	pan^{55}
荆州	san^{55}	kan^{55}	ien^{42}	ɕien^{35}	tsa^{13}	pan^{55}
荆门	ʂan^{445}	kan^{445}（白读） tɕian^{445}（文读）	an^{55}	ɕian^{44}	tʂa^{324}	pan^{445}
公安	san^{55}	kan^{55}	an^{21}	ɕian^{33}	tsa^{35}	pan^{55}
宜昌	san^{55}	kan^{55}	iɛn^{33}	ɕiɛn^{35}	tsa^{13}	pan^{55}
五峰	san^{55}	tɕiɛn^{55}	iɛn^{33}	ɕiɛn^{35}	tsa^{213}	pan^{55}
襄阳	san^{24}	tɕian^{24}	ian^{35}	ɕian^{31}	tsa^{53}	pan^{24}
随州	ʂan^{44}	tɕian^{213}	ian^{353}	ɕian^{213}	tʂɔ^{42}	pan^{44}
十堰	ʂan^{33}	tɕian^{33}	ian^{54}	ɕian^{31}	tʂa^{33}	pan^{33}
竹溪	ʂan^{24}	tɕian^{24}	ȵian^{35}	ɕian^{313}	tʂa^{53}	pan^{24}
恩施	ʂan^{55}	kan^{55}（白读） tɕiɛn^{21}（文读）	iɛn^{51}	ɕiɛn^{35}	tʂa^{33}	pan^{55}
咸丰	san^{55}	kan^{55}	iɛn^{42}	ɕiɛn^{213}	tsa^{22}	pan^{55}
黄冈	san^{22}	kan^{22}	ŋan^{55}	ɕien^{44}	tsa^{213}	pan^{22}
黄梅	san^{21}	kan^{21}（白读） tɕiɛn^{21}（文读）	ŋan^{13}（白读） iɛn^{13}（文读）	xan^{33}	tsa^{42}	pan^{21}
孝感	ʂɑn^{33}	kɑn^{33}（白读） tɕin^{33}（文读）	in^{52}	ɕin^{55}	tʂɑ^{213}	pɑn^{33}
黄陂	san^{334}	kan^{334}	ŋan^{41}	xan^{455}	tsa^{214}	pan^{334}
黄石	san^{33}	kan^{33}	ŋan^{55}	ɕian^{324}	tsɒ^{213}	pan^{33}
阳新	sã^{44}	kã^{44}	ŋã^{31}	ɕiã^{44}	tsɒ^{25}	pã^{44}
咸宁	sɒ̃^{44}	kɒ̃^{44}	ŋɒ̃^{42}	xɒ̃^{33}	tsɒ^{55}	pɒ̃^{44}
崇阳	sæ^{22}	kæ^{22}	ŋæ^{53}	ɕiɛ^{44}	tsæ^{55}	pæ^{22}

续表

方言＼例字	301 奸	302 颜	303 瞎	304 骗	305 便方～	306 棉
	山开二平删见	山开二平删疑	山开二入鎋晓	山开三去仙滂	山开三去仙並	山开三平仙明
武汉	tɕian^{55}	ian^{25}	ɕia^{213}	pʻian^{25}	pian^{25}	mian^{213}
荆州	tɕien^{55}	ien^{13}	ɕia^{13}	pʻien^{35}	pien^{35}	mien^{13}
荆门	tɕian^{445}	ian^{324}	xa^{324}（白读） ɕia^{324}（文读）	pʻian^{44}	pian^{44}	mian^{324}
公安	tɕian^{55}	ian^{24}	ɕia^{35}	pʻian^{33}	pian^{33}	mian^{24}
宜昌	tɕiɛn^{55}	iɛn^{13}	ɕia^{13}	pʻiɛn^{35}	piɛn^{35}	miɛn^{13}
五峰	tɕiɛn^{55}	iɛn^{213}	ɕia^{213}	pʻiɛn^{35}	piɛn^{35}	miɛn^{213}
襄阳	tɕian^{24}	ian^{53}	ɕia^{53}	pʻian^{31}	pian^{31}	mian^{53}
随州	tɕian^{44}	ian^{42}	ɕiɔ^{42}	pʻian^{213}	pian^{213}	mian^{42}
十堰	tɕian^{33}	ian^{52}	ɕia^{33}	pʻian^{31}	pian^{31}	mian^{52}
竹溪	tɕian^{24}	ian^{53}	ɕia^{24}	pʻian^{313}	pian^{313}	mian^{53}
恩施	tɕiɛn^{55}	iɛn^{33}	ɕia^{33}	pʻiɛn^{35}	piɛn^{35}	miɛn^{33}
咸丰	tɕiɛn^{55}	iɛn^{22}	ɕia^{22}	pʻiɛn^{213}	piɛn^{213}	miɛn^{22}
黄冈	tɕien^{22}	ien^{31}	xa^{213}	pʻien^{35}	pien^{44}	mien^{31}
黄梅	kan^{21}（白读） tɕiɛn^{21}（文读）	iɛn^{55}	xe^{42}	pʻiɛn^{35}	piɛn^{33}	miɛn^{55}
孝感	tɕin^{33}	in^{21}	ɕiɑ^{213}	pʻin^{35}	pin^{55}	min^{21}
黄陂	tɕian^{334}	ian^{212}	ɕia^{214}	pʻian^{35}	pian^{455}	mian^{212}
黄石	tɕian^{33}	ian^{31}	xɒ^{213}	pʻian^{25}	pian^{324}	mian^{31}
阳新	tɕiã^{44}	iɛ̃^{213}	xɒ^{25}	piĩ^{44}	piĩ^{44}	miĩ^{213}
咸宁	tɕiɒ̃^{44}	iɒ̃^{31}	xa^{55}	pʻiẽ^{213}	pʻiẽ^{33}	miẽ^{31}
崇阳	tɕiɛ^{22}	iɛ^{21}	hæ^{55}	ɓiɛ^{214}	ɓiɛ^{44}	miɛ^{21}

续表

例字 / 方言	307 连	308 浅	309 鲜	310 扇	311 件	312 延
	山开三 平仙来	山开三 上仙清	山开三 平仙心	山开三 去仙书	山开三 上仙群	山开三 平仙以
武汉	lian^{213}	tɕʻian^{42}	ɕian^{55}	san^{25}	tɕian^{25}	ian^{213}
荆州	lien^{13}	tɕʻien^{42}	ɕyen^{55}（白读） tɕien^{55}（文读）	san^{35}	tɕien^{35}	ien^{13}
荆门	nian^{324}	tɕʻian^{55}	ɕyan^{445}	ʂan^{44}	tɕian^{44}	ian^{324}
公安	nian^{24}	tɕʻian^{21}	ɕyan^{55}	san^{33}	tɕian^{33}	ian^{24}
宜昌	liɛn^{13}	tɕʻiɛn^{33}	ɕyɛn^{55}	san^{35}	tɕiɛn^{35}	iɛn^{13}
五峰	liɛn^{213}	tɕʻiɛn^{33}	ɕyɛn^{55}	san^{35}	tɕiɛn^{35}	iɛn^{213}
襄阳	nian^{53}	tɕʻian^{35}	ɕyan^{24}	san^{31}	tɕian^{31}	ian^{53}
随州	nian^{42}	tɕʻian^{353}	ɕian^{44}	ʂan^{213}	tɕian^{213}	ian^{42}
十堰	lian^{52}	tɕʻian^{54}	ɕian^{33}	ʂan^{31}	tɕian^{31}	ian^{52}
竹溪	lian^{53}	tɕʻian^{35}	ɕyan^{24}	ʂan^{313}	tɕian^{313}	ian^{53}
恩施	niɛn^{33}	tɕʻiɛn^{51}	ɕyn^{55}	ʂan^{35}	tɕiɛn^{35}	iɛn^{33}
咸丰	niɛn^{22}	tɕʻiɛn^{42}	ɕyɛn^{55}	san^{213}	tɕiɛn^{213}	ŋan^{213}
黄冈	lien^{31}	tɕʻien^{55}	ɕien^{22}	san^{35}	tɕien^{44}	ien^{31}
黄梅	liɛn^{55}	tɕʻiɛn^{13}	ɕiɛn^{21}	sɛn^{35}	tɕiɛn^{33}	iɛn^{55}
孝感	nin^{21}	tɕʻin^{52}	ɕin^{33}	ʂɑn^{35}	tɕin^{55}	in^{21}
黄陂	lian^{212}	tɕʻian^{41}	ɕian^{334}	san^{35}	tɕian^{455}	ian^{212}
黄石	lian^{31}	tɕʻian^{55}	ɕian^{33}	san^{25}	tɕian^{324}	ian^{31}
阳新	liĩ^{213}	tsʻiĩ^{31}	siĩ^{44}	sõ^{44}	tɕʻiẽ^{44}	iẽ^{213}
咸宁	niẽ^{31}	tɕʻiẽ^{42}	ɕiẽ^{44}	sẽ^{213}	tɕʻiẽ^{33}	iẽ^{31}
崇阳	tʻiɛ^{21}	dʑiɛ^{53}	ɕiɛ^{22}	sə^{214}	dʑiɛ^{44}	iɛ^{21}

续表

例字 方言	313 别~人 山开三 入薛帮	314 灭 山开三 入薛明	315 列 山开三 入薛来	316 撤 山开三 入薛彻	317 舌 山开三 入薛船	318 热 山开三 入薛日
武汉	pie²¹³	mie²¹³	lie²¹³	ts‘e²¹³	se²¹³	le²¹³
荆州	pie¹³	mie¹³	lie¹³	ts‘ɤ¹³	sɤ¹³	lɤ¹³
荆门	piɛ³²⁴	miɛ³²⁴	niɛ³²⁴	tʂ‘ɛ³²⁴	ʂɛ³²⁴	ʐɛ³²⁴
公安	piɛ²⁴	miɛ³⁵	niɛ³⁵	ts‘ɤ³⁵	sɤ²⁴	ɤ³⁵
宜昌	pie¹³	mie¹³	lie¹³	ts‘ɤ¹³	sɤ¹³	ʐɤ¹³
五峰	pie²¹³	mie²¹³	lie²¹³	ts‘ɤ²¹³	sɤ²¹³	ɤ²¹³
襄阳	pie⁵³	mie⁵³	nie⁵³	ts‘ə³¹	sə⁵³	zə⁵³
随州	pi⁴²	mi⁴²	ni⁴²	tʂ‘a⁴²	ʂa⁴²	ʐua⁴²
十堰	piɛ⁵²	miɛ⁵²	liɛ⁵²	tʂ‘ɤ⁵²	ʂɤ⁵²	ʐɤ³³
竹溪	piɛ⁵³	miɛ⁵³	liɛ⁵³	tʂ‘ɛ⁵³	ʂɛ⁵³	yɛ²⁴
恩施	pie³³	mie³³	nie³³	tʂ‘e³³	ʂe³³	ʐe³³
咸丰	piɛ²²	miɛ²²	niɛ²²	ts‘ɛ²²	sɛ²²	zɛ²²
黄冈	pie³¹	mie²¹³	lie²¹³	ts‘e²¹³	se³¹	ʐʮe²¹³
黄梅	p‘ie³³（白读） piæ⁴²（文读）	miæ⁴²	liæ⁴²	ts‘æ⁴²	se³³	ʮæ⁴²
孝感	piɛ²¹	miɛ²¹³	niɛ²¹³	tʂ‘ɛ²¹³	ʂɛ²¹	ʮɛ²¹³
黄陂	pie²¹²	mie²¹⁴	lie²¹⁴	ts‘æ²¹⁴	sæ²¹²	ʐʮæ²¹⁴
黄石	p‘ie²¹³	mie²¹³	lie²¹³	ts‘æ²¹³	se³²⁴	ʮæ²¹³
阳新	p‘i²⁵	mi²⁵	li²⁵	ts‘ɛ²⁵	sɛ²⁵	zɛ²⁵
咸宁	p‘i⁵⁵	mi⁵⁵	ni⁵⁵	ts‘e⁵⁵	se³³	ze⁵⁵
崇阳	ɓiɛ⁵⁵	miɛ⁵⁵	t‘iɛ⁵⁵	dzə⁵⁵	sə⁵⁵	ȵiɛ⁵⁵

续表

方言＼例字	319 杰	320 孽	321 健	322 言	323 片	324 面～条
	山开三 入薛群	山开三 入薛疑	山开三 去元群	山开三 平元疑	山开四 去先滂	山开四 去先明
武汉	tɕie^{213}	lie^{213}	tɕian^{25}	ian^{213}	pʻian^{25}	mian^{25}
荆州	tɕie^{13}	lie^{13}	tɕien^{35}	ien^{13}	pʻien^{35}	mien^{35}
荆门	tɕiɛ^{324}	niɛ^{324}	tɕian^{44}	ian^{324}	pʻian^{44}	mian^{44}
公安	tɕiɛ^{35}	niɛ^{35}	tɕian^{33}	ian^{24}	pʻian^{33}	mian^{33}
宜昌	tɕie^{13}	lie^{13}	tɕiɛn^{35}	iɛn^{13}	pʻiɛn^{35}	miɛn^{35}
五峰	tɕie^{213}	lie^{213}	tɕiɛn^{35}	iɛn^{213}	pʻiɛn^{35}	miɛn^{35}
襄阳	tɕie^{53}	nie^{53}	tɕian^{31}	ian^{53}	pʻian^{31}	mian^{31}
随州	tɕi^{42}	ni^{42}	tɕian^{213}	ian^{42}	pʻian^{213}	mian^{213}
十堰	tɕiɛ^{52}	niɛ^{52}	tɕian^{31}	ian^{52}	pʻian^{31}	mian^{31}
竹溪	tɕiɛ^{53}	ȵiɛ^{53}	tɕian^{313}	ȵian^{53}	pʻian^{313}	mian^{313}
恩施	ɕie^{33}	nie^{33}	tɕiɛn^{35}	iɛn^{33}	pʻiɛn^{35}	miɛn^{35}
咸丰	tɕiɛ^{22}	niɛ^{22}	tɕiɛn^{213}	iɛn^{22}	pʻiɛn^{213}	miɛn^{213}
黄冈	tɕie^{213}	ȵie^{213}	tɕien^{44}	ien^{31}	pʻien^{35}	mien^{44}
黄梅	tɕiæ^{33}	ȵiæ^{42}	tɕiɛn^{33}	ȵiɛn^{55}	pʻiɛn^{35}	miɛn^{33}
孝感	tɕiɛ^{213}	niɛ^{213}	tɕin^{35}	in^{21}	pʻin^{35}	min^{55}
黄陂	tɕie^{214}	lie^{214}	tɕian^{455}	ian^{212}	pʻian^{41}	mian^{455}
黄石	tɕie^{213}	ȵie^{213}	tɕian^{324}	ian^{31}	pʻian^{25}	mian^{324}
阳新	tɕʻiɛ^{25}	ȵiɛ^{25}	tɕiɛ̃^{44}	ȵiɛ̃^{213}	pʻiĩ^{44}	miĩ^{44}
咸宁	tɕʻie^{33}	ni^{55}	tɕʻiẽ^{33}	niẽ^{31}	pʻiẽ^{213}	miẽ^{33}
崇阳	ʑiɛ^{55}	ŋiɛ^{55}	dʑiɛ^{44}	ŋiɛ^{21}	ɓiɛ^{214}	miɛ^{44}

续表

例字 / 方言	325 垫	326 年	327 莲	328 前	329 牵	330 现
	山开四 去先定	山开四 平先泥	山开四 平先来	山开四 平先从	山开四 平先溪	山开四 去先匣
武汉	tian^{25}	lian^{213}	lian^{213}	tɕʻian^{213}	tɕʻian^{55}	ɕian^{25}
荆州	tien^{35}	lien^{13}	lien^{13}	tɕʻien^{13}	tɕʻien^{55}	ɕien^{35}
荆门	tʻian^{44}（白读） tian^{44}（文读）	nian^{324}	nian^{324}	tɕʻian^{324}	tɕʻian^{445}	ɕian^{44}
公安	tian^{33}	nian^{24}	nian^{24}	tɕʻian^{24}	tɕʻian^{55}	ɕian^{33}
宜昌	tiɛn^{35}	liɛn^{13}	liɛn^{13}	tɕʻiɛn^{13}	tɕʻiɛn^{55}	ɕiɛn^{35}
五峰	tiɛn^{35}	liɛn^{213}	liɛn^{213}	tɕʻiɛn^{213}	tɕʻiɛn^{55}	ɕiɛn^{35}
襄阳	tian^{31}	nian^{53}	nian^{53}	tɕian^{53}	tɕʻian^{24}	ɕian^{31}
随州	tian^{213}	nian^{42}	nian^{42}	tɕʻian^{42}	tɕʻian^{44}	ɕian^{213}
十堰	taŋ^{31}	nian^{52}	lian^{52}	tɕʻian^{52}	tɕʻian^{33}	ɕian^{31}
竹溪	tian^{313}	ȵian^{53}	lian^{53}	tɕʻian^{53}	tɕʻian^{24}	ɕian^{313}
恩施	tiɛn^{35}	niɛn^{33}	niɛn^{33}	tɕʻiɛn^{33}	tɕʻiɛn^{55}	ɕiɛn^{35}
咸丰	tʻiɛn^{213}	niɛn^{22}	niɛn^{22}	tɕʻiɛn^{22}	tɕʻiɛn^{55}	ɕiɛn^{213}
黄冈	tien^{44}	ȵien^{31}	lien^{31}	tɕʻien^{31}	tɕʻien^{22}	ɕien^{44}
黄梅	tiɛn^{33}	ȵiɛn^{55}	liɛn^{55}	tɕʻiɛn^{55}	tɕʻiɛn^{21}	ɕiɛn^{33}
孝感	tin^{55}	nin^{21}	nin^{22}	tɕʻin^{21}	tɕʻin^{33}	ɕin^{35}
黄陂	tian^{455}	lian^{212}	lian^{212}	tɕʻian^{212}	tɕʻian^{334}	ɕian^{455}
黄石	tian^{324}	ȵian^{31}	lian^{31}	tɕian^{31}	tɕʻian^{33}	ɕian^{25}
阳新	tʻĩi^{44}	ȵiɛ̃^{213}	lĩi^{213}	tsʻĩi^{213}	tɕʻiɛ̃^{44}	ɕiɛ̃^{44}
咸宁	tʻiẽ^{33}	niẽ^{31}	niẽ^{31}	tɕʻiẽ^{31}	tɕʻiẽ^{44}	ɕiẽ^{33}
崇阳	diɛ^{44}	ȵiɛ^{21}	tʻiɛ^{21}	dʑiɛ^{21}	ʑiɛ^{22}	ɕiɛ^{44}

续表

例字 方言	331 烟 山开四 平先影	332 篾 山开四 入屑明	333 铁 山开四 入屑透	334 捏 山开四 入屑泥	335 切 山开四 入屑清	336 截 山开四 入屑从
武汉	ian^{55}	mie^{213}	tʻie^{213}	lie^{213}	tɕʻie^{213}	tɕie^{213}
荆州	ien^{55}	mie^{13}	tʻie^{13}	lie^{13}	tɕʻie^{13}	tɕie^{13}
荆门	ian^{445}	miɛ^{324}	tʻiɛ^{324}	niɛ^{324}	tɕʻiɛ^{324}	tɕiɛ^{324}
公安	ian^{55}	miɛ^{35}	tʻiɛ^{35}	niɛ^{35}	tɕʻiɛ^{35}	tɕiɛ^{35}
宜昌	iɛn^{55}	mie^{13}	tʻie^{13}	lie^{13}	tɕʻye^{13}	tɕie^{13}
五峰	iɛn^{55}	mie^{213}	tʻie^{213}	lie^{213}	tɕʻye^{213}	tɕie^{213}
襄阳	ian^{24}	mie^{53}	tʻie^{53}	nie^{24}	tɕʻie^{53}	tɕie^{53}
随州	ian^{44}	mi^{42}	tʻi^{42}	ni^{42}	tɕʻi^{42}	tɕi^{42}
十堰	ian^{33}	miɛ^{52}	tʻiɛ^{33}	niɛ^{33}	tɕʻiɛ^{33}	tɕiɛ^{52}
竹溪	ian^{24}	miɛ^{24}	tʻiɛ^{24}	ȵiɛ^{24}	tɕʻiɛ^{24}	tɕiɛ^{24}
恩施	iɛn^{55}	mie^{33}	tʻie^{33}	nie^{33}	tɕʻie^{33}	tɕie^{33}
咸丰	iɛn^{55}	miɛ^{22}	tʻiɛ^{22}	niɛ^{22}	tɕʻiɛ^{22}	tɕiɛ^{22}
黄冈	ien^{22}	mie^{213}	tʻie^{213}	ȵie^{213}	tɕʻie^{213}	tɕie^{213}
黄梅	iɛn^{21}	miæ^{42}	tʻiæ^{42}	ȵiæ^{42}	tɕʻiæ^{42}	tɕiæ^{42}
孝感	in^{33}	miɛ^{213}	tʻiɛ^{213}	niɛ^{213}	tɕʻiɛ^{213}	tɕiɛ^{213}
黄陂	ian^{334}	mie^{214}	tʻie^{214}	lie^{214}	tɕʻie^{214}	tɕie^{214}
黄石	ian^{33}	mie^{213}	tʻie^{213}	ȵie^{213}	tɕʻie^{213}	tɕie^{213}
阳新	iɛ̃^{44}	mi^{25}	tʻi^{25}	ȵiɛ^{25}	tsʻi^{25}	tʻi^{25}
咸宁	iẽ^{44}	mi^{55}	tʻi^{55}	ni^{55}	tɕʻi^{55}	tɕʻi^{55}
崇阳	iɛ^{22}	miɛ^{55}	tʻiɛ^{55}	ȵiɛ^{55}	ʑiɛ^{55}	tɕiɛ^{55}

续表

例字 方言	337 判 山合一 去桓滂	338 盘 山合一 平桓並	339 满 山合一 上桓明	340 短 山合一 上桓端	341 暖 山合一 上桓泥	342 乱 山合一 去桓来
武汉	pʻan^{25}	pʻan^{213}	man^{42}	tan^{42}	lan^{42}	lan^{25}
荆州	pʻan^{35}	pʻan^{13}	man^{42}	tan^{42}（白读） tuan^{42}（文读）	luan^{42}	lan^{35}（白读） luan^{35}（文读）
荆门	pʻan^{44}	pʻan^{324}	man^{55}	tan^{55}	nan^{55}	nan^{44}
公安	pʻan^{33}	pʻan^{24}	man^{21}	tan^{21}	nan^{21}	nan^{33}
宜昌	pʻan^{35}	pʻan^{13}	man^{33}	tan^{33}	luan^{33}	lan^{35}
五峰	pʻan^{35}	pʻan^{213}	man^{33}	tuan^{33}	luan^{33}	lan^{35}
襄阳	pʻan^{31}	pʻan^{53}	man^{35}	tan^{35}	nan^{35}	nan^{31}
随州	pʻan^{213}	pʻan^{42}	man^{353}	tan^{353}	nan^{353}	nan^{213}
十堰	pʻan^{31}	pʻan^{52}	man^{54}	tan^{54}	nan^{54}	lan^{31}
竹溪	pʻan^{313}	pʻan^{53}	man^{35}	tan^{35}	lan^{35}	lan^{313}
恩施	pʻan^{35}	pʻan^{33}	man^{51}	tuan^{51}	nuan^{51}	nuan^{35}
咸丰	pʻan^{213}	pʻan^{22}	man^{42}	tuan^{42}	nuan^{42}	nuan^{213}
黄冈	pʻan^{35}	pʻan^{31}	man^{55}	tan^{55}	lan^{55}	lan^{44}
黄梅	pʻən^{35}	pʻən^{55}	mən^{35}	ton^{13}	non^{13}	lon^{33}
孝感	pʻɑn^{35}	pʻɑn^{21}	mɑn^{52}	tɑn^{52}	nɑn^{52}	nɑn^{55}
黄陂	pʻan^{35}	pʻan^{212}	man^{41}	tan^{41}	lan^{41}	lan^{455}
黄石	pʻan^{25}	pʻan^{31}	man^{55}	tan^{55}	lan^{55}	lan^{324}
阳新	pʻõ^{44}	pʻõ^{213}	mõ^{31}	tõ^{31}	lõ^{31}	lõ^{44}
咸宁	pʻõ^{213}	pʻõ^{31}	mõ^{42}	tõ^{42}	nõ^{42}	nõ^{33}
崇阳	pʻə^{214}	ɓə^{21}	mə^{53}	tə^{53}	nə^{53}	nə^{44}

续表

例字 / 方言	343 酸 山合一 平桓心	344 宽 山合一 平桓溪	345 欢 山合一 平桓晓	346 完 山合一 平桓匣	347 换 山合一 去桓匣	348 拨 山合一 入末帮
武汉	san^{55}	kʻuan^{55}	xuan^{55}	uan^{213}	xuan^{25}	po^{55}
荆州	suan^{55}	kʻuan^{55}	xuan^{55}	uan^{13}	xuan^{35}	po^{13}
荆门	ʂuan^{445}	kʻuan^{445}	xuan^{445}	uan^{324}	xuan^{44}	po^{324}
公安	suan^{55}	kʻuan^{55}	xuan^{55}	uan^{24}	xuan^{33}	po^{35}
宜昌	suan^{55}	kʻuan^{55}	xuan^{55}	uan^{13}	xuan^{35}	po^{13}
五峰	suan^{55}	kʻuan^{55}	xuan^{55}	uan^{213}	xuan^{35}	po^{213}
襄阳	san^{24}	kʻuan^{24}	xuan^{24}	uan^{53}	xuan^{31}	po^{24}
随州	san^{44}	kʻuan^{44}	xuan^{44}	uan^{42}	xuan^{213}	po^{42}
十堰	san^{33}	kʻuan^{33}	xuan^{33}	uan^{52}	xuan^{31}	pɔ^{33}
竹溪	san^{24}	kʻuan^{24}	fan^{24}	uan^{53}	fan^{313}	po^{24}
恩施	suan^{55}	kʻuan^{55}	xuan^{55}	uan^{33}	xuan^{35}	po^{33}
咸丰	suan^{55}	kʻuan^{55}	xuan^{55}	uan^{22}	xuan^{213}	po^{22}
黄冈	san^{22}	kʻuan^{22}	xuan^{22}	uan^{31}	xuan^{44}	po^{213}
黄梅	son^{21}	kʻuan^{21}	xuan^{21}	uan^{55}	xuan^{33}	po^{42}
孝感	sɑn^{33}	kʻɑn^{33}	xuɑn^{33}	uɑn^{21}	xuɑn^{55}	po^{213}
黄陂	san^{334}	kʻuan^{334}	xuan^{334}	uan^{212}	xuan^{455}	po^{212}
黄石	san^{33}	kʻuan^{33}	xuan^{33}	uan^{31}	xuan^{324}	po^{213}
阳新	sõ^{44}	kʻuõ^{44}	xuõ^{44}	uõ^{213}	xuõ^{44}	põ^{25}
咸宁	sõ^{44}	kʻuõ^{44}	xuõ^{44}	uõ^{31}	xõ^{33}	pẽ^{55}
崇阳	sə^{22}	uə^{22}	fə^{22}	uə^{21}	uə^{44}	pə^{55}

续表

例字 方言	349 泼 山合一 入末滂	350 夺 山合一 入末定	351 活 山合一 入末匣	352 滑 山合二 入黠匣	353 闩 山合二 平删生	354 关 山合二 平删见
武汉	pʻo^{213}	to^{213}	xo^{213}	xua^{213}	ɕyan^{55}	kuan^{55}
荆州	pʻo^{13}	tuo^{13}	xuo^{13}	xua^{13}	suan^{55}	kuan^{55}
荆门	pʻo^{324}	tʻuo^{324}（白读） tuo^{324}（文读）	xuo^{324}	xua^{324}	ʂuan^{445}	kuan^{445}
公安	pʻo^{35}	tuo^{24}	xuo^{24}	xua^{24}	suan^{55}	kuan^{55}
宜昌	pʻo^{13}	tuo^{13}	xuo^{13}	xua^{13}	suan^{55}	kuan^{55}
五峰	pʻo^{213}	tuo^{213}	xuo^{213}	xua^{213}	suan^{55}	kuan^{55}
襄阳	pʻo^{53}	tuo^{53}	xuo^{53}	xua^{53}	suan^{24}	kuan^{24}
随州	pʻo^{42}	to^{42}	xo^{42}	xuɔ^{42}	ʂuan^{44}	kuan^{44}
十堰	pʻɔ^{33}	tuɔ^{52}	xuɔ^{52}	xua^{52}	ʂuan^{33}	kuan^{33}
竹溪	pʻo^{24}	to^{53}	xo^{53}	xua^{53}	ʂuan^{24}	kuan^{24}
恩施	pʻo^{33}	tuo^{33}	xuo^{33}	xua^{33}	ʂuan^{55}	kuan^{55}
咸丰	pʻo^{22}	tuo^{22}	xo^{22}	xua^{22}	suan^{55}	kuan^{55}
黄冈	pʻo^{213}	to^{213}	xo^{31}	xua^{31}	ʂɥan^{22}	kuan^{22}
黄梅	pʻo^{42}	to^{33}	xuei^{55}	xua^{33}	son^{21}	kuan^{21}
孝感	pʻo^{213}	to^{21}	xo^{21}	xuɑ^{21}	sɑn^{33}	kuɑn^{33}
黄陂	pʻo^{214}	to^{212}	xo^{212}	xua^{212}	ʂɥan^{334}	kuan^{334}
黄石	pʻo^{213}	to^{213}	xo^{324}	xuɒ^{213}	ɕɥan^{33}	kuan^{33}
阳新	pʻo^{25}	tʻo^{25}	xo^{25}	xuɒ^{25}	sõ^{44}	kuã^{44}
咸宁	pʻe^{55}	tʻe^{33}	xe^{33}	xuɒ^{31}	sõ^{44}	kuɒ̃^{44}
崇阳	ɓə^{55}	tʻə^{55}	uə^{55}	fɑ^{21}	sə^{22}	kuæ^{22}

续表

例字 方言	355 还动 山合二 平删匣	356 弯 山合二 平删影	357 刷 山合二 入鎋生	358 刮 山合二 入鎋见	359 全 山合三 平仙从	360 传~记 山合三 去仙澄
武汉	xuan^{213}	uan^{55}	ɕya^{213}	kua^{213}	tɕʻyan^{213}	tɕyan^{25}
荆州	xuan^{13}	uan^{55}	sua^{13}	kua^{13}	tɕʻyen^{13}	tsuan^{35}
荆门	xuan^{324}	uan^{445}	ʂua^{324}	kua^{324}	tɕʻyan^{324}	tʂuan^{44}
公安	xuan^{24}	uan^{55}	sua^{35}	kua^{35}	tɕʻyan^{24}	tsuan^{33}
宜昌	xuan^{13}	uan^{55}	sua^{13}	kua^{13}	tɕʻyɛn^{13}	tsuan^{35}
五峰	xuan^{213}	uan^{55}	sua^{213}	kua^{213}	tɕʻyɛn^{213}	tsuan^{35}
襄阳	xuan^{53}	uan^{24}	sua^{53}	kua^{53}	tɕʻyan^{53}	tsuan^{31}
随州	xuan^{42}	uan^{44}	ʂuɔ^{42}	kuɔ^{42}	tɕʻian^{42}	tʂuan^{213}
十堰	xuan^{52}	uan^{33}	ʂua^{33}	kua^{33}	tɕʻyan^{52}	tʂuan^{31}
竹溪	fan^{53}	uan^{24}	ʂua^{24}	kua^{24}	tɕʻyan^{53}	tʂuan^{313}
恩施	xuan^{33}	uan^{55}	ʂua^{33}	kua^{33}	tɕʻyɛn^{33}	tʂan^{35}
咸丰	xuan^{22}	uan^{55}	sua^{22}	kua^{22}	tɕʻyɛn^{22}	tsuan^{213}
黄冈	xuan^{31}	uan^{22}	ʂɥa^{213}	kua^{213}	tɕʻien^{31}	tʂɥan^{44}
黄梅	xuan^{55}	uan^{21}	ɕɥa^{42}	kua^{42}	tɕʻiɛn^{55}	tɕɥɛn^{33}
孝感	xuɑn^{21}	uɑn^{33}	ʂɥɑ^{213}	kuɑ^{213}	tɕʻin^{21}	tʂɥɑn^{55}
黄陂	xuan^{212}	uan^{334}	ʂɥa^{214}	kua^{214}	tɕʻian^{212}	tʂɥan^{455}
黄石	xuan^{31}	uan^{33}	ɕɥɒ^{213}	kuɒ^{213}	tɕʻian^{31}	tɕɥan^{324}
阳新	xuã^{213}	uã^{44}	suɒ^{25}	kuɒ^{25}	tsʻĩĩ^{213}	tɕyɛ̃^{44}
咸宁	fɒ̃^{31}	uɒ̃^{44}	ɕyɒ^{55}	kua^{55}	tɕʻiẽ^{31}	tɕʻyẽ^{33}
崇阳	uæ^{21}	uæ^{22}	sɑ^{55}	kuɑ^{55}	dʑiɛ^{21}	ɗə^{44}

续表

例字 方言	361 船 山合三 平仙船	362 软 山合三 上仙日	363 卷 山合三 上仙见	364 权 山合三 平仙群	365 圆 山合三 平仙云	366 铅 山合三 平仙以
武汉	tɕʻyan^{213}	yan^{42}	tɕyan^{42}	tɕʻyan^{213}	yan^{213}	kʻan^{55}
荆州	tsʻuan^{13}	luan^{42}	tɕyen^{42}	tɕʻyen^{13}	yen^{13}	tɕʻien^{55}
荆门	tʂʻuan^{324}	ʐuan^{55}	tɕyan^{55}	tɕʻyan^{324}	yan^{324}	tɕʻian^{445}
公安	tsʻuan^{24}	uan^{21}	tɕyan^{21}	tɕʻyan^{24}	yan^{24}	tɕʻian^{55}
宜昌	tsʻuan^{13}	ʐuan^{33}	tɕyɛn^{33}	tɕʻyɛn^{13}	yɛn^{13}	tɕʻiɛn^{55}
五峰	tsʻuan^{213}	uan^{33}	tɕyɛn^{33}	tɕʻyɛn^{213}	yɛn^{213}	tɕʻiɛn^{55}
襄阳	tsʻuan^{53}	zuan^{35}	tɕyan^{35}	tɕʻyan^{53}	yan^{53}	tɕʻian^{24}
随州	tʂʻuan^{42}	ʐuan^{353}	tɕyan^{353}	tɕʻyan^{42}	yan^{42}	tɕʻian^{44}
十堰	tʂʻuan^{52}	ʐuan^{54}	tɕyan^{54}	tɕʻyan^{52}	yan^{52}	tɕʻian^{33}
竹溪	tʂʻuan^{53}	yan^{35}	tɕyan^{35}	tɕʻyan^{53}	yan^{53}	tɕʻian^{24}
恩施	tʂʻuan^{33}	ʐuan^{51}	tɕyɛn^{51}	tɕʻyɛn^{33}	yɛn^{33}	tɕʻiɛn^{55}
咸丰	tsʻuan^{22}	zuan^{42}	tɕyɛn^{213}	tɕʻyɛn^{22}	yɛn^{22}	tɕʻiɛn^{55}
黄冈	tʂʻɥan^{31}	ʐɥan^{55}	tʂɥan^{55}	tʂʻɥan^{31}	ʐɥan^{31}	tɕʻiɛn^{22}
黄梅	tʂʻɥɛn^{55}	ɥɛn^{13}	tɕɥɛn^{13}	tɕʻɥɛn^{55}	ɥɛn^{55}	iɛn^{55}（白读） tɕʻiɛn^{21}（文读）
孝感	tʂʻɥɑn^{21}	ɥɑn^{52}	tʂɥɑn^{52}	tʂʻɥɑn^{22}	ɥɑn^{21}	tɕʻin^{33}
黄陂	tʂʻɥan^{212}	ʐɥan^{41}	tʂɥan^{41}	tʂʻɥan^{212}	ʐɥan^{212}	tɕʻian^{334}
黄石	tʂʻɥan^{31}	ɥan^{55}	tɕɥan^{55}	tɕʻɥan^{31}	ɥan^{31}	tɕʻian^{33}
阳新	tʂʻyɛ̃^{213}	ȵyɛ̃^{31}	tɕyɛ̃^{31}	tɕʻyɛ̃^{213}	yɛ̃^{213}	iɛ̃^{213}
咸宁	tʂʻyẽ^{31}	yẽ^{42}	tɕyẽ^{42}	tɕʻyẽ^{31}	yẽ^{31}	tɕʻiẽ^{44}
崇阳	sə^{21}	ŋiɛ^{53}	kuɛ^{53}	yɛ^{21}	yɛ^{21}	ʑiɛ^{22}

续表

例字 / 方言	367 绝	368 饭	369 万	370 劝	371 原	372 发
	山合三 入薛从	山合三 去元奉	山合三 去元微	山合三 去元溪	山合三 平元疑	山合三 入月非
武汉	tɕie^{213}（白读） tɕye^{213}（文读）	fan^{25}	uan^{25}	tɕʿyan^{25}	yan^{213}	fa^{55}
荆州	tɕye^{13}	fan^{35}	uan^{35}	tɕʿyen^{35}	yen^{13}	fa^{13}
荆门	tɕyɛ^{324}	ɸan^{44}	uan^{44}	tɕʿyan^{44}	yan^{324}	ɸua^{324}
公安	tɕyɛ^{24}	fan^{33}	uan^{33}	tɕʿyan^{33}	yan^{24}	fa^{35}
宜昌	tɕye^{13}	fan^{35}	uan^{35}	tɕʿyɛn^{35}	yɛn^{13}	fa^{13}
五峰	tɕye^{213}	fan^{35}	uan^{35}	tɕʿyɛn^{35}	yɛn^{213}	fa^{213}
襄阳	tɕye^{53}	fan^{31}	uan^{31}	tɕʿyan^{31}	yan^{53}	fa^{53}
随州	tɕi^{42}	fan^{213}	uan^{213}	tɕʿyan^{213}	yan^{42}	fɔ^{42}
十堰	tɕyɔ^{52}	fan^{31}	uan^{31}	tɕʿyan^{31}	yan^{52}	fa^{52}
竹溪	tɕyɛ^{53}	fan^{313}	uan^{313}	tɕʿyan^{313}	yan^{53}	fa^{53}
恩施	tɕye^{33}	xuan^{35}	uan^{35}	tɕʿyɛn^{35}	yɛn^{33}	xua^{33}
咸丰	tɕyɛ^{22}	fan^{213}	uan^{213}	tɕʿyɛn^{213}	yɛn^{22}	fa^{22}
黄冈	tɕie^{213}	fan^{44}	uan^{44}	tʂʿʮan^{35}	ʐʮan^{31}	fa^{213}
黄梅	tɕʿie^{33}（白读） tɕiæ^{42}（文读）	fan^{33}	uan^{33}	tɕʿʮɛn^{35}	ʮɛn^{55}	fa^{42}
孝感	tɕiɛ^{213}	fɑn^{55}	uɑn^{55}	tʂʿʮɑn^{35}	ʮɑn^{21}	fɑ^{213}
黄陂	tɕie^{212}	fan^{455}	an^{455}	tʂʿʮan^{35}	ʐʮan^{212}	fa^{214}
黄石	tɕʮæ^{213}	fan^{324}	uan^{324}	tɕʿʮan^{25}	ʮan^{31}	fɒ^{213}
阳新	tsʿi^{25}	fã^{44}	uã^{44}	tɕʿyɛ̃^{44}	yɛ̃^{213}	fɒ^{25}
咸宁	tɕʿie^{33}	fɒ̃^{33}	uɒ̃^{33}	tɕʿyẽ^{213}	yẽ^{31}	fa^{55}
崇阳	ʑiɛ^{55}	fæ^{44}	uæ^{44}	yɛ^{214}	yɛ^{21}	fæ^{55}

续表

例字 方言	373 袜 山合三 入月微	374 月 山合三 入月疑	375 越 山合三 入月云	376 县 山合四 去先匣	377 缺 山合四 入屑溪	378 血 山合四 入屑晓
武汉	ua^{213}	ye^{213}	ye^{213}	ɕian^{25}	tɕʻye^{213}	ɕie^{213}
荆州	ua^{13}	ye^{13}	ye^{13}	ɕien^{35}	tɕʻye^{13}	ɕie^{13}
荆门	ua^{324}	yɛ^{324}	yɛ^{324}	ɕian^{44}	tɕʻyɛ^{324}	ɕiɛ^{324}
公安	ua^{35}	yɛ^{35}	yɛ^{35}	ɕian^{33}	tɕʻyɛ^{35}	ɕyɛ^{35}
宜昌	ua^{13}	ye^{13}	ye^{13}	ɕiɛn^{35}	tɕʻye^{13}	ɕye^{13}
五峰	ua^{213}	ye^{213}	ye^{213}	ɕiɛn^{35}	tɕʻye^{213}	ɕye^{213}
襄阳	ua^{24}	ye^{53}	ye^{53}	ɕian^{31}	tɕʻye^{53}	ɕie^{53}
随州	uɔ^{44}	yɛ^{42}	yɛ^{42}	ɕian^{213}	tɕʻyɛ^{42}	ɕi^{42}
十堰	ua^{33}	yɛ^{33}	yɛ^{52}	ɕian^{31}	tɕʻyɛ^{52}	ɕiɛ^{33}
竹溪	ua^{24}	yɛ^{53}	yɛ^{53}	ɕian^{313}	tɕʻyɛ^{24}	ɕiɛ^{24}（白读） ɕyɛ^{24}（文读）
恩施	ua^{33}	ye^{33}	ye^{33}	ɕiɛn^{35}	tɕʻye^{33}	ɕye^{33}
咸丰	ua^{22}	yɛ^{22}	yɛ^{22}	ɕiɛn^{213}	tɕʻyɛ^{22}	ɕyɛ^{22}
黄冈	ua^{213}	ʐɥe^{213}	ʐɥe^{213}	ɕien^{44}	tʂʻɥe^{213}	ɕie^{213}
黄梅	ua^{42}	ɥæ^{42}	ɥæ^{42}	ɕiɛn^{33}	tɕʻɥæ^{42}	ɕiæ^{42}
孝感	uɑ^{213}	ɥɛ^{213}	ɥɛ^{213}	ɕin^{55}	tʂʻɥɛ^{213}	ɕiɛ^{213}
黄陂	ua^{214}	ʐɥæ^{214}	ʐɥæ^{214}	ɕian^{455}	tʂʻɥæ^{214}	ɕie^{214}
黄石	uɒ^{213}	ɥæ^{213}	ɥæ^{213}	ɕian^{324}	tɕʻɥæ^{213}	ɕie^{213}
阳新	uɒ^{25}	yɛ^{25}	yɛ^{25}	ɕiẽ^{44}	tɕʻyɛ^{25}	ɕiɛ^{25}
咸宁	ua^{55}	ye^{55}	ye^{55}	ɕiẽ^{33}	tɕʻye^{55}	ɕi^{55}
崇阳	uæ^{55}	ŋiɛ^{55}	viɛ^{55}	ɕiɛ^{44}	yɛ^{55}	fiɛ^{55}

续表

例字 方言	379 吞 臻开一 平痕透	380 贫 臻开三 平真並	381 民 臻开三 平真明	382 邻 臻开三 平真来	383 镇 臻开三 去真知	384 辰 臻开三 平真禅
武汉	tʻen^{55}	pʻin^{213}	min^{213}	lin^{213}	tsen^{25}	sen^{213}
荆州	tʻən^{55}	pʻin^{13}	min^{13}	lin^{13}	tsən^{35}	tsʻən^{13}
荆门	tʻən^{445}	pʻin^{324}	min^{324}	nin^{324}	tʂən^{44}	ʂən^{324}
公安	tʻən^{55}	pʻin^{24}	min^{24}	nin^{24}	tsən^{33}	tsʻən^{24}
宜昌	tʻən^{55}	pʻin^{13}	min^{13}	lin^{13}	tsən^{35}	tsʻən^{13}
五峰	tʻən^{55}	pʻin^{213}	min^{213}	lin^{213}	tsən^{35}	tsʻən^{213}
襄阳	tʻən^{24}	pʻin^{53}	min^{53}	nin^{53}	tsən^{31}	tsʻən^{53}
随州	tʻən^{44}	pʻin^{42}	min^{42}	nin^{42}	tʂən^{213}	ʂən^{42}
十堰	tʻən^{33}	pʻin^{52}	min^{52}	lin^{52}	tʂən^{31}	tʂʻən^{52}
竹溪	tʻən^{24}	pʻin^{53}	min^{53}	lin^{53}	tʂən^{313}	ʂən^{53}
恩施	tʻuən^{55}	pʻin^{33}	min^{33}	nin^{33}	tʂən^{35}	tʂʻən^{33}
咸丰	tʻən^{55}	pʻin^{22}	min^{22}	nin^{22}	tsən^{213}	tsʻən^{22}
黄冈	tʻən^{22}	pʻin^{31}	min^{31}	lin^{31}	tsən^{35}	tsʻən^{31}
黄梅	tʻən^{21}	pʻin^{55}	min^{55}	lin^{55}	tsən^{35}	sən^{55}
孝感	tʻən^{33}	pʻin^{21}	min^{21}	nin^{21}	tʂən^{35}	ʂən^{21}
黄陂	tʻen^{334}	pʻin^{212}	min^{212}	lin^{212}	tsen^{35}	sen^{212}
黄石	tʻen^{33}	pʻin^{31}	min^{31}	lin^{31}	tsen^{324}	sen^{31}
阳新	tʻan^{44}	pʻin^{213}	min^{213}	lin^{213}	tsan^{44}	san^{213}
咸宁	tʻiẽ^{44}	pʻiən^{31}	miən^{31}	niən^{31}	tsən^{213}	sən^{31}
崇阳	tʻiɛ^{22}	ɓin^{21}	min^{21}	tʻin^{21}	tən^{214}	sən^{21}

续表

例字 方言	385 人 臻开三 平真日	386 认 臻开三 去真日	387 紧 臻开三 上真见	388 银 臻开三 平真疑	389 印 臻开三 去真影	390 引 臻开三 上真以
武汉	len^{213}	len^{25}	tɕin^{42}	in^{213}	in^{25}	in^{42}
荆州	lən^{13}	lən^{35}	tɕin^{42}	in^{13}	in^{35}	in^{42}
荆门	ʐən^{324}	ʐən^{44}	tɕin^{55}	in^{324}	in^{44}	in^{55}
公安	ən^{24}	ən^{33}	tɕin^{21}	in^{24}	in^{33}	in^{21}
宜昌	ʐən^{13}	ʐən^{35}	tɕin^{33}	in^{13}	in^{35}	in^{33}
五峰	ən^{213}	ən^{35}	tɕin^{33}	in^{213}	in^{35}	in^{33}
襄阳	zən^{53}	zən^{31}	tɕin^{35}	in^{53}	in^{31}	in^{35}
随州	ʐən^{42}	ʐən^{213}	tɕin^{353}	in^{42}	in^{213}	in^{353}
十堰	ʐən^{52}	ʐən^{31}	tɕin^{54}	in^{52}	in^{31}	in^{54}
竹溪	ʐən^{53}	ʐən^{313}	tɕin^{35}	in^{53}	in^{313}	in^{35}
恩施	ʐən^{33}	ʐən^{35}	tɕin^{51}	in^{33}	in^{35}	in^{51}
咸丰	zən^{22}	zən^{213}	tɕin^{42}	in^{22}	in^{213}	in^{42}
黄冈	ʐən^{31}	ʐən^{44}	tɕin^{55}	in^{31}	in^{35}	in^{55}
黄梅	ən^{55}	ən^{33}	tɕin^{13}	ȵin^{55}	in^{35}	in^{13}
孝感	ʐən^{21}	ʐən^{55}	tɕin^{52}	in^{21}	in^{35}	in^{52}
黄陂	ʐen^{212}	ʐɥen^{455}	tɕin^{41}	in^{212}	in^{35}	in^{41}
黄石	ʐen^{31}	ʐen^{324}	tɕin^{55}	in^{31}	in^{25}	in^{55}
阳新	zan^{213}	zan^{44}	tɕian^{31}	ȵian^{213}	ian^{44}	ian^{31}
咸宁	zən^{31}	zən^{33}	tɕiən^{42}	niən^{31}	iən^{213}	iən^{42}
崇阳	ȵin^{21}	ȵin^{44}	tɕin^{53}	ȵin^{21}	in^{214}	in^{53}

续表

例字 方言	391 匹 臻开三 入质滂	392 栗 臻开三 入质来	393 侄 臻开三 入质澄	394 虱 臻开三 入质生	395 日 臻开三 入质日	396 筋 臻开三 平殷见
武汉	pʻi^{213}	li^{213}	tsɿ^{213}	se^{213}	ɯ^{213}	tɕin^{55}
荆州	pʻi^{13}	li^{13}	tsɿ^{13}	sɤ^{13}	ɯ^{13}	tɕin^{55}
荆门	pʻi^{324}	ni^{324}	tʂʅ^{324}	ʂɛ^{324}	ʐɯ^{324}	tɕin^{445}
公安	pʻi^{24}	ni^{35}	tsɿ^{35}	sɤ^{35}	ɯ^{35}	tɕin^{55}
宜昌	pʻi^{13}	li^{13}	tsɿ^{13}	sɤ^{13}	ɚ^{13}	tɕin^{55}
五峰	pʻi^{213}	li^{213}	tsɿ^{213}	sɤ^{213}	ɤ^{213}	tɕin^{55}
襄阳	pʻi^{53}	ni^{53}	tsɿ^{53}	sə^{53}	zɿ^{53}	tɕin^{24}
随州	pʻi^{42}	ni^{42}	tʂʅ^{42}	sa^{42}	ar^{42}	tɕin^{44}
十堰	pʻi^{52}	li^{33}	tʂʅ^{52}	ʂɤ^{33}	ʐʅ^{52}	tɕin^{33}
竹溪	pʻi^{53}	li^{24}	tʂʅ^{53}	ʂɛ^{24}	ɚ^{53}（白读） ʐʅ^{312}（文读）	tɕin^{24}
恩施	pʻi^{33}	ni^{33}	tʂʅ^{33}	se^{33}	ʐʅ^{33}	tɕin^{55}
咸丰	pʻi^{22}	ni^{22}	tsɿ^{22}	sɛ^{22}	zɿ^{22}	tɕin^{55}
黄冈	pʻi^{31}	li^{213}	tsɿ^{213}	se^{213}	ɔr^{213}	tɕin^{22}
黄梅	pʻi^{42}	li^{42}	tsʻɿ^{33}	sæ^{42}	ər^{42}	tɕin^{21}
孝感	pʻi^{21}	ni^{213}	tʂʅ^{213}	sɛ^{213}	ɐr^{213}	tɕin^{33}
黄陂	pʻi^{212}	li^{214}	tsɿ^{214}	sæ^{214}	ɯ^{214}	tɕin^{334}
黄石	pʻi^{31}	li^{213}	tsɿ^{213}	sæ^{213}	ɚ^{213}	tɕin^{33}
阳新	pʻai^{25}	lai^{25}	tsʻɿ^{25}	sɛ^{25}	zɿ^{25}	tɕian^{44}
咸宁	pʻæ^{55}	næ^{55}	tsʻɿ^{33}	se^{55}	zɿ^{55}	tɕiən^{44}
崇阳	ɓi^{21}	tʻi^{55}	zɿ^{55}	ɕiɛ^{55}	ȵin^{55}	tɕin^{22}

续表

例字 方言	397 近 臻开三 上殷群	398 盆 臻合一 平魂並	399 嫩 臻合一 去魂泥	400 村 臻合一 平魂清	401 孙 臻合一 平魂心	402 困 臻合一 去魂溪
武汉	tɕin25	pʻen213	len25	tsʻen55	sen55	kʻuen25
荆州	tɕin35	pʻən13	lən35	tsʻuən55	sən55	kʻuən35
荆门	tɕin44	pʻən324	nən44	tʂʻən445	ʂən445	kʻuən44
公安	tɕin33	pʻən24	nən33	tsʻən55	sən55	kʻuən33
宜昌	tɕin35	pʻən13	lən35	tsʻuən55	sən55	kʻuən35
五峰	tɕin35	pʻən213	lən35	tsʻuən55	sən55	kʻuən35
襄阳	tɕin31	pʻən53	nən31	tsʻuən24	sən24	kʻuən31
随州	tɕin213	pʻən42	nən213	tsʻən44	sən44	kʻuən213
十堰	tɕin31	pʻən52	lən31	tsʻən33	sən33	kʻuən31
竹溪	tɕin313	pʻən53	lən313	tsʻən24	sən24	kʻuən313
恩施	tɕin35	pʻən33	nən35	tsʻən55	sən55	kʻuən35
咸丰	tɕin213	pʻən22	nən213	tsʻuən55	sən55	kʻuən213
黄冈	tɕin44	pʻən31	lən44	tsʻən22	sən22	kʻuən35
黄梅	tɕin33	pʻən55	nən33	tsʻən21	sən21	kʻuən35
孝感	tɕin55	pʻən21	nən55	tsʻən33	sən33	kʻuən35
黄陂	tɕin455	pʻen212	len455	tsʻen334	sen334	kʻuen35
黄石	tɕin324	pʻen31	len324	tsʻen33	sen33	kʻuen25
阳新	tɕʻian44	pʻan213	lan44	tsʻan44	san44	kʻuan44
咸宁	tɕʻiən33	pʻən31	nən33	tsʻən44	sən44	kʻuən213
崇阳	dʑin44	pʻən21	nən44	zən22	sən22	uən214

续表

例字 / 方言	403 婚	404 卒	405 骨	406 轮	407 俊	408 准
	臻合一平魂晓	臻合一入没精	臻合一入没见	臻合三平谆来	臻合三去谆精	臻合三上谆章
武汉	xuen^{55}	tsou^{213}	ku^{213}	len^{213}	tɕin^{25}（白读） tɕyn^{25}（文读）	tɕyn^{42}
荆州	xuən^{55}	tsu^{13}	ku^{13}	lən^{13}	tɕyin^{35}	tsuən^{42}
荆门	xuən^{445}	tʂu^{324}	ku^{324}	nən^{324}	tɕyən^{44}	tʂuən^{55}
公安	xuən^{55}	tsu^{35}	ku^{35}	nən^{24}	tɕyn^{33}	tsuən^{21}
宜昌	xuən^{55}	tsu^{13}	ku^{13}	lən^{13}	tɕyn^{35}	tsuən^{33}
五峰	xuən^{55}	tsu^{213}	ku^{213}	lən^{213}	tɕyn^{35}	tsuən^{33}
襄阳	xuən^{24}	tsu^{53}	ku^{53}	nən^{53}	tɕyn^{31}	tsuən^{35}
随州	xuən^{44}	tsəu^{42}	ku^{42}	nən^{42}	tɕin^{213}	tʂuən^{353}
十堰	xuən^{33}	tsou^{52}	ku^{33}	lən^{52}	tɕyn^{31}	tʂuən^{54}
竹溪	fən^{24}	tsəu^{53}	ku^{24}	lən^{53}	tɕin^{313}	tʂuən^{35}
恩施	xuən^{55}	tsu^{33}	ku^{33}	nuən^{33}	tɕyn^{35}	tʂuən^{51}
咸丰	xuən^{55}	tsu^{22}	ku^{22}	nən^{22}	tɕyən^{213}	tsuən^{42}
黄冈	xuən^{22}	tsəu^{213}	ku^{213}	lən^{31}	tɕin^{35}	tʂɥən^{55}
黄梅	xuən^{21}	tseu^{42}	ku^{42}	lən^{55}	tɕin^{35}	tɕɥn^{13}
孝感	xuən^{33}	tsəu^{213}	ku^{213}	nən^{21}	tɕin^{35}	tʂɥən^{52}
黄陂	xuen^{334}	tsou^{214}	ku^{214}	len^{212}	tɕin^{35}	tɕin^{41}
黄石	xuen^{33}	tsou^{213}	ku^{213}	len^{31}	tɕin^{25}	tɕɥen^{55}
阳新	xuan^{44}	tsau^{25}	ku^{25}	lan^{213}	tsin^{44}	tɕyan^{31}
咸宁	fən^{44}	tsɒu^{55}	kuæ^{55}	nən^{31}	tɕyən^{213}	tɕyən^{42}
崇阳	fən^{22}	tsə^{55}	kuə^{55}	nən^{21}	tɕin^{214}	tən^{53}

续表

例字 方言	409 春 臻合三 平谆昌	410 顺 臻合三 去谆船	411 闰 臻合三 去谆日	412 匀 臻合三 平谆以	413 律 臻合三 入术来	414 出 臻合三 入术昌
武汉	tɕʻyn^{55}	ɕyn^{25}	yn^{25}	yn^{213}	li^{213}	tɕʻy^{213}
荆州	tsʻuən^{55}	suən^{35}	luən^{35}	yin^{13}	ly^{13}	tsʻu^{13}
荆门	tʂʻuən^{445}	ʂuən^{44}	ʐuən^{44}	yən^{324}	ny^{324}	tʂʻu^{324}
公安	tsʻuən^{55}	suən^{33}	yn^{33}	yn^{24}	ny^{35}	tsʻu^{35}
宜昌	tsʻuən^{55}	suən^{35}	ʐuən^{35}	yn^{13}	ly^{13}	tsʻu^{13}
五峰	tsʻuən^{55}	suən^{35}	ən^{35}	yn^{213}	li^{213}	tsʻu^{213}
襄阳	tsʻuən^{24}	suən^{31}	zuən^{31}	yn^{53}	ny^{31}	tsʻu^{53}
随州	tʂʻuən^{44}	ʂuən^{213}	yn^{213}	yn^{42}	ny^{42}	tʂʻʯ^{42}
十堰	tʂʻuən^{33}	ʂuən^{31}	ʐuən^{31}	yn^{52}	ly^{52}	tʂʻu^{33}
竹溪	tʂʻuən^{24}	ʂuən^{313}	yn^{313}	yn^{53}	li^{53}	tʂʻʯ^{53}
恩施	tʂʻuən^{55}	ʂuən^{35}	ʐuən^{35}	yn^{33}	ny^{33}	tʂʻu^{33}
咸丰	tsʻuən^{55}	suən^{213}	zuən^{213}	yən^{22}	ny^{22}	tsʻu^{22}
黄冈	tʂʻɥən^{55}	ʂɥən^{44}	ʐɥən^{44}	ʐɥən^{31}	li^{213}	tʂʻʯ^{213}
黄梅	tɕʻɥn^{21}	ɕɥn^{33}	ən^{33}	ən^{55}	li^{42}	tɕʻʯ^{42}
孝感	tʂʻɥən^{33}	ʂɥən^{55}	ɥən^{55}	ɥən^{21}	ni^{213}	tʂʻʯ^{213}
黄陂	tʂʻɥen^{334}	ʂɥen^{455}	ʐɥen^{455}	ʐɥen^{212}	li^{214}	tʂʻʯ^{214}
黄石	tɕʻɥen^{33}	ɕɥen^{324}	ɥen^{324}	ɥen^{31}	li^{213}	tɕʻʯ^{213}
阳新	tɕʻyan^{44}	ɕyan^{44}	yan^{44}	yan^{213}	lai^{25}	tɕʻy^{25}
咸宁	tɕʻyən^{44}	ɕyən^{33}	yən^{33}	yən^{31}	næ^{55}	tɕʻy^{55}
崇阳	tʻən^{22}	sən^{44}	tʻən^{44}	vin^{21}	tʻi^{55}	tʻə^{55}

续表

例字 / 方言	415 橘	416 分	417 坟	418 蚊	419 裙	420 熏
	臻合三 入术见	臻合三 平文非	臻合三 平文奉	臻合三 平文微	臻合三 平文群	臻合三 平文晓
武汉	tɕy^{213}	fen^{55}	fen^{213}	uen^{213}	tɕʻyn^{213}	ɕyn^{55}
荆州	tɕy^{13}	fən^{55}	fən^{13}	uən^{13}	tɕʻyin^{13}	ɕioŋ^{55}
荆门	tɕy^{324}	ɸən^{445}	xuən^{324}	uən^{324}	tɕʻyən^{324}	ɕyən^{445}
公安	tɕy^{35}	fən^{55}	fən^{24}	uən^{24}	tɕʻyn^{24}	ɕyn^{55}
宜昌	tɕy^{13}	fən^{55}	fən^{13}	uən^{13}	tɕʻyn^{13}	ɕyn^{55}
五峰	tɕy^{213}	fən^{55}	fən^{213}	uən^{213}	tɕʻyn^{213}	ɕyn^{55}
襄阳	tɕy^{53}	fən^{24}	fən^{53}	uən^{53}	tɕʻyn^{53}	ɕyn^{24}
随州	tɕy^{42}	fən^{44}	fən^{42}	uən^{42}	tɕʻyn^{42}	ɕyn^{44}
十堰	tɕy^{52}	fən^{33}	fən^{52}	uən^{52}	tɕʻyn^{52}	ɕyn^{33}
竹溪	tɕy^{53}	fən^{24}	fən^{53}	uən^{53}	tɕʻyn^{53}	ɕyn^{24}
恩施	tɕy^{33}	xuən^{55}	xuən^{33}	uən^{33}	tɕʻyn^{33}	ɕyn^{33}
咸丰	tɕy^{22}	fən^{55}	fən^{22}	uən^{22}	tɕʻyən^{22}	ɕyən^{55}
黄冈	tʂʮ^{213}	fən^{22}	fən^{31}	uən^{31}	tʂʻʮən^{31}	ʂʮən^{22}
黄梅	tɕʮ^{42}	fən^{21}	fən^{55}	uən^{55}	tɕʻʮn^{55}	ɕʮn^{21}
孝感	tʂʮ^{213}	fən^{33}	fən^{21}	uən^{21}	tʂʻʮən^{21}	ʂʮən^{33}
黄陂	tʂʮ^{214}	fen^{334}	fen^{212}	uen^{212}	tʂʻʮen^{212}	ʂʮen^{334}
黄石	tɕʮ^{213}	fen^{33}	fen^{31}	uen^{31}	tɕʻʮen^{31}	ɕʮen^{33}
阳新	tɕy^{25}	fan^{44}	fan^{213}	uan^{213}	tɕʻyan^{213}	ɕyan^{44}
咸宁	tɕy^{55}	fən^{44}	fən^{31}	uən^{31}	tɕʻyən^{31}	ɕyən^{44}
崇阳	kui^{55}	fən^{22}	fən^{21}	mən^{21}（白读） uən^{21}（文读）	vin^{21}	fin^{22}

续表

例字 / 方言	421 云 ~彩	422 佛	423 物	424 忙	425 糖	426 浪
	臻合三 平文云	臻合三 入物奉	臻合三 入物微	宕开一 平唐明	宕开一 平唐定	宕开一 去唐来
武汉	yn^{213}	fu^{213}	u^{213}	maŋ^{213}	tʻaŋ^{213}	laŋ^{25}
荆州	ioŋ^{13}	fu^{13}	u^{13}	man^{13}	tʻan^{13}	lan^{35}
荆门	yən^{324}	ɸu^{324}	u^{324}	maŋ^{324}	tʻaŋ^{324}	naŋ^{44}
公安	yn^{24}	fu^{24}	u^{35}	maŋ^{24}	tʻaŋ^{24}	naŋ^{33}
宜昌	yn^{13}	fu^{13}	u^{13}	maŋ^{13}	tʻaŋ^{13}	laŋ^{35}
五峰	yn^{213}	fu^{213}	u^{213}	mɑŋ^{213}	tʻɑŋ^{213}	lɑŋ^{35}
襄阳	yn^{53}	fu^{53}	u^{53}	maŋ^{53}	tʻaŋ^{53}	naŋ^{31}
随州	yn^{42}	fu^{42}	vu^{42}	maŋ^{42}	tʻaŋ^{42}	naŋ^{213}
十堰	yn^{52}	fu^{52}	u^{31}	maŋ^{52}	tʻaŋ^{52}	laŋ^{31}
竹溪	yn^{53}	fu^{53}	u^{53}	maŋ^{53}	tʻaŋ^{53}	laŋ^{313}
恩施	yn^{33}	fu^{33}	u^{33}	maŋ^{33}	tʻaŋ^{33}	naŋ^{35}
咸丰	yən^{22}	fu^{22}	u^{22}	maŋ^{22}	tʻaŋ^{22}	naŋ^{213}
黄冈	ʐən^{31}（白读） ʐʮən^{31}（文读）	fu^{31}	u^{44}	maŋ^{31}	tʻaŋ^{31}	laŋ^{44}
黄梅	ən^{55}	fu^{33}	u^{42}	maŋ^{55}	tʻaŋ^{55}	laŋ^{33}
孝感	ʮən^{21}	fu^{21}	u^{213}	mɑŋ^{21}	tʻɑŋ^{21}	nɑŋ^{55}
黄陂	ʐʮen^{212}	fu^{212}	u^{214}	maŋ^{212}	tʻaŋ^{212}	laŋ^{455}
黄石	ʮen^{31}	fu^{213}	u^{213}	maŋ^{31}	tʻaŋ^{31}	laŋ^{324}
阳新	yan^{213}	fu^{25}	u^{25}	mɔ̃^{213}	tʻɔ̃^{213}	lɔ̃^{44}
咸宁	yən^{31}	fu^{55}	u^{55}	mõ^{31}	tʻõ^{31}	nõ^{33}
崇阳	vin^{21}	fə^{55}	uə^{55}	maŋ^{21}	tʻaŋ^{21}	naŋ^{44}

续表

例字 方言	427 仓 宕开一 平唐清	428 钢 宕开一 平唐见	429 薄 宕开一 入铎並	430 摸 宕开一 入铎明	431 托 宕开一 入铎透	432 落 宕开一 入铎来
武汉	$ts'aŋ^{55}$	$kaŋ^{55}$	po^{213}	mo^{55}	$t'o^{213}$	lo^{213}
荆州	$ts'an^{55}$	kan^{55}	po^{13}	mo^{55}	$t'uo^{13}$	luo^{13}
荆门	$tʂ'aŋ^{445}$	$kaŋ^{445}$	po^{324}	mo^{445}	$t'uo^{324}$	nuo^{324}
公安	$ts'aŋ^{55}$	$kaŋ^{55}$	po^{24}	mo^{55}	$t'uo^{35}$	nuo^{35}
宜昌	$ts'aŋ^{55}$	$kaŋ^{55}$	po^{13}	mo^{55}	$t'uo^{13}$	luo^{13}
五峰	$ts'ɑŋ^{55}$	$kɑŋ^{55}$	po^{213}	mo^{55}	$t'uo^{213}$	luo^{213}
襄阳	$ts'aŋ^{24}$	$kaŋ^{24}$	po^{53}	mo^{24}	$t'uo^{53}$	nuo^{53}
随州	$ts'aŋ^{44}$	$kaŋ^{44}$	po^{42}	mo^{44}	$t'o^{42}$	no^{42}
十堰	$ts'aŋ^{33}$	$kaŋ^{33}$	$pɔ^{52}$	$mɔ^{33}$	$t'uɔ^{52}$	$luɔ^{33}$
竹溪	$ts'aŋ^{24}$	$kaŋ^{24}$	po^{53}	mo^{24}	$t'o^{53}$	lo^{24}
恩施	$ts'aŋ^{55}$	$kaŋ^{55}$	po^{33}	mo^{55}	tuo^{33}	nuo^{33}
咸丰	$ts'aŋ^{55}$	$kaŋ^{55}$	po^{22}	mo^{55}	$t'uo^{22}$	nuo^{22}
黄冈	$ts'aŋ^{22}$	$kaŋ^{22}$	po^{31}	mo^{22}	$t'o^{213}$	lo^{213}
黄梅	$ts'aŋ^{21}$	$kaŋ^{21}$	$p'o^{33}$	mo^{21}	$t'o^{42}$	lo^{42}
孝感	$ts'ɑŋ^{33}$	$kɑŋ^{33}$	po^{21}	mo^{33}	$t'o^{213}$	no^{213}
黄陂	$ts'aŋ^{334}$	$kaŋ^{334}$	po^{212}	mo^{334}	$t'o^{214}$	lo^{214}
黄石	$ts'aŋ^{33}$	$kaŋ^{33}$	po^{213}	mo^{33}	$t'o^{213}$	lo^{213}
阳新	$ts'ɔ̃^{44}$	$kɔ̃^{44}$	$p'o^{25}$	mo^{25}	$t'o^{25}$	lo^{25}
咸宁	$ts'õ^{44}$	$kõ^{44}$	$p'ə^{33}$	$mə^{44}$	$t'ə^{55}$	$nə^{55}$
崇阳	$zaŋ^{22}$	$kaŋ^{22}$	$ɓo^{55}$	mo^{22}	$ɗo^{55}$	no^{55}

续表

例字 方言	433 各 宕开一 入铎见	434 恶形 宕开一 入铎影	435 娘 宕开三 平阳泥	436 亮 宕开三 去阳来	437 浆 宕开三 平阳精	438 抢 宕开三 上阳清
武汉	ko^{213}	o^{213}	liaŋ^{213}	liaŋ^{25}	tɕiaŋ^{55}	tɕʻiaŋ^{42}
荆州	kuo^{13}	uo^{13}	lian^{13}	lian^{35}	tɕian^{55}	tɕʻian^{42}
荆门	kuo^{324}	uo^{324}	niaŋ^{324}	niaŋ^{44}	tɕiaŋ^{445}	tɕʻiaŋ^{55}
公安	kuo^{35}	uo^{35}	niaŋ^{24}	niaŋ^{33}	tɕiaŋ^{55}	tɕʻiaŋ^{21}
宜昌	kuo^{13}	uo^{13}	liaŋ^{13}	liaŋ^{35}	tɕiaŋ^{55}	tɕʻiaŋ^{33}
五峰	kuo^{213}	uo^{213}	liɑŋ^{213}	liɑŋ^{35}	tɕiɑŋ^{35}	tɕʻiɑŋ^{33}
襄阳	kə^{53}	ə^{53}	niaŋ^{53}	niaŋ^{31}	tɕiaŋ^{24}	tɕʻiaŋ^{35}
随州	ko^{42}	o^{42}	niaŋ^{42}	niaŋ^{213}	tɕiaŋ^{44}	tɕʻiaŋ^{353}
十堰	kɤ^{52}	ɤ^{31}	niaŋ^{52}	liaŋ^{31}	tɕiaŋ^{33}	tɕʻiaŋ^{54}
竹溪	ko^{53}	ŋo^{53}	ȵiaŋ^{53}	liaŋ^{313}	tɕiaŋ^{24}	tɕʻiaŋ^{35}
恩施	kuo^{33}	uo^{33}	niaŋ^{33}	niaŋ^{35}	tɕiaŋ^{35}	tɕʻiaŋ^{51}
咸丰	ko^{22}	uo^{22}	niaŋ^{22}	niaŋ^{213}	tɕiaŋ^{55}	tɕʻiaŋ^{42}
黄冈	ko^{213}	ŋo^{213}	ȵiaŋ^{31}	liaŋ^{44}	tɕiaŋ^{22}	tɕʻiaŋ^{55}
黄梅	ko^{42}	ŋo^{42}	ȵiaŋ^{55}	liaŋ^{33}	tɕiaŋ^{21}	tɕʻiaŋ^{13}
孝感	ko^{213}	o^{213}	niɑŋ^{21}	niɑŋ^{55}	tɕiɑŋ^{52}	tɕʻiɑŋ^{52}
黄陂	ko^{214}	ŋo^{214}	liaŋ^{212}	liaŋ^{455}	tɕiaŋ^{334}	tɕʻiaŋ^{41}
黄石	ko^{213}	ŋo^{213}	ȵiaŋ^{31}	liaŋ^{324}	tɕiaŋ^{33}	tɕʻiaŋ^{55}
阳新	ko^{25}	ŋo^{25}	ȵiɔ̃^{213}	liɔ̃^{44}	tɕiɔ̃^{44}	tɕʻiɔ̃^{31}
咸宁	kə^{55}	ŋə^{55}	niõ^{44}	niõ^{33}	tɕiõ^{44}	tɕʻiõ^{42}
崇阳	ko^{55}	ŋo^{55}	ȵiaŋ^{21}	tʻiaŋ^{44}	tɕiaŋ^{22}	ʑiaŋ^{53}

续表

例字 方言	439 匠 宕开三 去阳从	440 像 宕开三 上阳邪	441 长～短 宕开三 平阳澄	442 壮 宕开三 去阳庄	443 床 宕开三 平阳崇	444 霜 宕开三 平阳生
武汉	tɕiaŋ^{25}	tɕiaŋ^{25}	tsʻaŋ^{213}	tɕyaŋ^{25}	tɕʻyaŋ^{213}	ɕyaŋ^{55}
荆州	tɕian^{35}	tɕʻian^{55}	tsʻan^{13}	tsuan^{35}	tsʻuan^{13}	suan^{55}
荆门	tɕiaŋ^{44}	ɕiaŋ^{44}	tʂʻaŋ^{324}	tʂuaŋ^{44}	tʂʻuaŋ^{324}	ʂuaŋ^{445}
公安	tɕiaŋ^{21}	ɕiaŋ^{33}	tsʻaŋ^{24}	tsuaŋ^{33}	tsʻuaŋ^{24}	suaŋ^{55}
宜昌	tɕiaŋ^{35}	ɕiaŋ^{35}	tsʻaŋ^{13}	tsuaŋ^{35}	tsʻuaŋ^{13}	suaŋ^{55}
五峰	tɕiɑŋ^{35}	ɕiɑŋ^{35}	tsʻɑŋ^{213}	tsuɑŋ^{35}	tsʻuɑŋ^{213}	suɑŋ^{55}
襄阳	tɕiaŋ^{31}	ɕiaŋ^{31}	tsʻaŋ^{53}	tsuaŋ^{31}	tsʻuaŋ^{53}	suaŋ^{24}
随州	tɕiaŋ^{213}	ɕiaŋ^{213}	tʂʻaŋ^{42}	tʂuaŋ^{213}	tʂʻuaŋ^{42}	ʂuaŋ^{44}
十堰	tɕiaŋ^{31}	ɕiaŋ^{31}	tʂʻaŋ^{52}	tʂuaŋ^{31}	tʂʻuaŋ^{52}	ʂuaŋ^{33}
竹溪	tɕiaŋ^{313}	tɕʻiaŋ^{313}（白读） ɕiaŋ^{313}（文读）	tʂʻaŋ^{53}	tʂuaŋ^{313}	tʂʻuaŋ^{53}	ʂuaŋ^{24}
恩施	tɕiaŋ^{35}	ɕiaŋ^{35}（白读） ɕiaŋ^{35}（文读）	tʂʻaŋ^{33}	tʂuaŋ^{35}	tʂʻuaŋ^{33}	ʂuaŋ^{55}
咸丰	tɕiaŋ^{213}	tɕʻiaŋ^{213}	tsʻaŋ^{22}	tsuaŋ^{213}	tsʻuaŋ^{22}	suaŋ^{55}
黄冈	tɕiaŋ^{35}	tɕiaŋ^{44}（白读） ɕiaŋ^{44}（文读）	tsʻaŋ^{31}	tʂɥaŋ^{35}	tʂʻɥaŋ^{31}	ʂɥaŋ^{22}
黄梅	tɕiaŋ^{33}	ɕiaŋ^{33}（白读） ɕiaŋ^{33}（文读）	tsʻaŋ^{55}	tsaŋ^{35}	tsʻaŋ^{55}	saŋ^{21}
孝感	tɕiɑŋ^{35}	tɕiɑŋ^{55}	tʂʻɑŋ^{21}	tʂɥɑŋ^{35}	tsʻɑŋ^{21}（白读） tʂʻɥɑŋ^{21}（文读）	sɑŋ^{33}
黄陂	tɕiaŋ^{455}	tɕiaŋ^{455}	tsʻaŋ^{212}	tʂɥaŋ^{35}	tsʻaŋ^{212}	ʂɥaŋ^{334}
黄石	tɕiaŋ^{324}	ɕiaŋ^{324}	tsʻaŋ^{31}	tɕɥaŋ^{25}	tɕʻɥaŋ^{31}	ɕɥaŋ^{33}
阳新	tɕʻiɔ̃^{44}	tɕʻiɔ̃^{44}	tsʻɔ̃^{213}	tsɔ̃^{44}	tsʻɔ̃^{213}	sɔ̃^{44}
咸宁	tɕʻiõ^{33}	tɕʻiõ^{33}	tsʻõ^{31}	tsõ^{213}	tsʻõ^{31}	sõ^{44}
崇阳	dʑiaŋ^{44}	tɕiaŋ^{44}	tʻaŋ^{21}	tsaŋ^{214}	zaŋ^{21}	saŋ^{22}

续表

例字 / 方言	445 章	446 尝	447 让	448 姜	449 向	450 秧
	宕开三 平阳章	宕开三 平阳禅	宕开三 去阳日	宕开三 平阳见	宕开三 去阳晓	宕开三 平阳影
武汉	tsaŋ⁵⁵	saŋ²¹³	laŋ²⁵	tɕiaŋ⁵⁵	ɕiaŋ²⁵	iaŋ⁵⁵
荆州	tsan⁵⁵	san¹³	lan³⁵	tɕian⁵⁵	ɕian³⁵	ian⁵⁵
荆门	tʂaŋ⁴⁴⁵	ʂaŋ³²⁴	ʐaŋ⁴⁴	tɕiaŋ⁴⁴⁵	ɕiaŋ⁴⁴	iaŋ⁴⁴⁵
公安	tsaŋ⁵⁵	saŋ²⁴	aŋ³³	tɕiaŋ⁵⁵	ɕiaŋ³³	iaŋ⁵⁵
宜昌	tsaŋ⁵⁵	saŋ¹³	zaŋ³⁵	tɕiaŋ⁵⁵	ɕiaŋ³⁵	iaŋ⁵⁵
五峰	tsɑŋ⁵⁵	sɑŋ²¹³	ɑŋ³⁵	tɕiɑŋ⁵⁵	ɕiɑŋ³⁵	iɑŋ⁵⁵
襄阳	tsaŋ²⁴	tsʻaŋ⁵³	zaŋ³¹	tɕiaŋ²⁴	ɕiaŋ³¹	iaŋ²⁴
随州	tʂaŋ⁴⁴	tʂʻaŋ⁴²	ʐuaŋ²¹³	tɕiaŋ⁴⁴	ɕiaŋ²¹³	iaŋ⁴⁴
十堰	tʂaŋ³³	tʂʻaŋ⁵²	ʐaŋ³¹	tɕiaŋ³³	ɕiaŋ³¹	iaŋ³³
竹溪	tʂaŋ²⁴	ʂaŋ⁵³	ʐaŋ³¹³	tɕiaŋ²⁴	ɕiaŋ³¹³	iaŋ²⁴
恩施	tʂaŋ⁵⁵	ʂaŋ³³	ʐaŋ³⁵	tɕiaŋ⁵⁵	ɕiaŋ³⁵	iaŋ⁵⁵
咸丰	tsaŋ⁵⁵	saŋ²²	zaŋ²¹³	tɕiaŋ⁵⁵	ɕiaŋ²¹³	iaŋ⁵⁵
黄冈	tʂaŋ²²	saŋ³¹（白读） tsʻaŋ³¹（文读）	ʐʮaŋ⁴⁴	tɕiaŋ²²	ɕiaŋ³⁵	iaŋ²²
黄梅	tsaŋ²¹	saŋ⁵⁵	ʮaŋ³³	tɕiaŋ²¹	ɕiaŋ³⁵	iaŋ²¹
孝感	tʂɑŋ³³	ʂɑŋ²¹	ʐɑŋ⁵⁵	tɕiɑŋ³³	ɕiɑŋ³⁵	iɑŋ³³
黄陂	tsaŋ³³⁴	saŋ²¹²	ʐʮaŋ⁴⁵⁵	tɕiaŋ³³⁴	ɕiaŋ³⁵	iaŋ³³⁴
黄石	tsaŋ³³	saŋ³¹	ʐaŋ³²⁴	tɕiaŋ³³	ɕiaŋ²⁵	iaŋ³³
阳新	tsɔ̃⁴⁴	sɔ̃²¹³	zɔ̃⁴⁴	tɕiɔ̃⁴⁴	ɕiɔ̃⁴⁴	iɔ̃⁴⁴
咸宁	tsõ⁴⁴	sõ³¹	zõ³³	tɕiõ⁴⁴	ɕiõ²¹³	iõ⁴⁴
崇阳	taŋ²²	saŋ²¹	ȵiaŋ⁴⁴	tɕiaŋ²²	ɕiaŋ²¹⁴	iaŋ²²

续表

例字 方言	451 雀	452 削	453 着火～了	454 勺	455 弱	456 脚
	宕开三 入药精	宕开三 入药心	宕开三 入药知	宕开三 入药禅	宕开三 入药日	宕开三 入药见
武汉	tɕʻyo^{213}	ɕyo^{55}	tso^{213}		yo^{213}	tɕyo^{213}
荆州	tɕʻio^{13}	ɕiəu^{55}	tsuo^{13}	sau^{13}	luo^{13}	tɕio^{13}
荆门	tɕʻio^{324}	ɕio^{445}	tʂuo^{324}	ʂau^{324}	ʐuo^{324}	tɕio^{324}
公安	tɕʻyo^{35}	ɕiəu^{55}	tsuo^{24}	sau^{24}	yo^{35}	tɕyo^{35}
宜昌	tɕʻio^{13}	ɕio^{55}	tsuo^{13}	sau^{13}	ʐuo^{13}	tɕio^{13}
五峰	tɕʻyo^{213}	ɕiəu^{55}	tsuo^{213}	sɑu^{213}	uo^{213}	tɕyo^{213}
襄阳	tɕʻyo^{53}	ɕyo^{24}	tsuo^{53}	suo^{53}	zuo^{53}	tɕyo^{53}
随州	tɕʻio^{42}	ɕio^{44}	tʂo^{42}	ʂo^{42}	ʐo^{42}	tɕio^{42}
十堰	tɕʻyɛ^{52}	ɕyɛ^{33}	tʂuɔ^{52}	ʂuɔ^{52}	ʐuɔ^{52}	tɕyɔ^{52}
竹溪	tɕʻio^{53}	ɕio^{24}	tʂo^{53}	ʂo^{53}	ʐo^{53}	tɕio^{53}
恩施	tɕʻio^{33}	ɕiəu^{55}		sao^{33}	ʐuo^{33}	tɕio^{33}
咸丰	tɕʻyo^{22}	ɕyo^{22}	tsuo^{22}	sau^{22}	zuo^{22}	tɕyo^{22}
黄冈	tɕʻio^{213}	ɕio^{213}	tso^{213}	ʂau^{31}	ȵio^{213}	tɕio^{213}
黄梅	tɕʻio^{42}	ɕio^{42}	tso^{33}		ȵio^{42}	tɕio^{42}
孝感	tɕʻio^{213}	ɕio^{213}	tʂo^{21}	ʂo^{213}（白读） ʂɑu^{31}（文读）	ʐo^{213}	tɕio^{213}
黄陂	tɕʻio^{214}	ɕio^{214}	tso^{212}	so^{214}	zo^{214}	tɕio^{214}
黄石	tɕʻio^{213}	ɕio^{213}	tso^{213}	sau^{31}	zo^{213}	tɕio^{213}
阳新	tɕʻio^{25}	siu^{25}	tso^{25}	sau^{213}	ȵio^{25}	tɕio^{25}
咸宁	tɕʻiə^{55}	ɕiə^{55}	tsə^{55}	se^{31}	niə^{55}	tɕiə^{55}
崇阳	tɕio^{55}	ɕio^{55}	tso^{55}	so^{55}	ȵio^{55}	tɕio^{55}

续表

例字 方言	457 药 宕开三 入药以	458 慌 宕合一 平唐晓	459 黄 宕合一 平唐匣	460 霍 宕合一 入铎晓	461 放 宕合三 去阳非	462 房 宕合三 平阳奉
武汉	yo^{213}	xuaŋ^{55}	xuaŋ^{213}	xo^{25}	faŋ^{25}	faŋ^{213}
荆州	io^{13}	xuan^{55}	xuan^{13}	xuo^{35}	fan^{35}	fan^{13}
荆门	io^{324}	xuaŋ^{445}	xuaŋ^{324}	xuo^{44}	ɸuaŋ^{44}	ɸuaŋ^{324}
公安	yo^{35}	xuaŋ^{55}	xuaŋ^{24}	xuo^{33}	faŋ^{33}	faŋ^{24}
宜昌	io^{13}	xuaŋ^{55}	xuaŋ^{13}	xuo^{35}	faŋ^{35}	faŋ^{13}
五峰	yo^{213}	xuɑŋ^{55}	xuɑŋ^{213}	xuo^{35}	fɑŋ^{35}	fɑŋ^{213}
襄阳	yo^{53}	xuaŋ^{24}	xuaŋ^{53}	xuo^{31}	faŋ^{31}	faŋ^{53}
随州	io^{42}	xuaŋ^{44}	xuaŋ^{42}	xo^{213}	faŋ^{213}	faŋ^{42}
十堰	yɔ^{33}	xuaŋ^{33}	xuaŋ^{52}	xɤ^{52}	faŋ^{31}	faŋ^{52}
竹溪	io^{24}	faŋ^{24}	xuaŋ^{53}	xo^{24}	faŋ^{313}	faŋ^{53}
恩施	ye^{33}	xuaŋ^{55}	xuaŋ^{33}	xuo^{35}	xuaŋ^{35}	xuaŋ^{33}
咸丰	yo^{22}	xuaŋ^{55}	xuaŋ^{22}	xo^{22}	faŋ^{213}	faŋ^{22}
黄冈	io^{213}	xuaŋ^{22}	xuaŋ^{31}	xo^{213}	faŋ^{35}	faŋ^{31}
黄梅	io^{42}	xuaŋ^{21}	xuaŋ^{55}	xo^{42}	faŋ^{35}	faŋ^{55}
孝感	io^{213}	xuɑŋ^{33}	xuɑŋ^{21}	xo^{55}	fɑŋ^{35}	fɑŋ^{21}
黄陂	io^{214}	xuaŋ^{334}	xuaŋ^{212}	xo^{214}	faŋ^{35}	faŋ^{212}
黄石	io^{213}	xuaŋ^{33}	xuaŋ^{31}	xo^{213}	faŋ^{25}	faŋ^{31}
阳新	io^{25}	xuɔ̃^{44}	xuɔ̃^{213}	xo^{25}	fɔ̃^{44}	fɔ̃^{213}
咸宁	iə^{55}	xuõ^{44}	uõ^{31}	xə^{55}	fõ^{213}	fõ^{31}
崇阳	io^{55}	faŋ^{22}	uaŋ^{21}（白读） faŋ^{21}（文读）	ho^{55}	faŋ^{214}	faŋ^{21}

续表

例字 / 方言	463 网	464 狂	465 王	466 绑	467 棒	468 撞
	宕合三上阳微	宕合三平阳群	宕合三平阳云	江开二上江帮	江开二上江並	江开二去江澄
武汉	uaŋ^{42}	kʻuaŋ^{213}	uaŋ^{213}	paŋ^{42}	paŋ^{25}	tɕʻyaŋ^{42}
荆州	uan^{42}	kʻuan^{13}	uan^{13}	pan^{42}	pan^{35}	tsuan^{35}
荆门	uaŋ^{55}	kʻuaŋ^{324}	uaŋ^{324}	paŋ^{55}	paŋ^{44}	tʂuaŋ^{44}
公安	uaŋ^{21}	kʻuaŋ^{24}	uaŋ^{24}	paŋ^{21}	paŋ^{33}	tsuaŋ^{33}
宜昌	uaŋ^{33}	kʻuaŋ^{13}	uaŋ^{13}	paŋ^{33}	paŋ^{35}	tsuaŋ^{35}
五峰	uɑŋ^{33}	kʻuɑŋ^{213}	uɑŋ^{213}	pɑŋ^{33}	pɑŋ^{35}	tsuɑŋ^{35}
襄阳	uaŋ^{35}	kʻuaŋ^{53}	uaŋ^{53}	paŋ^{35}	paŋ^{31}	tsuaŋ^{31}
随州	uaŋ^{353}	kʻuaŋ^{42}	uaŋ^{42}	paŋ^{353}	paŋ^{213}	tʂuaŋ^{213}
十堰	uaŋ^{54}	kʻuaŋ^{52}	uaŋ^{52}	paŋ^{54}	paŋ^{31}	tʂʻuaŋ^{54}
竹溪	uaŋ^{35}	kʻuaŋ^{53}	uaŋ^{53}	paŋ^{35}	paŋ^{313}	tʂʻuaŋ^{35}
恩施	uaŋ^{51}	kʻuaŋ^{33}	uaŋ^{33}	paŋ^{51}	paŋ^{35}	tʂuaŋ^{35}（白读） tʂʻuaŋ^{51}（文读）
咸丰	uaŋ^{42}	kʻuaŋ^{22}	uaŋ^{22}	paŋ^{42}	paŋ^{213}	tsuaŋ^{213}
黄冈	uaŋ^{55}	kʻuaŋ^{31}	uaŋ^{31}	paŋ^{55}	paŋ^{35}	tʂɥaŋ^{44}
黄梅	uaŋ^{13}	kʻuaŋ^{55}	uaŋ^{55}	paŋ^{13}	paŋ^{33}	tsaŋ^{33}
孝感	uɑŋ^{52}	kʻuɑŋ^{21}	uɑŋ^{21}	pɑŋ^{52}	pɑŋ^{55}	tʂɥɑŋ^{55}
黄陂	uaŋ^{41}	kʻuaŋ^{212}	uaŋ^{212}	paŋ^{41}	paŋ^{455}	tʂʻɥaŋ^{455}
黄石	uaŋ^{55}	kʻuaŋ^{31}	uaŋ^{31}	paŋ^{55}	paŋ^{25}	tɕʻɥaŋ^{324}
阳新	uɔ̃^{31}	kʻuɔ̃^{213}	uɔ̃^{213}	pɔ̃^{31}	pɔ̃^{44}	tsɔ̃^{44}
咸宁	uõ^{42}	kʻuõ^{31}	uõ^{31}	põ^{42}	pʻõ^{33}	tsõ^{33}
崇阳	uaŋ^{53}	uaŋ^{21}	uaŋ^{21}	paŋ^{53}	paŋ^{214}	zaŋ^{53}

续表

例字 方言	469 双	470 江	471 项	472 剥	473 镯	474 角
	江开二 平江生	江开二 平江见	江开二 上江匣	江开二 入觉帮	江开二 入觉崇	江开二 入觉见
武汉	ɕyaŋ^{55}	tɕiaŋ^{55}	xaŋ^{25}	po^{213}	tso^{213}	ko^{213}（白读） tɕyo^{213}（文读）
荆州	suan^{55}	tɕian^{55}	ɕian^{35}	po^{13}	tsuo^{13}	tɕio^{13}
荆门	ʂuaŋ^{445}	tɕiaŋ^{445}	xaŋ^{44}	po^{324}	tʂuo^{324}	kuo^{324}
公安	suaŋ^{55}	tɕiaŋ^{55}	xaŋ^{33}	po^{35}	tsuo^{35}	kuo^{35}
宜昌	suaŋ^{55}	tɕiaŋ^{55}	xaŋ^{35}	po^{13}	tsuo^{13}	kuo^{13}
五峰	suɑŋ^{55}	tɕiɑŋ^{55}	xɑŋ^{35}	po^{213}	tsuo^{213}	kuo^{213}
襄阳	suaŋ^{24}	tɕiaŋ^{24}	ɕiaŋ^{31}	po^{24}	tsuo^{53}	kə^{53}
随州	ʂuaŋ^{44}	tɕiaŋ^{44}	xaŋ^{213}	po^{42}	tʂo^{42}	ko^{42}
十堰	ʂuaŋ^{33}	tɕiaŋ^{33}	xaŋ^{31}（白读） ɕiaŋ^{31}（文读）	pɔ^{33}	tʂuɔ^{52}	tɕiau^{52}
竹溪	ʂuaŋ^{24}	tɕiaŋ^{24}	xaŋ^{313}（白读） ɕiaŋ^{313}（文读）	po^{24}	tʂo^{53}	ko^{53}（白读） tɕio^{53}（文读）
恩施	ʂuaŋ^{55}	tɕiaŋ^{55}	xaŋ^{35}	po^{33}	tʂuo^{33}	kuo^{33}（白读） tɕio^{33}（文读）
咸丰	suaŋ^{55}	tɕiaŋ^{55}	xaŋ^{213}	po^{22}	tsuo^{22}	ko^{22}
黄冈	ʂɥaŋ^{22}	tɕiaŋ^{22}	xaŋ^{44}（白读） ɕiaŋ^{44}（文读）	po^{213}	tso^{213}	ko^{213}
黄梅	saŋ^{21}	kaŋ^{21}	xaŋ^{33}	po^{42}	tso^{42}	ko^{42}（白读） tɕio^{42}（文读）
孝感	ʂɥɑŋ^{33}	tɕiɑŋ^{33}	xɑŋ^{55}	po^{213}	tʂo^{213}	ko^{213}
黄陂	ʂɥaŋ^{334}	tɕiaŋ^{334}	xaŋ^{455}	po^{214}	tso^{214}	ko^{214}
黄石	ɕɥaŋ^{33}	tɕiaŋ^{33}	xaŋ^{324}	po^{213}	tso^{213}	ko^{213}
阳新	sɔ̃^{44}	tɕiɔ̃^{44}	xɔ̃^{44}	po^{25}	tso^{25}	ko^{25}
咸宁	sõ^{44}	tɕiõ^{44}	xõ^{33}	pə^{55}	tsʻə^{33}	kə^{55}
崇阳	saŋ^{22}	tɕiaŋ^{22}	haŋ^{44}（白读） ɕiaŋ^{44}（文读）	po^{55}	zo^{55}	ko^{55}（白读） tɕio^{55}（文读）

续表

例字 / 方言	475 壳	476 学	477 朋	478 凳	479 能	480 层
	江开二 入觉溪	江开二 入觉匣	曾开一 平登並	曾开一 去登端	曾开一 平登泥	曾开一 平登从
武汉	kʻo^{213}	ɕyo^{213}	poŋ^{213}	ten^{25}	len^{213}	tsʻen^{213}
荆州	kʻuo^{13}	ɕio^{13}	pʻoŋ^{13}	tən^{35}	lən^{13}	tsʻən^{13}
荆门	kʻuo^{324}	ɕio^{324}	pʻoŋ^{324}	tən^{44}	nən^{324}	tʂʻən^{324}
公安	kʻuo^{35}	ɕyo^{24}	pʻoŋ^{24}	tən^{33}	nən^{24}	tsʻən^{24}
宜昌	kʻuo^{13}	ɕio^{13}	pʻoŋ^{13}	tən^{35}	lən^{13}	tsʻən^{13}
五峰	kʻuo^{213}	ɕyo^{213}	pʻoŋ^{213}	tən^{35}	lən^{213}	tsʻən^{213}
襄阳	kʻə^{53}	ɕyo^{53}	pʻəŋ^{53}	tən^{31}	nən^{53}	tsʻən^{53}
随州	kʻo^{42}	ɕio^{42}	pʻoŋ^{42}	tən^{213}	nən^{42}	tsʻən^{42}
十堰	kʻɤ^{33}	ɕyɛ^{52}	pʻən^{52}	tən^{33}	nən^{52}	tsʻən^{52}
竹溪	kʻo^{24}	ɕio^{53}	pʻəŋ^{53}	tən^{313}	lən^{53}	tsʻən^{53}
恩施	kʻuo^{33}	ɕio^{33}	poŋ^{33}	tən^{35}	nən^{33}	tsʻən^{33}
咸丰	kʻo^{22}	ɕyo^{22}	pʻoŋ^{22}	tən^{213}	nən^{22}	tsʻən^{22}
黄冈	kʻo^{213}	ɕio^{31}	pʻoŋ^{31}	tən^{35}	lən^{31}	tsʻən^{31}
黄梅	kʻo^{42}	ɕio^{33}	pʻoŋ^{55}	tən^{35}	nən^{55}	tsʻən^{55}
孝感	kʻo^{213}	ɕio^{21}	pʻoŋ^{21}	tən^{35}	nən^{21}	tsʻən^{21}
黄陂	kʻo^{214}	ɕio^{212}	pʻoŋ^{212}	ten^{35}	len^{212}	tsʻen^{212}
黄石	kʻo^{213}	ɕio^{213}	pʻoŋ^{31}	ten^{25}	len^{31}	tsʻen^{31}
阳新	kʻo^{25}	ɕio^{25}	pʻaŋ^{213}	tan^{44}	lan^{213}	tsʻan^{213}
咸宁	kʻə^{55}	ɕiə^{33}	pʻəŋ^{31}	tiẽ^{213}	nəŋ^{31}	tsʻẽ^{31}
崇阳	ho^{55}	ho^{55}	pʻən^{21}	tiɛ^{214}	ȵiɛ^{21}	dʑiɛ^{21}

续表

例字 方言	481 北 曾开一 入德帮	482 墨 曾开一 入德明	483 贼 曾开一 入德从	484 塞 曾开一 入德心	485 刻 曾开一 入德溪	486 黑 曾开一 入德晓
武汉	pe^{213}	me^{213}	tse^{213}	se^{213}	kʻe^{213}	xe^{213}
荆州	pɤ^{13}	mɤ^{13}	tsɤ^{13}	sɤ^{13}	kʻɤ^{13}	xɤ^{13}
荆门	po^{324}	mo^{324}	tʂɛ^{324}	ʂai^{324}	kʻɛ^{324}	xɛ^{324}
公安	pɤ^{35}	mɤ^{35}	tsɤ^{35}	sɤ^{35}	kʻɤ^{35}	xɤ^{35}
宜昌	pɤ^{13}	mɤ^{13}	tsɤ^{13}	sɤ^{13}	kʻɤ^{13}	xɤ^{13}
五峰	pɤ^{213}	mɤ^{213}	tsɤ^{213}	sɤ^{213}	kʻɤ^{213}	xɤ^{213}
襄阳	pə^{53}	mə^{53}	tsei^{53}	sai^{53}（白读） sə^{53}（文读）	kʻə^{53}	xə^{53}
随州	pa^{42}	ma^{42}	tsa^{42}	sa^{42}	kʻa^{42}	xa^{42}
十堰	pɛ^{52}	mɛ^{52}（白读） mɔ^{52}（文读）	tsei^{52}	sɛ^{33}	kʻɤ^{52}	xɯ^{33}
竹溪	pɛ^{53}	miɛ^{53}	tsei^{53}	sɛ^{24}	kʻɛ^{53}	xɛ^{24}
恩施	pe^{33}	me^{33}	tse^{33}	se^{33}	kʻe^{33}	xe^{33}
咸丰	pɛ^{22}	mɛ^{22}	tsɛ^{22}	sɛ^{22}	kʻɛ^{22}	xɛ^{22}
黄冈	pe^{213}	me^{213}	tse^{31}	se^{213}	kʻe^{213}	xe^{213}
黄梅	pæ^{42}	mæ^{42}	tsʻæ^{33}	sæ^{42}（白读） sai^{35}（文读）	kʻæ^{42}	xæ^{42}
孝感	pɛ^{213}	mɛ^{213}	tse^{21}	sɛ^{213}	kʻɛ^{213}	xɛ^{213}
黄陂	pæ^{214}	mæ^{214}	tsæ^{212}	sæ^{214}	kʻæ^{214}	xæ^{214}
黄石	pæ^{213}	mæ^{213}	tsʻe^{324}	sæ^{213}	kʻæ^{213}	xæ^{213}
阳新	pɛ^{25}	mɛ^{25}	tsʻɛ^{25}	sɛ^{25}	kʻɛ^{25}	xɛ^{25}
咸宁	pe^{55}	me^{55}	tsʻe^{33}	se^{55}	kʻe^{55}	xe^{55}
崇阳	piɛ^{55}	miɛ^{55}	ʑiɛ^{55}	ɕiɛ^{55}	hɛ^{55}	hɛ^{55}

续表

例字 方言	487 证 曾开三 去蒸章	488 秤 曾开三 去蒸昌	489 剩 曾开三 去蒸船	490 兴高~ 曾开三 去蒸晓	491 力 曾开三 入职来	492 直 曾开三 入职澄
武汉	tsen^{25}	tsʻen^{25}	sen^{25}	çin^{25}	li^{213}	tsɿ^{213}
荆州	tsən^{35}	tsʻən^{35}	sən^{35}	çin^{35}	li^{13}	tsɿ^{13}
荆门	tʂən^{44}	tʂʻən^{44}	ʂən^{44}	çin^{44}	ni^{324}	tʂʅ^{324}
公安	tsən^{33}	tsʻən^{33}	sən^{33}	çin^{33}	ni^{35}	tsɿ^{24}
宜昌	tsən^{35}	tsʻən^{35}	sən^{35}	çin^{35}	li^{13}	tsɿ^{13}
五峰	tsən^{35}	tsʻən^{35}	sən^{35}	çin^{35}	li^{213}	tsɿ^{213}
襄阳	tsən^{31}	tsʻən^{31}	sən^{31}	çin^{31}	ni^{53}	tsɿ^{53}
随州	tʂən^{213}	tʂʻən^{213}	ʂən^{213}	çin^{213}	ni^{42}	tʂʅ^{42}
十堰	tʂən^{31}	tʂʻən^{31}	ʂən^{31}	çin^{31}	li^{52}	tʂʅ^{52}
竹溪	tʂən^{313}	tʂʻən^{313}	ʂən^{313}	çin^{313}	li^{53}	tʂʅ^{53}
恩施	tʂən^{35}	tʂʻən^{35}	ʂən^{35}	çin^{35}	ni^{33}	ʂʅ^{33}
咸丰	tsən^{213}	tsʻən^{213}	sən^{213}	çin^{213}	ni^{22}	tsɿ^{22}
黄冈	tsən^{35}	tsʻən^{35}	sən^{44}	çin^{35}	li^{213}	tsɿ^{31}
黄梅	tsən^{35}	tsʻən^{35}	çin^{33}	çin^{35}	li^{42}	tsʻɿ^{33}
孝感	tʂən^{35}	tʂʻən^{35}	ʂən^{55}	çin^{35}	ni^{213}	tʂʅ^{21}
黄陂	tsen^{35}	tsʻen^{35}	sen^{455}	çin^{35}	li^{214}	tsɿ^{212}
黄石	tsen^{25}	tsʻen^{25}	sen^{324}	çin^{25}	li^{213}	tsɿ^{213}
阳新	tsan^{44}	tsʻan^{44}	san^{44}	çian^{44}	lai^{25}	tsʻɿ^{25}
咸宁	tsən^{213}	tsʻən^{213}	sən^{33}	çiən^{213}	næ^{55}	tsʻɿ^{33}
崇阳	tən^{214}	tʻən^{214}	sən^{44}	çin^{214}	tʻi^{55}	zɿ^{55}

续表

例字 方言	493 侧 曾开三 入职庄	494 色 曾开三 入职生	495 织 曾开三 入职章	496 国 曾合一 入德见	497 或 曾合一 入德匣	498 打 梗开二 上庚端
武汉	tse^{213}	se^{213}	tsɿ^{213}	ko^{213}	xo^{213}	ta^{42}
荆州	tsʻɤ^{13}	sɤ^{13}	tsɿ^{13}	kuo^{13}	xuo^{13}	ta^{42}
荆门	tʂʻɛ^{324}	ʂɛ^{324}	tʂʅ^{324}	kuo^{324}	xuo^{324}	ta^{55}
公安	tsɤ^{35}	sɤ^{35}	tsɿ^{35}	kuo^{35}	xuo^{24}	ta^{21}
宜昌	tsʻɤ^{13}	sɤ^{13}	tsɿ^{13}	kuo^{13}	xuo^{13}	ta^{33}
五峰	tsɤ^{213}	sɤ^{213}	tsɿ^{213}	kuo^{213}	xuo^{213}	ta^{33}
襄阳	tsʻə^{53}	sə^{53}	tsɿ^{53}	kuo^{53}	xə^{53}	ta^{35}
随州	tsʻa^{42}	sa^{42}	tʂʅ^{42}	kua^{42}	xua^{42}	tɔ^{353}
十堰	tʂʻɤ^{52}	ʂɤ^{52}	tʂʅ^{52}	kuɔ^{52}	xuɔ^{52}	ta^{54}
竹溪	tsʻɛ^{53}	sɛ^{53}	tʂʅ^{24}	kuɛ^{53}	xuɛ^{53}	ta^{35}
恩施	tsʻe^{33}	se^{33}	tʂʅ^{33}	kue^{33}	xue^{33}	ta^{51}
咸丰	tsɛ^{22}	sɛ^{22}	tsɿ^{22}	kuɛ^{22}	xuai^{22}	ta^{42}
黄冈	tse^{213}	se^{213}	tsɿ^{213}	kue^{213}	xue^{213}	ta^{55}
黄梅	tsæ^{42}	sæ^{42}	tsɿ^{42}	kuæ^{42}	xuæ^{42}	ta^{13}
孝感	tsʻɛ^{213}	sɛ^{213}	tʂʅ^{213}	kuɛ^{213}	xuɛ^{213}	tɑ^{52}
黄陂	tsæ^{214}	sæ^{214}	tsɿ^{214}	kuæ^{214}	xuæ^{214}	ta^{41}
黄石	tsʻæ^{213}	sæ^{213}	tsɿ^{213}	kuæ^{213}	xo^{31}	tɒ^{55}
阳新	tsɛ^{25}	sɛ^{25}	tsɿ^{25}	kuɛ^{25}	xuɛ^{25}	tɒ^{31}
咸宁	tse^{55}	se^{55}	tsɿ^{55}	kue^{55}	fe^{33}	tɒ^{42}
崇阳	ʑiɛ^{55}	ɕiɛ^{55}	tə^{55}	kuɛ^{55}	fiɛ^{55}	tɑ^{53}

续表

例字 方言	499 冷 梗开二 上庚来	500 生 梗开二 平庚生	501 更三～ 梗开二 平庚见	502 坑 梗开二 平庚溪	503 硬 梗开二 去庚疑	504 百 梗开二 入陌帮
武汉	len^{42}	sen^{55}	ken^{55}	kʻen^{55}	ŋen^{25}	pe^{213}
荆州	lən^{42}	sən^{55}	kən^{55}	kʻən^{55}	ən^{35}	pɤ^{13}
荆门	nən^{55}	ʂən^{445}	kən^{445}	kʻən^{445}	ən^{44}	po^{324}
公安	nən^{21}	sən^{55}	kən^{55}	kʻən^{55}	ən^{33}	pɤ^{35}
宜昌	lən^{33}	sən^{55}	kən^{55}	kʻən^{55}	ən^{35}	pɤ^{13}
五峰	lən^{33}	sən^{55}	kən^{55}	kʻən^{55}	ən^{35}	pɤ^{213}
襄阳	nən^{35}	sən^{24}	kən^{24}	kʻən^{24}	ən^{31}	pə^{53}
随州	nən^{353}	sən^{44}	kən^{44}	kʻən^{44}	ŋən^{213}	pa^{42}
十堰	lən^{54}	ʂən^{33}	kən^{33}	kʻən^{33}	ən^{31}	pɛ^{33}
竹溪	lən^{35}	sən^{24}	kən^{24}	kʻən^{24}	ŋən^{313}	pɛ^{24}
恩施	nən^{51}	sən^{55}	kən^{55}	kʻən^{55}	ən^{35}	pe^{33}
咸丰	nən^{42}	sən^{55}	kən^{55}	kʻən^{55}	ŋən^{213}	pɛ^{22}
黄冈	lən^{55}	sən^{22}	kən^{22}	kʻən^{22}	ŋən^{44}	pe^{213}
黄梅	lən^{13}	sən^{21}	kən^{21}	kʻən^{21}	ŋən^{33}	pæ^{42}
孝感	nən^{52}	sən^{33}	kən^{33}	kʻən^{33}	ŋən^{55}	pɛ^{213}
黄陂	len^{41}	sen^{334}	ken^{334}	kʻen^{334}	ŋen^{455}	pæ^{214}
黄石	len^{55}	sen^{33}	ken^{33}	kʻen^{33}	ŋen^{324}	pæ^{213}
阳新	lan^{31}	san^{44}	kan^{44}	kʻan^{44}	ŋan^{44}	pɛ^{25}
咸宁	nɒ̃^{42}	sɒ̃^{44}	kẽ^{44}	kʻɒ̃^{44}	ŋɒ̃^{33}	pe^{55}
崇阳	naŋ^{53}	ɕiɛ^{22}	kɛ^{22}	haŋ^{22}	ŋaŋ^{44}	pɑ^{55}

续表

例字 方言	505 白 梗开二 入陌並	506 择 梗开二 入陌澄	507 窄 梗开二 入陌庄	508 客 梗开二 入陌溪	509 额 梗开二 入陌疑	510 争 梗开二 平耕庄
武汉	pe^{213}	tse^{213}	tse^{213}	kʻe^{213}	ŋe^{213}	tsen^{55}
荆州	pɤ^{13}	tsɤ^{13}	tsɤ^{13}	kʻɤ^{13}	ɤ^{13}	tsən^{55}
荆门	po^{324}	tʂʻɛ^{324}	tʂɛ^{324}	kʻɛ^{324}	ɛ^{324}	tʂən^{445}
公安	pɤ^{24}	tsɤ^{35}	tsɤ^{35}	kʻɤ^{35}	ɤ^{24}	tsən^{55}
宜昌	pɤ^{13}	tsɤ^{13}	tsɤ^{13}	kʻɤ^{13}	ɤ^{13}	tsən^{55}
五峰	pɤ^{213}	tsɤ^{213}	tsɤ^{213}	kʻɤ^{213}	ɤ^{213}	tsən^{55}
襄阳	pə^{53}	tsə^{53}	tsə^{53}	kʻə^{53}	ə^{53}	tsən^{24}
随州	pa^{42}	tsa^{42}	tsa^{42}	kʻa^{42}	ŋa^{42}	tsən^{44}
十堰	pɛ^{52}	tʂɤ^{52}	tʂɤ^{33}	kʻɤ^{52}	ɤ^{52}	tʂən^{33}
竹溪	pɛ^{53}	tsʻɛ^{53}	tʂɛ^{24}	kʻɛ^{53}	ŋɛ^{53}	tsən^{24}
恩施	pe^{33}	tsʻe^{33}	tse^{33}	kʻe^{33}	e^{33}	tsən^{55}
咸丰	pɛ^{22}	tsʻɛ^{22}	tsɛ^{22}	kʻɛ^{22}	ŋɛ^{22}	tsən^{55}
黄冈	pe^{31}	tse^{213}	tse^{213}	kʻe^{213}	ŋe^{213}	tsən^{22}
黄梅	pʻie^{33}（白读） pæ^{42}（文读）	tsʻæ^{42}	tsæ^{42}	kʻæ^{42}	ŋæ^{42}	tsən^{21}
孝感	pɛ^{21}	tsʻɛ^{213}	tsɛ^{213}	kʻɛ^{213}	ŋɛ^{213}	tsən^{33}
黄陂	pæ^{212}	tsæ^{212}	tsæ^{214}	kʻæ^{214}	ŋæ^{214}	tsen^{334}
黄石	pæ^{213}	tsæ^{213}	tsæ^{213}	kʻæ^{213}	ŋæ^{213}	tsen^{33}
阳新	pʻɛ^{25}	tsʻɛ^{25}	tsɛ^{25}	kʻɛ^{25}	ŋɛ^{25}	tsan^{44}
咸宁	pʻɒ^{33}（白读） pʻe^{33}（文读）	tʻə^{33}	tsɒ^{55}	kʻɒ^{55}	ŋɒ^{55}	tsɒ̃^{44}
崇阳	ɓɑ^{55}	ʑiɛ^{55}	tsæ^{55}	hɑ^{55}	ŋæ^{55}	tsaŋ^{22}

续表

例字 方言	511 麦 梗开二 入麦明	512 摘 梗开二 入麦知	513 策 梗开二 入麦初	514 兵 梗开三 平庚帮	515 病 梗开三 去庚並	516 明 梗开三 平庚明
武汉	me^{213}	tse^{213}	tsʻe^{213}	pin^{55}	pin^{25}	min^{213}
荆州	mɤ^{13}	tsɤ^{13}	tsʻɤ^{13}	pin^{55}	pin^{35}	min^{13}
荆门	mo^{324}	tʂɛ^{324}	tʂʻɛ^{324}	pin^{445}	pin^{44}	min^{324}
公安	mɤ^{35}	tsɤ^{35}	tsʻɤ^{35}	pin^{55}	pin^{33}	min^{24}
宜昌	mɤ^{13}	tsɤ^{13}	tsʻɤ^{13}	pin^{55}	pin^{35}	min^{13}
五峰	mɤ^{213}	tsɤ^{213}	tsʻɤ^{213}	pin^{55}	pin^{35}	min^{213}
襄阳	mə^{53}	tsə^{53}	tsʻə^{53}	pin^{24}	pin^{53}	min^{53}
随州	ma^{42}	tsʻa^{42}	tsʻa^{42}	pin^{44}	pin^{213}	min^{42}
十堰	mɛ^{33}	tʂɤ^{33}	tʂʻɤ^{52}	pin^{33}	pin^{31}	min^{52}
竹溪	mɛ^{24}	tʂɛ^{24}	tsʻɛ^{53}	pin^{24}	pin^{313}	mən^{53}
恩施	me^{33}	tse^{33}	tsʻe^{33}	pin^{55}	pin^{35}	min^{33}
咸丰	mɛ^{22}	tsɛ^{22}	tsʻɛ^{22}	pin^{55}	pin^{213}	min^{22}
黄冈	me^{213}	tse^{213}	tsʻe^{213}	pin^{22}	pin^{44}	min^{31}
黄梅	mæ^{42}	tsæ^{42}	tsʻæ^{42}	pin^{21}	pin^{33}	mən^{55}（白读） min^{55}（文读）
孝感	mɛ^{213}	tsɛ^{213}	tsʻɛ^{213}	pin^{33}	pin^{55}	min^{21}
黄陂	mæ^{214}	tsæ^{214}	tsʻæ^{214}	pin^{334}	pin^{455}	min^{212}
黄石	mæ^{213}	tsæ^{213}	tsʻæ^{213}	pin^{33}	pin^{324}	min^{31}
阳新	mɒ^{25}	tsɒ^{25}	tsʻɛ^{25}	pin^{44}	pin^{44}	min^{213}
咸宁	mɒ^{55}	tsɒ^{55}	tsʻe^{55}	piən^{44}	pʻiɒ̃^{33}	miɒ̃^{31}
崇阳	mɑ^{55}	tsæ^{55}	ʑiɛ^{55}	pin^{22}	ɓiaŋ^{44}	miaŋ^{21}（白读） min^{21}（文读）

续表

例字 方言	517 镜	518 迎	519 剧	520 饼	521 名	522 领
	梗开三 去庚见	梗开三 平庚疑	梗开三 入陌群	梗开三 上清帮	梗开三 平清明	梗开三 上清来
武汉	tɕin^{25}	in^{213}	tɕy^{25}	pin^{42}	min^{213}	lin^{42}
荆州	tɕin^{35}	in^{13}	tɕy^{35}	pin^{42}	min^{13}	lin^{42}
荆门	tɕin^{44}	in^{324}	tɕy^{44}	pin^{55}	min^{324}	nin^{55}
公安	tɕin^{33}	in^{24}	tɕy^{33}	pin^{21}	min^{24}	nin^{21}
宜昌	tɕyn^{35}	in^{13}	tɕy^{35}	pin^{33}	min^{13}	lin^{33}
五峰	tɕyn^{35}	in^{213}	tɕy^{35}	pin^{33}	min^{213}	lin^{33}
襄阳	tɕin^{31}	in^{53}	tɕy^{31}	pin^{35}	min^{53}	nin^{35}
随州	tɕin^{213}	in^{42}	tɕy^{213}	pin^{353}	min^{42}	nin^{353}
十堰	tɕin^{31}	in^{52}	tɕy^{31}	pin^{54}	min^{52}	lin^{54}
竹溪	tɕin^{313}	in^{53}	tɕy^{313}	pin^{35}	min^{53}	lin^{35}
恩施	tɕin^{35}	in^{33}	tɕy^{35}	pin^{51}	min^{33}	nin^{51}
咸丰	tɕin^{213}	in^{22}	tɕy^{213}	pin^{42}	min^{22}	nin^{42}
黄冈	tɕin^{35}	in^{31}	tʂʯ^{35}	pin^{55}	min^{31}	lin^{55}
黄梅	tɕin^{35}	ȵin^{55}	tɕʯ^{35}	pin^{13}	min^{55}	lin^{13}
孝感	tɕin^{35}	in^{21}	tʂʯ^{35}	pin^{52}	min^{21}	nin^{52}
黄陂	tɕin^{35}	in^{212}	tʂʯ^{455}	pin^{41}	min^{212}	lin^{41}
黄石	tɕin^{25}	in^{31}	tɕʯ^{324}	pin^{55}	min^{31}	lin^{55}
阳新	tɕian^{44}	ȵian^{213}	tɕy^{44}	pin^{31}	min^{213}	lin^{31}
咸宁	tɕiən^{213}	niən^{31}	tɕy^{213}	piɒ̃^{42}	miən^{31}	niɒ̃^{42}
崇阳	tɕiaŋ^{214}（白读） tɕin^{214}（文读）	ȵin^{21}	kui^{214}	piaŋ^{53}（白读） pin^{53}（文读）	miaŋ^{21}（白读） min^{21}（文读）	tʻiaŋ^{53}（白读） tʻin^{53}（文读）

续表

例字 方言	523 静 梗开三 上清从	534 姓 梗开三 去清心	525 程 梗开三 平清澄	526 整 梗开三 上清章	527 城 梗开三 平清禅	528 轻 梗开三 平清溪
武汉	tɕin^{25}	ɕin^{25}	tsʻen^{213}	tsen^{42}	tsʻen^{213}	tɕʻin^{55}
荆州	tɕin^{35}	ɕin^{35}	tsʻən^{13}	tsən^{42}	tsʻən^{13}	tɕʻin^{55}
荆门	tɕin^{44}	ɕin^{44}	tʂʻən^{324}	tʂən^{55}	tʂʻən^{324}	tɕʻin^{445}
公安	tɕin^{33}	ɕin^{33}	tsʻən^{24}	tsən^{21}	tsʻən^{24}	tɕʻin^{55}
宜昌	tɕin^{35}	ɕin^{35}	tsʻən^{13}	tsən^{33}	tsʻən^{13}	tɕʻin^{55}
五峰	tɕin^{35}	ɕin^{35}	tsʻən^{213}	tsən^{33}	tsʻən^{213}	tɕʻin^{55}
襄阳	tɕin^{31}	ɕin^{31}	tsʻən^{53}	tsən^{35}	tsʻən^{53}	tɕʻin^{24}
随州	tɕin^{213}	ɕin^{213}	tʂʻən^{42}	tʂən^{353}	tʂʻən^{42}	tɕʻin^{44}
十堰	tɕin^{31}	ɕin^{31}	tʂʻən^{52}	tʂən^{54}	tʂʻən^{52}	tɕʻin^{33}
竹溪	tɕin^{313}	ɕin^{313}	tʂʻən^{53}	tʂən^{35}	tʂʻən^{53}	tɕʻin^{24}
恩施	tɕin^{35}	ɕin^{35}	tʂʻən^{33}	tʂən^{51}	tʂʻən^{33}	tɕʻin^{55}
咸丰	tɕin^{213}	ɕin^{213}	tsʻən^{22}	tsən^{42}	tsʻən^{22}	tɕin^{55}
黄冈	tɕin^{44}	ɕin^{35}	tsʻən^{31}	tsən^{55}	tsʻən^{31}	tɕʻin^{22}
黄梅	tɕin^{33}	ɕin^{35}	tsʻən^{55}	tsən^{13}	tsʻən^{55}	tɕʻin^{21}
孝感	tɕin^{55}	ɕin^{35}	tʂʻən^{21}	tʂən^{52}	tʂʻən^{21}	tɕʻin^{33}
黄陂	tɕin^{455}	ɕin^{35}	tsʻen^{212}	tsen^{41}	tsʻen^{212}	tɕʻin^{334}
黄石	tɕin^{324}	ɕin^{25}	tsʻen^{31}	tsen^{55}	tsʻen^{31}	tɕʻin^{33}
阳新	tsʻin^{44}	sin^{44}	tsʻan^{213}	tsan^{31}	tsʻan^{213}	tɕʻian^{44}
咸宁	tɕʻiən^{33}	ɕiən^{213}	tsʻən^{31}	tsən^{42}	tsʻən^{31}	tɕʻiɒ̃^{44}（白读） tɕʻiən^{44}（文读）
崇阳	dʑin^{44}	ɕiaŋ^{214}	tʻaŋ^{21}（白读） tʻən^{21}（文读）	tən^{53}	tʻən^{21}	ʑiaŋ^{22}（白读） ʑin^{22}（文读）

续表

例字 方言	529 赢	530 积	531 席	532 尺	533 益	534 瓶
	梗开三 平清以	梗开三 入昔精	梗开三 入昔邪	梗开三 入昔昌	梗开三 入昔影	梗开四 平青並
武汉	in^{213}	tɕi^{213}	ɕi^{213}	tsʻɿ^{213}	i^{213}	pʻin^{213}
荆州	in^{13}	tɕi^{13}	ɕi^{13}	tsʻɿ^{13}	i^{13}	pʻin^{13}
荆门	in^{324}	tɕi^{324}	ɕi^{324}	tʂʻʅ^{324}	i^{324}	pʻin^{324}
公安	in^{24}	tɕi^{35}	ɕi^{35}	tsʻɿ^{35}	i^{35}	pʻin^{24}
宜昌	in^{13}	tɕi^{13}	ɕi^{13}	tsʻɿ^{13}	i^{13}	pʻin^{13}
五峰	in^{213}	tɕi^{213}	ɕi^{213}	tsʻɿ^{213}	i^{213}	pʻin^{213}
襄阳	in^{53}	tɕi^{53}	ɕi^{53}	tsʻɿ^{53}	i^{53}	pʻin^{53}
随州	in^{42}	tɕi^{42}	ɕi^{42}	tʂʻʅ^{44}	i^{42}	pʻin^{42}
十堰	in^{52}	tɕi^{52}	ɕi^{52}	tʂʻʅ^{33}	i^{31}	pʻin^{52}
竹溪	in^{53}	tɕi^{53}	ɕi^{53}	tʂʻʅ^{24}	i^{53}	pʻin^{53}
恩施	in^{33}	tɕi^{33}	ɕi^{33}	tʂʻʅ^{33}	i^{33}	pʻin^{33}
咸丰	in^{22}	tɕi^{22}	ɕi^{22}	tsʻɿ^{22}	i^{22}	pʻin^{22}
黄冈	in^{31}	tɕi^{213}	ɕi^{31}	tsʻɿ^{213}	i^{213}	pʻin^{31}
黄梅	in^{55}	tɕi^{42}	ɕi^{33}	tsʻɿ^{42}	i^{42}	pʻin^{55}
孝感	in^{22}	tɕi^{213}	ɕi^{21}	tʂʻʅ^{213}	i^{213}	pʻin^{21}
黄陂	in^{212}	tɕi^{214}	ɕi^{212}	tsʻɿ^{214}	i^{214}	pʻin^{212}
黄石	in^{31}	tɕi^{213}	ɕi^{324}	tsʻɿ^{213}	i^{213}	pʻin^{31}
阳新	ian^{213}	tsai^{25}	sai^{25}	tsʻɿ^{25}	i^{25}	pʻin^{213}
咸宁	iɒ̃^{31}（白读） iən^{31}（文读）	tsæ^{55}	sæ^{33}	tsʻɒ^{55}	i^{55}	pʻiən^{31}
崇阳	iaŋ^{21}（白读） in^{21}（文读）	tɕi^{55}	ɕi^{55}	tʻɑ^{55}	i^{55}	ɓin^{21}

续表

例字 方言	535 钉名	536 听	537 定	538 零	539 青	540 形
	梗开四 平青端	梗开四 平青透	梗开四 去青定	梗开四 平青来	梗开四 平青清	梗开四 平青匣
武汉	tin^{55}	tʻin^{55}	tin^{25}	lin^{213}	tɕʻin^{55}	ɕin^{213}
荆州	tin^{55}	tʻin^{55}	tin^{35}	lin^{13}	tɕʻin^{55}	ɕin^{13}
荆门	tin^{445}	tʻin^{445}	tin^{44}	nin^{324}	tɕʻin^{445}	ɕin^{324}
公安	tin^{55}	tʻin^{55}	tin^{33}	nin^{24}	tɕʻin^{55}	ɕin^{24}
宜昌	tin^{55}	tʻin^{55}	tin^{35}	lin^{13}	tɕʻin^{55}	ɕin^{13}
五峰	tin^{55}	tʻin^{55}	tin^{35}	lin^{213}	tɕʻin^{55}	ɕin^{213}
襄阳	tin^{24}	tʻin^{24}	tin^{31}	nin^{53}	tɕʻin^{24}	ɕin^{53}
随州	tin^{44}	tʻin^{44}	tin^{213}	nin^{42}	tɕʻin^{44}	ɕin^{42}
十堰	tin^{33}	tʻin^{33}	tin^{31}	lin^{52}	tɕʻin^{33}	ɕin^{52}
竹溪	tin^{24}	tʻin^{24}	tin^{313}	lin^{53}	tɕʻin^{24}	ɕin^{53}
恩施	tin^{55}	tʻin^{55}	tin^{35}	nin^{33}	tɕʻin^{55}	ɕin^{33}
咸丰	tin^{55}	tʻin^{55}	tin^{213}	nin^{22}	tɕʻin^{55}	ɕin^{22}
黄冈	tin^{22}	tʻin^{35}	tin^{44}	lin^{31}	tɕʻin^{22}	ɕin^{31}
黄梅	tin^{21}	tʻin^{35}	tin^{33}	lin^{55}	tɕʻin^{21}	ɕin^{55}
孝感	tin^{33}	tʻin^{35}	tin^{55}	nin^{21}	tɕʻin^{33}	ɕin^{21}
黄陂	tin^{334}	tʻin^{35}	tin^{455}	lin^{212}	tɕʻin^{334}	ɕin^{212}
黄石	tin^{33}	tʻin^{25}	tin^{324}	lin^{31}	tɕʻin^{33}	ɕin^{31}
阳新	tin^{44}	tʻin^{44}	tʻin^{44}	lin^{213}	tsʻin^{44}	ɕian^{213}
咸宁	tiɒ̃^{44}	tʻiɒ̃^{213}	tʻiən^{33}	niɒ̃^{31}（白读） niən^{31}（文读）	tɕʻiɒ̃^{44}（白读） tɕʻən^{44}（文读）	ɕiən^{31}
崇阳	tiaŋ^{22}	ɗiaŋ^{214}	ɗin^{44}	ɗiaŋ^{21}（白读） ɗin^{21}（文读）	ʑiaŋ^{22}（白读） ʑin^{22}（文读）	ɕin^{21}

续表

例字 方言	541 璧 梗开四 入锡帮	542 踢 梗开四 入锡透	543 历 梗开四 入锡来	544 吃 梗开四 入锡溪	545 横～竖 梗合二 平庚匣	546 兄 梗合三 平庚晓
武汉	pi²¹³	tʻi²¹³	li²¹³	tɕʻi²¹³	xuen²¹³	ɕioŋ⁵⁵
荆州	pi¹³	tʻi⁵⁵	li¹³	tɕʻi¹³	xən¹³	ɕioŋ⁵⁵
荆门	pi³²⁴	tʻi³²⁴	ni³²⁴	tɕʻi³²⁴	xuən³²⁴	ɕioŋ⁴⁴⁵
公安	pi³⁵	tʻi⁵⁵	ni³⁵	tɕʻi³⁵	xuən²⁴	ɕioŋ⁵⁵
宜昌	pi¹³	tʻi⁵⁵	li¹³	tɕʻi¹³	xuən¹³	ɕioŋ⁵⁵
五峰	pi²¹³	tʻi⁵⁵	li²¹³	tɕʻi²¹³	xuən²¹³	ɕyoŋ⁵⁵
襄阳	pi⁵³	tʻi²⁴	ni³¹	tsʻɿ⁵³	xuən⁵³	ɕyŋ²⁴
随州	pi⁴²	tʻi⁴²	ni⁴²	tɕʻi⁴²	xuən⁴²	ɕioŋ⁴⁴
十堰	pi⁵²	tʻi³³	li³¹	tʂʻʅ³³	xən⁵²	ɕyn³³
竹溪	pi⁵³	tʻi²⁴	li⁵³	tʂʻʅ²⁴	fən⁵³	ɕyən²⁴
恩施	pi³³	tʻi³³	ni³³	tʂʻʅ³³	xuən³³	ɕioŋ⁵⁵
咸丰	pi²²	tʻi²²	ni²²	tsʻɿ²²	xuən²²	ɕyoŋ⁵⁵
黄冈	pi²¹³	tʻi²¹³	li²¹³	tɕʻi²¹³	xuən³¹	ɕioŋ²²
黄梅	pi⁴²	tʻi⁴²	li⁴²	tɕʻi⁴²	xuən⁵⁵	ɕioŋ²¹
孝感	pi²¹³	tʻi²¹³	ni²¹³	tɕʻi²¹³	xuən²¹（白读） xən²¹（文读）	ɕioŋ³³
黄陂	pi²¹⁴	tʻi²¹⁴	li²¹⁴	tɕʻi²¹⁴	xuen²¹²	ɕioŋ³³⁴
黄石	pi²¹³	tʻi²¹³	li²¹³	tɕʻi²¹³	xuen³¹	ɕioŋ³³
阳新	pai²⁵	tʻai²⁵	lai²⁵	tɕʻiɒ²⁵	xuan²¹³	ɕiaŋ⁴⁴
咸宁	piɒ⁵⁵	tʻiɒ⁵⁵	næ⁵⁵	tɕʻiɒ⁵⁵	fən³¹	ɕiɒ̃⁴⁴（白读） ɕiəŋ⁴⁴（文读）
崇阳	ɓiɑ⁵⁵（白读） ɓi⁵⁵（文读）	tʻiɑ⁵⁵（白读） tʻi⁵⁵（文读）	ti⁵⁵	ʑiɑ⁵⁵	uaŋ²¹	fiaŋ²²（白读） ɕin²²（文读）

续表

方言＼例字	547 荣 梗合三 平庚云	548 营 梗合三 平清以	549 懂 通合一 上东端	550 通 通合一 平东透	551 动 通合一 上东定	552 聋 通合一 平东来
武汉	$ioŋ^{213}$	in^{213}	$toŋ^{42}$	$t‘oŋ^{55}$	$toŋ^{25}$	$loŋ^{55}$
荆州	$ioŋ^{13}$	$ioŋ^{13}$	$toŋ^{42}$	$t‘oŋ^{55}$	$toŋ^{35}$	$loŋ^{13}$
荆门	$ioŋ^{324}$	$yən^{324}$	$toŋ^{55}$	$t‘oŋ^{445}$	$toŋ^{44}$	$noŋ^{324}$
公安	$ioŋ^{24}$	yn^{24}	$toŋ^{21}$	$t‘oŋ^{55}$	$toŋ^{33}$	$noŋ^{55}$
宜昌	$z̩oŋ^{13}$	yn^{13}	$toŋ^{33}$	$t‘oŋ^{55}$	$toŋ^{35}$	$loŋ^{55}$
五峰	$yoŋ^{213}$	yn^{213}	$toŋ^{33}$	$t‘oŋ^{55}$	$toŋ^{35}$	$loŋ^{55}$
襄阳	$yŋ^{53}$	in^{53}	$təŋ^{35}$	$t‘əŋ^{24}$	$təŋ^{31}$	$nəŋ^{24}$
随州	$z̩oŋ^{42}$	in^{42}	$toŋ^{353}$	$t‘oŋ^{44}$	$toŋ^{213}$	$noŋ^{44}$
十堰	$z̩uən^{52}$	in^{52}	$tən^{54}$	$t‘ən^{33}$	$tən^{31}$	$lən^{33}$
竹溪	$yəŋ^{53}$	in^{53}	$təŋ^{35}$	$t‘əŋ^{24}$	$təŋ^{313}$	$ləŋ^{24}$
恩施	$ioŋ^{33}$	yn^{33}	$toŋ^{51}$	$t‘oŋ^{55}$	$toŋ^{35}$	$noŋ^{55}$
咸丰	$yoŋ^{22}$	$yən^{22}$	$toŋ^{42}$	$t‘oŋ^{55}$	$toŋ^{213}$	$noŋ^{55}$
黄冈	$ioŋ^{31}$	in^{31}	$toŋ^{55}$	$t‘oŋ^{22}$	$toŋ^{44}$	$loŋ^{22}$
黄梅	$ioŋ^{55}$	in^{55}	$toŋ^{13}$	$t‘oŋ^{21}$	$toŋ^{33}$	$loŋ^{55}$
孝感	$z̩oŋ^{21}$	in^{21}	$toŋ^{52}$	$t‘oŋ^{33}$	$toŋ^{55}$	$noŋ^{33}$
黄陂	$z̩oŋ^{212}$	in^{212}	$toŋ^{41}$	$t‘oŋ^{334}$	$toŋ^{455}$	$loŋ^{334}$
黄石	$ioŋ^{31}$	in^{31}	$toŋ^{55}$	$t‘oŋ^{33}$	$toŋ^{324}$	$loŋ^{33}$
阳新	$iaŋ^{213}$	ian^{213}	$taŋ^{31}$	$t‘aŋ^{44}$	$t‘aŋ^{44}$	$laŋ^{213}$
咸宁	$iəŋ^{31}$	$iən^{31}$	$təŋ^{42}$	$t‘əŋ^{44}$	$t‘əŋ^{33}$	$nəŋ^{44}$
崇阳	in^{21}	in^{21}	$tən^{53}$	$t‘ən^{22}$	$t‘ən^{44}$	$nən^{44}$

续表

例字 方言	553 弄 通合一 去东来	554 葱 通合一 平东清	555 送 通合一 去东心	556 孔 通合一 上东溪	557 红 通合一 平东匣	558 翁 通合一 平东影
武汉	loŋ²⁵	ts'oŋ⁵⁵	soŋ²⁵	k'oŋ⁴²	xoŋ²¹³	ŋoŋ⁵⁵
荆州	loŋ³⁵	ts'oŋ⁵⁵	soŋ³⁵	k'oŋ⁴²	xoŋ¹³	oŋ⁵⁵
荆门	noŋ⁴⁴	tʂ'oŋ⁴⁴⁵	ʂoŋ⁴⁴	k'oŋ⁵⁵	xoŋ³²⁴	oŋ⁴⁴⁵
公安	noŋ³³	ts'oŋ⁵⁵	soŋ³³	k'oŋ²¹	xoŋ²⁴	oŋ⁵⁵
宜昌	loŋ³⁵	ts'oŋ⁵⁵	soŋ³⁵	k'oŋ³³	xoŋ¹³	uoŋ⁵⁵
五峰	loŋ³⁵	ts'oŋ⁵⁵	soŋ³⁵	k'oŋ³³	xoŋ²¹³	oŋ⁵⁵
襄阳	nəŋ³¹	ts'əŋ²⁴（白读） ts'uŋ²⁴（文读）	səŋ³¹（白读） suŋ³¹（文读）	k'uŋ³⁵	xuŋ⁵³	uəŋ²⁴
随州	noŋ²¹³	ts'oŋ⁴⁴	soŋ²¹³	k'oŋ³⁵³	xoŋ⁴²	oŋ⁴⁴
十堰	nən³¹	ts'ən³³	sən³¹	k'uən⁵⁴	xuən⁵²	uən³³
竹溪	luəŋ³¹³	ts'uəŋ²⁴	suəŋ³¹³	k'uəŋ³⁵	xuəŋ⁵³	uəŋ²⁴
恩施	noŋ⁵⁵	ts'oŋ⁵⁵	soŋ³⁵	k'oŋ⁵¹	xoŋ³³	oŋ⁵⁵
咸丰	noŋ²¹³	ts'oŋ⁵⁵	soŋ²¹³	k'oŋ⁴²	xoŋ²²	oŋ⁵⁵
黄冈	loŋ⁴⁴	ts'oŋ²²	soŋ³⁵	k'oŋ⁵⁵	xoŋ³¹	oŋ²²
黄梅	noŋ³³	ts'oŋ²¹	soŋ³⁵	k'oŋ¹³	xoŋ⁵⁵	ŋoŋ²¹
孝感	noŋ⁵⁵	ts'oŋ³³	soŋ³⁵	k'oŋ⁵²	xoŋ²¹	oŋ³³
黄陂	loŋ⁴⁵⁵	ts'oŋ³³⁴	soŋ³⁵	k'oŋ⁴¹	xoŋ²¹²	ŋoŋ³³⁴
黄石	loŋ³²⁴	ts'oŋ³³	soŋ²⁵	k'oŋ⁵⁵	xoŋ³¹	oŋ³³
阳新	laŋ⁴⁴	ts'aŋ⁴⁴	saŋ⁴⁴	k'aŋ³¹	xaŋ²¹³	uaŋ⁴⁴
咸宁	nəŋ³³	ts'əŋ⁴⁴	səŋ²¹³	k'əŋ⁴²	fəŋ³¹	uəŋ⁴⁴
崇阳	nən⁴⁴	zən²²	sən²¹⁴	hən⁵³	fən²¹	uən²²

续表

例字 / 方言	559 木 通合一 入屋明	560 读 通合一 入屋定	561 鹿 通合一 入屋来	562 族 通合一 入屋从	563 冬 通合一 平冬端	564 脓 通合一 平冬泥
武汉	moŋ^{213}	tou^{213}	lou^{213}	tsʻou^{213}	toŋ^{55}	loŋ^{213}
荆州	mu^{13}	tu^{13}	lu^{13}	tsʻu^{13}	toŋ^{55}	loŋ^{13}
荆门	moŋ^{324}	tu^{324}	nu^{324}	tʂʻu^{324}	toŋ^{445}	noŋ^{324}
公安	mu^{35}	tu^{24}	nu^{35}	tsu^{35}	toŋ^{55}	noŋ^{24}
宜昌	mu^{13}	tu^{13}	lu^{13}	tsʻu^{13}	toŋ^{55}	loŋ^{13}
五峰	mu^{213}	tu^{213}	lu^{213}	tsʻu^{213}	toŋ^{55}	loŋ^{213}
襄阳	mu^{53}	tu^{53}	nəu^{53}	tsʻu^{53}	təŋ^{24}	nəŋ^{53}
随州	mu^{42}	təu^{42}	nəu^{42}	tsʻəu^{42}	toŋ^{44}	noŋ^{42}
十堰	mu^{33}	tou^{52}	lou^{33}	tsʻou^{52}	tən^{33}	nən^{52}
竹溪	mo^{24}	təu^{53}	ləu^{24}	tsʻəu^{53}	təŋ^{24}	ləŋ^{53}
恩施	mu^{33}	tu^{33}	nu^{33}	tsʻu^{33}	toŋ^{55}	noŋ^{33}
咸丰	mu^{22}	tu^{22}	nu^{22}	tsʻu^{22}	toŋ^{55}	noŋ^{22}
黄冈	moŋ^{213}	təu^{31}	ləu^{213}	tsʻəu^{213}	toŋ^{22}	loŋ^{31}
黄梅	mo^{42}	tʻeu^{33}（白读） teu^{42}（文读）	leu^{42}	tsʻeu^{33}	toŋ^{21}	noŋ^{55}
孝感	mu^{213}	təu^{21}	nəu^{213}	tsəu^{213}	toŋ^{33}	noŋ^{21}
黄陂	moŋ^{214}	tou^{212}	lou^{214}	tsʻou^{214}	toŋ^{334}	loŋ^{212}
黄石	moŋ^{213}	tou^{213}	lou^{213}	tsʻou^{213}	toŋ^{33}	loŋ^{31}
阳新	mo^{25}	tʻau^{25}	lau^{25}	tsʻau^{25}	taŋ^{44}	laŋ^{213}
咸宁	mə^{55}	tʻɒu^{33}	nɒu^{55}	tsʻɒu^{33}	təŋ^{44}	nəŋ^{31}
崇阳	mo^{55}	tʻəu^{55}	nəu^{55}	zəu^{55}	tən^{22}	nən^{21}

续表

例字 / 方言	565 松 通合一 平冬心	566 毒 通合一 入沃定	567 风 通合三 平东非	568 梦 通合三 去东明	569 虫 通合三 平东澄	570 宫 通合三 平东见
武汉	soŋ^{55}	tou^{213}	foŋ^{55}	moŋ^{25}	tsʻoŋ^{213}	koŋ^{55}
荆州	soŋ^{55}	tu^{13}	foŋ^{55}	moŋ^{35}	tsʻoŋ^{13}	koŋ^{55}
荆门	ʂoŋ^{445}	tu^{324}	ɸoŋ^{445}	moŋ^{44}	tʂʻoŋ^{324}	koŋ^{445}
公安	soŋ^{55}	tu^{24}	foŋ^{55}	moŋ^{33}	tsʻoŋ^{24}	koŋ^{55}
宜昌	soŋ^{55}	tu^{13}	foŋ^{55}	moŋ^{35}	tsʻoŋ^{13}	koŋ^{55}
五峰	soŋ^{55}	tu^{213}	foŋ^{55}	moŋ^{35}	tsʻoŋ^{213}	koŋ^{55}
襄阳	səŋ^{24}	tu^{53}	fəŋ^{24}	məŋ^{31}	tsʻuŋ^{53}	kuŋ^{24}
随州	soŋ^{44}	təu^{42}	foŋ^{44}	moŋ^{213}	tʂʻoŋ^{42}	koŋ^{44}
十堰	sən^{33}	tou^{52}	fən^{33}	mən^{31}	tʂʻuən^{52}	kuən^{33}
竹溪	suəŋ^{24}	təu^{53}	fəŋ^{24}	məŋ^{313}	tʂʻuəŋ^{53}	kuəŋ^{24}
恩施	soŋ^{55}	tu^{33}	xoŋ^{55}	moŋ^{35}	tʂʻoŋ^{33}	koŋ^{55}
咸丰	soŋ^{55}	tu^{22}	foŋ^{55}	moŋ^{213}	tsʻoŋ^{22}	koŋ^{55}
黄冈	soŋ^{22}	təu^{213}	foŋ^{22}	moŋ^{44}	tsʻoŋ^{31}	koŋ^{22}
黄梅	soŋ^{21}	tʻeu^{33}（白读） teu^{42}（文读）	foŋ^{21}	moŋ^{33}	tsʻoŋ^{55}	koŋ^{21}
孝感	soŋ^{33}	təu^{21}	foŋ^{33}	moŋ^{55}	tʂʻoŋ^{21}	koŋ^{33}
黄陂	soŋ^{334}	tou^{212}	foŋ^{334}	moŋ^{455}	tsʻoŋ^{212}	koŋ^{334}
黄石	soŋ^{33}	tou^{213}	foŋ^{33}	moŋ^{324}	tsʻoŋ^{31}	koŋ^{33}
阳新	saŋ^{44}	tʻau^{25}	faŋ^{44}	maŋ^{44}	tsʻaŋ^{213}	kaŋ^{44}
咸宁	səŋ^{44}	tʻɒu^{33}	fəŋ^{44}	məŋ^{33}	tsʻəŋ^{31}	kuəŋ^{44}
崇阳	sən^{22}	tʻəu^{55}	fən^{22}	mən^{44}	tʻən^{21}	kən^{22}

续表

例字 方言	571 穷 通合三 平东群	572 熊 通合三 平东云	573 服 通合三 入屋奉	574 目 通合三 入屋明	575 六 通合三 入屋来	576 竹 通合三 入屋知
武汉	tɕʻioŋ213	ɕioŋ213	fu213	moŋ213	lou213	tsou213
荆州	tɕʻioŋ13	ɕioŋ13	fu13	mu13	ləu13	tsu13
荆门	tɕʻioŋ324	ɕioŋ324	ɸu324	moŋ324	nou324	tʂu324
公安	tɕʻioŋ24	ɕioŋ24	fu24	mu35	nəu35	tsu35
宜昌	tɕʻioŋ13	ɕioŋ13	fu13	mu13	ləu13	tsu13
五峰	tɕʻyoŋ213	ɕyoŋ213	fu213	mu213	ləu213	tsu213
襄阳	tɕʻyŋ53	ɕyŋ53	fu53	mu53	nəu53	tsu53
随州	tɕʻioŋ42	ɕioŋ42	fu42	mu42	nəu42	tʂəu42
十堰	tɕʻyn52	ɕyn52	fu52	mu31	lou52	tʂou33
竹溪	tɕʻyəŋ53	ɕyəŋ53	fu53	mo53	ləu53	tʂəu53
恩施	tɕʻioŋ33	ɕioŋ33	xu33	mu33	nu33	tʂu33
咸丰	tɕʻyoŋ22	ɕyoŋ22	fu22	mu22	nəu22	tsu22
黄冈	tɕʻioŋ31	ɕioŋ31	fu213	moŋ213	ləu213	tsəu213
黄梅	tɕʻioŋ55	ɕioŋ55	fu33	mo42	leu42	tseu42
孝感	tɕʻioŋ21	ɕioŋ21	fu213	mu213	nəu213	tʂəu213
黄陂	tɕʻioŋ212	ɕioŋ212	fu214	moŋ214	lou214	tsou214
黄石	tɕʻioŋ31	ɕioŋ31	fu213	moŋ213	lou213	tsou213
阳新	tɕʻiaŋ213	ɕiaŋ213	fu25	mo25	lau25	tsau25
咸宁	tɕʻiəŋ31	ɕiəŋ31	fu33	mə55	nɒu55	tsɒu55
崇阳	ʑin21	ɕin21	fu55	mo55	tʻiəu55	təu55

续表

例字 方言	577 缩 通合三 入屋生	578 粥 通合三 入屋章	579 叔 通合三 入屋书	580 熟 通合三 入屋禅	581 肉 通合三 入屋日	582 菊 通合三 入屋见
武汉	sou^{213}	tsou^{55}	sou^{213}	sou^{213}	lou^{213}	tɕy^{213}
荆州	su^{13}	tsu^{13}	su^{13}	su^{13}	lu^{13}	tɕy^{13}
荆门	ʂu^{324}	tʂu^{324}	ʂu^{324}	ʂu^{324}	ʐu^{324}	tɕy^{324}
公安	su^{35}	tsu^{35}	su^{35}	su^{24}	əu^{35}	tɕy^{35}
宜昌	su^{13}	tsəu^{55}	su^{13}	su^{13}	ʐu^{13}	tɕy^{13}
五峰	su^{213}	tsəu^{55}	su^{213}	su^{213}	əu^{213}	tɕy^{213}
襄阳	su^{53}	tsəu^{24}	su^{53}	su^{53}	zəu^{31}	tɕy^{53}
随州	səu^{42}	tʂəu^{42}	ʂəu^{42}	ʂəu^{42}	ʐəu^{213}	tɕy^{42}
十堰	suɔ^{52}	tʂou^{33}	ʂou^{52}	ʂou^{52}	ʐou^{31}	tɕy^{52}
竹溪	səu^{53}	tʂəu^{53}	ʂəu^{53}	ʂəu^{53}	ʐəu^{313}	tɕy^{53}
恩施	suo^{33}	tʂəu^{55}	ʂu^{33}	ʂu^{33}	ʐu^{33}	tɕy^{33}
咸丰	su^{22}	tsu^{22}	su^{22}	su^{22}	zu^{22}	tɕy^{22}
黄冈	səu^{213}	tsəu^{213}	səu^{213}	səu^{31}	ʐəu^{213}	tʂʯ^{213}
黄梅	seu^{42}	tseu^{42}	seu^{42}	seu^{33}	ɥeu^{42}	tɕieu^{42}
孝感	səu^{213}	təu^{213}	ʂəu^{213}	ʂəu^{21}	ʐəu^{213}	tʂʯ^{213}
黄陂	sou^{214}	tsou^{214}	sou^{214}	sou^{212}	ʐou^{214}	tʂʯ^{214}
黄石	sou^{213}	tsou^{213}	sou^{213}	sou^{213}	ʐou^{213}	tɕiou^{213}
阳新	sau^{25}	tsau^{25}	sau^{25}	sau^{25}	zau^{25}	tɕiau^{25}
咸宁	sɒu^{55}	tsɒu^{55}	sɒu^{55}	sɒu^{33}	zɒu^{55}	tɕiɒu^{55}
崇阳	so^{55}	təu^{55}	səu^{55}	səu^{55}	ȵiəu^{55}	tɕiəu^{55}

续表

方言＼例字	583 育	584 蜂	585 浓	586 龙	587 松～树	588 重轻～
	通合三 入屋以	通合三 平钟敷	通合三 平钟泥	通合三 平钟来	通合三 平钟邪	通合三 上钟澄
武汉	iou^{213}	foŋ^{55}	loŋ^{213}	loŋ^{213}	soŋ^{55}	tsoŋ^{25}
荆州	y^{13}	foŋ^{55}	loŋ^{13}	loŋ^{13}	soŋ^{55}	tsoŋ^{35}
荆门	y^{324}	ɸoŋ^{445}	noŋ^{324}	noŋ^{324}	ʂoŋ^{445}	tʂoŋ^{44}
公安	y^{35}	foŋ^{55}	noŋ^{24}	noŋ^{24}	soŋ^{55}	tsoŋ^{33}
宜昌	y^{13}	foŋ^{55}	loŋ^{13}	loŋ^{13}	soŋ^{55}	tsoŋ^{35}
五峰	y^{213}	foŋ^{55}	loŋ^{213}	loŋ^{213}	soŋ^{55}	tsoŋ^{35}
襄阳	y^{31}	fəŋ^{24}	nəŋ^{53}	nəŋ^{53}	səŋ^{24}	tsuŋ^{31}
随州	iəu^{213}	foŋ^{44}	noŋ^{42}	noŋ^{42}	soŋ^{44}	tʂoŋ^{213}
十堰	iou^{31}	fən^{33}	nən^{52}	lən^{52}	sən^{33}	tʂuən^{31}
竹溪	iəu^{313}	fəŋ^{24}	ləŋ^{53}	ləŋ^{53}	səŋ^{24}	tʂuəŋ^{313}
恩施	y^{33}	foŋ^{55}	noŋ^{33}	noŋ^{33}	soŋ^{55}	tʂoŋ^{35}
咸丰	iəu^{22}	foŋ^{55}	noŋ^{22}	noŋ^{22}	soŋ^{55}	tsoŋ^{213}
黄冈	iəu^{213}	foŋ^{22}	loŋ^{31}	loŋ^{31}	soŋ^{22}	tsoŋ^{44}
黄梅	ieu^{42}	foŋ^{21}	noŋ^{55}	loŋ^{55}	tsʻoŋ^{55}	tsoŋ^{33}
孝感	iəu^{35}	foŋ^{33}	noŋ^{21}	noŋ^{21}	soŋ^{33}	tʂoŋ^{55}
黄陂	iou^{214}	foŋ^{334}	loŋ^{212}	loŋ^{212}	soŋ^{334}	tsoŋ^{455}
黄石	iou^{213}	foŋ^{33}	loŋ^{31}	loŋ^{31}	soŋ^{33}	tsoŋ^{324}
阳新	iau^{25}	faŋ^{44}	laŋ^{213}	laŋ^{213}	tsʻaŋ^{213}	tsʻaŋ^{44}
咸宁	iɒu^{55}	fəŋ^{44}	nəŋ^{31}	nəŋ^{31}	səŋ^{44}	tsʻəŋ^{33}
崇阳	iəu^{55}	fən^{22}	nən^{21}	nən^{21}	ʑin^{21}	tʻən^{44}

续表

例字 方言	589 共 通合三 去钟群	590 凶 通合三 平钟晓	591 拥 通合三 上钟影	592 容 通合三 平钟以	593 用 通合三 去钟以	594 绿 通合三 入烛来
武汉	koŋ^{25}	ɕioŋ^{55}	ioŋ^{42}	ioŋ^{213}	ioŋ^{25}	lou^{213}
荆州	koŋ^{35}	ɕioŋ^{55}	ioŋ^{55}	ioŋ^{13}	ioŋ^{35}	lu^{13}
荆门	koŋ^{44}	ɕioŋ^{445}	ioŋ^{445}	ioŋ^{324}	ioŋ^{44}	nu^{324}
公安	koŋ^{33}	ɕioŋ^{55}	ioŋ^{21}	ioŋ^{24}	ioŋ^{33}	nu^{35}
宜昌	koŋ^{35}	ɕioŋ^{55}	ioŋ^{33}	z̧oŋ^{13}	ioŋ^{35}	lu^{13}
五峰	koŋ^{35}	ɕyoŋ^{55}	yoŋ^{55}	yoŋ^{213}	yoŋ^{35}	lu^{213}
襄阳	kuŋ^{31}	ɕyŋ^{24}	yŋ^{35}	yŋ^{53}	yŋ^{31}	nəu^{53}
随州	koŋ^{213}	ɕioŋ^{44}	z̧oŋ^{353}	z̧oŋ^{42}	ioŋ^{213}	nəu^{42}
十堰	kuən^{31}	ɕyn^{33}	yn^{33}	z̧uən^{52}	yn^{31}	lou^{33}（白读） ly^{33}（文读）
竹溪	kuəŋ^{313}	ɕyəŋ^{24}	yəŋ^{35}	yəŋ^{53}	yəŋ^{313}	ləu^{24}
恩施	koŋ^{35}	ɕioŋ^{55}	ioŋ^{51}	z̧oŋ^{33}	ioŋ^{33}	nu^{33}
咸丰	koŋ^{213}	ɕyoŋ^{55}	yoŋ^{42}	yoŋ^{22}	yoŋ^{213}	nu^{22}
黄冈	koŋ^{44}	ɕioŋ^{22}	ioŋ^{55}	ioŋ^{31}	ioŋ^{44}	ləu^{213}
黄梅	koŋ^{33}	ɕioŋ^{21}	ioŋ^{13}	ioŋ^{55}	ioŋ^{33}	leu^{42}
孝感	koŋ^{55}	ɕioŋ^{33}	z̧oŋ^{52}	z̧oŋ^{21}	ioŋ^{55}	nəu^{213}
黄陂	koŋ^{455}	ɕioŋ^{334}	z̧oŋ^{41}	z̧oŋ^{212}	ioŋ^{455}	lou^{214}
黄石	koŋ^{324}	ɕioŋ^{33}	ioŋ^{33}	ioŋ^{31}	ioŋ^{324}	lou^{213}
阳新	k‘aŋ^{44}	ɕiaŋ^{44}	iaŋ^{31}	iaŋ^{213}	iaŋ^{44}	lau^{25}
咸宁	tɕ‘iəŋ^{33}	ɕiəŋ^{44}	iəŋ^{44}	iəŋ^{31}	iəŋ^{33}	niɒu^{55}
崇阳	hən^{44}	ɕin^{22}	in^{22}	in^{21}	in^{44}	t‘iəu^{55}

续表

例字 方言	595 足	596 赎	597 曲~折	598 局	599 玉	600 浴
	通合三入烛精	通合三入烛船	通合三入烛溪	通合三入烛群	通合三入烛疑	通合三入烛以
武汉	$tsou^{213}$	sou^{213}	$tɕʻy^{213}$	$tɕy^{213}$	y^{25}	iou^{213}（白读） y^{25}（文读）
荆州	tsu^{13}	su^{13}	$tɕʻy^{13}$	$tɕy^{13}$	y^{35}	y^{13}
荆门	$tʂu^{324}$	$ʂu^{324}$	$tɕʻy^{324}$	$tɕy^{324}$	y^{44}	y^{324}
公安	tsu^{35}	su^{35}	$tɕʻy^{35}$	$tɕy^{35}$	y^{33}	y^{35}
宜昌	tsu^{13}	su^{13}	$tɕʻy^{33}$	$tɕy^{13}$	y^{35}	y^{13}
五峰	tsu^{213}	su^{213}	$tɕʻy^{213}$	$tɕy^{213}$	y^{35}	y^{213}
襄阳	tsu^{53}	su^{53}	$tɕʻy^{53}$	$tɕy^{53}$	y^{31}	y^{53}
随州	$tsəu^{42}$	$ʂəu^{42}$	$tɕʻy^{42}$	$tɕy^{42}$	y^{213}	y^{42}
十堰	$tsou^{52}$	$ʂou^{52}$	$tɕʻy^{33}$	$tɕy^{52}$	y^{31}	y^{52}
竹溪	$tsəu^{53}$	$ʂəu^{53}$	$tɕʻy^{53}$	$tɕy^{53}$	y^{313}	y^{313}
恩施	tsu^{33}	$ʂu^{33}$	$tɕʻy^{33}$	$tɕy^{33}$	y^{35}	y^{33}
咸丰	tsu^{22}	su^{22}	$tɕʻy^{22}$	$tɕy^{22}$	y^{213}	$iəu^{22}$
黄冈	$tsəu^{213}$	$səu^{213}$	$tʂʻʮ^{213}$	$tʂʮ^{213}$	$ʐʮ^{35}$	$iəu^{213}$（白读） $ʐʮ^{213}$（文读）
黄梅	$tseu^{42}$	$ɕieu^{33}$	$tɕʻieu^{42}$	$tɕʮ^{42}$	$ʮ^{42}$（白读） $ʮ^{35}$（文读）	ieu^{42}
孝感	$tsəu^{213}$	$ʂəu^{213}$	$tʂʻʮ^{213}$	$tʂʮ^{213}$	$ʮ^{35}$	$ʮ^{35}$
黄陂	$tsou^{214}$	sou^{214}	$tʂʻʮ^{214}$	$tʂʮ^{214}$	$ʐʮ^{35}$	iou^{214}
黄石	$tsou^{213}$	sou^{213}	$tɕʻiou^{213}$	$tɕʮ^{213}$	$ʮ^{25}$	iou^{213}
阳新	$tsau^{25}$	sau^{25}	$tɕʻiau^{25}$	$tɕy^{25}$	y^{25}	iau^{25}
咸宁	$tsɒu^{55}$	$sɒu^{55}$	$tɕʻiɒu^{55}$	$tɕy^{55}$	y^{55}	$iɒu^{55}$
崇阳	$tɕiəu^{55}$	$səu^{55}$	$ʑiəu^{55}$	$ʑiəu^{55}$	vi^{55}	$iəu^{55}$

主要参考文献

1. 郭攀，夏凤梅. 浠水方言研究［M］. 武汉：华中师范大学出版社，2016.

2. 黄群建. 阳新方言研究［M］. 武汉：华中师范大学出版社，2016.

3. 黄树先. 黄陂方言研究［M］. 武汉：华中师范大学出版社，2021.

4. 湖北省地方志编纂委员会. 湖北省志·民俗方言［M］. 武汉：湖北人民出版社，1996.

5. 李崇兴. 宜都方言研究［M］. 武汉：华中师范大学出版社，2014.

6. 刘海章. 荆门方言研究［M］. 武汉：华中师范大学出版社，2017.

7. 阮桂君. 五峰方言研究［M］. 武汉：华中师范大学出版社，2014.

8. 盛银花. 安陆方言研究［M］. 武汉：华中师范大学出版社，2015.

9. 苏俊波. 郧县方言研究［M］. 武汉：华中师范大学出版社，2016.

10. 王宏佳. 咸宁方言研究［M］. 武汉：华中师范大学出版社，2015.

11. 王求是. 孝感方言研究［M］. 武汉：华中师范大学出版社，2014.

12. 王群生，王彩豫. 荆州方言研究［M］. 武汉：华中师范大学出版社，2018.

13. 王树瑛. 恩施方言研究［M］. 武汉：华中师范大学出版社，2017.

14. 袁海霞. 公安方言研究［M］. 武汉：华中师范大学出版社，2017.

15. 赵元任. 赵元任全集（第7卷）［M］. 北京：商务印书馆，2012.

16. 张义. 钟祥方言研究［M］. 武汉：华中师范大学出版社，2016.

17. 朱建颂，张静. 武汉方言研究［M］. 武汉：华中师范大学出版社，2021.

18. 祝敏. 崇阳方言研究［M］. 武汉：华中师范大学出版社，2020.

第三章　湖北方言词汇

第一节　构词方式

湖北方言的构词方式主要分为复合式、重叠式、附加式和音变构词四类，复合式词语与普通话及周边方言的差异不大，因此湖北方言构词方式的特点主要体现在重叠式、附加式和音变构词上。需要说明的是，本章所举方言词语的例子，有的只表明湖北多数或某些市县区有这种说法，并不一定涵盖整个湖北地区。

一、复合式

复合式词语是由两个或两个以上不同的词根语素构成的。湖北方言的复合式词语与普通话结构相同，主要分为联合式、偏正式、补充式、动宾式、主谓式五类。复合式词语在湖北方言词汇中的数量最多，这里简要举例说明（表3－1）。

表3－1　湖北方言复合式词语结构情况表

联合式	偏正式	补充式	动宾式	主谓式
弟兄兄弟	腈肉瘦肉	过细仔细	折人丢丑	月亮
姆妈妈妈	鱼脬鱼鳔	起来起床	打冷噤冷颤	月亮生毛月晕
爷娘父母	镦鸡阉鸡	上去	走人家走亲戚	鳄鱼换肩地震
姊妹姐妹	脚鱼甲鱼	下去	发痧中暑	天干干旱
聋瞽聋子	牙狗公狗	看见	喝烟抽烟	天亮
凌冰冰	草狗母狗	看穿	解手上厕所	鸡啼鸡叫

续表

联合式	偏正式	补充式	动宾式	主谓式
畜牲牲畜	男将男人	看中	接客请客	星屙屎流星
日夜	右客女人	冻了感冒	抹牌打扑克	眼热眼红
碓臼碓窝子	饭蚊子苍蝇	认得认识	做嘴亲吻	肚嘞痛肚子痛
惯肆溺爱	夜蚊子蚊子	晓得知道	炙火烤火	头痛
抻敨整洁	上昼上午	跶倒摔跤	说人家找对象	手痒
衣裳衣服	下昼下午	确认	落雨下雨	心疼
睏醒睡觉	胖臭很臭	怄气	落雪下雪	心焦着急
欢喜喜欢	清蒸	打倒	打霜下霜	口干口渴

在湖北方言复合式词语中，偏正式和动宾式数量最多。偏正式又分定中结构和状中结构，状中结构相对较少。同普通话相比，动宾式中的动词性语素和名词性语素存在一些搭配上的差异，详见本章“词的搭配”。联合式和补充式数量次之。主谓式数量较少。

二、重叠式

湖北方言的重叠式构词分为两类。一类是相同音素的重叠，如“饽饽、猩猩、蛐蛐儿、蝈蝈儿”等。这类词语与普通话说法相同，其中的任何一个音节都只表示读音，不具有单独的意义。这类叠音词也有人不看做是重叠式。另一类是相同词根语素的重叠，这类词在湖北方言里比较多，如“爷爷、奶奶、哥哥、姐姐、刚刚、稍稍”等。

三、附加式

湖北方言和普通话都有附加式词语，根据二者的附加成分不同或者附加成分的使用范围不同，具体可分为前加式、中嵌式和后附式。前加式如“细爷、细娘”（阳新方言），中嵌式如“流里流气、小里小气”

（恩施方言），后附式如“烟子、妹夫子”（十堰方言）。详见第4章“语缀”。

四、音变构词

音变构词是语言或方言增强其自身表达能力的一种重要手段。湖北有些方言音变构词的数量较多，而且涉及的形式丰富，具有一定的系统性。下面以赣语大通片咸宁方言音变构词为例加以说明。

（1）清tɕ‘iɑ̃^{44}水——清tɕ‘iɑ̃^{213}衣服漂洗衣服

（2）爷iɑ^{31}父亲，引称——细爷iɑ^{44}叔叔

“爷”本义是“父亲”，《玉篇·父部》：“爷，以遮切。俗为父爷字。”《乐府诗集·横吹曲辞五·木兰诗》：“军书十二卷，卷卷有爷名。阿爷无大儿，木兰无长兄。愿为市鞍马，从此替爷征。”“爷”也写作“耶”，杜甫《兵车行》：“耶娘妻子走相送，尘埃不见咸阳桥。”“爷”中古音“以遮切”，今读作iɑ^{31}，和咸宁方言表示“父亲”含义的“爷”正好相符。

咸宁人称呼父亲，面称用“爸”，引称可用“爸”，也可用“爷”，读作iɑ^{31}，如：个是我爷这是我爸爸。丨我爸出去，尔郎找伊有么事我爸爸出去了，您找他有什么事？当要说明某两个人是父子关系时，只能说“爷”，不能用“爸”，如“父子俩”咸宁叫作“两爷崽”，“父子关系”咸宁叫作“爷崽货”，“父亲和他的几个儿子”咸宁叫作“几爷崽”。

咸宁人称呼伯伯和叔叔，面称用“爷”，读作iɑ^{44}，按照排行，分别叫作“大爷、二爷、三爷……细爷”，“细爷”也可简称作“爷”。表示“伯伯、叔叔”的“爷”应当是由表示“父亲”的“爷”音变而成。父亲的兄弟处于同样的地位，表示“父亲”的“爷”向表示“伯伯、叔叔”引申，是极有可能的事情，咸宁人称呼“伯伯、叔叔”，引称也用“爷”，而且既可读作iɑ^{44}，也可读作iɑ^{31}，似乎正说明了这一点。

（3）把pɑ^{42}动词，给——刀把pɑ^{213}——把pɑ^{213}介词，相当于普通话的“把”和“被”

“把”本来是个动词，《说文》：“把，握也。”现代汉语至今仍有“把握”一词，器具被握在手中的的那一部分就是“把pɑ^{213}”，成了名词。与普通话相似，咸宁方言作动词用的“把”基本上不再单独表示“握”的含义，只在“把握”中体现出“握”的意思来。湖北方言动词“把”更多地表示“给”，例如：把几个苹果伊喫给几个苹果他吃！｜做么呢把得伊不把得我为什么给他不给我？实词虚化以后，湖北多数方言作介词用的“把”一身兼两职，相当于普通话的“把”和“被”，分别表示处置和被动，例如：伢崽把书落了小孩子把书弄丢了。｜牛把草喫了牛把草吃了。｜草把牛喫了草被牛吃了。前面两个“把”表示处置，后一个“把”表示被动。

（4）架kɑ^{44}双腿夹住脖子坐在肩头上——架kɑ^{213}垫起、码起、放置——打架tɕiɑ^{213}

小孩外出，有时需走很远的路，实在走不动了，大人就让小孩双腿夹住大人的脖子坐在肩头上，咸宁叫作“架kɑ^{44}”。“架kɑ^{213}”有“垫起、码起、放置”等义，例如：家业受潮容易烂，做一个东西把柜脚架起来家具受潮容易腐烂，做一个东西把柜子的脚垫起来。｜板凳到处都是箇，你都把伊架起来板凳到处都是的，你们把它码在一起。｜不晓得我娘把我箇书架得哪里去了，寻煞都寻不到不知道我妈妈把我的书放到哪里去了，找得要命也找不到。

（5）肚tɑu^{42}皮——肚tɑu^{213}钵中部鼓起像肚子的钵子

有一种钵子，中部向四周突出，就像人的肚子向外挺着一样，这种钵子被称为“肚钵”。咸宁方言“肚tɑu^{213}”比较常用，除作形容词外，还可作动词用，例如：伊屋生活过得好，尔看伊脸都肚起来了他家生活过得好，你看他的脸都鼓起来了。

（6）硬ŋã^{33}——硬ŋã^{213}人硌

如果有硬物使人体不适，咸宁说“硬ŋã^{213}”，例如：不穿鞋走路脚板硬得疼不穿鞋子走路脚板硌得痛。

（7）生sã^{44}米——生sã^{213}蛋下蛋

普通话既用“下蛋”也用“生蛋”，咸宁方言只说“生蛋”，由

“生sã^{44}米”的“生sã^{44}”音变而来，老百姓日常生活中经常用到，但往往不知道就是“生”字。卵生类动物下蛋咸宁方言都说“生蛋”，如：鸡生蛋｜鸭生蛋｜蛇生蛋｜蚕生子｜扑灯蛾生子｜鱼生子｜鱼鳅泥鳅生子。

（8）看k‘õ^{213}见——看k‘õ^{44}猪喂养猪

普通话的“看”也有音变构词现象，“看见”和“看护”两个词中的“看”读音就不一样，前面的读去声，后面的读阴平。但咸宁方言中“看护”的“看”与“看见”的“看”读音一致，都读k‘õ^{213}，例如：帮我把东西看一下。｜我看见一只狗。咸宁方言表示“看护”义的“看”还引申出其他意义：喂养、扶养、生育，且读作k‘õ^{44}，例如：看崽不读书，不如看只猪生儿子不供他读书，不如养一只猪。｜有爷娘看冇得爷娘教有父母生，没有父母教。第一个和第三个“看”表示“生育”，第二个“看”表示“喂养”。值得一提的是，在咸宁方言中，人与其他哺乳动物的生育所用动词不一样，“生小猪”“生小狗”分别叫“落猪崽”“落狗崽”，而“生小孩”叫“看伢崽”。在音变构词的背后，我们可以看到咸宁方言“看”在词义上的引申脉络：看见→看护→喂养、抚养→生育。

（9）承ts‘ən^{31}认——承sən^{31}起来垫起

普通话有“承受”一词，“承”，甲骨文字形上面像跽跪着的人，下面像两只手，合起来表示人被双手捧着或接着，本义为捧着。“受”，甲骨文字形像两手中间有一只舟，表示传递东西，本义为接受、承受。《说文》：“承，奉也。受也。”由此可见，“承”和“受”本是一对同义或近义词。普通话的“承受”，咸宁方言用单音节词“承”来表示，如：个把椅承不起伊这把椅子承受不起他的重量，《广韵》禅母平声蒸韵署陵切：“承，次也，奉也，受也。”音义俱合。

（10）射sɑ^{33}射出——射sɑ^{55}灯——射sɑ^{55}传染

“射出”的“射”，咸宁方言读sɑ^{33}，而“点灯”咸宁叫“射sɑ^{55}灯”，因为灯点亮了，光线射出，咸宁方言侧重的是结果，而不是点灯动作本身。咸宁方言的“射sɑ^{55}”还有“传染”义，传染和光线射出有类似之处。例如：红眼病射人红眼病传染人。

第二节　方普比较

本节主要讨论湖北方言词汇和普通话词汇之间的差异，分音节比较、语素比较、语义比较三个部分。

一、音节比较

古代汉语以单音节词为主，发展到现代，词语的双音节化趋势越来越明显。湖北方言由于地理、经济、文化等因素的限制，多数方言点的演变速度要落后于普通话。总体而言，湖北方言保留了一定数量的单音节词语，虽然也有普通话单音节词语对应于湖北方言双音节词语或多音节词语的情况，但这种情况相对较少。

1. **湖北方言单音节，普通话双音节（表3-2）**

表3-2　湖北方言与普通话词语音节比较表之一

湖北方言	普通话	湖北方言	普通话
怪	责怪	鞋	鞋子
事	事情	桃	桃子
箩	箩筐	橘	橘子
灰	灰尘	叶	叶子
烂	腐烂	兔	兔子
塘	池塘	猴	猴子
生	生日	鸽	鸽子
闪	闪电	柿	柿子
面	面条	脚	爪子
客	客人	虫	虫子

续表

湖北方言	普通话	湖北方言	普通话
谷	稻谷	钉	钉子
鞭	鞭炮	沙	沙子
田	水田	颈	脖子
地	旱地	伢	儿子
怕	害怕	曩	怎么
爹	爷爷	歇	休息
星	星星	悭	小气
爷	爸爸	粥	稀饭
娘	妈妈	拐	顽皮
舅	舅舅	绿	鄙视
哥	哥哥	嫌	讨厌
戏	玩儿	嗍	吮吸
雀	鸟儿	捡	收拾
把	把儿	妈	乳房
桌	桌子	褯	尿布
椅	椅子	冇	没有
筷	筷子	袱	毛巾
屋	房子	馍	馒头
梳	梳子	眼	窟窿
席	席子	涎	口水
竹	竹子	咳	咳嗽
瓶	瓶子	巷	胡同
绳	绳子	苕	红薯

续表

湖北方言	普通话	湖北方言	普通话
帽	帽子	堤	河岸
裤	裤子	蛮	非常

普通话用两个同义或近义语素构成的双音节词，湖北方言只用其中一个语素成词，如“怪”“灰”“塘”等；普通话重叠式合成词，湖北方言有的单说（尤其是赣语大通片），如“星”“娘”“哥”，具体情况详见语法一章的词法部分；普通话的一些儿化尾词，湖北方言无儿化尾，如“雀”“把”；普通话的一些子缀词语，湖北方言不用或少用子缀（主要是赣语大通片），如“桌”“瓶”“兔”“沙”；还有一些普通话双音节词语，湖北方言用完全不同的单音节语素来表示，如“嘞”“冇”“蛮”。

2. 湖北方言双音节，普通话单音节（表3-3）

表3-3 湖北方言与普通话词语音节比较表之二

湖北方言	普通话	湖北方言	普通话
罩子	雾	凌冰	冰
烟子	烟	龌龊	脏
笋子	笋	黢黑	黑
藤子	藤	碓白	白
梨子	梨	露水	露
杏子	杏	冤枉	白~跑一趟
枣子	枣	澌臭	馊
虾子	虾	强盗	贼
驴子	驴	天干	旱
骡子	骡	脑壳	头

续表

湖北方言	普通话	湖北方言	普通话
羊子	羊	造孽	穷
猪子	猪	凉沁	凉
猫子	猫	桴炭	炭
狗子	狗	桁条	檩
鸡子	鸡	旋窝	旋
鸭子	鸭	墨汁	墨
窗子	窗	毛影	虹
胯子	腿	要得	行
磨子	磨	刚刚	刚
砖头	砖	哪个	谁
高头	上	不快	钝
下头	下	尔郎	您
土巴	土	大蒜	蒜
泥巴	泥	一下	都
脸巴	脸	就要	快

普通话是单音节词，湖北方言用两个语素成词。有的是普通话不用“子”缀，湖北方言反而用“子”缀，如“罩子”“笋子”“羊子”“狗子”，这主要表现在西南官话湖广片和江淮官话黄孝片方言中，尤其是西南官话湖广片，这两个区域的一些方言“子”缀词语甚至超过了普通话。有些地方还出现了“子”缀叠用的情况，如荆门方言用“雪子子”表示“冰雹”，公安方言用“沙子子”表示“沙子”。对于“子”缀较少的赣语大通片，有的方言有类似“子”缀的成分，如咸宁方言的“桌嘞”“椅嘞”，通城方言的“桃仂”“梨仂”。有的加“头”缀，如“砖

头”“高头”“下头”；有的加“巴”缀，如“土巴”“泥巴”“脸巴”；有的采用同义、近义或类义语素构成双音节词，如“碓臼”“冤枉”“脑壳”“墨汁”。

总体而言，湖北方言的双音节词语要少于普通话，但受普通话的影响，湖北方言双音化的趋势日渐明显。

3. 湖北方言双音节或单音节，普通话多音节（表3－4）

表3－4 湖北方言与普通话词语音节比较表之三

湖北方言	普通话	湖北方言	普通话
拉稀	拉肚子	包菜	包心菜
一生	一辈子	皮蛋	松花蛋
做屋	盖房子	葵花	向日葵
冰棒	冰棍儿	番茄	西红柿
差点	差点儿	洋芋	马铃薯
凼	水坑儿	赚头	猪舌头
门槛	门槛儿	起子	螺丝刀
日白	聊天儿	米酒	江米酒
做事	干活儿	茶瓶	暖水瓶
过早	吃早饭	寻躲	捉迷藏
过中	吃午饭	抹牌	打扑克
宵夜	吃晚饭	打鼾	打呼噜
新娘	新娘子	打谜	猜谜语
家爹	外祖父	中秋	中秋节
家婆	外祖母	月半	元宵节
老表	表兄弟	初一	大年初一
媳妇	儿媳妇	星期日	星期天

续表

湖北方言	普通话	湖北方言	普通话
光棍	单身汉	讲古	讲故事
双生	双胞胎	巴结	拍马屁
白菜	大白菜	针	缝衣针

这种对应情况，并无明显规律。

4. 湖北方言多音节，普通话双音节或单音节（表 3－5）

表 3－5　湖北方言与普通话词语音节比较表之四

湖北方言	普通话	湖北方言	普通话
天狗吃日	日食	磕膝包儿	膝盖
天狗吃月	月食	屁股眼	肛门
山沟儿	山谷	屙屁屁	拉屎
吸铁石	磁铁	不好过	病了
正月间	正月	看医生	看病
八月十五	中秋	新郎官	新郎
腊月间	腊月	寻短见	自杀
三十夜	除夕	奶巴子	婴儿
最后头	末尾	小娃子	小孩
背后头	背后	儿子伢	男孩
花苞苞儿	花蕾	女伢子	女孩
梅花儿	梅花	老人家	老人
老鼠子	老鼠	隔壁的	邻居
檐老鼠	蝙蝠	种田的	农民
麻雀儿	麻雀	做生意的	商人

续表

湖北方言	普通话	湖北方言	普通话
夜蚊子	蚊子	叫花子	乞丐
饭蚊子	苍蝇	流打鬼	流氓
喜头鱼	鲫鱼	后来爷	继父
猪伢子	猪崽	后来娘	继母
洗脸袱子	毛巾	弟兄伙的	弟兄
手袱子	手绢	姐夫哥	姐夫
毛线衣	毛衣	妹夫子	妹夫
油果子	油条	孙伢子	孙子
叶子烟	旱烟	侄儿子	侄子
额脑壳	额头	屋里人	妻子
脸巴子	脸	碓窝子	臼
眼睛水	眼泪	老虎钳	钳子
喉咙管子	喉咙	划得来	合算
肩膀头儿	肩膀	玩狮子	舞狮
手膀子	胳膊	讨人嫌	讨厌
二指甲	食指	不好过	难过
中指甲	中指	不好意思	害羞

这种对应情况，并无明显规律。

二、语素比较

语素是最小的音义结合体，是构词单位。汉语中的自由和半自由语素是大量存在的，它们在语言中异常活跃，构词能力强，位置灵活，此外，汉语同义或近义语素也非常丰富，因此对于同一对象的指称，方言对语素的选择、组合和排列有一定的自由度。湖北方言与普通话构词语素的差异主要表现为三点：一是构词语素部分相同，部分不同；二是构词语素完全不同；三是构词语素相同，但构词顺序不同。

1. **构词语素部分相同，部分不同（表3-6）**

表3-6 湖北方言与普通话词语语素比较表之一

湖北方言	普通话	湖北方言	普通话
田	水田	围腰	围裙
塘	池塘	赚头	猪舌头
谷	稻谷	皮蛋	松花蛋
咳	咳嗽	麻油	香油
客	客人	米酒	江米酒
钉	钉子	冰棒	冰棍儿
鞭	鞭炮	舞饭	做饭
烂	腐烂	鼻子	鼻涕
信	相信	胡须	胡子
怪	责怪	反手	左手
该	应该	正手	右手
落雨	下雨	屙屎	拉屎
天道	天气	屙尿	撒尿
田塍	田埂	打屁	放屁
大水	洪水	灌脓	化脓
发火	失火	诊病	看病
冷水	凉水	吃妈	吃奶
滚水	开水	厨子	厨师
今日	今天	姆妈	妈妈

续表

湖北方言	普通话	湖北方言	普通话
前日	前天	姨爷	姨父
亘天	整天	老弟	弟弟
每日	每天	栽秧	插秧
中时	中午	割谷	割稻
下昼	下午	滚子	轮子
屋里	家里	斧头	斧子
上头	上面	旅社	旅馆
前头	前面	折本	亏本
花苞	花蕾	靛笔	钢笔
臭菜	香菜	走棋	下棋
大蒜	蒜	打牌	打扑克
北瓜	南瓜	讲古	讲故事
雀儿	鸟儿	打鼾	打呼噜
蜂糖	蜂蜜	失悔	后悔
脚鱼	甲鱼	认得	认识
牯牛	公牛	气色	气味
牸牛	母牛	自家	自己
脚猪	种猪	七月半	七月十五
牙猪	公猪	礼拜天	星期天
草猪	母猪	夜蚊子	蚊子
看猪	养猪	胖头鱼	鳙鱼
牙狗	公狗	手袱子	手绢
草狗	母狗	手指甲	手指

续表

湖北方言	普通话	湖北方言	普通话
家业	家具	大指甲	大拇指
围桶	马桶	走人家	走亲戚
锁匙	钥匙	不晓得	不知道
围颈	围巾	不认得	不认识

普通话是双音节词，湖北方言取其中一个语素，如：塘（池塘）、烂（腐烂）、该（应该）。湖北方言有的说法和普通话刚好相反，如“南瓜”湖北也可说“北瓜”，大概是因为相对地理位置的差异所造成；“香菜”湖北也可以说“臭菜”，大概是因为不同区域的人对香菜的气味有不同的心理感受。还有一些说法在湖北方言中是成系统的，如“上面”“下面”“前面”“后面”“里面”“外面”，湖北一般采用后缀“头”，较少使用“面”，对应的说法分别为“上头”“下头”“前头”“后头”“里头”“外头”。

2. **语素完全不同（表3-7）**

表3-7 湖北方言与普通话词语语素比较表之二

湖北方言	普通话	湖北方言	普通话
日头	太阳	做事	干活儿
凌	冰	碓窝子	臼
罩子	雾	起子	螺丝刀
干	旱	划得来	合算
堤	坝	用	花
日里	白天	该	欠
大年三十	除夕	寻躲	捉迷藏

续表

湖北方言	普通话	湖北方言	普通话
街上	城里	嗍	吮吸
高头	上面	把	给
后头	背后	毁	拧
谷	稻子	扯	拔
包谷	玉米	徛	站
番茄	西红柿	跍	蹲
苕	红薯	遮	挡
洋芋	马铃薯	藏	躲
檐老鼠	蝙蝠	收	藏
雀子	鸟儿	挨	摁
虰虰	蜻蜓	斫	砍
饭蚊子	苍蝇	揩	擦
蛤蟆	青蛙	泼	倒
菢	孵	丢	扔
割	阉～猪	落	掉
鐓	阉～鸡	寻	找
治～鱼	杀	背	扛
塆子	村庄	择	选
巷子	胡同	跶	摔
做屋	盖房子	蹦	跳
屋	房子	跑	逃
桁条	檩	歇	休息
调羹	汤匙	睏	睡

续表

湖北方言	普通话	湖北方言	普通话
袱子	毛巾	洗嘴	刷牙
箍子	戒指	忲	想
剃头	理发	想	打算
馍	馒头	着急	发愁
糍粑	年糕	过细	小心
宵夜	吃晚饭	欢喜	高兴
喝	抽	眼红	忌妒
筛	斟	怕丑	害羞
脑壳	头	折人	丢脸
涎	口水	冇得	没有
颈	脖子	晓得	知道
膀子	胳膊	日白	撒谎
屁股眼	肛门	细	小
腰子	肾	腈	瘦
日	肏	酽	稠
打摆子	患疟疾	冷	凉
发痧	中暑	龌龊	脏
有喜	怀孕	不快	钝
寻短路	自杀	晏	晚
进材	入殓	澌臭	馊
寿木	棺材	拐	坏
隔壁	邻居	抻敨	整洁
叫花子	乞丐	舍得	大方

续表

湖北方言	普通话	湖北方言	普通话
爹	爷爷	悭	小气
妈	奶奶	乘	辆
家公	外祖父	颗	粒
家婆	外祖母	餐	顿
爷	父亲	个人	自己
娘	母亲	三不之	偶尔
爹爹	公公	蛮	非常
一哥	姐夫	才	刚
崽	儿子	跟	和
屋里	妻子	照	按

普通话是单音节词，湖北方言少数是双音节或多音节词，如：罩子（雾）、脑壳（头）、碓窝子（臼），大多数则用不同的单音节语素构词，如：用（花）、徛（站）、揿（按）。有意思的是，在单音节语素的选择上，表现出了南北方言的差异性，且普通话和湖北方言所用语素往往可以构成合成词，如：凌冰（湖北方言用“凌”，普通话用“冰”）、稻谷（湖北方言用“谷”，普通话用“稻”）、堤坝（湖北方言用“堤”，普通话用“坝”）、房屋（湖北方言用“屋”，普通话用“房”）、收藏（湖北方言用“收”，普通话用“藏”）、躲藏（湖北方言用“藏”，普通话用“躲”）、寻找（湖北方言用“寻”，普通话用“找”）、选择（湖北方言用“择”，普通话用“选”）、蹦跳（湖北方言用“蹦”，普通话用“跳”）、掉落（湖北方言用“落”，普通话用“掉”）、逃跑（湖北方言用“跑”，普通话用“逃”）、遮挡（湖北方言用“挡”，普通话用“遮”）、按照（湖北方言用“照”，普通话用“按”）、细小（湖北方言

用“细”，普通话用“小”）、干旱（湖北方言用“干”，普通话用“旱”）、刚才（湖北方言用“才”，普通话用“刚”）。

普通话是双音节词或多音节词，湖北方言有些是单音节词，如：苕（红薯）、屋（房子）、妈（乳房）、悭（小气）。

3．语素相同，但构词顺序不同（表3－8）

表3－8　湖北方言与普通话词语语素比较表之三

湖北方言	普通话	湖北方言	普通话
狗公	公狗	盘算	算盘
鸡公	公鸡	刀剪	剪刀
鸭公	公鸭	鞋拖	拖鞋
猫公	公猫	电闪	闪电
牛公	公牛	亮月	月亮
猪公	公猪	后背	背后
鸡母	母鸡	忌妒	妒忌
鱼鳝	鳝鱼	卫护	护卫
花菜	菜花	去回	回去
菜蔬	蔬菜	妒忌	忌妒
人客	客人	气力	力气
弟兄	兄弟	闹热	热闹
子侄	侄子	么什	什么
火柴	柴火	欢喜	喜欢
钱纸	纸钱	宵夜	夜宵
言语	语言	脸嘴	嘴脸
该应	应该	实诚	诚实

以“公鸡”和“鸡公”为例，由下表可以看出（表3－9），湖北50

个方言点中，仅有钟祥、赤壁等12地与普通话完全一致；蔡甸、大冶等25地说“鸡公”；武汉市区说“公鸡子”或“鸡公”。如果把方言区分成“公鸡型”和“鸡公型”，“公鸡型”带有北方方言的特征，这从下表的地域来看，基本上如此，越靠北说“公鸡”的越多，越靠南说“鸡公”的越多。总体而言，湖北方言南方方言的特征强于北方方言。个别同素异序的词语意义不同，不属于此类情况，如湖北方言的“色气”相当于普通话的“颜色”，普通话的“气色”是指人表现出来的精气神，湖北方言中，“气色”表示“气味”。

表3－9 湖北方言与普通话词语语素比较表之四

钟祥	公鸡	仙桃	鸡公
赤壁	公鸡	长阳	鸡公
随州	公鸡	荆门	鸡公
巴东	公鸡	建始	鸡公
兴山	公鸡	武穴	鸡公
保康	公鸡	荆州	鸡公
宜城	公鸡	宜昌	鸡公
房县	公鸡	汉川	鸡公
竹溪	公鸡	五峰	鸡公
襄阳	公鸡	宜都	鸡公
广水	公鸡	公安	鸡公
丹江口	公鸡	咸丰	鸡公
神农架	公鸡/公鸡头子	安陆	鸡公
武汉市区	公鸡子/鸡公	鹤峰	鸡公
蔡甸	鸡公	通山	鸡公头
大冶	鸡公	黄陂	鸡公/公鸡
崇阳	鸡公	新洲	叫鸡

续表

英山	鸡公	红安	叫鸡
黄石	鸡公	恩施	叫鸡公
孝感	鸡公	黄冈	叫鸡公
蕲春	鸡公	郧阳	老公鸡/公鸡头子
阳新	鸡公	江夏	骚鸡公
嘉鱼	鸡公	黄梅	骚鸡公
咸宁	鸡公	天门	骚鸡公
监利	鸡公	通城	样鸡

三、语义比较

为了深入地挖掘湖北方言词汇与普通话词汇的差异，下面从词汇意义、语法意义、色彩意义三个方面，对湖北方言与普通话的语义进行比较。

1. 意义

湖北方言中有些词语与普通话词形相同，词汇意义有如下几种情况：词汇意义完全相同、词汇意义同中有异、词汇意义完全不同。词汇意义同中有异，又可分为两种情况：湖北方言词语的义项多于普通话的义项、湖北方言词语的义项少于普通话的义项。词汇意义完全相同的这里不再赘述。

（1）湖北方言词语的义项多于普通话的义项

湖北方言词语的义项比普通话词语多，即同一词形在湖北方言中的意义有多种，而在普通话中只有其中一部分意义（表3－10）。

表 3－10 湖北方言与普通话词语语义比较表之一

例词	湖北方言	普通话
鼻子	①鼻子 ②鼻涕	有①无②
手	①手腕以下部分 ②小臂 ③大臂 ④整只手臂	有①无②③④
脚	①脚踝以下部分 ②小腿 ③大腿 ④整条腿	有①无②③④
指甲	①指（趾）端背面扁平的甲状结构 ②手指，如：大～（大拇指）	有①无②
肉	①名词，动物等的肌肉 ②形容词，反应迟钝，如：这车开起来蛮～ ③形容词，胖，如：那个人好～	有①无②③
清	①水清 ②稀，不稠，与酽相对，如：粥太～了	有①无②
罩子	①罩在物体外面起保护或装饰作用的器具 ②蚊帐 ③雾	有①无②③

续表

例词	湖北方言	普通话
落	①掉下来，往下降 ②下，如：～雨、～雪 ③遗留在后面 ④丢失，如：他把我的书～了	有①③无②④
哥	①兄 ②姐姐	有①无②
屋里	①房子里面 ②妻子	有①无②
苕	①名词，红薯 ②形容词，傻、蠢	有①无②
豌豆	①豌豆，若要与蚕豆区分，可以说“麦豌” ②蚕豆	有①无②
把	①介词，表处置 ②动词，给，如：～几块钱得我用 ③介词，表被动，相当于“被”，如：草～牛吃了	有①无②③
木头	①木料 ②棺材	有①无②
屋	①单间的 ②整栋的	有①无②
气色	①一个人的精气神 ②气味，如：身上有～	有①无②

续表

例词	湖北方言	普通话
煨	①烹饪的一种 ②使暖和，如：～脚	有①无②
蚊子	①蚊子，若要与苍蝇区分，可说“夜蚊子” ②苍蝇，若要与蚊子区分，可说“饭蚊子”	有①无②
麻木	①肢体失去感觉 ②三轮交通工具	有①无②

有些说法，全省通用，如：手包括“手臂”；脚包括“腿”。有些说法，西南官话多数方言通用，如：蚊子包括“蚊子”和“苍蝇”。有些说法，赣语少数方言可以用，如：哥包括“哥哥”和“姐姐”。

（2）湖北方言词语的义项少于普通话的义项

普通话词语的义项比湖北方言词语多，即同一词形在普通话中的意义有多种，而在湖北方言中只有其中一部分意义（表3－11）。

表3－11 湖北方言与普通话词语语义比较表之二

例词	普通话	湖北方言
折	①折叠、打折 ②使断成两截	有①无②
谷	①稻谷 ②农作物统称	有①无②
糠	①稻麦等子实的皮或壳（多指脱下来的） ②萝卜因失掉水分而中空	有①无②
房	①单间 ②整栋的房屋	有①无②

续表

例词	普通话	湖北方言
晏	①迟、晚 ②天清无云 ③鲜艳	有①无②③
炭	①木炭 ②煤	有①无②
面	①面条 ②脸 ③粉末，如：辣椒~	有①无②③
颜色	①色彩 ②脸色，如：给点~他看看	有①无②
田	①水田 ②旱地	有①无②
丢	①扔 ②遗失	有①无②
跌	①下降，如：~价 ②摔倒	有①无②

由于普通话词语的某些义项湖北方言可以改用其他词语来表示，所以普通话词语的义项多于湖北方言的情况比较少。

（3）词汇意义完全不同

普通话和湖北方言词语的词形完全一致，但词汇意义完全不同（表3-12）。

表 3－12 湖北方言与普通话词语语义比较表之三

例词	普通话	湖北方言
太太	对已婚女子的尊称	曾祖母
婆婆	丈夫的母亲	老年妇女或祖母
爹	父亲	祖父
爷	父亲	祖父
妈	母亲	祖母
姑娘	未婚女性	姑妈
姑爷	姑父	女婿
对手	竞赛或斗争的对方	帮手，如：找一个人来做～
袱	妇女的包头巾	毛巾
红叶	红色的叶子	媒人
零碎	细碎的东西	零食
天道	日月星辰等天体的运行规律	天气
火气	人体中的热量	运气
杨树	杨树	柳树
柳树	柳树	杨树
看	看护	饲养、抚养、生育
向	对着	放，如：～盐
炙	烤肉	烤火，如：～火
戳	用锐器的尖端刺击	性交
过早	吃早餐	时间太早
讲礼	客气	讲礼貌
清白	品行端正无污点及廉洁自律等	清楚、明白
造孽	干坏事	可怜

续表

例词	普通话	湖北方言
气色	人的精气神	气味
歇	休息	睡觉
找不到	找不着	不知道、不清楚
呼	把体内的气体排出体外	吸，如：~烟
拐	动词，转弯	形容词，调皮、坏
下地	去田地里干活	完成、结束
绽	开放、破	缝补，如：~扣子
吃亏	遭受损失	辛苦，客套话
服	降服、顺从	搭配，如：~汤

有些说法，基本上全省通用，如：毛巾的核心语素是“袱”；造孽表示“可怜”；气色表示“气味”；拐有“坏”的意义。还有一种特殊现象值得关注，湖北方言中有些词语的意义和普通话刚好相反。如仙桃方言、天门方言中，“爹”是指爷爷，而“爷”是指父亲；大悟方言中，“杨树”是指柳树，而“柳树”是指杨树；还有些方言“呼”是指吸，比如呼烟（抽烟），如监利方言、荆州方言。

2. 语法意义

词的语法意义是指词用于句子中与其他词产生的关系意义。这里作较为宽泛的理解，涉及词的用法。与普通话相比，湖北方言在语法意义上存在一些差异，主要表现在两个方面：词的兼类和词语搭配。

（1）词的兼类

词的兼类是指词在意义上有联系，并在不同的场合经常具备两类或两类以上词类的语言现象。如普通话中的“背”，同时兼有名词（背部）和动词（扛）两种词类，湖北方言中也有这类常见的兼类现象，还有一些则是普通话中没有或不常见的，以下举例说明。

掌，湖北方言既可做名词，表示“手掌”，也可做动词，表示“扶”，如：把树帮我掌倒帮我把树扶着。肚，既可做名词，表示“肚子”，也可做动词，表示“鼓起”，如：年过完了，脸都肚起来了年过完了，脸都鼓起来了。有一种肚子鼓起来的钵子，有些方言如咸宁方言叫做“肚钵”。耳，既可做名词，表示“耳朵”，也可做动词，表示“理睬”，如：我跟他说话，他都不耳我我和他说话，他都不理睬我。车，既可做名词，表示“车辆”，也可做动词，表示“转身”，如：车过身来跟我说话转过来来跟我说话。水，既可做名词，表示“无色无味透明的液体”，也可做形容词，表示“质量差”，如：这双鞋太水了这双鞋子质量太差了。

红，湖北方言既可做形容词，表示“红色”，也可做动词，表示“争吵”，如：婆媳关系好得很，从来冇红过脸婆媳关系很好，从来没有争吵过。绿，既可做形容词，表示“绿色”，也可做动词，表示“用眼睛瞪”，如：我刚才跟你说话，他在那边绿我我刚才跟你说话，他在那边用眼睛瞪我。硬，既可做形容词，表示“坚硬”，也可做动词，表示“硌”，如：打赤脚走路，石头子硬人光着脚走路，石头子硌人。

把，本义是“握、拿”，做动词，除此之外，还可做名词、量词、介词。湖北方言中的“把”也兼具这几种词性，但是在具体用法上与普通话存在区别。做动词时，湖北方言更多表示“给”的意义，如：把一本书得我给我一本书。做介词时，湖北有些方言的“把”兼有“处置”和“被动”的功能，尤其是表示“被动”，如：牛把草喫了牛把草吃了｜草把牛喫了草被牛吃了，在赣语大通片方言中是同义句式。

（2）词的搭配

在词的搭配上，湖北方言与普通话存在一些差异。主要表现为以下几个方面：动宾搭配、量词搭配及其他搭配。

①动宾搭配

动宾结构中，在宾语一致的前提下，宾语前面的动词性成分往往有很大的自由度，这在普通话和方言中呈现出差异性来。以普通话的“抽烟”为例，在湖北方言中就有不同的搭配（表 3－13）。与普通话完全一致的仅有钟祥一地；宜城可说“抽烟”，也可说“吸烟”；安陆可说“抽烟”，也可说“吃烟”；绝大多数方言点说“吃烟”，其中黄陂、丹江口、郧阳、神农架也可以说“吸烟”，随州也可以说“抽烟”，嘉鱼也可以说“嘣烟”，竹溪也可以说“咂烟”；较有特色的是建始、天门、仙桃、荆门、五峰、公安、鹤峰等地说“喝烟”，在普通话的语义系统中，“喝”的对象一般是流质的，而不是气体，外地人初到这些地方，见面寒暄时，对方敬烟时会说“您喝不喝烟啊您抽不抽烟？”或说“喝根烟抽根烟？”在没有看到香烟的情况下，只是单纯听到对方口头上这样说，一般人都会一愣，不明白对方的意思，当看到对方递过来的香烟时，又会恍然大悟。“喝烟”的说法，对外地人来说完全是耳目一新，通过这一说法也使人们对当地方言有了较为直观的认识；有些方言点说“吸烟”，如黄石、襄阳、保康、黄梅等地；有些方言点说“呼烟”，如监利、荆州、长阳、宜都等地；咸丰说“逮烟”或“喝烟”；通城“呷烟”等同于“吃烟”，只是用字不同；咸宁说“嘣烟”。

表 3－13　湖北方言与普通话词语语义比较表之四

钟祥	抽	黄陂	吃/吸
宜城	抽/吸	丹江口	吃/吸
安陆	抽/吃	郧阳	吃/吸
武穴	吃	神农架	吃/吸
宜昌	吃	随州	吃/抽
江夏	吃	嘉鱼	吃/嘣
蕲春	吃	竹溪	吃/咂
孝感	吃	建始	喝
新洲	吃	天门	喝
黄冈	吃	仙桃	喝
武汉	吃	荆门	喝

续表

红安	吃	五峰	喝
英山	吃	公安	喝
汉川	吃	鹤峰	喝
蔡甸	吃	监利	呼
恩施	吃	荆州	呼
大冶	吃	长阳	呼
阳新	吃	宜都	呼
通山	吃	黄石	吸
赤壁	吃	襄阳	吸
广水	吃	保康	吸
巴东	吃	黄梅	吸
房县	吃	咸丰	逮/喝
兴山	吃	通城	呷
崇阳	吃	咸宁	嗍

再以普通话的“下雨”为例，在湖北方言中有“下雨”和“落雨”两种表述（表3－14）。与普通话完全一致的地区有钟祥、长阳等，共计28地；咸丰、蕲春既可以说“下雨”也可以说“落雨”；湖北方言说“落雨”的地区有武汉市区、黄石等共计22地，其中，安陆也可以说“下雨”，江夏也可以说“天塞”。“落”和“下”原本有别，“凡草曰零，木曰落”（《说文解字》），“落”本义是指“树叶掉下”，是个动词，且有自上而下的运动轨迹，叶落和雨落具有相似性。“下”是指事字，表示事物的相对位置关系，即一事物在另一事物的底下，最初可视为方位词，后来演变为动词。“下雨”和“落雨”并存，由来已久，较为口语的文献中更多地写作“落雨”。人们熟知的俗语“天要下雨，娘要嫁人”，最初写作“天要落雨，娘要嫁人”，清代学者王有光在《吴下谚

联》中对“天要落雨，娘要嫁人”条作注说：“天，纯阳无阴，要落雨则阳之求阴也。娘，孤阴无阳，要嫁人则阴之求阳也。如矢赴的，如浆点腐，其理如是，其势如是。”①

表 3－14　湖北方言与普通话词语语义比较表之五

钟祥	下雨	武穴	下雨
长阳	下雨	咸丰	下雨/落雨
巴东	下雨	蕲春	下雨/落雨
房县	下雨	武汉市区	落雨
丹江口	下雨	黄石	落雨
神农架	下雨	大冶	落雨
襄阳	下雨	黄冈	落雨
竹溪	下雨	黄陂	落雨
郧阳	下雨	英山	落雨
保康	下雨	红安	落雨
兴山	下雨	阳新	落雨
公安	下雨	蔡甸	落雨
宜都	下雨	广水	落雨
五峰	下雨	通山	落雨
宜昌	下雨	咸宁	落雨
荆州	下雨	孝感	落雨
恩施	下雨	新洲	落雨
建始	下雨	汉川	落雨
宜城	下雨	赤壁	落雨
荆门	下雨	嘉鱼	落雨

① 《中国俗语大辞典》，上海辞书出版社，1989 年，第 875 页。

续表

仙桃	下雨	崇阳	落雨
天门	下雨	通城	落雨
随州	下雨	鹤峰	落雨
黄梅	下雨	安陆	落雨/下雨
监利	下雨	江夏	落雨/天塞

与“落雨”相对应，“下雪”“下冰雹”在湖北以上方言点中，基本上也都说成“落雪”“落冰雹”。此外，动物如猪、牛、羊等分娩，湖北也有一些方言点用“落”，如咸宁方言、通山方言说“落崽”。东西掉落或不见了，普通话一般说“掉”，湖北有不少方言要说“落”。“掉”本义是“摇摆”，属于水平面上的位移，与“落”有方向上的差异，所谓“尾大不掉”，字面上是说尾巴太大，不便于调整头尾的方向。东西掉落在地上或东西遗失不见了（主要表现为掉落到地面上），都是自上而下的过程，外地人听湖北人说“落雨”“东西落了”，觉得特殊，甚至认为怪异，实际上这是湖北方言保留了古代汉语词汇的某些基本意义和用法。

反之，在动词性成分一致的情况下，普通话和方言中能与之搭配的宾语也有不同。以“打”为例，由于具有相当强的构词能力，能搭配许多不同的宾语，这从普通话中就可见一斑。普通话的常规搭配在湖北方言中也能见到，如“打酱油”“打光棍”“打毛衣”，湖北江汉平原方言还从“打毛衣”类推出了“打网（编织鱼网）”。湖北方言在普通话常规搭配之外，还有许多有特色的表述，如“潜水”“翻跟斗”，仙桃方言、天门方言等说“打鼓球”“打翻叉”。这里以咸宁方言为例，列表说明一些普通话无对应说法的搭配（表3－15）。

表 3-15　湖北方言与普通话词语语义比较表之六

咸宁方言	普通话	咸宁方言	普通话
打豁闪	闪电	打摞	打扮
打霜	下霜	打车转	转圈
打井	挖水井	打一伙车	走一趟
打硪	抬起石头夯筑	打退退	连续后退
打叶	采叶踩入泥中做肥料	打泥滚	在泥土中翻滚
打猪草	扯野菜给猪吃	打赤睾	裸露下体
打捞	猪吃食时留下粗食	打赤膊	裸露上体
打块尘	过年前的大扫除	打脾寒	发疟疾
打伙	合伙	打冷噤	因寒冷而发抖
打火	救火	打尿噤	撒尿时发抖
打平伙	凑份子聚餐	打咇	呕吐
打乐伙	集体起舞时的呼声	打饿督	吃得太饱引起胃部痉挛
打谜	猜谜语	打屁	放屁
打汤	做汤	打策	撒谎
打米	加工大米	打皱	起皱
打谷	稻谷脱粒	打被	踢被子
打菜	批发蔬菜	打条	立字据
打牛作	赎卖牛	打证明	开证明
打人命	女方死后娘家聚众暴力讨说法	打眼	显眼
打皮姘	通奸	打水	禽类交配
打孤老	孤独的老年生活	打黄露	果实开始成熟
打脱离	离婚	打苞	长出花骨朵

这些词语，有的从字面上很容易引起误会，如“打车转”和“打一伙车”，其中的“车”都有“转动身体”的含义；“打叶”“打米”和“打谷”等和特定的生产生活相关；“打人命”和“打皮姘”则反映了特定的社会习俗或者人际关系。如果缺少对这些词语的认识和理解，势必引起交际上的困难。

②量词搭配

在量词搭配上，湖北方言与普通话也存在一定的差异。赣语大通片通城方言、阳新方言可以在不出现数词或指示代词的情况下，量词直接与名词组合，如：

1）只鸡在也生蛋一只鸡在那生蛋。

2）盒烟是哪个咯那盒烟是谁的？

3）支靛水笔冇得水这支钢笔没有墨水。

湖北方言名量词“只”的搭配范围要比普通话广，如：一只马（一匹马）、一只牛（一头牛）、一只鱼（一条鱼）、一只蛇（一条蛇）。名量词“个”的搭配范围也要比普通话广，如：一个蚊子（一只蚊子）、一个鱼（一条鱼）、一个嘴（一张嘴）、一个席子（一领席子）、一个眼镜（一副眼镜）、一个事情（一件事）。还有一些与普通话明显不同的名量词，如：一栋房子（一座房子）、一乘车（一辆车）、一餐饭（一顿饭）、一皮叶（一片叶子）、一角钱（一毛钱）、一点尕东西（一点东西）。动量词“餐”与名量词“餐”相同，如：打一餐（打一顿）。“回”经常性做动量词，如：去了一回（去了一趟）、说了一回（说了一次）。动量词有重叠的现象，如：打了一下下（打了一下）。

③其他搭配

“哒”在湖北方言中相当于动态助词“了”，普通话里以“了”为动态助词的地方，在西南官话湖广片大多数方言中都可以用“哒”来替代。“哒”常常附着在动词性或形容词性语素后面，还可以放在表顺序义的名词性语素后面，表示动作完成或状态、变化的实现。如：

吃哒（吃了） 来哒（来了） 死哒（死了） 变哒（变了） 下雨哒

（下雨了）

熟哒（熟了）拐哒（坏了）快哒（快了）脏哒（脏了）天黑哒（天黑了）

春天哒（春天了）冬天哒（冬天了）小学哒（小学了）初中哒（初中了）

“只个 + V”是通行于赣语大通片的搭配，湖北其他地方的方言也有时会用到。V 是动词，“只个”与 V 搭配后表示动作的持续进行，可以理解为“一直 V”或“不停地 V”，如：

只个跑（一直跑）只个蹦（一直跑）只个搐（不停地抽搐）只个笑（不停地笑）

与“只个 + V”相对应的“VV + 甚”，是通行于西南官话的搭配，赣语大通赤壁方言、嘉鱼方言也有这种用法。动词重叠后与“甚”搭配也表示动作的持续进行，也可以理解为“一直 V”或“不停地 V”。如：

哼哼甚（一直哼）翻翻甚（一直翻）颤颤甚（不停地颤动）咚咚甚（不停地咚咚响）

与“只个 + V”不同的是，“VV + 甚”主要做谓语，也可以充当补语，而“只个 + V”不仅能做谓语、充当补语，还可以充当状语。如：

4）眼皮跳跳甚眼皮一直跳。

5）他累得哼哼甚他累得一直哼。

6）风把树枝吹得颤颤甚风把树枝吹得不停地颤动。

7）塘嘞箇水只个洭池塘里的水不停地流淌。

8）伊急得只个吼他急得不停地吼叫。

9）火车只个鸣箇开走了火车一直鸣叫着开跑了。

“V + 不赢”是普通话和绝大多数方言通用的搭配，但是在西南官话湖广片的一些方言如仙桃方言、天门方言中，还有一种可以替代的搭配，即“V + 不彻”，可以理解为“V 不赢”或“V 不及”或“来不及 V”。如：

10）搞不彻（搞不赢）忙不彻（忙不赢）跑不彻（跑不及）种不

彻（来不及种）

11）水来了，跑都跑不彻水来了，跑都跑不赢。

12）最近事情忙不彻最近事情忙不赢。

"V + 着"是普通话和一些方言中通用的搭配，但湖北方言赣语大通片、江淮官话黄孝片基本上用"V + 倒"，西南官话湖广片则以"V + 倒"为主，有些方言也可以说"V + 着"。"V + 倒"除了表示动作正在进行，还可以表示祈使，动作不一定已经发生。如：

13）巴倒（贴着）徛倒（站着）跍倒（蹲着）睏倒（睡着）看倒（看着）听倒（听着）

14）壁上巴倒一张地图墙上贴着一张地图。

15）你跟我徛倒你给我站着！

"V + 倒"还可以与"在"配套使用，以出现为常。如：

16）电视开倒在电视机开着。

17）脑壳歪倒在头歪着。

"V + 头$_2$"是普通话和一些方言中通用的搭配，表示"某事情值得去V"，如：看头、想头、说头、奔头。但赣语大通片中有些方言还可以说"V + 首"，如咸宁方言动词性语素加"头$_2$、首"都可以表示动作的价值，因而呈现出"V + 头$_2$"和"V + 首"并存的局面，例如：搞首（头$_2$）｜喫首（头$_2$）｜看首（头$_2$）｜说首（头$_2$）｜想首（头$_2$）｜做首（头$_2$）。

"首"出现得较早，"头"在战国时期才出现，从这个意义上讲，"V + 首"应该是古语在湖北方言中的遗存，而"V + 头$_2$"则明显是从普通话渗入湖北方言。从方言的现状来看，"V + 头$_2$"和"V + 首"并非平分秋色，"V + 首"仍然比"V + 头$_2$"常用，前者的使用频率比后者高一些。从发展趋势来看，根据普通话的强势影响，我们可以推测"V + 首"会被"V + 头$_2$"取代。

西南官话湖广片江汉平原上的一些方言除了可以说"V + 头$_2$"外，还可以说"V + 场"，如天门方言：

18）那个讲座有没有听场啊那个讲座有没有听头啊？

19）这个电影特效不行，没得看场这个电影特效不好，没有看头。

3. 色彩意义

色彩意义又称附属意义，是依附于理性意义的词义内容。这里从感情色彩、语体色彩、形象色彩三个方面来说明。

（1）感情色彩

感情色彩是人们对客观事物所表达的赞许、喜爱或者厌恶、贬斥态度。古人认为越卑贱的东西越有生命力，所以为了让孩子能健康长大成人，湖北人的父辈在给小孩取名的时候，会给男孩子取低贱甚至恶俗的乳名，如：猪宝、二狗、矮脚、丑屄等。表面上看是贬低，实际上是褒扬，因而这些名字都蕴含着父母对子女疼爱、重视的感情。下面分褒贬说明湖北方言词语的感情色彩。

大指甲，在湖北方言中可以表示“大拇指”，当对一个人说“大指甲”时，就是表示肯定与赞赏。灵醒，表示“漂亮”。逗人疼，表示“可爱”。乖，表示“听话”。斯文，表示“有涵养、文质彬彬”，如：一看就是个斯文人。老者，表示“老人家”，在问路时，如果对方是老人，一般要尊称对方为“老者”，如：请问尔郎这老者请问您老先生。如果称对方为“老脚”，则表示大不敬。

右客，在湖北方言中表示“女性”，与之对应的是“男客”。之所以把女性称为右客，大概与中国人以左为尊有关，中国人习惯用右手，在坐座位时，坐在右边的人，容易被左边的人的右手挥舞到，所以身份尊贵的人一般坐在左边。右客一词本身就包含着对女性身份和地位的轻视。糸屑，表示“琐碎或啰嗦”，糸，是细丝，屑，是头屑、皮屑，合在一起就有了“细小、琐碎”的含义，当一个人说话过于琐碎时，就会被人称之为“糸屑”，引申开来，也就有了啰嗦的意义了。嚼蛆，意义基本上等于糸屑，只不过更加恶俗，直言他人说话如同咀嚼蛆虫。寝尸，一个人好逸恶劳，他人在劳作，自己却在家里躺着享福，就会被他人责骂寝尸。寝尸一词应当来自《论语》中的“寝不尸”，意思是说在自己家里躺着的时候，不要直挺挺地躺着（很吓人），只有人死了才会穿戴整齐，直挺挺地停尸床上。老儿，表示不熟悉或瞧不起的人，如：这个老儿不是什么好人。

湖北方言有些词语的感情色彩与普通话存在差异，如“肉”在湖北方言可以表示“肥”“胖”的意义，“肉猪”在普通话中表示猪的品种（食用型），而湖北方言可以用来骂人，带有明显的贬义；“肉”不仅可以用来形容动物，也可以用形容人，如咸宁方言：个个人好肉这个人太胖了。“傲”在普通话中有明显的贬义，而湖北方言为褒义，表示“技艺高超”等，如大悟方言：我的师傅修车手艺蛮傲我师傅修车的手艺特别好。“能”在普通话中有明显的褒义，而湖北方言为贬义，表示“逞能”，如咸宁方言：像个龙（能）灯，通过“龙”来谐音“能”，表示鄙视。

（2）语体色彩

语体色彩又叫文体色彩，有些词语由于经常用在某种语体中，便带上了该语体所特有的色彩，主要分为书面语色彩和口语色彩两种。湖北方言词语中有的语体色彩鲜明，如“父亲”用于书面语，“爸”“爸爸”“爷”等用于口语；“马铃薯”用于书面语，“土豆”或“洋芋”用于口语；“今天”“明天”等用于书面语，“今日”“明日”等用于口语。

湖北有些方言词语的语体色彩与普通话不一样，在普通话里是书面词语，在湖北方言里却是常用口语词，如阳新方言“何”表示“什么”，“是何”表示“是什么”，“何解”表示“怎么办”。咸宁方言“奈何”表示“怎么办”，“奈不何”表示“没有办法”，招待客人时经常用“怠慢”，如：怠慢尔郎怠慢您了。

湖北方言词语的语体色彩还表现在湖北方言尤其是赣语大通片方言有文白异读现象。白读音对应的是方言常用口语，文读音则是书面语，详见第二章“文白异读”一部分。

（3）形象色彩

词的形象色彩是指除了概念意义之外，还能通过人的感官激发人的想象力，给人生动形象的感受。形象色彩包括形体、动作、颜色、声音、触感等方面，其中形体色彩居多。湖北人在造词时往往抓住事物的特点，充分发挥想象力，使一些词语带有生动的形象色彩。

胖头（鱼），湖北方言是指鳙鱼，因为这种鱼的头很大，说“胖头（鱼）”，形象生动，一听便知，不像鳙鱼那么晦涩难懂。同理，狭鲢，是指白鲢，因为这种鱼体型扁狭。脚鱼，是指甲鱼，普通话强调它有坚硬的壳，湖北方言强调它有四只脚。罩子，可以表示雾，当雾气弥漫的时候，人所处的位置就像是被笼罩起来了。壁陡，是指陡陗，墙壁呈九十度，是陡峭的极限了。以上是形体色彩。

发泡，湖北方言是指炫耀，物体浸水以后，会发胀膨大，这就是发泡，而人说大话，显摆自己也是个自我膨胀的过程。打摆子，是指患疟疾，人感染此病后，会出现反复性寒战，全身摆动，所以叫做“打摆子”。拨火棍（喻指思想倦怠，不愿行动的人），有些人，需要推一下，才能动一下，就像烧火的时候，用拨火棍拨一下，火才能旺一下。滚子，是指轮子，普通话强调它是轮状物，湖北方言强调它可以滚动。以上是动作色彩。

有些形容词的生动形式，给人颜色上的视觉冲击，如：白雪喽、绿挨、黄拢，听话者能即刻联想到具体的事物。刺骨嗲，湖北方言指知了，在炎热的夏天，知了不停地鸣叫，让人心烦意乱，仿佛刺入人的骨髓。冰铁斥，湖北方言指寒冷，就像冬天人体触摸冰块、铁棒后缩手，是触觉上的感受。

四、相似度比较

按照地理分布、人口数量和影响能力，武汉方言、荆州方言、宜昌方言、恩施方言、襄阳方言、十堰方言可作为西南官话的代表方言。黄孝片黄冈方言、孝感方言可作为江淮官话的代表方言。黄石方言、咸宁方言可作为赣语大通片的代表方言。在1200条常用词语中[①]，通过对各代表方言与普通话词汇完全相同词条进行统计，湖北方言代表点与普通话说法完全一致的词条有134条（除开常见数词），占比11.16%（表3－16）。

表3－16 湖北方言与普通话词语相似度比较表之一

普通话	湖北方言	普通话	湖北方言
月亮	月亮	嚼	嚼
风	风	舔	舔
雷	雷	含	含
雨	雨	吐	吐
雪	雪	摸	摸
霜	霜	剥	剥
山	山	撕	撕
火	火	坐	坐
水	水	爬	爬
冬至	冬至	跑	跑
上去	上去	插	插
进去	进去	剁	剁
出来	出来	滴	滴
出去	出去	捡	捡
树	树	抬	抬
杉树	杉树	洗	洗
牡丹	牡丹	烧	烧

① 数据来源于中国语言资源保护工程基于《中国语言资源调查手册·汉语方言》的湖北方言调查数据，以及湖北自主调查的80个方言点的调查数据（含十堰方言）。

续表

普通话	湖北方言	普通话	湖北方言
水果	水果	要	要
苹果	苹果	有	有
棉花	棉花	是	是
油菜	油菜	不是	不是
芹菜	芹菜	大	大
韭菜	韭菜	细	细
葱	葱	长	长
丝瓜	丝瓜	短	短
鱼	鱼	短	短
马	马	宽	宽
东西	东西	窄	窄
床	床	高	高
枕头	枕头	矮	矮
缸	缸	远	远
锁	锁	深	深
脱	脱	浅	浅
系	系	方	方
扣	扣	尖	尖
豆浆	豆浆	平	平
菜	菜	肥	肥
豆腐	豆腐	紫	紫
鸡蛋	鸡蛋	灰	灰
酱油	酱油	多	多
盐	盐	少	少

续表

普通话	湖北方言	普通话	湖北方言
煮	煮	弯	弯
炸	炸	热	热
蒸	蒸	快	快
饿	饿	慢	慢
头发	头发	早	早
眉毛	眉毛	新	新
手	手	旧	旧
屁股	屁股	痒	痒
肿	肿	辣	辣
痣	痣	好	好
满月	满月	对	对
死	死	错	错
菩萨	菩萨	懒	懒
祠堂	祠堂	几个	几个
和尚	和尚	只	只
人	人	床	床
亲戚	亲戚	双	双
师傅	师傅	条	条
贵	贵	条	条
工钱	工钱	我	我
教室	教室	哪个	哪个
考试	考试	又	又
信	信	还	还

续表

普通话	湖北方言	普通话	湖北方言
看	看	再	再
听	听	也	也
咬	咬	不	不

从上表可以看出，湖北方言代表点与普通话相同的词语，主要集中在常见的名词，如：月亮、风、雷、山、人等；常见的动词，如：看、听、坐、吐等；常见的形容词，如：长、短、多、少等；常见的量词，如：只、双、条等；还有少数虚词，如：又、再、不等。在这些词语中，又以单音节词为主，双音节和多音节词较少。

以下是湖北省 50 个方言点与普通话词汇相似度统计结果（表 3－17）和柱状图（图 3－1）。根据统计数据，与普通话相似度最高的是汉川方言，完全相同的有 800 条，占比 66.66%，荆州紧随其后；与普通话相似度最低的是通城方言，完全相同的有 467 条，占比仅 38.92%。

表 3－17 湖北方言与普通话词语相似度比较表之二

武汉	659	兴山	611	神农架	552	红安	655	黄石	635
蔡甸	645	长阳	631	襄阳	705	英山	603	大冶	527
江夏	706	五峰	650	随州	710	蕲春	619	阳新	544
汉川	800	宜都	634	郧阳	548	武穴	562	咸宁	607
荆州	752	恩施	570	丹江口	582	黄梅	616	通山	663
仙桃	727	咸丰	602	房县	590	黄陂	676	通城	467
天门	676	建始	578	竹溪	614	孝感	675	崇阳	656
荆门	699	巴东	599	公安	632	新洲	577	嘉鱼	699
钟祥	669	宜城	674	鹤峰	591	安陆	738	赤壁	723
宜昌	662	保康	702	黄冈	561	广水	701	监利	628

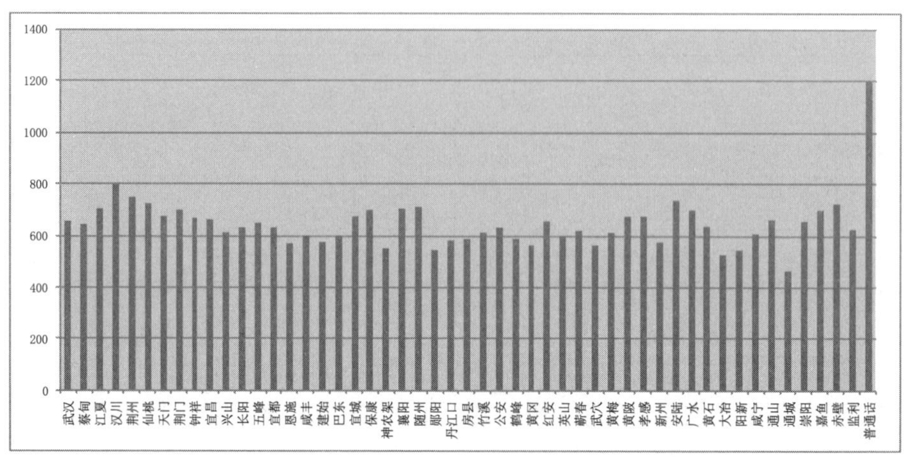

图 3－1　湖北方言与普通话词语相似度比较图

第三节　内部比较

本节主要讨论湖北方言内部的一致性和方言片之间的差异，先说明湖北省方言及各方言片内部的一致性，再说明方言片之间的差异性。

一、内部一致性

1. 湖北方言

湖北省 50 地的方言，按照相同点超过 25 地，且与普通话说法不同的原则，共统计出湖北省方言高频词 148 条（表 3－18）。

表 3－18　湖北方言词语内部一致性情况表

普通话	湖北方言	频率	普通话	湖北方言	频率
冰棍儿	冰棒	49	只	个	43
做买卖	做生意	49	谁	哪个	43
知道	晓得	49	后面	后头	42
噎	哽	47	枣	枣子	42

续表

普通话	湖北方言	频率	普通话	湖北方言	频率
孵	菢	46	雨伞	伞	42
厕所	茅厕	45	沏	泡	42
松花蛋	皮蛋	45	梨	梨子	41
认识	认得	45	杏	杏子	41
女阴	屄	44	玩儿	玩	41
撒尿	屙尿	44	拔	扯	41
咽	吞	44	不知道	不晓得	41
缝衣针	针	43	前面	前头	40
理发	剃头	43	外面	外头	40
搀	扶	43	骡	骡子	40
斧子	斧头	40	别	莫	36
倚	靠	40	走江湖	跑江湖	35
打呼噜	打鼾	40	舞狮	玩狮子	35
领	床	40	如果	要是	35
磁铁	吸铁石	39	西红柿	番茄	34
家里	屋里	39	檩	檩子	34
毛	角	39	头	脑壳	34
泥	泥巴	38	摁	按	34
灰尘	灰	37	虾	虾子	33
凉水	冷水	37	下	生	33
栗子	板栗	37	鸭	鸭子	33
蚊帐	帐子	37	花	用	33
面粉	灰面	37	挠	抠	33

续表

普通话	湖北方言	频率	普通话	湖北方言	频率
寺庙	庙	37	想	忺	33
客人	客	37	叫	喊	33
螺丝刀	起子	37	和	跟	33
剂	副	37	旱	干	32
笋	笋子	36	煤油	洋油	32
房子	屋	36	银杏	白果	32
米饭	饭	36	驴	驴子	32
割稻	割谷	36	咳嗽	咳	32
责怪	怪	36	欠	该	32
害羞	怕丑	36	摔	跶	32
不认识	不认得	36	仨	三个	32
更	还	32	凉	冷	30
按	照	32	顽皮	调皮	30
洪水	大水	31	顿	餐	30
里面	里头	31	甭	莫	30
跳蚤	虼蚤	31	烟	烟子	29
胡同	巷子	31	稻谷	谷	29
渴	干	31	鸡	鸡子	29
放屁	打屁	31	阉	劁	29
插秧	栽秧	31	杀	治	29
磨	磨子	31	裤腿	裤脚	29
座	栋	31	吃午饭	吃中饭	29
沙子	沙	30	抽	吃	29

续表

普通话	湖北方言	频率	普通话	湖北方言	频率
历书	黄历	30	走亲戚	走人家	29
狗	狗子	30	休息	歇	29
阉	镦	30	别人	别个	29
衣服	衣裳	30	下面	下头	28
毛衣	毛线衣	30	羊	羊子	28
棉衣	袄子	30	拉屎	屙屎	28
香烟	烟	30	患疟疾	打摆子	28
坟墓	坟	30	擦	揩	28
商人	做生意的	30	结实	扎实	28
旅馆	旅社	30	咱们	我们	28
抓	捉	30	七月十五	七月半	27
撑	打	30	养猪	喂猪	27
菜锅	锅	27	包心菜	包菜	26
疤	疤子	27	红薯	苕	26
咽气	断气	27	马铃薯	洋芋	26
轮子	滚子	27	公鸡	鸡公	26
合算	划得来	27	垃圾	渣子	26
捅	戳	27	面条	面	26
腐烂	烂	27	姨父	姨爹	26
熟悉	熟	27	女儿	姑娘	26
粒	颗	27	事情	事	26
露	露水	26	演戏	唱戏	26
天气	天道	26	跳	蹦	26
乡下	乡里	26	和	跟	26

与普通话相比，湖北省方言词语有以下一些高频词语值得关注：冰棒（冰棍儿）、晓得（知道）、菢（孵）、剃头（理发）、后头（后面）、前头（前面）、外头（外面）、灰面（面粉）、屋（房子）、莫（别）、脑壳（头）、生（下）、忺（想）、跶（摔）、干（渴）、鐓（阉）、餐（顿）、治（杀）、打摆子（患疟疾）、滚子（轮子）、苕（红薯）、鸡公（公鸡），还有一些普通话无“子”缀、湖北方言有“子”缀的词语，如：狗子（狗）、笋子（竹笋），主要反映在西南官话湖广片方言中。

2. **西南官话湖广片**

西南官话湖广片29地的方言，按照相同点超过15地，且与普通话说法不同的原则，共统计出西南官话湖广片高频词168条（表3－19）。

表3－19 西南官话湖广片方言词语内部一致性情况表

普通话	西南官话湖广片	频率	普通话	西南官话湖广片	频率
孵	菢	29	叫	喊	26
冰棍儿	冰棒	29	烟	烟子	25
做买卖	做生意	29	里面	里头	25
只	个	29	梨	梨子	25
后面	后头	28	羊	羊子	25
外面	外头	28	檩	檩子	25
厕所	茅厕	28	蚊帐	帐子	25
女阴	屄	28	理发	剃头	25
知道	晓得	28	松花蛋	皮蛋	25
枣	枣子	27	头	脑壳	25
骡	骡子	27	倚	靠	25
缝衣针	针	27	搀	扶	25
咱们	我们	27	粒	颗	25
前面	前头	26	谁	哪个	25

续表

普通话	西南官话湖广片	频率	普通话	西南官话湖广片	频率
杏	杏子	26	灰尘	灰	24
狗	狗子	26	家里	屋里	24
鸡	鸡子	26	笋	笋子	24
鸭	鸭子	26	胡同	巷子	24
噎	哽	26	雨伞	伞	24
撒尿	屙尿	26	沏	泡	24
玩儿	玩	26	咳嗽	咳	24
咽	吞	26	插秧	栽秧	24
认识	认得	26	欠	该	24
打瞌睡	汆瞌睡	24	乡下	乡里	21
没有	没得	24	西红柿	番茄	21
顽皮	调皮	24	驴	驴子	21
领	床	24	毛衣	毛线衣	21
栗子	板栗	23	渴	干	21
银杏	白果	23	商人	做生意的	21
跳蚤	虼蚤	23	女儿	姑娘	21
阉~猪	劁	23	扔	甩	21
棉衣	袄子	23	丢	掉	21
面粉	灰面	23	不知道	不晓得	21
患疟疾	打摆子	23	更	还	21
挠	抠	23	天气	天道	20
剂	副	23	煤油	洋油	20
泥	泥巴	22	凉水	冷水	20

续表

普通话	西南官话湖广片	频率	普通话	西南官话湖广片	频率
磁铁	吸铁石	22	虾	虾子	20
养猪	喂猪	22	猫	猫子	20
寺庙	庙	22	菜锅	锅	20
客人	客	22	柱子	柱头	20
姨父	姨爹	22	垃圾	渣子	20
螺丝刀	起子	22	疤	疤子	20
摁	按	22	伯父	伯伯	20
打呼噜	打鼾	22	侄子	侄儿子	20
害羞	怕丑	22	磨	磨子	20
仨	三个	22	走江湖	跑江湖	20
舞狮	玩狮子	20	眼珠	眼珠子	18
拔	扯	20	放屁	打屁	18
挑	选	20	夫妻	两口子	18
毛	角	20	饭馆	馆子	18
如果	要是	20	摞	码	18
旱	干	19	擦	揩	18
元宵节	正月十五	19	责怪	怪	18
藤	藤子	19	别	莫	18
蜂蜜	蜂糖	19	甭	莫	18
夹	拈	19	按	照	18
咽气	断气	19	雾	罩子	17
斧子	斧头	19	洪水	大水	17
旅馆	旅社	19	玉米	包谷	17

续表

普通话	西南官话湖广片	频率	普通话	西南官话湖广片	频率
捅	戳	19	下	生	17
撑	打	19	街道	街	17
休息	歇	19	继母	后妈	17
只	条	19	花	用	17
多少	好多	19	跳	蹦	17
没有	没	19	追	撵	17
沙子	沙	18	扔	甩	17
下面	下头	18	不认识	不认得	17
蘑菇	菌子	18	低	矮	17
马铃薯	洋芋	18	凉	冷	17
阉~鸡	骟	18	俩	两个	17
座	栋	17	衬衫	衬衣	16
很	好	17	手镯	镯子	16
和	跟	17	米饭	饭	16
往	朝	17	香烟	烟	16
露	露水	16	吃早饭	过早	16
历书	黄历	16	吃午饭	吃中饭	16
木耳	耳子	16	精液	精子	16
小麦	麦子	16	母亲	妈	16
老鼠	老鼠子	16	妈妈	妈	16
蜻蜓	虰虰	16	割稻	割谷	16
房子	屋	16	路费	盘缠	16
饭锅	锅	16	后悔	失悔	16
衣服	衣裳	16	骂	噘	16

3. 江淮官话黄孝片

江淮官话黄孝片11地的方言，按照相同点超过6地，且与普通话说法不同的原则，共统计出江淮官话黄孝片高频词168条（表3－20）。

表3－20　江淮官话黄孝片方言词语内部一致性情况表

普通话	江淮官话黄孝片	频率	普通话	江淮官话黄孝片	频率
池塘	塘	11	冰棍儿	冰棒	11
阉	鐓	11	噎	哽	11
衣服	衣裳	11	割稻	割谷	11
米饭	饭	11	斧子	斧头	11
松花蛋	皮蛋	11	做买卖	做生意	11
拔	扯	11	坟墓	坟	10
想	忺	11	孙子	孙儿	10
知道	晓得	11	蹲	跍	10
不知道	不晓得	11	搀	扶	10
认识	认得	11	摔	跶	10
不认识	不认得	11	摁	按	10
只	个	11	责怪	怪	10
没有	冇	11	害羞	怕丑	10
别	莫	11	自己	自家	10
凉水	冷水	10	别人	别个	10
磁铁	吸铁石	10	谁	哪个	10
一辈子	一生	10	多少	几多	10
前面	前头	10	洪水	大水	9
后面	后头	10	七月十五	七月半	9
梨	梨子	10	家里	屋里	9

续表

普通话	江淮官话黄孝片	频率	普通话	江淮官话黄孝片	频率
稻谷	谷	10	外面	外头	9
孵	菢	10	包心菜	包菜	9
盖房子	做屋	10	虾	虾子	9
房子	屋	10	骡	骡子	9
屋子	房	10	杀	治	9
理发	剃头	10	卧室	房	9
稀饭	粥	10	褥子	垫絮	9
面条	面	10	缝衣针	针	9
沏	泡	10	雨伞	伞	9
鞋子	鞋	9	日食	天狗吃日	8
吃午饭	吃中饭	9	月食	天狗吃月	8
抽	吃	9	泥	泥巴	8
女阴	屄	9	灰尘	灰	8
妓女	婊子	9	失火	发火	8
姐姐	姐	9	笋	笋子	8
侄子	侄儿	9	杏	杏子	8
螺丝刀	起子	9	枣	枣子	8
花	用	9	麦秸	麦草	8
舞狮	玩狮子	9	窝	窠	8
咽	吞	9	下	生	8
给	把	9	蚊帐	帐子	8
倚	靠	9	暖水瓶	开水瓶	8
腐烂	烂	9	猪蹄	猪脚	8

续表

普通话	江淮官话黄孝片	频率	普通话	江淮官话黄孝片	频率
扔	丢	9	拉屎	屙屎	8
拴	系	9	撒尿	屙尿	8
小心	过细	9	寺庙	庙	8
疼	痛	9	客人	客	8
结实	扎实	9	瘸子	跛子	8
疼	痛	9	堂兄弟	叔伯兄弟	8
毛	角	9	磨	磨子	8
按	照	9	旅馆	旅社	8
如果	要是	9	玩儿	玩	8
下雨	落雨	8	走亲戚	走人家	8
折	撇	8	下面	下头	7
逃	跑	8	银杏	白果	7
抓	捉	8	稻子	水稻	7
撑	打	8	豇豆	豇豆儿	7
收拾	捡	8	辣椒	大椒	7
打呼噜	打鼾	8	红薯	苕	7
没有	冇得	8	麻雀	麻雀儿	7
扁	瘪	8	蚊子	蚊虫	7
稀	清	8	跳蚤	虼蚤	7
晚	晏	8	驴	驴子	7
陌生	生	8	厕所	茅厕	7
剂	副	8	窗	窗子	7
怎样	么样	8	扫地	扫地下	7

续表

普通话	江淮官话黄孝片	频率	普通话	江淮官话黄孝片	频率
什么	么什	8	床单	卧单	7
干什么	做么什	8	裤腿	裤脚	7
更	还	8	香油	麻油	7
和	跟	8	香烟	烟	7
闪电	霍	7	口水	涎	7
露	露水	7	理发师	剃头的	7
昨天	昨儿	7	姑父	姑爷	7
前天	前儿	7	哥哥	哥	7
中午	中时	7	重孙子	重孙儿	7
历书	黄历	7	走江湖	跑江湖	7
城里	街上	7	欠	该	7
演戏	唱戏	7	直爽	直	7
站	徛	7	领	床	7
背	驮	7	座	栋	7
挑	择	7	顿	餐	7
行	要得	7	怎么	么样	7
凉	冷	7	什么	么什	7
熟悉	熟	7	为什么	为么什	7

4. 赣语大通片

赣语大通片10地的方言，按照相同点超过5地，且与普通话说法不同的原则，共统计出赣语大通片高频词206条（表3－21）。

表3－21　赣语大通片方言词语内部一致性情况表

普通话	赣语大通片	频率	普通话	赣语大通片	频率
太阳	日头	10	蹲	跍	10
七月十五	七月半	10	掉	落	10
阉	鐓	10	丢	落	10
房子	屋	10	打呼噜	打鼾	10
厕所	茅厕	10	知道	晓得	10
火柴	洋火	10	毛	角	10
裤腿	裤脚	10	没有	冇	10
噎	哽	10	下雨	落雨	9
撒尿	屙尿	10	失火	发火	9
斧子	斧头	10	甲鱼	脚鱼	9
拔	扯	10	盖房子	做屋	9
雨伞	伞	9	栗子	板栗	8
米饭	饭	9	稻谷	谷	8
面粉	灰面	9	蝙蝠	檐老鼠	8
猪蹄	猪脚	9	下～蛋	生	8
松花蛋	皮蛋	9	鞋子	鞋	8
冰棍儿	冰棒	9	理发	剃头	8
渴	干	9	稀饭	粥	8
放屁	打屁	9	面条	面	8
割稻	割谷	9	香油	麻油	8
轮子	滚子	9	沏	泡	8
做买卖	做生意	9	说媒	做媒	8
咽	吞	9	坟墓	坟	8

续表

普通话	赣语大通片	频率	普通话	赣语大通片	频率
没有	冇得	9	单身汉	光棍	8
不知道	不晓得	9	父亲	爷	8
晚	晏	9	姑父	姑爷	8
领	床	9	事情	事	8
顿	餐	9	走江湖	跑江湖	8
和	跟	9	合算	划得来	8
星星	星	8	亏本	折本	8
田埂	田塍	8	学校	学堂	8
泥	泥巴	8	演戏	唱戏	8
每天	每日	8	走亲戚	走人家	8
上午	上昼	8	吮吸	嘲	8
下午	下昼	8	给	把	8
站	徛	8	历书	黄历	7
抓	捉	8	星期天	星期日	7
搀	扶	8	角儿	角	7
砍	斫	8	杏	杏子	7
责怪	怪	8	枣	枣子	7
认识	认得	8	稻子	谷	7
不认识	不认得	8	稻草	谷草	7
结实	扎实	8	包心菜	包菜	7
陌生	生	8	西红柿	番茄	7
颗	粒	8	虫子	虫	7
谁	哪个	8	虱子	虱	7

续表

普通话	赣语大通片	频率	普通话	赣语大通片	频率
多少	几多	8	青蛙	蛤蟆	7
一起	一路	8	公鸡	鸡公	7
和	跟	8	孵	菢	7
旱	干	7	屋子	房	7
池塘	塘	7	梯子	楼梯	7
沙子	沙	7	家具	家业	7
凉水	冷水	7	缝衣针	针	7
磁铁	吸铁石	7	棉衣	棉袄	7
年初	年头	7	袖子	衫袖	7
明天	明日	7	香烟	烟	7
后天	后日	7	脖子	颈	7
昨天	昨日	7	女阴	屄	7
前天	前日	7	拉屎	屙屎	7
咽气	落气	7	向	跟	7
寺庙	庙	7	天亮	天光	6
客人	客	7	旱地	地	6
舅舅	舅爷	7	水沟儿	水沟	6
绰号	外号	7	煤油	洋油	6
干活儿	做事	7	一辈子	一生	6
钉子	钉	7	今天	今日	6
折扣	打折	7	元宵节	月半	6
花	用	7	家里	屋里	6
钢笔	靛笔	7	城里	街上	6

续表

普通话	赣语大通片	频率	普通话	赣语大通片	频率
二胡	胡琴	7	梨	梨子	6
玩儿	玩	7	麦秸	麦草	6
跳	蹦	7	红薯	苕	6
摔	跶	7	母牛	牛婆	6
扔	丢	7	母猪	猪婆	6
摔	跶	7	母鸡	鸡婆	6
睡	睏	7	阉～猪	割	6
想	忺	7	杀	治	6
小心	过细	7	街道	街	6
小	细	7	柴火	柴	6
座	栋	7	钥匙	锁匙	6
自己	自家	7	衣服	衣	6
很	蛮	7	面儿	粉	6
别	莫	7	馒头	馍	6
元宵	汤圆	6	倚	靠	6
做饭	舞饭	6	逃	跑	6
抽	吃	6	腐烂	烂	6
斟	筛	6	擦	揩	6
化脓	灌脓	6	扔	丢	6
灵位	灵牌	6	挽	扎	6
父母	爷娘	6	拴	系	6
继母	后来娘	6	低	矮	6
舅妈	舅娘	6	瘦	腈	6

续表

普通话	赣语大通片	频率	普通话	赣语大通片	频率
姨父	姨爷	6	凉	冷	6
哥哥	哥	6	脏	龌龊	6
弟弟	老弟	6	疼	痛	6
表兄弟	老表	6	熟悉	熟	6
儿子	崽	6	气味	气色	6
把儿	把	6	头	只	6
螺丝刀	起子	6	剂	副	6
挣	赚	6	顿	餐	6
舞狮	玩狮子	6	怎样	么样	6
下棋	走棋	6	甭	莫	6
挠	抠	6	如果	要是	6

二、内部差异性

1. 西南官话湖广片与江淮官话黄孝片

以下词语在西南官话湖广片中属于高频词，而在江淮官话黄孝片中不属于高频词，要么少说，要么不用（表3－22）。

表3－22 西南官话湖广片与江淮官话黄孝片词语差异比较表之一

普通话	西南官话湖广片	频率	普通话	西南官话湖广片	频率
咱们	我们	27	扔	甩	21
狗	狗子	26	丢	掉	21
鸡	鸡子	26	天气	天道	20
鸭	鸭子	26	猫	猫子	20

续表

普通话	西南官话湖广片	频率	普通话	西南官话湖广片	频率
叫	喊	26	阉~猪	劁	20
烟	烟子	25	菜锅	锅	20
里面	里头	25	柱子	柱头	20
羊	羊子	25	垃圾	渣子	20
檩	檩子	25	伯父	伯伯	20
头	脑壳	25	侄子	侄儿子	20
粒	颗	25	挑	选	20
胡同	巷子	24	元宵节	正月十五	19
没有	没得	24	藤	藤子	19
顽皮	调皮	24	蜂蜜	蜂糖	19
面粉	灰面	23	夹	拈	19
患疟疾	打摆子	23	休息	歇	19
挠	抠	23	只	条	19
养猪	喂猪	22	多少	好多	19
姨父	姨爹	22	没有	没	19
仨	三个	22	沙子	沙	18
乡下	乡里	21	蘑菇	菌子	18
女儿	姑娘	21	马铃薯	洋芋	18
眼珠	眼珠子	18	俩	两个	17
放屁	打屁	18	往	朝	17
夫妻	两口子	18	小麦	麦子	16
饭馆	馆子	18	老鼠	老鼠子	16
摞	码	18	蜻蜓	虰虰	16

续表

普通话	西南官话湖广片	频率	普通话	西南官话湖广片	频率
擦	揩	18	饭锅	锅	16
雾	罩子	17	衬衫	衬衣	16
玉米	包谷	17	手镯	镯子	16
街道	街	17	吃早饭	过早	16
继母	后妈	17	母亲	妈	16
跳	蹦	17	妈妈	妈	16
追	撵	17	路费	盘缠	16
扔	甩	17	后悔	失悔	16
低	矮	17	骂	噘	16

以下词语在江淮官话黄孝片中属于高频词，而在西南官话湖广片中不属于高频词，要么少说，要么不用（表3－23）。

表3－23　西南官话湖广片与江淮官话黄孝片词语差异比较表之二

普通话	江淮官话黄孝片	频率	普通话	江淮官话黄孝片	频率
池塘	塘	11	稻谷	谷	10
阉	鐓	11	盖房子	做屋	10
想	忖	11	屋子	房	10
没有	冇	11	稀饭	粥	10
一辈子	一生	10	面条	面	10
坟墓	坟	10	疼	痛	9
孙子	孙儿	10	下雨	落雨	8
蹲	跍	10	日食	天狗吃日	8
摔	跶	10	月食	天狗吃月	8

续表

普通话	江淮官话黄孝片	频率	普通话	江淮官话黄孝片	频率
自己	自家	10	失火	发火	8
别人	别个	10	麦秸	麦草	8
多少	几多	10	窝	窠	8
七月十五	七月半	9	暖水瓶	开水瓶	8
包心菜	包菜	9	猪蹄	猪脚	8
杀~鱼	治	9	拉屎	屙屎	8
卧室	房	9	瘸子	跛子	8
褥子	垫絮	9	堂兄弟	叔伯兄弟	8
鞋子	鞋	9	走亲戚	走人家	8
抽	吃	9	折	撇	8
妓女	婊子	9	逃	跑	8
姐姐	姐	9	抓	捉	8
侄子	侄儿	9	收拾	捡	8
给	把	9	没有	冇得	8
腐烂	烂	9	扁	瘪	8
扔	丢	9	稀	清	8
拴	系	9	晚	晏	8
小心	过细	9	怎样	么样	8
疼	痛	9	闪电	霍	7
结实	扎实	9	昨天	昨儿	7
前天	前儿	7	行	要得	7
中午	中时	7	熟悉	熟	7
历书	黄历	7	直爽	直	7

续表

普通话	江淮官话黄孝片	频率	普通话	江淮官话黄孝片	频率
城里	街上	7	顿	餐	7
稻子	水稻	7	怎么	么样	7
豇豆	豇豆儿	7	什么	么什	7
辣椒	大椒	7	为什么	为么什	7
红薯	苕	7	太阳	日头	6
麻雀	麻雀儿	7	天亮	天光	6
蚊子	蚊虫	7	年初	年头	6
窗	窗子	7	整天	亘天	6
扫地	扫地下	7	向日葵	葵花	6
床单	卧单	7	豌豆	豌豆儿	6
裤腿	裤脚	7	绿豆	绿豆儿	6
香油	麻油	7	蒜	大蒜	6
口水	涎	7	鸟儿	雀儿	6
理发师	剃头的	7	鳙鱼	胖头	6
姑父	姑爷	7	甲鱼	脚鱼	6
哥哥	哥	7	种猪	郎猪	6
重孙子	重孙儿	7	猪崽	猪儿	6
演戏	唱戏	7	公鸡	鸡公	6
站	徛	7	母鸡	鸡婆	6
背	驮	7	檩	桁条	6
挑	择	7	盖子	盖儿	6
扣子	扣儿	6	把儿	柄	6
斟	倒	6	合算	划得来	6

续表

普通话	江淮官话黄孝片	频率	普通话	江淮官话黄孝片	频率
鼻涕	鼻子	6	亏本	折本	6
脖子	颈	6	钢笔	靛笔	6
腿	胯子	6	砚台	砚池	6
发抖	打颤	6	吮吸	嗍	6
肚子疼	肚子痛	6	挠	抓	6
看病	诊病	6	迈	跨	6
诊脉	拿脉	6	掉	落	6
双胞胎	双生儿	6	挽	扎	6
入殓	进材	6	端	掇	6
灶神	灶王爷	6	摔	跶	6
农民	种田的	6	睡	睏	6
泥水匠	砌匠	6	味道	味儿	6
傻子	苕	6	傻	苕	6
姨父	姨爷	6	一起	一路	6

2. 西南官话湖广片与赣语大通片

以下词语在西南官话湖广片中属于高频词，而在赣语大通片中不属于高频词，要么少说，要么不用（表 3－24）。

表 3－24　西南官话湖广片与赣语大通片词语差异比较表之一

普通话	西南官话湖广片	频率	普通话	西南官话湖广片	频率
只	个	29	骡	骡子	27
后面	后头	28	骡	骡子	27
咱们	我们	27	摁	按	22

续表

普通话	西南官话湖广片	频率	普通话	西南官话湖广片	频率
前面	前头	26	害羞	怕丑	22
狗	狗子	26	乡下	乡里	21
鸡	鸡子	26	驴	驴子	21
鸭	鸭子	26	毛衣	毛线衣	21
叫	喊	26	商人	做生意的	21
烟	烟子	25	女儿	姑娘	21
里面	里头	25	扔	甩	21
羊	羊子	25	丢	掉	21
蚊帐	帐子	25	更	还	21
粒	颗	25	天气	天道	20
笋	笋子	24	虾	虾子	20
胡同	巷子	24	猫	猫子	20
咳嗽	咳	24	阉~猪	劁	20
插秧	栽秧	24	柱子	柱头	20
欠	该	24	垃圾	渣子	20
没有	没得	24	疤	疤子	20
顽皮	调皮	24	伯父	伯伯	20
银杏	白果	23	侄子	侄儿子	20
跳蚤	虼蚤	23	磨	磨子	20
棉衣	袄子	23	挑	选	20
患疟疾	打摆子	23	元宵节	正月十五	19
养猪	喂猪	22	藤	藤子	19
姨父	姨爹	22	蜂蜜	蜂糖	19

续表

普通话	西南官话湖广片	频率	普通话	西南官话湖广片	频率
夹	拈	19	扔	甩	17
咽气	断气	19	俩	两个	17
旅馆	旅社	19	很	好	17
捅	戳	19	往	朝	17
撑	打	19	露	露水	16
只	条	19	木耳	耳子	16
多少	好多	19	小麦	麦子	16
没有	没	19	老鼠	老鼠子	16
下面	下头	18	蜻蜓	虰虰	16
蘑菇	菌子	18	衣服	衣裳	16
马铃薯	洋芋	18	衬衫	衬衣	16
眼珠	眼珠子	18	手镯	镯子	16
夫妻	两口子	18	吃午饭	吃中饭	16
饭馆	馆子	18	精液	精子	16
摞	码	18	母亲	妈	16
雾	罩子	17	妈妈	妈	16
玉米	包谷	17	路费	盘缠	16
继母	后妈	17	后悔	失悔	16
追	撵	17	骂	噘	16

西南官话湖广片中量词“个”的使用范围大于赣语大通片，后者一般用“只”；西南官话湖广片“子”缀词语非常多，如“狗子、鸡子、羊子、笋子”，赣语大通片都说“狗、鸡、羊、笋”；西南官话湖广片一些动词如“甩（丢弃）、掉（掉落）、拈”，赣语大通片说“丢、落、

夹”。

以下词语在赣语大通片中属于高频词，而在西南官话湖广片中不属于高频词，要么少说，要么不用（表3－25）。

表3－25 西南官话湖广片与赣语大通片词语差异比较表之二

普通话	赣语大通片	频率	普通话	赣语大通片	频率
太阳	日头	10	下午	下昼	8
七月十五	七月半	10	稻谷	谷	8
阉	鐵	10	蝙蝠	檐老鼠	8
火柴	洋火	10	鞋子	鞋	8
裤腿	裤脚	10	稀饭	粥	8
蹲	跍	10	面条	面	8
掉	落	10	香油	麻油	8
丢	落	10	说媒	做媒	8
没有	冇	10	坟墓	坟	8
下雨	落雨	9	单身汉	光棍	8
失火	发火	9	父亲	爷	8
甲鱼	脚鱼	9	姑父	姑爷	8
盖房子	做屋	9	事情	事	8
猪蹄	猪脚	9	合算	划得来	8
轮子	滚子	9	亏本	折本	8
没有	冇得	9	学校	学堂	8
晚	晏	9	演戏	唱戏	8
顿	餐	9	走亲戚	走人家	8
星星	星	8	吮吸	嗍	8
田埂	田塍	8	给	把	8
每天	每日	8	站	徛	8

续表

普通话	赣语大通片	频率	普通话	赣语大通片	频率
上午	上昼	8	抓	捉	8
砍	斫	8	袖子	衫袖	7
结实	扎实	8	脖子	颈	7
颗	粒	8	拉屎	屙屎	7
多少	几多	8	咽气	落气	7
一起	一路	8	舅舅	舅爷	7
池塘	塘	7	绰号	外号	7
年初	年头	7	干活儿	做事	7
明天	明日	7	钉子	钉	7
后天	后日	7	折扣	打折	7
昨天	昨日	7	钢笔	靛笔	7
前天	前日	7	二胡	胡琴	7
历书	黄历	7	摔	跶	7
星期天	星期日	7	扔	丢	7
稻子	谷	7	摔	跶	7
稻草	谷草	7	睡	睏	7
包心菜	包菜	7	想	忺	7
虫子	虫	7	小心	过细	7
虱子	虱	7	小	细	7
青蛙	蛤蟆	7	自己	自家	7
公鸡	鸡公	7	很	蛮	7
屋子	房	7	天亮	天光	6
梯子	楼梯	7	旱地	地	6

续表

普通话	赣语大通片	频率	普通话	赣语大通片	频率
家具	家业	7	水沟儿	水沟	6
棉衣	棉袄	7	一辈子	一生	6
今天	今日	6	继母	后来娘	6
元宵节	月半	6	舅妈	舅娘	6
城里	街上	6	姨父	姨爷	6
麦秸	麦草	6	哥哥	哥	6
红薯	苕	6	弟弟	老弟	6
母牛	牛婆	6	表兄弟	老表	6
母猪	猪婆	6	儿子	崽	6
母鸡	鸡婆	6	把儿	把	6
阉	割	6	挣	赚	6
杀~鱼	治	6	下棋	走棋	6
柴火	柴	6	逃	跑	6
钥匙	锁匙	6	腐烂	烂	6
衣服	衣	6	扔	丢	6
面儿	粉	6	挽	扎	6
馒头	馍	6	拴	系	6
元宵	汤圆	6	瘦	腈	6
做饭	舞饭	6	脏	龌龊	6
抽	吃	6	疼	痛	6
斟	筛	6	熟悉	熟	6
化脓	灌脓	6	气味	气色	6
灵位	灵牌	6	头	只	6
父母	爷娘	6	顿	餐	6

从上表可以看出，赣语大通片都说“日头”，西南官话湖广片一般说“太阳”；赣语大通片保留古语词较多，如“徛、跕、晏”，西南官话湖广片一般说“站、拽、晚”；赣语大通片一般说“上昼、下昼”，西南官话湖广片一般说“上午、下午”；赣语大通片都说“落雨”，西南官话湖广片一般说“下雨”；赣语大通片都说“冇得”，西南官话湖广片一般说“没得”。

3. 江淮官话黄孝片与赣语大通片

以下词语在江淮官话黄孝片中属于高频词，而在赣语大通片中不属于高频词，要么少说，要么不用（表3-26）。

表3-26　江淮官话黄孝片与赣语大通片词语差异比较表之一

普通话	江淮官话黄孝片	频率	普通话	江淮官话黄孝片	频率
衣服	衣裳	11	笋	笋子	8
只	个	11	蚊帐	帐子	8
前面	前头	10	堂兄弟	叔伯兄弟	8
后面	后头	10	磨	磨子	8
孙子	孙儿	10	旅馆	旅社	8
摁	按	10	折	撇	8
害羞	怕丑	10	撑	打	8
外面	外头	9	收拾	捡	8
虾	虾子	9	扁	瘪	8
骡	骡子	9	更	还	8
褥子	垫絮	9	闪电	霍	7
吃午饭	吃中饭	9	露	露水	7
姐姐	姐	9	昨天	昨儿	7
侄子	侄儿	9	前天	前儿	7
日食	天狗吃日	8	豌豆	豌豆儿	6

续表

普通话	江淮官话黄孝片	频率	普通话	江淮官话黄孝片	频率
月食	天狗吃月	8	绿豆	绿豆儿	6
中午	中时	7	蒜	大蒜	6
下面	下头	7	鸟儿	雀儿	6
银杏	白果	7	鳙鱼	胖头	6
稻子	水稻	7	种猪	郎猪	6
豇豆	豇豆儿	7	猪崽	猪儿	6
辣椒	大椒	7	檩	桁条	6
麻雀	麻雀儿	7	盖子	盖儿	6
蚊子	蚊虫	7	毛衣	毛线衣	6
跳蚤	虼蚤	7	棉衣	袄子	6
驴	驴子	7	扣子	扣儿	6
窗	窗子	7	斟	倒	6
扫地	扫地下	7	鼻涕	鼻子	6
床单	卧单	7	腿	胯子	6
口水	涎	7	咳嗽	咳	6
理发师	剃头的	7	发抖	打颤	6
重孙子	重孙儿	7	疤	疤子	6
欠	该	7	诊脉	拿脉	6
挑	择	7	双胞胎	双生儿	6
行	要得	7	咽气	断气	6
什么	么什	7	入殓	进材	6
为什么	为么什	7	灶神	灶王爷	6
整天	亘天	6	农民	种田的	6

续表

普通话	江淮官话黄孝片	频率	普通话	江淮官话黄孝片	频率
木耳	耳子	6	商人	做生意的	6
向日葵	葵花	6	挠	抓	6
泥水匠	砌匠	6	捅	戳	6
插秧	栽秧	6	端	掇	6
把儿	柄	6	味道	味儿	6
砚台	砚池	6	很	好	6

从上表可以看出，江淮官话黄孝片量词“个”的使用范围很广，而赣语大通片一般用“只”；江淮官话黄孝片姐姐称“姐”，而赣语大通片有称“哥”的现象。江淮官话黄孝片的“子”缀词语、“儿”尾词语较多，如“虾子、骡子、窗子、耳子，猪儿、盖儿、扣儿”，赣语大通片一般说“虾、骡、槅子、木耳、猪、盖、扣子”。

以下词语在赣语大通片中属于高频词，而在江淮官话黄孝片中不属于高频词，要么少说，要么不用（表3－27）。

表3－27　江淮官话黄孝片与赣语大通片词语差异比较表之二

普通话	赣语大通片	频率	普通话	赣语大通片	频率
火柴	洋火	10	说媒	做媒	8
面粉	灰面	9	单身汉	光棍	8
放屁	打屁	9	父亲	爷	8
轮子	滚子	9	事情	事	8
星星	星	8	学校	学堂	8
田埂	田塍	8	砍	斫	8
每天	每日	8	颗	粒	8

续表

普通话	赣语大通片	频率	普通话	赣语大通片	频率
上午	上昼	8	沙子	沙	7
下午	下昼	8	明天	明日	7
蝙蝠	檐老鼠	8	后天	后日	7
昨天	昨日	7	元宵节	月半	6
前天	前日	7	母牛	牛婆	6
星期天	星期日	7	母猪	猪婆	6
稻草	谷草	7	阉~猪	割	6
虫子	虫	7	街道	街	6
虱子	虱	7	柴火	柴	6
青蛙	蛤蟆	7	钥匙	锁匙	6
梯子	楼梯	7	衣服	衣	6
家具	家业	7	面儿	粉	6
棉衣	棉袄	7	馒头	馍	6
袖子	衫袖	7	元宵	汤圆	6
咽气	落气	7	做饭	舞饭	6
舅舅	舅爷	7	斟	筛	6
绰号	外号	7	化脓	灌脓	6
干活儿	做事	7	灵位	灵牌	6
钉子	钉	7	父母	爷娘	6
折扣	打折	7	继母	后来娘	6
二胡	胡琴	7	舅妈	舅娘	6
跳	蹦	7	弟弟	老弟	6
小	细	7	表兄弟	老表	6

续表

普通话	赣语大通片	频率	普通话	赣语大通片	频率
很	蛮	7	儿子	崽	6
旱地	地	6	挣	赚	6
水沟儿	水沟	6	下棋	走棋	6
今天	今日	6	挠	抠	6
擦	揩	6	口袋	荷包	5
低	矮	6	裤子	裤	5
瘦	腈	6	围巾	围颈	5
脏	龌龊	6	馄饨	包面	5
气味	气色	6	吃早饭	过早	5
头	只	6	头	脑壳	5
水泥	洋灰	5	胡子	胡须	5
年底	年尾	5	乳房	奶	5
白天	日里	5	肛门	屁股眼	5
端午	端阳	5	出嫁	出阁	5
除夕	三十夜	5	怀孕	有喜	5
上面	高头	5	做寿	做生	5
胡萝卜	红萝卜	5	纸钱	钱纸	5
茅屋	茅棚	5	姨	姨娘	5
菜锅	锅	5	弟兄	兄弟	5
檩	檩子	5	妹妹	老妹	5
门槛儿	门槛	5	欠	差	5
柜子	柜	5	打扑克	打牌	5
案子	案板	5	讲故事	讲古	5

续表

普通话	赣语大通片	频率	普通话	赣语大通片	频率
凳子	凳	5	吐	呕	5
瓶子	瓶	5	伸	摛	5
盖子	盖	5	放	搁	5
毛巾	袱子	5	休息	歇	5
剪子	剪刀	5	刷牙	洗口	5
难受	不舒服	5	坏	拐	5
难过	不好过	5	仨	三个	5
丢脸	折人	5	条	只	5
稠	黏	5	宁可	情愿	5

从上表可以看出，赣语大通片有较多的单音节词语，如“星、爷、事、沙”，江淮官话黄孝片一般说“星斗、伯伯、事儿、沙子”；赣语大通片说“今日、明日”，江淮官话黄孝片一般说“今朝、明朝”。赣语大通片主要说“细”，江淮官话黄孝片主要说“小”。

第四节　特殊词语

一、亲属称谓词

亲属称谓词是在人际交往中，用来称呼具有血缘或姻亲关系成员的词语，是特定社会宗族观念和亲属关系的体现，折射了当地方言和地域文化的特色，具有系统性、地域性和复杂性。

祖父，湖北方言可以称“爹”，如西南官话湖广片约三分之一的方言、江淮官话黄孝片大多数方言、赣语大通片所有方言有此用法，称“爷爷”是现代的说法。爷，本义是“父亲”，《玉篇·父部》：“爷，以遮切。俗为父爷字。”江淮官话黄孝片大多数县市称父亲为“爷”，浠水、英山、罗田等地称姑母为“爷”，黄州、团风等地小孩子称比自己母亲年龄小的女性为“爷爷”；赣语大通片大多称父亲为“爷”，父亲的兄弟也可称为“爷”，但往往需要加“大、二、三、细”等区分排行，如“大爷、二爷、细爷”；西南官话湖广片大部分县市，父亲的兄弟，甚至母亲的姐妹，也可以称“爷”。

母亲，湖北方言可以称“姆妈”，如西南官话湖广片武汉方言、蔡甸方言、汉川方言、荆门方言，江淮官话黄孝片黄冈方言、黄梅方言、黄陂方言、孝感方言、新洲方言，赣语大通片监利方言。赣语大通片则主要称“娘”，与“爷”相对。在说“姆妈”的湖北方言中，也可以把“乳房”“奶水”称为“妈”，如：吃妈吃奶丨妈有点痛乳房有点痛。有的方言为了做区分，声调会有所不同。

妻子，湖北方言可以称“屋里”“屋里的”“屋里的人”，如西南官话湖广片武汉方言、宜都方言、建始方言、随州方言、丹江口方言、房县方言，江淮官话黄孝片和赣语大通片大多数方言。古代社会分工严格，男主外，女主内，妻子称为“家”或“室”。湖北方言一般称“室”为“屋”，妻子是操持家务、不抛头露面的人，因此称为“屋里”“屋里的”“屋里的人”。湖北也有少数方言受湘语的影响，把妻子叫作“堂客”，如汉川方言、五峰方言、广水方言。

孩子，湖北方言可以说“伢”，这在西南官话湖广片中是比较常见的，江淮官话黄孝片黄梅方言、黄冈方言、孝感方言，赣语大通片黄石方言、嘉鱼方言也有此说法。“伢”，本义是指幼小的孩子。如武汉方言用单音节“伢”统称子女，也可以附加“男、女”来表示性别：男伢小男孩、女伢小女孩。有的方言说“伢子”“伢崽”，如咸宁方言不单说“伢”，要说“伢崽”。还有的方言在前面加上“细、小”来进一步表小，如黄石方言说“细伢”“小伢”。

特别值得说明的是，湖北不少方言中还有女性称谓男性化的现象。在普通话中，男女称谓用词界限是分明的，如“爹、爷、伯、哥”类词语，只能用于男性，不用于女性。在江汉平原靠中南部一带以及鄂东南，如洪湖方言、咸宁方言中，把“姐姐”“嫂子”称为“哥”，和表示“兄长”义的“哥”共用一词。中国古代传统风俗是重男轻女，但这并不排除人们对女性的喜爱和重视，比如有的家庭有多个男孩，但没有女孩，做父母的往往希望能有一个女孩，如果幸运生得一女孩，咸宁方言口语一般不说“千金”，要说“女儿种”，和“崽种”相对。呼姐为哥，正是通过称呼的改变来表达对女性的喜爱。普通话的称呼则严格区分“兄长”和“姐姐”的性别。江汉平原很多方言可用男性称谓来表示女性，如仙桃方言的“伯伯”，既指姨父，也可指姨妈，如果需要区分，可加“男、女”区分：男伯伯、女伯伯。

二、地域词

地域的差异，如地形、山川、河流等的影响，使得人们在生产和生活上有了不同，这表现在语言中就形成了地域词。地域词与方言片并不一定重合，甚至各地都有差异。这里分一般地域词、赣语词、湘语词三个方面来说明。

1. 一般地域词

江汉平原位于“千湖之省”湖北省中南部，由长江与汉江冲积而成。江汉平原位于两湖盆地西部和中部，河流纵横交错，湖泊星罗棋布。江汉平原的水资源不仅丰富，历史上甚至可以称为泛滥。解放以前，由于河流迂回曲折，而且河道淤塞，经常洪水肆虐，在江汉平原上流传有“沙湖沔阳洲，十年九不收”的谚语。因此，江汉平原上的居民，世世代代都与水分不开，“打网”可以说是当地传统的手工活，家中但凡有老人的，从他们家门口经过，总能看到他们坐在门口，拿着梭子不停地穿梭着。由于“网”读重唇音，声母是m，外地人即使知道普通话中有“打毛衣”之类的说法，第一次听到“打网”这个词，若不是亲眼所见，还是会百思不得其解，打网，其实就是编织渔网。

再如各地对布谷鸟的称呼。动物的叫声来自于本能，不像人类的语音有口音的差异，但是同样的叫声，不同地域的人们却赋予它不同的意义。江汉平原上的居民一般把布谷鸟叫作“豌豆脈果”，咸宁方言叫“各家插禾”，孝感方言叫“割麦插禾”。单纯从方言口音的差异来理解这些称呼的差异，显然是解释不通的，如果结合地域和生产劳动的差异，则豁然开朗。江汉平原盛产豌豆，不管豌豆还是蚕豆，一般统称为豌豆，如果非要作出区分，真正的豌豆，可以叫做“麦豌”。江汉平原之所以广泛种植这两种豆类植物，恐怕只能与当地的洪水联系在一起。江汉平原洪水肆虐的季节一般是在7月份左右，而豌豆和蚕豆的种植，一般是当年11月份左右下种，第二年4月左右收获。湖北人大多数以大米为主食，为何江汉平原不种植水稻呢？答案是如果种植水稻，就无法避开7、8月份的洪水。十年九不收，任你有多勤劳，也只能是竹篮打水一场空。也正因此，江汉平原盛产豌豆。

布谷鸟是候鸟，人们视它的到来为提醒播种五谷。当布谷鸟到来的时候，江汉平原的豌豆正值丰收季节，如果不及时采收，一旦豆荚成熟，豌豆就会裂开撒落到地上，“脈”的意思就是裂开。“豌豆脈果”就是在提醒人们要及时采收，不要误了农时。咸宁方言之所以叫“各家插禾”，是因为咸宁地处丘陵地带，没有洪水的侵害，可以广泛种植水稻。孝感方言之所以叫“割麦插禾”，是因为孝感地处湖北与河南的交界处，依然还有北方种小麦、吃面食的传统，同时当地也种植南方的水稻，麦子收割之后，正好是轮播水稻的时候。

在古代，湖北所在的位置属“楚”，在现代，湖北被称为“荆楚”，这与湖北的物产有关。楚国原名荆，西周初年，楚国先君熊绎被封在荆山一带（今湖北保康、南漳境），国号荆。《通志·氏族略》：“楚国旧号荆，此未号楚之前受氏也。”荆是一种灌木，在湖北尤其是汉江流域极为常见，木质软硬适中，秋季落叶，是樵夫们喜爱砍伐的薪柴之一，学名为“黄荆”，咸宁方言至今有这一说法。《说文》：“荆，楚木也，从刑声。”《说文》：“楚，丛木也，一名荆也。”楚与荆不完全相同，学名为“牡荆”，属于黄荆的变种，沈括《梦溪笔谈》：“荆或为楚，楚亦荆木之别名也。”湖北省保康县的荆山应该与盛产黄荆有关。唐孔颖达《春秋左传正义》说：“荆、楚一木二名，故以为国号，亦得二名。”后来约定俗成，荆楚成了古代楚国和现代湖北省的代名词。

草帽，湖北方言可以称为“草帽”“帽笠”，湖北还有一种器具叫“斗笠”，同为“笠”表明它们的功能相似：斗笠遮雨，帽笠主要用于遮阳，也可以遮雨。用“帽”和“斗”相对，表明二者形状有别：帽笠形状似帽子，而斗笠形状如斗，体形较大。不过湖北各地的“斗笠”形状和做法有些不同，民间流传“尖黄陂，绞孝感，又尖又绞是汉川”，即是对三地斗笠差异的生动概况，有些人不明就里，将这句话曲解成“奸黄陂，狡孝感，又奸又狡是汉川”，变成对三地人品的概括，这是不符合事实的。帽笠和斗笠以前是湖北人重要的生产生活工具，在咸宁方言中还形成了谐音的用法，说话时，若有人问到“么呢（什么）”，而自己又不耐烦，不愿意回答，可以这样说：还帽笠谐音“么呢（什么）”，□ma^{55}表示推测、估计还草帽哦！意思是：（你在）说什么？通过谐音，把“帽笠么呢”与普通话的“草帽”相对，巧妙表达自己的情绪，语言生动活泼而且富有生活情趣。

咸蛋，赣语大通片一般说“藏蛋”。普通话的“咸蛋”着眼于禽蛋腌制好以后味道是咸的，而湖北方言着眼于腌制的过程。腌制咸蛋主要在农历四月份到六月份之间，这是禽类产蛋的高峰时期，气温逐渐升高，蚊子也慢慢出现。禽蛋多了，又容易受温度影响及蚊子叮咬而成为寡（坏）蛋，因此需要把禽蛋有效地贮藏起来，“藏蛋”也因之得名。闽语福建顺昌话“咸蛋”叫作“藏卵”，“卵”本来就有“蛋”义，可以说，“藏卵”和“藏蛋”异曲而同工。吴语浙江富阳话“咸鸭蛋”叫作“藏鸭蛋”，徽语浙江建德话“咸鸭蛋”叫作“藏鸭子”，“鸭子”也就是“鸭蛋”。“收”与“藏”原本有别，湖北方言“收”有“隐藏”义，与普通话的“藏”刚好相反，如：把糖收起来，冇叫伢崽看到了把糖藏起来，别让孩子们看到，而藏则表示“贮藏”。

还有很多湖北方言词反映了当地的地理面貌，带有明显的地域性特征。如江汉平原一带河流纵横交错，为了挡住湖泊地带的水流，以便耕种、渔业、生活，人们修筑了堤坝，当地称为“垸”，是江汉平原上的一道风景线。堤坝围住的区域也可以叫“垸”，如天门的“朱垸（杨林镇)”“罗垸（多宝镇)”。与江汉平原不同，鄂东南一带，由丘陵蔓延至崇山，当地就有了许多与山有关的词语，夹在两山之间的狭长地带叫“冲”，如咸宁的“七里冲（马桥镇)”、赤壁的“长冲（官塘驿镇)”；两山之间的开阔地带叫“畈”，如通山的“大畈（大畈镇)”、咸宁的“王家畈（马桥镇)”。咸安区位于丘陵地带，当地河流众多，但都不宽阔，所以随处可见架设的桥梁，很多集镇便因桥得名，如马桥、高桥、汀泗桥、刘家桥、白沙桥、官埠桥、龙潭桥。

2. 赣语词

受移民（江西填湖广）的影响，湖北方言中也能看到赣语的残留。在赣语中，逆风说“斗风”，逆雨叫“斗雨”，逆水叫“斗水”，通行于整个赣方言区。“斗”是赣方言高频词，即“鬥”，《集韵》平声侯韵当侯切：“鬥，当侯切，交争也。”《说文》：“鬥，两士相对，兵杖在后。”段注：“当云争也。”“斗”就是“争”的意思，由此引申出相对、相反、相逆的意思。西南官话湖广片如武汉方言、长阳方言、潜江方言，江淮官话黄孝片如鄂州方言、罗田方言也可以说“斗风”。有意思的是，赣语大通片的几个方言点反而不用“斗风”。

“舞”，是赣语中十分重要的高频词。“舞”在近代汉语里就有“做、搞、弄”之义，章炳麟《新方言》卷二：“庐之合肥，黄之蕲州，皆谓作事为舞。”“做饭”在赣语中普遍说“舞饭”，而西南官话湖广片汉川方言、竹溪方言，江淮官话黄孝片黄冈方言、黄梅方言、孝感方言以及赣语大通片除监利方言之外的所有方言都有此用法（表3－28）。不仅如此，“舞”还在很多方面代替了“做”的功能，如咸宁方言：

（20）尔舞不舞得正你会不会做？

（21）今夜舞点藕汤喝今晚弄点藕汤喝。

（22）明日去湖嘞舞点鱼来喫明天去湖里打点鱼来吃。

表 3－28 湖北方言赣语高频词“舞”的分布情况表

方言点	做饭	炒菜
汉川	舞饭	炒菜
竹溪	舞饭	炒菜
黄冈	舞饭	炒菜
英山	舞饭	炒菜
蕲春	舞饭	炒菜
武穴	煮饭	舞菜
黄梅	舞饭	炒菜
黄陂	舞饭	炒菜
孝感	舞饭	烧菜
黄石	舞饭	炒菜
大冶	舞饭	炒菜
阳新	舞吃	舞菜
咸宁	舞饭	炒菜
通山	舞饭	舞菜
通城	舞饭	炒菜
崇阳	舞饭	舞菜
嘉鱼	舞饭	炒菜
赤壁	舞饭	炒菜

说叫“话”。“话”的构词能力较强，是赣语中较为重要的高频词，有“解释”“责备”“告诉”“批评”等意义，如：话事（说话）、话事人（能够做主的人）、话七话八（说七说八）、话媒（说媒）、话人家（女子找婆家）等。湖北方言还有些方言保留这种用法，如赣语大通片崇阳方言、通城方言：

（23）尔家呐莫在下底躲倒话事你们几个不要在下面说悄悄话。

（24）莫话我，话伊不要说我，说他。

（25）帮伊话个好人家帮她找个好婆家。

脚残叫“拐”，这在赣语中是通行的说法。江淮官话黄孝片武穴方言、黄梅方言，赣语大通片咸宁方言、通山方言、崇阳方言、嘉鱼方言等也有同样的用法，如：拐脚跛子。此外，“拐”还可以用来表示“蛮横、心眼坏、不讲理”等义，这一用法几乎通行于整个湖北方言，如：

（26）拐人坏人、戳拐暗中使坏、拐哒不好、坏了

（27）张明把拐人抢走哒一个包张明被坏人抢走了一个包。

（28）拐哒，再不走就晏哒坏了，再不走就晚了。

武汉方言把哥哥叫“拐子”，其实有一个意义转变的过程。拐子本义是“坏人”，再转指黑社会的老大（坏人中的坏人），最后表示哥哥（哥哥也是老大，贬义基本消除），“拐子哥”也表示哥哥，说明“拐子”最初就不是哥哥。

最后要说的是一些赣语口音词。所谓赣语口音词，是指有些单音节词，本身虽然不属于赣语高频词，但它的读音却带有明显的赣语特征。我们知道，古全浊声母字，在赣语中不论平仄都读为送气音，结合江西填湖广这一事实，西南官话湖广片中很多单音节词读送气音，不是官话的语音特征，而是赣语的语音特征，可以称为赣语口音词，如：导（定母）、舅（群母）、跪（群母）、择（澄母）、着（澄母）、侄（澄母）、治（澄母）、步（並母）等。

3. 湘语词

由于地理位置的特殊性，湖北方言又受到湘语的影响。湖北古代属于楚地，楚人好巫，《汉书·地理志》说：“楚人信巫鬼，重淫祀。”《楚辞·九歌》就是荆楚地区最早的巫歌。王逸《楚辞章句》云：“昔楚国南郢之邑，沅湘之间，其俗信鬼而好祠，其祠必作歌乐鼓舞以乐诸神……屈原放逐……屈见俗人祭祀之礼，歌舞之乐，其词鄙陋，因为作九歌之曲。”楚人好巫，其中一个重要的表现形式就是招魂，《楚辞》中

的《大招》和《招魂》，都与招魂有关。

湖北也有招魂的习俗，这从湖北方言词语“喊吓”可以看出。楚国的招魂风俗在楚地一直延续下来，江西、湖南一带，民间还残留着为死人“喊魂”和活人自招其魂的风俗，两湖一带还有招魂之类的民歌。所谓“喊吓”，也就是把受到惊吓的魂魄喊回来（古人相信，受到惊吓的人，会魂飞魄散）。具体的做法是：到了晚上，受到惊吓的人睡着了以后，喊吓的人站在户外高处（屋顶上或楼梯上），嘴里大声喊某人的名字：“某某，你吓了到屋来歇睡嘞，到屋来歇。”然后一边喊，一边往回走，喊声也逐渐变小，每到拐弯抹脚的地方还要用提醒之语告诉魂魄不要走错路，最后把魂魄引至受惊吓的人的床前。

儿子，湖北方言可以称“崽”，如赣语大通片大多数方言。《方言》卷十：“崽者，子也。湘沅之会凡言是子者谓之崽，若东齐言子矣。”第二“崽”字下，郭璞注云：“声如宰。”《广韵》平声皆韵山皆切：“《方言》云：‘江湘间凡言是子者谓之崽。’自高而侮人也。”清代钱绎《方言笺疏》：“湘沅会合处，汉为长沙郡下隽县，今湖南岳州府临湘县是。”“崽”是典型的湘方言词语。如咸宁方言中把儿子叫作“崽”，儿女合称为“崽女”。“崽”还可以用来称小，凡小物都可以称为“X 崽”，使用频率极高，例如：

小孩子丨伢崽、小桌子丨桌崽、小椅子丨椅崽、小牛丨牛崽、小猪丨猪崽、小狗丨狗崽、小猴丨猴崽、小鸡丨鸡崽、小鸟丨雀崽、小鱼丨鱼崽、小锅丨锅崽、小瓢丨瓢崽、小碗丨碗崽、小树丨树崽、小池塘丨塘崽、小河沟丨港沟崽

知道，湖北可以说“晓得”，湖北几乎所有方言都有此说法。“晓”只在对举的情况下才可以单独出现，如：谁个不知，哪个不晓。《方言》卷一：“党、晓、哲，知也。楚谓之党，或曰晓，齐宋之间谓之哲。”《广韵》篠韵馨皛切：“晓，曙也，明也，慧也，知也。”“晓得”是重要的湘方言词语，如咸宁方言：

（29）我早就晓得伊不是好人我早就知道他不是好人。

（30）我说箇个件事你晓不晓得我说的这件事情你知不知道？

（31）尔旵旵跟伊只拿走了，伊晓得箇鬼你偷偷给他拿走，他知道个鬼。

雾，湖北方言可以说“罩子”，西南官话湖广片多数方言，江淮官话黄孝片孝感方言都有此说法。“罩子”是较重要的湘方言词语，如仙桃方言：下罩子（起雾）。

蚊子，湖北方言可以包括苍蝇和蚊子，这在西南官话湖广片多数方言以及赣语大通片少数方言中有此用法。典型的西南官话如武汉方言、成都方言以及江淮官话、赣语一般要作严格区分，不作区分是湘方言的特征（表3－29）。

表3－29　湖北方言湘方言高频词“蚊子”的分布情况表

方言点	蚊子	苍蝇
荆州	蚊子	蛆蚊
仙桃	蚊子	饭蚊子
天门	蚊子	蛆蚊
钟祥	蚊子	饭蚊子
宜昌	蚊子	蚊子
兴山	夜蚊子	蚊子
长阳	蚊子	蚊子
五峰	蚊子	蚊子
宜都	蚊子	蚊子
恩施	蚊子	蚊子
咸丰	夜蚊子	饭蚊子
建始	蚊子	蚊子
巴东	蚊子	蚊子
保康	蚊子	苍蚊

续表

方言点	蚊子	苍蝇
神农架	蚊子	苍蚊
襄阳	夜蚊子	蚊子
郧阳	蚊子	蚊子
丹江口	蚊子	蚊子
房县	蚊子	蚊子
竹溪	蚊子	蚊子
公安	夜蚊子	饭蚊子
鹤峰	夜蚊子	牛蚊子
嘉鱼	夜蚊子	饭蚊子
赤壁	蚊子	饭蚊子
监利	夜蚊子	绿蚊子

从上表可以看出，多数方言不加区分统称“蚊子”，如宜昌方言、长阳方言、建始方言、郧阳方言、竹溪方言等；如要区分，一般把蚊子称为“夜蚊子”，把苍蝇称为“饭蚊子”或者“蛆蚊”“苍蚊”“牛蚊子”“绿蚊子”，如荆州方言、咸丰方言、公安方言。由于地域（接近江汉平原）和人口迁移（很多人口来自天门、仙桃、汉川）的影响，赣语大通片嘉鱼方言、赤壁方言和监利方言也有类似说法。“蚊”在以上一些方言中还保留了重唇音的读法，即声母为m，可谓特色鲜明。

三、民俗词

俗话说，“十里不同风，百里不同俗”。古人素有“入国问禁，入乡随俗”的观念，一定地域人民的风俗习惯是存在差异的，而这些差异表现在方言中，就构成了民俗词。民俗词反映了一定地域人民在生产、生活、精神信仰等方面的风俗习惯，以下分禁忌词语、婚丧词语两个方面来说明。

1. **禁忌词语**

趋利避害是人类的普遍心理，因此人们在生老病死、逢年过节等活动中逐渐形成了一些禁忌并延续下来，表现在语言中，就是禁忌词语。湖北方言中的禁忌词语就有很多。

看到不吉利的东西，觉得晦气，湖北人会说“见姅、撞姅、见鬼姅、撞见鬼姅”。姅，《说文》：“妇人污也。汉律：‘见姅变不得侍祠。’”段玉裁《说文解字注》：“谓月事及免身及伤孕皆是也。见姅变，如今俗忌入产妇房也。”姅也就是妇女经血，古人认为是不吉利的东西，见姅也就是见到不吉利的东西。后来，见姅之类的说法有所引申，碰到让人失望的事情，或者认为不值的东西，也可以说“见姅、撞姅”，表示不屑。如果遇到倒霉的事情，还可以说“撞见鬼姅”，以此发泄心中的不满。

在湖北方言中，死亡或疾病也是忌讳明说的。老人去世，要说“老了、走了、不在了、过身了”；婴儿夭折，要说“落了、丢了”；生病要说“不好过、不如法、不舒服”；棺材要说“寿木、寿衣①”；女性来月经要说“来好事、来大姨妈”。

逢年过节的禁忌最多。俗话说“正月忌头，腊月忌尾”，是指从腊月二十四过小年开始到正月十五为止，这一期间人们不能说不吉利的话，不能说包含“死、杀、背时、病、痛、穷、鬼、怪、菩萨”的词语。过年杀猪，有的说“喜猪”。

生产生活中也有禁忌。经营或从事渔船、商船业务的船民和沿江的居民，大都忌说“沉”“翻”，言谈之中，如遇到“沉”“翻”等词，就要用义同音不同的字代替，如“盛饭”改说“添饭”，“翻身”改说“转身”。舌头要说“赚头”，避免与“折”同音。“大小便”的委婉说法是“解大手、解小手”。拉肚子，西南官话湖广片多数方言要说“赶

① 这里指棺材。

脚”。不小心看到或者故意窥视他人（尤其是女性）上厕所，会被长辈训戒“长毛针麦粒肿”。

2. 婚丧词语

“媒人”，湖北方言可以称为“红叶”。宋代传奇小说《流红记》讲述了“红叶题诗取韩氏”的故事。书生于祐在御沟中拾得落叶一片，上有题诗四句：“流水何太急，深宫尽日闲。殷勤谢红叶，好去到人间。”于祐自此终日思念，于是别取红叶，题诗二句：“曾闻叶上题红怨，叶上题诗寄阿谁?”置于御沟上流，使流入宫中。后来于祐娶因得罪被遣宫女韩氏为妻。成婚之日，当二人出示所藏红叶时，相对感泣，以为天意撮合，韩氏因写诗咏其事：“一联佳句题流水，十载幽思满素怀。今日却成鸾凤友，方知红叶是良媒。”“红叶”一词还可变作“红人”。例如：

（32）说人家要请红叶嫁人要请媒人。

（33）老王是我都两个人的红人老王是我们两个人的媒人。

男方讨要到女方的生辰八字后，将双方的生辰八字一并交给算命先生，请先生帮忙“合八字”。“八字”也叫“八个字”，是指一个人出生的年、月、日、时分别对应的天干地支，共八个字。若二命相生则为大吉，二命相克则为不吉，相合的可以婚配，不合的往往不能成为对象，也有人请算命先生寻求破解的方法。

结婚当天，男方请两位“牵新妈”为新人铺床，并撒上红枣、瓜子、花生等，寓意新人“早生贵子”。牵新妈的人选很有讲究，必须是父母健在、儿女双全、家庭和睦的中年妇女。很多地方还有铺床谣，牵新妈一边铺床，一边唱铺床谣，如嘉鱼方言：

（34）铺床铺到角，一床堆不落铺床要铺到边角，嫁妆多到一张床都堆不下。

（35）四角拨几拨，崽女只个滚四个角都要按几下，生的儿女多到在床上一直爬。

婴儿出生后，由父亲带着鸡蛋、肉等礼品去外婆家报信，湖北方言称之为“报喜”。如果有人问起孩子的性别，一般称男孩为“读书的”

或“映牛的（放牛的）”，称女孩为“绣花的”。

婴儿出生后，父母双方的亲人带着礼物前来祝贺，湖北方言称为“送祝礼”或“送祝米”。礼品主要有红糖、母鸡、鸡蛋、衣服等。外婆家除了以上礼品外，还需准备摇篮、童车、尿布、玩具等。

新生儿周岁时，将各种物品摆放于小孩面前，任其抓取，湖北方言称之为“抓周”。常用物品有笔、墨、纸、砚、算盘、钱币、书籍等。根据婴儿所抓取物品的不同，围观者一般都有相应的呼彩，如抓取的是书籍，就预示长大后会读书。

人在临死的时候，亲人要守在床前，湖北方言称之为“送终”。有人送终是命好的象征，也是活着的人尽孝道的一种重要表现。通常要将临死之人挪至事先准备好的稻草上躺着，头朝上脚朝下，将正屋的中堂用簸箕遮盖，叫“遮堂”。然后请人为他梳洗净身，穿上寿衣、寿鞋，叫“装老”。穿的“寿衣”“寿鞋”都有讲究，“寿衣”一是要穿双数，二是要讲究“三腰五领”。“三腰”是指穿三条有腰的长裤子，从里到外分别是衬裤、棉裤、罩衣；“五领”是指上衣五件均有领子，从里到外分别是红衬衫、绛色衬衫、黑色袄子、两件罩衣。系腰带，穿深色袜子和鞋子。“寿鞋”的鞋底纳有莲花，前掌纳七针、后掌纳八针，叫做“前七后八，见了阎王也不怕”。

人死之后，等亲属全部到齐，将死者放进已经准备好的棺材里，湖北方言称之为“进材”“入木”“入殓”。入殓时，在棺材内垫一层红棉布，在头部位置放上三块完整的瓦片，将死者平放入棺中，头枕着三块瓦。死者放进材后，将棺盖拉上，但不封严实，还要在棺底下点一盏油灯，称为“长明灯”，一直到死者出殡之前，要保证“长明灯”不熄灭，不然死者就会魂飞魄散。

从死者去世之日算起，每隔七天为一个“七”，共有七个“七”。每个“七”日，主要的亲戚都要准备香纸前去祭拜，湖北方言称之为“做七”。七七之间有一些约定俗成的规矩，尤其是“头七”“五七”“七七”，如头七之前孝子孝女不能外出串门，五七之前孝子不能理发刮须。

逢“七”都要去坟头祭拜，或请道士做法事。

将灵柩运至墓地安葬，湖北方言称之为“出丧”“出棺”。途中孝子不能回头，要一直到墓地。下葬时，道士先生先用罗盘定好山向（即墓向），再按照方向将棺材下入墓坑，孝子在墓前跪拜，道士边向棺上撒米（米类似蛆虫，意思是死者尸体已腐烂生蛆，妖魔鬼怪不可再来为难死者），边说唱词，祝愿死者后代平平安安，万事顺利。

为死去的人烧纸钱，湖北方言可以说“拜馨香”。死者去世后第二年的农历正月初二（部分地区为初一），亲戚朋友都要前往死者家中祭拜，当晚所有人需守到深夜，称之为“坐夜”。零点之前，人们先去死者灵前祭奠，再到屋外烧纸、放鞭炮。所有仪式结束后，一起吃宵夜，然后离开。有些地方误以为是“拜新香”，理由是为新去世的人烧香，其实是不了解“馨”，最初就是焚香时散发出来的香气，“馨香”属于同义连用。

四、古语词

湖北方言难懂，除了语音的差异外，还因为湖北方言词汇在一定程度上保留了古代汉语的某些词语，有的是古代通语词，有的则是古楚语词。

昼，《说文解字》：“日之出入，与夜为界。从画省、从日。”表示“白天”，与“夜晚”相对。《论语》记载“宰予昼寝”，就是说宰予在大白天睡觉。湖北方言既可以“日夜”并举，也可以说“昼夜”。上午，可以说“上昼”，下午可以说“下昼”。这在江淮官话黄孝片和赣语大通片中很常见，西南官话湖广片中较少用到（表3－30）。

表3－30 湖北方言古语词“昼”的分布情况表

方言点	上午	下午
红安	中时	下昼儿
英山	晏昼	下昼
武穴	上昼	下昼
黄梅	上昼	下昼
黄陂	上午	下昼
新洲	晏头	下昼儿
黄石	上昼	下昼
大冶	上昼	下昼
阳新	上昼	下昼
咸宁	上昼	下昼
通山	上昼	下昼
通城	上昼	下昼
崇阳	上昼	下昼
赤壁	上昼	下昼

日，就是太阳，所以太阳在湖北方言中一般说“日头”，有些说“太阳”的方言点，也可以说“日头”。所谓“太阳”，是说最明亮的东西，与“太阴”（月亮）相对，应该是比较书面的说法，后来太阳传承下来了，而太阴却没有。日头应该是比较口语化的说法。与此相对应的是，湖北方言“今天”“明天”之类的词语，一般要说“今日”“明日”。

表示人体动作的“站、蹲、摔跤”，湖北方言可以说“徛、跍、跶”。《广韵》上声纸韵渠绮切：“徛，立也。”《广韵》平声模韵苦胡切：“跍，蹲貌。”《集韵》入声曷韵他达切：“跶，足跌。”摔东西，也可以说“跶”，如：他气得把茶杯跶了他气得把茶杯摔了。“徛、跕”在赣语大通片和江淮官话黄孝片中是通行的说法，西南官话湖广片也有部分方言可以说。“跶”则是全省通行的说法。

开始，湖北方言可以说“驾驷”。古代一车四马，驾驭四匹马为上路之始，等同于“初”为裁衣之始。驾驷一词，在湖北很多方言口语中可见，如：要抹牌，个巴早就驾驷要打扑克，现在就开始。只是大众不知道怎么写。

烤火，湖北方言可以说“炙火”。《广韵》入声昔韵之石切：“《说文》曰：‘炮肉也，从肉在火上。’”《诗》毛传：“炕火曰炙。”炙，最初是烹饪的一种，相当于现代做红烧肉，后来引申为烧炕，北方冬天寒冷，睡觉前需要烧炕取暖，而南方无炕可烧，人的身体直接在火前取暖，就叫“炙火”。章炳麟《新方言·释言》：“《曲礼正义》：‘火灼曰炙。凡熏火亦曰炙。’”咸宁方言有俗语：“八月中秋，炙火不羞。”意思是说到了中秋节，昼夜温差较大，即使是烤火，也不是什么羞耻的事情。

迟、晚，湖北方言可以说“晏”。《说文解字》：“天清也。”后来引申出“晚”的意义。《玉篇》：“晚也。”《论语》：“冉子退朝，子曰：‘何晏也？’”皇疏：“晏，晚也。”湖北大多数方言有此用法。

相合，湖北方言可以说“佮”。《说文解字》：“佮，合也。”两个同龄人成为老庚，可以说“佮老庚”，把木料加工成器具，也可以用佮，如：佮木头（做棺材）。两个人的关系不融洽，湖北民间有生动的比喻，如：鸡佮不得鸭，鸭佮不得鸡。鸡生活在地面上，鸭子主要生活在水上，二者一般不合群，以此来形容人与人之间的关系不融洽。

用药毒杀，湖北方言可以说“痨”。《说文解字》：“痨，朝鲜谓药毒曰痨。”毒药，可以说“痨人药”，“痨鱼”，就是用药毒杀鱼，一般用茶子榨油后剩下的茶饼作药。

因昆虫、纤维等接触皮肤引起不适，湖北方言可以说“蠚”。《广韵》入声药韵丑略切：“虫行毒，又火各切。”如：床单不干净，睏了蠚人床单不干净，睡觉让人不舒服。

说话啰嗦或与人纠缠不清，湖北方言可以说“謱謰”。《方言》卷十：“南楚曰謰謱。”《汉语大字典》：“謰謱，也作‘謱謰’，言语复杂。”如：这个人蛮謱謰，少跟他来往这个人很啰嗦，少和他来往。

树梢或尖锐物的前端，湖北方言可以说“杪”。《方言》卷二：“木细枝谓之杪，江淮陈楚之内谓之篾。”《方言》卷十二：“杪，小也。”从“少”得义的词大都与“小”或“少”有关。如：沙（细小的石粒）、妙（女子身材娇小）、秒（谷物种子外壳上的芒）、纱（用纺织纤维纺成的单根细缕）、眇（少了一只眼睛）等，湖北方言中的“杪”“仯”“耖”则进一步验证了这一观点。树梢可以说“树杪”，针尖可以说“针杪”。仯，表示动物的幼崽，如“猪崽仯”也可以表示小孩，如“半仯”“伢崽仯”。《广韵》去声效韵初教切：“仯仯，小子。”清代范寅《越谚》：“仯，人、物由小渐大，在不大不小之间，如呼仯人、仯狗、仯猪是也。”耖，则是用农具使泥土破碎，如“耖耙”“耖田”。

还有很多在湖北局部地区或个别方言口语中常用的古语词。湖北西南官话湖广片部分方言如仙桃方言、天门方言用“待”表示“在”：

（36）——你待不待屋里（你在不在家）？

——待屋里（在家）。

（37）——你待搞么家（你在干什么）？

——我待写作业（我在写作业）。

（38）——他待哪些啊（他在哪儿啊）？

——他待楼上（他在楼上）。

《韩诗外传》：“树欲静而风不止，子欲养而亲不待。”“待”有“停留”的意思，“亲不待”也就相当于“亲不在”。

赣语大通片崇阳方言用“着衣”表示“穿衣”，用的正是“着”的本义，普通话能看到“着”表示“穿”的残留现象，如“穿着、衣着、着装”，口语中不常用。咸宁方言用“穿井”表示“打井”，用的正是“穿”的本义。穿，从牙，从穴，表示“野兽用牙齿挖掘洞穴”，《诗·召南·行露》：“谁谓鼠无牙，何以穿我墉？”后来泛指打洞，动作主体包括人在内，《吕氏春秋》中记载了“丁氏穿井得一人”的故事。崇阳方言、通城方言用“话”表示“说”，如“话事”；用“戏”表示“玩耍”，如“去戏一下”，保留的也是古语词的本义。

最后要说的是一些古音词。所谓古音词，是指有些单音节词，本身虽然不属古语词，但它的读音却带有明显的古语特征。这里要说的不是各大方言经常能听到或大家熟知的古音词，如“街”读如“该”，“项”“苋”读如“汗”，“鞋”读如“孩”等，而是一些在其他方言区不易听到的古音词。如按照“古无轻唇音”的规律，湖北方言有大量微母字读重唇音的现象，如“蚊、问、闻、武、网、袜、万、物”等，在西南官话湖广片近半数方言中，以及赣语大通片个别方言中都有此读法，如天门方言、仙桃方言、监利方言、崇阳方言等，“蚊”的声母读m。又如，按照“古无舌上音”的规律，湖北有少数字在个别方言中保留了舌头音的读法，如崇阳方言的“猪”读如“都”，咸宁方言的“择”读如“度”，声母都为t。以“择”为例，普通话说“选”或“选择”，咸宁方言说“t‘ə^{33}”，常常被误以为有音无字。《广韵》“择”音场伯切，中古为澄母，上古归定母，“择”与“铎”都从“睪”得声，普通话里二字不同音，但咸宁方言中刚好同音。如果不了解这一点，外地人第一次听说就会以为湖北方言怪异，或者以为有些方言词无字可记，殊不知方言词语之间有着密切的联系，只不过读音差别有点大罢了。

第五节　词汇对照

	1 太阳～下山了	2 月亮～出来了
武汉	日头ɯ^{213} t'ou^{0} ｜ 太阳t'ai^{25} iaŋ^{0}	月亮ye^{213} liaŋ^{0}
荆州	太阳t'ai^{35} ian^{0} ｜ 日头ɯ^{13} t'əu^{0}	月亮ye^{13} lian^{35}
宜昌	太阳t'ai^{35} iaŋ^{0}	月亮ye^{13} liaŋ^{0}
恩施	太阳t'ai^{35} iaŋ^{33}	月亮ye^{33} niaŋ^{35}
襄阳	太阳t'ai^{31} iaŋ^{0}	月亮ye^{53} niaŋ^{0}
十堰	爷爷儿iɛ^{52} iər^{0}	月亮yɛ^{52} liaŋ^{0}
黄冈	太阳t'ai^{35} iaŋ^{31}	月亮ʐʮe^{31} liaŋ^{44}
孝感	日头ɐr^{213} t'əu^{0}	月亮ʮɛ^{13} niɑŋ^{0}
黄石	日头ɚ^{213} t'ou^{0}	月亮ʮæ^{213} liaŋ^{324}
咸宁	日头zʅ^{55} t'e^{31} ｜ 太阳t'a^{213} iõ^{31}	月亮ye^{55} niõ^{33}

	3 星星	4 云
武汉	星星ɕin^{45} ɕin^{0}	云yn^{213}
荆州	星星ɕin^{55} ɕin^{0}	云ioŋ^{13}
宜昌	星星ɕin^{55} ɕin^{0}	云yn^{13}
恩施	星星ɕin^{55} ɕiɚ^{55}	云yn^{33}
襄阳	星宿ɕin^{24} ɕiəu^{53}	云彩yn^{53} ts'ai^{0}
十堰	星宿ɕin^{33} ɕiou^{31}	云彩yn^{52} ts'ai^{0}
黄冈	星星ɕin^{22} ɕin^{22}	云头ʐən^{31} t'əu^{31} ｜ 云彩ʐən^{31} ts'ai^{55}
孝感	星斗ɕin^{33} təu^{0}	云ʮən^{31}
黄石	星星ɕin^{33} ɕin^{0}	云ʮen^{31}
咸宁	星ɕiɒ̃^{44}	云yən^{31}

	5 风	6 闪电名词
武汉	风fon^{55}	摄霍se^{13}xo^{213} ǀ 闪电san^{33}tian^{25}
荆州	风fon^{55}	闪电sɑn^{42}tiɑn^{33} ǀ 霍xo^{24}
宜昌	风fon^{55}	闪san^{42}
恩施	风fon^{55}	扯闪tsʻɤ^{33}san^{33}
襄阳	风fən^{24}	闪ʂan^{51}
十堰	风fən^{33}	扯闪tʂʻɤ^{55}ʂan^{55}
黄冈	风fon^{22}	扯闪tʂʻɛ^{35}san^{35}
孝感	风fon^{33}	霍xo^{213}
黄石	风fon^{33}	扯霍tʂʻe^{52}xo^{213}
咸宁	风fən^{44}	扯霍tsʻæ^{213}xo^{213}

	7 雷	8 雨
武汉	雷lei^{213}	雨y^{42}
荆州	雷nei^{13} ǀ 雷公nei^{13}kon^{55}	雨y^{42}
宜昌	雷lei^{13}	雨y^{42}
恩施	雷lei^{13}	雨y^{33}
襄阳	雷nuei^{33}	雨y^{51}
十堰	雷lei^{52}	雨y^{55}
黄冈	雷li^{31}	雨ʐʮ^{55}
孝感	雷ni^{31}	雨ʮ^{52}
黄石	雷li^{31}	雨ʮ^{55}
咸宁	雷næ^{31}	雨y^{42}

	9 下雨	10 淋衣服被雨～湿了
武汉	落雨lo^{213}y^{42}	打ta^{42}
荆州	下雨ɕia^{35}y^{42}	泱tsʻua^{13}
宜昌	下雨ɕia^{35}y^{33}	打ta^{33}
恩施	下雨ɕia^{35}y^{51}	泱tʂʻua^{33}
襄阳	下雨ɕia^{31}y^{35}	泱tsʻua^{53}
十堰	下雨ɕia^{31}y^{55}	泱tʂʻua^{52}
黄冈	落雨lo^{13}ʐʮ^{55}	打ta^{55} ｜ 沛tsʻa^{44}
孝感	落雨no^{213}ʮ^{52}	泱tʂʮa^{31}
黄石	落雨lo^{213}ʮ^{55}	沛tsʻɒ^{324}
咸宁	落雨nə^{55}y^{42}	沛tsʻa^{33}

	11 晒～粮食	12 雪
武汉	晒sai^{25}	雪ɕie^{213}
荆州	晒sai^{35}	雪ɕye^{13}
宜昌	晒sai^{35}	雪ɕye^{13}
恩施	晒ʂai^{35}	雪ɕye^{33}
襄阳	晒sai^{31}	雪ɕye^{53}
十堰	晒ʂai^{31}	雪ɕiɛ^{33}
黄冈	晒sɑi^{35}	雪ɕiɛ^{213}
孝感	晒sɑi^{35}	雪ɕiɛ^{213}
黄石	晒sæ^{25}	雪ɕie^{213}
咸宁	晒sɒ^{213}	雪ɕi^{55}

	13 冰	14 雾
武汉	冰pin^{55} | 凌冰lin^{25}pin^{55}	雾u^{25}
荆州	冰pin^{55}	罩子tsau^{35}tsɿ^{0} | 雾u^{35}
宜昌	冰pin^{55}	罩子tsau^{35}tsɿ^{0}
恩施	凌nin^{35}	罩子tʂau^{35}tsɿ^{0}
襄阳	凌冰nin^{31}pin^{0}	罩子儿tsau^{31}r̩^{0}
十堰	凌冰lin^{31}pin^{33}	罩子tʂau^{31}tsɿ^{0}
黄冈	冰pin^{22}	雾u^{44}
孝感	凌片nin^{55}pʻin^{0}	罩子tʂɑu^{35}tsɿ^{0}
黄石	冰pin^{33}	雾u^{324}
咸宁	冰piən^{44}	雾u^{33}

	15 虹统称	16 日食
武汉	虹kaŋ^{25}	日食ɯ^{13}sɿ^{213}
荆州	马兰ma^{42}lan^{13} | 马云ma^{42}yin^{13}	天狗吃日头tʻien^{55}kəu^{42}tɕʻi^{13}ɯ^{13}tʻəu^{13} | 日食ɯ^{13}sɿ^{13}
宜昌	虹xoŋ^{13}	日食ə^{13}sɿ^{13}
恩施	虹kaŋ^{35}	日食zʅ^{33}ʂʅ^{33}
襄阳	虹kaŋ^{51}	天狗儿吃太阳tʻian^{24}kəur^{35}tsʻɿ^{53}tʻai^{31}iaŋ^{0}
十堰	虹tɕiaŋ^{31}	天狗吃日tʻian^{33}kou^{54}tʂʻʅ^{33}zʅ^{52}
黄冈	虹kaŋ^{35}	天狗吃日tʻien^{22}kəu^{55}tɕʻi^{13}ɔr^{213}
孝感	虹kɑŋ^{35}	天狗吃日tʻin^{33}kəu^{52}tɕʻi^{13}ɐr^{213}
黄石	虹xoŋ^{31}	日食ə^{213}sɿ^{213}
咸宁	毛影mo^{31}iɒ̃^{42}	天狗吃日头tʻiẽ^{44}ke^{42}tɕʻiɒ^{55}zɿ^{55}tʻe^{31}

	17 月食	18 天气
武汉	月食ye^{13}sɿ^{213}	天道tʻian^{44}tao^{25} ｜ 天气tʻian^{44}tɕʻi^{25}
荆州	天狗吃月亮tʻien^{55}kəu^{42}tɕʻi^{13}ye^{13}lian^{53} ｜ 月食ye^{13}sɿ^{13}	天道tʻien^{55}tau^{35} ｜ 天气tʻien^{55}tɕʻi^{35}
宜昌	月食ye^{13}sɿ^{13}	天道tʻiɛn^{55}tau^{35}
恩施	天狗吃月tʻiɛn^{55}kəu^{51}tɕʻi^{33}ye^{33}	天气tʻiɛn^{55}tɕʻi^{0}
襄阳	天狗儿吃月亮tʻian^{24}kəur^{35}tsʻɿ^{53}ye^{53}niaŋ^{0}	天道tʻian^{24}tau^{0}
十堰	天狗吃月tʻian^{33}kou^{54}tʂʻʅ^{33}yɛ^{52}	天气tʻian^{33}tɕʻi^{31}
黄冈	天狗吃月tʻien^{22}kəu^{55}tɕʻi^{13}ʐʮe^{213}	天头tʻien^{22}tʻəu^{0}
孝感	天狗吃月tʻin^{33}kəu^{52}tɕʻi^{13}ʮɛ^{213}	天道tʻin^{33}tɑu^{0}
黄石	月食ʮæ^{213}sɿ^{213}	天气tʻian^{33}tɕʻi^{25}
咸宁	天狗吃月tʻiẽ^{44}ke^{42}tɕʻiɒ^{55}ye^{55}	天道tʻiẽ^{44}tʻo^{33}

	19 晴天～	20 阴天～
武汉	晴tɕʻin^{213}	阴in^{55}
荆州	晴tɕʻin^{13}	阴in^{55}
宜昌	晴tɕʻin^{13}	阴in^{55}
恩施	晴tɕʻin^{33}	阴in^{55}
襄阳	晴tɕʻin^{53}	阴in^{24}
十堰	晴tɕʻn^{52}	阴in^{33}
黄冈	晴tɕʻin^{31}	哑$^{=}$ŋa^{35}
孝感	天晴tʻin^{33}tɕʻin^{31}	天阴tʻin^{33}in^{33}
黄石	晴tɕʻin^{31}	哑$^{=}$ŋɒ^{25}
咸宁	晴tɕʻiɒ̃^{31}	阴iən^{44}

	21 旱天~	22 涝天~
武汉	干kan^{55} | 旱xan^{25}	淹ian^{55}
荆州	旱xan^{35}	涝lau^{13}
宜昌	旱xan^{35}	涝lau^{13}
恩施	干kan^{55}	（无）
襄阳	旱xan^{31}	涝nau^{31}
十堰	天干tʻian^{33}kan^{33}	水涝ʂei^{55}lau^{31}
黄冈	干kan^{22}	涝lau^{44}
孝感	天旱tʻin^{33}xɑn^{55}	淹水ŋɑn^{33}ʂʮei^{52}
黄石	旱xan^{324}	涝lau^{31}
咸宁	干kõ^{44}	发大水fa^{55}tʻa^{33}çy^{42}

	23 水田	24 旱地浇不上水的耕地
武汉	田tʻian^{213}	地ti^{25}
荆州	水田suei^{42}tʻien^{13}	旱田xan^{35}tʻien^{13} | 白田pɤ^{13}tʻien^{13}
宜昌	水田suei^{33}tʻiɛn^{13}	旱田xan^{35}tʻiɛn^{13}
恩施	水田ʂuei^{51}tʻiɛn^{0}	山田ʂan^{55}tʻiɛn^{0}
襄阳	水田suei^{35}tʻian^{53}	旱地xan^{31}ti^{31}
十堰	水田ʂei^{55}tʻian^{52}	旱地xan^{24}ti^{31}
黄冈	稻田tau^{44}tʻien^{31}	岗地kaŋ^{35}ti^{44}
孝感	水田ʂʮei^{52}tʻin^{31}	旱地xɑn^{55}ti^{55}
黄石	水田çʮ^{55}tʻian^{31}	旱地xan^{324}ti^{324}
咸宁	田tʻiẽ^{31} | 水田çy^{42}tʻiẽ^{31}	地tʻæ^{33}

	25 田埂	26 池塘
武汉	田埂子tʻian^{213}ken^{42}tsɿ^{0}	水塘suei^{33}tʻaŋ^{21}
荆州	田埂子tʻien^{13}kən^{42}tsɿ^{0}	水塘suei^{42}tʻan^{13}
宜昌	田坎tʻiɛn^{13}kʻan^{33}	堰塘iɛn^{35}tʻaŋ^{13}
恩施	田坎tʻiɛn^{33}kʻən^{33}	堰塘iɛn^{35}tʻaŋ^{33}
襄阳	田埂儿tʻian^{53}kər^{35}	堰塘ian^{31}tʻaŋ^{53}
十堰	田埂儿tʻian^{24}kər^{55}	塘tʻaŋ^{52}
黄冈	田塍埂儿tʻien^{31}sɿ^{35}kɛr^{55}	塘tʻaŋ^{31}
孝感	田塍tʻin^{31}ʂən^{35}	塘tʻɑŋ^{31}
黄石	田塍tʻian^{31}tsʻen^{31}	塘tʻaŋ^{31}
咸宁	田塍tʻiẽ^{31}sən^{31}	塘tʻõ^{31}

	27 水坑儿地面上有积水的小洼儿	28 洪水
武汉	水凼子suei^{33}taŋ^{25}tsɿ^{0}	大水ta^{25}suei^{42}
荆州	水坑伢儿suei^{42}kʻən^{55}a^{13}ɯ^{0}	洪水xoŋ^{13}suei^{42} | 大水ta^{35}suei^{42}
宜昌	水凼凼儿suei^{33}taŋ^{35}tãr^{0}	大水ta^{35}suei^{33}
恩施	水塘塘儿ʂuei^{51}tʻaŋ^{33}tɚ^{0}	大水ta^{35}ʂuei^{51}
襄阳	水坑儿suei^{35}kʻər^{24}	发大水fa^{53}ta^{41}suei^{35} | 洪水xuŋ^{53}suei^{35}
十堰	水坑儿ʂei^{55}kʻər^{33}	洪水xuən^{24}ʂei^{55}
黄冈	水凼子ʂʯei^{55}taŋ^{44}tsɿ^{0}	大水ta^{44}ʂʯei^{55}
孝感	水凼子ʂʯei^{52}tɑŋ^{55}tsɿ^{0}	大水tɑ^{55}ʂʯei^{52}
黄石	水凼子ɕʯ^{55}taŋ^{324}tsɿ^{0}	洪水xoŋ^{31}ɕʯ^{55}
咸宁	凼tõ^{213}	大水tʻa^{33}ɕy^{42}

	29 淹被水～了	30 河岸
武汉	淹ian^{55}	河边xo^{213}pian^{55}
荆州	淹an^{55}	河边下xuo^{13}pien^{55}xa^{0}
宜昌	淹an^{55}	河岸xuo^{13}an^{35}
恩施	淹an^{55}	河坎xuo^{33}k‘an^{21}
襄阳	淹ian^{24}	河边儿xə^{53}piɐr^{24}
十堰	淹ian^{33}	河边儿上xɤ^{52}piar^{33}ʂaŋ^{31}
黄冈	淹ŋan^{22}	河堤xo^{31}t‘i^{31}
孝感	淹ŋɑn^{33}	河堤xo^{31}t‘i^{31}
黄石	淹ŋan^{33}	岸ŋan^{324}
咸宁	□uən^{213}	岸ŋõ^{33} ｜ 河边xə^{31}piẽ^{44}

	31 地震	32 窟窿小的
武汉	地震ti^{25}tsen^{25}	窟眼k‘u^{213}ian^{42} ｜ 窟窿k‘u^{213}loŋ^{0}
荆州	地震ti^{35}tsən^{0}	洞toŋ^{35}
宜昌	地震ti^{35}tsən^{33}	窟窿k‘u^{13}loŋ^{33} ｜ 洞洞儿toŋ^{35}tõr^{0}
恩施	地震ti^{35}tʂən^{51}	洞洞儿toŋ^{35}tuə˞^{0}
襄阳	地震ti^{31}tsən^{35}	窟窿洞儿k‘u^{24}nəŋ^{53}tər^{31}
十堰	地震ti^{31}tʂən^{55}	窟窿眼儿k‘u^{33}nən^{0}iar^{55}
黄冈	地震ti^{44}tsən^{35}	洞toŋ^{44}
孝感	鳌鱼换肩ŋɑu^{31}ɥ̩^{31}xuɑn^{55}tɕin^{33}	洞儿tõr^{55}
黄石	地震ti^{324}tsen^{25}	窟窿眼k‘u^{213}loŋ^{55}ŋan^{55}
咸宁	地震t‘æ^{33}tsən^{213}	眼ŋõ^{42}

	33 缝儿统称	34 石头统称
武汉	缝foŋ^{25}	石头sɿ^{213}tʻou^{0}
荆州	缝foŋ^{35} ｜ 口kʻəu^{42}	石头sɿ^{13}tʻəu^{0}
宜昌	缝缝儿foŋ^{35}fõr^{0}	码里光ma^{33}li^{0}kuaŋ^{0}
恩施	缝xoŋ^{35}	石头ʂɿ^{33}tʻəu^{0}
襄阳	缝儿fə̃r^{31}	石头sɿ^{53}tʻəu^{0}
十堰	缝儿fər^{31}	石头ʂɿ^{52}tʻou^{0}
黄冈	缝儿foŋ^{35}ŋɛr^{0} ｜ 坼tsʻe^{213}	石头sɿ^{31}tʻəu^{0}
孝感	缝儿fõr^{35}	石头ʂɿ^{31}tʻəu^{0}
黄石	缝儿fər^{324}	石头sɿ^{213}tʻou^{0}
咸宁	坼tsʻɒ^{55}	石头sɒ^{33}tʻe^{31} ｜ 麻牯mɒ^{31}ku^{42}

	35 沙子	36 炭木~
武汉	沙sa^{55}	板炭pan^{33}tʻan^{25} ｜ 桴炭fu^{44}tʻan^{25}
荆州	沙sa^{55} ｜ 沙子sa^{55}tsɿ^{0}	炭tʻan^{35}
宜昌	沙sa^{55}	炭tʻan^{35}
恩施	沙ʂa^{55}	炭tʻan^{35}
襄阳	沙子儿sa^{24}tsər^{35}	板炭pan^{35}tʻan^{31}
十堰	沙ʂa^{33}	炭tʻan^{31}
黄冈	沙子sa^{22}tsɿ^{0}	木炭moŋ^{31}tʻan^{35}
孝感	沙子ʂɑ^{33}tsɿ^{0}	炭tʻɑn^{35}
黄石	沙子sɒ^{33}tsɿ^{0}	炭tʻan^{25}
咸宁	沙sɒ^{44} ｜ 沙子sɒ^{44}tsɿ^{42}	炭tʻɒ̃^{213}

	37 灰尘桌面上的	38 失火
武汉	灰xuei^{55} ︱ 块尘iaŋ^{13}tsʻen^{21}	失火sʅ^{213}xo^{42}
荆州	灰xuei^{55} ︱ 灰尘xuei^{55}tsʻən^{13}	失火sʅ^{13}xuo^{42}
宜昌	灰xuei^{55}	失火sʅ^{13}xuo^{33}
恩施	灰xuei^{55}	失火ʂʅ^{33}xuo^{51}
襄阳	灰xuei^{24}	失火sʅ^{53}xuo^{35}
十堰	灰xuei^{33}	失火ʂʅ^{52}xuɔ^{55}
黄冈	块尘iaŋ^{31}tsʻən^{31}	发火fa^{13}xo^{55}
孝感	灰尘xuei^{33}tʂʻən^{31} ︱ 块尘iɑŋ^{22}tʂʻən^{31}	失火ʂʅ^{213}xo^{52}
黄石	灰xuei^{33}	发火fɒ^{213}xo^{55}
咸宁	块尘iõ^{31}tsʻən^{31}	发火fa^{55}xə^{42}

	39 凉水	40 热水如洗脸的热水，不是指喝的开水
武汉	冷水len^{33}suei^{42}	热水le^{213}suei^{42}
荆州	冷水lən^{42}suei^{42}	热水lɤ^{13}suei^{42}
宜昌	冷水lən^{33}suei^{33}	热水zɤ^{13}suei^{33}
恩施	冷水nən^{51}ʂuei^{51}	热水zɛ^{33}ʂuei^{51}
襄阳	凉水niaŋ^{53}suei^{35}	热水zə^{53}suei^{35}
十堰	冷水lən^{55}ʂei^{55}	热水zɤ^{24}ʂei^{55}
黄冈	冷水lən^{55}ʂɥei^{55}	滚水kuən^{55}ʂɥei^{55}
孝感	冷水nən^{52}ʂɥei^{0}	热水ɥɛ^{213}ʂɥei^{0}
黄石	冷水len^{55}ɕɥ^{55}	熩水uo^{213}ɕɥ^{55}
咸宁	冷水nɒ̃^{42}ɕy^{42}	熩水uə^{55}ɕy^{42}

	41 开水喝的	42 磁铁
武汉	开水k'ai^{55}suei^{42}	吸铁石ɕi^{213}t'ie^{33}sɿ^{213}
荆州	开水k'ai^{55}suei^{42}	吸铁石ɕi^{13}t'ie^{13}sɿ^{13}
宜昌	开水k'ai^{55}suei^{33}	吸铁石ɕi^{13}t'ie^{13}sɿ^{13}
恩施	开水k'ai^{55}ʂuei^{51}	吸铁石ɕi^{33}t'ie^{33}ʂʅ^{33}
襄阳	开水k'ai^{24}suei^{35}	吸铁石ɕi^{24}t'ie^{53}sɿ^{53}
十堰	开水k'ɛ^{33}ʂei^{55}	吸铁石ɕi^{33}t'iɛ^{33}ʂʅ^{52}
黄冈	开水kai^{22}ʂʮei^{55}	吸铁石ɕi^{13}t'ie^{213}sɿ^{31}
孝感	开水k'ɑi^{33}ʂʮei^{0}	吸铁石ɕi^{13}t'iɛ^{213}ʂʅ^{31}
黄石	滚水kuen^{55}ɕy^{55}	吸铁石ɕi^{213}t'ie^{213}sɿ^{213}
咸宁	开水k'a^{44}ɕy^{42}	吸铁石ɕi^{55}t'i^{55}sɒ^{33}

	43 时候吃饭的~	44 现在
武汉	时候sɿ^{213}xou^{25}	正咎tsen^{13}tsan^{0}
荆州	时候sɿ^{13}xəu^{0}	现在ɕien^{35}tsai^{35} ｜ 迾下lie^{35}xa^{0}
宜昌	时候儿sɿ^{13}xər^{0}	迾下儿lie^{35}xar^{0}
恩施	时候儿ʂʅ^{33}xɚ^{0}	刚才kaŋ^{55}ts'ai^{33}
襄阳	时候儿sɿ^{53}xəur^{0}	正咎儿tsən^{31}tsɛr^{0}
十堰	时候儿ʂʅ^{52}xour^{31}	正会儿tʂən^{31}xuər^{31}
黄冈	时候儿sɿ^{31}xər^{0}	现在ɕien^{44}tsai^{44}
孝感	时候ʂʅ^{31}xəu^{0}	正咎tsən^{35}tsɑn^{0}
黄石	时辰sɿ^{213}ts'en^{31}	正咎tsen^{25}tsan^{0}
咸宁	时候sɿ^{31}xe^{33}	如今y^{31}tɕiən^{44} ｜ 如是今y^{31}sɿ^{33}tɕiən^{44}

	45 以前十年~	46 以后十年~
武汉	前tɕʻian^{213}	后xou^{25}
荆州	前tɕʻien^{13} | 以前i^{42}tɕʻien^{13}	后xəu^{35} | 以后i^{42}xəu^{35}
宜昌	以前i^{33}tɕʻiɛn^{13}	以后i^{33}xəu^{35}
恩施	以前i^{51}tɕʻiɛn^{33}	以后i^{51}xəu^{35}
襄阳	前tɕʻian^{53}	以后i^{53}xəu^{31}
十堰	从前tsʻən^{24}tɕʻian^{52}	以后i^{55}xou^{31}
黄冈	从前tsʻoŋ^{31}tɕʻien^{31}	过后ko^{35}xəu^{44}
孝感	往日uɑŋ^{52}ɐr^{0}	以后i^{52}xəu^{55}
黄石	以往i^{55}uaŋ^{55}	往后uaŋ^{55}xou^{324}
咸宁	先前ɕiẽ^{44}tɕʻiẽ^{31} | 以前i^{42}tɕʻiẽ^{31}	将来tɕiõ^{44}na^{31} | 以后i^{42}xe^{33}

	47 一辈子	48 往年过去的年份
武汉	一生i^{21}sen^{55}	往日uaŋ^{33}ɯ^{0}
荆州	一辈子i^{13}pei^{35}tsɿ^{0} | 一生i^{13}sən^{55}	往年uan^{42}lien^{13}
宜昌	一辈子i^{13}pei^{35}tsɿ^{0}	往年uaŋ^{33}liɛn^{13}
恩施	一辈子i^{33}pei^{35}tsɿ^{0}	往常uan^{51}tʂʻaŋ^{33}
襄阳	一辈子儿i^{53}pei^{31}ɽ̩^{0}	往年个儿uaŋ^{35}nian^{53}kɤr^{0} | 往年uaŋ^{35}nian^{0}
十堰	一辈子i^{33}pei^{31}sɿ^{0}	往年uaŋ^{55}nian^{52}
黄冈	一生i^{213}sən^{22}	往年uaŋ^{55}ȵien^{31}
孝感	一生i^{213}sən^{33} | 一辈子i^{22}pei^{55}tsɿ^{0}	往年uɑŋ^{52}nin^{31}
黄石	一辈子i^{213}pi^{25}tsɿ^{0}	往年uaŋ^{55}ȵian^{31}
咸宁	一辈子i^{55}pæ^{213}tsɿ^{42}	旧年tɕʻiɒu^{33}niẽ^{31} | 往年uõ^{42}niẽ^{31}

	49 年初	50 年底
武汉	年头lian^{13} tʻou^{213}	年底lian^{13} ti^{42}
荆州	年初lien^{13} tsʻu^{55} ｜ 年头lien^{13} tʻəu^{13}	年底lien^{13} ti^{42} ｜ 年尾lien^{13} uei^{42}
宜昌	年初liɛn^{13} tsʻu^{55}	年底liɛn^{13} ti^{33}
恩施	开年kʻai^{51} niɛn^{33}	年底niɛn^{33} ti^{51}
襄阳	年头儿nian^{53} tʻəur^{53}	年尾儿nian^{53} uər^{35}
十堰	年头儿nian^{24} tʻour^{52}	年尾儿nian^{24} uər^{55}
黄冈	年初ȵien^{31} tsʻəu^{22}	年底ȵien^{31} ti^{55}
孝感	年头nin^{31} tʻəu^{31}	年末nin^{31} mo^{213} ｜ 年尾nin^{31} uei^{52}
黄石	年初ȵian^{31} tsʻou^{33}	年底ȵian^{31} ti^{55}
咸宁	年头niẽ^{31} tʻe^{31}	年尾niẽ^{31} uæ^{42}

	51 今天	52 明天
武汉	今天tɕin^{44} tʻian^{55}	明天min^{21} tʻian^{55}
荆州	今日tɕi^{55} ɯ^{0} ｜ 今天tɕin^{55} tʻien^{55}	明日mɤ^{13} ɯ^{0} ｜ 明天min^{13} tʻien^{55}
宜昌	今儿天tsər^{55} tʻiɛn^{55} ｜ 今儿tsər^{55}	明儿天mər^{13} tʻiɛn^{55} ｜ 明儿mər^{13}
恩施	今儿个tɕiɚ^{55} kɚ^{55}	明儿个mɚ^{33} kɚ^{55}
襄阳	今儿哩tɕiər^{24} ni^{0}	明儿哩mər^{53} ni^{0}
十堰	今儿的tɕiər^{33} ti^{0}	明儿的mər^{52} ti^{0}
黄冈	今昼tsən^{22} tsau^{22}	明昼mən^{31} tsau^{22}
孝感	今喏儿tɕin^{33} nor^{0}	门喏儿mən^{31} nor^{0}
黄石	今儿tɕiər^{33}	明儿miər^{31}
咸宁	今日tɕiən^{44} zʅ^{55}	明日miõ^{31} zʅ^{55}

	53 后天	54 大后天
武汉	后天xou^{25}tʻian^{55}	大后天ta^{25}xou^{25}tʻian^{55}
荆州	后日xəu^{35}ɯ^{0} | 后天xəu^{35}tʻien^{55}	大后日ta^{35}xəu^{35}ɯ^{0} | 大后天ta^{35}xəu^{35}tʻien^{55}
宜昌	后儿天xər^{35}tʻiɛn^{55} | 后儿xər^{35}	外后儿天uai^{35}xər^{35}tʻiɛn^{55} | 外后儿uai^{35}xər^{35}
恩施	后个儿xəu^{35}kɚ^{55}	外后个儿uai^{35}xəu^{35}kɚ^{55}
襄阳	后儿哩xəur^{31}ni^{0}	大后儿哩ta^{31}xəur^{31}ni^{0}
十堰	后儿的xour^{31}ti^{0}	老后儿的lau^{55}xour^{31}ti^{0}
黄冈	后日xəu^{44}ɛr^{0}	外后日uai^{44}xəu^{44}ɛr^{0}
孝感	后日xəu^{55}ɐr^{0}	大后日tɑ^{55}xəu^{55}ɐr^{0}
黄石	后儿xər^{324}	大后儿tɒ^{324}xər^{324}
咸宁	后日xe^{33}zɿ^{55}	老后日no^{42}xe^{33}zɿ^{55}

	55 昨天	56 前天
武汉	昨天tso^{213}tʻian^{55}	前天tɕʻian^{213}tʻian^{55}
荆州	昨日tsʻuo^{13}ɯ^{0} | 昨天tsʻuo^{13}tʻien^{55}	前日tɕʻie^{13}ɯ^{0} | 前天tɕʻien^{13}tʻien^{55}
宜昌	昨儿天tsuor^{13}tʻiɛn^{55} | 昨儿tsuor^{13}	前儿天tɕʻiər^{13}tʻiɛn^{55} | 前儿tɕʻiər^{13}
恩施	昨个儿tsuo^{33}kɚ^{55}	前天tɕʻiɛn^{33}tʻiɛn^{55}
襄阳	昨儿哩tsuor^{53}ni^{0}	前儿哩tɕʻiɐr^{53}ni^{0}
十堰	昨儿的tsuɔr^{52}ti^{0}	前儿的tɕʻiar^{52}ti^{0}
黄冈	昨日tsɔr^{213}	前日tɕʻiɛr^{213}
孝感	昨儿tsor^{213} | 那昨儿nɑ^{55}tsor^{213}	前儿tɕʻiər^{31}
黄石	昨儿tsor^{213}	前儿tɕʻiər^{31}
咸宁	昨日tsʻə^{33}zɿ^{55}	前日tɕʻiẽ^{31}zɿ^{55}

	57 大前天	58 整天
武汉	大前天ta^{25}tɕʻian^{213}tʻian^{55}	亘天ken^{44}tʻian^{55}
荆州	大前日ta^{35}tɕʻien^{13}ɯ^{0} 丨 大前天ta^{35}tɕʻien^{13}tʻien^{55}	亘天kən^{42}tʻien^{55} 丨 整天tsən^{42}tʻien^{55}
宜昌	向前儿天ɕiaŋ^{35}tɕʻiər^{13}tʻiɛn^{55} 丨 向前儿ɕiaŋ^{35}tɕʻiər^{13}	整天tsən^{33}tʻiɛn^{55}
恩施	上前天ʂaŋ^{35}tɕʻiɛn^{33}tʻiɛn^{35}	一亘天i^{35}kən^{51}tʻiɛn^{55}
襄阳	大前儿哩ta^{31}tɕʻiɐr^{53}ni^{0}	亘天kən^{35}tʻian^{24}
十堰	大前天ta^{24}tɕʻian^{52}tʻian^{33}	亘天kən^{55}tʻian^{33}
黄冈	向前日ɕiaŋ^{35}tɕʻiɛr^{213}	亘天kən^{55}tʻien^{22}
孝感	向前天ɕiɑŋ^{35}tɕʻin^{31}tʻin^{33}	成天tʂʻən^{31}tʻin^{33} 丨 一天到晚i^{213}tʻin^{33}tɑu^{35}uɑn^{52}
黄石	大前儿tɒ^{324}tɕʻiər^{31}	亘天ken^{55}tʻian^{33}
咸宁	向前日ɕiõ^{213}tɕʻiẽ^{31}zʅ^{55}	整日tsən^{42}zʅ^{55}

	59 每天	60 早晨
武汉	天天tʻian^{44}tʻian^{55}	早上tsao^{33}saŋ^{0}
荆州	天天tʻien^{55}tʻien^{55}	早晨tsau^{42}sən^{0}
宜昌	天天儿tʻiɛn^{55}tʻiər^{55}	早晨tsau^{33}sən^{0}
恩施	天天tʻiɛn^{55}tʻiɛn^{55}	早上tsau^{51}ʂaŋ^{0}
襄阳	天们儿tʻian^{24}mər^{0}	早起tsau^{35}tɕʻi^{0}
十堰	每天mei^{55}tʻian^{33}	早起tsau^{55}tɕʻi^{55}
黄冈	天天tʻien^{22}tʻien^{22}	清早tɕʻin^{22}tsau^{55}
孝感	每天mei^{52}tʻin^{33}	早晨tsɑu^{52}ʂən^{0}
黄石	每天mi^{55}tʻian^{33}	早上tsau^{55}saŋ^{31}
咸宁	每日mæ^{42}zʅ^{55}	早晨tso^{42}sən^{31}

	61 上午	62 中午
武汉	上午saŋ^{25}u^{0}	中午tsoŋ^{45}u^{0}
荆州	上午san^{35}u^{42} | 上半天san^{35}pan^{35}tʻien^{55}	中午tsoŋ^{55}u^{42} | 正午tsən^{35}u^{42}
宜昌	上半天saŋ^{35}pan^{0}tʻiɛn^{55}	中界tsoŋ^{55}kai^{35}
恩施	上半天ʂaŋ^{35}pan^{55}tʻiɛn^{55}	中间时候儿tʂoŋ^{55}kai^{55}ʂʅ^{33}xɚ^{0}
襄阳	前半儿tɕʻian^{53}pɐr^{0}	晌午saŋ^{35}u^{0}
十堰	前半儿tɕʻian^{52}par^{31}	晌午ʂaŋ^{55}u^{55}
黄冈	上半天saŋ^{44}pan^{35}tʻien^{22}	中午tsoŋ^{22}u^{55}
孝感	上午ʂɑŋ^{55}u^{0}	中时tʂoŋ^{33}ʂʅ^{31}
黄石	上昼saŋ^{324}tsou^{25}	中时头tsoŋ^{33}sʅ^{213}tʻou^{31}
咸宁	上昼sõ^{33}tsɒu^{213}	中时tsəŋ^{44}sʅ^{31}

	63 下午	64 傍晚
武汉	下午ɕia^{25}u^{0}	天快黑了tʻian^{55}kʻuai^{33}xe^{213}liao^{0}
荆州	下午ɕia^{35}u^{42} | 下半天ɕia^{35}pan^{35}tʻien^{55}	挨黑ai^{55}xɤ^{13} | 煞黑sa^{13}xɤ^{13}
宜昌	下半天ɕia^{35}pan^{0}tʻiɛn^{55}	黑哒xɤ^{13}ta^{0}
恩施	下半天ɕia^{35}pan^{55}tʻiɛn^{55}	擦黑tsʻa^{33}xɛ^{33}
襄阳	后半儿xəu^{31}pɐr^{0}	麻麻儿黑ma^{53}mar^{53}xə^{53} | 迎黑儿in^{53}xɤr^{53}
十堰	后半儿xou^{24}par^{31}	麻糊影儿ma^{52}xu^{0}iər^{55}
黄冈	下半天ɕia^{44}pan^{35}tʻien^{22}	一擦黑i^{13}tsʻa^{13}xe^{213}
孝感	下午ɕiɑ^{55}u^{0}	煞黑sɑ^{13}xɛ^{213}
黄石	下昼xɒ^{324}tsou^{25}	下昼黑xɒ^{324}tsou^{25}xæ^{213}
咸宁	下昼xɒ^{33}tsɒu^{213}	下昼边xɒ^{33}tsɒu^{213}piẽ^{44}

	65 白天	66 夜晚与白天相对，统称
武汉	白天pe^{21}tʻian^{55}	晚上uan^{33}saŋ^{0}
荆州	白天pɤ^{13}tʻien^{55}	夜晚ie^{35}uan^{42}
宜昌	白天pɤ^{13}tʻiɛn^{55}	夜里ie^{35}li^{0}
恩施	白天pɛ^{33}tʻiɛn^{55}	晚上uan^{51}ʂaŋ^{0}
襄阳	白天pə^{53}tʻian^{24}	夜里ie^{31}ni^{0}
十堰	白日pɛ^{52}zʅ^{0}	黑了xɯ^{33}la^{0}
黄冈	白天pe^{31}tʻien^{22}	夜里ie^{44}li^{0}
孝感	日里ɐr^{213}ni^{0}	夜里iɛ^{55}ni^{0}
黄石	白天pæ^{213}tʻian^{33}	黑夜xæ^{213}ie^{324}
咸宁	日嘞zʅ^{55}ne^{44}	夜嘞iɒ^{33}ne^{44}

	67 半夜	68 正月农历
武汉	深更半夜sen^{44}ken^{55}pan^{25}ie^{25} | 半夜三更pan^{25}ie^{25}san^{44}ken^{55}	正月tsen^{55}ye^{21}
荆州	半夜pan^{35}ie^{35}	正月tsən^{55}ye^{13}
宜昌	半夜pan^{35}ie^{35}	正月tsən^{55}ye^{13}
恩施	半夜时候儿pan^{35}ie^{35}ʂʅ^{33}xɚ^{0}	正月间tʂən^{55}ye^{33}tɕiɛn^{0}
襄阳	半夜里pan^{24}ie^{31}ni^{0}	正月间tsən^{24}ye^{53}tɕian^{0}
十堰	半夜pan^{24}iɛ^{31}	正月tʂən^{33}yɛ^{33}
黄冈	半夜pan^{35}ie^{44}	正月tsən^{22}ʐʮe^{213}
孝感	半夜pɑn^{35}iɛ^{55}	正月tʂən^{33}ʮɛ^{0}
黄石	半夜pan^{25}ie^{324}	正月tsen^{33}ʮæ^{213}
咸宁	半夜põ^{213}iɒ^{33}	正月tsən^{44}ye^{55}

	69 大年初一农历	70 元宵节
武汉	大年初一ta^{25} lian^{21} tsʻou^{55} i^{213}	汤圆节tʻaŋ^{55} yan^{21} tɕie^{213}
荆州	大年初一ta^{35} lien^{13} tsʻu^{55} i^{13} 丨 正月初一tsən^{55} ye^{13} tsʻu^{55} i^{13}	汤圆子节tʻan^{55} yen^{13} tsɿ^{0} tɕie^{13} 丨 过十五kuo^{35} sɿ^{13} u^{42}
宜昌	大年初一ta^{35} liɛn^{13} tsʻu^{55} i^{13}	十五sɿ^{13} u^{33}
恩施	正月初一tʂən^{55} ye^{33} tsʻu^{55} i^{33}	正月十五tʂən^{55} ye^{33} ʂʅ^{33} u^{51}
襄阳	初一tsʻu^{24} i^{53}	正月十五tsən^{24} ye^{53} sɿ^{53} u^{35}
十堰	大年初一ta^{31} nian^{52} tʂʻou^{33} i^{33}	正月十五tʂən^{33} yɛ^{52} ʂʅ^{24} u^{55}
黄冈	大年初一ta^{44} ȵien^{31} tsʻəu^{22} i^{213}	正月半tsən^{22} ʐɥe^{213} pan^{35}
孝感	大年初一tɑ^{55} nin^{31} tsʻəu^{33} i^{213}	正月十五tʂən^{33} ɥɛ^{0} ʂʅ^{31} u^{52}
黄石	年初一ȵian^{31} tsʻou^{33} i^{213}	月半ɥæ^{213} pan^{25}
咸宁	大年初一tʻa^{33} niẽ^{31} tsʻɒu^{44} i^{55}	月半ye^{55} põ^{213} 丨 正月半tsən^{44} ye^{55} põ^{213}

	71 端午	72 七月十五农历，节日名
武汉	端午tan^{55} u^{42}	七月半tɕʻi^{213} ye^{33} pan^{25}
荆州	端午tan^{55} u^{42} 丨 端阳tan^{55} ian^{13}	七月半tɕʻi^{13} ye^{13} pan^{35}
宜昌	端午tan^{55} u^{33}	七月半tɕʻi^{13} ye^{13} pan^{35}
恩施	端阳tuan^{55} iaŋ^{21}	月半ye^{33} pan^{35}
襄阳	端午tan^{24} u^{35}	七月半儿tɕʻi^{53} ye^{53} pɐr^{31}
十堰	端午taŋ^{33} u^{55}	七月半儿tɕʻi^{52} yɛ^{33} par^{31}
黄冈	端阳tan^{22} iaŋ^{0} 丨 端午tan^{22} u^{0}	七月半tɕʻi^{13} ʐɥe^{213} pan^{35}
孝感	端阳tɑn^{33} iɑŋ^{31} 丨 端午tɑn^{33} u^{52}	七月半儿tɕʻi^{13} ɥɛ^{0} pɐr^{35} 丨 敬鬼节tɕin^{35} kuei^{52} tɕiɛ^{213}
黄石	端午tan^{33} u^{55}	七月半tɕʻi^{213} ɥæ^{213} pan^{25}
咸宁	端阳tõ^{44} iõ^{31}	七月半tsʻæ^{55} ye^{55} põ^{213}

	73 中秋	74 除夕农历
武汉	中秋tsoŋ^{44} tɕʻiou^{55}	三十晚上san^{55} sʅ^{21} uan^{33} saŋ^{0}
荆州	中秋tsoŋ^{55} tɕʻiəu^{55} ｜ 八月十五pa^{13} ye^{13} sʅ^{13} u^{42}	除夕 tsʻu^{13} ɕi^{13} ｜ 大年三十ta^{35} lien^{13} san^{55} sʅ^{13}
宜昌	中秋tsoŋ^{55} tɕʻiəu^{55}	腊月三十la^{13} ye^{13} san^{55} sʅ^{13}
恩施	中秋tʂoŋ^{55} tɕʻiəu^{55}	大年三十ta^{35} niɛn^{51} san^{35} ʂʅ^{0}
襄阳	八月十五pa^{53} ye^{53} sʅ^{53} u^{35}	三十儿san^{24} sər^{53}
十堰	八月十五pa^{52} yɛ^{33} ʂʅ^{24} u^{55}	大年三十儿ta^{31} nian^{52} san^{33} ʂər^{52}
黄冈	八月十五pa^{13} ʐɥe^{213} sʅ^{31} u^{55}	三十夜san^{22} sʅ^{31} ie^{44}
孝感	八月中秋pɑ^{13} ɥɛ^{0} tʂoŋ^{33} tɕʻiəu^{33}	过年ko^{35} nin^{31} ｜ 守岁ʂəu^{52} ɕi^{35}
黄石	中秋tsoŋ^{33} tɕʻiou^{33}	三十夜san^{33} sʅ^{213} ie^{324}
咸宁	中秋tsəŋ^{44} tɕʻiɒu^{44}	三十夜sõ^{44} sʅ^{33} iɒ^{33}

	75 历书	76 阴历
武汉	黄历xuaŋ^{213} li^{33}	阴历in^{55} li^{21}
荆州	黄历xuan^{13} li^{13} ｜ 日历ɯ^{13} li^{13}	农历loŋ^{13} li^{13} ｜ 阴历in^{55} li^{13}
宜昌	黄历xuaŋ^{13} li^{13}	阴历in^{55} li^{13}
恩施	黄历xuaŋ^{33} ni^{33}	阴历in^{55} ni^{33}
襄阳	黄历xuaŋ^{53} ni^{31}	阴历in^{24} ni^{53}
十堰	黄历本儿xuaŋ^{52} li^{31} pər^{55}	阴的in^{33} ti^{0}
黄冈	黄历xuaŋ^{31} li^{213}	农历loŋ^{31} li^{213}
孝感	黄历头儿xuɑŋ^{31} ni^{213} tʻəur^{31}	老历nɑu^{52} ni^{0}
黄石	日历ɚ^{213} li^{213}	阴历in^{33} li^{213}
咸宁	黄历uõ^{31} næ^{55}	农历nəŋ^{31} næ^{55} ｜ 阴历iən^{44} næ^{55}

	77 阳历	78 星期天
武汉	阳历iaŋ^{213} li^{33}	礼拜日li^{33} pai^{25} ɯ^{213} | 礼拜天li^{33} pai^{25} tʻian^{55}
荆州	阳历ian^{13} li^{13}	星期日ɕin^{55} tɕʻi^{55} ɯ^{13} | 星期天ɕin^{55} tɕʻi^{55} tʻien^{55}
宜昌	阳历iaŋ^{13} li^{13}	星期日ɕin^{55} tɕʻi^{55} ɚ^{13}
恩施	阳历iaŋ^{33} ni^{33}	星期天ɕin^{55} tɕʻi^{55} tʻiɛn^{55}
襄阳	阳历iaŋ^{53} ni^{53}	星期天儿ɕin^{24} tɕʻi^{24} tʻiɐr^{24}
十堰	阳的iaŋ^{52} ti^{0}	礼拜天li^{55} pɛ^{0} tʻian^{33}
黄冈	公历koŋ^{22} li^{213}	礼拜天li^{55} pai^{35} tʻien^{22}
孝感	阳历iɑŋ^{31} ni^{0}	星期日ɕin^{33} tɕʻi^{33} ɐr^{213} | 礼拜天ni^{52} pɑi^{35} tʻin^{33}
黄石	阳历iaŋ^{31} li^{213}	礼拜天li^{55} pæ^{25} tʻian^{33}
咸宁	阳历iõ^{31} næ^{55}	星期日ɕiən^{44} tɕʻi^{44} zɿ^{55}

	79 地方	80 家里
武汉	位置uei^{25} tsɿ^{0} | 地方ti^{25} faŋ^{55}	屋里u^{213} ti^{0}
荆州	位置uei^{35} tsɿ^{0} | 窝子uo^{55} tsɿ^{0}	屋里u^{13} li^{0}
宜昌	地方ti^{35} faŋ^{55}	屋里u^{13} li^{0}
恩施	点布儿tian^{35} pɚ^{55}	屋里头u^{33} ni^{33} tʻəu^{51}
襄阳	地方儿ti^{31} fãr^{0}	屋里u^{53} ni^{0}
十堰	地方ti^{31} faŋ^{0}	屋的u^{33} ti^{0}
黄冈	位子uei^{44} tsɿ^{0}	屋里u^{213} li^{0}
孝感	地伢儿ti^{55} ŋɑr^{0} | 场儿tʂɑ̃r^{52}	屋里u^{213} ni^{0}
黄石	位置uei^{324} tsɿ^{0}	屋里u^{213} li^{0}
咸宁	位阻$^{=}$uæ^{33} tsɒu^{42} | 地岸tʻæ^{33} ŋõ^{33}	屋嘞u^{55} ne^{44}

	81 城里	82 乡下
武汉	城里tsʻen^{213}li^{0}	乡里çiaŋ^{45}li^{0}
荆州	城里tsʻən^{13}li^{0}	乡里çian^{55}li^{0}
宜昌	城里tsʻən^{13}li^{0}	乡里çiaŋ^{55}li^{0}
恩施	城里tʂʻən^{33}ni^{0}	乡里çiaŋ^{55}ni^{0}
襄阳	城里tsʻən^{53}ni^{0}	乡里çiaŋ^{24}ni^{0}
十堰	城的tʂʻən^{52}ti^{0}	乡的çiaŋ^{33}ti^{0}
黄冈	街上kai^{22}saŋ^{0}	农村loŋ^{31}tsʻən^{22}
孝感	城里tʂʻən^{31}ni^{0}	乡里çiɑŋ^{33}ni^{0}
黄石	街上kæ^{33}saŋ^{0}	乡下çiaŋ^{33}xɒ^{0}
咸宁	街上ka^{44}sõ^{33}	乡下çiõ^{44}xɒ^{33}

	83 上面从～滚下来	84 下面从～爬上去
武汉	高头kao^{45}tʻou^{0}	底下ti^{33}xa^{0}
荆州	高头kau^{55}tʻəu^{55}	底下ti^{42}xa^{0}
宜昌	上头saŋ^{35}tʻəu^{0} ∣ 高头kau^{55}tʻəu^{0}	下头çia^{35}tʻəu^{0}
恩施	高头kau^{55}tʻəu^{0}	下头çia^{35}tʻəu^{0} ∣ 底下ti^{51}çia^{0}
襄阳	高头kau^{24}tʻəu^{0}	底下ti^{35}çia^{0}
十堰	上头ʂaŋ^{31}tʻou^{0}	下头çia^{31}tʻou^{0}
黄冈	上头saŋ^{44}tʻəu^{0} ∣ 高头kau^{22}tʻəu^{0}	下头xa^{44}tʻəu^{0}
孝感	高头kɑu^{33}tʻəu^{0}	下头çiɑ^{55}tʻəu^{0} ∣ �下to^{213}çiɑ^{0}
黄石	高头kau^{33}tʻou^{0}	下头xɒ^{324}tʻou^{0}
咸宁	上头sõ^{33}tʻe^{31} ∣ 上面sõ^{33}miẽ^{33}	下头xɒ^{33}tʻe^{31} ∣ 底下tæ^{42}xɒ^{33}

	85 左边	86 右边
武汉	左首tso^{33}sou^{0} ǀ 左边tso^{33}pian^{0}	右首iou^{25}sou^{0} ǀ 右边iou^{25}pian^{0}
荆州	左边tsuo^{42}pien^{55} ǀ 左手tsuo^{42}səu^{42}	右边iəu^{35}pien^{55} ǀ 右手iəu^{35}səu^{42}
宜昌	左边儿tsuo^{33}piər^{55}	右边儿iəu^{35}piər^{55}
恩施	左边tsuo^{51}piɛn^{55}	右边iəu^{35}piɛn^{55}
襄阳	左边儿tsuo^{35}piɐr^{0}	右边儿iəu^{31}piɐr^{0}
十堰	左边儿tsuɔ^{55}piar^{33}	右边儿iou^{31}piar^{33}
黄冈	左边tso^{55}pien^{22}	右边iəu^{44}pien^{22}
孝感	左边tso^{52}pin^{33}	右边iəu^{55}pin^{33} ǀ 大手tɑ^{55}ʂəu^{52}
黄石	左头tso^{55}tʻou^{0}	右头iou^{324}tʻou^{0}
咸宁	左边tsə^{42}piẽ^{44}	右边iɒu^{33}piẽ^{44}

	87 中间排队排在~	88 前面排队排在~
武汉	中间tsoŋ^{44}tɕian^{55}	前头tɕʻian^{213}tʻou^{0}
荆州	中间tsoŋ^{55}kan^{55}	前头tɕʻien^{13}tʻəu^{55}
宜昌	中间tsoŋ^{55}kan^{0}	前头tɕʻiɛn^{13}tʻəu^{0}
恩施	中间tʂoŋ^{55}kan^{55}	前头tɕʻiɛn^{33}tʻəu^{0}
襄阳	中间儿tsuŋ^{24}tɕiɐr^{24}	前头tɕʻian^{53}tʻəu^{0}
十堰	当中taŋ^{33}tʂuən^{33} ǀ 中间tʂuən^{33}tɕian^{33}	前头tɕʻian^{52}tʻou^{0}
黄冈	中间tsoŋ^{22}kan^{22}	前头tɕʻien^{31}tʻəu^{0}
孝感	中间tʂoŋ^{33}kɑn^{0}	前头tɕʻin^{31}tʻəu^{0}
黄石	当中taŋ^{33}tsoŋ^{33}	前头tɕʻian^{31}tʻou^{0}
咸宁	中间tsəŋ^{44}kɒ̃^{44}	前头tɕʻiẽ^{31}tʻe^{31} ǀ 前面tɕʻiẽ^{31}miẽ^{33}

	89 后面排队排在～	90 末尾排队排在～
武汉	后头xou^{25} tʻou^{0}	尾下uei^{33} xa^{0}
荆州	后头xəu^{35} tʻəu^{55}	最后头tsuei^{35} xəu^{35} tʻəu^{55}
宜昌	后头xəu^{35} tʻəu^{0}	最后头tsuei^{35} xəu^{0} tʻəu^{0}
恩施	后头xəu^{35} tʻəu^{0}	尾巴儿uei^{51} pɚ^{55}
襄阳	后头xəu^{31} tʻəu^{0}	末尾儿mo^{24} uər^{35}
十堰	后头xou^{31} tʻou^{0}	最后头tsei^{24} xou^{31} tʻou^{0}
黄冈	后头xəu^{44} tʻəu^{0}	最后tsei^{35} xəu^{44}
孝感	后头xəu^{55} tʻəu^{0}	末尾mo^{213} uei^{52}
黄石	后头xou^{324} tʻou^{0}	最后tɕi^{25} xou^{324}
咸宁	后头xe^{33} tʻe^{31} ｜ 后面xe^{33} miẽ^{33}	末尾me^{55} uæ^{42}

	91 对面	92 面前
武汉	对面tei^{25} mian^{25}	跟前ken^{45} tɕʻian^{0}
荆州	对面tei^{35} mien^{35}	面前mien^{35} tɕʻien^{13} ｜ 跟前kən^{55} tɕʻien^{13}
宜昌	对面tuei^{33} miɛn^{35}	面前miɛn^{35} tɕʻiɛn^{0}
恩施	对面tuei^{35} miɛn^{0}	跟前kən^{35} tɕʻiɛn^{33}
襄阳	对面儿tei^{24} miɐr^{31}	面前mian^{31} tɕʻian^{0}
十堰	对门儿tei^{24} mər^{52}	跟前kən^{33} tɕʻian^{52}
黄冈	对面ti^{35} mien^{44}	跟前kən^{22} tɕʻien^{31}
孝感	对面儿ti^{35} miər^{55}	眼卡ŋɑn^{31} kɑ^{0}
黄石	对面ti^{25} mian^{324}	眼前ŋan^{55} tɕʻian^{31}
咸宁	对面tæ^{213} miẽ^{33}	眼前头ŋɔ̃^{42} tɕʻiẽ^{31} tʻe^{31} ｜ 面前miẽ^{33} tɕʻiẽ^{31}

	93 背后	94 里面躲在～
武汉	背后pei^{25}xou^{25}	里头li^{33}tʻou^{0}
荆州	背后头pei^{35}xəu^{35}tʻəu^{55}	里头li^{42}tʻəu^{55}
宜昌	后头xəu^{35}tʻəu^{0}	里头li^{33}tʻəu^{0}
恩施	背后头pei^{35}xəu^{55}tʻəu^{0}	里头ni^{51}tʻəu^{0}
襄阳	背后pei^{24}xəu^{31}	里头ni^{35}tʻəu^{0}
十堰	背后pei^{24}xou^{31}	里头li^{55}tʻou^{0}
黄冈	背后pi^{35}xəu^{44}	里头li^{55}tʻəu^{0}
孝感	背后pei^{35}xəu^{55}	洞里toŋ^{55}ni^{0}
黄石	背后pi^{25}xou^{324}	下面xæ^{25}mian^{324}
咸宁	后头xe^{33}tʻe^{31} ǀ 背后pæ^{213}xe^{33}	第里tʻæ^{33}næ^{42}

	95 外面衣服晒在～	96 旁边
武汉	外头uai^{25}tʻou^{0}	边下pie^{45}xa^{0}
荆州	外头uai^{35}tʻəu^{55}	边下pien^{55}xa^{0} ǀ 旁边下pʻan^{13}pien^{55}xa^{0}
宜昌	外头uai^{35}tʻəu^{0}	旁边儿pʻaŋ^{13}piər^{0}
恩施	外头uai^{35}tʻəu^{0}	旁边pʻaŋ^{33}piɛn^{55}
襄阳	外头uai^{31}tʻəu^{0}	边儿起piɐr^{24}tɕʻi^{0}
十堰	外头uai^{31}tʻou^{0}	旁边儿pʻaŋ^{52}piar^{33}
黄冈	外头uai^{44}tʻəu^{0}	边下儿pien^{22}xar^{0}
孝感	外头uɑi^{55}tʻəu^{0}	严卡ŋɑn^{31}kɑ^{0}
黄石	外头uæ^{324}tʻou^{0}	旁边儿pʻaŋ^{31}piər^{33}
咸宁	外头ua^{33}tʻe^{31} ǀ 外面ua^{33}miẽ^{33}	旁边pʻõ^{31}piẽ^{44}

	97 上碗在桌子~	98 下凳子在桌子~
武汉	高头kao^{45}t‘ou^{0}	底下ti^{33}xa^{0}
荆州	高头kau^{55}t‘əu^{55}	底下ti^{42}xa^{0}
宜昌	上头saŋ^{35}t‘əu^{0} ǀ 高头kau^{55}t‘əu^{0}	下头ɕia^{35}t‘əu^{0}
恩施	高头kau^{55}t‘əu^{0}	下头ɕia^{35}t‘əu^{0} ǀ 底下ti^{51}ɕia^{0}
襄阳	高头kau^{24}t‘əu^{0}	底下ti^{35}ɕia^{0}
十堰	上头ʂaŋ^{31}t‘ou^{0}	下头ɕia^{31}t‘ou^{0}
黄冈	上头saŋ^{44}t‘əu^{0}	下头xa^{44}t‘əu^{0}
孝感	高头kɑu^{33}t‘əu^{0}	屎下to^{213}ɕiɑ^{0}
黄石	高kau^{33}	下xɒ^{324}
咸宁	上sõ^{33}	下xɒ^{33}

	99 边儿桌子的~	100 角儿桌子的~
武汉	边边pian^{45}pian^{0}	角角ko^{213}ko^{0}
荆州	边下pien^{55}xa^{0}	角kuo^{13}
宜昌	边边儿piɛn^{55}piər^{0}	角角儿kuo^{13}kuor^{0}
恩施	边边儿piɛn^{55}piɚ^{55}	角角儿kuo^{33}kuɚ^{0}
襄阳	边儿piɐr^{24}	角儿kɤr^{53}
十堰	边儿上piar^{33}ʂaŋ^{31}	角儿上tɕyər^{24}ʂaŋ^{31} ǀ 角角儿上tɕyɔ^{24}tɕyər^{24}ʂaŋ^{31}
黄冈	边儿piɛr^{22}	角儿kər^{213}
孝感	边下儿pin^{33}ɕiɑr^{0}	角儿kor^{213}
黄石	边儿piər^{33}	角儿kor^{213}
咸宁	边piẽ^{44}	角kə^{55}

	101 上去他~了	102 下来他~了
武汉	上去saŋ^{25} kʻɯ^{25}	下来ɕia^{25} lai^{21}
荆州	上去saŋ^{35} kʻɯ^{0}	下来ɕia^{35} lai^{0}
宜昌	上去saŋ^{35} kʻɯ^{0}	下来ɕia^{35} lai^{0}
恩施	上去ʂaŋ^{35} tɕʻie^{55}	下来ɕia^{35} nai^{33}
襄阳	上去saŋ^{31} kʻɯ^{0}	下去ɕia^{31} kʻɯ^{0}
十堰	上去ʂaŋ^{31} kʻɯ^{0}	下来ɕia^{31} lɛ^{0}
黄冈	上去saŋ^{44} tɕʻi^{35}	下来xa^{44} lai^{31}
孝感	上去ʂɑŋ^{55} tɕʻi^{0}	下来ɕiɑ^{55} nɑi^{31}
黄石	上去saŋ^{324} tɕʻi^{25}	下来xɒ^{324} læ^{31}
咸宁	上去sõ^{33} tɕʻie^{213}	下去xɒ^{33} tɕʻie^{213} ｜ 下来xɒ^{33} na^{31}

	103 进去他~了	104 出来他~了
武汉	进去tɕin^{25} kʻɯ^{25}	出来tɕʻy^{13} lai^{21}
荆州	进去tɕin^{35} kʻɯ^{0}	出来tsʻu^{13} lai^{0}
宜昌	进去tɕin^{35} kʻɯ^{0}	出来tsʻu^{13} lai^{0}
恩施	进去tɕin^{35} tɕʻie^{55}	出来tʂʻu^{33} nai^{33}
襄阳	进去tɕin^{31} kʻɯ^{0}	出来tsʻu^{53} nai^{0}
十堰	进去tɕin^{31} kʻɯ^{0}	出来tʂʻu^{52} lɛ^{0}
黄冈	进去tɕin^{35} tɕʻi^{35}	出来tʂʻʮ^{213} lai^{31}
孝感	进去tɕin^{35} tɕʻi^{0}	出来tʂʻʮ^{213} nɑi^{31}
黄石	进去tɕin^{25} tɕʻi^{25}	出来tɕʻʮ^{213} læ^{31}
咸宁	进去tɕiən^{213} tɕʻie^{213}	出来tɕʻy^{55} na^{31}

	105 出去他～了	106 回来他～了
武汉	出去tɕʻy^{213} kʻɯ^{25}	回xuei^{213}
荆州	出去tsʻu^{13} kʻɯ^{0}	回来xuei^{13} lai^{0}
宜昌	出去tsʻu^{13} kʻɤ^{0}	回来xuei^{13} lai^{0}
恩施	出去tʂʻu^{33} tɕʻie^{35}	回来xuei^{33} nai^{33}
襄阳	出去tsʻu^{53} kʻɯ^{0}	回来xuei^{53} nai^{0}
十堰	出去tʂʻu^{52} kʻɯ^{0}	回来xuei^{52} lɛ^{0}
黄冈	出去tʂʻʮ^{213} tɕʻi^{0}	回来xuei^{31} lai^{31}
孝感	出去tʂʻʮ^{213} tɕʻi^{0}	回来xuei^{31} nɑi^{31}
黄石	出去tɕʻʮ^{213} tɕʻi^{25}	回来xuei^{31} læ^{31}
咸宁	出去tɕʻy^{55} tɕʻie^{213}	回去fæ^{31} tɕʻie^{213} ｜ 回来fæ^{31} na^{31}

	107 起来天冷～了	108 树
武汉	起来tɕʻi^{33} lai^{21}	树ɕy^{25}
荆州	起来tɕʻi^{42} lai^{0}	树su^{35}
宜昌	起来tɕʻi^{33} lai^{0}	树su^{35}
恩施	起来tɕʻie^{35} nai^{33}	树ʂu^{35}
襄阳	起来tɕʻi^{35} nai^{0}	树su^{31}
十堰	起来tɕʻi^{55} lɛ^{0}	树ʂu^{31}
黄冈	起来tɕʻi^{55} lai^{31}	树ʂʮ^{44}
孝感	起来tɕʻi^{52} nɑi^{31}	树ʂʮ^{55}
黄石	起来tɕʻi^{55} læ^{31}	树ɕʮ^{324}
咸宁	起去tɕʻi^{42} tɕʻie^{213} ｜ 起来tɕʻi^{42} na^{31}	树ɕy^{33}

	109 木头	110 竹子统称
武汉	木头moŋ^{213} tʻou^{0}	竹子tsou^{213} tsɿ^{0}
荆州	木头mu^{13} tʻəu^{13}	竹子tsu^{13} tsɿ^{0}
宜昌	木头mu^{13} tʻəu^{0}	竹子tsu^{13} tsɿ^{0}
恩施	木头mu^{33} tʻəu^{0}	竹子tʂu^{33} tsɿ^{0}
襄阳	木实mu^{53} sɿ^{0}	竹子儿tsu^{53} r̩^{0}
十堰	木实mu^{24} ʂʅ^{52}	竹子tʂou^{33} tsɿ^{0}
黄冈	木头moŋ^{213} tʻəu^{0}	竹子tsəu^{213} tsɿ^{0}
孝感	木头mu^{213} tʻəu^{0}	竹子tʂəu^{213} tsɿ^{0}
黄石	木头moŋ^{213} tʻou^{0}	竹子tsou^{213} tsɿ^{0}
咸宁	木头mə^{55} tʻe^{31}	竹tsɒu^{55}

	111 叶子	112 花蕾花骨朵
武汉	叶子ie^{213} tsɿ^{0}	花苞xua^{45} pao^{42}
荆州	叶子ie^{13} tsɿ^{0}	花苞子xua^{55} pau^{42} tsɿ^{0}
宜昌	叶子ie^{13} tsɿ^{0}	花苞苞儿xua^{55} pau^{33} paur^{0}
恩施	叶子ie^{33} tsɿ^{0}	花苞苞儿xua^{55} pau^{55} pɚ^{51}
襄阳	叶子儿ie^{53} r̩^{0}	花苞儿苞儿xua^{21} paur^{35} paur^{0}
十堰	叶叶儿iɛ^{33} iər^{0}	花苞苞儿xua^{33} pau^{33} paur^{0}
黄冈	叶子ie^{213} tsɿ^{0}	骨朵儿ku^{13} tor^{55}
孝感	叶子iɛ^{213} tsɿ^{0}	花骨朵xuɑ^{33} ku^{213} to^{0}
黄石	叶子ie^{213} tsɿ^{0}	花苞xuɒ^{33} pau^{33}
咸宁	叶i^{55}	花蕾xuɒ^{44} næ^{213} | 花苞xuɒ^{44} pʻo^{213}

	113 荷花	114 草
武汉	荷花xo^{213}xua^{55}	草tsʻao^{42}
荆州	荷花xuo^{13}xua^{55}	草tsʻau^{42}
宜昌	荷花xuo^{13}xua^{55}	草tsʻau^{33}
恩施	荷花xuo^{33}xuɚ^{55}	草tsʻau^{51}
襄阳	荷花儿xə^{53}xuar^{24}	草tsʻau^{35}
十堰	藕莲花儿ou^{55}lian^{52}xuar^{33}	草tsʻau^{55}
黄冈	莲花lien^{31}xua^{22}	草tsʻau^{55}
孝感	荷花xo^{31}xuɑ^{33}	草tsʻɑu^{52}
黄石	荷花xo^{31}xuɒ^{33}	草tsʻau^{55}
咸宁	藕花ŋe^{42}xuɒ^{44}	草tsʻo^{42}

	115 水果	116 桃子
武汉	水果suei^{33}ko^{42}	桃子tʻao^{213}tsɿ^{0}
荆州	水果suei^{42}kuo^{42}	桃子tʻau^{13}tsɿ^{0}
宜昌	水果suei^{33}kuo^{33}	桃子tʻau^{13}tsɿ^{0}
恩施	果果儿kuo^{51}kuɚ^{0}	桃子tʻau^{33}tsɿ^{0}
襄阳	水果suei^{35}kuo^{35}	桃子儿tʻau^{53}r̩^{0}
十堰	水果ʂei^{55}kuɔ^{55}	桃子tʻau^{52}tsɿ^{0}
黄冈	水果ʂɥei^{55}ko^{55}	桃子tʻau^{31}tsɿ^{0}
孝感	水果ʂɥei^{52}ko^{0}	桃子tʻɑu^{31}tsɿ^{0}
黄石	水果ɕɥ^{55}ko^{55}	桃子tʻau^{31}tsɿ^{0}
咸宁	水果ɕy^{42}kuə^{42}	桃tʻo^{31}

	117 梨	118 李子
武汉	梨子li^{213} tsɿ^{0}	李子li^{33} tsɿ^{0}
荆州	梨子li^{13} tsɿ^{0}	麦李子mɤ^{13} li^{42} tsɿ^{0}
宜昌	梨子li^{13} tsɿ^{0}	麦黄李子mɤ^{13} xuaŋ^{13} li^{33} tsɿ^{0}
恩施	梨子ni^{33} tsɿ^{0}	李子ni^{51} tsɿ^{0}
襄阳	梨子儿ni^{53} r̩^{0}	李子儿ni^{35} r̩^{0}
十堰	梨儿liər^{52}	梅子mei^{52} tsɿ^{0}
黄冈	梨子li^{31} tsɿ^{0}	李子li^{55} tsɿ^{0}
孝感	梨子ni^{31} tsɿ^{0}	李子ni^{52} tsɿ^{0}
黄石	梨子li^{31} tsɿ^{0}	李子li^{55} tsɿ^{0}
咸宁	梨næ^{31}	木李mə^{55} næ^{42}

	119 橘子	120 柿子
武汉	橘子tɕy^{213} tsɿ^{0}	柿子sɿ^{25} tsɿ^{0}
荆州	橘子tɕy^{13} tsɿ^{0}	柿子sɿ^{35} tsɿ^{0}
宜昌	橘子tɕy^{13} tsɿ^{0}	柿子sɿ^{35} tsɿ^{0}
恩施	橘子tɕy^{33} tsɿ^{0}	柿子ʂʅ^{35} tsɿ^{0}
襄阳	橘子儿tɕy^{53} r̩^{0}	柿子儿sɿ^{31} r̩^{0}
十堰	橘子tɕy^{52} tsɿ^{0}	柿子ʂʅ^{31} tsɿ^{0}
黄冈	橘子tʂʯ^{213} tsɿ^{0}	柿子tsɿ^{44} tsɿ^{0}
孝感	橘子tʂʯ^{213} tsɿ^{0}	柿子sɿ^{55} tsɿ^{0}
黄石	橘子tɕʯ^{213} tsɿ^{0}	柿子sɿ^{324} tsɿ^{0}
咸宁	橘tɕy^{55}	柿tsʻɿ^{33}

	121 石榴	122 枣
武汉	石榴sɿ^{213}liou^{0}	枣子tsao^{33}tsɿ^{0}
荆州	石榴sɿ^{13}liəu^{55}	枣子tsau^{42}tsɿ^{0}
宜昌	石榴sɿ^{13}liəu^{0}	枣子tsau^{33}tsɿ^{0}
恩施	石榴ʂʅ^{33}niəu^{33}	枣子tsau^{51}tsɿ^{0}
襄阳	石榴sɿ^{53}niəu^{0}	枣子儿tsau^{35}r̩^{0}
十堰	石榴ʂʅ^{52}liou^{0}	枣子tsau^{55}tsɿ^{0}
黄冈	石榴sɿ^{31}liəu^{31}	枣儿tsau^{55}ɛr^{0}
孝感	石榴ʂʅ^{31}niəu^{31}	枣子tsɑu^{52}tsɿ^{0}
黄石	石榴sɿ^{213}liou^{55}	枣子tsau^{55}tsɿ^{0}
咸宁	字榴tsʻɿ^{33}niɒu^{31}	枣tso^{42}

	123 甘蔗	124 木耳
武汉	甘蔗kan^{45}tsa^{0}	耳子ɯ^{33}tsɿ^{0}
荆州	甘蔗kan^{55}tsa^{0}	木耳mu^{13}ɤ^{42} | 耳子ɤ^{42}tsɿ^{0}
宜昌	甘蔗kan^{55}tsa^{0}	耳子ɚ^{33}tsɿ^{0}
恩施	甘蔗kan^{55}tʂa^{55}	耳子ɚ^{51}tsɿ^{0}
襄阳	甘蔗kan^{24}tsa^{53}	木耳mu^{53}ɚ^{35}
十堰	甘蔗kan^{33}tʂa^{52}	耳子ɚ^{52}tsɿ^{0}
黄冈	甘蔗kan^{22}tsa^{35}	耳子ɔr^{55}tsɿ^{0}
孝感	甘蔗kɑn^{33}tʂɑ^{0}	耳子ɐr^{52}tsɿ^{0} | 木耳mu^{213}ɐr^{52}
黄石	甘蔗kan^{33}tsɒ^{25}	木耳moŋ^{213}ɚ^{55}
咸宁	甘蔗kõ^{44}tsɒ^{213}	木耳mə^{55}zɿ^{42}

	125 蘑菇野生的	126 稻子指植物
武汉	菇子ku^{45}tsɿ^{0}	谷ku^{213}
荆州	菌子tɕyin^{35}tsɿ^{0}	水稻suei^{42}tau^{35}
宜昌	菌子tɕyn^{35}tsɿ^{0}	谷子ku^{13}tsɿ^{0}
恩施	菌菌儿tɕyn^{35}tɕyɚ^{55}	谷子ku^{33}tsɿ^{0}
襄阳	蘑菇mo^{53}ku^{0}	稻子儿tau^{31}r̩^{0}
十堰	菌子ɕyn^{31}tsɿ^{0}	秧iaŋ^{33}
黄冈	菇子ku^{22}tsɿ^{0}	水稻ʂʮei^{55}tau^{44}
孝感	雷打菌儿ni^{31}tɑ^{52}tʂʮər^{0}	谷ku^{213}
黄石	菇子k‘u^{33}tsɿ^{0}	谷ku^{213}
咸宁	毛菇mo^{31}ku^{44} ｜ 蘑菇mə^{31}ku^{44}	谷ku^{55}

	127 玉米指成株的植物	128 蚕豆
武汉	包谷pao^{45}ku^{0}	蚕豆ts‘an^{21}tou^{25}
荆州	包谷pau^{55}ku^{13}	豌豆uan^{55}təu^{35}
宜昌	包谷pau^{55}ku^{13}	胡豆儿xu^{13}tər^{0}
恩施	包谷pau^{55}ku^{33}	大豌豆儿ta^{35}uan^{55}tɚ^{55}
襄阳	包谷pau^{24}ku^{53}	蚕豆ts‘an^{53}təu^{0}
十堰	包谷pau^{33}ku^{0}	蚕豆ts‘an^{52}tou^{31}
黄冈	玉米ʐʮ^{35}mi^{55} ｜ 玉榴ʐʮ^{35}liəu^{0}	蚕豆儿ts‘an^{31}tər^{44}
孝感	玉米ʮ^{35}mi^{52} ｜ 包谷pɑu^{33}ku^{213}	蚕豆ts‘ɑn^{33}təu^{55}
黄石	玉柳ʮ^{213}liou^{55}	蚕豆儿ts‘an^{31}tər^{324}
咸宁	玉芦y^{55}nɒu^{31}	蚕豆ts‘ɒ̃^{31}t‘e^{33}

	129 **豌豆**	130 **花生**指果实，注意婉称
武汉	豌豆uan^{44}tou^{25}	花生xua^{45}sen^{0}
荆州	絮豌子ɕy^{35}uan^{55}tsɿ^{0} | 麦豌子mo^{13}uan^{55}tsɿ^{0}	花生xua^{55}sən^{55}
宜昌	苜豌子mu^{13}uan^{33}tsɿ^{0}	花生xua^{55}sən^{0}
恩施	小豌豆儿ɕiau^{51}uan^{55}tɚ^{55}	花生儿xua^{55}sɚ^{55}
襄阳	豌豆uan^{24}təu^{0}	花生xua^{53}sən^{24}
十堰	豌豆uan^{33}tou^{31}	花生儿kua^{33}ʂər^{33}
黄冈	豌豆儿uan^{22}tər^{44}	花生xua^{22}sən^{22}
孝感	豌豆uɑn^{33}təu^{55}	花生xuɑ^{33}sən^{0}
黄石	豌豆儿uan^{33}tər^{324}	花生xuɒ^{33}sen^{33}
咸宁	豌豆ŋõ^{44}tʻe^{33}	花生xuɒ^{44}səŋ^{44}

	131 **豇豆**长条形的	132 **大白菜**东北~
武汉	豇豆kaŋ^{44}tou^{25}	大白菜ta^{25}pe^{21}tsʻai^{25}
荆州	豆豇子təu^{35}kan^{55}tsɿ^{0}	大白菜ta^{35}pɤ^{13}tsʻai^{35}
宜昌	豇豆儿kaŋ^{55}tər^{0}	白菜pɤ^{13}tsʻai^{35}
恩施	豇豆儿kaŋ^{55}tɚ^{55}	白菜pɛ^{33}tsʻai^{35}
襄阳	豇豆儿tɕiaŋ^{24}təur^{0}	大白菜ta^{31}pə^{53}tsʻai^{31}
十堰	豇豆儿tɕiaŋ^{33}tour^{31}	卷心儿白tɕyan^{55}ɕiər^{33}pɛ^{52}
黄冈	豇豆儿kaŋ^{22}tər^{44}	大白菜ta^{44}pe^{31}tsʻai^{35}
孝感	豇豆kɑŋ^{33}təu^{55}	大白菜tɑ^{55}pɛ^{31}tsʻɑi^{35}
黄石	豇豆儿kaŋ^{33}tər^{324}	大白菜tɒ^{324}pæ^{213}tsʻæ^{25}
咸宁	豆壳tʻe^{33}kʻə^{55}	白菜pʻɒ^{33}tsʻa^{213}

	133 **包心菜**卷心菜，圆白菜，球形的	134 **菠菜**
武汉	包菜pao^{44}tsʻai^{25}	菠菜po^{44}tsʻai^{25}
荆州	球白菜tɕʻiəu^{13}pɤ^{13}tsʻai^{35}	菠菜po^{55}tsʻai^{35}
宜昌	包白菜pau^{55}pɤ^{13}tsʻai^{35}	菠菜po^{55}tsʻai^{35}
恩施	包包菜pau^{55}pau^{55}tsʻai^{35}	扯根菜tʂʻɛ^{51}kən^{55}tsʻai^{35}
襄阳	卷心白tɕyan^{35}ɕin^{0}pə^{53}	菠菜po^{24}tsʻai^{31}
十堰	包菜pau^{33}tsʻai^{31}	菠菜pɔ^{33}tsʻai^{31}
黄冈	包菜pau^{22}tsʻai^{35}	菠菜po^{22}tsʻai
孝感	包菜pɑu^{33}tsʻɑi^{35}	菠菜po^{33}tsʻɑi^{35}
黄石	包菜pau^{33}tsʻæ^{25}	菠菜po^{33}tsʻæ^{25}
咸宁	包心白po^{44}ɕiən^{44}pʻɒ^{33}	菠菜pə^{44}tsʻa^{213}

	135 **芹菜**	136 **莴笋**
武汉	芹菜tɕʻin^{213}tsʻai^{25}	莴苣o^{44}tɕy^{55}
荆州	芹菜tɕʻin^{13}tsʻai^{35}	莴笋uo^{55}sən^{42}
宜昌	芹菜tɕʻin^{13}tsʻai^{35}	莴笋uo^{55}suən^{0}
恩施	芹菜tɕʻin^{33}tsʻai^{35}	莴笋uo^{55}sən^{51}
襄阳	芹菜tɕʻin^{53}tsʻai^{0}	莴笋uo^{24}sən^{53}
十堰	芹菜tɕʻin^{52}tsʻai^{31}	莴笋uɔ^{33}sən^{55}
黄冈	芹菜tɕʻin^{31}tsʻai^{35}	莴苣o^{22}tʂʮ^{0}
孝感	芹菜tɕʻin^{31}tsʻɑi^{35}	莴笋o^{33}sən^{0}
黄石	芹菜tɕʻin^{31}tsʻæ^{25}	莴苣uo^{33}tɕʮ^{324}
咸宁	芹菜tɕʻiən^{31}tsʻa^{213}	莴笋uə^{44}sən^{42}

	137 香菜芫荽	138 葱
武汉	香菜ɕiaŋ^{44}ts‘ai^{25}	葱ts‘oŋ^{55}
荆州	臭菜ts‘əu^{35}ts‘ai^{35} | 芫荽菜ien^{13}ɕy^{35}ts‘ai^{35}	葱ts‘oŋ^{55}
宜昌	芫荽iɛn^{13}ɕy^{0}	葱ts‘oŋ^{55}
恩施	芫荽yɛn^{33}ɕy^{55}	葱ts‘oŋ^{55}
襄阳	芫荽ian^{53}sei^{0}	葱ts‘əŋ^{24}
十堰	芫荽ian^{52}sei^{0}	葱ts‘ən^{33}
黄冈	香菜ɕiaŋ^{22}ts‘ai^{35}	葱ts‘oŋ^{22}
孝感	香菜ɕiɑŋ^{33}ts‘ɑi^{35}	葱ts‘oŋ^{33}
黄石	香菜ɕiaŋ^{33}ts‘æ^{25}	葱ts‘oŋ^{33}
咸宁	香菜ɕiõ^{44}ts‘a^{213}	葱ts‘əŋ^{44}

	139 蒜	140 姜
武汉	大蒜坨ta^{25}san^{25}t‘o^{213}	姜tɕiaŋ^{55}
荆州	蒜suan^{35}	姜tɕian^{55}
宜昌	大蒜ta^{35}suan^{0}	生姜sən^{55}tɕiaŋ^{55}
恩施	大蒜ta^{35}suan^{35}	姜tɕiaŋ^{55}
襄阳	蒜瓣儿san^{24}pɐr^{31}	姜tɕiaŋ^{24}
十堰	大蒜ta^{24}san^{31}	姜tɕiaŋ^{33}
黄冈	蒜san^{35}	姜tɕiaŋ^{22}
孝感	蒜sɑn^{35} | 蒜坨sɑn^{35}t‘o^{0}	生姜sən^{33}tɕiɑŋ^{33}
黄石	蒜san^{25}	姜tɕiaŋ^{33}
咸宁	蒜sõ^{213}	姜tɕiõ^{44}

	141 辣椒统称	142 茄子统称
武汉	大胡椒ta^{25}xu^{21}tɕiao^{55}	茄子tɕʻye^{213}tsɿ^{0}
荆州	胡椒xu^{13}tɕiau^{55}	茄子tɕʻye^{13}tsɿ^{0}
宜昌	广椒kuaŋ^{33}tɕiau^{0}	茄子tɕʻye^{13}tsɿ^{0}
恩施	广椒kuaŋ^{51}tɕiau^{55}	茄子tɕʻye^{33}tsɿ^{0}
襄阳	辣椒na^{53}tɕiau^{24}	茄子儿tɕʻye^{53}r̩^{0}
十堰	辣子la^{33}tsɿ^{0}	茄子tɕʻyɛ^{52}tsɿ^{0}
黄冈	大椒ta^{44}tɕiau^{0}	茄子tɕʻie^{31}tsɿ^{0}
孝感	大椒tɑ^{55}tɕiɑu^{33} ǀ 辣椒nɑ^{213}tɕiɑu^{33}	茄子tɕʻiɛ^{31}tsɿ^{0}
黄石	辣椒lɒ^{213}tɕiau^{33}	茄子tɕʻie^{31}tsɿ^{0}
咸宁	辣椒na^{55}tɕie^{44}	茄tɕʻi^{31}

	143 西红柿	144 萝卜统称
武汉	番茄fan^{55}tɕʻye^{21}	萝卜lo^{213}pu^{0}
荆州	番茄fan^{55}tɕʻye^{13}	萝卜luo^{13}pu^{55}
宜昌	番茄fan^{55}tɕʻye^{13}	萝卜luo^{13}pu^{0}
恩施	番茄xuan^{55}tɕʻye^{33}	萝卜nuo^{33}pu^{0}
襄阳	番茄fan^{31}tɕʻye^{53}	萝卜nuo^{53}pu^{0}
十堰	番茄fan^{33}tɕʻiɛ^{52}	萝卜luɔ^{52}pu^{0}
黄冈	番茄儿fan^{22}tɕʻiɛr^{31}	萝卜lo^{31}pu^{0}
孝感	西红柿ɕi^{33}xoŋ^{31}sɿ^{55} ǀ 番茄fɑn^{33}tɕʻiɛ^{31}	萝卜no^{31}po^{0}
黄石	番茄fan^{324}tɕie^{31}	萝卜lo^{31}pʻu^{0}
咸宁	西红柿sæ^{44}fəŋ^{31}tsʻɿ^{33}	萝卜nə^{31}pʻe^{33}

	145 胡萝卜	146 黄瓜
武汉	红萝卜xoŋ^{213}lo^{21}pu^{0}	黄瓜xuaŋ^{213}kua^{0}
荆州	红萝卜xoŋ^{13}luo^{13}pu^{55}	黄瓜xuaŋ^{13}kua^{55}
宜昌	胡萝卜xu^{13}luo^{13}pu^{0}	黄瓜xuaŋ^{13}kua^{55}
恩施	胡萝卜xu^{33}nuo^{33}pu^{0}	黄瓜xuaŋ^{33}kua^{35}
襄阳	胡萝卜xu^{53}nuo^{53}pu^{0}	黄瓜xuaŋ^{53}kua^{0}
十堰	胡萝卜xu^{24}luɔ^{52}pu^{0}	黄瓜xuaŋ^{52}kua^{33}
黄冈	红萝卜xoŋ^{31}lo^{31}pu^{0}	黄瓜xuaŋ^{31}kua^{22}
孝感	胡萝卜xu^{31}no^{31}po^{0}	黄瓜xuɑŋ^{31}kuɑ^{33}
黄石	红萝卜xoŋ^{31}lo^{31}pu^{0}	黄瓜xuaŋ^{31}kuɒ^{33}
咸宁	胡萝卜fu^{31}nə^{31}pʻe^{33}	黄瓜uõ^{31}kuɒ^{44}

	147 南瓜扁圆形或梨形，成熟时赤褐色	148 荸荠
武汉	南瓜lan^{213}kua^{0}	荸荠pʻu^{213}tɕʻi^{0}
荆州	南瓜laŋ^{13}kua^{55}	荸荠pʻi^{13}tɕiəu^{55}
宜昌	南瓜lan^{13}kua^{55}	荸球pʻu^{13}tɕʻiəu^{13}
恩施	南瓜nan^{33}kua^{55}	荸荠儿pʻu^{33}tɕʻiɚ^{33}
襄阳	南瓜naŋ^{53}kua^{0}	荸荠pu^{53}tɕi^{0}
十堰	南瓜nan^{52}kua^{33}	荸荠儿pu^{52}tɕiour^{0}
黄冈	方瓜faŋ^{22}kua^{22} ｜ 南瓜lan^{31}kua^{22}	荸荠儿pʻu^{44}tɕʻiɔr^{0}
孝感	南瓜nɑn^{31}kuɑ^{33}	荸荠pʻu^{31}tɕi^{0}
黄石	番瓜fan^{324}kuɒ^{33}	荸荠pʻu^{31}tɕʻi^{31}
咸宁	南瓜nõ^{31}kuɒ^{44}	荸荠pʻu^{31}tsʻæ^{31}

	149 红薯统称	150 马铃薯
武汉	苕sao^{213}	洋苕iaŋ^{13} sao^{213} ｜ 土豆tʻou^{33} tou^{25}
荆州	红苕xoŋ^{13} sau^{13}	洋芋ian^{13} y^{35}
宜昌	苕sau^{13}	洋芋iaŋ^{13} y^{0}
恩施	红苕xoŋ^{33} ʂau^{33}	洋芋iaŋ^{33} y^{33}
襄阳	红薯xuŋ^{53} su^{0}	土豆儿tʻu^{35} təur^{31}
十堰	红薯xuən^{52} ʂu^{55}	洋芋iaŋ^{52} y^{31}
黄冈	苕sau^{31}	土豆儿tʻəu^{55} tər^{44}
孝感	苕ʂɑu^{31} ｜ 红苕xoŋ^{31} ʂɑu^{31}	土豆tʻəu^{52} təu^{55}
黄石	苕sau^{31}	土豆儿tʻou^{55} tər^{324}
咸宁	苕se^{31}	土豆tʻɒu^{42} tʻe^{33}

	151 藕	152 老虎
武汉	藕ŋou^{42}	老虎lao^{33} xu^{0}
荆州	藕əu^{42}	老虎lau^{42} xu^{0}
宜昌	藕əu^{33}	老巴子lau^{33} pa^{0} tsɿ^{0}
恩施	藕əu^{51}	老虎nau^{51} fu^{51}
襄阳	藕əu^{35}	老虎nau^{35} xu^{0}
十堰	藕ou^{55}	老虎lau^{55} xu^{55}
黄冈	藕ŋəu^{55}	老虎lau^{55} xu^{55}
孝感	莲藕nin^{31} ŋəu^{52} ｜ 藕ŋəu^{52}	老虎nɑu^{52} xu^{0}
黄石	藕ŋou^{55}	老虎lau^{55} xu^{55}
咸宁	藕ŋe^{42}	老虎no^{42} fu^{42}

	153 猴子	154 蛇统称
武汉	猴子xou^{213}tsɿ^{0}	蛇se^{213}
荆州	猴子xəu^{13}tsɿ^{0}	蛇sɤ^{13}
宜昌	猴子xəu^{13}tsɿ^{0}	蛇sɤ^{13}
恩施	猴子xəu^{33}tsɿ^{0}	蛇ʂɛ^{33}
襄阳	猴子儿xəu^{53}r̩^{0}	长虫tsʻaŋ^{53}tsʻuŋ^{0}
十堰	猴子xou^{52}tsɿ^{0}	长虫tʂʻaŋ^{52}tʂʻuən^{0}
黄冈	猴儿xəu^{31}ɛr^{0}	长虫tsʻaŋ^{31}tsʻoŋ^{31}
孝感	猴子xəu^{31}tsɿ^{0}	长虫tʂʻɑŋ^{31}tʂʻoŋ^{31}
黄石	猴子xou^{31}tsɿ^{0}	蛇se^{31}
咸宁	猴xe^{31}	蛇sɒ^{31}

	155 蝙蝠	156 鸟儿飞鸟，统称
武汉	檐老鼠ian^{213}lao^{33}ɕy^{0}	雀子tɕʻyo^{213}tsɿ^{0}
荆州	檐老鼠子ien^{13}lau^{42}su^{42}tsɿ^{0}	雀子tɕʻio^{13}tsɿ^{0}
宜昌	檐老鼠儿iɛn^{13}lau^{33}suər^{33}	雀尕儿tɕʻio^{35}kar^{0}
恩施	檐老鼠儿iɛn^{22}nau^{51}ʂuɚ^{51}	雀雀儿tɕʻio^{33}tɕʻyɚ^{55}
襄阳	檐老鼠儿ian^{31}nau^{35}sur^{0}	雀子儿tɕʻyo^{53}r̩^{0}
十堰	夜百虎iɛ^{31}piɛ^{33}xu^{0}	鸟儿niar^{55}
黄冈	檐老鼠ien^{31}lau^{55}ʂʮ^{0}	雀儿tɕʻio^{213}ɔr^{0}
孝感	檐鼠佬儿in^{31}ʂʮ^{52}nɑur^{0}	雀子tɕʻio^{213}tsɿ^{0}
黄石	檐老鼠ian^{31}lau^{55}ɕʮ^{55}	雀儿tɕʻior^{213}
咸宁	檐老鼠iẽ^{31}no^{42}ɕy^{42}	雀tɕʻiə^{55}

	157 麻雀	158 喜鹊
武汉	麻雀ma^{213}tɕʻyo^{0}	喜鹊ɕi^{33}tɕʻyo^{0}
荆州	麻雀ma^{13}tɕʻio^{55}	喜鹊ɕi^{42}tɕʻio^{13}
宜昌	麻雀儿ma^{13}tɕʻior^{35}	鸦鹊子ia^{55}tɕʻio^{13}tsɿ^{0}
恩施	麻雀儿ma^{33}tɕʻyɚ^{33}	鸦鹊子ia^{55}tɕʻio^{33}tsɿ^{0}
襄阳	麻雀儿ma^{53}tɕʻyor^{0}	喜鹊儿ɕi^{35}tɕʻyor^{0}
十堰	麻雀儿ma^{52}tɕʻiaur^{0}	喜鹊儿ɕi^{55}tɕʻyɔr^{52}
黄冈	麻雀儿ma^{31}tɕʻiɔr^{213}	鸦鹊儿ŋa^{22}tɕʻiɔr^{213}
孝感	麻雀mɑ^{31}tɕʻio^{213}	鸦鹊iɑ^{33}tɕʻio^{213} | 喜鹊儿ɕi^{52}tɕʻior^{213}
黄石	麻雀儿mɒ^{31}tɕʻior^{213}	喜鹊儿ɕi^{55}tɕʻior^{213}
咸宁	麻雀mɒ^{31}tɕʻiə^{55}	鸦欠⁼ŋɒ^{44}tɕʻiẽ^{213}

	159 乌鸦	160 鸽子
武汉	乌鸦u^{44}ia^{55}	鸽子ko^{213}tsɿ^{0}
荆州	乌鸦u^{55}ia^{55}	鸽子kuo^{13}tsɿ^{0}
宜昌	老鸹子lau^{33}ua^{55}tsɿ^{0}	鸽子kuo^{13}tsɿ^{0}
恩施	老鸹子nau^{51}ua^{33}tsɿ^{0}	鸽子kuo^{33}tsɿ^{0}
襄阳	老鸹nau^{35}kua^{0}	鸽子儿kə^{53}r̩^{0}
十堰	老鸹lau^{55}kua^{0}	鹁鸽儿pʻu^{52}kər^{0}
黄冈	老鸦lau^{55}ŋa^{22}	鸽子ko^{213}tsɿ^{0}
孝感	老鸹nɑu^{52}ua^{33}	鸽子ko^{213}tsɿ^{0}
黄石	老鸹lau^{55}uɒ^{33}	鸽子ko^{213}tsɿ^{0}
咸宁	老鸦no^{42}ŋɒ^{44}	鸽kə^{55}

	161 翅膀鸟的，统称	162 爪子鸟的，统称
武汉	翅膀tsɿ^{25} paŋ^{0}	爪子tɕya^{33} tsɿ^{0}
荆州	翅膀tsɿ^{35} pan^{42}	爪子tsua^{42} tsɿ^{0}
宜昌	翅膀tsʰɿ^{35} paŋ^{0}	爪子tsua^{33} tsɿ^{0}
恩施	翅膀儿tʂʅ^{35} pɚ^{51}	爪子tʂua^{51} tsɿ^{33}
襄阳	翅膀儿tsʰɿ^{31} pãr^{0}	爪子儿tsua^{35} ṛ^{0}
十堰	翅膀tsʰɿ^{31} paŋ^{55}	爪子tʂua^{55} tsɿ^{0}
黄冈	翅管tsɿ^{35} kuan^{55}	爪子tsau^{55} tsɿ^{0}
孝感	翅膀tʂʅ^{35} pɑŋ^{52}	爪子tʂɥɑ^{52} tsɿ^{0}
黄石	翅膀tsʰɿ^{25} paŋ^{55}	爪子tsau^{55} tsɿ^{0}
咸宁	翅膀tsɿ^{213} põ^{42}	脚tɕiə^{55}

	163 尾巴	164 窝鸟的
武汉	尾巴uei^{33} pa^{0}	窝o^{55}
荆州	尾巴i^{42} pa^{0}	窝uo^{55}
宜昌	尾巴uei^{33} pa^{0}	窝uo^{55}
恩施	尾巴儿uei^{51} pɤ^{0}	雀雀儿窝tɕʰio^{33} tɕʰyɚ^{55} uo^{55}
襄阳	尾巴儿i^{35} par^{0}	窝儿uor^{24}
十堰	尾巴i^{55} pa^{0}	窝儿uɔr^{33}
黄冈	尾巴uei^{55} pa^{0}	窠kʰo^{22}
孝感	尾巴ni^{52} pɑ^{0}	窠kʰo^{33}
黄石	尾巴uei^{55} pɒ^{33}	窝uo^{33}
咸宁	尾巴uæ^{42} pɒ^{44}	窠kʰuə^{44}

	165 虫子统称	166 蝴蝶统称
武汉	虫tsʻoŋ^{213}	蝴蝶xu^{13} tie^{213}
荆州	虫子tsʻoŋ^{13} tsɿ^{0}	蝴蝶xu^{13} tie^{13}
宜昌	虫尕子tsʻoŋ^{13} ka^{55} tsɿ^{0}	蝴蝶儿xu^{13} tiər^{0}
恩施	虫tʂʻoŋ^{33}	飞蛾儿xuei^{55} uɚ^{33}
襄阳	虫子儿tsʻuŋ^{53} r̩^{0}	蝴蝶儿xu^{53} tier^{0}
十堰	虫子tʂʻuən^{52} tsɿ^{0}	蛾蛾儿ɤ^{52} ər^{0}
黄冈	虫儿tsʻoŋ^{31} ŋɛr^{0}	蝴蝶xu^{31} tɕie^{213}
孝感	虫子tʂʻoŋ^{31} tsɿ^{0}	蝴蝶儿xu^{31} tiɛr^{0}
黄石	虫tsʻoŋ^{31}	蝴蝶xu^{31} tie^{213}
咸宁	虫tsʻəŋ^{31}	蝴蝶fu^{31} tʻi^{55}

	167 蜻蜓统称	168 蜜蜂
武汉	蜻蜓tɕʻin^{45} tʻin^{0}	蜜蜂mi^{213} foŋ^{55}
荆州	虰虰tin^{55} tin^{55}	蜜蜂mi^{13} foŋ^{55}
宜昌	虰虰儿tin^{55} tiər^{0}	蜂子foŋ^{55} tsɿ^{0}
恩施	洋虰虰儿iaŋ^{33} tin^{55} tiɚ^{55}	蜂子xoŋ^{55} tsɿ^{0}
襄阳	虰虰tin^{24} tin^{0}	蜂子儿fəŋ^{24} r̩^{0}
十堰	虰虰儿tin^{33} tiər^{0}	糖蜂儿tʻaŋ^{52} fər^{33}
黄冈	蜻雀儿tɕʻin^{22} tɕʻiər^{213}	蜂子foŋ^{22} tsɿ^{0}
孝感	蜻盏$^{=}$ tɕʻin^{33} tsɑn^{0}	蜂子foŋ^{33} tsɿ^{0}
黄石	蜻蜓tɕʻin^{33} tʻin^{31}	蜜蜂mi^{213} foŋ^{33}
咸宁	线蛉ɕiẽ^{213} niõ^{31}	蜜蜂mæ^{55} fəŋ^{44}

	169 知了统称	170 蚂蚁
武汉	知丫tsɿ^{44}ia^{55}	蚂蚁ma^{33}i^{25}
荆州	知了tsɿ^{55}liəu^{55}	蚂蚁子ma^{42}ien^{42}tsɿ^{0}
宜昌	知溜$^{=}$tsɿ^{55}liau^{0}	蚂蚁儿ma^{33}iər^{0}
恩施	催米子tsʻuei^{55}mi^{51}tsɿ^{0}	蚂蚁儿ma^{51}iɚ^{33}
襄阳	知牛儿tsɿ^{24}niəur^{53}	蚂蚁子儿ma^{35}ie^{0}r̩^{0}
十堰	知螺儿tʂʅ^{33}luɔr^{0}	蚂蚁ma^{55}i^{55}
黄冈	山蚱子san^{22}tsa^{35}tsɿ^{0}	蚂蚁ma^{55}i^{0}
孝感	秋铃儿tɕʻiəu^{33}niər^{0}	蚂蚁mɑ^{52}i^{0}
黄石	知了tsɿ^{33}liau^{55}	蚂蚁mɒ^{55}ȵi^{55}
咸宁	刺骨嗲tsʻɿ^{213}ku^{55}niɒ^{44}	蚂蚁mɒ^{31}ni^{42}

	171 蚯蚓	172 蜘蛛会结网的
武汉	蚯蚓tɕʻiou^{45}in^{0}	蜘蛛tsɿ^{13}tɕy^{33}
荆州	曲长子tɕʻy^{13}tsʻan^{13}tsɿ^{0}	蚱蛛tsɤ^{13}tsu^{55} | 蜘蛛tsɿ^{55}tsu^{55}
宜昌	曲蟮儿tɕʻy^{13}tsʻər^{0}	蜘蛛tsɤ^{13}tsu^{55}
恩施	蚯蚯儿tɕʻy^{33}tɕʻyɚ^{0}	蚱蛛tʂɛ^{33}tʂu^{55}
襄阳	曲蟮tɕʻi^{53}tsʻuan^{0}	蜘蛛儿tsɿ^{24}tsur^{24}
十堰	曲蜷tɕʻy^{52}tɕʻyar^{0}	蛛蛛儿tʂu^{33}tʂur^{0}
黄冈	曲虫tsʻəu^{13}tsʻoŋ^{31}	蜘蛛tsɿ^{213}tʂʯ^{22}
孝感	触蟮tʂʻəu^{213}ʂɑn^{0}	蜘蛛儿tʂʅ^{31}tʂʯor^{0}
黄石	蚯蚓tɕʻiou^{33}in^{55}	蜘蛛tsɿ^{33}tɕʯ^{33}
咸宁	火□xə^{42}ɕiəŋ^{42}	足蛛tsɒu^{55}tɕy^{44}

	173 蚊子统称	174 苍蝇统称
武汉	蚊虫 $uen^{13}ts'o\eta^{21}$	苍蝇 $ts'a\eta^{44}in^{55}$
荆州	蚊子 $u\partial n^{13}ts\urcorner^{0}$	蛆蚊 $t\varsigma'y^{55}u\partial n^{13}$ | 饭蚊子 $fan^{35}u\partial n^{13}ts\urcorner^{0}$
宜昌	蚊子 $u\partial n^{13}ts\urcorner^{0}$	蚊子 $u\partial n^{13}ts\urcorner^{0}$
恩施	蚊子 $u\partial n^{33}ts\urcorner^{0}$	蚊子 $u\partial n^{33}ts\urcorner^{0}$
襄阳	夜蚊子儿 $ie^{31}u\partial n^{0}\c{r}^{0}$	蚊子儿 $u\partial n^{53}\c{r}^{0}$
十堰	蚊子 $u\partial n^{52}ts\urcorner^{0}$	苍蝇 $ts'a\eta^{33}in^{52}$
黄冈	蚊虫 $u\partial n^{31}ts'o\eta^{31}$	苍蝇 $ts'a\eta^{22}in^{0}$
孝感	蚊子 $u\partial n^{31}ts\urcorner^{0}$	苍蝇 $ts'\alpha\eta^{33}in^{0}$
黄石	蚊子 $uen^{31}ts\urcorner^{0}$	苍蝇 $ts'a\eta^{33}in^{31}$
咸宁	蚊虫 $u\partial n^{31}ts'\partial\eta^{31}$	墨蠓 $me^{55}m\partial\eta^{213}$

	175 跳蚤咬人的	176 虱子
武汉	虼蚤 $ke^{213}tsao^{0}$	虱子 $se^{213}ts\urcorner^{0}$
荆州	臭虫 $ts'\partial u^{35}ts'o\eta^{13}$	虱子 $s\gamma^{13}ts\urcorner^{0}$
宜昌	虼蚤 $k\gamma^{13}tsau^{33}$	虱子 $s\gamma^{13}ts\urcorner^{0}$
恩施	虼蚤 $k\varepsilon^{33}tsau^{51}$	虱子 $s\varepsilon^{33}ts\urcorner^{0}$
襄阳	虼蚤 $k\partial^{53}tsau^{0}$	虱子儿 $s\partial^{53}\c{r}^{0}$
十堰	虼蚤 $k\gamma^{52}tsau^{0}$	虱子 $\c{s}\gamma^{33}ts\urcorner^{0}$
黄冈	跳虱 $t'iau^{35}se^{213}$	虱 se^{213}
孝感	虼蚤 $k\varepsilon^{213}ts\alpha u^{52}$	虱子 $s\varepsilon^{213}ts\urcorner^{0}$
黄石	跳蚤 $t'iau^{25}tsau^{55}$	虱 $s\ae^{213}$
咸宁	跳蚤 $t'ie^{213}tso^{42}$	虱 se^{55}

	177 鲤鱼	178 鳙鱼胖头鱼
武汉	鲤鱼li^{33}y^{21}	胖头pʻaŋ^{55}tʻou^{0}
荆州	鲤拐子li^{42}kuai^{42}tsɿ^{0}	胖头鱼pʻan^{55}tʻəu^{13}y^{13}
宜昌	拐子kuai^{33}tsɿ^{0}	胖头儿pʻaŋ^{55}tʻər^{0}
恩施	鲤鱼ni^{51}y^{33}	大脑壳鲢ta^{35}nau^{55}kʻuo^{33}niɛn^{33}
襄阳	鲤鱼ni^{35}y^{0}	大头鲢子儿ta^{31}tʻəu^{53}nian^{53}r̩^{0}
十堰	鲤鱼li^{55}y^{52}	胖头鱼pʻaŋ^{31}tʻou^{52}y^{52}
黄冈	鲤鱼li^{55}ʐʮ^{31}	胖头pʻaŋ^{22}tʻəu^{0}
孝感	鲤壳儿ni^{52}kʻor^{0}	胖头pʻɑŋ^{33}tʻəu^{0}
黄石	鲤鱼li^{55}ʮ^{31}	胖头鱼pʻaŋ^{33}tʻou^{31}ʮ^{31}
咸宁	鲤鱼næ^{42}y^{31}	胖头pʻõ^{213}tʻe^{31}

	179 鲫鱼	180 甲鱼
武汉	喜头鱼ɕi^{33}tʻou^{0}y^{21}	脚鱼tɕyo^{13}y^{21}
荆州	鲫鱼tɕi^{13}y^{13}	甲鱼tɕia^{13}y^{13} | 脚鱼tɕio^{13}y^{13}
宜昌	鲫鱼tɕi^{13}y^{13}	脚鱼tɕio^{13}y^{13}
恩施	鲫鱼tɕi^{33}y^{33}	团鱼tʻan^{33}y^{33}
襄阳	鲫鱼tɕi^{53}y^{0}	老鳖nau^{35}pie^{24}
十堰	鲫鱼壳tɕi^{24}y^{52}kʻɤ^{33}	鳖piɛ^{33}
黄冈	喜头儿ɕi^{55}tʻɔr^{0}	脚鱼tɕio^{13}ʐʮ^{31}
孝感	喜头ɕi^{52}tʻəu^{0}	脚鱼tɕio^{213}ʮ^{31}
黄石	喜头鱼ɕi^{55}tʻou^{31}ʮ^{31}	脚鱼tɕio^{213}ʮ^{31}
咸宁	鲫鱼tsæ^{55}y^{31}	脚鱼tɕiə^{55}y^{31}

	181 **虾**统称	182 **螃蟹**统称
武汉	虾子ɕia^{55}tsɿ^{0}	蟹子xai^{33}tsɿ^{0}
荆州	虾子ɕia^{55}tsɿ^{0}	螃蟹p‘aŋ^{13}xai^{42}
宜昌	虾ɕia^{55}	螃蟹p‘aŋ^{13}xai^{0}
恩施	虾子ɕia^{55}tsɿ^{0}	螃蟹p‘aŋ^{33}xai^{33}
襄阳	虾子儿ɕia^{24}r̩^{0}	螃蟹p‘aŋ^{53}xai^{0}
十堰	虾ɕia^{33}	螃蟹夹子p‘aŋ^{52}ɕiɛ^{31}tɕia^{33}tsɿ^{0}
黄冈	虾子xa^{22}tsɿ^{0}	蟹子xai^{55}tsɿ^{0} | 螃蟹p‘aŋ^{31}ɕie^{44}
孝感	虾子ɕiɑ^{33}tsɿ^{0}	螃蟹p‘ɑŋ^{31}xɑi^{0}
黄石	虾子xɒ^{33}tsɿ^{0}	蟹子xæ^{55}tsɿ^{0}
咸宁	虾xɒ^{44}	老蟹no^{42}xa^{42}

	183 **青蛙**统称	184 **公牛**统称
武汉	蛤蟆k‘e^{13}ma^{0}	公牛koŋ^{55}liou^{21}
荆州	蛤蟆子k‘ɤ^{13}ma^{42}tsɿ^{0}	牯牛ku^{42}iəu^{13}
宜昌	蛤蟆儿k‘ɤ^{13}mar^{0}	公牛koŋ^{55}iəu^{13}
恩施	蛤蟆儿k‘ɛ^{33}mɚ^{55}	牯牛ku^{51}niəu^{33}
襄阳	蛤蟆k‘ə^{53}ma^{0}	犍子儿tɕian^{24}r̩^{0}
十堰	蛤蟆xɤ^{52}ma^{0}	犍子tɕian^{33}tsɿ^{0}
黄冈	蛤蟆k‘e^{31}ma^{0}	牯牛ku^{55}ȵiəu^{31}
孝感	蛤蟆kɛ^{31}mɑ^{0}	牯牛ku^{52}nioŋ^{31}
黄石	蛤蟆k‘e^{213}mɒ^{31}	牯牛ku^{55}ȵiou^{31}
咸宁	蛤蟆k‘ɒ^{31}mɒ^{31}	牛牯niɒu^{31}ku^{42}

	185 母牛统称	186 放牛
武汉	母牛moŋ^{33} liou^{21}	放牛faŋ^{25} liou^{21}
荆州	⿱沙牛牛sa^{55} iəu^{13}	放牛fan^{35} iəu^{13}
宜昌	母牛mu^{33} iəu^{13}	放牛faŋ^{35} iəu^{13}
恩施	⿱沙牛牛ʂa^{55} niəu^{33}	放牛xuaŋ^{35} niəu^{33}
襄阳	母牛mo^{31} niəu^{53}	放牛faŋ^{31} niəu^{53}
十堰	母牛mɔ^{31} niou^{52}	放牛faŋ^{31} niou^{52}
黄冈	⿱沙牛牛sa^{22} ȵiəu^{31}	放牛faŋ^{35} ȵiəu^{31}
孝感	⿱沙牛牛ʂɑ^{33} nioŋ^{31}	放牛fɑŋ^{35} nioŋ^{31}
黄石	母牛moŋ^{55} ȵiou^{31}	放牛faŋ^{25} ȵiou^{31}
咸宁	牛婆niɒu^{31} pʻə^{31}	映牛iõ^{213} niɒu^{31}

	187 羊	188 猪
武汉	羊子iaŋ^{213} tsɿ^{0}	猪tɕy^{55}
荆州	羊子ian^{13} tsɿ^{0}	猪子tsu^{55} tsɿ^{0}
宜昌	羊子iaŋ^{13} tsɿ^{0}	猪子tsu^{55} tsɿ^{0}
恩施	羊子iaŋ^{33} tsɿ^{0}	猪子tʂu^{55} tsɿ^{0}
襄阳	羊子儿iaŋ^{53} r̩^{0}	猪子儿tsu^{24} r̩^{0}
十堰	羊子iaŋ^{52} tsɿ^{0}	猪tʂu^{33}
黄冈	羊iaŋ^{31}	猪tʂʮ^{22}
孝感	羊子iɑŋ^{31} tsɿ^{0}	猪tʂʮ^{33}
黄石	羊iaŋ^{31}	猪tɕʮ^{33}
咸宁	羊iõ^{31}	猪tɕy^{44}

	189 种猪配种用的公猪	190 公猪成年的，已阉的
武汉	种猪tsoŋ^{33} tɕy^{55}	公猪koŋ^{44} tɕy^{55}
荆州	脚猪tɕio^{13} tsu^{55}	肉猪lu^{13} tsu^{55}
宜昌	脚猪tɕio^{13} tsu^{55}	公猪koŋ^{55} tsu^{55}
恩施	脚猪tɕio^{33} tʂu^{55}	猪子tʂu^{55} tsɿ^{33}
襄阳	郎猪naŋ^{53} tsu^{24}	公猪kuŋ^{24} tsu^{24}
十堰	脚猪tɕyɔ^{52} tʂu^{33}	牙猪ia^{52} tʂu^{33}
黄冈	郎猪laŋ^{31} tʂʮ^{22} ǀ 脚猪tɕio^{213} tʂʮ^{22}	肉猪zəu^{213} tʂʮ^{22}
孝感	郎猪nɑŋ^{31} tʂʮ^{33}	猪tʂʮ^{33}
黄石	种猪tsoŋ^{55} tɕʮ^{33}	猪公tɕʮ^{33} koŋ^{33}
咸宁	脚猪tɕiə^{55} tɕy^{44} ǀ 猪郎tɕy^{44} nõ^{31}	牙猪ŋɒ^{31} tɕy^{44}

	191 母猪成年的，未阉的	192 猪崽
武汉	母猪moŋ^{33} tɕy^{55}	猪娃tɕy^{55} ua^{21}
荆州	母猪mu^{42} tsu^{55}	子猪tsɿ^{42} tsu^{55} ǀ 猪伢子tsu^{55} a^{13} tsɿ^{0}
宜昌	母猪mu^{33} tsu^{55}	小猪儿ɕiau^{33} tsuər^{55}
恩施	草猪tsʻau^{51} tʂu^{55}	猪娃儿tʂu^{55} uɚ^{55}
襄阳	母猪mu^{35} tsu^{24}	猪娃儿tsu^{24} uar^{53}
十堰	草猪tsʻau^{55} tʂu^{33}	猪娃儿tʂu^{33} uar^{52}
黄冈	草猪tsʻau^{55} tʂʮ^{22} ǀ 猪婆tʂʮ^{22} pʻo^{31}	猪儿tʂʮ^{22} ɔr^{31}
孝感	猪tʂʮ^{33}	猪娃儿tʂʮ^{33} uɑr^{0}
黄石	猪婆tɕʮ^{33} pʻo^{31}	细猪儿ɕi^{25} tɕyər^{33}
咸宁	草猪tsʻo^{42} tɕy^{44}	猪崽tɕy^{44} tsa^{42}

	193 公猫	194 母猫
武汉	公猫子koŋ^{55}mao^{45}tsɿ^{0}	母猫子moŋ^{42}mao^{45}tsɿ^{0}
荆州	男猫lan^{13}mau^{55}	女猫ly^{42}mau^{55}
宜昌	公猫koŋ^{55}mau^{55}	母猫mu^{33}mau^{55}
恩施	男猫儿nan^{33}mɚ^{55}	女猫儿ny^{51}mɚ^{55}
襄阳	郎猫儿naŋ^{53}maur^{24}	米$^{=}$猫儿mi^{35}maur^{24}
十堰	男猫儿nan^{52}maur^{33}	女猫儿ny^{55}maur^{33}
黄冈	牙猫儿ŋa^{31}mar^{22}	草猫儿tsʻau^{55}mar^{22}
孝感	公猫koŋ^{33}mɑu^{33}	母猫mu^{52}mɑu^{33}
黄石	公猫koŋ^{33}mau^{33}	母猫moŋ^{55}mau^{33}
咸宁	猫儿牯mo^{44}zɿ^{31}ku^{42}	猫儿婆mo^{44}zɿ^{31}pʻə^{31}

	195 公狗	196 母狗
武汉	公狗子koŋ^{55}kou^{33}tsɿ^{0}	母狗moŋ^{33}kou^{42}
荆州	公狗子koŋ^{55}kəu^{42}tsɿ^{0}	母狗子mu^{42}kəu^{42}tsɿ^{0}
宜昌	公狗子koŋ^{55}kəu^{33}tsɿ^{0}	母狗子mu^{33}kəu^{33}tsɿ^{0}
恩施	牙狗子ia^{33}kɚ^{51}	草狗tsʻau^{51}kɚ^{51}
襄阳	公狗儿kuŋ^{24}kəur^{35}	母狗儿mu^{35}kəur^{35}
十堰	牙狗子ia^{52}kou^{55}tsɿ^{0}	草狗子tsʻau^{55}kou^{55}tsɿ^{0} | 母狗子mu^{55}kou^{55}tsɿ^{0}
黄冈	牙狗儿ŋa^{31}kər^{55}	草狗tsʻau^{55}kəu^{55}
孝感	牙狗儿iɑ^{31}kəur^{52}	母狗儿mu^{52}kəur^{52}
黄石	公狗koŋ^{33}kou^{55}	母狗moŋ^{55}kou^{55}
咸宁	狗公ke^{42}kəŋ^{44}	狗婆ke^{42}pʻə^{31}

	197 兔子	198 公鸡成年的，未阉的
武汉	兔子tʻou^{25}tsɿ^{0}	公鸡子koŋ^{55}tɕi^{45}tsɿ^{0} ǀ 鸡公tɕi^{44}koŋ^{55}
荆州	兔子tʻu^{35}tsɿ^{0}	鸡公tɕi^{55}koŋ^{55}
宜昌	兔子tʻu^{35}tsɿ^{0}	鸡公tɕi^{55}koŋ^{55}
恩施	兔娃儿tʻu^{35}uə^{0}	叫鸡公tɕiau^{35}tɕi^{55}koŋ^{55}
襄阳	兔子儿tʻu^{31}ɽ̩^{0}	公鸡kuŋ^{24}tɕi^{0}
十堰	兔子tʻou^{31}tsɿ^{0}	公鸡kuən^{33}tɕi^{0}
黄冈	兔子tʻəu^{35}tsɿ^{0}	叫鸡公tɕiau^{35}tɕi^{22}koŋ^{22}
孝感	兔子tʻəu^{35}tsɿ^{0}	鸡公tɕi^{33}koŋ^{33}
黄石	兔儿tʻɚ^{25}	鸡公tɕi^{33}koŋ^{33}
咸宁	兔tʻɒu^{213}	鸡公tɕi^{44}kəŋ^{44}

	199 母鸡已下过蛋的	200 下鸡～蛋
武汉	母鸡子moŋ^{44}tɕi^{45}tsɿ^{0} ǀ 鸡母tɕi^{45}moŋ^{42}	生sen^{55}
荆州	鸡母tɕi^{55}mu^{42}	下ɕia^{35} ǀ 生sən^{55}
宜昌	鸡母tɕi^{55}mu^{33}	下ɕia^{35}
恩施	母鸡mu^{51}tɕi^{55}	生sən^{55}
襄阳	母鸡mu^{35}tɕi^{0}	下ɕia^{31}
十堰	母鸡mu^{55}tɕi^{0}	㛮fan^{31}
黄冈	鸡婆tɕi^{22}pʻo^{31}	生sən^{35}
孝感	鸡母tɕi^{33}mu^{52}	生sən^{35}
黄石	鸡婆tɕi^{33}pʻo^{31}	生sen^{25}
咸宁	鸡婆tɕi^{44}pʻə^{31}	生sɒ̃^{213}

	201 孵～小鸡	202 鸭
武汉	菢 pao^{25} | 孵 fu^{55}	鸭子 ia^{213} tsɿ^{0}
荆州	菢 pau^{35}	鸭子 ia^{13} tsɿ^{0}
宜昌	菢 pau^{35}	鸭子 ia^{13} tsɿ^{0}
恩施	菢 pau^{35}	鸭子 ia^{33} tsɿ^{0}
襄阳	菢 pau^{31}	鸭子儿 ia^{53} r̩^{0}
十堰	菢 pau^{31}	鸭子 ia^{33} tsɿ^{0}
黄冈	菢 pau^{44}	鸭 ŋa^{213}
孝感	菢 pɑu^{55}	鸭子 iɑ^{213} tsɿ^{0}
黄石	菢 pau^{324}	鸭 ŋɒ^{31}
咸宁	孵 fu^{33}	鸭 ŋɒ^{55}

	203 阉～公的猪	204 阉～母的猪
武汉	鐝 ɕian^{25}	鐝 ɕian^{25}
荆州	劁 tɕʻiau^{55}	劁 tɕʻiau^{55}
宜昌	骟 san^{35}	骟 san^{35}
恩施	劁 tɕʻiau^{55}	劁 tɕʻiau^{55}
襄阳	骟 san^{31}	骟 san^{31}
十堰	劁 tɕʻiau^{33}	劁 tɕʻiau^{33}
黄冈	劇 tɕien^{22}	挑 tɕiau^{22}
孝感	劁 tɕʻiɑu^{33}	劁 tɕʻiɑu^{33}
黄石	劇 tɕian^{33}	劇 tɕian^{33}
咸宁	割 ke^{55}	割 ke^{55}

	205 阉 ~鸡	206 杀猪统称，注意婉称
武汉	鏾ɕian^{25}	杀猪sa^{21} tɕy^{55}
荆州	鏾ɕyen^{35}	杀猪sa^{13} tsu^{55}
宜昌	骟san^{35}	杀猪sa^{13} tsu^{55}
恩施	（无）	杀猪ʂa^{33} tʂu^{55}
襄阳	（无）	杀猪sa^{53} tsu^{24}
十堰	（无）	杀猪ʂa^{33} tʂu^{33}
黄冈	鏾ɕien^{35}	福猪fu^{213} tʂʮ^{22}
孝感	鏾ɕin^{35}	宰猪tsɑi^{52} tʂʮ^{33}
黄石	鏾ɕian^{25}	杀猪sɒ^{213} tɕʮ^{33}
咸宁	鏾ɕiẽ^{213}	杀猪sa^{55} tɕy^{44} ǀ 捉猪tsə^{55} tɕy^{44}

	207 村庄一个~	208 胡同统称：一条~
武汉	塆子uan^{45} tsɿ^{0} ǀ 村子ts'en^{45} tsɿ^{0}	巷子xaŋ^{25} tsɿ^{0}
荆州	村子ts'uən^{55} tsɿ^{0}	巷子xan^{35} tsɿ^{0}
宜昌	村ts'uən^{55}	巷子xaŋ^{35} tsɿ^{0}
恩施	大屋场ta^{35} u^{33} tʂ'aŋ^{51}	巷子xaŋ^{35} tsɿ^{0}
襄阳	村子儿ts'ən^{22} r̩^{0}	巷子儿xaŋ^{55} r̩^{0}
十堰	村ts'ən^{33}	道子tau^{31} tsɿ^{0}
黄冈	塆uan^{22}	弄子loŋ^{35} tsɿ^{0}
孝感	塆子uɑn^{33} tsɿ^{0}	巷子xɑŋ^{33} tsɿ^{0}
黄石	塆子uan^{33} tsɿ^{0}	弄子loŋ^{25} tsɿ^{0}
咸宁	屋场u^{55} ts'õ^{31}	巷xõ^{33}

	209 街道	210 房子整座的，不包括院子
武汉	街 kai^{55}	房子 $faŋ^{213}tsɿ^{0}$
荆州	街道 $kai^{55}tau^{35}$	屋 u^{13}
宜昌	街道 $kai^{55}tau^{35}$	房子 $faŋ^{13}tsɿ^{0}$
恩施	街 kai^{55}	屋 u^{33}
襄阳	街道 $kai^{24}tau^{31}$	房子儿 $faŋ^{53}ɽ^{0}$
十堰	街道儿 $kɛ^{33}taur^{31}$	房子 $faŋ^{52}tsɿ^{0}$
黄冈	街道 $kai^{22}tau^{44}$	屋 u^{213}
孝感	街上 $kɑi^{33}ʂɑŋ^{0}$	屋 u^{213}
黄石	街 $kæ^{33}$	屋 u^{213}
咸宁	街 ka^{44}	屋 u^{55}

	211 屋子房子里分隔而成的，统称	212 茅屋茅草等盖的
武汉	房 $faŋ^{213}$	茅屋 $mao^{13}u^{33}$
荆州	房间 $fan^{13}kan^{55}$	茅草屋 $mau^{13}ts‘au^{42}u^{13}$
宜昌	屋 u^{13}	茅草屋 $mau^{13}ts‘au^{33}u^{13}$
恩施	房屋 $xuaŋ^{33}u^{33}$	茅草屋 $mau^{33}ts‘au^{51}u^{33}$
襄阳	堂屋 $t‘aŋ^{53}u^{0}$	茅草屋 $mau^{53}ts‘au^{35}u^{0}$
十堰	屋子 $u^{33}tsɿ^{0}$	茅草屋 $mau^{52}ts‘au^{55}u^{33}$
黄冈	房 $faŋ^{31}$	茅草屋 $mau^{31}ts‘au^{55}u^{213}$
孝感	房 $fɑŋ^{31}$	草棚子 $ts‘ɑu^{52}p‘oŋ^{31}tsɿ^{0}$
黄石	屋 u^{213}	茅草屋 $mau^{31}ts‘au^{55}u^{213}$
咸宁	房 $fõ^{31}$	茅棚 $mo^{31}p‘əŋ^{31}$

	213 厨房	214 厕所旧式的，统称
武汉	厨房tçʻy^{13} faŋ^{33}	茅厕mao^{13} sɿ^{0}
荆州	厨房tsʻu^{13} fan^{13}	茅厕mau^{13} sɿ^{55}
宜昌	灶屋tsau^{35} u^{13}	茅厕mau^{13} sɿ^{33}
恩施	灶屋tsau^{35} u^{33}	茅厕mau^{33} sɿ^{0}
襄阳	厨屋tsʻu^{53} u^{0}	茅厕mau^{53} sɿ^{0}
十堰	厨屋tʂʻou^{52} u^{33}	茅厕mau^{52} sɿ^{33}
黄冈	灶屋tsau^{35} u^{213}	茅厕窖儿mau^{31} sɿ^{22} kar^{35}
孝感	灶屋tsɑu^{35} u^{213}	茅厕mɑu^{31} sɿ^{0} ｜ 茅窖儿mɑu^{22} kɑ̃r^{35}
黄石	灶下tsau^{25} xɒ^{324}	茅厕mau^{31} sɿ^{33}
咸宁	烧火房se^{44} xə^{42} fõ^{31} ｜ 厨房tçʻy^{31} fõ^{31}	茅厕mo^{31} sɿ^{44}

	215 门槛儿	216 窗旧式的
武汉	门槛men^{213} kʻan^{42}	窗户tçʻyaŋ^{45} xu^{0}
荆州	门槛mən^{13} kʻan^{42}	窗户tsʻuaŋ^{55} xu^{0}
宜昌	门槛儿mən^{13} kʻər^{0}	窗户子tsʻuaŋ^{55} xu^{55} tsɿ^{0}
恩施	门槛mən^{33} kʻan^{51}	窗子tʂʻuaŋ^{55} tsɿ^{0}
襄阳	门槛儿mən^{53} kʻɐr^{35}	窗子儿tsʻuaŋ^{24} r̩^{0}
十堰	门槛儿mən^{52} tçʻiar^{31}	窗檐子tʂʻuaŋ^{33} ian^{52} tsɿ^{0}
黄冈	门槛儿mən^{31} kʻɛr^{55}	窗子tʂʻɥaŋ^{22} tsɿ^{0}
孝感	门槛儿mən^{31} kɐr^{52}	窗子tʂʻɥɑŋ^{33} tsɿ^{0}
黄石	门槛men^{31} kʻan^{55}	窗户tçʻɥaŋ^{33} xu^{0}
咸宁	门栈mən^{31} tsʻɒ̃^{42}	槅子ke^{55} tsɿ^{42}

	217 **梯子**可移动的	218 **扫帚**统称
武汉	梯子tʻi^{45} tsɿ^{0}	笤帚tʻiao^{213} tɕy^{0}
荆州	梯子tʻi^{55} tsɿ^{0} | 架梯tɕia^{35} tʻi^{55}	笤帚tʻiau^{13} tsu^{55}
宜昌	梯子tʻi^{55} tsɿ^{0}	扫帚sau^{35} tsu^{0}
恩施	梯子tʻi^{55} tsɿ^{0}	扫把sau^{35} pa^{51}
襄阳	梯子儿tʻi^{24} r̩^{0}	笤帚tʻiau^{53} su^{0}
十堰	梯子tʻi^{33} tsɿ^{0}	扫帚ʂau^{31} ʂu^{0}
黄冈	梯儿tʻi^{22} ɛr^{0}	扫把sau^{35} pa^{0}
孝感	梯子tʻi^{33} tsɿ^{0}	笤帚tʻiɑu^{31} tʂʮ^{0} | 扫把sɑu^{35} pɑ^{0}
黄石	梯子tʻi^{33} tsɿ^{0}	扫把sau^{25} pɒ^{55}
咸宁	楼梯ne^{31} tʻæ^{44}	扫帚so^{42} tsɒu^{42}

	219 **垃圾**	220 **家具**统称
武汉	渣子tsa^{45} tsɿ^{0}	家具tɕia^{44} tɕy^{25}
荆州	渣子tsa^{55} tsɿ^{0}	家具tɕia^{55} tɕy^{35}
宜昌	渣子tsa^{55} tsɿ^{0}	家具tɕia^{55} tɕy^{35}
恩施	渣渣儿tʂa^{55} tʂɚ^{55}	家具tɕia^{55} tɕy^{35}
襄阳	渣子儿tsa^{24} r̩^{0}	家什tɕia^{24} sɿ^{53}
十堰	渣渣儿tʂa^{33} tʂar^{33}	家业儿tɕia^{33} iər^{52}
黄冈	渣子tsa^{22} tsɿ^{0}	家具tɕia^{22} tʂʮ^{44}
孝感	渣子tʂɑ^{33} tsɿ^{0}	家具tɕiɑ^{33} tʂʮ^{0}
黄石	渣子tsɒ^{33} tsɿ^{0}	家业kɒ^{33} ȵie^{213}
咸宁	罯渣ŋõ^{44} tsɒ^{44}	家业kɒ^{44} ni^{55} | 家具tɕiɒ^{44} tɕy^{33}

	221 被子	222 棉絮
武汉	被窝pei^{25}o^{55}	棉絮mian^{213}ɕi^{25}
荆州	被窝pei^{35}uo^{55}	棉花絮mien^{13}xua^{55}ɕy^{35}
宜昌	被窝pei^{35}uo^{0}	花头xua^{55}tʻəu^{0}
恩施	铺盖pʻu^{55}kai^{55}	棉絮miɛn^{33}suei^{35}
襄阳	被窝pei^{31}uo^{0}	棉花套子儿miau^{53}xua^{24}tʻau^{31}r̩^{0}
十堰	被卧pei^{31}uɔ^{31}	被套pei^{24}tʻau^{31}
黄冈	被窝pi^{44}u^{0}	棉絮mien^{31}ɕi^{35}
孝感	被卧pi^{55}o^{0}	絮ɕi^{35} ｜ 棉絮min^{31}ɕi^{35}
黄石	被窝pi^{25}uo^{33}	棉絮mian^{31}ɕi^{25}
咸宁	被pʻæ^{33}	被絮pʻæ^{33}sæ^{213}

	223 床单	224 褥子
武汉	卧单o^{25}tan^{55}	垫絮tian^{25}ɕi^{25}
荆州	垫单tien^{35}tan^{55} ｜ 单子tan^{55}tsɿ^{0}	垫絮tien^{35}ɕy^{35}
宜昌	床单tsʻuaŋ^{13}tan^{55}	（无）
恩施	卧单uo^{35}tan^{55}	坝$^{=}$棉pa^{35}miɛn^{33}
襄阳	单子儿tan^{24}r̩^{0}	垫被tian^{31}pei^{0}
十堰	衬单儿tʂʻən^{31}tar^{33}	垫被tian^{24}pei^{31}
黄冈	卧单o^{35}tan^{22}	垫絮tien^{44}ɕi^{35}
孝感	卧单ŋo^{35}tɑn^{0}	垫絮tiɛn^{55}ɕi^{35}
黄石	垫单tian^{324}tan^{33}	垫絮tian^{324}ɕi^{25}
咸宁	被单pʻæ^{33}tõ^{44}	垫被tʻiẽ^{33}pʻæ^{33}

	225 **桌子**统称	226 **椅子**统称
武汉	桌子tso^{213}tsɿ^{0}	椅子i^{33}tsɿ^{0}
荆州	桌子tsuo^{13}tsɿ^{0}	椅子i^{42}tsɿ^{0}
宜昌	桌子tsuo^{13}tsɿ^{0}	椅子i^{33}tsɿ^{0}
恩施	桌子tʂuo^{33}tsɿ^{0}	椅子i^{51}tsɿ^{0}
襄阳	桌子儿tsuo^{53}r̩^{0}	椅子儿i^{35}r̩^{0}
十堰	桌子tʂuɔ^{33}tsɿ^{0}	椅子i^{55}tsɿ^{0}
黄冈	桌子tso^{213}tsɿ^{0}	椅子i^{55}tsɿ^{0}
孝感	桌子tʂo^{213}tsɿ^{0}	椅子i^{52}tsɿ^{0}
黄石	桌子tso^{213}tsɿ^{0}	靠背椅kʻau^{25}pei^{25}i^{55}
咸宁	桌tsə^{55}	椅i^{42}

	227 **凳子**统称	228 **瓢**舀水的
武汉	板凳pan^{33}ten^{25} | 杌子u^{213}tsɿ^{0}	瓢pʻiao^{213}
荆州	凳子tən^{35}tsɿ^{0}	瓢pʻiau^{13}
宜昌	凳子tən^{35}tsɿ^{0}	水瓢suei^{33}pʻiau^{13}
恩施	凳子tən^{35}tsɿ^{0}	瓢瓜pʻiau^{33}kua^{55}
襄阳	凳子儿tən^{24}r̩^{0}	瓢pʻiau^{53}
十堰	凳子tən^{33}tsɿ^{0}	瓢pʻiau^{52}
黄冈	凳子tən^{35}tsɿ^{0}	水瓢ʂɥei^{55}pʻiau^{31}
孝感	凳子tən^{35}tsɿ^{0}	瓢pʻiɑu^{31}
黄石	椅鼓头儿i^{55}ku^{55}tʻər^{31}	瓢pʻiau^{31}
咸宁	凳tiẽ^{213}	瓢pʻie^{31}

	229 瓶子装酒的～	230 盖子杯子的～
武汉	瓶子pʻin^{213}tsɿ^{0}	盖子kai^{25}tsɿ^{0}
荆州	瓶子pʻin^{13}tsɿ^{0}	盖子kai^{35}tsɿ^{0}
宜昌	瓶子pʻin^{13}tsɿ^{0}	盖子kai^{35}tsɿ^{0}
恩施	瓶子pʻin^{33}tsɿ^{0}	盖子kai^{35}tsɿ^{0}
襄阳	瓶子儿pʻin^{53}r̩^{0}	盖子儿kai^{31}r̩^{0}
十堰	瓶瓶儿pʻin^{52}pʻiɒr^{52}	盖子kai^{31}tsɿ^{0}
黄冈	瓶儿pʻɛir^{31}	盖儿kai^{35}ɛr^{0}
孝感	瓶子pʻin^{31}tsɿ^{0}	盖子kɑi^{35}tsɿ^{0}
黄石	瓶pʻin^{31}	盖kæ^{25}
咸宁	瓶pʻiən^{31}	盖ka^{213}

	231 筷子	232 汤匙
武汉	筷子kʻuai^{25}tsɿ^{0}	瓢羹pʻiao^{213}ken^{55}
荆州	筷子kʻuai^{35}tsɿ^{0}	汤瓢子tʻan^{55}pʻiau^{13}tsɿ^{0}
宜昌	筷子kʻuai^{35}tsɿ^{0}	汤瓢儿tʻaŋ^{55}pʻiaur^{13}
恩施	筷子kʻuai^{35}tsɿ^{0}	调羹儿tʻiau^{33}kɚ^{55}
襄阳	筷子儿kʻuai^{31}r̩^{0}	调羹儿tʻiau^{53}kɐr^{24}
十堰	筷子kʻuai^{31}tsɿ^{0}	调羹儿tʻiau^{52}kər^{33} | 勺勺儿ʂuɔ^{52}ʂuɔr^{0}
黄冈	筷子kʻuai^{35}tsɿ^{0}	调羹tʻiau^{31}kən^{22}
孝感	筷子kʻuɑi^{35}tsɿ^{0}	瓢羹儿pʻiɑu^{31}kər^{0}
黄石	筷子kʻuæ^{25}tsɿ^{0}	汤瓢tʻaŋ^{33}pʻiau^{31}
咸宁	筷kʻua^{213}	瓢羹pʻie^{31}kẽ^{44}

	233 火柴	234 钥匙
武汉	火柴xo^{33}tsʻai^{21} | 洋火iaŋ^{213}xo^{42}	钥匙yo^{213}sɿ^{0}
荆州	火柴xuo^{42}tsʻai^{13} | 洋火iaŋ^{13}xuo^{42}	钥匙io^{13}sɿ^{55}
宜昌	洋火儿iaŋ^{13}xuor^{0}	钥匙io^{13}sɿ^{0}
恩施	洋火儿iaŋ^{35}xuɚ^{51}	钥匙io^{33}ʂʅ^{33}
襄阳	火柴xuo^{35}tsʻai^{0}	钥匙yo^{53}sɿ^{0}
十堰	洋火儿iaŋ^{24}xuɔr^{55}	钥匙yɛ^{52}ʂʅ^{0}
黄冈	洋火iaŋ^{31}xo^{55}	钥匙io^{213}tsʻɿ^{0}
孝感	洋火儿iɑŋ^{31}xor^{0} | 火柴xo^{52}tsʻɑi^{31}	钥匙io^{213}ʂʅ^{0}
黄石	洋火iaŋ^{31}xo^{55}	钥匙io^{213}sɿ^{31}
咸宁	洋火iõ^{31}xə^{42}	锁匙sə^{42}sɿ^{31}

	235 暖水瓶	236 毛巾洗脸用
武汉	热水瓶le^{213}suei^{33}pʻin^{21} | 开水瓶kʻai^{45}suei^{33}pʻin^{21}	袱子fu^{213}tsɿ^{0} | 毛巾mao^{213}tɕin^{55}
荆州	开水瓶kʻai^{55}suei^{42}pʻin^{13}	袱子fu^{13}tsɿ^{0}
宜昌	开水瓶kʻai^{55}suei^{33}pʻin^{13}	洗脸袱子ɕi^{33}liɛn^{33}fu^{13}tsɿ^{0}
恩施	热水瓶zɛ^{35}ʂuei^{51}pʻin^{33}	帕子pʻa^{35}tsɿ^{0}
襄阳	茶瓶tsʻa^{53}pʻin^{53}	手巾səu^{35}tɕin^{0}
十堰	暖水瓶nan^{55}ʂei^{55}pʻin^{52}	汗巾儿xan^{31}tɕiər^{0}
黄冈	开水瓶kʻai^{22}ʂʯei^{55}pʻin^{31}	袱子fu^{44}tsɿ^{0}
孝感	开水瓶kʻɑi^{33}ʂʯei^{0}pʻin^{31}	袱子fu^{31}tsɿ^{0}
黄石	开水瓶kʻæ^{33}ɕʮ^{55}pʻin^{31}	袱子fu^{213}tsɿ^{0}
咸宁	焳水瓶uə^{55}ɕy^{42}pʻiən^{31}	袱fu^{33}

	237 手绢	238 肥皂洗衣服用
武汉	袱子fu^{213}tsɿ^{0} | 手巾sou^{44}tɕin^{55}	肥皂fei^{213}tsao^{0}
荆州	手袱子səu^{42}fu^{13}tsɿ^{0}	洋胰子ian^{13}i^{55}tsɿ^{0} | 肥皂fei^{13}tsau^{35}
宜昌	手袱子səu^{33}fu^{13}tsɿ^{0}	皂果tsau^{35}kuo^{0}
恩施	手袱儿ʂəu^{51}xuɚ^{33}	肥皂xuei^{33}tsau^{35}
襄阳	手巾头儿səu^{35}tɕin^{0}tʻəur^{53}	肥皂fei^{53}tsau^{0}
十堰	手巾娃儿ʂou^{55}tɕin^{0}uar^{52} | 汗巾儿xan^{31}tɕiər^{0}	肥皂fei^{52}tsau^{31}
黄冈	手帕səu^{55}pʻe^{213}	肥皂fei^{31}tsau^{0}
孝感	手帕儿ʂəu^{52}pʻɑr^{0}	肥皂fei^{31}tsɑu^{55} | 洋碱iɑŋ^{22}tɕin^{52}
黄石	手袱子sou^{55}fu^{213}tsɿ^{0}	肥皂fei^{31}tsau^{324}
咸宁	手袱崽sɒu^{42}fu^{33}tsa^{42}	肥皂fæ^{31}tsʻo^{33}

	239 梳子旧式的，不是篦子	240 缝衣针
武汉	梳子so^{45}tsɿ^{0}	针tsen^{55}
荆州	梳子suo^{55}tsɿ^{0}	针tsən^{55}
宜昌	梳子su^{55}tsɿ^{0}	针tsən^{55}
恩施	梳子su^{55}tsɿ^{0}	针tʂən^{55}
襄阳	梳子儿su^{24}r̩^{0}	针tsən^{24}
十堰	梳子ʂu^{33}tsɿ^{0}	针tsən^{33}
黄冈	梳子so^{22}tsɿ^{0}	针tsən^{22}
孝感	梳子səu^{33}tsɿ^{0}	针tʂən^{33}
黄石	梳子sou^{33}tsɿ^{0}	缭衣针liau^{324}i^{33}tsen^{33}
咸宁	梳sɒu^{44}	针tsən^{44}

	241 **衣服**统称	242 **穿**～衣服
武汉	衣服 i^{45} fu^{0} ｜ 衣裳 i^{45} $saŋ^{0}$	穿 $tɕʻyan^{55}$
荆州	衣裳 i^{55} san^{0}	穿 $tsʻuan^{55}$
宜昌	衣裳 i^{55} $saŋ^{0}$	穿 $tsʻuan^{55}$
恩施	衣服 i^{55} fu^{55}	穿 $tʂʻuan^{55}$
襄阳	衣裳 i^{24} $saŋ^{0}$	穿 $tsʻuan^{24}$
十堰	衣裳 i^{33} $ʂaŋ^{0}$	穿 $tʂʻuan^{33}$
黄冈	衣裳 i^{22} $saŋ^{0}$	穿 $tʂʻʮan^{22}$
孝感	衣裳 i^{33} $ʂɑŋ^{0}$	穿 $tʂʻʮɑn^{33}$
黄石	衣裳 i^{33} $saŋ^{31}$	穿 $tʂʻʮan^{33}$
咸宁	衣 i^{44}	穿 $tɕʻyẽ^{44}$

	243 **系**～鞋带	244 **背心**带两条杠的，内衣
武汉	系 $tɕi^{25}$	背心 pei^{25} $ɕin^{55}$
荆州	系 $tɕi^{35}$	背心 pei^{35} $ɕin^{55}$
宜昌	系 $tɕi^{35}$	背褂子 pei^{35} kua^{55} $tsʅ^{0}$
恩施	系 $tɕi^{35}$	背心儿 pei^{35} $ɕiɚ^{55}$
襄阳	系 $tɕi^{31}$	汗衫儿 xan^{31} $sɐr^{24}$
十堰	绑 $paŋ^{55}$ ｜ 系 $tɕi^{31}$	背心儿 pei^{31} $ɕiər^{33}$
黄冈	系 $tɕi^{35}$	背心儿 pei^{35} $ɕiɛr^{22}$
孝感	系 $tɕi^{35}$	背心 pei^{35} $ɕin^{33}$
黄石	系 $tɕi^{25}$	背褡儿 pi^{25} $tɒr^{213}$
咸宁	系 $tɕi^{213}$	背心 $pæ^{213}$ $ɕiən^{44}$

	245 棉衣	246 袖子
武汉	袄子ŋao^{33}tsɿ^{0}	袖子ɕiou^{25}tsɿ^{0}
荆州	棉袄棉裤mien^{13}au^{42}mien^{13}kʻu^{35}	袖子ɕiəu^{35}tsɿ^{0}
宜昌	袄子au^{33}tsɿ^{0}	袖子ɕiəu^{35}tsɿ^{0}
恩施	棉袄miɛn^{33}au^{51}	袖子ɕiəu^{35}tsɿ^{0}
襄阳	棉袄mian^{53}au^{35} ｜ 袄子儿au^{35}r̩^{0}	袖子儿ɕiəu^{31}r̩^{0}
十堰	棉袄mian^{24}au^{55}	袖子ɕiou^{31}tsɿ^{0}
黄冈	袄子ŋau^{55}tsɿ^{0}	袖子ɕiəu^{44}tsɿ^{0}
孝感	袄子ŋɑu^{52}tsɿ^{0}	袖子ɕiəu^{55}tsɿ^{0}
黄石	棉袄mian^{31}ŋau^{55}	袖头儿ɕiou^{324}tʻər^{31}
咸宁	棉袄miẽ^{31}ŋo^{42}	衫袖sɒ̃^{44}tɕʻiɒu^{33}

	247 口袋衣服上的	248 裤子
武汉	荷包xo^{213}pao^{0}	裤子kʻu^{25}tsɿ^{0}
荆州	荷包xuo^{13}pau^{55}	裤子kʻu^{35}tsɿ^{0}
宜昌	荷包xuo^{13}pau^{55}	裤子kʻu^{35}tsɿ^{0}
恩施	荷包儿xuo^{33}pɚ^{55}	裤子kʻu^{35}tsɿ^{0}
襄阳	布袋儿pu^{31}tɐr^{0}	裤子儿kʻu^{31}r̩^{0}
十堰	荷包儿xɤ^{52}pʻaur^{33}	裤子kʻu^{31}tsɿ^{0}
黄冈	荷包xo^{31}pau^{22}	裤子kʻu^{35}tsɿ^{0}
孝感	袋儿tɐr^{55}	裤子kʻu^{35}tsɿ^{0}
黄石	荷包xo^{31}pau^{33}	裤子kʻu^{25}tsɿ^{0}
咸宁	呆袋ŋa^{31}tʻa^{33}	裤kʻu^{213}

	249 帽子统称	250 鞋子
武汉	帽子mao^{25}tsɿ^{0}	鞋子xai^{213}tsɿ^{0}
荆州	帽子mau^{35}tsɿ^{0}	鞋子xai^{13}tsɿ^{0}
宜昌	帽子mau^{35}tsɿ^{0}	鞋子xai^{13}tsɿ^{0}
恩施	帽壳儿mau^{35}kuɚ^{33}	鞋子xai^{33}tsɿ^{0}
襄阳	帽子儿mau^{31}r̩^{0}	鞋子儿xai^{53}r̩^{0}
十堰	帽子mau^{31}tsɿ^{0}	鞋子xɛ^{52}tsɿ^{0}
黄冈	帽子mau^{44}tsɿ^{0}	鞋xai^{31}
孝感	帽子mɑu^{55}tsɿ^{0}	鞋子xɑi^{31}tsɿ^{0}
黄石	帽子mau^{324}tsɿ^{0}	鞋xæ^{31}
咸宁	帽mo^{33}	鞋xa^{31}

	251 围巾	252 围裙
武汉	围巾uei^{213}tɕin^{55}	围腰uei^{213}iao^{55}
荆州	围巾uei^{13}tɕin^{55}	围腰子uei^{13}iau^{55}tsɿ^{0}
宜昌	围巾uei^{13}tɕin^{55}	围腰uei^{13}iau^{55}
恩施	围巾uei^{33}tɕin^{55}	围腰儿uei^{33}iɚ^{55}
襄阳	围巾uei^{53}tɕin^{24}	围腰子儿uei^{53}iau^{24}r̩^{0}
十堰	围巾uei^{52}tɕin^{33}	围腰子uei^{52}iau^{33}tsɿ^{0}
黄冈	围巾uei^{31}tɕin^{22}	抹衣ma^{213}i^{22}
孝感	围巾uei^{31}tɕin^{33}	围裙uei^{31}tʂʻɥən^{31}
黄石	围巾uei^{31}tɕin^{33}	围裙uei^{31}tɕʻɥen^{31}
咸宁	围颈uæ^{31}tɕiõ^{42}	围裙uæ^{31}tɕʻyən^{31}

	253 尿布	254 扣子
武汉	尿片子sei^{55}pʻian^{25}tsɿ^{0} | 片子pʻian^{25}tsɿ^{0}	扣子kʻou^{25}tsɿ^{0}
荆州	尿片子liau^{35}pʻien^{35}tsɿ^{0}	扣子kʻəu^{35}tsɿ^{0}
宜昌	片子pʻiɛn^{35}tsɿ^{0}	扣子kʻəu^{35}tsɿ^{0}
恩施	尿片子niau^{35}pʻiɛn^{35}tsɿ^{0} | 屎片子ʂʅ^{35} pʻiɛn^{35}tsɿ^{0}	扣子kʻəu^{35}tsɿ^{0}
襄阳	片子儿pʻian^{31}ɹ̩^{0}	扣子儿kʻəu^{31}ɹ̩^{0}
十堰	尿片子niau^{24}pʻian^{31}tsɿ^{0}	扣子kʻou^{31}tsɿ^{0}
黄冈	片儿pʻiɛr^{35}	扣儿kʻəu^{35}ɛr^{0}
孝感	片子pʻin^{35}tsɿ^{0}	扣子kʻəu^{35}tsɿ^{0}
黄石	片子pʻian^{25}tsɿ^{0}	扣子kʻou^{25}tsɿ^{0}
咸宁	褯tɕʻiɒ^{33}	扣子kʻe^{213}tsɿ^{42}

	255 戒指	256 手镯
武汉	戒指kai^{25}tsɿ^{0}	梗子ken^{33}tsɿ^{0} | 镯子tso^{213}tsɿ^{0}
荆州	戒指kai^{35}tsɿ^{0}	箍子ku^{55}tsɿ^{0}
宜昌	戒指kai^{35}tsɿ^{0}	镯子tsuo^{13}tsɿ^{0}
恩施	戒指kai^{35}tʂʅ^{51}	镯子tʂuo^{33}tsɿ^{0}
襄阳	戒指kai^{31}tsɿ^{0}	手镯儿səu^{35}tsuor^{53}
十堰	戒指儿tɕiɛ^{31}tʂər^{33}	镯子tʂuɔ^{52}tsɿ^{0}
黄冈	扳指pan^{22}tsɿ^{0}	梗子kən^{55}tsɿ^{0}
孝感	戒指kɑi^{35}tʂʅ^{52}	箍子kʻu^{33}tsɿ^{0}
黄石	扳指pan^{33}tsɿ^{0}	箍子kʻu^{33}tsɿ^{0}
咸宁	戒指ka^{213}tsɿ^{55}	手镯sɒu^{42}tsʻə^{33}

	257 理发	258 稀饭用米熬的，统称
武汉	剃头tʻi^{25}tʻou^{213}	稀饭ɕi^{44}fan^{25}
荆州	剃头tʻi^{35}tʻəu^{13}	稀饭ɕi^{55}fan^{35}
宜昌	剃头tʻi^{35}tʻəu^{13}	稀饭ɕi^{55}fan^{35}
恩施	剃头tʻi^{35}tʻəu^{0}	稀饭ɕi^{55}xuan^{35}
襄阳	剃头tʻi^{31}tʻəu^{53}	稀饭ɕi^{24}fan^{0}
十堰	剪头tɕian^{55}tʻou^{52}	米汤mi^{55}tʻaŋ^{0}
黄冈	剃头儿tʻi^{35}tʻər^{31}	粥tsəu^{213}
孝感	剃头tʻi^{35}tʻəu^{31}	粥tʂəu^{213}
黄石	剃头tʻi^{25}tʻou^{31}	粥tsou^{213}
咸宁	剪头发tɕiẽ^{42}tʻe^{31}fa^{55}	稀饭ɕi^{44}fɒ̃^{33}

	259 面粉麦子磨的，统称	260 面条统称
武汉	灰面xuei^{44}mian^{25}	面条mian^{25}tʻiao^{213}
荆州	灰面xuei^{55}mien^{35}	面条mien^{35}tʻiau^{13}
宜昌	灰面xuei^{55}miɛn^{35}	挂面kua^{35}miɛn^{35}
恩施	灰面xuei^{55}miɛn^{35}	面条miɛn^{35}tʻiau^{33}
襄阳	灰面xuei^{24}mian^{31}	面条儿mian^{31}tʻiaur^{53}
十堰	面mian^{31}	面条子mian^{24}tʻiau^{52}tsɿ^{0}
黄冈	灰面xuei^{22}mien^{44}	面mien^{44}
孝感	粉子fən^{52}tsɿ^{0}	面min^{55}
黄石	灰面xuei^{33}mian^{324}	面mian^{324}
咸宁	灰面fæ^{44}miẽ^{33}	面miẽ^{33}

	261 面儿玉米～，辣椒～	262 馒头无馅的，统称
武汉	粉子fen^{33}tsɿ^{0}	馍馍mo^{213}mo^{0}
荆州	粉fən^{42}	馒头man^{13}tʻəu^{13}
宜昌	面儿miər^{35}	馒坨man^{13}tʻuo^{0}
恩施	面儿miɚ^{35}	馍馍mo^{33}mo^{33}
襄阳	面儿miɐr^{31}	馍馍mo^{53}mo^{0}
十堰	面mian^{31}	实疙瘩儿ʂʅ^{52}kɤ^{33}tar^{0}
黄冈	粉fən^{55}	馍mo^{31}
孝感	粉子fən^{52}tsɿ^{0}	馍mo^{31}
黄石	粉子fen^{55}tsɿ^{0}	馍mo^{31}
咸宁	粉fən^{42}	馍mə^{31}

	263 包子	264 饺子
武汉	包子pao^{45}tsɿ^{0}	饺子tɕiao^{33}tsɿ^{0}
荆州	包子pau^{55}tsɿ^{0}	饺子tɕiau^{42}tsɿ^{0}
宜昌	包子pau^{55}tsɿ^{0}	饺子tɕiau^{33}tsɿ^{0}
恩施	包子pau^{55}tsɿ^{0}	饺子tɕiau^{51}tsɿ^{0}
襄阳	包子儿pau^{24}r̩^{0}	饺子儿tɕiau^{35}r̩^{0}
十堰	包子pau^{33}tsɿ^{0}	疙瘩kɤ^{33}ta^{0}
黄冈	包子pau^{22}tsɿ^{0}	饺子tɕiau^{55}tsɿ^{0}
孝感	包子pɑu^{33}tsɿ^{0}	饺子tɕiɑu^{52}tsɿ^{0}
黄石	包子pau^{33}tsɿ^{0}	饺子tɕiau^{55}tsɿ^{0}
咸宁	包po^{44}	饺tɕio^{42}

	265 **油条**长条形的，旧称	266 **元宵**食品
武汉	油饺iou^{213} tɕiao^{42}	汤圆tʻaŋ^{55} yan^{21}
荆州	油馃子iəu^{13} kuo^{42} tsɿ^{0}	汤圆子tʻan^{55} yen^{13} tsɿ^{0}
宜昌	油馃子iəu^{13} kuo^{33} tsɿ^{0}	汤圆儿tʻaŋ^{55} yər^{0}
恩施	油条iəu^{33} tʻiau^{33}	汤圆tʻaŋ^{55} yɚ^{33}
襄阳	油馃子儿iəu^{53} kuo^{35} r̩^{0} | 油条iəu^{53} tʻiau^{53}	汤圆儿tʻaŋ^{24} yɐr^{53}
十堰	油馃子iou^{52} kuɔ^{55} tsɿ^{0}	汤圆儿tʻaŋ^{33} yar^{52}
黄冈	油馃子iəu^{31} ko^{55} tsɿ^{0}	汤圆tʻaŋ^{22} ʐʮan^{31}
孝感	油条iəu^{31} tʻiɑu^{31}	汤圆tʻɑŋ^{33} ʮɑn^{31}
黄石	油馃子iou^{31} ko^{55} tsɿ^{0}	汤圆tʻaŋ^{33} ʮan^{31}
咸宁	油条iɒu^{31} tʻie^{31}	汤圆tʻõ^{44} yẽ^{31}

	267 **点心**统称	268 **猪血**当菜的
武汉	点心tian^{33} ɕin^{0}	猪血tɕy^{55} ɕie^{213}
荆州	点心tien^{42} ɕin^{55}	猪血tsu^{55} ɕie^{13}
宜昌	杂糖tsa^{13} tʻaŋ^{13}	血�子ɕye^{13} xuaŋ^{33} tsɿ^{0}
恩施	糕点kau^{55} tiɛn^{51}	猪血tʂu^{35} ɕye^{33}
襄阳	点心tian^{35} ɕin^{0}	血盁儿ɕie^{53} xuãr^{31}
十堰	果果儿kuɔ^{55} kuɔr^{0}	头刀肉儿tʻou^{52} tau^{33} ʐour^{31} | 猪血tʂu^{33} ɕiɛ^{33}
黄冈	点心tien^{55} ɕin^{22}	猪血tʂʮ^{22} ɕie^{213}
孝感	点心tin^{52} ɕin^{0}	猪血tʂʮ^{33} ɕiɛ^{213}
黄石	糕点kau^{33} tian^{55}	猪血tɕʮ^{33} ɕiɛ^{213}
咸宁	零碎niõ^{31} sæ^{213}	猪血tɕy^{44} ɕi^{55}

	269 猪蹄当菜的	270 猪舌头当菜的，注意婉称
武汉	猪脚tɕy^{55} tɕyo^{213}	口条kʻo^{33} tʻiao^{213}
荆州	猪蹄子tsu^{55} tʻi^{13} tsɿ^{0}	赚头tsuan^{35} tʻəu^{13}
宜昌	猪蹄子tsu^{55} tʻi^{13} tsɿ^{0}	猪舌条儿tsu^{55} sɤ^{13} tʻiaur^{13}
恩施	猪爪爪儿tʂu^{55} tʂau^{51} tʂɚ^{33}	猪舌条儿tʂu^{55} ʂɛ^{33} tiɚ^{33}
襄阳	猪蹄子儿tsu^{24} tʻi^{53} r̩^{0}	赚头tsuan^{31} tʻəu^{0}
十堰	猪爪子tʂu^{33} tʂua^{55} tsɿ^{0} ｜ 猪蹄子tʂu^{33} tʻi^{52} tsɿ^{0}	猪赚头tʂu^{33} tʂuan^{31} tʻou^{0}
黄冈	猪脚tʂʮ^{22} tɕio^{213}	口条kʻəu^{55} tʻiau^{31}
孝感	蹄髈tʻi^{31} pʻɑŋ^{52}	赚头儿tʂʮɑn^{55} tʻəur^{0}
黄石	猪脚tɕʮ^{33} tɕio^{213}	口条kʻou^{55} tʻiau^{31}
咸宁	猪脚tɕy^{44} tɕiə^{55}	猪舌头tɕy^{44} se^{33} tʻe^{31}

	271 下水猪牛羊的内脏	272 松花蛋
武汉	小货ɕiao^{33} xo^{25}	皮蛋pʻi^{213} tan^{25}
荆州	下水ɕia^{35} suei^{42}	皮蛋pʻi^{13} tan^{35}
宜昌	下水ɕia^{35} suei^{33}	皮蛋pʻi^{13} tan^{35}
恩施	下水ɕia^{35} ʂuei^{51}	松花皮蛋soŋ^{55} xua^{55} pʻi^{33} tan^{35}
襄阳	杂碎tsa^{53} sei^{31}	皮蛋pʻi^{53} tan^{0}
十堰	杂碎tsa^{52} sei^{31}	皮蛋pʻi^{52} tan^{31}
黄冈	下水ɕia^{44} ʂʮei^{55}	皮蛋pʻi^{31} tan^{44}
孝感	杂碎tsɑ^{31} ɕi^{0}	皮蛋pʻi^{31} tɑn^{55}
黄石	下水xɒ^{324} ɕʮ^{55}	皮蛋pʻi^{31} tan^{324}
咸宁	下水xɒ^{33} ɕy^{42}	皮蛋pʻæ^{31} tɒ̃^{33}

	273 香油	274 醋注意婉称
武汉	麻油 ma^{13} iou^{33}	醋 tsʻou^{25}
荆州	香油 ɕian^{55} iəu^{13} | 麻油 ma^{13} iəu^{13}	醋 tsʻu^{35}
宜昌	麻油 ma^{13} iəu^{13}	醋 tsʻu^{35}
恩施	麻油 ma^{33} iəu^{33}	醋 tsʻu^{35}
襄阳	香油 ɕiaŋ^{24} iəu^{53}	醋 tsʻu^{31}
十堰	香油 ɕiaŋ^{33} iou^{52}	忌讳 tɕi^{31} xuei^{31} | 醋 tsʻou^{31}
黄冈	麻油 ma^{31} iəu^{31}	醋 tsʻəu^{35}
孝感	香油 ɕiɑŋ^{33} iəu^{31}	醋 tsʻəu^{35}
黄石	麻油 mɒ^{31} iou^{31}	醋 tsʻou^{25}
咸宁	麻油 mɒ^{31} iɒu^{31}	醋 tsʻɒu^{213}

	275 香烟	276 江米酒酒酿，醪糟
武汉	烟 ian^{55}	洑汁酒 fu^{213} tsɿ^{0} tɕiou^{42}
荆州	烟 ien^{55} | 纸烟 tsɿ^{42} ien^{55}	米酒 mi^{42} tɕiəu^{42} | 洑汁酒 fu^{13} tsɿ^{0} tɕiəu^{42}
宜昌	纸烟 tsɿ^{33} iɛn^{55}	醪糟儿 lau^{13} tsaur^{55}
恩施	烟 iɛn^{55}	醪糟儿 nau^{33} tsɚ^{55}
襄阳	香烟 ɕiaŋ^{24} ian^{24}	洑子儿酒 fu^{53} r̩^{0} tɕiəu^{35} | 甜酒 tʻian^{53} tɕiəu^{35}
十堰	纸烟 tʂʅ^{55} ian^{33}	糟子酒 tsau^{33} tsɿ^{0} tɕiou^{55}
黄冈	烟 ien^{22}	米酒 mi^{55} tɕiəu^{55}
孝感	纸烟 tʂʅ^{52} in^{33}	糯米酒 no^{55} mi^{52} tɕiəu^{52} | 水酒 ʂɥei^{52} tɕiəu^{52}
黄石	烟 ian^{33}	洑汁酒 fu^{213} tsɿ^{0} tɕiou^{55}
咸宁	烟 iẽ^{44}	糯米酒 nə^{33} mæ^{42} tɕiɒu^{42}

	277 冰棍儿	278 做饭统称
武汉	冰棒pin^{44}paŋ^{25}	弄饭loŋ^{25}fan^{25} ｜ 舞饭u^{33}fan^{25}
荆州	冰棒pin^{55}pan^{35}	烧火sau^{55}xuo^{42}
宜昌	冰棒pin^{55}paŋ^{35}	做饭tsəu^{35}fan^{35}
恩施	冰棒pin^{55}paŋ^{35}	弄饭noŋ^{55}xuan^{35}
襄阳	冰棒pin^{24}paŋ^{31}	做饭tsəu^{24}fan^{31}
十堰	冰棒pin^{33}paŋ^{31} ｜ 冰棍儿pin^{33}kuər^{31}	做饭tsou^{24}fan^{31}
黄冈	冰棒pin^{22}paŋ^{35}	舞饭u^{55}fan^{44}
孝感	冰棒pin^{33}pɑŋ^{55}	舞饭u^{52}fɑn^{55}
黄石	冰棒pin^{33}paŋ^{25}	舞饭u^{55}fan^{324}
咸宁	冰棒piən^{44}põ^{213}	舞饭u^{42}fɒ̃^{33} ｜ 烧火se^{44}xə^{42}

	279 煮～带壳的鸡蛋	280 煎～鸡蛋
武汉	煮tɕy^{42}	炸tsa^{213}
荆州	煮tsu^{42}	煎tɕien^{55}
宜昌	煮tsu^{33}	煎tɕiɛn^{55}
恩施	煮tʂu^{51}	煎tɕiɛn^{55}
襄阳	煮tsu^{35}	煎tɕian^{24}
十堰	煮tʂu^{55}	煎tɕian^{33}
黄冈	煮tʂʯ^{55}	煎tɕien^{22}
孝感	煮tʂʯ^{52}	煎tɕin^{33}
黄石	煮tɕʯ^{55}	炕kʻaŋ^{25}
咸宁	煮tɕy^{42}	煎tɕiẽ^{44}

	281 炸～油条	282 蒸～鱼
武汉	炸tsa^{213}	蒸tsen^{55}
荆州	炸tsa^{13}	蒸tsən^{55}
宜昌	炸tsa^{13}	蒸tsən^{55}
恩施	炸tʂa^{33}	蒸tʂən^{55}
襄阳	炸tsa^{53}	蒸tsən^{24}
十堰	炸tʂa^{31}	蒸tʂən^{33}
黄冈	炸tsa^{31}	蒸tsən^{22}
孝感	炸tʂɑ^{31}	蒸tʂən^{33}
黄石	炸tsɒ^{213}	蒸tsen^{33}
咸宁	炸tsɒ^{213}	蒸tsən^{44}

	283 揉～面做馒头等	284 擀～面，～皮儿
武汉	揉lou^{213}	擀kan^{42}
荆州	揉ləu^{13}	擀kan^{42}
宜昌	挼ʐua^{13}	擀kan^{33}
恩施	揉ʐua^{33}	擀kan^{51}
襄阳	揉zəu^{53}	擀kan^{35}
十堰	揉ʐou^{52}	擀kan^{55}
黄冈	揉ʐəu^{31}	擀kan^{55}
孝感	和xo^{31}	擀kɑn^{52}
黄石	揉ʐou^{31}	擀kan^{55}
咸宁	揉zɒu^{31}	擀kõ^{42}

	285 吃早饭	286 吃午饭
武汉	过早ko^{25} tsao^{42}	吃中饭tɕʻi^{21} tsoŋ^{44} fan^{25}
荆州	过早kuo^{35} tsau^{42}	吃中饭tɕʻi^{13} tsoŋ^{55} fan^{35}
宜昌	过早kuo^{35} tsau^{33}	吃中饭tɕʻi^{13} tsoŋ^{55} fan^{35}
恩施	过早kuo^{35} tsau^{51}	吃中午饭tɕʻi^{33} tʂoŋ^{55} u^{51} xuan^{35}
襄阳	吃早饭tsʻɿ^{53} tsau^{35} fan^{31}	吃晌饭tsʻɿ^{53} saŋ^{35} fan^{31}
十堰	吃早起饭tʂʻʅ^{33} tsau^{55} tɕʻi^{55} fan^{31}	吃晌午饭tʂʻʅ^{33} ʂaŋ^{55} u^{0} fan^{31}
黄冈	过早ko^{35} tsau^{55}	吃中饭tɕʻi^{213} tsoŋ^{22} fan^{44}
孝感	过早ko^{35} tsɑu^{52}	过中ko^{35} tʂoŋ^{33}
黄石	过早ko^{25} tsau^{55}	过中ko^{25} tsoŋ^{33}
咸宁	吃早饭tɕʻiɒ^{55} tso^{42} fɒ̃^{33}	吃中时饭tɕʻiɒ^{55} tsəŋ^{44} sɿ^{31} fɒ̃^{33} ｜ 吃中饭tɕʻiɒ^{55} tsəŋ^{44} fɒ̃^{33}

	287 吃晚饭	288 吃～饭
武汉	吃晚饭tɕʻi^{21} uan^{33} fan^{25}	吃tɕʻi^{213}
荆州	吃晚饭tɕʻi^{13} uan^{42} fan^{35}	吃tɕʻi^{13}
宜昌	吃夜饭tɕʻi^{13} ie^{35} fan^{35}	吃tɕʻi^{13}
恩施	吃夜饭tɕʻi^{33} ie^{35} xuan^{35}	吃tɕʻi^{33}
襄阳	宵夜ɕiau^{24} ie^{31}	吃tsʻɿ^{53}
十堰	吃黑了饭tʂʻʅ^{33} xɯ^{33} lau^{0} fan^{31}	吃tʂʻʅ^{33}
黄冈	过夜ko^{35} ie^{44}	吃tɕʻi^{213}
孝感	吃夜饭tɕʻi^{31} iɛ^{55} fɑn^{55}	吃tɕʻi^{213}
黄石	过夜ko^{25} ie^{324}	吃tɕʻi^{213}
咸宁	吃夜饭tɕʻiɒ^{55} iɒ^{33} fɒ̃^{33}	吃tɕʻiɒ^{55}

	289 喝～酒	290 喝～茶
武汉	喝xo^{213}	喝xo^{213}
荆州	喝xuo^{55}	喝xuo^{55}
宜昌	喝xuo^{55}	喝xuo^{55}
恩施	喝xuo^{55}	喝xuo^{55}
襄阳	喝xə^{53}	喝xə^{53}
十堰	喝xɤ^{33}	喝xɤ^{33}
黄冈	喝xo^{213}	喝xo^{213}
孝感	喝xo^{213}	喝xo^{213}
黄石	喝xo^{213}	喝xo^{213}
咸宁	喝xə^{55}	喝xə^{55}

	291 抽～烟	292 盛～饭
武汉	吃tɕʻi^{213}	添tʻian^{55}
荆州	呼xu^{55}	盛sən^{13}
宜昌	吃tɕʻi^{13}	添tʻiɛn^{55}
恩施	吃tɕʻi^{33}	舀iau^{51}
襄阳	抽tsʻəu^{24} ｜ 吸ɕi^{24}	添tʻian^{24}
十堰	抽tʂʻou^{33}	盛tʂʻən^{52}
黄冈	吃tɕʻi^{213}	添tʻien^{22}
孝感	吃tɕʻi^{213}	盛ʂən^{31}
黄石	吸ɕi^{213}	盛sen^{31}
咸宁	嗍sə^{55}	添tʻiẽ^{44}

	293 夹用筷子～菜	294 斟～酒
武汉	拈lian^{55}	倒tao^{25}
荆州	拈lien^{55}	倒tau^{35} ｜ 酌tsuo^{13}
宜昌	拈liɛn^{55}	斟tsuo^{13}
恩施	拈niɛn^{55}	倒tau^{35}
襄阳	拈nian^{24}	斟tsən^{24}
十堰	抄tʂʻau^{33}	倒tau^{31} ｜ 斟tʂən^{33}
黄冈	拈ȵien^{22}	倒tau^{35}
孝感	拈nin^{33}	酌tʂo^{213}
黄石	夹kɒ^{213}	斟tsen^{33}
咸宁	夹kɒ^{55}	筛sa^{44}

	295 渴口～	296 噎吃饭～着了
武汉	干kan^{55}	哽ken^{42}
荆州	干kan^{55} ｜ 枯kʻu^{55}	哽kən^{42}
宜昌	干kan^{55}	哽kən^{33}
恩施	干kan^{55}	哽kən^{51}
襄阳	渴kʻə^{53}	噎ie^{24} ｜ 哽kən^{35}
十堰	渴kʻɤ^{55}	噎iɛ^{33}
黄冈	渴kʻo^{213}	哽kən^{55}
孝感	口干kʻəu^{52} kɑn^{33}	哽kən^{52}
黄石	渴kʻo^{213}	哽ken^{55}
咸宁	干kõ^{44}	哽ke^{42}

	297 头人的，统称	298 辫子
武汉	脑壳lao^{33}k'o^{0}	辫子pian^{25}tsɿ^{0}
荆州	脑壳lau^{42}k'uo^{0}	辫子pien^{35}tsɿ^{0}
宜昌	脑壳lau^{33}k'uo^{13}	辫搭$^{=}$儿piɛn^{35}tar^{0}
恩施	脑壳nau^{51}k'uo^{33}	辫头儿piɛn^{35}t'ɚ^{33}
襄阳	头t'əu^{53}	辫子儿pian^{31}r̩^{0}
十堰	脑壳nau^{55}k'uɔ^{0}	辫子pian^{31}tsɿ^{0}
黄冈	头t'əu^{31}	辫子pien^{44}tsɿ^{0}
孝感	脑壳nɑu^{52}k'o^{0}	辫子pin^{55}tsɿ^{0}
黄石	脑壳lau^{55}k'o^{0}	辫子pian^{324}tsɿ^{0}
咸宁	头t'e^{31}	辫搭piẽ^{33}tɒ^{55}

	299 额头	300 相貌
武汉	额头ŋe^{213}t'ou^{0}	长相tsaŋ^{33}ɕiaŋ^{25}
荆州	额角脑ɤ^{13}kuo^{13}lau^{42}	相貌ɕian^{35}mau^{35} ｜ 相ɕian^{35}
宜昌	额脑壳ɤ^{13}lau^{33}k'uo^{13}	长相tsaŋ^{33}ɕiaŋ^{35}
恩施	额脑e^{33}nau^{51}	长相tʂaŋ^{51}ɕiaŋ^{35}
襄阳	额脑ə^{53}nau^{0}	长相儿tsaŋ^{35}ɕiãr^{31}
十堰	天马盖儿t'ian^{33}ma^{55}kar^{31}	长相tʂaŋ^{55}ɕiaŋ^{31}
黄冈	前脑壳tɕ'ien^{31}lau^{55}k'o^{213}	相儿ɕiaŋ^{35}ɛr^{0}
孝感	额壳ŋɛ^{213}k'o^{0}	长相tʂɑŋ^{52}ɕiɑŋ^{35}
黄石	额头ŋæ^{213}t'ou^{31}	长相tsaŋ^{55}ɕiaŋ^{25}
咸宁	额角头ŋɒ^{55}kə^{55}t'e^{31}	相貌ɕio^{213}mo^{33} ｜ 模样mə^{31}iõ^{33}

	301 眼泪哭的时候流出来的	302 鼻子
武汉	眼泪 $ian^{33} lei^{25}$	鼻子 $pi^{213} tsɿ^{0}$
荆州	眼睛水 $ien^{42} tɕin^{55} suei^{42}$	鼻子 $pi^{13} tsɿ^{0}$ | 鼻孔 $pi^{13} koŋ^{42}$
宜昌	眼睛水儿 $iɛn^{33} tɕin^{55} suər^{33}$	鼻孔 $pi^{13} koŋ^{0}$
恩施	眼流水 $iɛn^{51} niəu^{33} ʂuə˞^{51}$	鼻子 $pi^{33} tsɿ^{0}$
襄阳	眼泪 $ian^{35} nei^{0}$	鼻子儿 $pi^{53} ɽ̩^{0}$
十堰	眼泪 $ian^{55} nei^{31}$	鼻子 $pi^{52} tsɿ^{0}$
黄冈	眼流 $ŋan^{55} liəu^{31}$	鼻子 $pi^{31} tsɿ^{0}$
孝感	眼泪 $in^{52} ni^{0}$	鼻公 $pi^{31} koŋ^{0}$
黄石	眼泪 $ŋan^{55} li^{324}$	鼻子 $pi^{324} tsɿ^{0}$
咸宁	眼泪 $ŋõ^{31} næ^{33}$	鼻孔 $pʻæ^{33} kʻəŋ^{42}$

	303 鼻涕统称	304 擤～鼻涕
武汉	鼻洟 $pi^{23} tʻian^{0}$	擤 $ɕin^{42}$
荆州	鼻洟 $pi^{13} tʻien^{42}$	擤 $ɕin^{42}$
宜昌	鼻洟 $pi^{13} tʻiɛn^{33}$	擤 $ɕin^{33}$
恩施	鼻子 $pi^{33} tsɿ^{0}$	擤 $ɕin^{51}$
襄阳	鼻涕 $pi^{53} tʻi^{0}$	擤 $ɕin^{35}$
十堰	鼻沁 $pi^{52} tɕʻin^{31}$	擤 $ɕin^{55}$
黄冈	鼻子 $pi^{31} tsɿ^{0}$	擤 $ɕien^{55}$
孝感	鼻子 $pi^{31} tsɿ^{0}$	擤 $ɕiɛn^{52}$
黄石	鼻子 $pi^{324} tsɿ^{0}$	擤 $ɕin^{55}$
咸宁	鼻□ $pʻæ^{33} pʻæ^{213}$	擤 $xəŋ^{42}$

	305 口水~流出来	306 舌头
武汉	涎çian^{213}	舌头se^{13}tʻou^{0}
荆州	涎水çien^{13}suei^{42}	舌头sɤ^{13}tʻəu^{13} ｜ 狡$^{=}$头tçiau^{42}tʻəu^{13}
宜昌	涎水tçiɛn^{13}suei^{33}	舌条儿sɤ^{13}tʻiaur^{13}
恩施	口水儿kʻəu^{51}ʂuɚ^{51}	舌条儿ʂɛ^{33}tʻiɚ^{35}
襄阳	涎水xan^{24}suei^{0}	舌头sə^{53}tʻəu^{0}
十堰	涎水xan^{33}ʂei^{0}	舌头ʂɤ^{52}tʻou^{0}
黄冈	瀺tsʻan^{31}	舌头se^{31}tʻəu^{0}
孝感	涎çin^{31}	赚头tʂʯɑn^{55}tʻəu^{0}
黄石	涎çian^{31}	舌头se^{213}tʻou^{31}
咸宁	瀺tsʻɒ̃^{31}	舌头se^{33}tʻe^{31}

	307 牙齿	308 下巴
武汉	牙齿ia^{13}tsʻɿ^{0}	下巴çia^{25}pa^{0}
荆州	牙齿ia^{13}tsʻɿ^{42}	下巴壳子çia^{35}pa^{0}kʻuo^{55}tsɿ^{0}
宜昌	牙齿ia^{13}tsʻɿ^{33}	下巴çia^{35}pa^{0}
恩施	牙齿ia^{33}tʂʻʅ^{33}	下巴儿çia^{35}pɤ^{55}
襄阳	牙齿ia^{53}tsʻɿ^{0}	下巴颏儿çia^{31}pa^{0}kʻɤr^{24}
十堰	牙齿ia^{52}tʂʻʅ^{0}	下巴颏儿çia^{31}pa^{0}kʻər^{33}
黄冈	牙齿ŋa^{31}tsɿ^{55} ｜ 牙齿ia^{31}tsɿ^{55}	下巴xa^{44}pa^{0}
孝感	牙齿iɑ^{31}tʂʻʅ^{0}	下巴çiɑ^{55}pɑ^{0}
黄石	牙齿ŋɒ^{31}tsʻɿ^{55}	下巴xɒ^{324}pʻɒ^{31}
咸宁	牙齿ŋɒ^{31}tsʻɿ^{42}	下巴xɒ^{33}pʻɒ^{31}

	309 胡子嘴周围的	310 脖子
武汉	胡子xu^{213}tsɿ^{0}	颈子tɕin^{33}tsɿ^{0}
荆州	胡子xu^{13}tsɿ^{0}	颈框tɕin^{42}k'uan^{0}
宜昌	胡子xu^{13}tsɿ^{0}	颈项tɕin^{33}k'aŋ^{0}
恩施	胡子xu^{33}tsɿ^{0}	颈项tɕiŋ^{51}k'aŋ^{33}
襄阳	胡子儿xu^{53}r̩^{0}	脖子儿po^{53}r̩^{0}
十堰	胡子xu^{52}tsɿ^{0}	脖子pɔ^{52}tsɿ^{0}
黄冈	胡子xu^{31}tsɿ^{0}	颈tɕin^{55}
孝感	胡子xu^{31}tsɿ^{0}	颈司窠tɕin^{52}sɿ^{0}k'o^{33}
黄石	胡子xu^{31}tsɿ^{0}	颈tɕin^{55}
咸宁	胡须fu^{31}sæ^{44}	颈tɕiɒ̃^{42}

	311 胳膊	312 手方言指：只指手；包括臂：他的~摔断了
武汉	膀子paŋ^{33}tsɿ^{0}	手sou^{42}只指手
荆州	膀子pan^{42}tsɿ^{0} | 胳膊kɤ^{13}pan^{42}	手səu^{42}只指手
宜昌	膀子paŋ^{33}tsɿ^{0}	手səu^{33}包括臂
恩施	手膀子ʂəu^{51}paŋ^{51}tsɿ^{0}	手ʂəu^{51}只指手
襄阳	胳膊kə^{53}pau^{0}	手səu^{35}只指手
十堰	胳膊kɤ^{52}p'au^{0}	手ʂəu^{55}只指手
黄冈	手臂səu^{55}pi^{35} | 手管子səu^{55}kuan^{55}tsɿ^{0}	手səu^{55}包括臂
孝感	膀子pɑŋ^{52}tsɿ^{0}	手ʂəu^{52}包括臂
黄石	手膀子sou^{55}paŋ^{55}tsɿ^{0}	手sou^{55}只指手
咸宁	手胳sɒu^{42}kɒ^{55}	手sɒu^{42}包括臂

	313 左手	314 右手
武汉	左手tso^{44} sou^{42}	右手iou^{25} sou^{42}
荆州	左手tsuo^{42} səu^{42} | 反手fan^{42} səu^{42}	右手iəu^{35} səu^{42} | 正手tsən^{35} səu^{42}
宜昌	左手tsuo^{33} səu^{33}	右手iəu^{35} səu^{33}
恩施	左手tsuo^{51} ʂəu^{51}	右手iəu^{35} ʂəu^{51}
襄阳	反手fan^{35} səu^{35}	正手tsən^{31} səu^{35}
十堰	反手fan^{55} ʂou^{55}	正手tʂən^{31} ʂou^{55}
黄冈	左手tso^{55} səu^{55}	右手iəu^{44} səu^{55}
孝感	左手tso^{52} ʂəu^{52}	右手iəu^{55} ʂəu^{52}
黄石	左手tso^{55} sou^{55}	右手iou^{324} sou^{55}
咸宁	左手tsə^{42} sɒu^{42}	右手iɒu^{33} sɒu^{42}

	315 拳头	316 大拇指
武汉	拳头tɕʻyan^{13} tʻou^{0}	大指甲ta^{25} tsɿ^{33} ka^{0}
荆州	坨子tʻuo^{13} tsɿ^{0}	大指甲ta^{35} tsɿ^{13} ka^{55}
宜昌	坨子tʻuo^{13} tsɿ^{0}	大指甲儿ta^{35} tsɿ^{13} kər^{0}
恩施	定锤tin^{35} tʂʻuei^{33}	大指甲儿ta^{35} tʂʅ^{33} kɚ^{33}
襄阳	锤头子儿tsʻuei^{53} tʻəu^{0} r̩^{0}	大拇指ta^{31} mu^{0} tsɿ^{53}
十堰	锤头子tʂʻuei^{52} tʻou^{0} tsɿ^{0}	大拇指头子ta^{31} mɔ^{55} tʂʅ^{33} tʻou^{52} tsɿ^{0}
黄冈	坨子tʻo^{31} tsɿ^{0}	大指丫儿ta^{44} tsɿ^{213} ŋɛr^{0}
孝感	拳头tʂʻʮɑn^{31} tʻəu^{0}	大指甲tɑ^{55} tʂʅ^{13} kɑ^{0}
黄石	拳子tʂʻʮ^{31} tsɿ^{0}	大指甲tɒ^{324} tsɿ^{55} kɒ^{213}
咸宁	拳颀牯tɕʻy^{31} nɒu^{31} ku^{42}	大拇指tʻa^{33} mə^{42} tsɿ^{42}

	317 食指	318 中指
武汉	二指甲ɯ^{25}tsɿ^{33}ka^{0}	中指甲tsoŋ^{55}tsɿ^{33}ka^{0}
荆州	二指甲ɯ^{35}tsɿ^{13}ka^{55}	中指甲tsoŋ^{55}tsɿ^{13}ka^{55}
宜昌	食指甲儿sɿ^{13}tsɿ^{13}kər^{0}	中指甲儿tsoŋ^{55}tsɿ^{13}kər^{0}
恩施	二指甲儿ɚ^{35}tʂʅ^{33}kɚ^{33}	中指甲儿tʂoŋ^{55}tʂʅ^{33}kɚ^{33}
襄阳	二拇指ɚ^{31}mu^{0}tsɿ^{53}	中指tsuŋ^{24}tsɿ^{53}
十堰	二拇指头子ɚ^{31}mɔ^{55}tʂʅ^{33}tʻou^{52}tsɿ^{0}	中拇指头子tʂuən^{33}mɔ^{55}tʂʅ^{33}tʻou^{52}tsɿ^{0}
黄冈	二指丫儿ɔr^{44}tsɿ^{213}ŋɛr^{0}	中指丫儿tsoŋ^{22}tsɿ^{213}ŋɛr^{0}
孝感	二指甲ɐr^{55}tʂʅ^{13}kɑ^{0}	中指甲tʂoŋ^{33}tʂʅ^{13}kɑ^{0}
黄石	二指拇甲ɚ^{324}tsɿ^{55}kɒ^{213}	中指甲tsoŋ^{33}tsɿ^{55}kɒ^{213}
咸宁	食指sɿ^{33}tsɿ^{42}	中指tsəŋ^{44}tsɿ^{42}

	319 无名指	320 小拇指
武汉	无名指u^{13}min^{213}tsɿ^{42}	小指甲ɕiao^{42}tsɿ^{33}ka^{0}
荆州	无名指u^{13}min^{13}tsɿ^{42}	小指甲ɕiau^{42}tsɿ^{13}ka^{55}
宜昌	无名指u^{13}min^{13}tsɿ^{0}	小指甲儿ɕiau^{33}tsɿ^{13}kər^{0}
恩施	无名指u^{35}min^{33}tʂʅ^{51}	小指甲儿ɕiau^{51}tʂʅ^{33}kɚ^{33}
襄阳	无名指u^{53}min^{53}tsɿ^{53}	小拇指ɕiau^{35}mu^{0}tsɿ^{53}
十堰	四拇指头子sɿ^{31}mɔ^{55}tʂʅ^{33}tʻou^{52}tsɿ^{0}	小拇指头子ɕiau^{55}mɔ^{55}tʂʅ^{33}tʻou^{52}tsɿ^{0}
黄冈	四指丫儿sɿ^{35}tsɿ^{213}ŋɛr^{0}	细指丫儿ɕi^{35}tsɿ^{213}ŋɛr^{0}
孝感	四指甲sɿ^{35}tʂʅ^{13}kɑ^{0}	小指甲ɕiɑu^{52}tʂʅ^{13}kɑ^{0}
黄石	无名指u^{31}min^{31}tsɿ^{55}	小指甲ɕiau^{55}tsɿ^{55}kɒ^{213}
咸宁	无名指u^{31}miən^{31}tsɿ^{42}	细指头sæ^{213}tsɿ^{55}tʻe^{31}

	321 腿	322 脚方言指：只指脚；包括小腿；包括小腿和大腿：他的～压断了
武汉	胯子kʻua^{33}tsɿ^{0}	脚tɕyo^{213}包括小腿
荆州	腿tʻei^{42}	脚tɕio^{13}只指脚
宜昌	胯子kʻua^{33}tsɿ^{0}	脚tɕio^{13}包括小腿和大腿
恩施	脚杆tɕio^{33}kan^{51}	脚tɕio^{33}包括小腿和大腿
襄阳	腿tʻei^{35}	脚tɕyo^{53}只指脚
十堰	腿tʻei^{55}	脚tɕyɔ^{33}只指脚
黄冈	胯子kʻua^{55}tsɿ^{0}	脚tɕio^{213}包括小腿和大腿
孝感	胯子kʻuɑ^{52}tsɿ^{0}	胯子kʻuɑ^{52}tsɿ^{0}只指脚
黄石	胯子kʻuɒ^{55}tsɿ^{0}	脚tɕio^{213}包括小腿和大腿
咸宁	胯kʻuɒ^{42}	脚tɕiə^{55}包括小腿和大腿

	323 膝盖指部位	324 肚脐
武汉	磕膝头kʻe^{21}ɕi^{55}tʻou^{213}	肚心眼tou^{25}ɕin^{55}ian^{42}
荆州	磕膝包子kʻɤ^{13}tɕʻi^{55}pau^{55}tsɿ^{0}	肚脐眼子tu^{35}tɕʻi^{13}ien^{42}tsɿ^{0}
宜昌	磕膝包儿kʻɤ^{13}tɕʻi^{0}paur^{55}	肚脐眼儿tu^{35}tɕʻi^{0}iər^{33}
恩施	磕膝脑壳儿kʻɛ^{33}ɕi^{33}nau^{51}kʻuɚ^{33}	肚脐儿tu^{35}tɕʻiɚ^{33}
襄阳	波罗盖儿po^{24}nuo^{53}kər^{31}	肚母脐儿tu^{31}mu^{0}tɕʻiər^{53}
十堰	波罗盖子pɔ^{33}luɔ^{52}kai^{31}tsɿ^{0}	肚目脐儿tou^{31}mɔ^{24}tɕʻiər^{0}
黄冈	膝头包儿se^{13}tʻəu^{31}par^{22}	肚脐眼儿təu^{44}tɕʻi^{0}ŋɛr^{55}
孝感	磕膝头儿kʻɛ^{213}tɕʻi^{0}tʻəur^{0}	肚脐眼儿təu^{52}tɕʻi^{0}iər^{52}
黄石	磕膝头kʻæ^{213}tɕʻi^{25}tʻou^{31}	肚脐眼儿tou^{55}tɕʻi^{31}ŋər^{55}
咸宁	脚膝坨tɕiə^{55}sæ^{55}tʻə^{31}	肚脐tɒu^{42}tsʻæ^{31}

	325 乳房女性的	326 肛门
武汉	妈妈ma^{25}ma^{55}	屁眼pʻi^{25}ian^{42}
荆州	妈子ma^{55}tsɿ^{0}	屁眼子pʻi^{35}ien^{42}tsɿ^{0}
宜昌	妈妈儿ma^{55}mar^{0}	屁眼儿pʻi^{35}iər^{0}
恩施	妈妈mie^{55}mie^{55}	屁眼儿pʻi^{35}iɚ^{51}
襄阳	妈妈儿ma^{24}mar^{0}	屁股眼儿pʻi^{31}ku^{0}iɐr^{35}
十堰	奶头nɛ^{55}tʻou^{52}	屁股眼儿pʻi^{31}ku^{0}iar^{55}
黄冈	妈ma^{35}	屁眼儿pʻi^{35}ŋɛr^{0}
孝感	妈儿mɑr^{35}	屁眼儿pʻi^{35}iər^{52}
黄石	妈mɒ^{25}	屁股眼pʻi^{25}ku^{55}ŋan^{55}
咸宁	奶na^{42}	屁股眼pʻæ^{213}ku^{42}ŋõ^{42}

	327 阴茎成人的	328 女阴成人的
武汉	雀雀tɕʻyo^{213}tɕʻyo^{0} | 鸡巴tɕi^{45}pa^{0}	麻皮ma^{13}pʻi^{0} | 屄pi^{55}
荆州	鸡巴tɕi^{55}pa^{0}	屄pi^{55}
宜昌	鸡巴tɕi^{55}pa^{0}	屄pi^{55}
恩施	鸡巴tɕi^{55}pa^{55}	屄pʻi^{55}
襄阳	鸡巴tɕi^{24}pa^{0}	屄pi^{24}
十堰	把儿pər^{33} | 鸡娃子tɕi^{33}ua^{52}tsɿ^{0}	屄pi^{33}
黄冈	卵lo^{55}	屄pi^{22}
孝感	鸡巴tɕi^{33}pɑ^{0}	屄pi^{33}
黄石	卵lo^{55}	屄pi^{33}
咸宁	卵nə^{42}	屄pi^{55}

	329 㑚动词	330 来月经注意婉称
武汉	日ɯ^{213}	来月经lai^{21} ye^{21} tɕin^{55}
荆州	搞kau^{42}	来好事lai^{13} xau^{42} sɿ^{35} | 来月经lai^{13} ye^{13} tɕin^{55}
宜昌	日zʅ^{13}	来好事儿lai^{13} xau^{33} sər^{35}
恩施	日zʅ^{33}	搞好事kau^{51} xau^{51} sɿ^{35}
襄阳	日zɿ^{24}	来好事儿nai^{53} xau^{35} ʂər^{31} | 来月经nai^{53} ye^{53} tɕin^{0}
十堰	尻k'au^{33} | 日zʅ^{33}	身上来了ʂən^{33} ʂaŋ^{0} lɛ^{52} lau^{0} |来月经lɛ^{52} yɛ^{33} tɕin^{33}
黄冈	戳ts'o^{213}	发邋塞fa^{213} lai^{44} sai^{0} | 来好事lai^{31} xau^{55} sɿ^{44}
孝感	日zʅ^{213}	好事来了xɑu^{52} sɿ^{55} nɑi^{31} niɑu^{0}
黄石	戳ts'o^{313}	来月经læ^{31} ɥæ^{213} tɕin^{33}
咸宁	戳ts'ə^{55}	来月红na^{31} ye^{55} fəŋ^{31} | 来例假na^{31} næ^{33} tɕiɒ^{42}

	331 撒尿	332 放屁
武汉	屙尿o^{44} sei^{55}	打屁ta^{33} p'i^{25}
荆州	屙尿uo^{55} liau^{35}	放屁fan^{35} p'i^{35}
宜昌	屙尿uo^{55} liau^{35}	打屁ta^{33} p'i^{35}
恩施	屙尿uo^{55} niau^{35} | 解小手kai^{51} ɕiao^{51} ʂəu^{51}	打屁ta^{51} p'i^{35}
襄阳	屙尿uo^{24} niau^{31}	放屁faŋ^{24} p'i^{31}
十堰	尿尿niau^{24} niau^{31}	放屁faŋ^{24} p'i^{31}
黄冈	解小手kai^{55} ɕiau^{55} səu^{55}	打屁ta^{55} p'i^{35}
孝感	解小手kɑi^{52} ɕiɑu^{52} ʂəu^{52}| 打岔tɑ^{52} tʂ'ɑ^{35}	放屁fɑŋ^{35} pi^{35}
黄石	屙尿ŋo^{33} ȵiau^{324}	打屁tɒ^{55} p'i^{25}
咸宁	屙尿uə^{44} nie^{33}	打屁tɒ^{42} p'æ^{213}

	333 相当于“他妈的”的口头禅	334 病了
武汉	你妈的li^{33} ma^{42} ti^{0} ǀ 个狗日的ke^{0} kou^{42} ɯ^{0} ti^{0}	病了pin^{25} liao^{0}
荆州	妈的个屄ma^{55} ti^{0} kɤ^{0} pi^{55} ǀ 狗日的kəu^{42} ɯ^{13} ti^{0}	不好pu^{13} xau^{42}
宜昌	他妈的个屄tʻa^{55} ma^{55} ti^{0} kɤ^{0} pi^{55}	病哒pin^{35} ta^{0}
恩施	他妈屄tʻa^{55} ma^{55} pʻi^{55}	搞病哒kau^{51} pin^{35} ta^{0}
襄阳	他妈的个屄tʻa^{53} ma^{24} ti^{53} kə^{0} pi^{24}	不爱见pu^{53} ai^{31} tɕian^{31}
十堰	他妈的个屄tʻa^{33} ma^{33} ti^{0} kɤ^{0} pi^{33}	不舒服pu^{52} ʂu^{33} fu^{0}
黄冈	你姆妈的个歪li^{55} m̩^{55} ma^{22} ti^{0} ko^{0} uai^{22}	不好过pu^{213} xau^{55} ko^{35}
孝感	个杂种养的kə^{33} tsɑ^{31} tʂoŋ^{52} iɑŋ^{52} ti^{0}	不好pu^{213} xɑu^{52}
黄石	娘的个屄ȵiaŋ^{31} ti^{0} ko^{0} pi^{33}	不如法pu^{213} ʮ^{31} fɒ^{213}
咸宁	娘箇屄眼niõ^{31} kə^{44} pi^{55} ŋɒ̃^{42} ǀ 戳伊娘tsʻə^{55} e^{31} niõ^{31}	生病sɒ̃^{44} pʻiɒ̃^{33} ǀ 病了pʻiɒ̃^{33} nɒ^{42}

	335 着凉	336 咳嗽
武汉	凉了liaŋ^{213} liao^{0}	咳kʻe^{213}
荆州	着凉tsuo^{13} lian^{13}	咳kʻɤ^{13}
宜昌	搞凉哒kau^{33} liaŋ^{13} ta^{0}	咳kʻɤ^{13}
恩施	搞凉哒kau^{51} niaŋ^{33} ta^{0}	咳kʻɛ^{33}
襄阳	受凉səu^{31} niaŋ^{53}	咳嗽kʻə^{53} səu^{0}
十堰	凉到了liaŋ^{52} tau^{31} lau^{0}	咳kʻɤ^{52}
黄冈	凉了liaŋ^{31} liau^{0}	咳kʻe^{213}
孝感	受凉ʂəu^{33} niɑŋ^{31}	咳嗽kʻɛ^{213} səu^{35}
黄石	凉了liaŋ^{31} tau^{31} liau^{0}	咳嗽kʻæ^{213} sou^{25}
咸宁	冻了təŋ^{213} nɒ^{42}	嗛kʻɒ̃^{42}

	337 拉肚子	338 患疟疾
武汉	拉稀la^{44}ɕi^{55} | 拉肚子la^{55}tou^{33}tsɿ^{0}	打摆子ta^{33}pai^{33}tsɿ^{0}
荆州	拉稀la^{55}ɕi^{55} | 拉肚子la^{55}tu^{35}tsɿ^{0}	打摆子ta^{42}pai^{42}tsɿ^{0}
宜昌	拉肚子la^{55}tu^{33}tsɿ^{0}	得疟疾tɤ^{13}li^{35}tɕi^{13}
恩施	屙稀uo^{55}ɕi^{55}	打摆子ta^{51}pai^{51}tsɿ^{0}
襄阳	飚稀piau^{24}ɕi^{24}	打摆子儿ta^{35}pai^{35}ṛ^{0}
十堰	拉肚子la^{33}tou^{31}tsɿ^{0} | 拉稀la^{33}ɕi^{33}	打摆子ta^{55}pɛ^{55}tsɿ^{0}
黄冈	屙肚子ŋo^{22}təu^{55}tsɿ^{0}	打脾寒ta^{55}pʻi^{31}xan^{31}
孝感	拉稀nɑ^{33}ɕi^{33}	打摆子tɑ^{52}pɑi^{52}tsɿ^{0} | 打脾寒tɑ^{52}pʻi^{31}xɑn^{31}
黄石	屙肚子ŋo^{33}tou^{55}tsɿ^{0}	打寒颤tɒ^{55}xan^{31}tsan^{25}
咸宁	屙肚uə^{44}tɒu^{42} | 肚嘞屙tɒu^{42}ne^{44}uə^{44}	打脾寒tɒ^{42}pʻæ^{31}xõ^{31}

	339 中暑	340 化脓
武汉	中暑tsoŋ^{25}ɕy^{42}	化脓xua^{25}loŋ^{213}
荆州	受热səu^{35}lɤ^{13} | 中暑tsoŋ^{35}su^{42}	灌脓kuan^{35}loŋ^{13} | 化脓xua^{35}loŋ^{13}
宜昌	中暑tsoŋ^{55}su^{33}	化脓xua^{35}loŋ^{13}
恩施	中暑tʂuŋ^{55}ʂu^{51}	灌脓kuan^{35}noŋ^{33}
襄阳	热昏了zə^{53}xuən^{24}nau^{0}	化脓xua^{31}nəŋ^{53}
十堰	炸痱了tʂa^{24}fei^{31}lau^{0}	化脓xua^{31}nən^{52}
黄冈	中暑tsoŋ^{35}ʂʮ^{55}	化脓xua^{35}loŋ^{31}
孝感	中暑tʂoŋ^{35}ʂʮ^{52}	化脓xuɑ^{35}noŋ^{31}
黄石	热倒了ɥæ^{213}tau^{55}liau^{0}	灌脓kuan^{25}loŋ^{31}
咸宁	发痧fa^{55}sɒ^{44}	灌脓kuõ^{213}nəŋ^{31} | 化脓xuɒ^{213}nəŋ^{31}

	341 看病	342 打针
武汉	看病kʻan^{25} pin^{25}	打针ta^{44} tsen^{55}
荆州	看病kan^{35} pin^{35}	打针ta^{42} tsən^{55}
宜昌	看病kʻan^{35} pin^{35}	打针ta^{33} tsən^{55}
恩施	看病kʻan^{35} pin^{35}	打针ta^{51} tʂən^{55}
襄阳	瞧病tɕʻiau^{53} pin^{31}	打针ta^{35} tsən^{24}
十堰	看病kʻan^{24} pin^{31}	打针ta^{55} tʂən^{33}
黄冈	诊病tsən^{55} pin^{44}	打针ta^{55} tsən^{22}
孝感	看病kʻɑn^{35} pin^{55}	打针tɑ^{52} tʂən^{33}
黄石	诊病tsen^{55} pin^{324}	打针tɒ^{55} tsen^{33}
咸宁	诊病tsɒ̃^{42} pʻiɒ̃^{33}	打针tɒ^{42} tsən^{44}

	343 打吊针	344 吃药统称
武汉	打吊针ta^{42} tiao^{25} tsen^{55}	吃药tɕʻi^{13} yo^{213}
荆州	打吊针ta^{42} tiau^{35} tsən^{55}	喝药xuo^{55} io^{13}
宜昌	打吊针ta^{33} tiau^{35} tsən^{55}	吃药tɕʻi^{13} io^{13}
恩施	打吊针ta^{51} tiau^{35} tʂən^{55}	喝药xuo^{55} io^{33}
襄阳	打吊针ta^{35} tiau^{31} tsən^{24}	吃药tsʻʅ^{53} yo^{53}
十堰	打吊瓶儿ta^{55} tiau^{31} pʻiər^{52}	吃药tʂʻʅ^{33} yɔ^{33}
黄冈	打吊针ta^{55} tiau^{35} tsən^{22}	吃药tɕʻi^{13} io^{213}
孝感	打吊针tɑ^{52} tiɑu^{35} tʂən^{33}	吃药tɕʻi^{13} io^{213}
黄石	打吊针tɒ^{55} tiau^{25} tsen^{33}	吃药tɕʻi^{213} io^{213}
咸宁	打吊针tɒ^{42} tie^{55} tsən^{44}	吃药tɕʻiɒ^{55} iə^{55}

	345 媒人	346 相亲
武汉	媒人mei^{13}len^{33}	见面tɕian^{25}mian^{25}
荆州	媒人mei^{13}lən^{13}	相亲ɕian^{55}tɕʻin^{55}
宜昌	媒婆mei^{13}pʻo^{0}	相亲ɕiaŋ^{55}tɕʻin^{55}
恩施	媒婆儿mei^{33}pʻɚ^{51}	看人户kʻan^{35}ʐən^{33}xu^{33}
襄阳	红爷xuŋ^{53}ie^{0}	相亲ɕiaŋ^{24}tɕʻin^{24}
十堰	媒婆儿mei^{52}pʻɔr^{0}	相亲ɕiaŋ^{33}tɕʻin^{33}
黄冈	媒人mi^{31}ʐən^{31}	看对象kʻan^{35}tei^{35}ɕiaŋ^{44}
孝感	媒婆儿mei^{31}por^{31}	过门ko^{35}mən^{31} ｜ 上门儿ʂɑŋ^{55}mər^{31}
黄石	媒婆mi^{31}pʻo^{31}	提亲tʻi^{31}tɕʻin^{33}
咸宁	红叶fəŋ^{31}i^{55}	见面tɕiẽ^{213}miẽ^{33} ｜ 看亲kʻõ^{213}tɕʻiən^{44}

	347 结婚统称	348 娶妻子男子～，动宾
武汉	结婚tɕie^{21}xuen^{55}	娶老婆tɕʻy^{33}lao^{33}pʻo^{21}
荆州	结婚tɕie^{13}xuən^{55} ｜ 办喜事pan^{35}ɕi^{42}sɿ^{35}	娶媳妇tɕʻy^{42}ɕi^{13}fu^{0}
宜昌	过喜事kuo^{35}ɕi^{33}sɿ^{0}	接媳妇儿tɕie^{13}ɕi^{13}fuər^{0}
恩施	结婚tɕie^{33}xuən^{55}	接媳妇儿tɕie^{33}ɕi^{33}xuɚ^{55}
襄阳	结婚tɕie^{53}xuən^{24}	接媳妇儿tɕie^{53}ɕi^{53}fur^{0}
十堰	结婚tɕiɛ^{52}xuən^{33}	说媳妇ʂuɔ^{33}ɕi^{52}fu^{31}
黄冈	结婚tɕie^{213}xuən^{22}	接媳妇tɕie^{213}ɕi^{213}fu^{0}
孝感	结婚tɕiɛ^{213}xuən^{33}	娶媳妇儿tɕʻi^{52}ɕi^{31}fur^{0}
黄石	办喜事pan^{324}i^{33}sɿ^{0}	娶堂客tɕʻi^{55}tʻaŋ^{31}kʻæ^{213}
咸宁	成亲tsʻən^{31}tɕʻiən^{44} ｜ 结婚tɕi^{55}fən^{44}	接媳妇tɕi^{55}sæ^{55}fu^{33}

	349 出嫁女子~	350 新郎
武汉	嫁人tɕia^{25}len^{213}	新姑爷ɕin^{55}ku^{55}ie^{213}丨新郎倌ɕin^{55}laŋ^{21}kuan^{55}
荆州	出嫁tsʻu^{13}tɕia^{35}	新郎倌ɕin^{55}laŋ^{13}kuan^{55}
宜昌	出嫁tsʻu^{13}tɕia^{35}	新郎倌儿ɕin^{55}laŋ^{13}kuar^{55}
恩施	出门tʂʻu^{33}mən^{33}	新郎倌儿ɕin^{55}naŋ^{33}kuɚ^{55}
襄阳	把姑娘pa^{35}ku^{24}niaŋ^{0}	新郎倌儿ɕin^{24}naŋ^{53}kuɐr^{24}
十堰	出嫁tʂʻu^{52}tɕia^{31}	新郎倌儿ɕin^{33}laŋ^{52}kuar^{33}
黄冈	出阁tʂʻʮ^{13}ko^{213}	新郎倌儿ɕin^{22}laŋ^{31}kuɛr^{22}
孝感	出阁tʂʻʮ^{13}ko^{213}	新郎倌儿ɕin^{33}nɑŋ^{31}kuɛr^{33}
黄石	出嫁tʂʻʮ^{213}kɒ^{25}	新姑爷ɕin^{33}ku^{33}ie^{31}
咸宁	出阁tɕʻy^{55}kə^{55}	新郎倌ɕiən^{44}nõ^{31}kuõ^{44}

	351 新娘子	352 怀孕
武汉	新姑娘ɕin^{55}ku^{55}liaŋ^{213}	怀毛毛xuai^{21}mao^{213}mao^{0}
荆州	新娘子ɕin^{55}lian^{13}tsɿ^{0}	怀孕xuai^{13}yin^{35}
宜昌	新姑娘儿ɕin^{55}ku^{55}liãr^{0}	有喜iəu^{33}ɕi^{33}
恩施	新姑娘儿ɕin^{55}ku^{55}niɚ^{55}	怀娃儿xuai^{33}uɚ^{33}
襄阳	新娘子儿ɕin^{24}niaŋ^{53}r̥^{0}	怀娃子儿xuai^{53}ua^{53}r̥^{0}
十堰	新媳妇ɕin^{33}ɕi^{52}fu^{31}	重娠娃子tʂʻuən^{52}ʂən^{33}ua^{52}tsɿ^{0}丨怀娃子xuɛ^{24}ua^{52}tsɿ^{0}
黄冈	新大姐儿ɕin^{22}ta^{44}tɕiɛr^{35}丨花大姐xua^{22}ta^{44}tɕie^{55}	驮肚子tʻo^{31}təu^{55}tsɿ^{0}
孝感	新姑娘ɕin^{33}ku^{33}niɑŋ^{31}	怀了xuɑi^{31}niɑu^{0}丨有了iəu^{52}niɑu^{0}
黄石	新大姐ɕin^{33}tɒ^{324}tɕie^{55}	有喜了iou^{55}ɕi^{55}liau^{0}
咸宁	歇奴家ɕi^{55}nɒu^{31}kɒ^{44}	有喜iɒu^{42}ɕi^{42}

	353 害喜妊娠反应	354 分娩
武汉	有反应iou^{33} fan^{33} in^{25}	生毛毛sen^{55} mao^{213} mao^{0}
荆州	害喜xai^{35} ɕi^{42} | 害伢儿xai^{35} a^{13} ɯ^{13}	生伢儿sən^{55} a^{13} ɯ^{13}
宜昌	害儿xai^{35} ɚ^{13}	生儿sən^{55} ɚ^{13}
恩施	害喜xai^{35} ɕi^{51}	生娃儿sən^{55} uɚ^{33}
襄阳	害喜xai^{31} ɕi^{35} | 择口tsə^{53} k'əu^{35}	生娃子儿sən^{24} ua^{53} r̩^{0}
十堰	害娃子xai^{24} ua^{52} tsɿ^{0}	引娃子in^{55} ua^{52} tsɿ^{0}
黄冈	害儿xai^{44} ɔr^{31}	生伢儿sən^{22} ŋar^{31}
孝感	害相xɑi^{55} ɕiɑŋ^{35}	生伢sən^{33} ŋɑ^{31}
黄石	害肚子xæ^{324} tou^{55} tsɿ^{0}	生伢sen^{33} ŋɒ^{31}
咸宁	害喜xa^{33} ɕi^{42}	看伢崽k'õ^{44} ŋa^{31} tsa^{42}

	355 流产	356 做寿
武汉	毛毛掉了mao^{21} mao^{0} tiao^{25} liao^{0}	做寿tsou^{25} sou^{25}
荆州	小产ɕiau^{42} ts'an^{42}	做生tsəu^{35} sən^{55}
宜昌	小产ɕiau^{33} ts'an^{33}	做寿tsəu^{33} səu^{35}
恩施	损哒sən^{51} ta^{0}	做生儿tsuo^{35} ʂɚ^{55}
襄阳	小产ɕiau^{35} ts'an^{35}	做寿tsuo^{53} səu^{31}
十堰	小产ɕiau^{33} tʂ'an^{55} | 小月子ɕiau^{55} yɛ^{33} tsɿ^{0}	祝寿 tʂou^{52} ʂou^{31} | 过寿 kuɔ^{24} ʂou^{31}
黄冈	落了lo^{213} liau^{0}	寿生səu^{35} sən^{22}
孝感	掉了tiɑu^{35} niɑu^{0}	做寿tsəu^{35} ʂəu^{55}
黄石	伢落了ŋɒ^{31} lo^{213} liau^{0}	做寿tso^{25} sou^{324}
咸宁	刮伢崽kua^{55} ŋa^{31} tsa^{42}	做生tsɒu^{213} sɒ̃^{44}

	357 死统称	358 死婉称，最常用的几种，指老人：他～了
武汉	死sɿ^{42}	走tsou^{42}
荆州	死sɿ^{42}	走tsəu^{42}
宜昌	死sɿ^{33}	走tsəu^{33} | 过世kuo^{35} sɿ^{35}
恩施	死sɿ^{51}	走哒tsəu^{51} ta^{0} | 过世哒kuo^{35} ʂʅ^{35} ta^{0}
襄阳	死sɿ^{35}	老了nau^{35} nau^{0} | 走了tsəu^{35} nau^{0}
十堰	死sɿ^{55}	走了tsou^{55} la^{0} | 过背了kuə^{24} pei^{31} la^{0}
黄冈	死sɿ^{55}	走了tsəu^{55} liau^{0}
孝感	死sɿ^{52}	走了tsəu^{52} niɑu^{0} | 老了nɑu^{52} niɑu^{0}
黄石	过身了ko^{25} sen^{33} liau^{0}	享福去了ɕiaŋ^{55} fu^{213} tɕʻi^{25} liau^{55}
咸宁	死sɿ^{42}	过身kuə^{213} sən^{44} | 过世kuə^{213} sɿ^{213}

	359 自杀	360 咽气
武汉	自杀tsɿ^{25} sa^{213}	断气tan^{25} tɕʻi^{25}
荆州	自杀tsɿ^{35} sa^{13}	掉气tiau^{35} tɕʻi^{35}
宜昌	自杀tsɿ^{35} sa^{13}	断气tan^{35} tɕʻi^{35}
恩施	寻短路ɕyn^{33} tuan^{51} nu^{35}	掉气tiau^{35} tɕʻi^{35}
襄阳	自杀tsɿ^{31} sa^{53}	咽气ian^{24} tɕʻi^{31}
十堰	寻短见ɕyn^{24} tan^{55} tɕian^{31} | 自缢tsɿ^{31} i^{52}	断气tan^{24} tɕʻi^{31}
黄冈	寻短路tɕʻin^{31} tan^{55} ləu^{44}	断气tan^{44} tɕʻi^{35}
孝感	自缢tsɿ^{55} i^{213}	断气tɑn^{55} tɕʻi^{35}
黄石	寻短见ɕʮn^{31} tan^{55} tɕian^{25}	落气lo^{213} tɕʻi^{25}
咸宁	寻死tɕʻiən^{31} sɿ^{42}	落气nə^{55} tɕʻi^{213}

	361 入殓	362 棺材
武汉	入棺y^{213}kuan^{55}	棺材kuan^{45}ts'ai^{0}
荆州	入殓lu^{13}lien^{42}	棺材kuan^{55}ts'ai^{13}
宜昌	入棺zu̜^{13}kuan^{55}	枋子faŋ^{55}tsɿ^{0}
恩施	入棺zu̜^{35}kuan^{55}	枋子xuaŋ^{55}tsɿ^{0}
襄阳	入殓zu^{53}nian^{31}	棺材kuan^{24}ts'ai^{53}
十堰	挂口kua^{31}k'ou^{55}	枋子faŋ^{33}tsɿ^{0} ǀ 寿料ʂou^{24}liau^{31} ǀ 棺材kuan^{33}ts'ɛ^{52}
黄冈	入棺zʮ̩^{213}kuan^{22}	寿木səu^{44}moŋ^{213}
孝感	入棺ʮ̩^{213}kuɑn^{33}	寿木ʂəu^{55}mu^{213}
黄石	入木ʮ̩^{213}moŋ^{213}	寿木sou^{324}moŋ^{213}
咸宁	装殓tsõ^{44}niẽ^{33}	木头mə^{55}t'e^{31} ǀ 寿衣sɒu^{33}i^{44}

	363 灵位	364 上坟
武汉	牌位p'ai^{213}uei^{25}	上坟saŋ^{25}fen^{213} ǀ 扫墓sao^{33}moŋ^{25}
荆州	灵牌子lin^{13}p'ai^{13}tsɿ^{0}	上坟san^{35}fən^{13}
宜昌	灵位lin^{33}uei^{35}	上坟saŋ^{35}fən^{13}
恩施	灵牌子nin^{33}p'ai^{33}tsɿ^{0}	上坟ʂaŋ^{35}xuən^{33}
襄阳	灵牌子儿nin^{53}p'ai^{0}r̩^{0}	上坟saŋ^{31}fən^{53}
十堰	灵位lin^{52}uei^{31}	上坟ʂaŋ^{24}fən^{52}
黄冈	灵牌lin^{31}p'ai^{31}	标山piau^{22}san^{22}
孝感	灵牌nin^{31}p'ɑi^{31} ǀ 灵位nin^{31}uei^{55}	上坟ʂɑŋ^{55}fən^{31} ǀ 上山ʂɑŋ^{55}ʂɑn^{33}
黄石	牌位p'æ^{31}uei^{324}	祭坟tɕi^{25}fen^{31}
咸宁	灵牌niən^{31}p'a^{31}	挂山kuɒ^{213}sɒ̃^{44}

	365 纸钱	366 寺庙
武汉	钱纸tɕʻian^{213}tsɿ^{0}	庙miao^{25}
荆州	纸钱tsɿ^{42}tɕʻien^{13}	寺庙sɿ^{35}miau^{35}
宜昌	钱纸tɕʻiɛn^{13}tsɿ^{33}	寺庙sɿ^{35}miau^{35}
恩施	纸钱tʂʅ^{51}tɕʻiɛn^{33}	庙miau^{35}
襄阳	纸钱tsɿ^{35}tɕʻian^{0}	寺庙sɿ^{24}miau^{31}
十堰	纸钱儿tʂʅ^{55}tɕʻianr^{52}	庙miau^{31}
黄冈	往生钱uaŋ^{55}sən^{22}tɕʻien^{31} | 冥钱min^{31} tɕʻien^{31}	庙miau^{44}
孝感	纸钱tʂʅ^{52}tɕʻin^{31}	庙miɑu^{55}
黄石	钱纸tɕʻian^{31}tsɿ^{55}	庙miau^{324}
咸宁	纸tsɿ^{42}	寺tsʻɿ^{33}

	367 和尚	368 尼姑
武汉	和尚xo^{213}saŋ^{0}	尼姑li^{213}ku^{0}
荆州	和尚xuo^{13}san^{0}	尼姑li^{13}ku^{55}
宜昌	和尚xuo^{13}saŋ^{0}	尼姑li^{13}ku^{55}
恩施	和尚xuo^{33}ʂaŋ^{35}	尼姑ni^{33}ku^{55}
襄阳	和尚xuo^{53}saŋ^{0}	尼姑儿ni^{53}kur^{24}
十堰	和尚xɤ^{52}ʂaŋ^{0}	尼姑儿ni^{52}kur^{33}
黄冈	和尚xo^{31}saŋ^{44}	尼姑ȵi^{31}ku^{22}
孝感	和尚xo^{31}ʂɑŋ^{0}	尼姑ni^{31}ku^{33} | 道姑tɑu^{55}ku^{33}
黄石	和尚xo^{31}saŋ^{324}	尼姑ȵi^{31}ku^{33}
咸宁	和尚xə^{31}sõ^{33}	尼姑ni^{31}ku^{44}

	369 道士	370 算命统称
武汉	道士tao^{25} sɿ^{25}	算命san^{25} min^{25}
荆州	道士tau^{35} sɿ^{35}	算命suan^{35} min^{35}
宜昌	道士tau^{35} sɿ^{35}	算命suan^{35} min^{35}
恩施	道士tau^{35} sɿ^{55}	算命suan^{35} min^{35}
襄阳	道士tau^{31} sɿ^{0}	算命san^{24} min^{31}
十堰	道士tau^{31} ʂʅ^{31}	算命san^{24} min^{31}
黄冈	道士tau^{44} sɿ^{0}	算命san^{35} min^{44}
孝感	道士tɑu^{55} sɿ^{0}	算命sɑn^{35} min^{55}
黄石	道士tau^{324} sɿ^{324}	掐时kʻɒ^{213} sɿ^{31}
咸宁	道士tʻo^{33} sɿ^{33}	算命sõ^{213} miõ^{33}

	371 运气	372 保佑
武汉	运气yn^{25} tɕʻi^{25}	保佑pao^{33} iou^{25}
荆州	运气ioŋ^{35} tɕʻi^{35}	保佑pau^{42} iəu^{35}
宜昌	运气yn^{35} tɕʻi^{0}	保佑pau^{33} iəu^{35}
恩施	运气yn^{35} tɕʻi^{35}	保佑pau^{51} iəu^{35}
襄阳	运气yn^{31} tɕʻi^{0}	保佑pau^{35} iəu^{31}
十堰	运气yn^{31} tɕʻi^{31}	保佑pau^{55} iou^{31}
黄冈	运气ʐʮən^{44} tɕʻi^{35}	保佑pau^{55} iəu^{44}
孝感	运气ʐən^{55} tɕʻi^{0}	保附pɑu^{52} fu^{35}
黄石	行时ɕin^{31} sɿ^{31}	保佑pau^{55} iou^{324}
咸宁	火气xə^{42} tɕʻi^{213} | 运气yən^{33} tɕʻi^{213}	默佑me^{55} iɒu^{33}

	373 男人成年的，统称	374 女人三四十岁已婚的，统称
武汉	男的lan^{213}ti^{0} | 男将lan^{213}tɕiaŋ^{25}	女的y^{33}ti^{0} | 女将y^{33}tɕiaŋ^{25}
荆州	男的lan^{13}ti^{0}	女的ly^{42}ti^{0}
宜昌	男的lan^{13}ti^{0}	女的ly^{33}ti^{0}
恩施	男的nan^{33}ti^{0}	女的ny^{51}ti^{0}
襄阳	男的nan^{53}ni^{0}	媳妇儿ɕi^{53}fur^{0}
十堰	男人nan^{52}ʐən^{0}	女人ny^{55}ʐən^{0}
黄冈	男将lan^{31}tɕiaŋ^{35}	女将ȵʮ^{55}tɕiaŋ^{35}
孝感	男将nɑn^{31}tɕiɑŋ^{0}	女将ʮ^{52}tɕiɑŋ^{0}
黄石	外头人uæ^{324}tʻou^{31}zen^{31}	屋里人u^{213}li^{55}ʐen^{31}
咸宁	男客nɒ̃^{31}kʻɒ^{55}	右客iɒu^{33}kʻɒ^{55}

	375 单身汉	376 老姑娘
武汉	光棍条kuaŋ^{44}kuen^{25}tʻiao^{213}	老姑娘lao^{33}ku^{45}liaŋ^{0}
荆州	光棍kuaŋ^{55}kuən^{35}	老姑娘lau^{42}ku^{55}lian^{0}
宜昌	光棍儿kuaŋ^{55}kuər^{35}	老姑娘lau^{33}ku^{55}liaŋ^{0}
恩施	单身汉儿tan^{55}ʂən^{55}xɚ^{35}	老姑娘nau^{51}ku^{55}niaŋ^{55}
襄阳	光棍儿kuaŋ^{24}kuər^{31}	老俩子儿nau^{35}nia^{35}r̩^{0}
十堰	光身汉儿kuaŋ^{33}ʂən^{33}xar^{31} | 单身汉儿tan^{33}ʂən^{33}xar^{31}	老姑娘lau^{55}ku^{33}niaŋ^{52}
黄冈	光棍kuaŋ^{22}kuən^{35}	老姑娘lau^{55}ku^{22}ȵiaŋ^{0}
孝感	寡汉条kuɑ^{52}xɑn^{35}tʻiɑu^{31}	老姑娘nɑu^{52}ku^{33}niɑŋ^{31}
黄石	光棍kuaŋ^{33}kuen^{25}	老姑娘lau^{55}ku^{33}ȵiaŋ^{31}
咸宁	光棍kuõ^{44}kuən^{213}	老女儿no^{42}y^{42}zɿ^{31}

	377 婴儿	378 小孩三四岁的，统称
武汉	毛毛mao^{21}mao^{0}	小伢ɕiao^{33}ŋa^{21}
荆州	奶巴子lai^{42}pa^{55}tsɿ^{0}	小伢儿ɕiau^{42}a^{13}ɯ^{13}
宜昌	□□儿miɐ^{55}miɐr^{0}	小儿ɕiau^{33}ɚ^{13}
恩施	奶娃娃儿nai^{51}ua^{33}uɚ^{0}	细娃儿ɕi^{35}uɚ^{33}
襄阳	奶娃子儿nai^{35}ua^{53}ɾ̩^{0}	小娃子儿ɕiau^{35}ua^{53}ɾ̩^{0}
十堰	月娃子yɛ^{33}ua^{52}tsɿ^{0}	小娃子ɕiau^{55}ua^{52}tsɿ^{0}
黄冈	毛头儿mau^{31}tʻɔr^{31}	细伢儿ɕi^{35}ŋar^{31}
孝感	奶伢nɑi^{52}ŋɑ^{31}	小伢ɕiɑu^{52}ŋɑ^{31}
黄石	奶伢læ^{55}ŋɒ^{31}	细伢ɕi^{25}ŋɒ^{31}
咸宁	毛呼辣mo^{31}fu^{44}na^{55}	伢崽ŋa^{31}tsa^{42}

	379 男孩统称：外面有个～在哭	380 女孩统称：外面有个～在哭
武汉	儿子伢ɯ^{213}tsɿ^{0}ŋa^{21} | 男伢lan^{13}ŋa^{21}	姑娘伢ku^{45}liaŋ^{0}ŋa^{21}
荆州	男伢儿lan^{13}a^{13}ɯ^{13}	女伢儿ly^{42}a^{13}ɯ^{13} | 女伢子ly^{42}a^{13}tsɿ^{0}
宜昌	儿子儿ɚ^{13}tsɿ^{0}ɚ^{13}	姑娘儿ku^{55}liaŋ^{0}ɚ^{13}
恩施	男娃儿nan^{33}uɚ^{33}	女娃儿ny^{51}uɚ^{33}
襄阳	男娃子儿nan^{53}ua^{53}ɾ̩^{0}	俩娃儿nia^{35}uar^{0}
十堰	儿娃子ɚ^{52}ua^{52}tsɿ^{0}	[女娃] 子nya^{55}tsɿ^{0}
黄冈	儿伢儿ɔr^{31}ŋar^{31}	女伢儿ȵʮ^{55}ŋar^{31}
孝感	儿伢ɐr^{31}ŋɑ^{31} | 男伢nɑn^{31}ŋɑ^{31}	女伢ʮ^{52}ŋɑ^{31}
黄石	男伢lan^{31}ŋɒ^{31}	女伢ȵʮ^{55}ŋɒ^{31}
咸宁	读书箇tʻɒu^{33}ɕy^{44}kə^{44}	做花箇tsɒu^{213}xuɒ^{44}kə^{44}

	381 老人七八十岁的，统称	382 亲戚统称
武汉	老人lao^{33}len^{21}	亲戚tɕʻin^{44}tɕʻi^{25}
荆州	老人lau^{42}lən^{13}	亲戚tɕʻin^{55}tɕʻi^{35}
宜昌	老人lau^{33}zən^{13}	亲戚tɕʻin^{55}tɕʻi^{0}
恩施	老年人nau^{51}niɛn^{33}zən^{33}	亲戚tɕʻin^{55}tɕʻi^{33}
襄阳	老人家nau^{35}zən^{53}tɕia^{0}	亲戚tɕʻin^{24}tɕʻi^{0}
十堰	老年人lau^{55}nian^{24}zən^{52}	亲戚tɕʻin^{33}tɕʻi^{0}
黄冈	爹爹婆婆tie^{22}tie^{0}pʻo^{31}pʻo^{0}	亲戚tɕʻin^{22}tɕʻi^{35}
孝感	爹儿tior^{33}	亲戚tɕʻin^{33}tɕʻi^{0}
黄石	老人lau^{55}zən^{31}	亲戚tɕʻin^{33}tɕʻi^{0}
咸宁	老者no^{42}tse^{42}	亲戚tɕʻiən^{44}tsʻæ^{55}

	383 客人	384 农民
武汉	客kʻe^{213}	乡里人ɕiaŋ^{45}li^{0}len^{21}
荆州	客kʻɤ^{13}	农民loŋ^{13}min^{13}
宜昌	客kʻɤ^{13}	农民loŋ^{13}min^{13}
恩施	客kʻɛ^{33}	农民noŋ^{33}min^{35}
襄阳	客人kʻə^{53}zən^{0}	种地的tsuŋ^{24}ti^{31}ti^{0}
十堰	客人kʻɤ^{52}zən^{0}	农民nən^{24}min^{52}
黄冈	客kʻe^{213}	种田的tsoŋ^{35}tʻien^{31}ti^{0}
孝感	客人kʻɛ^{213}zən^{31}	种田的tʂoŋ^{35}tʻin^{31}ti^{0}
黄石	客kʻæ^{213}	乡下人ɕiaŋ^{33}xɒ^{324}zən^{31}
咸宁	人客zən^{31}kʻɒ^{55}	做农箇tsɒu^{213}nəŋ^{31}kə^{44}

	385 商人	386 手艺人统称
武汉	做生意的tsou^{25} sen^{45} i^{0} ti^{0}	做手艺的tsou^{25} sou^{33} i^{0} ti^{0}
荆州	做生意的tsəu^{35} sən^{55} i^{35} ti^{0}	做手艺的tsəu^{35} səu^{42} i^{35} ti^{0}
宜昌	做生意的tsəu^{35} sən^{55} i^{0} ti^{0}	做手艺的tsəu^{35} səu^{33} i^{0} ti^{0}
恩施	搞生意的kau^{35} sən^{55} i^{55} ti^{0}	匠人tɕiaŋ^{31} ʐən^{0}
襄阳	做生意的tsəu^{31} sən^{24} i^{53} ti^{0}	手艺人səu^{35} i^{0} zən^{53}
十堰	做生意的tsou^{31} ʂən^{33} i^{0} ti^{0} 丨 生意人ʂən^{33} i^{0} ʐən^{52}	匠人tɕiaŋ^{35} ʐən^{33}
黄冈	生意人sən^{22} i^{44} ʐən^{31}	手艺人səu^{55} i^{44} ʐən^{31}
孝感	做生意的tsəu^{35} sən^{33} i^{0} ti^{0}	手艺人ʂəu^{52} i^{0} ʐən^{31}
黄石	生意人sen^{33} i^{25} ʐən^{31}	手艺人sou^{55} ȵi^{324} ʐen^{31}
咸宁	做生意箇tsɒu^{213} səŋ^{44} i^{213} kə^{44}	做手艺箇tsɒu^{213} sɒu^{42} ni^{33} kə^{44}

	387 理发师	388 厨师
武汉	剃头的tʻi^{25} tʻou^{213} ti^{0}	大师傅ta^{25} sɿ^{45} fu^{0} 丨 厨师tɕʻy^{213} sɿ^{55}
荆州	剃头的tʻi^{35} tʻəu^{13} ti^{0}	烧火的sau^{55} xuo^{42} ti^{0}
宜昌	剃头的tʻi^{35} tʻəu^{13} ti^{0}	厨子tsʻu^{13} tsɿ^{0}
恩施	剃头匠tʻi^{35} tʻəu^{33} tɕiaŋ^{35}	厨子tʂʻu^{33} tsɿ^{0}
襄阳	剃头匠儿tʻi^{31} tʻəu^{53} tɕiãr^{31} 丨 理发师ni^{35} fa^{53} sɿ^{24}	厨师tsʻu^{53} sɿ^{24}
十堰	剃头匠tʻi^{31} tʻou^{52} tɕiaŋ^{31} 丨 剃头的tʻi^{24} tʻou^{52} ti^{0}	厨子tʂʻu^{52} tsɿ^{0} 丨 做饭的tsou^{24} fan^{31} ti^{0}
黄冈	剃头儿tʻi^{35} tʻər^{31}	伙夫头儿xo^{55} fu^{22} tʻər^{31}
孝感	剃头的tʻi^{35} tʻəu^{31} ti^{0}	厨子tʂʻʅ^{31} tsɿ^{0}
黄石	剃头的tʻi^{25} tʻou^{31} ti^{0}	烧火的sau^{33} xo^{55} ti^{0}
咸宁	剃头箇tʻæ^{213} tʻe^{31} kə^{44}	厨子tɕʻy^{31} tsɿ^{42}

	389 师傅	390 徒弟
武汉	师傅sɿ^{45}fu^{0}	徒弟tʻou^{213}ti^{25}
荆州	师傅sɿ^{55}fu^{0}	徒弟tʻu^{13}ti^{35}
宜昌	师傅si^{55}fu^{0}	徒弟儿tʻu^{13}tiər^{0}
恩施	师傅sɿ^{55}xu^{55}	徒弟娃儿tʻu^{33}ti^{35}uɚ^{33}
襄阳	师傅sɿ^{24}fu^{0}	徒弟tʻu^{53}ti^{0}
十堰	师傅ʂʅ^{33}fu^{0}	徒弟tʻou^{52}ti^{31}
黄冈	师傅sɿ^{22}fu^{0}	徒弟儿tʻəu^{31}ti^{44}ɔr^{31}
孝感	师傅sɿ^{33}fu^{0}	徒弟tʻəu^{31}ti^{0} ｜ 徒弟伢tʻəu^{31}ti^{0}ŋɑ^{31}
黄石	师傅sɿ^{33}fu^{0}	听叫的tʻin^{25}tɕiau^{25}ti^{0}
咸宁	师傅sɿ^{44}fu^{33}	徒弟tʻɒu^{31}tʻæ^{33}

	391 乞丐统称，非贬称（无统称则记成年男的）	392 瞎子统称，非贬称（无统称则记成年男的）
武汉	讨饭的tʻao^{33}fan^{25}ti^{0} ｜ 告花子kao^{25}xua^{55}tsɿ^{0}	瞎子ɕia^{213}tsɿ^{0}
荆州	讨米佬tʻau^{42}mi^{42}lau^{42}	瞎子ɕia^{13}tsɿ^{0}
宜昌	告花子kau^{35}xua^{55}tsɿ^{0}	瞎子ɕia^{13}tsɿ^{0}
恩施	告花子kau^{35}xua^{55}tsɿ^{0}	瞎子ɕia^{33}tsɿ^{0}
襄阳	要饭的iau^{24}fan^{31}ti^{0} ｜ 叫花子儿tɕiau^{31}xua^{0}r̩^{0}	瞎子儿ɕia^{53}r̩^{0}
十堰	要饭的iau^{24}fan^{31}ti^{0}	瞎子ɕia^{33}tsɿ^{0}
黄冈	告壳子kau^{35}kʻo^{213}tsɿ^{0}	瞎子xa^{213}tsɿ^{0}
孝感	告花子kɑu^{35}xuɑ^{33}tsɿ^{0}	瞎子ɕiɑ^{213}tsɿ^{0}
黄石	讨米的tʻau^{55}mi^{55}ti^{0}	瞎子xɒ^{213}tsɿ^{0}
咸宁	告化ko^{213}xuɒ^{213}	瞎嘞xa^{55}ne^{44}

	393 聋子统称，非贬称（无统称则记成年男的）	394 哑巴统称，非贬称（无统称则记成年男的）
武汉	聋子loŋ^{45}tsɿ^{0}	哑巴ia^{25}pa^{0}
荆州	聋子loŋ^{55}tsɿ^{0}	哑巴a^{42}pa^{0}
宜昌	聋子loŋ^{55}tsɿ^{0}	哑巴ia^{33}pa^{0}
恩施	聋子noŋ^{55}tsɿ^{0}	哑巴ia^{51}pa^{55}
襄阳	聋子儿nəŋ^{24}r̩^{0}	哑巴ia^{31}pa^{0}
十堰	聋子lən^{33}tsɿ^{0}	寡子kua^{55}tsɿ^{0}
黄冈	聋子loŋ^{22}tsɿ^{0}	哑巴ŋa^{35}pa^{0}
孝感	聋子noŋ^{33}tsɿ^{0}	哑巴iɑ^{35}pɑ^{0}
黄石	聋子loŋ^{33}tsɿ^{0}	哑子ŋɒ^{55}tsɿ^{0}
咸宁	聋嘞nəŋ^{44}ne^{44}	哑包ŋɒ^{42}po^{44}

	395 瘸子统称，非贬称（无统称则记成年男的）	396 爷爷呼称，最通用的
武汉	跛子po^{33}tsɿ^{0}	爹爹tie^{45}tie^{0}
荆州	踦子pai^{55}tsɿ^{0}	爷爷ie^{13}ie^{0}
宜昌	踦子pai^{55}tsɿ^{0}	爷爷ie^{13}ie^{0}
恩施	踦子pai^{55}tsɿ^{0} | 跛子po^{51}tsɿ^{0}	爷爷ie^{33}ie^{55}
襄阳	踦子儿pai^{24}r̩^{0}	爷爷ie^{53}ie^{0}
十堰	踦子pɛ^{33}tsɿ^{0}	爷iɛ^{52}
黄冈	跛子po^{55}tsɿ^{0}	爹tie^{22}
孝感	跛子po^{52}tsɿ^{0}	爹爹tiɛ^{33}tiɛ^{0}
黄石	跛子po^{55}tsɿ^{0}	爹tie^{33}
咸宁	拐脚kua^{42}tɕiə^{55}	爹ti^{44}

	397 奶奶呼称，最通用的	398 外祖父叙称
武汉	太tʻe^{25}	家公爹爹tɕia^{45}koŋ^{0}tie^{45}tie^{0}
荆州	奶奶lai^{42}lai^{0}	家爷ka^{55}ie^{13}
宜昌	婆婆pʻo^{13}pʻo^{0}	家公爷爷ka^{55}koŋ^{55}ie^{13}ie^{0}
恩施	奶奶nai^{51}nai^{0}	家公ka^{55}koŋ^{55}
襄阳	奶奶nai^{35}nai^{0}	外爷uei^{31}ie^{0}
十堰	奶奶nai^{55}nai^{0}	外爷uei^{31}iɛ^{0}
黄冈	婆pʻo^{31}	家爹ka^{22}tie^{22}
孝感	婆婆po^{31}po^{0}	家家爹爹kɑ^{33}kɑ^{0}tiɛ^{33}tiɛ^{0}
黄石	奶læ^{33}	家公kɒ^{33}koŋ^{33}
咸宁	妈mɒ̃^{44}	家婆爹kɒ^{44}pʻə^{31}ti^{44}

	399 外祖母叙称	400 父母合称
武汉	家家tɕia^{45}tɕia^{0}	爸爸姆妈pa^{21}pa^{0}m̩^{33}ma^{0} | 老头老娘lao^{33}tʻe^{0}lao^{33}liaŋ^{213}
荆州	家奶奶ka^{55}lai^{42}lai^{0}	父母fu^{35}mu^{42} | 爹妈tie^{55}ma^{55}
宜昌	家家ka^{55}ka^{0}	爹妈tie^{55}ma^{55}
恩施	家家ka^{55}ka^{55}	妈老汉儿ma^{55}nau^{51}xɚ^{0}
襄阳	婆婆pʻo^{53}pʻo^{0}	老的nau^{35}ni^{0}
十堰	外婆uei^{31}pʻɔ^{0}	爹妈tiɛ^{33}ma^{33}
黄冈	家家tɕia^{22}tɕia^{0}	老头儿老娘lau^{55}tʻɔr^{31}lau^{55}n̩iaŋ^{31}
孝感	家家婆婆kɑ^{33}kɑ^{0}po^{31}po^{0}	父母fu^{55}mu^{52}
黄石	家婆kɒ^{33}pʻo^{31}	伯嬷pæ^{213}mei^{55}
咸宁	家婆妈kɒ^{44}pʻə^{31}mɒ̃^{44}	爷娘iɒ^{31}niõ^{31}

	401 父亲叙称	402 母亲叙称
武汉	老头lao^{33}tʻe^{213} | 爸爸pa^{213}pa^{0}	老娘lao^{33}liaŋ^{213} | 姆妈m̩^{33}ma^{0}
荆州	父亲fu^{35}tɕʻin^{55} | 爸爸pa^{13}pa^{55}	妈ma^{55} | 娘lian^{13}
宜昌	爹tie^{55}	妈ma^{55}
恩施	老汉儿nau^{51}xɚ^{0}	妈ma^{55}
襄阳	老爹nau^{35}tie^{24}	老娘nau^{35}niãr^{53}
十堰	伯伯pɛ^{52}pɛ^{0}	妈ma^{33}
黄冈	伯pe^{213}	姆妈m̩^{55}ma^{22} | 嬷me^{55}
孝感	伯伯pɛ^{31}pɛ^{0} | 老子nɑu^{52}tsɿ^{0}	姆妈m̩^{52}mɑ^{0}
黄石	伯pæ^{213}	嬷mei^{55}
咸宁	爷iɒ^{31}	娘niõ^{31}

	403 公公叙称	404 婆婆叙称
武汉	爹爹tie^{45}tie^{0}	婆婆pʻo^{213}pʻo^{0}
荆州	公公koŋ^{55}koŋ^{55} | 爹爹tie^{55}tie^{55}	婆婆pʻo^{13}pʻo^{0}
宜昌	公公老头儿koŋ^{55}koŋ^{0}lau^{33}tʻər^{0}	婆婆pʻo^{13}pʻo^{0}
恩施	公公老汉儿koŋ^{55}koŋ^{55}nao^{51}xɚ^{0}	婆子妈pʻo^{33}tsɿ^{0}ma^{55}
襄阳	老公公nau^{35}kuŋ^{24}kuŋ^{0}	老婆子儿nau^{35}pʻo^{53}r̩^{0}
十堰	老公公lau^{55}kuən^{33}kuən^{0}	老婆子lau^{55}pʻɔ^{52}tsɿ^{0}
黄冈	爹tie^{22}	婆pʻo^{31}
孝感	公公koŋ^{33}koŋ^{0}	婆婆po^{31}po^{0}
黄石	爹爹tie^{33}tie^{0}	婆婆pʻo^{31}pʻo^{25}
咸宁	阿公ŋɒ^{44}kəŋ^{44}	阿婆ŋɒ^{44}pʻə^{31}

	405 舅舅呼称	406 舅妈呼称
武汉	舅舅tɕiou^{25} tɕiou^{0}	舅娘tɕiou^{25} liaŋ^{55}
荆州	舅舅tɕiəu^{35} tɕiəu^{55}	舅妈tɕiəu^{35} ma^{55}
宜昌	舅舅tɕiəu^{35} tɕiəu^{0}	舅妈tɕiəu^{35} ma^{55}
恩施	舅舅tɕiəu^{35} tɕiəu^{0}	舅母tɕiəu^{35} mu^{51}
襄阳	舅舅tɕiəu^{31} tɕiəu^{0}	舅母tɕiəu^{31} mu^{0}
十堰	舅舅tɕiəu^{31} tɕiəu^{0}	舅母tɕiəu^{31} mu^{0}
黄冈	舅tɕiəu^{44}	舅乜$^{=}$ tɕiəu^{44} me^{55}
孝感	舅舅tɕiəu^{55} tɕiəu^{0}	舅妈tɕiəu^{55} mɑ^{33}
黄石	舅爷tɕiou^{324} ie^{31}	舅娘tɕiou^{324} ȵiaŋ^{31}
咸宁	舅爷tɕʻiɒu^{33} iɒ^{44}	舅娘tɕʻiɒu^{33} niõ^{44}

	407 姨呼称，统称（无统称则记分称：比母大，比母小；已婚，未婚）	408 姨父呼称，统称
武汉	姨妈i^{213} ma^{55}	姨爹i^{213} tie^{55}
荆州	姨i^{13} | 姨妈i^{13} ma^{55}	姨爹i^{13} tie^{55}
宜昌	姨妈i^{13} ma^{55}	姨爹i^{13} tie^{55}
恩施	姨妈i^{22} ma^{55} | 姨i^{22}	姨爹i^{22} tie^{55}
襄阳	娘儿niar^{24}	姨爹i^{53} tie^{0}
十堰	姨i^{52}	姨父i^{52} fu^{31}
黄冈	姨i^{31}	姨爷i^{31} ie^{31}
孝感	姨i^{31} | 干儿kɐr^{33}	姨伯i^{31} pɛ^{213} | 姨爷i^{31} iɛ^{31}
黄石	姨娘i^{31} ȵiaŋ^{31}	姨爹i^{31} tie^{33}
咸宁	姨娘i^{31} niõ^{44}	姨爷i^{31} iɒ^{44}

	409 弟兄合称	410 姊妹合称，注明是否可包括男性
武汉	兄弟çioŋ^{44}ti^{25}	姊妹tsɿ^{33}mei^{25}包括男性
荆州	弟兄ti^{35}çioŋ^{55} | 兄弟çioŋ^{55}ti^{35}	姊妹伙的tsɿ^{42}mei^{35}xuo^{42}ti^{0}包括男性
宜昌	弟兄ti^{35}çioŋ^{0}	姊妹tsɿ^{33}mei^{0}不包括男性
恩施	弟兄ti^{35}çioŋ^{55} | 兄弟çioŋ^{55}ti^{0}	姊妹tsɿ^{51}mei^{35}不包括男性
襄阳	弟兄ti^{31}çyŋ^{0}	姊妹伙儿的tsɿ^{35}mei^{0}xuor^{0}ni^{0}包括男性
十堰	弟兄伙儿的ti^{31}çyn^{33}xuɔr^{0}ti^{0}	姊妹伙儿的tsɿ^{55}mei^{31}xuɔr^{0}ti^{0}包括男性
黄冈	兄弟伙里çioŋ^{31}ti^{44}xo^{31}li^{0}	姊妹伙里tsɿ^{55}mi^{44}xo^{31}li^{0}包括男性
孝感	弟兄ti^{55}çioŋ^{33}	姊妹伙的tsɿ^{52}mi^{0}xo^{31}ni^{0}包括男性
黄石	弟兄伙的ti^{324}çioŋ^{33}xo^{55}ti^{0}	姊妹伙的tsɿ^{55}mei^{324}xo^{55}ti^{0}不包括男性
咸宁	弟兄t‘æ^{33}çiəŋ^{44}	姊妹tsɿ^{42}mæ^{33}包括男性

	411 哥哥呼称，统称	412 弟弟叙称
武汉	拐子kuai^{33}tsɿ^{0} | 哥ko^{55}	弟ti^{25} | 兄弟çioŋ^{44}ti^{25}
荆州	哥哥kuo^{55}kuo^{55}	弟弟ti^{35}ti^{55}
宜昌	哥哥kuo^{55}kuo^{0}	弟弟ti^{35}ti^{0}
恩施	哥哥kuo^{55}kuo^{55}	弟娃儿ti^{35}uɚ^{0}
襄阳	哥哥kə^{24}kə^{0}	弟弟ti^{31}ti^{0}
十堰	哥kɤ^{33}	弟弟ti^{31}ti^{0}
黄冈	哥ko^{22}	弟儿ti^{44}ɛr^{0}
孝感	哥哥ko^{33}ko^{0}	兄弟çioŋ^{33}ti^{0}
黄石	哥ko^{33}	弟ti^{25}
咸宁	哥kə^{44}	老弟no^{42}t‘æ^{33}

	413 姐姐呼称，统称	414 妹妹叙称
武汉	姐tɕie^{42} | 姐姐tɕie^{33} tɕie^{0}	妹mei^{25}
荆州	姐姐tɕie^{42} tɕie^{0}	妹妹mei^{35} mei^{55}
宜昌	姐姐tɕie^{13} tɕie^{0}	妹妹mei^{35} mei^{0}
恩施	姐姐tɕie^{51} tɕie^{0}	妹妹mei^{35} mei^{0}
襄阳	姐姐tɕie^{35} tɕie^{0}	妹妹mei^{31} mei^{0}
十堰	姐姐tɕiɛ^{55} tɕiɛ^{0}	妹妹mei^{31} mei^{0}
黄冈	姐tɕie^{55} tɕie^{0}	妹儿mi^{44} ɛr^{0}
孝感	姐姐tɕiɛ^{52} tɕiɛ^{0}	妹妹mei^{55} mei^{0}
黄石	姐tɕie^{55}	妹mi^{324}
咸宁	哥kə^{44}	老妹no^{42} mæ^{33}

	415 妯娌弟兄妻子的合称	416 连襟姊妹丈夫的关系，叙称
武汉	妯娌tsou^{213} li^{0}	连襟lian^{213} tɕin^{55}
荆州	妯娌tsʻu^{13} li^{0}	姨佬i^{13} lau^{42}
宜昌	妯娌tsu^{13} li^{0}	姨佬儿i^{13} laur^{0}
恩施	妯娌tʂu^{22} ni^{51}	老姨nau^{51} i^{33}
襄阳	妯娌tsu^{53} ni^{0}	一担挑i^{53} tan^{31} tʻiau^{24}
十堰	妯娌伙儿的tʂou^{52} li^{0} xuɔr^{0} ti^{0}	挑担tʻiau^{33} tan^{31}
黄冈	妯娌伙里tsəu^{31} li^{0} xo^{31} li^{0}	郎舅伙里laŋ^{31} tɕiəu^{44} xo^{31} li^{0}
孝感	妯娌伙的tʂəu^{31} ni^{0} xo^{31} ni^{0}	连襟nin^{31} tɕiər^{33}
黄石	妯娌伙的tsʻou^{324} li^{55} xo^{55} ti^{0}	连襟lian^{31} tɕin^{33}
咸宁	妯娌tsʻɒu^{33} næ^{42}	姨佬i^{31} no^{42}

	417 **儿子**叙称：我的～	418 **女儿**叙称：我的～
武汉	儿子ɯ^{213}tsɿ^{0}	姑娘ku^{45}liaŋ^{0}
荆州	儿子ɯ^{13}tsɿ^{0}	姑娘ku^{55}lian^{55}
宜昌	儿子ɚ^{13}tsɿ^{0}	姑娘ku^{55}liaŋ^{0}
恩施	儿子ɚ^{33}tsɿ^{0}	姑娘ku^{55}niaŋ^{55}
襄阳	儿子ɚ^{53}tsɿ^{0}	姑娘ku^{24}niaŋ^{0}
十堰	儿子ɚ^{52}tsɿ^{0}	[女娃]子nya^{55}tsɿ^{0}
黄冈	儿子ɔr^{31}tsɿ^{0}	女儿ȵʮ^{55}ɔr^{31}
孝感	儿子ɐr^{31}tsɿ^{0}	姑娘ku^{33}ȵiɑŋ^{31}
黄石	儿ɚ^{31}	姑娘ku^{33}ȵiaŋ^{31}
咸宁	崽tsa^{42}	女y^{42} ｜ 女儿y^{42}zɿ^{31}

	419 **丈夫**叙称，最通用的，非贬称：她的～	420 **妻子**叙称，最通用的，非贬称：他的～
武汉	屋里的男的u^{21}li^{0}ti^{0}lan^{213}ti^{0}	屋里的女的u^{21}li^{0}ti^{0}y^{33}ti^{0}
荆州	老公lau^{42}koŋ^{55} ｜ 爱人ai^{35}lən^{13}	老婆lau^{42}p'o^{13} ｜ 爱人ai^{35}lən^{13}
宜昌	伙计xuo^{33}tɕie^{0}	伙计xuo^{33}tɕie^{0}
恩施	男的nan^{33}ti^{0}	女的ny^{51}ti^{0}
襄阳	当家儿的taŋ^{24}tɕiar^{24}ti^{0}	媳妇儿ɕi^{53}fur^{0}
十堰	当家儿的taŋ^{33}tɕiar^{33}ti^{0}	媳妇儿ɕi^{52}fur^{31}
黄冈	老公lau^{55}koŋ^{22}	屋里头u^{213}li^{55}t'əu^{0}
孝感	当家的tɑŋ^{33}tɕiɑ^{33}ti^{0} ｜ 打赤脚的tɑ^{52}tʂʅ^{31}tɕio^{0}ti^{0}	屋里人u^{213}ni^{0}ʐən^{31}
黄石	外头人uæ^{324}t'ou^{31}ʐən^{31}	屋里人u^{213}li^{55}ʐen^{31}
咸宁	老公no^{42}kəŋ^{44}	屋里u^{55}næ^{42}

	421 事情一件~	422 插秧
武汉	事sɿ^{25}	栽秧tsai^{44} iaŋ^{55}
荆州	事情sɿ^{35} tɕʻin^{13}	栽秧tsai^{55} ian^{55} | 插秧tsʻa^{13} ian^{55}
宜昌	事儿sər^{35}	插秧tsʻa^{13} iaŋ^{55}
恩施	事sɿ^{35}	栽秧子tsai^{55} iaŋ^{55} tsɿ^{0}
襄阳	事儿ʂər^{31}	栽秧tsai^{24} iaŋ^{24}
十堰	事儿ʂər^{31}	栽秧tsɛ^{33} iaŋ^{33}
黄冈	事sɿ^{44}	插秧tsa^{213} iaŋ^{22}
孝感	事sɿ^{55}	栽秧tsɑi^{33} iɑŋ^{33}
黄石	事sɿ^{324}	插田tsʻɒ^{213} tʻian^{31}
咸宁	事情sɿ^{33} tɕʻiən^{31}	栽田tsa^{44} tʻiẽ^{31}

	423 镰刀	424 把儿刀~
武汉	镰刀lian^{213} tao^{55}	把pa^{25}
荆州	镰刀lien^{13} tau^{55}	把pa^{35}
宜昌	镰刀liɛn^{13} tau^{0}	把子pa^{35} tsɿ^{0}
恩施	镰刀niɛn^{33} tau^{55}	把把儿pa^{35} pɚ^{0}
襄阳	镰刀nian^{53} tau^{24}	把儿par^{31}
十堰	镰刀lian^{52} tau^{33}	把儿pər^{31}
黄冈	钐镰sa^{22} lien^{31}	柄pin^{35}
孝感	镰子nin^{31} tsɿ^{0}	把儿pɑr^{35}
黄石	镰刀lian^{31} tau^{33}	柄pin^{25}
咸宁	钐镰sɒ̃^{44} niẽ^{31}	把pɒ^{213}

	425 **簸箕**农具，有梁的	426 **轮子**旧式的，如独轮车上的
武汉	篼箕yan^{44} tɕi^{55}	滚哆$^{=}$ kuen^{33} to^{0}
荆州	簸箕po^{35} tɕi^{55}	轮子lən^{13} tsɿ^{0}
宜昌	撮箕ts'uo^{13} tɕi^{0}	滚子kuən^{33} tsɿ^{0}
恩施	堂窝t'aŋ^{33} uo^{55}	滚子kuən^{51} tsɿ^{0}
襄阳	柳簸niəu^{24} po^{0}	轱辘滚儿ku^{24} nəu^{0} kuər^{35}
十堰	大筛子ta^{31} ʂai^{33} tsɿ^{0}	轱辘子ku^{55} lou^{0} tsɿ^{0}
黄冈	滤子li^{44} tsɿ^{0}	滚锥kuən^{55} tʂʮei^{22}
孝感	篼子ɥɑn^{33} tsɿ^{0}	滚子kuən^{52} tsɿ^{0}
黄石	撮箕ts'o^{213} tɕi^{33}	滚子kuen^{55} tsɿ^{0}
咸宁	蒲篮p'u^{31} nõ^{31}	滚子kuən^{42} tsɿ^{42}

	427 **碓**整体	428 **臼**
武汉	舂碓ts'oŋ^{55} tei^{25}	臼tɕiou^{55}
荆州	碓窝子tei^{35} uo^{55} tsɿ^{0}	臼窝子tɕiəu^{35} uo^{55} tsɿ^{0}
宜昌	碓窝子tei^{35} uo^{55} tsɿ^{0}	石窝子sɿ^{13} uo^{55} tsɿ^{0}
恩施	碓tuei^{35}	碓窝子tuei^{35} uo^{55} tsɿ^{0}
襄阳	碓窝子儿tei^{31} uo^{0} r̩^{0}	窝子儿uo^{24} r̩^{0}
十堰	碓窝子tei^{31} uɔ^{33} tsɿ^{0}	碓锤子tei^{31} tʂ'uei^{52} tsɿ^{0}
黄冈	碓ti^{35}	碓臼ti^{35} tɕiəu^{44}
孝感	碓ti^{35}	臼tɕiəu^{35}
黄石	碓ti^{25}	臼tɕiou^{324}
咸宁	碓tæ^{213}	臼tɕ'iɒu^{33}

	429 年成	430 螺丝刀
武汉	年成lian^{13} tsʻen^{33} | 收成sou^{55} tsʻen^{21}	起子tɕʻi^{33} tsɿ^{0}
荆州	年成lien^{13} tsʻən^{13}	起子tɕʻi^{42} tsɿ^{0}
宜昌	年成liɛn^{13} tsʻən^{13}	起子tɕʻi^{13} tsɿ^{0}
恩施	收成ʂəu^{55} tʂʻən^{33}	起子tɕʻi^{51} tsɿ^{0}
襄阳	年成nian^{53} tsʻən^{0}	起子儿tɕʻi^{35} r̩^{0}
十堰	年成nian^{52} tʂʻən^{0}	起子tɕʻi^{55} tsɿ^{0} | 改锥kɛ^{55} tʂuei^{33} | 螺丝刀儿luɔ^{52} sɿ^{0} tau^{33}
黄冈	年成ȵien^{31} tsʻən^{31}	起子tɕʻi^{55} tsɿ^{0}
孝感	年成nin^{31} tʂʻən^{31}	起子tɕʻi^{52} tsɿ^{0}
黄石	年成ȵian^{31} tsʻen^{31}	起子tɕʻi^{55} tsɿ^{0}
咸宁	年景niẽ^{31} tɕiən^{42} | 年份niẽ^{31} fən^{33}	起tɕʻi^{42}

	431 钉子	432 棍子
武汉	钉子tin^{45} tsɿ^{0}	棒子paŋ^{25} tsɿ^{0} | 棍子kuen^{25} tsɿ^{0}
荆州	钉子tin^{55} tsɿ^{0}	棍子kuən^{35} tsɿ^{0}
宜昌	钉子tin^{55} tsɿ^{0}	棍棍儿kuən^{35} kuər^{0}
恩施	钉子tin^{55} tsɿ^{0}	棒棒paŋ^{35} pə^{0}
襄阳	钉子儿tin^{24} r̩^{0}	棍子儿kuən^{31} r̩^{0}
十堰	钉子tin^{33} tsɿ^{0}	棍棍儿kuən^{31} kuər^{31}
黄冈	钉儿tiɛr^{22}	棍儿kuɛr^{35}
孝感	钉子tin^{33} tsɿ^{0}	棍子kuən^{35} tsɿ^{0}
黄石	钉子tin^{33} tsɿ^{0}	棍子kuen^{25} tsɿ^{0}
咸宁	钉tiə̃^{44}	棍kuən^{213}

	433 做买卖	434 商店
武汉	做生意tsou^{25} sen^{45} i^{0}	店铺tian^{25} pʻu^{25}
荆州	做生意tsəu^{35} sən^{55} i^{35}	商店san^{55} tien^{35}
宜昌	做生意tsəu^{35} sən^{55} i^{0}	铺子pʻu^{35} tsɿ^{0}
恩施	做生意tsəu^{35} sən^{55} i^{55}	店店儿tiɛn^{35} tiɚ^{0}
襄阳	做生意tsəu^{31} sən^{24} i^{0}	商店儿saŋ^{24} tiɐr^{31}
十堰	做生意tsuɔ^{31} ʂən^{33} i^{0}	铺子pʻu^{31} tsɿ^{0}
黄冈	做生意tsəu^{35} sən^{22} i^{44}	店儿tiɛr^{35}
孝感	做生意tsəu^{35} sən^{33} i^{0}	杂货铺儿tsɑ^{31} xo^{35} pʻur^{35} 丨 商店儿ʂɑŋ^{33} tiər^{35}
黄石	做生意tsou^{25} sen^{33} i^{25}	铺儿pʻuər^{25}
咸宁	做生意tsɒu^{213} səŋ^{44} i^{213}	商店sõ^{44} tiẽ^{213} 丨 店铺tiẽ^{213} pʻu^{213}

	435 饭馆	436 旅馆旧称
武汉	餐馆tsʻan^{55} kuan^{42}	旅社y^{33} se^{25}
荆州	馆子kuan^{42} tsɿ^{0}	旅社ly^{42} sɤ^{35}
宜昌	馆子kuan^{33} tsɿ^{0}	旅舍ly^{33} sɤ^{35}
恩施	馆子kuan^{51} tsɿ^{0}	旅舍ny^{51} ʂɛ^{35}
襄阳	饭馆儿fan^{31} kuɐr^{35}	旅社ny^{35} sə^{31}
十堰	馆子kuan^{55} tsɿ^{0}	旅社ly^{55} ʂɤ^{31}
黄冈	餐馆儿tsʻan^{22} kuɛr^{55}	旅社li^{55} se^{44}
孝感	餐馆tsʻɑn^{33} kuɑn^{52}	旅社ni^{52} ʂe^{55} 丨 客栈kʻɛ^{213} tʂɑn^{35}
黄石	饭铺fan^{324} pʻu^{25}	客栈kʻæ^{213} tsan^{25}
咸宁	饭店fɒ̃^{33} tiẽ^{213}	旅社y^{42} se^{33}

	437 便宜	438 折扣
武汉	便宜pʻian^{213}i^{25}	折扣tse^{213}kʻou^{25}
荆州	便宜pʻien^{13}i^{0}	打折ta^{42}tsɤ^{13}
宜昌	便宜pʻiɛn^{13}i^{13}	折扣tsɤ^{13}kʻəu^{35}
恩施	相因ɕiaŋ^{55}in^{55}	折扣tʂɛ^{33}kʻəu^{0}
襄阳	便宜pʻian^{53}i^{0}	折扣tsə^{53}kʻəu^{31}
十堰	相因ɕiaŋ^{33}in^{52}	减价tɕian^{55}tɕia^{31} | 打折ta^{55}tʂɤ^{52}
黄冈	便宜pʻien^{31}i^{0}	打折ta^{55}tse^{213}
孝感	便宜pʻin^{31}i^{0}	打折tɑ^{52}tʂɛ^{213}
黄石	贱tɕian^{324}	打折tɒ^{55}tsæ^{213}
咸宁	便宜pʻiẽ^{31}ni^{31}	打折tɒ^{42}tse^{55}

	439 亏本	440 零钱
武汉	折本se^{213}pen^{42}	零钱lin^{13}tɕʻian^{21}
荆州	折本sɤ^{13}pən^{42}	零钱lin^{13}tɕʻien^{13}
宜昌	亏本儿kʻuei^{55}pər^{33}	零钱lin^{13}tɕʻiɛn^{13}
恩施	折本ʂe^{33}pən^{51}	散钱san^{51}tɕʻiɛn^{33}
襄阳	折本儿sə^{53}pər^{35}	零钱nin^{53}tɕʻian^{0}
十堰	亏本儿kʻuei^{33}pər^{55}	零钱lin^{24}tɕʻian^{52}
黄冈	折了se^{44}liau^{0}	细钱儿ɕi^{35}tɕʻiɛr^{31} | 零角儿lin^{31}kor^{213}
孝感	折了ʂɛ^{31}niɑu^{0}	角娃儿ko^{213}uɑr^{0} | 角票儿tɕio^{31}pʻiɑur^{35}
黄石	亏本kʻuei^{33}pen^{25}	零钱lin^{31}tɕʻian^{31}
咸宁	折本se^{33}pən^{42}	零钱niɒ̃^{31}tɕʻiẽ^{31}

	441 硬币	442 花~钱
武汉	分子钱fen^{45}tsɿ^{0}tɕʻian^{21}	花xua^{55}
荆州	硬币ən^{35}pei^{35}	花xua^{55}
宜昌	分分儿钱fən^{55}fər^{0}tɕʻiɛn^{13} 丨 分子钱fən^{55}tsɿ^{0}tɕʻiɛn^{13}	用ioŋ^{35}
恩施	子子儿钱tsɿ^{51}tsə˞^{0}tɕʻiɛn^{33}	用ioŋ^{35}
襄阳	洋角子儿iaŋ^{53}kə^{53}r̩^{0} 丨 镚镚儿pəŋ^{31}pər^{0}	花xua^{24}
十堰	角子娃儿kɤ^{52}tsɿ^{0}uar^{52} 丨 钢镚儿kaŋ^{33}pər^{31}	花xua^{33}
黄冈	硬币ŋən^{44}pi^{44}	用ioŋ^{44}
孝感	角娃儿ko^{213}uɑr^{0}	用ioŋ^{55}
黄石	硬镚儿ŋen^{324}poŋ^{25}ə˞^{31}	花xuɒ^{33}
咸宁	零角niɒ̃^{31}kə^{55} 丨 零角崽niɒ̃^{31}kə^{55}tsa^{42}	用iəŋ^{33}

	443 赚卖一斤能~一毛钱	444 欠~他十块钱
武汉	赚tɕyan^{25}	该kai^{55}
荆州	赚tsuan^{35}	该kai^{55}
宜昌	挣tsən^{35}	该kai^{55}
恩施	挣tsən^{35}	该kai^{55}
襄阳	赚tsuan^{31}	欠tɕʻian^{31}
十堰	挣tʂən^{55} 丨 赚tʂuan^{31}	该kɛ^{33}
黄冈	赚tʂɥan^{44}	该kai^{22}
孝感	赚tʂɥɑn^{55}	该kɑi^{33}
黄石	赚tɕɥan^{324}	欠tɕʻian^{25}
咸宁	赚tɕyẽ^{213}	差tsʻɒ^{44}

	445 学校	446 钢笔
武汉	学校ɕyo^{213}ɕiao^{25} ｜ 学堂ɕyo^{213}tʻaŋ^{33}	钢笔kaŋ^{55}pi^{21} ｜ 靛笔tian^{25}pi^{21}
荆州	学校ɕio^{13}ɕiau^{35}	自来水笔tsɿ^{35}lai^{13}suei^{42}pi^{13} ｜ 钢笔kan^{55}pi^{13}
宜昌	学校ɕio^{13}ɕiau^{35}	钢笔kaŋ^{55}pi^{13}
恩施	学堂ɕio^{33}tʻaŋ^{33}	自来水笔tsɿ^{35}nai^{33}ʂuei^{51}pi^{33}
襄阳	学校ɕyo^{53}ɕiau^{31}	钢笔kaŋ^{24}pi^{53}
十堰	学校ɕyɛ^{52}ɕiau^{31}	水笔ʂei^{55}pi^{52} ｜ 钢笔kaŋ^{33}pi^{52}
黄冈	学校ɕio^{31}ɕiau^{44}	靛笔tien^{44}pi^{213}
孝感	学堂ɕio^{31}tʻɑŋ^{31}	靛笔tin^{55}pi^{213} ｜ 钢笔kɑŋ^{33}pi^{213}
黄石	学堂ɕio^{213}tʻaŋ^{31}	靛笔tian^{324}pi^{213}
咸宁	学堂ɕiə^{33}tʻõ^{31} ｜ 学校ɕiə^{33}ɕio^{33}	靛笔tʻiẽ^{33}pæ^{55}

	447 捉迷藏	448 下棋
武汉	躲猫猫to^{42}mao^{45}mao^{0}	走棋tsou^{33}tɕʻi^{213}
荆州	躲蒙儿tuo^{42}moŋ^{42}ɯ^{0}	下棋ɕia^{35}tɕʻi^{13}
宜昌	躲蒙蒙园儿tuo^{33}moŋ^{33}moŋ^{0}tɕʻiãr^{13}	下棋ɕia^{35}tɕʻi^{13}
恩施	躲猫儿tuo^{51}mɚ^{51}	下棋ɕia^{35}tɕʻi^{33}
襄阳	藏蒙儿tɕʻiaŋ^{53}mə̃r^{24}	下棋ɕia^{31}tɕʻi^{53}
十堰	藏蒙儿tɕʻiaŋ^{52}mər^{33}	下棋ɕia^{24}tɕʻi^{52}
黄冈	躲迷猫儿to^{55}mi^{35}mar^{22}	走棋tsəu^{55}tɕʻi^{31}
孝感	躲猫儿to^{52}mɑur^{35}	下棋ɕiɑ^{55}tɕʻi^{31}
黄石	躲迷蒙to^{55}mi^{25}moŋ^{55}	走棋tsou^{55}tɕʻi^{31}
咸宁	寻躲tɕʻiən^{31}tə^{42}	走棋tse^{42}tɕʻi^{31}

	449 打扑克	450 打麻将
武汉	打牌ta^{33}pʻai^{213}	打牌ta^{33}pʻai^{213} | 搓麻将tsʻo^{55}ma^{213}tɕiaŋ^{25}
荆州	打扑克牌ta^{42}pʻu^{42}kʻɤ^{0}pʻai^{13} | 打梭ta^{42}suo^{55}	打麻将ta^{42}ma^{13}tɕian^{35}
宜昌	打牌ta^{33}pʻai^{13}	打麻将ta^{33}ma^{13}tɕiaŋ^{35}
恩施	打扑克ta^{51}pʻo^{51}kɛ^{33} | 打牌ta^{51}pʻai^{33}	搓麻将tsʻuo^{55}ma^{33}tɕiaŋ^{0}
襄阳	抹牌ma^{35}pʻai^{53}	打麻将ta^{35}ma^{53}tɕiaŋ^{0}
十堰	打牌ta^{55}pʻɛ^{52}	打麻将ta^{55}ma^{52}tɕiaŋ^{31}
黄冈	打扑克ta^{55}pʻo^{55}kʻe^{213}	抹牌ma^{13}pʻai^{31}
孝感	打扑克tɑ^{52}pʻu^{52}kʻɛ^{0}	打麻将tɑ^{52}mɑ^{31}tɕiɑŋ^{35}
黄石	抹牌mɒ^{213}pʻæ^{31}	打麻将tɒ^{55}mɒ^{31}tɕiaŋ^{25}
咸宁	抹牌mɒ^{55}pʻa^{31}	抹麻将mɒ^{55}mɒ^{31}tɕiõ^{213}

	451 猜谜语	452 玩儿游玩：到城里～
武汉	猜谜tsʻai^{44}mei^{25}	玩uan^{213}
荆州	猜谜tsʻai^{55}mi^{13}	玩uan^{13}
宜昌	猜谜子tsʻuai^{55}mei^{35}tsɿ^{0}	玩uan^{13}
恩施	猜财谜儿tsʻai^{55}tsʻai^{33}mɚ^{33}	玩uan^{33}
襄阳	破谜儿pʻo^{24}miər^{31}	玩uan^{53}
十堰	猜谜儿tsʻai^{33}miər^{52}	玩uan^{52}
黄冈	猜谜子tsʻai^{22}mi^{44}tsɿ^{0}	玩儿uɛr^{31}
孝感	猜谜子tsʻɑi^{33}mei^{55}tsɿ^{0}	玩儿uɐr^{31}
黄石	猜谜tsʻæ^{33}mi^{31}	玩uan^{31}
咸宁	打谜tɒ^{42}mæ^{33}	玩uõ^{31}

	453 走亲戚	454 闻嗅：用鼻子～
武汉	走亲戚tsou^{42} tɕʻin^{44} tɕʻi^{25}	闻uen^{213}
荆州	走人家tsəu^{42} lən^{13} ka^{0}	闻uən^{13}
宜昌	走亲戚tsəu^{33} tɕʻin^{55} tɕʻi^{55}	闻uən^{13}
恩施	走人家tsəu^{51} zən^{33} tɕia^{55}	闻uən^{33}
襄阳	走亲戚tsən^{35} tɕʻin^{24} tɕʻi^{0}	闻uən^{53}
十堰	走亲戚tsou^{55} tɕʻin^{33} tɕʻi^{0}	闻uən^{52}
黄冈	走人家tsəu^{55} zən^{31} ka^{0}	闻uən^{31}
孝感	走人家tsəu^{52} zən^{31} kɑ^{0}	闻uən^{31}
黄石	走人家tsou^{55} zən^{31} kɒ^{33}	闻uen^{31}
咸宁	走人家tse^{42} zən^{31} kɒ^{44}	嗅ɕiəŋ^{213}

	455 吸～气	456 咬狗～人
武汉	吸ɕi^{213}	咬ŋao^{42}
荆州	呼xu^{55}	咬au^{42}
宜昌	呼xu^{55}	咬au^{33}
恩施	吸ɕi^{33}	咬au^{51}
襄阳	吸ɕi^{24}	咬iau^{35}
十堰	吸ɕi^{33}	咬iau^{55}
黄冈	吸ɕi^{213}	咬ŋau^{55}
孝感	吸tɕi^{213}	咬ŋɑu^{52}
黄石	吸ɕi^{213}	咬ŋau^{55}
咸宁	嗍sə^{55}	咬ŋa^{55}

	457 亲嘴	458 吮吸用嘴唇聚拢吸取液体，如吃奶时
武汉	亲嘴巴tɕʻin^{55} tsei^{33} pa^{0}	吸ɕi^{213}
荆州	亲嘴tɕʻin^{55} tsuei^{42}	嗍ɕio^{13}
宜昌	亲嘴儿tɕʻin^{55} tsuər^{33}	拔pa^{13}
恩施	打啵儿ta^{51} pɚ^{55}	嗍suo^{33}
襄阳	亲嘴tɕʻin^{24} tsei^{35}	嗍ɕyo^{24}
十堰	亲嘴tɕʻin^{33} tsei^{55}	嗍suɔ^{33}
黄冈	打嘣ta^{55} poŋ^{35} ｜ 斗嘴təu^{35} tɕi^{55}	嗍so^{213}
孝感	斗嘴儿təu^{35} tɕior^{52}	嗍so^{213}
黄石	打啵tɒ^{55} po^{25}	嗍so^{213}
咸宁	做嘴tsɒu^{213} tsæ^{42}	嗍sə^{55}

	459 吐去声，呕吐：喝酒喝～了	460 打喷嚏
武汉	吐tʻou^{25}	打喷嚏ta^{33} fen^{25} tɕie^{0}
荆州	吐tʻu^{35}	打阿鼽ta^{42} a^{55} tɕʻio^{13}
宜昌	吐tʻu^{35}	打喷嚏ta^{33} fən^{35} tɕie^{0}
恩施	吐tʻu^{35}	打喷鼽ta^{51} xuən^{35} tɕʻio^{33}
襄阳	吐tʻu^{31}	打喷嚏ta^{35} pʻən^{31} tʻi^{0}
十堰	吐tʻou^{55}	打喷嚏ta^{55} pʻən^{31} tɕi^{0}
黄冈	吐tʻəu^{35}	打喷鼽ta^{55} fən^{35} tɕʻio^{213}
孝感	吐tʻəu^{35}	打喷鼽tɑ^{52} fən^{35} tɕʻiəu^{0}
黄石	吐tʻou^{25}	打喷鼽tɒ^{55} fen^{25} tɕʻio^{213}
咸宁	吐tʻɒu^{213}	打瞎鼽tɒ^{42} xa^{55} tɕʻiə^{213}

	461 给他~我一个苹果	462 伸~手
武汉	把pa⁴² | 给ke⁴²	伸sen⁵⁵
荆州	给kɤ⁴²	伸sən⁵⁵
宜昌	给kɤ⁵⁵	伸sən⁵⁵
恩施	把pa⁵¹	搞tʂʻʅ⁵⁵
襄阳	给kɯ³⁵	抻tsʻən²⁴
十堰	给kei³³	抻tʂʻən³³
黄冈	把pa⁵⁵	抻tsʻən²²
孝感	把pɑ⁵²	搞tʂʻʅ³³ | 伸ʂən³³
黄石	把pɒ⁵⁵	搞tsʻʅ³³
咸宁	把pɒ⁴²	搞tsʻʅ⁴⁴

	463 挠~痒痒	464 掐用拇指和食指的指甲~皮肉
武汉	抠kʻou⁵⁵	掐ka²¹³
荆州	抠kʻəu⁵⁵	掐kʻa¹³
宜昌	抠kʻəu⁵⁵	掐kʻa¹³
恩施	抠kʻəu⁵⁵	掐kʻa³³
襄阳	抓tsua²⁴	掐tɕʻia⁵³
十堰	抓tʂua³³	掐tɕʻia³³
黄冈	抓tʂɥa²²	掐kʻa²¹³
孝感	抠kʻəu³³	掐kʻɑ²¹³
黄石	抠kʻou³³	掐kʻɒ²¹³
咸宁	抠kʻe⁴⁴	掐kʻɒ⁵⁵

	465 拧~螺丝	466 折把树枝~断
武汉	㪷 tɕiou42	搣mie42 ｜ 撇pʻie42
荆州	上san35	抈tɕʻye42
宜昌	㪷 tɕiəu13	搣mie13
恩施	㪷 tɕiəu33	抈tɕʻye51
襄阳	拧nin53	抈ye35 ｜ 撅tɕʻye35
十堰	上ʂaŋ31 ｜ 拧nin55	抈kʻuɛ55
黄冈	紧tɕin55	撇pʻie213
孝感	㪷 tɕiəu52	搣miɛ52 ｜ 撇pʻiɛ52
黄石	紧tɕin55	撇pʻie55
咸宁	㪷 tɕiɒu42	抈tɕʻye42

	467 站站立：~起来	468 蹲~下
武汉	站tsan25	跍kʻu213
荆州	站tsan35	� tsuai55
宜昌	站tsan35	踹tsuai55
恩施	站tʂan35	踹tʂuai55
襄阳	站tsan31	踹tsuai24
十堰	站tʂan31	踹tʂuɛ33
黄冈	徛tɕi44	跍kʻu31
孝感	站tʂɑn35	跍kʻu31
黄石	徛tɕi324	跍kʻu31
咸宁	徛tɕʻi33	跍kʻu31

	469 迈跨过高物：从门槛上～过去	470 逃逃跑：小偷～走了
武汉	跨kʻa^{213}	逃跑tʻao^{13} pʻao^{213}
荆州	跨kʻa^{35}	逃tʻau^{13}
宜昌	跨kʻa^{35}	逃tʻau^{13}
恩施	跟tɕʻia^{33}	跑pʻau^{51}
襄阳	跟tɕʻia^{31}	跑pʻau^{35}
十堰	跟tɕʻia^{52}	逃tʻau^{52}
黄冈	跨kʻa^{31}	跑pʻau^{31}
孝感	跨kʻɑ^{31}	跑pʻɑu^{31}
黄石	跨kʻɒ^{25}	逃tʻau^{31}
咸宁	跨kʻɒ^{31}	跑pʻo^{42}

	471 追追赶：～小偷	472 抓～小偷
武汉	撵lian^{42}	捉tso^{213}
荆州	赶kan^{42}	抓tsua^{55}
宜昌	追tsuei^{55}	捉tsuo^{13}
恩施	撵niɛn^{51}	捉tʂuo^{33}
襄阳	撵nian^{35}	逮tai^{35}
十堰	撵nian^{55}	捉tʂuɔ^{33}
黄冈	撵ȵien^{55}	捉tso^{213}
孝感	撵in^{52}	逮tɑi^{31} | 捉tso^{213}
黄石	追tɕʮei^{33}	抓tɕʮɒ^{33}
咸宁	赶kõ^{42}	捉tsə^{55}

	473 推几个人一起～汽车	474 摔跌：小孩～倒了
武汉	推tʻei^{55}	跶ta^{213}
荆州	推tʻei^{55}	跶ta^{13}
宜昌	推tʻei^{55}	跶ta^{13}
恩施	推tʻuei^{55}	跶ta^{33}
襄阳	推tʻei^{24}	板pan^{35}
十堰	推tʻei^{33}	板pan^{55}
黄冈	�	跶ta^{213}
孝感	推tʻi^{33}	跶tɑ^{213}
黄石	推tʻi^{33}	跶tɒ^{213}
咸宁	扨səŋ^{42}	跶ta^{55}

	475 躲躲藏：他～在床底下	476 藏藏放，收藏：钱～在枕头下面
武汉	躲to^{42}	阴in^{55}
荆州	躲tuo^{42}	拾sɿ^{13}
宜昌	藏tɕʻiaŋ^{13}	藏tɕʻiaŋ^{13}
恩施	躲tuo^{51}	收ʂəu^{55}
襄阳	藏tɕʻiaŋ^{53}	藏tɕʻiaŋ^{53}
十堰	躲tuɔ^{55}	藏tɕʻiaŋ^{52}
黄冈	躲to^{55}	收səu^{22}
孝感	躲to^{52}	收ʂəu^{33}
黄石	躲to^{55}	囥kʻaŋ^{25}
咸宁	躲tə^{42}	收sɒu^{44}

	477 盖把茶杯～上	478 摁用手指按：～图钉
武汉	⿷匚贛k‘aŋ^{42}	按ŋan^{25}
荆州	盖kai^{35}	按an^{35}
宜昌	盖kai^{35}	按an^{35}
恩施	盖kai^{35}	揿ts‘ən^{51}
襄阳	盖kai^{31}	按an^{31}
十堰	盖kai^{31}	按an^{31}
黄冈	⿷匚贛k‘an^{55}	按ŋan^{35}
孝感	⿷匚贛k‘ɑŋ^{52} ǀ 盖kɑi^{35}	按ŋɑn^{35}
黄石	盖kæ^{25}	摁ŋən^{55}
咸宁	⿷匚贛k‘õ^{42}	揿ts‘ən^{42}

	479 砍～树	480 裂木板～开了
武汉	砍k‘an^{42}	炸tsa^{25}
荆州	砍k‘an^{42}	炸tsa^{55}
宜昌	砍k‘an^{33}	奓tsa^{55}
恩施	砍k‘an^{51}	奓tʂa^{55}
襄阳	砍k‘an^{35}	奓tsa^{24}
十堰	砍k‘an^{55}	炸tʂa^{31}
黄冈	剁to^{35}	裂lie^{213}
孝感	砍k‘ɑn^{52}	炸tʂɑ^{35} ǀ 裂niɛ^{213}
黄石	斫tso^{213}	奓tsɒ^{213}
咸宁	斫tsə^{55}	瓝 坼pɒ^{55}ts‘ɒ^{55}

	481 擦用毛巾～手	482 扔丢弃：这个东西坏了，～了它
武汉	揩kʻai^{55}	甩suai^{42} | 丢tiou^{55}
荆州	揩kʻai^{55}	丢tiəu^{55}
宜昌	揩kʻai^{55}	甩suai^{55}
恩施	揩kʻai^{55}	甩ʂuai^{51}
襄阳	擦tsʻa^{53}	甩suai^{35}
十堰	擦tsʻa^{33}	甩ʂuai^{55} | 扔zʮən^{33}
黄冈	凑⁼tsʻəu^{44}	丢tiəu^{22}
孝感	揩kʻɑi^{33} | 擦tsʻɑ^{213}	丢tiəu^{33}
黄石	□tsʻou^{324}	丢tiou^{33}
咸宁	揩kʻa^{44}	丢tiɒu^{44}

	483 掉掉落，坠落：树上～下一个梨	484 丢丢失：钥匙～了
武汉	掉tiao^{25}	掉tiao^{25}
荆州	掉tiau^{35}	掉tiau^{35}
宜昌	掉tiau^{35}	掉tiau^{35}
恩施	掉tiau^{35}	掉tiau^{35}
襄阳	掉tiau^{31}	没见mei^{24}tɕian^{31}
十堰	掉tiau^{31} | 落luɔ^{33}	掉了tiau^{31}lau^{0} | 没见了mei^{52} tɕian^{31}lau^{0}
黄冈	落lo^{213}	落lo^{213}
孝感	掉tiɑu^{35}	丢tiəu^{33}
黄石	落lo^{213}	落lo^{213}
咸宁	落nə^{55}	落nə^{55}

	485 挑～担	486 举～旗子
武汉	挑tʻiao^{55}	举tɕy^{42}
荆州	挑tʻiau^{55}	举tɕy^{42}
宜昌	挑tʻiau^{55}	举tɕy^{33}
恩施	挑tʻiau^{55}	揫tʂəu^{51}
襄阳	挑tʻiau^{24}	举tɕy^{35}
十堰	挑tʻiau^{33}	揫tʂou^{55} | 举tɕy^{55}
黄冈	挑tʻiau^{22}	举tʂʮ^{55}
孝感	挑tʻiɑu^{33}	举tʂʮ^{52} | 揫tʂəu^{52}
黄石	挑tʻiau^{33}	举tɕʮ^{55}
咸宁	挑tʻie^{44}	擎tɕʻiɒ̃^{31}

	487 挑挑选，选择：你自己～一个	488 捞～鱼
武汉	择tse^{213}	捞lao^{55}
荆州	选ɕyen^{42}	捞lau^{13}
宜昌	选ɕyɛn^{33}	捞lau^{13}
恩施	选ɕyɛn^{51} | 找tʂau^{51}	搂nəu^{55}
襄阳	选ɕyan^{35}	挖ua^{35}
十堰	择tʂɤ^{52} | 选ɕyan^{55}	捞lau^{52}
黄冈	择tse^{213}	打ta^{55}
孝感	择tsɛ^{31} | 选ɕin^{52}	弄noŋ^{55}
黄石	择tsæ^{213}	捞lau^{33}
咸宁	择tʻə^{33}	搋nɒu^{55}

	489 拴~牛	490 摔碗~碎了
武汉	绑paŋ^{42}	跶ta^{213}
荆州	拴suan^{55}	跶ta^{13}
宜昌	拴suan^{55}	打ta^{13}
恩施	栓ʂuan^{55}	跶ta^{33}
襄阳	拴suan^{24}	板pan^{35}
十堰	拴ʂuan^{33}	板pan^{55}
黄冈	系tɕi^{35}	跶ta^{213}
孝感	系tɕi^{35}	跶tɑ^{213}
黄石	拴ɕɥan^{33}	跶tɒ^{213}
咸宁	绨tʻiɒ^{55}	跶ta^{55}

	491 休息	492 打哈欠
武汉	歇ɕie^{213}	打呵欠ta^{42}xo^{45}tɕʻian^{0}
荆州	歇ɕie^{13}	打呵欠ta^{42}xuo^{55}tɕʻien^{0}
宜昌	歇ɕie^{13}	打呵欠ta^{33}xuo^{55}tɕʻiɛn^{0}
恩施	歇ɕie^{33}	打呵欠ta^{51}xuo^{55}ɕiɛn^{55}
襄阳	歇ɕie^{53}	打呵气ta^{35}xə^{24}tɕʻi^{0}
十堰	歇歇ɕiɛ^{33}ɕiɛ^{0}	打哈歇ta^{55}xa^{33}ɕiɛ^{0}
黄冈	歇ɕie^{213}	打喔撼$^{=}$ta^{55}o^{22}xan^{35}
孝感	歇ɕiɛ^{213}	打呵欠tɑ^{52}xo^{55}tɕʻin^{0}
黄石	歇ɕie^{213}	打呵欠tɒ^{55}xo^{33}tɕʻian^{25}
咸宁	休息ɕiɒu^{44}sæ^{55}	打呵欠tɒ^{42}xə^{44}tɕʻiẽ^{213}

	493 打瞌睡	494 睡他已经~了
武汉	汆瞌睡tsʻan^{55} kʻo^{213} suei^{0}	睡suei^{25}
荆州	汆瞌睡tsuan^{55} kʻuo^{13} suei^{55}	睡suei^{35}
宜昌	汆瞌睡tsua^{13} kʻuo^{13} suei^{0}	睡suei^{35}
恩施	春瞌睡tsʻoŋ^{51} kʻuo^{33} ʂuei^{35}	睡ʂuei^{35}
襄阳	汆瞌睡tsʻan^{24} kʻə^{53} suei^{0}	睡suei^{31}
十堰	汆瞌睡tsʻan^{33} kʻɤ^{52} ʂei^{31}	睡ʂei^{31}
黄冈	春瞌睏tsoŋ^{22} kʻo^{31} kʻuən^{35}	睏kʻuən^{35}
孝感	打瞌睡tɑ^{52} kʻo^{213} ʂʯ^{0}	睡ʂʯei^{35}
黄石	春瞌睏tsoŋ^{33} kʻo^{213} kʻuen^{25}	睏kʻuen^{25}
咸宁	打瞌睡tɒ^{42} kʻə^{55} ɕy^{33}	睏kʻuən^{213}

	495 打呼噜	496 洗澡
武汉	打鼾ta^{42} xan^{55}	洗澡ɕi^{33} tsao^{42}
荆州	打鼾ta^{42} xan^{55}	洗澡ɕi^{42} tsau^{42}
宜昌	打鼾ta^{33} xan^{55}	洗澡ɕi^{33} tsau^{33}
恩施	打鼾ta^{51} xan^{55}	洗澡ɕi^{51} tsau^{51}
襄阳	扯呼tsʻə^{35} xu^{24}	洗澡ɕi^{35} tsau^{35}
十堰	打鼾ta^{55} xan^{33}	洗澡ɕi^{55} tsau^{55}
黄冈	打鼾ta^{55} xan^{22}	洗澡ɕi^{55} tsau^{55}
孝感	打鼾tɑ^{52} xɑn^{33}	洗汗ɕi^{52} xɑn^{55}
黄石	打鼾tɒ^{55} xan^{33}	洗澡ɕi^{55} tsau^{55}
咸宁	打鼾tɒ^{42} xõ^{44}	洗澡sæ^{42} tso^{42}

	497 **想**想念：我很～他	498 **小心**过马路要～
武汉	忺tɕʻian^{25}	过细ko^{25} ɕi^{25}
荆州	想ɕian^{42}	小心ɕiau^{42} ɕin^{55}
宜昌	忺tɕʻiɛn^{35}	招呼点儿tsau^{55} xu^{55} tiər^{0}
恩施	忺tɕʻiɛn^{35}	招呼tʂau^{55} fu^{55}
襄阳	忺tɕʻian^{31} | 想ɕiaŋ^{35}	小心ɕiau^{35} ɕin^{24}
十堰	想ɕiaŋ^{55}	过细kuɔ^{24} ɕi^{31}
黄冈	忺tɕʻien^{35}	过细ko^{35} ɕi^{35}
孝感	忺tɕʻin^{35} | 想ɕiɑŋ^{52}	过细ko^{35} ɕi^{35}
黄石	忺tɕʻian^{55}	过细ko^{25} ɕi^{25}
咸宁	忺tɕʻiẽ^{213}	过细kuə^{213} sæ^{213} | 过点细kuə^{213} tiẽ^{42} sæ^{213}

	499 **喜欢**～看电视	500 **难受**生理的
武汉	喜欢ɕi^{33} xuan^{0}	受不了sou^{25} pu^{0} liao^{0}
荆州	喜欢ɕi^{42} xuan^{55}	不舒服pu^{13} su^{55} fu^{0}
宜昌	欢起xuan^{55} tɕʻi^{0}	不舒服pu^{13} su^{55} fu^{0}
恩施	欢喜xuan^{55} ɕi^{51}	过不得kuo^{35} pu^{33} tɛ^{0}
襄阳	喜欢ɕi^{35} xuan^{0}	难受nan^{53} səu^{31}
十堰	喜欢ɕi^{55} xuan^{0}	难受nan^{52} ʂou^{31}
黄冈	爱ŋai^{35}	不好过pu^{213} xau^{55} ko^{35}
孝感	欢喜xuɑn^{33} ɕi^{0}	难受nɑn^{31} ʂəu^{33} | 不好受pu^{213} xɑu^{52} ʂəu^{33}
黄石	爱ŋæ^{25}	不好过pu^{213} xau^{55} ko^{25}
咸宁	欢喜xõ^{44} ɕi^{42}	不舒服pu^{55} ɕy^{44} fu^{31}

	501 后悔	502 忌妒
武汉	失悔ʂʅ^{213}xuei^{42}	忌诟tɕi^{25}kou^{25}
荆州	后悔xəu^{35}xuei^{42}	眼红ien^{42}xoŋ^{13} | 忌妒tɕi^{35}tu^{35}
宜昌	后悔xəu^{35}xuei^{33}	忌妒tɕi^{35}tu^{0}
恩施	失悔ʂʅ^{33}xuei^{51}	眼浅iɛn^{51}tɕʻiɛn^{51}
襄阳	后悔xəu^{31}xuei^{35}	恨人穷，怨人富xən^{31}zən^{53}tɕʻyŋ^{53}，yan^{31}zən^{53}fu^{31}
十堰	后悔xou^{31}xuei^{55}	忌妒tɕi^{31}tou^{31}
黄冈	悔xuei^{55}	佮不得ko^{213}pu^{0}te^{213}
孝感	失悔ʂʅ^{213}xuei^{52}	佮不得ko^{13}pu^{0}tɛ^{213}
黄石	悔xuei^{55}	吃醋tɕʻi^{213}tsʻou^{25}
咸宁	失悔sɿ^{55}fæ^{42}	妒忌tɒu^{213}tɕʻi^{33}

	503 没有他~孩子	504 知道我~这件事
武汉	冇得mao^{25}te^{213}	晓得ɕiao^{33}te^{0}
荆州	没得mei^{55}tɤ^{0}	晓得ɕiau^{42}tɤ^{0}
宜昌	没得mei^{55}tɤ^{0}	晓得ɕiau^{33}tɤ^{0} | 醒得ɕin^{33}tɤ^{0}
恩施	没得mei^{55}tɛ^{33}	晓得ɕiau^{51}tɛ^{33}
襄阳	没得mei^{24}tə^{53}	晓得ɕiau^{35}tə^{0}
十堰	没得mei^{31}tɛ^{0}	晓得ɕiau^{33}tɛ^{0}
黄冈	冇得mau^{44}te^{213}	晓得ɕiau^{55}te^{213}
孝感	冇得mɑu^{55}tɛ^{213}	晓得ɕiɑu^{52}te^{213}
黄石	冇得mau^{324}tæ^{213}	晓得ɕiau^{55}tæ^{213}
咸宁	冇得mo^{33}te^{55}	晓得ɕie^{42}te^{55}

	505 说~话	506 聊天儿
武汉	说so^{213}	咵天k'ua^{21} t'ian^{55}
荆州	说suo^{13}	撮$^{=}$白ts'uo^{13} pɤ^{13}
宜昌	讲tɕiaŋ^{33}	日白zʅ^{13} pɤ^{13}
恩施	说ʂuo^{33}	谈白t'an^{33} pɛ^{33} | 摆龙门阵pai^{51} noŋ^{33} mən^{33} tʂən^{0}
襄阳	说suo^{53}	唠家常nau^{31} tɕia^{24} ts'aŋ^{53}
十堰	说ʂuɔ^{33}	闲拍ɕian^{52} pɛ^{33}
黄冈	说ʂɥe^{213}	咵天儿k'ua^{213} t'iɛr^{22} | 搭嘴儿ta^{13} tɕi^{55} ɛr^{0}
孝感	说ʂɥɛ^{213} | 讲tɕiɑŋ^{52}	攀家常p'ɑn^{35} tɕiɑ^{33} tʂ'ɑŋ^{31} | 扯白儿tʂ'e^{52} pɛr^{213}
黄石	说ɕɥæ^{213}	侃k'uan^{55}
咸宁	说ɕye^{55}	刮霍kuɒ^{55} xə^{55}

	507 叫~他一声儿	508 骂当面~人
武汉	喊xan^{42} | 喘ŋaŋ^{55}	骂ma^{25} | 嗵$^{=}$t'oŋ^{55}
荆州	喊xan^{42}	噘tɕye^{13}
宜昌	喊xan^{33}	噘tɕye^{13}
恩施	喊xan^{51}	噘tɕye^{33}
襄阳	叫tɕiau^{31}	噘tɕye^{53}
十堰	叫tɕiau^{31}	噘tɕyɛ^{52}
黄冈	喊xan^{55}	呾tan^{35}
孝感	喊xɑn^{52}喘 | ŋɑŋ^{33}	骂mɑ^{55}
黄石	喘ŋaŋ^{33}	骂mɒ^{324}
咸宁	曰yɒ^{213}	骂mɒ^{33} | 戳ts'ə^{55}

	509 骗～人	510 哄～小孩
武汉	哄xoŋ^{42}	呵xo^{55}
荆州	糊xu^{55}	糊xu^{55} ｜ 哄xoŋ^{42}
宜昌	糊xu^{55}	糊xu^{55}
恩施	糊xu^{55}	糊xu^{55}
襄阳	标piau^{24}	哄xuŋ^{35}
十堰	标piau^{33}	哄xuən^{55}
黄冈	糊xu^{35}	花xua^{22}
孝感	货xo^{35} ｜ 哄xoŋ^{52}	哄xoŋ^{52}
黄石	货xo^{25}	忽xu^{25}
咸宁	策ts'e^{55}	策ts'e^{55}

	511 撒谎	512 谢谢致谢语
武汉	扯谎ts'e^{33} xuaŋ^{42}	谢谢ɕie^{25} ɕie^{25}
荆州	扯白聊谎ts'ɤ^{42} pɤ^{13} liau^{13} xuan^{42}	谢谢ɕie^{35} ɕie^{0}
宜昌	日白ʐʅ^{13} pɤ^{13}	谢谢ɕie^{35} ɕie^{0}
恩施	扯谎tʂ'ɛ^{51} xuaŋ^{51} ｜ 日白ʐʅ^{33} pɛ^{33}	劳慰nau^{33} uei^{35} ｜ 多谢tuo^{55} ɕie^{35}
襄阳	说谎suo^{53} xuaŋ^{35}	谢谢ɕiə^{31} ɕie^{0}
十堰	标人piau^{33} ʐən^{52} ｜ 说白话ʂuɔ^{33} pɛ^{52} xua^{31}	难为nan^{52} uei^{0}
黄冈	日白ɔr^{13} pe^{31} ｜ 插白ts'a^{13} pe^{31}	劳你老儿lau^{22} li^{55} lɛr^{0}
孝感	扯谎tʂ'e^{52} xuɑŋ^{52}	谢谢ɕiɛ^{55} ɕiɛ^{0}
黄石	扯白ts'æ^{213} p'e^{324}	劳慰lau^{31} uei^{324}
咸宁	打策tɒ^{42} ts'e^{55}	难问nɒ̃^{31} uən^{33} ｜ 多谢tə^{44} ɕie^{33}

	513 大苹果～	514 小苹果～
武汉	大ta^{25}	小çiao^{42}
荆州	大ta^{35}	小çiau^{42}
宜昌	大ta^{35}	小çiau^{33}
恩施	大ta^{35}	小çiau^{51}
襄阳	大ta^{31}	小çiau^{35}
十堰	大ta^{31}	小çiau^{55}
黄冈	大ta^{44}	小çiau^{55}
孝感	大tɑ^{55}	小çiɑu^{52}
黄石	隔$^{=}$kæ^{213}	细çi^{25}
咸宁	大tʻa^{33}	细sæ^{213}

	515 粗绳子～	516 细绳子～
武汉	粗tsʻou^{55}	细çi^{25}
荆州	粗tsʻu^{55}	细çi^{35}
宜昌	粗tsʻu^{55}	细çi^{35}
恩施	粗tsʻu^{55}	细çi^{35}
襄阳	粗tsʻu^{24}	细çi^{31}
十堰	粗tsʻou^{33}	细çi^{31}
黄冈	粗tsʻəu^{22}	细çi^{35}
孝感	粗tsʻəu^{33}	细çi^{35}
黄石	粗tsʻou^{33}	细çi^{25}
咸宁	粗tsʻɒu^{44}	细sæ^{213}

	517 宽敞房子～	518 高他比我～
武汉	宽敞kʻuan^{45}tsʻaŋ^{0}	高kao^{55}
荆州	宽敞kʻuan^{55}tsʻan^{0}	高kau^{55}
宜昌	宽深kʻuan^{55}sən^{0}	高kau^{55}
恩施	宽绰kʻuan^{55}tʂʻau^{0}	高kau^{55}
襄阳	宽敞kʻuan^{24}tsʻaŋ^{0}	高kau^{24}
十堰	宽展kʻuan^{33}tʂan^{0} | 宽敞kʻuan^{33}tʂʻaŋ^{0}	高kau^{33}
黄冈	宽敞kʻuan^{22}tsʻaŋ^{55}	长tsʻaŋ^{31}
孝感	宽kʻuɑn^{33} | 宽敞kʻuɑn^{33}tʂʻɑŋ^{52}	高kɑu^{33}
黄石	宽敞kʻuan^{33}tsʻaŋ^{55}	长tsʻaŋ^{31}
咸宁	敨泰tʻe^{42}tʻa^{213}	高ko^{44}

	519 矮他比我～	520 肥～肉
武汉	矮ŋai^{42}	肥fei^{213}
荆州	矮ai^{42}	肥fei^{13}
宜昌	矮ai^{33}	肥fei^{13}
恩施	矮ai^{51}	肥xuei^{33}
襄阳	矮ai^{35}	肥fei^{53}
十堰	矮ɛ^{55}	肥fei^{52}
黄冈	矮ŋai^{55}	肥fei^{31}
孝感	矮ŋɑi^{52}	肥fei^{31}
黄石	矮ŋæ^{55}	肥fei^{31}
咸宁	矮ŋa^{42}	肥fæ^{31}

	521 瘦~肉	522 肥形容猪等动物
武汉	瘦sou^{25}	肥fei^{213}
荆州	瘦səu^{35}	肥fei^{13}
宜昌	瘦səu^{35}	肥fei^{13}
恩施	瘦səu^{35}	肥xuei^{33}
襄阳	腈tɕin^{24}	肥fei^{53}
十堰	瘦ʂou^{31}	肥fei^{52}
黄冈	腈tɕin^{22}	肥fei^{31} | 壮tʂɥaŋ^{35}
孝感	瘦səu^{35}	肥fei^{31}
黄石	瘦sou^{25}	肥fei^{31}
咸宁	腈tɕiõ^{44}	肥fæ^{31}

	523 胖形容人	524 瘦形容人、动物
武汉	胖p‘aŋ^{25}	瘦sou^{25}
荆州	胖p‘an^{35}	瘦səu^{35}
宜昌	胖p‘aŋ^{35}	瘦səu^{35}
恩施	胖p‘aŋ^{35}	瘦səu^{35}
襄阳	胖p‘aŋ^{31}	瘦səu^{31}
十堰	胖p‘aŋ^{31}	瘦ʂou^{31}
黄冈	胖p‘aŋ^{35}	瘦səu^{35}
孝感	胖p‘ɑŋ^{35}	瘦səu^{35}
黄石	胖p‘aŋ^{25}	瘦sou^{25}
咸宁	肉zɒu^{55}	瘦se^{213}

	525 稠稀饭~	526 稀稀饭~
武汉	干kan^{55}	清tɕʻin^{55}
荆州	浓loŋ^{13}	稀ɕi^{55}
宜昌	干kan^{55}	稀ɕi^{55}
恩施	干kan^{55}	稀ɕi^{55}
襄阳	稠tsʻəu^{53}	稀ɕi^{24}
十堰	稠tʂʻou^{52}	稀ɕi^{33}
黄冈	釅ȵien^{44}	清tɕʻin^{22}
孝感	干kɑn^{33}	清tɕʻin^{33}
黄石	釅ȵian^{324}	清tɕʻin^{33}
咸宁	釅niẽ^{33}	清tɕʻiɒ̃^{44}

	527 脏肮脏，不干净，统称：衣服~	528 快锋利：刀子~
武汉	邋垢la^{45}kua^{0}	快kʻuai^{25}
荆州	龌龊uo^{13}tsʻuo^{55}	快kʻuai^{35}
宜昌	龌龊uo^{13}tsʻuo^{0}	快kʻuai^{35}
恩施	塞邋se^{33}nai^{0} | 邋遢nai^{55}tai^{55}	快kʻuai^{35}
襄阳	脏tsaŋ^{24} | 邋遢nai^{24}tai^{0}	快kʻuai^{31}
十堰	邋遢lɛ^{33}tɛ^{0}	快kʻuai^{31}
黄冈	邋塞lai^{44}sai^{0}	快kʻuai^{35}
孝感	脏tsɑŋ^{33} | 邋垢nɑ^{33}kuɑ^{0}	快kʻuɑi^{35}
黄石	邋塞læ^{324}sæ^{324}	快kʻuæ^{25}
咸宁	龌龊u^{55}tsʻə^{55}	快kʻua^{213}

	529 钝刀～	530 晚来～了
武汉	𠡠y25	晏ŋan25
荆州	钝tən35	迟tsʻɿ13
宜昌	不快pu13 kʻuai35	晏an35
恩施	不快pu33 kʻuai35	晏an35 | 迟tɕʻɿ33
襄阳	钝tən31	晚uan35
十堰	钝tən31	晚uan55
黄冈	𠡠ʐʮ44	晏ŋan35
孝感	𠡠ʮ55	晚uɑn52
黄石	杵tɕʻʮ55	晏ŋan25
咸宁	不快pu55 kʻua213	晏ŋõ213

	531 晚天色～	532 烂肉煮得～
武汉	快黑了kʻuai25 xe213 liao0	烂lan25
荆州	迟tsʻɿ13	烂lan35
宜昌	黑哒xɤ13 ta0	㳇pʻa55
恩施	晏an35	㳇pʻa55
襄阳	黑xə53	烂nan31
十堰	晚uan55	㳇pʻa33
黄冈	一擦黑i213 tsʻa13 xe213	烂lan44
孝感	晚uɑn52	烂nɑn55
黄石	晏ŋan25	烂lan324
咸宁	晏ŋõ213	烂nõ33

	533 结实家具~	534 热闹看戏的地方很~
武汉	扎实tsa^{13}sɿ^{21}	热闹le^{213}lao^{25}
荆州	扎实tsa^{13}sɿ^{13}	热闹lɤ^{13}lau^{35}
宜昌	作活tsuo^{13}xuo^{0}	热闹ʐɤ^{13}lau^{0}
恩施	扎实tʂa^{33}ʂʅ^{33}	热闹ʐɛ^{33}nau^{35}
襄阳	结实tɕie^{53}sɿ^{0}	热闹zə^{53}nau^{0}
十堰	作活tsuɔ^{52}xuɔ^{0} | 结实tɕiɛ^{52}ʂʅ^{0}	热闹ʐɤ^{52}nau^{31}
黄冈	扎实tsɿ^{213}sɿ^{0}	热闹ʐʮe^{213}lau^{0}
孝感	扎实tʂɑ^{213}ʂʅ^{0}	热闹ʮɛ^{31}nɑu^{0}
黄石	扎实tsɒ^{213}sɿ^{213}	热闹ʮæ^{213}lau^{324}
咸宁	扎实tsɒ^{55}sɿ^{33}	闹热no^{33}ze^{55}

	535 味道尝尝~	536 气味闻闻~
武汉	味uei^{25} | 味道uei^{25}tao^{25}	气味tɕʻi^{25}uei^{25}
荆州	味道uei^{35}tau^{35}	气味tɕʻi^{35}uei^{35}
宜昌	味儿uər^{35}	气候儿tɕʻi^{35}xər^{0}
恩施	味道uei^{35}tau^{0}	气色tɕʻi^{35}sɛ^{0}
襄阳	味儿uər^{31}	味儿uər^{31}
十堰	味道儿uei^{31}taur^{31}	气味儿tɕʻi^{31}uər^{31}
黄冈	味儿uei^{44}ɛr^{0}	味儿uei^{44}ɛr^{0}
孝感	味儿uər^{55}	气色tɕʻi^{35}sɛ^{0}
黄石	味uei^{324}	气色tɕʻi^{25}sæ^{213}
咸宁	味道uæ^{33}tʻo^{33}	气色tɕʻi^{213}se^{55}

	537 馊饭～	538 差东西质量～
武汉	馊sou^{55}	坏xuai^{213}
荆州	澌臭sɿ^{55}tsʻəu^{35}	差tsʻa^{55}
宜昌	澌臭sɿ^{55}tsʻəu^{0}	蹩pʻie^{55}
恩施	澌sɿ^{55}	蹩pʻie^{55}
襄阳	酸san^{24}	差tsʻa^{24} | 蹩pʻia^{35}
十堰	澌气sɿ^{33}tɕʻi^{31}	差tʂa^{33}
黄冈	馊səu^{22}	差tsʻa^{22}
孝感	馊səu^{33}	差tʂʻɑ^{33} | 坏xuɑi^{31}
黄石	馊sou^{33}	坏xuæ^{31}
咸宁	馊se^{44}	差tsʻɒ^{44}

	539 漂亮形容年轻女性的长相：她很～	540 傻痴呆
武汉	清爽tɕʻin^{55}ɕyaŋ^{42}	苕sao^{213}
荆州	标致piau^{55}tsɿ^{35}	苕sau^{13}
宜昌	漂亮pʻiau^{35}liaŋ^{0}	暴⁼pau^{35}
恩施	标致piau^{55}tʂʅ^{0}	傻xa^{51}
襄阳	排场pʻai^{53}tsʻaŋ^{0}	憨xan^{24}
十堰	排场pʻɛ^{52}tʂʻaŋ^{0}	傻ʂa^{55}
黄冈	灵醒lin^{31}ɕin^{22} | 体面tʻi^{55}mien^{44}	苕sau^{31}
孝感	漂亮pʻiɑu^{35}niɑŋ^{0} | 俏tɕʻiɑu^{35}	傻ʂɑ^{52}
黄石	好看xau^{55}kʻan^{25}	苕sau^{31}
咸宁	灵醒niẽ^{31}ɕiən^{42}	苕se^{31}

	541 笨蠢	542 小气吝啬
武汉	蠢tɕʻyn^{42}	悭tɕian^{55}
荆州	暴$^{=}$pau^{35}	老悭lau^{42}tɕien^{55} | 枯老徐kʻu^{55}lau^{42}ɕy^{13}
宜昌	笨pən^{35}	啬sɤ^{13}
恩施	苕ʂau^{33}	啬巴sɛ^{33}pa^{55}
襄阳	笨pən^{31}	小气ɕiau^{35}tɕʻi^{0}
十堰	笨pən^{31}	小气ɕiau^{55}tɕʻi^{31}
黄冈	蠢tʂʻʮən^{55}	悭tɕien^{22}
孝感	哈xɑ^{52} | 笨pən^{55}	悭tɕin^{33} | 小气ɕiɑu^{52}tɕʻi^{0}
黄石	獃ŋæ^{31}	缩气so^{213}tɕʻi^{25}
咸宁	蠢tɕʻyən^{42}	悭tɕiẽ^{44} | 小气ɕie^{42}tɕʻi^{213}

	543 几个你有~孩子？	544 个把
武汉	几个tɕi^{33}ko^{25}	个把ko^{25}pa^{42}
荆州	几个tɕi^{42}kuo^{35}	个把kuo^{35}pa^{42}
宜昌	几个tɕi^{33}kuo^{0}	个把儿kuo^{35}par^{0}
恩施	几个tɕi^{51}kuo^{35}	个把kuo^{35}pa^{51}
襄阳	几个tɕi^{35}kə^{31}	个把kə^{31}pa^{0}
十堰	几个tɕi^{55}kɤ^{31}	个把kɤ^{31}pa^{0}
黄冈	几个tɕi^{55}ko^{35}	个把ko^{35}pa^{55}
孝感	几个tɕi^{52}ko^{35}	个把ko^{35}pɑ^{52}
黄石	几个tɕi^{55}ko^{25}	个把ko^{25}pɒ^{55}
咸宁	几个tɕi^{42}kə^{213}	个把kə^{213}pɒ^{42}

	545 个—～人	546 头—～牛
武汉	个ko^{25}	头tʻou^{213}
荆州	个kuo^{35}	头tʻəu^{13}
宜昌	个kuo^{35}	头tʻəu^{13}
恩施	个kuo^{35}	头tʻəu^{33}
襄阳	个kə^{31}	头tʻəu^{53}
十堰	个kɤ^{31}	头tʻou^{52}
黄冈	个ko^{35}	头tʻəu^{31}
孝感	个ko^{35}	头tʻəu^{31}
黄石	个ko^{25}	头tʻou^{31}
咸宁	个kə^{213}	只tsɒ^{55}

	547 只—～狗	548 只—～鸡
武汉	条tʻiao^{213}	只tsɿ^{55}
荆州	条tʻiau^{13}	只tsɿ^{55}
宜昌	条tʻiau^{13}	只tsɿ^{55}
恩施	个kuo^{35}	只tʂʅ^{55}
襄阳	条tʻiau^{53}	只tsɿ^{24}
十堰	条tʻiau^{52}	只tʂʅ^{33} | 个kɤ^{31}
黄冈	只tsɿ^{22}	只tsɿ^{22}
孝感	只tʂʅ^{33} | 条tʻiɑu^{31}	只tʂʅ^{33}
黄石	条tʻiau^{31}	只tsɿ^{33}
咸宁	只tsɒ^{55}	只tsɒ^{55}

	549 条—~鱼	550 张—~桌子
武汉	条tʻiao^{213}	张tsaŋ^{55}
荆州	条tʻiau^{13}	间kan^{55}
宜昌	条tʻiau^{13}	张tsaŋ^{55}
恩施	条tʻiau^{33}	张tʂaŋ^{55}
襄阳	条tʻiau^{53}	张tsaŋ^{24}
十堰	条tʻiau^{52}	张tʂaŋ^{33}
黄冈	条tʻiau^{31}	张tsaŋ^{22}
孝感	条tʻiɑu^{31}	张tʂɑŋ^{33}
黄石	条tʻiau^{31}	张tsaŋ^{33}
咸宁	只tsɒ^{55}	张tsõ^{44}

	551 双—~鞋	552 座—~房子
武汉	双çyaŋ^{55}	栋toŋ^{25}
荆州	双suan^{55}	间kan^{55}
宜昌	双suaŋ^{55}	座tsuo^{35}
恩施	双ʂuaŋ^{55}	栋toŋ^{35}
襄阳	双suaŋ^{24}	栋təŋ^{31} | 间tɕian^{24}
十堰	双ʂuaŋ^{33}	栋tən^{31}
黄冈	双ʂɥaŋ^{22}	栋toŋ^{35}
孝感	双ʂɥɑŋ^{33}	厢çiɑŋ^{35}
黄石	双çɥaŋ^{33}	座tso^{324}
咸宁	双sõ^{44}	栋təŋ^{213}

	553 毛角：一~钱	554 件一~事情
武汉	角 tɕio^{213} | 毛 mao^{213}	个 ko^{25} | 件 tɕian^{25}
荆州	角 tɕio^{13}	件 tɕien^{35}
宜昌	角 tɕio^{13}	件 tɕiɛn^{35}
恩施	角 tɕio^{33}	个 kuo^{35}
襄阳	角 tɕyo^{53} | 毛 mau^{35}	件 tɕian^{31}
十堰	毛 mau^{52}	件 tɕian^{31}
黄冈	角 tɕio^{213}	件 tɕien^{44}
孝感	角 tɕio^{213} | 毛 mɑu^{31}	件 tɕin^{55}
黄石	角 tɕio^{213}	件 tɕian^{324}
咸宁	角 tɕiə^{55}	件 tɕʻiẽ^{33}

	555 点儿一~东西	556 下打一~，动量，不是时量
武汉	点尕 tie^{33}ka^{0}	下 xa^{25}
荆州	滴尕 ti^{55}ka^{55}	下 xa^{0}
宜昌	点儿 tiər^{33}	下 xa^{35}
恩施	点儿 tiɚ^{51}	下 xa^{51}
襄阳	点儿 tiɐr^{35}	伙子儿 xuo^{35}r̩^{0}
十堰	点儿 tiar^{55}	下儿 xar^{31}
黄冈	点儿 tiɛr^{55}	下 xa^{44}
孝感	点儿 tiər^{52}	下儿 xɑr^{55}
黄石	点 tie^{55}	下 xɒ^{324}
咸宁	点崽 tiẽ^{42}tsa^{42}	下 xɒ^{33}

	557 会儿坐了一~	558 顿打一~
武汉	下xa^{25}	顿ten^{25}
荆州	下儿xa^{55}ɯ^{0}	餐tsʻan^{55}
宜昌	下儿xar^{55}	顿tən^{35}
恩施	下儿xɚ^{55}	顿tən^{35}
襄阳	下儿xar^{35}	顿tən^{31}
十堰	下儿xar^{31}	顿tən^{31}
黄冈	刻眼儿kɛ^{213}ŋɛr^{0}	气子tɕʻi^{35}tsɿ^{0}
孝感	下儿xɑr^{55}	顿tən^{35}
黄石	下子xɒ^{324}tsɿ^{0}	餐tsʻan^{33}
咸宁	刻崽kʻe^{55}tsa^{42} ǀ 下崽xɒ^{33}tsa^{42}	顿tən^{213}

	559 阵下了一~雨	560 趟去了一~
武汉	下xa^{42}	回xuei^{213}
荆州	阵tsən^{35}	趟tʻan^{35}
宜昌	阵tsən^{35}	趟tʻaŋ^{35}
恩施	下儿xɚ^{55}	回xuei^{33}
襄阳	阵儿tsər^{31}	趟tʻaŋ^{31}
十堰	阵tʂən^{31}	趟tʻaŋ^{31}
黄冈	阵tsən^{44}	趟tʻaŋ^{35}
孝感	阵tʂən^{55} ǀ 仗tʂɑŋ^{35}	趟tʻɑŋ^{35} ǀ 回xuei^{31}
黄石	阵tsen^{324}	趟tʻaŋ^{25}
咸宁	阵tsʻən^{33} ǀ 茬tsʻɒ^{33}	回fæ^{31} ǀ 趟tʻõ^{213}

	561 我 ~姓王	562 你 ~也姓王
武汉	我o^{42}	你li^{42}
荆州	我uo^{42}	你li^{42}
宜昌	我uo^{33}	你li^{33}
恩施	我uo^{51}	你ni^{51}
襄阳	我uo^{35}	你ni^{35}
十堰	我uɔ^{55}	你ni^{55}
黄冈	我ŋo^{55}	你li^{55}
孝感	我ŋo^{52}	你ni^{52}
黄石	我ŋo^{55}	你li^{55}
咸宁	我ŋə^{42}	尔n̩^{42}

	563 您尊称	564 他 ~姓张
武汉	尔［您家］n̩^{33}lia^{42}	他tʻa^{55}
荆州	尔家lən^{42}ka^{0}	他tʻa^{55}
宜昌	您儿liər^{33}	他tʻa^{55}
恩施	您儿niɚ^{51}	他tʻa^{55}
襄阳	你郎儿ni^{35}nãr^{0}	他tʻa^{24}
十堰	你ni^{55}	他tʻa^{33}
黄冈	你老儿li^{55}lɛr^{0}	他tʻa^{22}
孝感	您老儿n̩^{52}nor^{0}	他tʻɑ^{33}
黄石	尔老儿n̩^{55}lə^{33}	他tʻɒ^{33}
咸宁	尔郎n̩^{42}nɒ̃^{44}	伊e^{31}

	565 **我们**不包括听话人：你们别去，~去	566 **咱们**包括听话人：他们不去，~去吧
武汉	我们o^{33}men^{0}	我们o^{33}men^{0}
荆州	我们uo^{42}mən^{0}	我们uo^{42}mən^{0}
宜昌	我们uo^{33}mən^{0}	我们uo^{33}mən^{0}
恩施	我们uo^{51}mən^{0}	我们uo^{51}mən^{0}
襄阳	我们uo^{35}mən^{0}	我们uo^{35}mən^{0}
十堰	我们uɔ^{55}mən^{0}	我们uɔ^{55}mən^{0}
黄冈	我们ŋo^{55}mən^{0}	我们ŋo^{55}mən^{0}
孝感	我者ŋo^{52}tʂo^{0}	我者ŋo^{52}tʂo^{0}
黄石	我们ŋo^{55}men^{0}	咱们tsɒ^{55}men^{0}
咸宁	我都ŋə^{42}tɒu^{44}	偎$^{=}$都uæ^{213}tɒu^{44}

	567 **你们**~去	568 **他们**~去
武汉	你们li^{33}men^{0}	他们tʻa^{45}men^{0}
荆州	你们li^{42}mən^{0}	他们tʻa^{55}mən^{0}
宜昌	你们li^{33}mən^{0}	他们tʻa^{55}mən^{0}
恩施	你们ni^{51}mən^{0}	他们tʻa^{55}mən^{0}
襄阳	你们ni^{35}mən^{0}	他们tʻa^{24}mən^{0}
十堰	你们ni^{55}mən^{0}	他们tʻa^{33}mən^{0}
黄冈	你们li^{55}mən^{0}	他们tʻa^{22}mən^{0}
孝感	你者ni^{52}tʂo^{0}	他者tʻɑ^{33}tʂo^{0}
黄石	你们li^{55}men^{0}	他们tʻɒ^{33}men^{0}
咸宁	尔都n̩^{213}tɒu^{44}	伊都e^{213}tɒu^{44}

	569 大家~一起干	570 自己我~做的
武汉	大家ta^{25}tɕia^{55}	自家tsɿ^{25}ka^{0}
荆州	大家ta^{35}tɕia^{55}	自己tsɿ^{35}tɕi^{42}
宜昌	大家ta^{35}tɕia^{55}	自己tsɿ^{35}tɕi^{0}
恩施	我们uo^{51}mən^{0}	个人kuo^{33}zən^{33}
襄阳	大伙儿ta^{31}xuor^{35}	自个儿tsɿ^{31}kɤr^{0}
十堰	大家ta^{31}tɕia^{33}	自家tsɿ^{31}tɕia^{0}
黄冈	大家ta^{44}tɕia^{22}	自家tsɿ^{44}ka^{0}
孝感	大家tɑi^{55}kɑ^{0}	自家tsɿ^{55}kɑ^{0}
黄石	大家tɒ^{324}kɒ^{33}	自家tsɿ^{25}kɒ^{33}
咸宁	个些人kə^{31}sæ^{55}zən^{31}	自家tsɿ^{44}kɒ^{44}

	571 这个我要~，不要那个	572 那个我要这个，不要~
武汉	这个le^{25}ko^{0}	那个la^{25}ko^{0}
荆州	迾个lie^{35}kuo^{35}	那个luo^{35}kuo^{35}
宜昌	迾个lie^{35}kuo^{0}	那个la^{13}kuo^{0}
恩施	这个tʂɛ^{35}kɤ^{0}	那个na^{35}kɤ^{0}
襄阳	这个tsə^{31}kə^{0}	那个na^{31}kə^{0}
十堰	这个tʂɤ^{31}kɤ^{0}	那个na^{31}kɤ^{0}
黄冈	这个tɕie^{35}ko^{0}	那个la^{44}ko^{0}
孝感	迾个niɛ^{35}ko^{0}	那个nɑ^{55}ko^{0}
黄石	这tse^{25}	那lɒ^{25}
咸宁	个个kə^{31}kə^{213}	那个ne^{55}kə^{213}

	573 **哪个**你要～杯子？	574 **谁**你找～？
武汉	哪个la^{33}ko^{0}	哪个la^{33}ko^{0}
荆州	哪个la^{42}kuo^{35}	哪个la^{42}kuo^{35}
宜昌	哪个la^{33}kɤ^{0}	哪个la^{33}kɤ^{0}
恩施	哪个na^{51}kuo^{35}	哪个na^{51}kɤ^{35}
襄阳	哪个na^{35}kə^{0}	哪个na^{35}kə^{0}
十堰	哪个na^{55}kɤ^{0}	谁ʂei^{52}
黄冈	哪个la^{55}ko^{0}	哪个la^{55}ko^{0}
孝感	哪个nɑ^{52}ko^{0}	哪个nɑ^{52}ko^{0}
黄石	哪lɒ^{55}	哪个lɒ^{55}ko^{25}
咸宁	哪个nɒ^{213}kə^{213}	哪个nɒ^{213}kə^{213}

	575 **这里**在～，不在那里	576 **那里**在这里，不在～
武汉	这里tse^{25}ti^{0}	那里la^{25}ti^{0}
荆州	迾里lie^{35}ti^{0}	那里luo^{35}ti^{0}
宜昌	迾底lie^{35}ti^{0}	那底la^{35}ti^{0}
恩施	迾里nɛ^{35}ni^{51}	那里na^{35}ni^{51}
襄阳	这儿下儿tsar^{31}xar^{0}	那儿下儿nar^{31}xar^{0}
十堰	这儿tʂər^{31}	那儿nar^{31}
黄冈	这里tɕie^{35}li^{0}	那里la^{44}li^{0}
孝感	迾里niɛ^{35}ni^{0}	那里nɑ^{55}ni^{0}
黄石	这里tse^{25}li^{0}	那里lɒ^{25}li^{0}
咸宁	个嘞kə^{31}ne^{44}	那嘞ne^{44}ne^{44}

	577 **哪里**你到～去?	578 **这样**事情是～的，不是那样的
武汉	哪里la^{33} ti^{0}	这样le^{25} iaŋ^{0}
荆州	哪里la^{42} li^{0}	迾样lie^{35} ian^{35}
宜昌	哪底la^{33} ti^{0}	迾样儿lie^{35} iãr^{55}
恩施	哪里na^{51} ni^{0}	这样tʂɛ^{35} iaŋ^{35}
襄阳	哪儿下儿nar^{35} xar^{0}	这样儿tsə^{31} iãr^{31}
十堰	哪儿nar^{55}	这样tʂɤ^{31} iaŋ^{31}
黄冈	哪下儿la^{55} xɛr^{0}	这样tɕie^{35} iaŋ^{44}
孝感	哪下儿nɑ^{52} xɑr^{0}	迾样niɛ^{35} iɑŋ^{55}
黄石	哪里lɒ^{55} li^{0}	个样ko^{55} iaŋ^{324}
咸宁	哪里nɒ^{213} næ^{44}	个样kə^{31} iõ^{33}

	579 **那样**事情是这样的，不是～的	580 **怎样**什么样：你要～的?
武汉	那样la^{25} iaŋ^{0}	么样mo^{33} iaŋ^{0}
荆州	那样luo^{35} ian^{35}	么样mo^{42} ian^{35}
宜昌	那样儿la^{35} iãr^{55}	什么儿样sən^{35} mɤr^{0} iaŋ^{35}
恩施	那样na^{35} iaŋ^{35}	哪样na^{51} iaŋ^{35}
襄阳	那样儿na^{31} iãr^{31}	啥样儿sa^{31} iãr^{0}
十堰	那样na^{31} iaŋ^{31}	啥样儿ʂa^{24} iãr^{31}
黄冈	那样la^{44} iaŋ^{44}	么样mo^{55} iaŋ^{44}
孝感	那样nɑ^{55} iɑŋ^{55}	么样mo^{52} iɑŋ^{55}
黄石	那样lɒ^{25} iaŋ^{324}	么样mo^{55} iaŋ^{324}
咸宁	那样ne^{44} iõ^{33}	么样mo^{42} iõ^{33}

	581 这么~贵啊	582 怎么这个字~写？
武汉	这tse^{25}	么样mo^{33} iaŋ^{0}
荆州	迾么lie^{35} m̩^{0}	哪么la^{42} m̩^{0}
宜昌	恁门lən^{35} mən^{0}	哪门la^{33} mən^{0}
恩施	迾们nɛ^{35} mən^{0}	哪门na^{51} mən^{0}
襄阳	这么tsən^{31} mo^{0}	咋tsa^{35}
十堰	这么tʂɤ^{31} mɔ^{0}	咋tsa^{55}
黄冈	这tɕie^{35}	么样mo^{55} iaŋ^{44}
孝感	迾么niɛ^{35} mo^{0}	么样mo^{52} iɑŋ^{55}
黄石	个ko^{55}	么样mo^{55} iaŋ^{324}
咸宁	个么kə^{31} mə^{42}	难适nõ^{31} sɿ^{55}

	583 什么你找~？	584 为什么你~不去？
武汉	么什mo^{33} sɿ^{0}	为么什uei^{25} mo^{33} sɿ^{0}
荆州	么子mo^{42} tsɿ^{55}	为么子uei^{35} mo^{42} tsɿ^{55}
宜昌	什么儿sən^{35} mɤr^{0}	为什么儿uei^{35} sən^{35} mɤr^{0}
恩施	么子mo^{51} tsɿ^{0}	哪门na^{51} mən^{0}
襄阳	啥子儿sa^{31} r̩^{0}	为啥子儿uei^{24} sa^{31} r̩^{0}
十堰	啥子ʂa^{31} tsɿ^{0}	为啥子uei^{24} ʂa^{31} tsɿ^{0}
黄冈	么什mo^{55} sɿ^{44}	么mo^{55}
孝感	么什mo^{52} sɿ^{0}	为么什uei^{55} mo^{52} sɿ^{0}
黄石	么什mo^{55} sɿ^{33}	为么什uei^{324} mo^{55} sɿ^{33}
咸宁	么呢mo^{42} næ^{44}	做么呢tsɒu^{213} mo^{42} næ^{44}

	585 干什么你在～？	586 多少这个村有～人？
武汉	搞么什kao^{33}mo^{33}sɿ^{0}	几多tɕi^{33}to^{55}
荆州	搞么子kau^{42}mo^{42}tsɿ^{55}	好多xau^{42}tuo^{55}
宜昌	搞么儿儿kau^{33}mɤr^{0}ɚ^{13}	好多xau^{33}tuo^{55}
恩施	做么子tsəu^{35}mo^{51}tsɿ^{0}	好多xau^{51}tuo^{55}
襄阳	做啥子儿tsəu^{24}sa^{31}r̩^{0}	好些xau^{35}ɕie^{0}
十堰	做啥子tsou^{24}ʂa^{31}tsɿ^{0}	多少tuɔ^{33}ʂau^{55}
黄冈	做么什tsəu^{35}mo^{34}sɿ^{44}	几多tɕi^{55}to^{22}
孝感	搞么什kɑu^{52}mo^{52}sɿ^{0}	几多tɕi^{52}to^{33}
黄石	做么什tsou^{25}mo^{55}sɿ^{33}	几多tɕi^{55}to^{33}
咸宁	做么呢tsɒu^{213}mo^{42}næ^{44}	几多tɕi^{42}tə^{44}

	587 很今天～热	588 非常比上条程度深：今天～热
武汉	蛮man^{213}	蛮man^{213}
荆州	蛮man^{13}	好xau^{42}
宜昌	好xau^{33}	太tʻai^{35}
恩施	好xau^{51}	非常xuei^{55}tʂʻaŋ^{33}
襄阳	很xən^{35}	格外kə^{53}uai^{31}
十堰	很xən^{55}	格外kɤ^{52}uai^{31}
黄冈	乜$^{=}$me^{22}	蛮man^{31}
孝感	蛮mɑn^{31}	蛮mɑn^{31}
黄石	蛮man^{31}	几tɕi^{55}
咸宁	蛮mɔ̃^{31} | 很xẽ^{42}	非常fæ^{44}tsɔ̃^{31}

	589 更今天比昨天～热	590 都大家～来了
武汉	还……些xai^{213}……ɕie^{55}	下xa^{25} | 都tou^{55}
荆州	还xai^{13}	都təu^{55}
宜昌	还xai^{13}	下xa^{35}
恩施	还xai^{33}	都təu^{55}
襄阳	还xai^{53}	都təu^{24}
十堰	更kən^{31}	都təu^{52}
黄冈	还xai^{31}	下xa^{44}
孝感	更kən^{35} | 越色ɥɛ^{13}sɛ^{0}	下xɑ^{55} | 都təu^{33}
黄石	更ken^{25}	下xɒ^{324}
咸宁	更kẽ^{213}	都tɒu^{44}

	591 一起我和你～去	592 没有昨天我～去
武汉	一路i^{21}lou^{25} | 一起i^{21}tɕʰi^{42}	冇mao^{25}
荆州	一起i^{13}tɕʰi^{42}	没mei^{55}
宜昌	一起i^{13}tɕʰi^{33}	没mei^{55}
恩施	一路i^{33}nu^{35}	没mei^{55}
襄阳	一路儿i^{53}nəur^{31}	没mei^{24}
十堰	一路i^{52}lou^{31} | 一起i^{24}tɕʰi^{55}	没mei^{52}
黄冈	一路i^{31}ləu^{44}	冇mau^{44}
孝感	一路儿i^{31}nəur^{55}	冇mɑu^{55}
黄石	一路i^{213}lou^{324}	冇mau^{324}
咸宁	一路i^{55}nɒu^{33}	冇mo^{44}

	593 不明天我～去	594 差点儿～摔倒了
武汉	不pu^{213}	差一点tsʻa^{55} i^{21} tian^{42}
荆州	不pu^{13}	差滴尕儿tsʻa^{55} ti^{55} ka^{55} ɯ^{0}
宜昌	不pu^{13}	些乎儿ɕi^{55} xuər^{0}
恩施	不pu^{33}	差点儿tʂʻa^{55} tiɚ^{51}
襄阳	不pu^{53}	差点儿tsʻa^{24} tiɐr^{35}
十堰	不pu^{52}	差点儿tʂʻa^{33} tiar^{55}
黄冈	不pu^{213}	差点儿tsʻa^{22} tiɛr^{55}
孝感	不pu^{213}	差点儿tʂʻɑ^{33} tiər^{52}
黄石	不pu^{213}	差点儿tsʻɒ^{33} tier^{55}
咸宁	不pu^{55}	差点崽tsʻɒ^{44} tiẽ^{42} tsa^{42}

	595 故意～打破的	596 白～跑一趟
武汉	特务tie^{213} u^{55}	白pe^{213} ｜ 冤枉yan^{45} uaŋ^{0}
荆州	跳⁼子tʻiau^{35} tsɿ^{0}	白pɤ^{13}
宜昌	跳⁼子tiau^{35} tsɿ^{0}	白pɤ^{13}
恩施	专门tʂuan^{55} mən^{0}	白pɛ^{33}
襄阳	故意ku^{24} i^{31}	白pə^{53}
十堰	当故儿taŋ^{33} kur^{31}	白pɛ^{52}
黄冈	特如的tʻie^{44} ʐʮ^{31} ti^{0}	白pe^{31}
孝感	别如piɛ^{31} ʮ^{31}	白pɛ^{213}
黄石	有意iou^{55} i^{25}	白pæ^{213}
咸宁	特为是tʻe^{55} uæ^{33} sɿ^{33}	白pʻɒ^{33}

	597 和我～他都姓王	598 和我昨天～他去城里了
武汉	跟ken^{55}	跟ken^{55}
荆州	和xuo^{13}	跟kən^{55}
宜昌	和xuo^{13}	跟kən^{55}
恩施	跟kən^{55}	跟kən^{55}
襄阳	跟kən^{24}	跟kən^{24}
十堰	和xɤ^{52}	跟kən^{33}
黄冈	跟kən^{22}	跟kən^{22}
孝感	跟kən^{33} | 和xo^{31}	跟kən^{33} | 和xo^{31}
黄石	跟ken^{33}	跟ken^{33}
咸宁	跟kẽ^{44}	跟kẽ^{44}

	599 往～东走	600 向～他借一本书
武汉	朝tsʻao^{213} | 往uaŋ^{42}	找tsao^{42} | 跟ken^{55}
荆州	往uan^{42}	跟kən^{55}
宜昌	朝tsʻau^{13}	找tsau^{33}
恩施	朝tʂʻau^{33}	找tʂau^{51}
襄阳	朝tsʻau^{53}	找tsau^{35}
十堰	往uaŋ^{55}	向ɕiaŋ^{31}
黄冈	朝tsʻau^{31}	寻tɕʻin^{31}
孝感	往uɑŋ^{52}	跟kən^{33}
黄石	往uaŋ^{55}	朝tsʻau^{31}
咸宁	往uõ^{42} | 朝tsʻe^{31}	跟kẽ^{44}

主要参考文献

1. 曹廷玉. 赣方言高频词研究 [D]. 广州：暨南大学，2001.

2. 陈萌. 湖北五峰汉语方言词汇调查研究 [D]. 昆明：云南师范大学，2014.

3. 陈淑梅 . 湖北英山方言形容词的重叠式 [J]. 方言，1994 (1)：64 - 67.

4. 陈秀. 湖北仙桃方言研究 [D]. 武汉：华中师范大学，2015.

5. 陈有恒. 鄂南方言的词汇特点 [J]. 咸宁师专学报，1989 (1)：61 - 65.

6. 陈有恒. 鄂南方言志略 [M]. 鄂咸地图内字第 29 号. 1991.

7. 戴军平 . 湖北京山方言中的"AA 声" [J]. 语文知识，2011 (4)：30 - 33.

8. 董绍克. 汉语方言词汇差异比较研究 [M]. 北京：民族出版社，2002.

9. 郭攀 . 浠水方言研究 [M]. 武汉：华中师范大学出版社，2016.

10. 湖北省地方志编纂委员会. 湖北省志 · 民俗方言 [M]. 武汉：湖北人民出版社，1996.

11. 黄群建. 通山方言志 [M]. 武汉：武汉大学出版社，1994.

12. 黄群建. 阳新方言志 [M]. 北京：中国三峡出版社，1995.

13. 黄群建 . 阳新方言研究 [M]. 武汉：华中师范大学出版社，2016.

14. 李崇兴 . 宜都方言研究 [M]. 武汉：华中师范大学出版社，2014.

15. 李康澄 . 湘方言高频词研究 [D]. 南京：南京师范大学，2005.

16. 李如龙. 汉语方言高频词研究 [M]. 福建：厦门大学出版社，2002.

17. 刘国斌. 通城方言 [M]. 北京：中国文史出版社，1991.

18. 刘海章 . 荆门方言研究 [M]. 武汉：华中师范大学出版社，2017.

19. 刘丽. 大冶方言的亲属称谓 [D]. 武汉：华中师范大学，2006.

20. 刘丽沙. 襄阳方言词汇考释举隅 [J]. 襄阳职业技术学院学报，2017 (4)：7 - 9，14.

21. 龙涯. 鹤峰方言词汇研究 [D]. 重庆：重庆师范大学，2013.

22. 阮桂君 . 五峰方言研究 [M]. 武汉：华中师范大学出版社，2014.

23. 邵则遂 . 天门方言研究 [M]. 武汉：华中师范大学出版社，1991.

24. 沈益宇. 四川方言高频词研究 [D]. 长春：东北师范大学，2011.

25. 盛银花 . 安陆方言研究 [M]. 武汉：华中师范大学出版社，2015.

26. 苏俊波 . 丹江方言语法研究 [M]. 武汉：华中师范大学出版社，2012.

27. 苏俊波．郧县方言研究［M］．武汉：华中师范大学出版社，2016.
28. 陶立军．湖北荆门方言词汇研究［D］．武汉：华中师范大学，2009.
29. 王宏佳．咸宁方言词汇研究［M］．武汉：华中师范大学出版社，2009.
30. 王宏佳．咸宁方言研究［M］．武汉：华中师范大学出版社，2015.
31. 王梦荣．湖北枝城方言词汇调查研究［D］．武汉：华中科技大学，2017.
32. 王求是．孝感方言研究［M］．武汉：华中师范大学出版社，2016.
33. 王群生．湖北荆沙方言［M］．武汉：武汉大学出版社，1994.
34. 王群生，王彩豫．荆州方言研究［M］．武汉：华中师范大学出版社，2018.
35. 王树瑛．恩施方言研究［M］．武汉：华中师范大学出版社，2017.
36. 王亚玲．利川方言词汇研究［D］．武汉：华中师范大学，2016.
37. 王燕玲．钟祥方言词汇研究［D］．南宁：广西师范学院，2014.
38. 芜崧．荆楚方言词汇研究［M］．武汉：武汉大学出版社，2017.
39. 肖芸．武汉方言词汇研究［D］．武汉：华中师范大学，2016.
40. 谢彬彬．钟祥方言词汇研究［D］．武汉：中南民族大学，2011.
41. 熊雯．湖北大冶方言词汇研究［D］．武汉：华中师范大学，2012.
42. 杨凯．鄂东方言词汇研究［M］．武汉：湖北人民出版社，2009.
43. 袁海霞．公安方言研究［M］．武汉：华中师范大学出版社，2017.
44. 袁盼．湖北天门方言词汇研究［D］．荆州：长江大学，2019.
45. 张义．钟祥方言研究［M］．武汉：华中师范大学出版社，2016.
46. 张成林．大悟方言词汇研究［D］．武汉：华中师范大学，2018.
47. 张珍．郧阳方言词汇研究［D］．福州：福建师范大学，2017.
48. 周丽娜．湖北京山方言词汇研究［D］．曲阜：曲阜师范大学，2014.
49. 周莹萍．潜江方言词汇研究［D］．广州：暨南大学，2011.
50. 朱建颂．武汉方言研究［M］．武汉：华中师范大学出版社，1992.
51. 朱芸．湖北建始方言词汇研究［D］．武汉：华中师范大学，2015.
52. 祝敏．崇阳方言研究［M］．武汉：华中师范大学出版社，2020.

荆楚文库

湖北方言（下）

汪国胜　主编

荆楚文库编纂出版委员会
华中科技大学出版社

第四章　湖北方言语法

湖北方言内部不一致，语法是其中表现之一。尽管同居一省，所处相对集中，有相互影响造成的区域共性。但与此同时，湖北方言语法又具有较强的地域性特点，各地方言语法形式和特点根据其所处位置、与外界接触的不同，呈现出较大的差异。

第一节　词法

一、重叠

重叠是汉语特别是方言中一种非常重要的语法手段，属于形态范畴的构形重叠，基式重叠后构成不同的重叠形式，带上某种（些）附加的语法意义。湖北方言中名词、动词、形容词、量词、副词等都可以构成不同形式的重叠式。

1. 名词重叠

湖北方言的名词重叠形式有 AA 式和 AABB 式等。

（1）AA 式

单音节名词重叠构成的 AA 式，一般表示逐指，有“每、每一”的语法意义。例如：

洞洞、杠杠、钩钩、泡泡（武汉）

家家、桌桌、事事、车车（十堰[①]）

人人、个个、家家、户户（荆门）

山山、树树、时时、夜夜（阳新）

---

① 这里的“十堰”具体指的是十堰郧阳区，即原郧县。

有些单音节名词重叠，没有“每、每一”的语法意义，而是带有喜爱、亲切的色彩，或表小称，多见于儿语，五峰方言也在成人用语中使用。例如：

肉肉、马马、手手、球球（武汉）

手手、菜菜、果果、叶叶（荆门）

花花、狗狗、手手、肉肉（钟祥）

猪猪、脚脚、帽帽、衣衣（公安）

嘎嘎、粑粑、角角（五峰）

阳新方言单音节名词重叠AA式会变为形容词。例如：“米米”表示像米一样小，“肉肉”表示很胖，“筋筋”表示很瘦。

（2）AABB式

两个语义上具有相关性的单音节名词分别重叠组合构成AABB式，表示逐指、遍指，有“每、各”的意思。例如：

家家户户、边边角角、沟沟缝缝、坛坛罐罐（十堰）

里里外外、时时刻刻、汤汤水水、沟沟坎坎（钟祥）

坛坛罐罐、日日夜夜、旮旮旯旯、头头脑脑（公安）

边边角角、棍棍棒棒、花花朵朵、时时刻刻（阳新）

有些地方有“众、多”的意思。例如：

花花草草、盆盆罐罐（荆门）

2. **动词重叠**

湖北方言常见的动词重叠形式有AA式、AABB式、ABAB式、AAB式等。

（1）AA式

单音节动词重叠构成的AA式，表示动作的持续、尝试或短时等时体意义。例如：

看看、说说、写写、玩玩（十堰）

走走、坐坐、谈谈、问问（荆门）

（2）AABB式

两个语义上具有相关性的单音节动词重叠后组合为 AABB 式，表示动量多，两个动作行为同时持续或反复发生。例如：

嘣嘣拱拱、吼吼喊喊（荆州）

说说笑笑、打打闹闹、上上下下、吃吃喝喝（十堰）

摇摇晃晃、来来往往、打打闹闹、哭哭啼啼（孝感）

吹吹打打、疯疯打打、搞搞缩缩、进进出出（咸宁）

（3）ABAB 式

双音节动词 AB 重叠为 ABAB 式，或表示动作的时量短、动作轻微；或表示尝试。例如：

拣拾拣拾、拾掇拾掇、招呼招呼、商量商量（十堰）

研究研究、琢磨琢磨、打听打听、照顾照顾（荆门）

（4）AAB 式

动宾关系的双音节动词或动词结构重叠为 AAB 式，表示动作的持续、尝试或短时等语法意义。例如：

吃吃饭、弯弯腰、跑跑步、逛逛街（十堰）

帮帮忙、点点头、散散步、洗洗澡（荆门）

唱唱歌、商商量、展展览、款款话（鄂州）

十堰、丹江口、荆门等地方言单音节动词可以三叠构成 AAA 式，表示动作行为的持续、反复进行，同时还附加有厌恶、不耐烦、惊诧等感情色彩。例如：

看看看、听听听、做做做、说说说、玩玩玩（十堰）

吃吃吃、哭哭哭、说说说、讲讲讲、学学学（荆门）

动词重叠 AA 式、ABAB 式、AAB 式主要见于湖北方言的西南官话区，其他两区较为少见。老派武汉方言没有 AA 和 ABAB 式重叠，有 AABB 式重叠。孝感方言动词不重叠，AA 式和 ABAB 式孝感方言说成“A（一）下儿”或“AB（一）下儿”，仙桃方言说成“A（一）下”或“AB（一）下”，咸宁方言用“A 一下”，崇阳方言用“A 下子”代替 AA 式。

3. 形容词重叠

湖北方言的形容词重叠形式有 AA 式、ABB 式、AAB 式、AABB 式、ABAB 式、A 里 AB 式等。

(1) AA 式

单音节形容词重叠构成 AA 式，表示状态或程度。表示程度时，既可以表示程度较轻微，也可以表示程度较深重。例如：

方方、篾篾、短短、麻麻（荆州）

胖胖、高高、长长、大大（十堰）

红红、尖尖、软软、阴阴（孝感）

细细、大大、紧紧、咸咸（黄陂）

稀稀、密密、热热、尖尖（阳新）

湖北赣语区方言一般不用形容词 AA 重叠式，而是使用形容词附加语缀构成的 AC 结构式代替。比如咸宁方言多使用语缀“挨、垅、幽、彤、抿”等，例如：绿挨、黄垅、青幽、红彤。大冶方言结合面较宽的语缀，有“溜、露、巴、蹦、吼”等，例如：壮溜、新露、厚巴、脆蹦。

(2) ABB 式

双音节形容词重叠后一个音节构成 ABB 式，表示状态或程度深重。有些地方如荆州还带有贬义色彩。例如：

白卡卡、湿濯濯、脏兮兮、烂稀稀（荆州）

暖和和、甜蜜蜜、孤单单、光秃秃（十堰）

甜蜜蜜、圆纠纠、白嫩嫩、骄滴滴（宜昌）

干蹦蹦、汗喳喳、硬救救、年轻轻（孝感）

矮杵杵、干瘪瘪、空捞捞、蛮勒勒（阳新）

(3) AAB 式

双音节形容词重叠前一个音节构成 AAB 式，表示状态或程度。例如：

崭崭新、锃锃亮、冰冰凉、煞煞白（十堰）

蒙蒙亮、麻麻黑、沙沙响、滚滚圆（荆门）

梆梆硬、蜜蜜甜、滂滂臭、溜溜圆（建始）

扭扭软、梆梆紧、坌坌香（浠水）

漆漆黑、喷喷香、朊朊苦、蹦蹦黄（英山）

（4）AABB式

双音节形容词重叠构成AABB式，表示状态或程度。例如：

清清白白、紧紧巴巴、消消停停、清清爽爽（荆州）

白白净净、漂漂亮亮、斯斯文文、毛毛躁躁（十堰）

欢欢喜喜、随随便便、结结实实、玄玄乎乎（荆门）

涮涮溜溜、平平崭崭、随随便便、拉拉杂杂（孝感）

笔笔直直、老老实实、批批舷舷、啰啰嗦嗦（咸宁）

钟祥方言具有相反意义的两个形容词重叠构成的AABB式，表示对事物的概括性总称。例如：

老老少少、大大小小、高高矮矮、长长短短

安陆方言形容词重叠构成的AABB式，大都带有贬义的感情色彩。例如：

鼓鼓囊囊、稀稀拉拉、晕晕打打、松松垮垮

（5）ABAB式

双音节形容词重叠构成ABAB式，表示状态或程度加深。例如：

卡白卡白、乌青乌青、沮湿沮湿、黢黑黢黑（荆州）

雪白雪白、冰凉冰凉、矮胖矮胖、干冷干冷（十堰）

卡白卡白、通红通红、高兴高兴、热闹热闹（荆门）

（6）A里AB式

双音节形容词重叠构成A里AB式，表示状态或程度加深。一般带有嫌恶的感情色彩，但孝感方言可以用于各种场合。例如：

神里神经、痞里痞气、宝里宝气、二里二气（荆州）

神里神经、热里热闹、四里四正、漂里漂亮（孝感）

小里小气、狂里狂气、糊里糊涂、啰里啰嗦（黄陂）

哈里哈气、流里流气、古里古怪、慌里慌张（崇阳）

十堰、丹江口方言还有单音节形容词重叠构成的 AAAA 式，表示程度加深到极度高强，带有强调和夸张的意味。例如：

胖胖胖胖、高高高高、大大大大、慢慢慢慢

恩施方言有形容词重叠式 A 得 A 式、A（B）得 AB 式，表示程度的极致。例如：

灵得灵、贪得贪、保险得保险、出得出色

孝感方言有形容词重叠构成的 A 打 A（B）式，表示程度加深。例如：

明打明、慢打慢、干打干净、规打规矩

4. **量词重叠**

湖北方言的量词重叠形式是 AA 式。例如：

个个、点点、回回、遍遍（十堰）

件件、张张、次次、趟趟（荆门）

个个、样样、般般、条条（浠水）

根根、棵棵、粒粒、句句（咸宁）

几乎所有单音节量词，包括专用量词和临时借作量词的名词都可以两叠，表示“每一、多、逐一”等意义。

5. **副词重叠**

湖北十堰、丹江口等地的方言副词重叠形式有 AA 式、AAA 式、AAAA 式、ABAB 式、AABB 式、ABB 式等。

（1）单音节副词重叠构成 AA 式。例如：

偏偏、整整、最最、白白

（2）单音节副词重叠构成 AAA 式。例如：

真真真、最最最、紧紧紧

（3）单音节副词重叠构成 AAAA 式。例如：

真真真真、最最最最、紧紧紧紧

（4）双音节副词重叠构成 ABAB 式。例如：

格外格外、得亏得亏、硬是硬是、一定一定

（5）双音节副词重叠为 AABB 式。例如：

确确实实、真真正正、根根本本、实实在在

（6）双音节副词重叠为 ABB 式。例如：

一定定、一再再、一样样、一般般

副词重叠式的语法意义表示程度的加强。重叠次数越多，表示程度越强。两叠式明显比基式程度要强，三叠式比两叠式程度要强，四叠式比三叠式程度要更强。四叠式表示的程度达到极致，带有强调和夸张的意味。

黄陂方言部分副词可以重叠，比如“将将”“恰恰”。浠水方言有副词重叠 AA 式“白白”和“狠狠”等，表示程度强。恩施方言能重叠的副词有 7 个，主要构成 AA 式和 AABB 式，如下：

明明、将将、刚刚、偏偏、足足

的的确确、确确实实

湖北方言的重叠形式往往会带上“儿”缀、“子”缀、“神”缀、“式”缀等。例如：

说说儿、挖挖儿、大大儿、旧旧儿（大冶）

车车子、点点子、盖盖子、尖尖子（十堰）

眨眨神、抖抖神、摆摆神、扭扭神（武汉）

急急神、忙忙神（崇阳）

垮垮式、大大式、苦苦式、晃晃式（孝感）

弯弯式、饿饿式、倒倒式、笑笑式（鄂州）

二、语缀

语缀是附加于词根的前后起构词构形作用的附加性成分，能表达一定的语法意义或感情色彩。根据与词根的位置关系不同，语缀又可以分为前加式、中嵌式和后附式三种。

湖北方言常见的语缀有前缀“阿”缀、“第”缀、“老”缀、“小”

缀、“初”缀、“细”缀、“圪”缀；后缀“们”缀、“子”缀、“儿”缀、“伢/崽/娃儿（子）”缀、“头/场/首”缀、“神”缀、“流”缀、“气”缀、“佬”缀、“伙（里/的）”缀；中缀“圪”缀、“子”缀、“里”缀等。

前缀“阿”缀、“第”缀、“老”缀、“小”缀、“初”缀，后缀“们”缀与普通话用法相同，不再赘述，以下来看其他常见语缀。

1. **“细”缀**

湖北方言的前缀“细”，主要分布于赣语区的咸宁、大冶、阳新等市县。“细”缀加在名词的前面，表示小称。例如：

细盆、细椅、细爷、细娘（咸宁）

大冶方言中名词加“细”缀要变调。例如：

细锅sai^{35} uo$^{33-553}$、细桌sai^{35} tso$^{13-553}$、细钟sai$^{35-553}$ tsaŋ^{33}、细井sai$^{35-553}$ tɕian^{53}

2. **“圪”缀**

湖北方言的前缀“圪”，主要分布于鄂西北地区的十堰、丹江口等市县。“圪”附加在词根前面，可以构成名词、动词、形容词、量词和象声词等。例如：

名词：圪瘩、圪落、圪蛋、圪蚤

动词：圪叨、圪蹴、圪挤、圪意

形容词：圪锃、圪缺、圪塞、圪喽

量词：圪截、圪抓、圪橛、圪堆

象声词：圪唧、圪咚、圪吱、圪噔（十堰）

“圪”缀还可以附加在单音节动词上，构成“圪V”式，表示快速、高频地反复动作。例如：

圪眨、圪扭、圪晃、圪筛（丹江口）

“圪”还可以作中缀，与“叽嘹、囔叽、拉叽、叽咧、囔囔、叽叽、哝哝”等一起后附于形容词，构成形容词生动形式，表示程度的轻微。例如：

酸圪叽嗦、甜圪嚷叽、苦圪拉叽、软圪嚷嚷（十堰）

3.“子”缀

湖北省各地都有“子”缀，在大部分方言较为常见，只在咸宁方言中用得较少。有些地方比如荆州、五峰、长阳、孝感、阳新方言等“子”缀与词根搭配的范围比普通话要大一些，一般作后缀，构成名词。例如：

狗子、梨子、罩子、拐子（武汉）

车子、条子、盖子、方子（十堰）

雀子、烟子、妹夫子、花朵子（孝感）

拳子、锁子、药方子、人影子（阳新）

一些地方，比如十堰、浠水等方言，附加“儿”缀带上亲昵、喜爱等情感意义，附加“子”缀带上轻蔑、厌恶、不耐烦等情感色彩。

在有些方言中还可以作中缀，加在四字格生动形式的状态形容词中间，带有厌恶、不耐烦等情感色彩，比如十堰、丹江口等方言。例如：

流里子流气、贼眉子鼠眼、乱七子八糟、吊儿子郎当（十堰）

大冶方言的“子”缀有两个，一个读上声$tsɿ^{53}$，一个读轻声$tsɿ^{3}$，都是名词标记，但附着的成分不同。前一个附在名语素后，构成表物或人名词。例如：雹子、沙子、戏子、厨子；后一个附在名、动、形语素后，构成人物名词或时间名词。例如：瓶子、汗衫子、罩子、瞎子、日子。两种“子”缀还可以连用。例如：雪子$tsɿ^{53}$子$tsɿ^{3}$、沙子$tsɿ^{53}$子$tsɿ^{3}$、银角子$tsɿ^{53}$子$tsɿ^{3}$、豆腐子$tsɿ^{53}$子$tsɿ^{3}$。

4.“儿”缀

湖北省除武汉、江陵、天门、松滋、荆门等地外的大部分方言，都有“儿”缀，咸宁、阳新、崇阳等方言较为少见。词根后附“儿”缀主要构成名词，也能构成代词、量词、副词等，有些还能增加一种亲昵、喜爱等情感意义，或者带上小量、轻微等语法意义，表示小称。例如：

花儿、这儿、两儿、将儿（十堰）

院儿、刀儿、狗儿、嘴儿（安陆）

凳儿、鞋儿、屋儿、菩萨儿（阳新）

有些发生儿化音变，如十堰方言儿化韵ər紧附在词根音节上，与之构成一个整体，或导致其主要元音央化，阴平、去声变调；大冶方言儿化音ʅ直接跟在韵母后边。有些如荆州读本音ɯ。

“儿”缀经常附在重叠式后面，恩施方言甚至不重叠不能带“儿”缀。除了表示亲昵、喜爱等情感意义和小称外，还能表示其他一些语法意义。比如大冶方言“儿”缀附在单音动词重叠式后，表示动作的交替进行。例如：

唱唱儿、切切儿、坐坐儿、上上儿

咸宁、崇阳等地方言，“子”缀、“儿”缀并不常见。北京话中的“子”缀词、“儿”缀词，这些地方要么直接用词根，要么用“嘞（呐）”缀。“嘞（呐）”缀常后附单音节名词后，读为轻声，有些北京话不能加“子”缀、“儿”缀的名词，咸宁、崇阳方言也可以加“嘞（呐）”缀。例如：

桌嘞、瓶嘞、鸡嘞、衣嘞（咸宁）

凳呐、桃呐、书呐、碗呐（崇阳）

5. “伢/崽/娃儿（子）”缀

湖北方言的“伢/崽/娃儿（子）”缀是小称名词的构词语缀，附加在名词或重叠AA式词根的后面，构成小称名词，有些方言还带有亲昵、喜爱等感情色彩。例如：

学生伢、徒弟伢、女婿伢（武汉）

刀娃儿/子、车娃儿/子、勺勺儿娃儿/子、洞洞儿娃儿/子（十堰）

袋娃儿、凳娃儿、树娃儿、棍娃儿（孝感）

鸡崽、猪崽、桌崽、凳崽（咸宁）

6. “头/首/场”缀

湖北方言的“头”缀一般跟在名词、量词、动词、形容词词根后面构成名词。例如：

甜头、准头、下头、里头（武汉）

石头、个头、插头、老头（十堰）

苦头、上头、外头、南头（安陆）

日头、被头、由头、念头（咸宁）

还可以跟在动词后，构成“V头”形式，表示“有价值、意义、必要性”等意义。例如：

说头、搞头、看头、想头（武汉）

玩头、跑头、吃头、高兴头（十堰）

来头、打头、偷头、来往头（孝感）

奔头、听头、唱头、读头（咸宁）

咸宁、大冶、阳新、崇阳等方言表示“有价值、意义、必要性”等意义，既用“头”缀，还可以用“首”缀，且能产性更高。而恩施、长阳、宜都、天门等地方言既用“头”缀，也用“场”缀。例如：

打首、搞首、玩首、商量首（咸宁）

玩首、补首、唱首、取首（阳新）

瞄首、戏首、指望首、检查首（崇阳）

说场、搞场、看场、吃场（恩施）

看场、哭场、跑场、打场（长阳）

看场、想场、搞场、去场（宜都）

听场、说场、看场、吃场（天门）

7. “神”缀

湖北方言的“神”缀跟在单音节动词重叠式或拟声词后，表示动作或声音的反复、持续。例如：

眨眨神、抖抖神、摆摆神、扭扭神（武汉）

抢抢神、歪歪神、咯咯神、叽叽神（仙桃）

抖抖神、跳跳神、飞飞神、哗哗神（宜昌）

吸吸神、喊喊神、蹦蹦神、竖竖神（荆门）

吼吼神、飘飘神、翻翻神、蹿蹿神（孝感）

长阳方言“神”缀读作轻声“生”，天门、京山方言读作“声”，十堰、丹江口等方言读作“生”且重叠为“生生”。例如：

摇摇生、闪闪生、活活生、呜呜生（长阳）

翻翻声、痒痒声、歪歪声、吱吱声（天门）

咯咯声、鼓鼓声、转转声、慌慌声（京山）

跑跑生生、歪歪生生、抢抢生生、跳跳生生（十堰）

摆摆生生、抖抖生生、眨眨生生、吼吼生生（丹江口）

8.“流”缀

湖北方言的“流”缀附加在名词、形容词后面，表示数量多或程度高。武汉、孝感等方言后面经常加上助词结构“了的”一起使用。例如：

水流、汗流、拉瓜流、神气流（武汉）

涎流、鼾流、鼻涕流、瞌睡流（公安）

灰流、鼻子流、干净流、清爽流（孝感）

劲鼓高兴流、快活流、亲热流（阳新）

9.“气”缀

湖北方言的“气”缀附加在名词、动词和形容词词根后面，构成名词。例如：

狠气、傻气（武汉）

狠气、痞气、暮气、硬气（荆州）

苕气、憨气、霉气（仙桃）

土气、小气、美气、运气（十堰）

10.“佬”缀

湖北方言的“佬”缀附加在名词或动宾、主谓、偏正等结构词根后面，构成指人名词，一般带有轻蔑等贬义。例如：

好哭佬、杀猪佬、光头佬、美国佬（十堰）

好吃佬、调皮佬、赌博佬、扒灰佬（孝感）

福佬、和事佬、酒醉佬、乡巴佬（黄陂）

乡巴佬、和事佬、割猪佬、湖北佬（阳新）

11. “伙（里/的）”缀

湖北方言的“伙（里/的）”缀附加在双音节亲属称谓名词后面，表示复数，也表示关系亲密，同时还带有亲热的感情色彩。例如：

爷伙里、父子伙里、兄弟伙里（武汉）

弟兄伙的、姊妹伙的、妯娌伙的、老表伙的（十堰）

弟兄伙里、姊妹伙里、夫妻伙里、朋友伙里（长阳）

姊妹伙里、妯娌伙里、夫妻伙里、婆媳伙里（孝感）

12. “里”缀

湖北方言的中缀“里”，主要与双音节动词、形容词重叠形式结合，构成“A 里 AB”式。例如：

哆里哆嗦、糊里糊涂、慌里慌张、怪里怪气（十堰）

古里古怪、流里流气、小里小气、马里马虎（恩施）

哈里哈气、疯里疯气、神里神经、热里热闹（孝感）

龌里龌龊、小里小气、苕里苕气、规里规矩（咸宁）

除此之外，还有仙桃、公安、荆州、荆门等方言附加在动词或形容词后面的“人子”缀，例如：吓人子、愁人子、乖人子、苕人子等；公安、宜都、宜昌、长阳等方言构成形容词的“哒”缀，例如：干净哒、白净哒、崭新哒、齐整哒等；咸宁、崇阳等方言附加在单音动词或形容词后的“煞”缀，例如：跑煞、笑煞、饿煞、干煞等，都有其地方特点。

三、指代

1. 人称代词

湖北省的大多数方言中，人称代词单数与普通话基本一致，分别为“我、你、他”。赣语区崇阳方言第二人称为“尔”，第三人称为“伊”；咸宁方言的第三人称为“伊”，大冶、阳新方言为“佢”。

人称代词复数大多数后加“们”缀。孝感、黄陂等方言除了加“们”缀外，分别还可以后加“着·tʂo”“者·tse/tsə”表复数。浠水方言复数标记为“家·tɕiɛ”，崇阳方言为“家呐kɑ^{22}·næ”，咸宁方言为“都tɑu^{44}”，大冶、阳新方言为“耐la^{5}/lɛ^{45}”。

湖北方言的尊称形式较丰富。第二人称尊称武汉方言用“□nia^{42}”，黄陂方言用“你朗家n̩^{42} naŋ^{42}·ka”，十堰、丹江口、安陆等方言用“你老”，恩施方言用“你儿liər^{51}”，五峰、长阳方言用“□lia^{42}”，宜都方言用儿化的“你儿niər^{42}”，荆门方言用“你郎n̩^{13} lɑŋ^{35}”，荆州方言用“您家lən^{42}·ka”，仙桃、公安方言用“您那n̩^{21} na^{33}”，咸宁方言用“你郎n̩^{42} nɑ̃^{44}”，崇阳方言用“尔拉家n̩^{53} nɑ^{22} kɑ^{22}”。第三人称尊称武汉方言用“他□nia^{42}”，黄陂方言用“他朗家ta^{33} naŋ^{42}·ka”，恩施方言用“他你儿家tʻa^{55} liər^{51}·tɕia”，五峰方言用“他您tʻa^{55}·lin”，长阳、宜都方言用儿化的“他儿tʻar^{55}”，荆门方言用“他郎tʻa^{13} lɑŋ^{35}”，仙桃、公安方言用“他那tʻa^{55}na^{33}”，安陆方言用“他老儿tʻa^{44} nor^{31}”，咸宁方言用“伊郎e^{31} nɑ̃^{44}”，崇阳方言用“伊拉家i^{53} nɑ^{22} kɑ^{22}”。

湖北方言的自身代词有“自己”“自家”“自个”等，恩施、长阳、宜都、荆州、仙桃、浠水、公安等方言也说“各人”。用“旁人”“别人”“别个”“人家”等指称说话人自身以外其他的人。“大家”是总称代词。

2. 指示代词

湖北方言的指示代词基本上都是二分的，分近指和远指。西南官话区方言以不同语音表现的“这”“那”为主要形式。荆州方言“这”“那”有liɛ^{35}/tsɤ^{35}、luo^{35}/la^{35}两个读音。地道的荆州方言，“这”“那”读作liɛ^{35}、luo^{35}；受普通话影响，或是外地迁入的居民，多读作tsɤ^{35}、la^{35}。仙桃、恩施、长阳等方言也是如此，仙桃方言指示代词有liə^{53}/tsə^{53}、lo^{53}两个读音，恩施方言有lie^{35}/tʂe^{35}、la^{35}两个读音，长阳方言有lie^{25}/tsɤ^{25}、la^{35}两个读音。公安方言的指示代词有迾niɛ^{35}和那nuo^{35}、临nin^{21}和恁nən^{21}/noŋ^{21}两套。

江淮官话区部分方言用不同调值阴去、阳去来区分近、远指。孝感、安陆方言用阴去“乜$_{1}$ niɛ^{35}”表近指，阳去“乜$_{2}$niɛ^{55}”表远指；黄陂方言用阴去“咧ne^{35}”表近指，阳去“叻ne^{44}”表远指。除此之外，孝感方言文读用“这tʂe^{35}”和“那na^{55}”表近、远指。黄陂方言还可以用“那na^{44}”“□no^{44}”表远指。安陆方言还可以用阴去“喏no^{35}、恁nin^{35}”表近指，用阳去“喏no^{55}、恁nin^{55}”表远指。

赣语区方言不仅有来源于“这”“那”的指示代词，还有来源于“个”的指示代词。咸宁方言用“个kə^{31}”表近指，用“那ne^{44}”表远指。阳新方言用“嘚tɛ^{45}”和“勒lɛ^{45}”分别来表近、远指，也用“个”的音变形式“果ko^{21}”“阁ko^{45}”表示近指。大冶方言用“带ta^{35}”“那la^{35}”分别来表近、远指，指示人、物、事；用“果ko^{53}”表泛指，表示方式、程度等，也可和“带”“那”复合为“带果”“那果”；用“底tai^{53}”“里lai^{53}”分别来表近、远指，指示处所。

江淮官话区部分方言指示代词为三分形式，分近指、中远指和远指，其中黄梅方言分别为“嗒ta^{35}”“意i^{35}”“兀u^{35}”，武穴方言分别为“嗒ta^{35}”“勒ne^{35}”“兀u^{35}”，罗田方言分别为“得te^{35}”“勒ne^{35}”“那na^{35}”，英山方言分别为“得te^{35}”“嗯ṇ^{35}”“那na^{35}”，蕲春方言分别为“勒ne^{41}”“嗯ṇ^{41}”“那na^{41}”，红安方言分别为“勒ne^{35}”“累ni^{35}”“那na^{35}”，麻城方言分别为“勒$_1$ ne^{35}/tie^{35}”“勒$_2$ ne^{35}”“那na^{35}”。

崇阳方言的指示代词为三分形式，分近指、中远指和远指，分别为“个ko^{214}”“伊i^{214}”“阿æ^{214}”。

襄阳、十堰、恩施等鄂西北、鄂西地区方言有用来指示方式、程度的指示代词“阵（闷）tʂən^{312}/tsən^{312}(· mən)”“恁（闷）lən^{312}(· mən)”。

3．疑问代词

湖北方言询问事物的疑问代词，除鄂西北地区一般为“啥”“啥子”等外，其他地区一般为“么”或由“么”构成的词。武汉方言为“么mo^{42}、么事mo^{42} sɿ^{55}”，恩施、公安方言为“么子muo^{51} · tsɿ”，荆州方言为“么子mo^{44} tsɿ^{55}、么事mo^{44} sɿ^{55}”，宜都方言为“麸么xuŋ^{35} · m̩”，钟祥方言为“么事ma^{53} ʂʅ^{214}、么儿maər^{53}”，黄陂方言为“么事mo^{42} sɿ^{44}、么个mo^{42} · ko”，浠水方言为“么事mo^{34} · sɿ”，咸宁方言为“么呢mo^{42} næ^{44}”，

阳新方言为“么mo^{21}、么西 mo^{21} $səi^{33}$”，大冶方言为“么·mo、么样·mo $iɔŋ^{33}$”，崇阳方言为“么mo^{53}、么呐mo^{53}·næ、么事mo^{53} $sɿ^{44}$”。或“什”构成的词。五峰方言为“什么子$sən^{42}$·mə·tsɿ”，钟祥方言为带颤音的“什么子$ʂən^{31}$·mar”，长阳方言为“什懑su^{25}·mu/$sən^{25}$·mən、什懑子su^{25}·mu/$sən^{25}$·mən·tsɿ、吗儿ma^{55} $ɚ^{212}$”，公安方言为“什个$soŋ^{21}$ kuo^{33}”，大冶方言为“什谜$sɿ^{33}$ mai^{33}”。在同类事物中加以确指的疑问代词，基本上都为“哪”。

询问人的疑问代词，一般为“哪个”。鄂西北地区方言还可以用“谁”“谁个儿”。恩施、长阳、宜都、黄陂等方言也可以用“啥个”。

询问处所的疑问代词，既有由“哪”构成的“哪儿”“哪里”（鄂西、鄂西北）、“哪下儿”（鄂西、鄂西北、钟祥、孝感、浠水、黄冈）、“哪闷儿”（鄂西北）、“哪块”（武汉、黄陂）、“哪截、哪位子”（公安、宜都）、“哪个窝儿、哪窠儿”（宜都）、“哪个地眼儿”（浠水）、“哪的”（黄陂）、“哪着”（咸宁）、“哪低”（大冶）、“哪呐、哪子（呐）”（崇阳）等，也有由“么”构成的“么地方”（孝感、黄陂）、“么地眼儿”（浠水）、“么位子”（武汉）、“么定安”（阳新）等。

询问时间的疑问代词，既有由“啥”构成的“啥会儿、啥时候”（鄂西北）等，也有由“哪”构成的“哪一阵儿”（鄂西北）、“哪时儿”（恩施）、“哪节儿”（长阳）、“哪门早儿”（黄冈）、“哪蛮”（阳新）、“哪帽早”（大冶）等，由“么”构成的“么子时候儿”（恩施）、“么攒”（孝感）、“么时候”（孝感、黄陂、黄冈、咸宁、阳新）、“么口·me”（黄陂）、“么门早儿”（黄冈）、“么命盏”（阳新）、“么际”（崇阳）等，由“什”构成的“什时候”（公安）、“什懑时候儿”（长阳），还有由“几”构成的“几咱儿”（武汉、安陆、）、“几久”（武汉、崇阳）、“几时”（五峰、公安）、“几攒、几么攒、几半天”（孝感）、“几大哈儿”（安陆）、“几口·me、几口·me昝”（黄陂）、“几时、及门早儿、几半天”（黄冈）、“几巴早”（咸宁）、“几命盏”（阳新）、“几帽早、几多时”（大冶）等。钟祥方言用“好盏子”。

询问数量、程度的疑问代词，主要是“几”“几多”等，鄂西、鄂西北方言也用“好”“好多”“好些”，钟祥方言也用“好多”，咸宁方言也用“哪些”等。

询问原因、方式、性状、情况的疑问代词，一般用“怎么”，鄂西北方言也用“咋”“咋样”“咋法儿”“啥样”等，也有由“哪”构成的“哪样”（武汉、鄂西北、崇阳）、“哪么”（荆州、五峰）、“哪门”“哪门样儿”（恩施、长阳、宜都、公安）等，还有“么”和由“么”构成的“么样”（武汉、孝感、安陆、黄陂、浠水、黄冈、阳新、大冶）等，由“什”构成的“什个soŋ²¹ kuo³³”（公安）、“什抹子、什谜”（大冶）等，由“何”构成的“何、是何、何如、是何样、何解、是何解”（阳新）等。宜都方言询问情况用“总样儿tsuŋ⁴² iar³⁵”。咸宁方言询问性状用“难适、佯适、尝适”。

四、程度

湖北方言的程度既可以用程度副词、指示代词等词汇手段，也可以用重叠、附加语缀等语法手段，还可以用述补等语法结构来表达。

1. 程度副词

湖北方言的程度副词除“很、特别、真、最、太、更、稍微”等用法与普通话基本一致外，各地方言中还有一些具有地方特色的程度副词。

（1）蛮

分布于武汉、鄂州、荆州、仙桃、公安、五峰、长阳、钟祥、孝感、安陆、黄陂、咸宁、大冶、阳新、黄石等地区，表示高强程度，相当于普通话的“非常、很”等。例如：“蛮好、蛮清爽、蛮不听话、蛮舍得做”（武汉）；“蛮怕、蛮灵醒、蛮不懂事、蛮不紧”（鄂州）；“蛮大、蛮尖、蛮亲热、蛮好”（荆州）；“蛮漂亮、蛮长、蛮喜欢、蛮想你”（仙桃）；“蛮胖、蛮想、蛮讨嫌、蛮气人子”（公安）；“蛮好、蛮多、蛮乖、蛮吃亏”（五峰）；“蛮好看、蛮喜欢、蛮有主意”（长阳）；“蛮好、蛮安静、蛮应该去、蛮半天”（孝感）；“蛮急、蛮听话、蛮想去、蛮好讲话”（安陆）；“蛮好吃、蛮随和、蛮好说话”（黄陂）；“蛮好、蛮舒服、蛮不错、蛮灵醒”（咸宁）；“蛮高、蛮喜、蛮伤脑筋、蛮哭得凶”（大冶）；“蛮脏、蛮难看、蛮小气、蛮气人”（阳新）；“蛮好听、蛮吵人、蛮值得、蛮像回事”（黄石）。

（2）几、几多、几得、几么

“几”主要分布于武汉、鄂州、仙桃、孝感、安陆、黄陂、大冶、阳新、崇阳、黄石等地区，表示高强程度，相当于普通话的“非常、太”等，多用于感叹。例如：“几高兴、吃几多喽”（武汉）；“几苕、几灵醒、几讲理性”（鄂州）；“几傲、几灵醒、几造孽、几像他爸爸”（孝感）；“几平稳、几爱玩、几小气哟”（安陆）；“几远、几好、几懂事”（黄陂）；“几硬、几伤心、几聪明、几看不得”（大冶）；“几好、几干净、几爱玩、几时兴”（阳新）；“几好、几着急、几不想去”（崇阳）。恩施、长阳方言为“几多”。例如：“几多宽、几多好、几多方便、几多烦人”（恩施）；“几多好看的衣服、几多大的雨、几多听话、几多好看”（长阳）。仙桃方言还可以说成“几得”。例如：几得好、几得拐。咸宁方言还可以说成“几么”。例如：几么香。

（3）死

分布于武汉、公安、十堰、襄阳、恩施、长阳、安陆、黄陂、阳新等地区，表示极高强程度，相当于普通话的“极、非常”等，多用于贬义。例如：“死不爱干净、死要面子”（武汉）；“死拐、死苕、死怕、死不希望”（公安）；“死难听、死要面子”（十堰）；“死讨嫌、死不听话、死不讲道理”（恩施）；“死啰嗦、死没得用、死晒人”（长阳）；“死懒、死爱赌博、死不听话、死冇得样儿”（安陆）；“死臭、死做、死读书”（黄陂）；“死犟、死骂、死不走、死不上进”（阳新）。

（4）好

主要分布于恩施、襄阳、十堰、钟祥、荆州、仙桃、公安、孝感、大冶、阳新、黄石等地区，表示高强程度，相当于普通话的“非常、很”等。例如：“好乖、好多、好麻烦、好逗人喜欢”（恩施）；“好细嫩、好孬、好乖、好大”（五峰）；“好美、好难看、好不舒服、好会说”（十堰）；“好好、好听话、好有本事、好不中用”（丹江口）；“好想他、好讨厌、好不是个东西”（仙桃）；“好瘦、好浪费、好争气、好肯吃苦”（公安）；“好冷、好孝顺、好不容易、好能吃”（孝感）；“好黑、好匀净、好划得来、好过意不去”（大冶）；“好凶、好听话、好有心计、好不耐烦”（阳新）。荆州方言也可以说成“好生”。例如：好生喜欢、好生奇怪。

（5）可

主要分布于鄂西北等地区，表示高强程度，相当于普通话的“非常、很”等。例如：“可美、可热闹、可好吃、可没得本事、可会说”（十堰）；“可大、可聪明、可有钱、可能吃”（丹江口）。

（6）哈

分布于武汉、安陆等地区，表示高强程度，相当于普通话的“非常、很”等，各地语音有差异。例如：“哈xai^{55}大、哈xai^{55}重、哈xai^{55}老实”（武汉）；“哈xɛ^{51}/xɛ^{51}大、哈xɛ^{51}/xa^{51}讨人嫌、哈xɛ^{51}/xa^{51}有头脑、哈xɛ^{51}/xa^{51}会说”（安陆）。

（7）闷

主要分布于随州、大冶、阳新、崇阳等地区，表示高强程度，相当于普通话的“非常、很”等。例如：“闷好、闷难听、闷不会做”（随州）；“闷长、闷宽、闷高、闷重”（大冶）；“闷重、闷厚、闷莽、闷高”（阳新）；“闷久、闷讨嫌、闷想长大、闷不喜欢”（崇阳）。

（8）些微

分布于武汉、仙桃、公安、长阳、孝感等地区，表示低弱程度，相当于普通话的“稍微”。例如：“些微吃一点、些微高些”（武汉）；“些微长哒一点儿、些微赔哒一些钱”（公安）；“些微动一哈、些微放了一点盐、些微不注意、些微有点吃力”（孝感）。

（9）一点嘎、滴嘎、丁嘎、滴咔、低尕儿

分布于武汉、仙桃、公安、长阳、五峰、钟祥、黄石等地区，表示低弱程度，相当于普通话的“稍微、有点儿”等。例如：“手有一点嘎抖、有一点嘎紧张”（武汉）；“一滴咔烦、有滴咔不对”（仙桃）；“有滴咔旧、有滴咔想他”（公安）；“低尕儿咸、低尕儿深、低尕儿青”（长阳）；“滴嘎冷、滴嘎怄气、滴嘎不称心”（五峰）；“滴嘎儿冷、滴嘎儿慢、滴嘎儿丑”（钟祥）；“留了一丁嘎、剩了一滴嘎”（黄石）。

除此之外，鄂西北方言表示高强程度的“多、老”，鄂西北、钟祥、黄陂方言表示高强程度的“怪”，咸宁方言表示低弱程度的“有点崽”，大冶、黄石等方言表示高强程度的“总个”，阳新方言表示高强程度的“特”等程度副词，也较有特点。

2. **指示代词**

湖北方言也可以在谓词前加指示代词表示程度。仙桃方言指示代词“这liə^{53}、这么liə^{53} · mo、那lo^{53}、那么lo^{53} · mo”用来表程度高强。例如：这喜欢你、这么小的杯子、那大一条鱼、那么不通人情。宜都方言近、远指指示代词“恁们nən^{35} · mən／· m̩、那们na^{35} · mən／· m̩”表示程度。例如：恁们热、那们粗。襄阳、十堰、丹江口等方言指示代词“阵tʂən^{312}/tsən^{312}、恁lən^{312}、阵闷tʂən^{312}/tsən^{312} · mən、恁闷lən^{312} · mən”表示程度高强。例如：阵喜欢她、咋恁好看、阵闷美、恁闷难听的话。孝感方言近、远指代词“乜$_1$niɛ^{35}、乜$_2$niɛ^{55}”表示程度。例如：乜$_1$ 冷的天、乜$_1$ 聪明的伢、乜$_2$ 远的路。咸宁方言近、远指代词“个么kə^{31} mo^{42}、那么ne^{44} mo^{42}”表示程度。大冶、黄石等方言用指示代词“果ko^{53}、带果ta^{35} ko^{53}、那果la^{35} ko^{53}”表示程度。例如：果小气、带果便宜、那果牢。

3. **重叠**

湖北方言形容词重叠AA式、AABB式、ABB式、A里AB式等一般表示程度较基式加深。例如：“小小、长长、白白净净、清清白白、胖嘟嘟、稳踱踱、二里二气”（荆州）；“好好、慢慢、舒舒服服、老老实实、慌里慌张”（钟祥）；“辣辣、快快、抻抻敨敨、刷刷溜溜、干蹦蹦、汗喳喳、漂里漂亮”（孝感）；“高高、黑黑、干干净净、自自然然、大辣辣、汗兮兮、小里小气”（安陆）；“胖胖、密密、爽爽利利、斯斯文文、淡表表、嫩水水”（阳新）；白白净净、体体面面、妖里妖气、懒里懒散（鄂州）。

鄂西北方言形容词重叠 AA 式、AAB 式、AABB 式等表示程度较基式轻微；AA 式、ABB 式、AAB 式、AABB 式、ABAB 式、AAAA 式、A 里 AB 式等表示程度较基式深重。特别是形容词 AAAA 式，表示程度加深到极度高强，带有强调和夸张的意味。副词重叠形式 AA 式、AAA 式、AAAA 式相较基式表示程度的加强，重叠次数越多，表示程度越强。述补结构“A 得很”和“A 得多”也可以两叠、三叠，甚至多叠，重叠的次数越多，程度就越高。例如：好得很得很、好看得多得多得多。

长阳方言形容词重叠 AA 式表示程度合适，AABB 式、ABAB 式表示程度深。例如：粗粗、枯枯、消消缓缓、灵灵干干、黢黑黢黑、精瘦精瘦。

恩施方言形容词重叠“A 得 A”“A（B）得 AB”式，表示程度高强。例如：矮得矮、闹得闹、大方得大方、标致得标致。

安陆方言形容词特殊的重叠形式 A 唔 A、A 唔 AB、A 个 AB、ABA 等表示程度稍微深。例如：早唔早、黑唔黑草、白个白净、小里小气、急忙急。

4．语缀

（1）“胩”类缀

湖北方言由“胩”等前缀与形容词词根构成的 BA 式状态形容词，表示程度高强。例如：“胩臭、胩腥”（武汉）；“梆硬、昂苦、抿甜、丁咸、斩齐”（鄂州）；“胩湿、胩臭、胩腥、胩骚”（荆州）；“铁像、卡白、生疼、瘪淡、胩臭、胩苦、碰香、黢黑、蜡黄、蜡糊、嘣干、焦干、崭新、死懒、切湿、稀烂、飞快、滚烫、冰冷、千咸”（安陆）；“崩硬、漂轻、绷紧、沁凉、胩香、冻亮”（阳新）。

由“黢、梆、崩”等后缀与形容词词根构成的 AC 式状态形容词，表示程度高强，有时语音拖长，后面经常带上助词“了（的）”“啊的”“哒”等。例如：“黑黢了的、快妥了的、齐偌了的”（武汉）；“紧梆哒、胖墩哒、黄沁哒、干崩哒”（公安）；“黑压啊的、光溜啊的、红嘟啊的、蓝英啊的”（钟祥）；“热乎哒、黑黢哒”（宜昌）；“红通哒、甜津哒、白净哒、油亮哒”（长阳）；“红鲜哒、蓝幽哒、干崩哒、喜歪哒”（五峰）；安陆方言语缀念得重而长，约相当于两个音节的时值，表示程度极深，具有夸张的色彩和极强的描绘作用。例如：霉豆腐臭烘了、豆子干迸了、水冷冰了。

（2）“流”缀

湖北方言的“流”缀附加在名词、形容词后面，表示程度高强，后面经常带上助词“了（的）”“哒”。例如：“屌气流哒、斯文流哒、快活流哒、转流哒”（宜都）；“恶心流、热闹流、小气流、快活流”（十堰）；“神气流了（的）、清爽留了（的）、伤心流了（的）、灰流了（的）、鼻子流了（的）”（孝感）；“神气流、造孽流、清爽流、亲热流”（安陆）；“劲鼓流了、快活流了、亲热流了”（阳新）；“客气流了、体面流了、干净流了、灵光流了”（鄂州）；“灰流、汗流、泥巴流、伤心流”（黄石）。

（3）“巴唧、巴煞”类缀

武汉方言后缀“巴煞”跟在名词、形容词后面，表示程度加强。例如：胡子巴煞、眼泪巴煞、刺人巴煞。十堰方言后缀“巴唧、巴煞、叽嘹、叽咧、囔叽、囔囔、拉叽、叽叽、哝哝”等跟形容词后面，与“圪”“不”“拉”构成形容词生动形式“A不AB”“A拉AB”，表示程度的轻微。例如：甜圪囔叽、酸不叽嘹、苦拉巴唧。孝感方言后缀“巴煞”跟在名词、形容词后面，表示程度加强。例如：造孽巴煞、吓人巴煞、可怜巴煞、眼泪巴煞。鄂州方言形容词后附加“拉叽”、名词、形容词后附加“巴煞”，表示程度加重。例如：酸不拉叽、脏不拉叽、鼻涕巴煞、费力巴煞。

（4）“煞”缀

咸宁、阳新、崇阳、通城等赣语区方言中，“煞”缀附加在单音动词或形容词后，表示程度高强。例如：跑煞、笑煞、饿煞、干煞、热煞、喜煞。

5. 述补结构

湖北方言在动词、形容词后面用“得”或不用“得”带上程度副词“很、极”，或“死、伤、痛、坏、透、慌、着、完、吼、要死、要命、出奇、古怪、不行、不彻、不过、不得了、不得结、过不得、没（冇）得法（解）、吓死人、背不住、无交过、无天无法、不能得了、不能再 X 了”等词语，构成述补结构来表示程度深重。例如：“懒死、快活死、吓不过”（武汉）；“邪完、忙不彻、急不过、吵人不过”（荆州）；“累得不行、喜不过、肿得吓死人、小气得要死”（仙桃）；“坐死人、急得不得了、热得古怪、欢喜得很”（公安）；“热得背不住、疼得无交过、气得没得法、饿得无天无法”（宜都）；“好得很、咸死唠、臭得要死”（十堰）；“臭死、忙着、急不过、干净完、咸得要命/要死/不得了”（恩施）；“甜死、欢喜完哒、晒得没得法/过不得/要命”（长阳）；“怄不过、热死、干净伤了”（孝感）；“讨厌死了、关系好得要命、担心得要死、吓得不得了、忙不过”（安陆）；“苕死、喜完、热不过、急得冇得法”（黄陂）；“恨死、忙吼了、胀不过、懒得出奇、吵得不得结、狠得冇得解、痛得不能得了”（阳新）；“节约得很、燥得不行、慢得要死、紧张得不得了”（崇阳）；“乖得很、舒服得不得了、好得要命、坏得痛、吵死了”（黄石）。

在形容词后面带上“点儿/子”构成述补结构“A 得点儿”“A 了点子”等来表示程度轻微。例如：“晚得点儿、强得点儿、好得点儿、老实得点儿”（孝感）；“窄得点儿、大得点儿、多得点儿”（安陆）；“咸了点子盐、短了丁点子”（崇阳）。

公安、五峰、安陆等方言中，“得”作形容词或动词的补语构成“X 得”结构，表示程度加强。公安、五峰方言“得”必须读得夸张拖长。安陆方言“得”读本音$tɛ^{24}$，且“X 得”结构后必须带上助词“了”。例如：“心就坏得、说话讨嫌得、屋里龌龊得”（公安）；“苹果红得、迥个人悭得、太阳晒得”（五峰）；“气得了、喜得了、吓得了”（安陆）。

五、介引

介引是指介词具有的把名词或名词性成分引进给动词或形容词的作用，表示动作行为的施事、受事、时间、处所、方式、工具、凭借、范围、对象、原因、目的等意义。湖北方言常见的介词有以下几种。

1. 引进施事的介词

湖北方言中，引进动作行为施事的介词主要有“被、叫、让、给、尽、把、把得、着”等。

西南官话区方言在被动句中用介词“被、叫、让、给”等引进施事。例如：

他被妈妈说哭了。(十堰)

小明叫狗子咬了一口。(武汉)

让他缠了一下午，啥子都没做成。(十堰)

这件事儿你莫不是叫/让他骗了。(竹山)

新衣裳给老鼠咬了一个洞。(武汉)

西南官话区鄂中小片、江淮官话区、赣语区方言，如武汉、孝感、安陆、咸宁等，在被动句中用介词“把、把得”等引进施事，江淮官话区方言还可以用介词“尽、着”等引进施事。例如：

钱把他用完了。(孝感)

屋里的房门把得小偷撬开了。(武汉)

那本书把得伊落了。(咸宁)

伞尽他借去跑了。(安陆)

摩托车着他拿去卖了。(安陆)

太阳着天狗吃了。(竹山)

2. 引进受事的介词

湖北方言中，引进动作行为的受事的介词主要有“把、把得、叫、给、让”等。鄂西北方言主要用“叫、给”。例如：

他把一台电脑拿走了。(武汉)

昨天晚上楼下放电影，把得我吵死了。（武汉）

叫屋子收拾一下。（襄阳）

是他给那个杯子打碎唠。（十堰）

天热一般让饭摊凉了再吃。（武汉）

3. 引进时间、方所的介词

湖北方言中，引进动作行为的时间、方所的介词有“在、从、自从、打、打从、到、得、往、向、朝、照、起、朝到、照到、对到、顺到、沿到”等。

我在屋里吃饭。（武汉）

他从学校刚回来。（武汉）

玲玲说自从她嫁到他的屋里，就冇过一天舒坦的日子。（安陆）

你打哪儿来？到哪儿去？（十堰）

打从今日起，我再也不理他哒。（仙桃）

他们几个人，从早到晚都在打麻将，硬是不歇气儿。（安陆）

尔徛得/到个仔呐搞么嘀啊？（崇阳）

你往哪里去？（武汉）

向南一直走。（十堰）

伊朝我走过来。（咸宁）

不听话照屁股就是一下。（十堰）

明的起屋的出发到武汉去。（十堰）

车子朝到我开过来了。（武汉）

他照到托托的脑壳就是一栗骨。（安陆）

你对到我的眼睛说。（十堰）

水顺到屋檐沟流下来了。（咸宁）

我沿到这条路走下去。（武汉）

4. 引进方式、工具、凭借的介词

湖北方言中，引进动作行为的方式、工具、凭借的介词有“用、拿、过、弄、照、照到、按、按到、比到、靠、凭、通过、根据”等。例如：

你回屋里先用肥皂洗手吵。（武汉）

拿斧子砍。（十堰）

饭有滴咔多，你弄大碗装。（仙桃）

照我说的搞。（十堰）

你最好照到别人的要求来。（武汉）

往会儿是按计划供应粮食。（十堰）

你最好按到这个路线走。（武汉）

鞋是比到他的脚做的。（安陆）

全靠他这十几岁的伢子打柴糊口。（荆州）

凭么子他比我的多滴孬？（荆州）

他是通过中介办的出国留学手续。（安陆）

根据他的意见我作唠一点修改。（十堰）

其中，“过”是一个较有特点的表示工具、方式的介词，也作“驾 ka^{35}”。例如：

这个要驾毛笔写。（武汉）

花生过手抓，三块钱一斤。（十堰）

西瓜要过刀切。（孝感）

5. 引进对象的介词

湖北方言中，引进动作行为相关的对象的介词主要有“对、对于、关于、跟、找、问、向、替、给、连、除了”等。引进比较的对象的介词主要是“比”。例如：

伊屋呐个老脚对伊不错。（崇阳）

对于你，我算是做到唠仁至义尽。（十堰）

关于分房子的问题，你直接去问领导。（安陆）

跟个种人说是白说了箇。（咸宁）

你去找他借钱。（十堰）

他老是问我借东西，烦都烦死哒。（仙桃）

蚂蝗精举起火龙滚向关公打来。（荆州）

他替我办事。（十堰）

你到城里去给我买几件衣裳吧。（安陆）

伊连车都开不当。（崇阳）

我们到他的屋里去玩，除了打麻将就是逛街。（安陆）

孝感方言中，引进与事的介词为“得”。例如：

我把一本书得他。

孝感方言中，引进比较对象的介词除了“比”外还有“跟”。例如：

他走得跟我快多了。

鄂西北方言中，引进比较对象的介词除了“比”外还有“赶”。例如：

他赶你好。（十堰）

6. 引进原因、目的的介词

湖北方言中，引进动作行为的原因、目的的介词主要有“因为、为、为了、为倒”等。例如：

因为明天要走人家，他今天睡得蛮早。（武汉）

我为钱去的。（十堰）

为了伊都，我个些年不晓得喫了几多苦。（咸宁）

你为倒么事跟别人过不去？（武汉）

六、体貌

根据动作或事件的不同情状，我们把体貌范畴分为完成体、进行体、持续体、起始体、经历体、尝试体、已然体、将然体、先时体、短时义、反复貌等。

1. 完成体

湖北方言完成体主要用完成体标记“了”“哒”来表示，黄陂方言还可以改变动词读音来表示完成。

（1）了

完成体标记“了”用在动词或具有变化义的形容词后，表示动作或变化的完成，相当于普通话中的“了$_1$”。在不同方言中，“了”的读音不同：鄂西北方言大多读作“唠·lɔ”；孝感、安陆、黄陂等方言随前一个音节的不同而变化，前一个音节韵母的尾音是前、后鼻音，“了”读为n、ŋ声母，前一个音节韵母的尾音是其他元音，“了”读为零声母；咸宁方言读nɑ^{42}，阳新方言读liɛ^{21}，都不读轻声。例如：

看了这个电影心里不舒服。（武汉）

吃唠饭再去行不行？（十堰）

老大妈送了他两个馍。（安陆）

婆婆卖了一件新衣裳。（黄陂）

我喫了饭，伊还冇喫。（咸宁）

阳台高头箇衣收了。（阳新）

电影开始了十分钟。（崇阳）

（2）哒

完成体标记“哒”与“了”用法相当，主要分布于西南官话成渝小片和鄂中小片的一些方言。公安、五峰等方言表示动作完结的“啊”，可能是“哒”的轻化。例如：

今天我借哒姨妈两块钱。（宜昌）

我上哒一趟街。（恩施）

我吃啊三个苹果，再不想吃哒。（五峰）

她喝哒一杯开水。（公安）

我买啊一点吃伙子。（公安）

我今天吃哒三大碗饭。（仙桃）

卖屋的钱都还哒账。（宜都）

（3）变音

黄陂方言用鼻化、单元音元音高化、复合元音单音化、音节拉长等动词读音变化来表示完成。例如：

“放了faŋ^{35}·ŋau学”，可以不加“了”，“放”元音鼻化，音节拉长，变读为fãːŋ^{35}。

“淹了ŋan^{33} · niau水”，可以不加“了”，“淹”元音鼻化，变读为ŋãːn^{33}。

“钱下把得他用了zoŋ^{44} · ŋau”，可以不加“了”，“用”元音鼻化，音节拉长，变读为zõːŋ^{44}。

“天晴了tɕʻin^{313} · niau”，可以不加“了”，“晴”元音鼻化，变读为tɕʻĩːn^{313}。

鼻化后，元音多高化：-ãːŋ，a元音读ə；-ãːn，a读æ；-õŋ，-ɔ高化为-o；-ĩn中的-i，后面滋生-ɪ元音。

“他来了nai^{313} · iau”，可以不加“了”，“来”复合元音变读为单元音，读为nɛ^{313}。

“把瓜藤悠了iou^{33} · uau”，可以不加“了”，“悠”复合元音变读为单元音，音节拉长，读为iəː^{33}或iɯː^{33}。

“钟敲了kʻau^{33} · uau”，可以不加“了”，“敲”复合元音变读为单元音，音节拉长，读为kʻɔː^{33}。

2. 进行体

湖北方言表示动作行为正在进行的进行体，大部分方言用句尾语气词“在”来表示，同时可以在动词前添加副词“在、正、正在”修饰；钟祥、安陆等方言只用副词“在、正在”修饰动词来表示。例如：

你冒看倒伢在做作业在，电视关它！（武汉）

他在洗衣服在。（公安）

我吃饭在，你吃哒没有？（仙桃）

娃子在床上跳在。（十堰）

他正打电话在。（长阳）

他（在）看书在。（孝感）

他正盏子在跟人家说话。（钟祥）

他在（正在）等你，你快抹点儿回去。（安陆）

伊都两婆佬争架在。（咸宁）

伊个际在制作业在。（崇阳）

阳新方言既用句尾语气词“在”，也用“得”“是得”表示进行体，同时可以在动词前添加副词“在”修饰。例如：

天正落雨在。

你在做昧得？——喫得。

我喫饭得，有么事你等下子。

我做事是得。

渠在勒写是得，就写起来了。

十堰、大冶、天门等方言在动词前加虚化的“在那儿”“在里”“在的”，表示动作正在进行。例如：

我在那儿读书，他在那儿看报。（十堰）

我阿母在里洗衣裳。（大冶）

乌地还在里落雨。（大冶）

他在的吃饭。（天门）

他在的做衣服。（天门）

英山方言既可以用副词“在”修饰动词，也可以用句尾语气词“在”，还可以在动词前加虚化的“在这里”“在那里”，或在句尾加“在里”等方式表示进行体。例如：

他在割油菜。

妈在门口连衣裳，姐在厨房里舞饭在。

大人在这里说话，细伢儿莫接嘴。

她在那里哭，百事都不吃。

外头落雨在里，你驮把伞去。

3. **持续体**

湖北方言持续体用持续体标记“在”“哒/啊”“到”“得”等，也用虚化的结构式“在里/的”“到那儿”“那（下）儿”等，还可以用副词“紧”来表示。

（1）在、在里/的、那（下）儿

湖北大多数方言都是在句尾加语气词“在”来表示状态的持续。持续体标记“在”来源于介词结构“在（这/那）里/的”“在那（下）儿”语法化后的简省，某些方言简省为“那（下）儿”。虚化的结构式“在里/的”也可以用在动词后表示状态的持续。句尾语气词“在”常和其他的持续体标记或表达式一起使用。例如：

鸡子煨在砂锅里在。（武汉）

你莫管，我看到他在。（武汉）

他们在食堂吃饭在。（公安）

东西还保存在的。（天门）

大的摆在外头在，小的放在里头在。（十堰）

你成天只知道躺那儿看电视。（十堰）

脸还红到（得）在。（十堰）

他蹲那下儿做啥子在？（十堰）

东西还保存在的。（恩施）

你的事我放得心里在。（长阳）

他跍在地上在。（孝感）

屋嘞箇灯还亮到在。（咸宁）

她在地上跍到在，不肯起来。（英山）

（2）哒/啊

西南官话成渝小片方言助词“哒/啊”，跟在持续性动词或动作实现后转为持续状态的动词后，表示状态的持续。有时和句尾语气词“在”配合使用。例如：

他头上戴哒一个帽子。（宜昌）

场坝里晒哒好多苞谷。（恩施）

他今天穿哒一身新衣服。（恩施）

一个学生娃子站啊门口在。（五峰）

门口站哒一群人。（长阳）

（3）到、到那儿

湖北大多数方言还可以在持续性动词或动作实现后转为持续状态的

动词后加上“到”来表示状态的持续。持续体标记“到”常和句尾语气词“在”、虚化的“在里/的”配合使用。例如：

钱在屉子窦里放到在。(武汉)

把帽子戴到，不准取下来。(仙桃)

看到前面的黑板！(公安)

床上躺到一个人在。(公安)

我听到在的。(天门)

罐子里装到汤在。(宜都)

门关到在。(十堰)

你在外头等到我。(宜昌)

他站到在的。(恩施)

摸到石头过河。(五峰)

他坐到讲课。(孝感)

他跍到在。(孝感)

你在门口等到，莫尽他走过巧。(安陆)

坐到噢比徛到噢好。(咸宁)

屋欸箇灯还亮到在。(阳新)

渠在里困到不肯起来。(大冶)

持续体标记“到”可能来源于介词结构“到这/那（下）儿”语法化后的简省，鄂西北地区方言虚化的结构式“到那儿”也可以用在动词后表示状态的持续。例如：

坐到那儿吃好，还是站到那儿吃好？(十堰)

阵不听话。跪到那儿！(丹江口)

(4) 得

西南官话区方言也用持续体标记“得”，跟在持续性动词或动作实现后转为持续状态的动词后，表示状态的持续。有时和句尾语气词“在”配合使用。例如：

左边种得树，右边种得花。(公安)

帽子挂得墙上在。（宜都）

台子上坐得领导。（十堰）

他背得包在。（十堰）

躺得看电视。（丹江口）

你咋还在睡得在。（丹江口）

蒸得吃还是煮得吃？（长阳）

我是跑得去的。（长阳）

（5）紧V

有些方言副词“紧”放在动词前，表示动作或状态持续不断。例如：

紧看个么事，又不是冒见过。（武汉）

雨紧下，害得我们哪里都去不成。（仙桃）

咋紧搞嘞，烦不烦！（十堰）

你让我们紧等你。（丹江口）

4. 起始体

湖北方言起始体用起始体标记“起”“起来”“起……来”表示，主要用于动态动词和一些表示性状变化的形容词后，表示动作或性状变化的开始。例如：

再不回去，我姆妈嚼起我来不得了。（武汉）

他吃完饭就说起他伢儿哒。（公安）

小家伙说着说着就哭起来哒。（仙桃）

他喊起歌来，那别个就睡不成哒。（荆州）

他们一拍起话就没完没了。（十堰）

电费从一月份算起。（安陆）

说起来话就长了！（阳新）

今哒热起来了。（崇阳）

5. 经历体

湖北大部分方言经历体用经历体标记“过”表示，用法与普通话基本一致。安陆方言用“了”与句尾“的”构成的复合体标记“了的”表示，荆州、公安、钟祥、五峰等方言也可以用完成体标记“哒/啊”和句尾“的”配合使用来表示。例如：

我今天上过网了的。（武汉）

这个地方我早就来过哒。（仙桃）

杀过猪，没有杀过牛。（宜都）

我已经看过这个电影。（十堰）

我搞过串联，去过北京，还下过乡。（恩施）

待汉口去过的。（黄陂）

㖞个电影我看过。（阳新）

我记得三年前伊买过屋，么个际冇得屋住咧？（崇阳）

他吃了的。（安陆）

昨天他们去看哒房子的。（荆州）

他上个月找我谈啊话的。（公安）

这个电影我看哒的。（钟祥）

他放啊羊子的。（五峰）

6. **尝试体**

湖北方言尝试体主要用尝试体标记“看”、动词重叠、动词附加“（一）下/哈（子）”等语法形式来表示。

（1）VP看（看）

尝试体标记“看”，可以单独使用，跟在VP（动词短语）后，表示尝试做某事；也可以重叠为“看看”式，语气相对舒缓。例如：

你再跑两步看看，看脚好哒没有？（仙桃）

你吃看。（十堰）

他没听到，你再喊两声看看儿。（恩施）

你待前头再找下子看。（黄陂）

有些方言尝试体标记为“看（一）下”或“看一下看”。例如：

你吃点看下，味么样。（黄陂）

喫了看一下。（咸宁）

个事我自家先制到看（一）下（子），不行再找别个帮忙。（崇阳）

你想下儿看下儿看。（长阳）

（2）VV 式

湖北方言动词重叠 VV 式可以表示尝试，单、双音节的动词都可以重叠。例如：

你尝尝。（十堰）

挖了看看。（咸宁）

还可以在动词重叠 VV 式后加上尝试体标记"看（看）"，共同表示尝试。例如：

你想想看，这么多年我对你怎么样。（仙桃）

住住看，习惯不？（十堰）

（3）V（一）下/哈（子）

湖北方言中，儿化或附加"子"缀的数量结构"一下/哈（子）"，有时省略数词"一"，跟在动词后表示尝试。"下"有些方言读作"哈"。例如：

躺下子。（公安）

书借给我看下子。（仙桃）

你摸（一）下这面料。（十堰）

逈件褂子我试下再说。（五峰）

你还是去考哈儿。（孝感）

你把伢打下子下，他一点也不信话。（黄陂）

还可以与尝试体标记"看（看）"一起使用，表示尝试。例如：

爬下子看。（公安）

我来试下儿看。（宜都）

你穿一下看，合身不？（十堰）

你各人想下看看儿。（恩施）

我想下子看。（五峰）

尔再闭到眼睛想下（子）看，有冇得更好个法子？（崇阳）

7. **已然体**

湖北大多数方言已然体用已然体标记“了”来表示，西南官话成渝小片和鄂中小片的一些方言用已然体标记“哒”表示，孝感方言用虚化的“去了”表示，相当于普通话中的“了$_2$”，主要用在小句末尾，表示事态已经出现了变化。例如：

他的脸一下子就红唠。（十堰）

衣服晾干哒。（宜昌）

下雪哒。（恩施）

三点钟哒。（长阳）

他早就晓得哒。（公安）

他早就来武汉哒。（仙桃）

只剩一滴家儿米哒。（宜都）

我现在已经拿到钱去了。（孝感）

8. **将然体**

湖北方言将然体主要用将然体标记“了”来表示，西南官话成渝小片和鄂中小片的一些方言用将然体标记“哒”表示，相当于普通话中的“了$_2$”，主要是用在小句末尾，表示事态将要出现变化。例如：

好，好，他就来唠。（十堰）

要放假哒！（宜昌）

再过两天你就可以出院哒。（恩施）

明年就要上小学哒。（长阳）

我不去北京哒。（公安）

快腊月间哒。（宜都）

9. **先时体**

湖北方言的先时体是用语气词“着”“再”“当”等表示，主要用于句尾表示先做某事后再做其他事情。“着”主要分布于西南官话鄂中小片、成渝小片、江淮官话区和赣语区方言，阳新方言“着”还可以说成

“是着”；“再”主要分布于鄂西北方言；崇阳方言主要使用“当”。

（1）VP 着

衣服莫慌晾出去，出了太阳着。（武汉）

你先唱个歌给我们听下着。（公安）

等我把床铺好哒着，你再把伢抱进来。（仙桃）

你们先吃到着，不等她。（宜都）

等我看哒着。（宜昌）

你拿到着，我要的时候再找你。（长阳）

你坐到着，我慢慢和你讲！（孝感）

百么事莫想，好生儿地睡一觉瞌睡着。（安陆）

你吃完着，你吃完我者一路走。（黄陂）

莫慌到说话，喝一杯茶是着！（阳新）

（2）VP 再

你先走，我吃唠饭再。（丹江口）

明天可能要下雨，你把衣服洗了再。（枣阳）

（3）VP 当

尔家呐（先）戏到当，我马上来！（崇阳）

我去不去呢？我（先）想下子当。（崇阳）

明日当，莫着急！（崇阳）

10. 短时义

湖北方言短时义主要用动词附加“（一）下/哈（子）”来表示，一些方言也用动词重叠表示。

（1）V（一）下/哈（子）

湖北方言中，儿化或附加“子”缀的数量结构“一下/哈”，有时省略数词“一”，跟在动词后表示动作行为持续时间短。有时为了强调时间短，还可以重叠为“一下下/哈哈”。例如：

他看一下电影就回来的。（仙桃）

摸下儿这个，又摸下儿那个。（宜都）

别说话，躺（一）下儿就好唠。（十堰）

我睡哈儿就去学校。（孝感）

我看（一）下儿书就来。（浠水）

我要看下子电视再出去。（崇阳）

等一哈哈。（公安）

（2）动词重叠

鄂西北方言动词重叠VV式可以表示动作行为持续的时间较短。例如：

我坐坐就走。（十堰）

你再歇歇。（丹江口）

鄂州方言双音节动词重叠AAB式表示动作短暂。例如：唱唱歌、商商量、展展览、参参观、款款话等。

11. 反复貌

湖北方言的反复貌主要用动词重叠来表示，还可以附加“神”缀表示。鄂西北一些方言也用附加“圪”缀来表示。

（1）动词重叠

单音节动词和嵌字一起构成“连V直V”“直V之V”“V来V去/V去V来”“V过去V过来”“V起去V起来”“V的V的”“V啊V”“V下V下”“一V一V”“七V八V”“骚V骚V”“尽V尽V”等重叠形式，表示动作行为反复进行。例如：

他天天早晨跑去跑来。（公安）

他就在屋里哭啊哭。（公安）

他蹦的蹦的走。（公安）

他们七说八说的，搞得我也不晓得枪哪搞哒。（仙桃）

他眼睛骚转骚转的。（仙桃）

他尽说尽说，涎瀑子直流。（仙桃）

连跑直跑，一口气就跑到哒。（宜都）

咳啊咳的，咳哒年把。（宜都）

他疼得扭来扭去的。（十堰）

你老是晃啊晃的，烦人。（十堰）

灯一闪一闪，是不是坏唠？（十堰）

睡觉咋老是动下动下，不安稳。（十堰）

他旋过去旋过来，不晓得搞什么子？（五峰）

他每天只晓得逛起去逛起来。（五峰）

他连说直说，不让我开口。（孝感）

他七弄八弄，硬是弄好了。（孝感）

他是个眨眼宝，眼睛直眨之眨。（黄陂）

（2）附加“神”缀

单音节动词重叠后附加“神”缀，表示动作行为反复进行。例如：

眼皮子跳跳神。（武汉）

说话涎水喷喷神。（宜都）

（3）附加“圪”缀

单音节动词前附加“圪”缀，在原动作义基础上，增加反复的语法意义，表示动作反复进行。例如：

你别圪晃树。（十堰）

右眼皮儿圪跳是啥意思？（十堰）

附加“圪”缀后的“圪V”还可以重叠为“圪V圪V”式，强调动作高频反复。例如：

眼睛一直圪眨圪眨的。（十堰）

你麻要老是腿圪筛圪筛的。（十堰）

七、语气

1. 陈述语气

湖北方言用于陈述句句尾的语气词有：了、的、呢、嘿、咯、箇、欸、呗、吵、哟、啰、呐、哒、嚓、哦、咧、哩、喔、耳等。例如：

刮风了。（孝感）

我着不会忘记你着的。(孝感)

小时候我还抱过你呢。(孝感)

他不来嘿，你何必勉强他来。(孝感)

你慢点儿咯，莫把我撞倒了。(孝感)

我都我们不会忘记你都你们箇。(咸宁)

鸡跑欸。(阳新)

钱数是对箇呗。(咸宁)

我的钱尽白抄子偷去走了吵。(安陆)

换的衣裳哈堆在喏儿一直冇得空洗哟。(安陆)

他昨日冇去上学啰，待屋的。(黄陂)

桃子树待打苞呐。(黄陂)

好哒，你们都坐下来，准备开会哒。(恩施)

今日是星期天嚒，上么子学?(公安)

我们比不了他们街上哦。(公安)

牙齿还疼咧。(公安)

饭还是热的哩。(宜都)

不行喔，生意不好做喔。(宜都)

吼地炸炸神耳，哪个怕你吧。(仙桃)

2. 感叹语气

湖北方言用于感叹句句尾表示感叹的语气词有：啊、呢、吵、咧、哦、哇、嘞、咯、喔、呐、诶、喂、哒等。例如：

武汉的冬天真是冷啊!(武汉)

我的天呢!(孝感)

他有板眼吵!(武汉)

你还对他蛮关心咧!(武汉)

真灵醒哦!(咸宁)

你今天来得好早哇!(武汉)

你看哈子你的成绩几好嘞!(武汉)

他过得几快活咯！（孝感）

过年打鼓敲锣的，晓得是几热闹喔。（黄陂）

那个伢聪明，几有窍呐。（黄陂）

个崽诶，哪个样不懂事啊！（崇阳）

娘喂，几吓人咯！（崇阳）

这菜太好吃哒！（宜昌）

九寨沟太好玩哒，你们真的要去玩一下。（恩施）

3. **疑问语气**

湖北方言用于疑问句句尾表示疑问的语气词有：啊、吵、吧、呢、啦、噻、吱、嘞、啵、咧、着、舍、欸、耶、哦、么、哩等。例如：

你衣服洗了冒啊？（武汉）

你回屋里了吵？（武汉）

你晚上回来吧？（武汉）

是去学校呢，还是去街上？（孝感）

你想不想去啦？（咸宁）

近来还好噻？（阳新）

你这是搞么西吱？（阳新）

先尽伢们吃了着，可不可得嘞？（安陆）

你会说钟祥话啵？（钟祥）

我吃完哒，你咧？（钟祥）

他几时说过这种话着？（武汉）

今着周末，你不去上课舍？（孝感）

他在搞么事欸？去了也这么长时间还不回来。（安陆）

他几咱儿来耶？（安陆）

落乜大的雨，他们怎么来的哦？（安陆）

恁门早就回来哒，下午没得事么？（恩施）

我的斧头哩？（宜都）

4. 祈使语气

湖北方言用于祈使句句尾表示祈使的语气词有：啊、吵、吧、啦、咧、着、哒、它、舍、哈、嗬、哟、啵、哦、呐、嘢、嘚、呗、噻、吱、欸、咯、嘛、来、哩、哪、耳等。例如：

这大的伢了要听大人的话啊！（武汉）

你做事咋这慢吵！（武汉）

你先走吧，莫等我了。（孝感）

快起来啦。（公安）

你出个门咋这慢咧！（武汉）

小伢们先上了着！（武汉）

别再布置作业哒。（宜昌）

你把衣服脱它！（孝感）

我说话你仔细听到舍！（孝感）

饿了就先吃一根黄瓜哈！（安陆）

在学校里莫跟别个打架嗬！（安陆）

快抹点儿吃哟！吃了好去上学。（安陆）

找你借个钱好啵？（黄陂）

你快点去放哦，牛饿得要死。（黄陂）

今朝夜些开会你再莫瞎说呐。（黄陂）

你快点去嘢，再不走就晏了。（黄陂）

防火防盗，各家关照嘚。（黄陂）

去呗，接你郎。（咸宁）

莫吵噻！（阳新）

你两人莫吵吱！（阳新）

你要相信我欸！（阳新）

开门咯！（崇阳）

你在这里等下儿嘛，我去喊他。（恩施）

坐下来来。（公安）

不把别个的东西弄坏哒哩。(宜都)

预报有雨，要带伞哪！(宜都)

快看耳！(仙桃)

5. **反诘语气**

湖北方言用于反问句句尾表示反诘语气的语气词有：啊、吧、呢、呗、舍、噻、吵、哉、嘞、么、啰、啵、哪、喔等。例如：

你还好意思找他借钱啊？(孝感)

钱（不是）昨天哈还得你了吧？(孝感)

你叫我到哪里去给他找事做呢？(孝感)

你不是说你会做乜一道题的呗？(安陆)

他不来和我有么关系舍？(孝感)

他的婆婆不是死了噻？(安陆)

连好拐都听不清楚，还有么说头吵？(安陆)

你想发大财，咧不是做春梦哉。(黄陂)

你咋能不把人当人嘞？(十堰)

他是凭各人的本事找到这个工作的么？(恩施)

他几时上过大学啰？(公安)

就只有你可以上街啵？(公安)

门合是开到的哪！(宜都)

这哪们得得了喔！(宜都)

6. **肯定、确认语气**

湖北方言表示肯定、确认语气的语气副词有：硬、硬是、可等。例如：

这个伢硬懂事些。(武汉)

那地方收拾得好干净，硬是随么脏的都冒得。(武汉)

他对人可好唠。(十堰)

湖北方言表示肯定、确认语气的句尾语气词有：的、啰、噻、喔、吵、嘛、在、咧、耳等。例如：

我跟他打赌的时候总冇赢他的。(安陆)

他今朝非要走，我的心里硬是不过谴啰。(安陆)

我说了的嘿，他肯定有么事瞒到我们得。(安陆)

我咧一点东西，真是拿不出手喔。(黄陂)

是你搞的吵，你还赖我。(十堰)

我说来不及嘛，他硬是不相信。(恩施)

事情到底是哪么搞起在。(荆州)

你心思蛮毒咧！(仙桃)

他买的还不少耳。(仙桃)

7. **揣测语气**

湖北方言表示揣测语气的语气词有：吧、呗、哦、社、啰等。例如：

个话是你说箇吧？(咸宁)

那个人是他爸爸呗？(钟祥)

天道不早了，只怕伢们儿已经放学了哦？(安陆)

他的钱用完，下半个月只怕还要饿肚子社。(黄陂)

肯定是又输钱哒啰。(仙桃)

8. **舒缓语气**

湖北方言用于句中停顿或列举时的舒缓语气词有：啊、吧、呢、啦、啵、嘿、哩、啰、吵、哎等。例如：

街上菜还是怪多的，茄子啊，南瓜啊，一些蔬菜啊，都有。(十堰)

比如说喝茶吧，他就最欢喜。(孝感)

青年人呢，就更买不起房子了。(孝感)

他啦，随你么样儿说都是乜个样儿。(安陆)

吓人啵，咧个细伢吃咧些。(黄陂)

他的个人嘿，随做么事只不上心。(黄陂)

老子哩，欢起喝酒；儿子哩，欢起赌博。(宜都)

你看啰，她迟早是要输光它的。(仙桃)

锅耳吵，还没有洗。(仙桃)

把哎帽子戴好！（阳新）

八、变音

湖北方言与语法相关的变音现象有儿化变音、重叠变音、小称变音、指示代词变音、助词“了”变音、完成体变音以及语气词变音等。

1. 儿化变音

词根后附“儿”缀构词时，有些方言会发生变音。十堰方言儿化韵ər紧附在词根音节上，与之构成一个整体，导致主要元音央化；当词根音节以鼻音n收尾时，n韵尾自然脱落；词根声调为阴平时，儿化后变为新调43；词根为去声时，儿化后变为新调31。恩施方言儿化时词根音节主要元音央化，都变成ə；i、u、y单元音韵母，则直接在后面加上ər；有韵尾的直接脱落韵尾后主要元音央化为ə。浠水方言词根附加“儿”缀时，主要元音i儿化变读为iə；n、ŋ韵尾一律消失；正处于儿化过程中的“儿”缀受前面韵尾为ŋ音节的影响，增加ŋ音声母。例如：秧儿 $iaŋ^{21}$ ·ŋɚ、房儿 $faŋ^{21}$ ·ŋɚ。孝感方言儿化时，音节末尾是a、ɛ、e、o、u，韵母直接卷舌；韵母是i、ɥ，在后面加or；韵母是ɿ、ʅ的，韵母变作or；韵尾是i、n，丢掉韵尾，主要元音（或稍有变化后）卷舌；韵尾是ŋ，丢掉韵尾，主要元音鼻化并卷舌。

2. 重叠变音

（1）名词重叠变音

咸宁方言某些名词重叠成双音节时，声调有时要发生变化：前一个音节若为阳平调则保持不变，若不是阳平调则要变为阳平调，后一个音节则要变为入声调。例如：

姐姐$tɕie^{42}$ $tɕie^{42\text{-}55}$　　　　娃娃$uɑ^{31}$ $uɑ^{31\text{-}55}$

桃桃$t‘o^{31}$ $t‘o^{31\text{-}55}$　　　　鱼鱼u^{31} $u^{31\text{-}55}$

（2）动词重叠变音

大冶方言动词的基本形式不变调，单音节动词重叠表示动作的交替时，阴平、上声、入声变读为中平降调331，去声变读为高平降调553。

变调时还需儿化。例如：

搓搓tsʻo^{33} tsʻoɿ$^{33-331}$　　走走tse^{53} tseɿ$^{53-331}$

哭哭kʻu^{13} kʻuɿ$^{13-331}$　　做做tsau^{35} tsauɿ$^{35-553}$

（3）形容词重叠变音

大冶方言单音节形容词重叠AA式表示过度、程度不适中，阴平、入声字变读为中平降调331，去声字变读为高平降调553，上声字变读为阳平。变调时还需儿化。例如：

薄薄pʻo^{33} pʻoɿ$^{33-331}$　　密密mai^{13} maiɿ$^{13-331}$

贵贵kuai^{35} kuaiɿ$^{35-553}$　　紧紧tɕan^{53} tɕanɿ$^{53-31}$

3. **小称变音**

大冶方言阴平、去声、入声字名词变读为一种高平降调553，上声字变读为阳平来表示小称。例如：

汽车tɕʻi^{35} tsʻe^{33}　　小汽车tɕʻi^{35} tsʻe^{553}

裤kʻu^{35}　　小裤儿kʻu^{553}

桌tso^{13}　　小桌tso^{553}

老鼠lɔ^{53} ɕy^{53}　　小老鼠lɔ^{53} ɕy^{31}

阳新方言小称音变的形式有两种：一种是只变声调，韵母不发生变化，平声33、212或上声21，变为入声45；第二种声调发生变化的同时，韵母也发生变化，产生出ɛn、uɛn、yɛn、əu四个新韵母。例如：

鸡tɕi^{33}→tɕiɛn^{45}　　锣lo^{212}→lɛn^{45}

碗uœ̃^{21}→uɛn^{45}　　船tɕʻyẽ^{212}→tɕʻyɛn^{45}

钩kɛ^{33}→kəu^{45}　　铃lin^{212}→liɔŋ^{45}

4. **代词变音**

安陆方言指示代词通过变调来区分近指和远指。指示代词“乜$_1$ niɛ^{35}”表近指，“乜$_2$ niɛ^{55}”表远指；处所代词“喏$_1$ 儿nor^{35}、□哈儿nai^{35} · xər”表近指，“喏$_2$ 儿nor^{55}、□哈儿nia^{55} · xər”表远指；时间代词“恁$_1$ 咱儿nin^{35} tsər^{51}”表近指，“恁$_2$ 咱儿nin^{55} tsər^{51}”表远指。

咸宁方言人称代词单数作定语时要发生变调，“我、你”由上声42、

“伊”由阳平 31 变阴去 213。

大冶方言人称代词单数“我、咱、你”本为上声 53，“渠”本为阳平 31，处在定语位置，表示领属且领属对象为亲属时，一律变调为阴平 33。

崇阳方言指示代词是三分的，分别为近指“个ko²¹⁴”、中远指“伊i²¹⁴”和远指“阿æ²¹⁴”，声调同为阴去，在指示方所“家呐ko⁵³ · næ、伊呐i⁵³ · næ、阿呐æ⁵³ · næ”时，由 214 调变读作 53 调。疑问代词“哪nɑ²¹⁴”询问方所时变调为“哪呐nɑ⁵⁵ · næ”。

5. 助词“了”变音

孝感、安陆、黄陂等方言助词“了$_1$”“了$_2$”的读音随其前一音节的不同而变化，如果前一个音节韵母的尾音是前鼻音，那么“了”读为n声母；如果前一个音节韵母的尾音是后鼻音，则“了”读为ŋ声母；如果前一个音节韵母的尾音是其他元音，则“了”读为零声母。例如：

安了ŋan⁴⁴ · niau　　反了fan⁵¹ · niau

讲了tɕiaŋ⁵¹ · ŋau　　穷了tɕyŋ³¹ · ŋau

哭了kʻu²⁴ · uau　　杀了ʂa²⁴ · au

6. 完成体变音

黄陂方言通过改变动词的读音来表示动作行为的完成。具体表现为以下几种情况。

（1）鼻化

-aŋ、-oŋ、-an、-en、-in等韵母鼻化后，表示完成体。例如：

“放了faŋ³⁵ · ŋau学”，可以不加“了”，“放”元音鼻化，音节拉长，变读为fãːŋ³⁵。

“淹了ŋan³³ · niau水”，可以不加“了”，“淹”元音鼻化，变读为ŋãːn³³。

“钱下把得他用了zoŋ⁴⁴ · ŋau”，可以不加“了”，“用”元音鼻化，音节拉长，变读为zõːŋ⁴⁴。

“天晴了tɕʻin³¹³ · niau”，可以不加“了”，“晴”元音鼻化，变读为

tɕʻĩːn^{313}。

鼻化后，元音多高化：-ãːŋ，a元音读ə；-ãːn，a读æ；-õːŋ，-ɔ高化为-o；-ĩn中的-i，后面滋生-ɪ元音。

（2）复合元音单音化

复合元音变读为单元音，表示完成体。发生音变的音节，后面不能加“了”，音节拉长。例如：

“他来了nai^{313} · iau”，可以不加“了”，“来”复合元音变读为单元音，音节拉长，读为nɛ^{313}。

“把瓜藤悠了iou^{33} · uau”，可以不加“了”，“悠”复合元音变读为单元音，音节拉长，读为iəː^{33}或iɯː^{33}。

“钟敲了kʻau^{33} · uau”，可以不加“了”，“敲”复合元音变读为单元音，音节拉长，读为kʻɔː^{33}。

（3）音节拉长

鼻化、复合元音单音化，同时伴随着音节的长化。a、i、u、ɯ、ɿ韵母，以及入声音节，一般均可以拉长音节，表示完成体。例如：

“净花研了ŋa^{44} · niau”，可以不加“了”，“研”拉长音节读为ŋaː^{44}。

“他还是鼓了ku^{42} · uau劲的”，可以不加“了”，“鼓”拉长音节读为kuː^{42}。

“挤了tɕi^{42} · iau点牙膏”，可以不加“了”，“挤”拉长音节读为tɕiː^{42}。

7. **语气词变音**

仙桃方言零声母语气词常常会受到它前面音节最后一个音素的影响，在前面增多了一个音素，如“啊”读为“la”，“耳”读为“了lə”等。

安陆方言句尾语气词在语流中受其前一音节尾音的影响会发生音变。语气词“欸”前的音节尾音为i时，变读为“耶”；“欸”前的音节尾音为n时，变读为“嘞”；“啊”前的音节尾音为u时，变读为“哇”；“啊”前的音节尾音为ŋ时，变读为ŋa^{31}；“啊”前的音节尾音为ʅ或ɚ时，变读为ʐa^{31}；“啊”前的音节尾音为ɿ时，变读为tsa^{31}；“啊”前的音节尾音为

n、ɑ、o、e时，变读为“啦”；“啊”前的音节尾音为i、y、ê时，变读为“呀”。“哦”前的音节尾音为n、o时，变读为“啰”；“哦”前的音节尾音为i时，变读为“哟”。

第二节　句法

一、处置句

湖北方言的处置句有“把”字句、“把得”句、“给”字句、“叫”字句和“让”字句五种。

1.“把”字句

湖北方言的“把”字句分布较为普遍，是西南官话区鄂中小片处置句的主要形式，是西南官话区成渝小片、江淮官话区、赣语区处置句的唯一形式。“把”字句的用法与普通话基本一致。例如：

我把图书馆的一本书搞丢了。（武汉）

把钱存好哒。（恩施）

他把衣服整理了一哈。（孝感）

读书箇把书落了，鞅牛箇把牛落了。（咸宁）

较为有特点的有以下几方面。

（1）把 + NP + V（ + 了） + 他（渠）

“他”是一个复指性的后置语法成分，复指“把”的处置对象。在有些句子中已经虚化，起强调作用。阳新方言作“渠”。例如：

你把渣子倒了他。（武汉）

你把迾杯茶喝啊他。（五峰）

我把你打死他！（仙桃）

你把鸡子杀了他。（安陆）

你打社，我地儿过几天从汉口回来，把你拿撕了他。（黄陂）

把猪杀了渠。（阳新）

（2）把＋NP＋否定词＋VP

在湖北方言中，否定词还可以放在“把”的后面。例如：

你把新衣裳莫挂破了。（武汉）

把你没有当外人。（宜都）

他把你不当个人就结了。（安陆）

（3）把＋语气词＋NP＋VP

阳新方言介词“把”和其宾语之间常常要加语气词“哎$æ^{45}$”，以舒缓语气。例如：

我把哎钱搁在哎桌子上面了。

把太水伯爷哎救济款帮到领了渠。

2. “把得”句

武汉方言还可以用“把得”句表处置。例如：

每天晚上的作业把得伢们写死了。

武汉的个天热把得人热死了。

第二个例句也可以说成“武汉的个天热把得人莫热死了”，否定形式表达与肯定形式相同的意思。

3. “给”字句

“给”字句主要分布在西南官话区，是鄂西北地区处置句的主要形式之一。例如：

下雨了，快点给屋里的窗户关好。（武汉）

给这碗饭吃阿再说。（钟祥）

你快给这碗饭吃唠，饭都凉唠。（十堰）

你给书拿来我翻一伙子。（襄阳）

4. “叫”字句

“叫”字句主要分布在西南官话区，是鄂西北地区处置句的主要形式之一。例如：

你叫个简单的事儿搞复杂唠。（十堰）

你叫东西放哪儿唠？（丹江口）

他叫眼睛闭到了。(襄阳)

今天早上，我硬是叫一个好事搞砸了。(武汉)

5. “让”字句

武汉方言还有“让”字处置句。例如：

天热一般让饭摊凉了再吃。

他让眼睛闭到休息哈。

二、被动句

湖北方言的被动句有“被”字句、“把”字句、“把得/到”句、“叫”字句、“给”字句、“让”字句、“尽”字句、“着”字句、“等”字句、“拿”字句和“整”字句等。其中，“被”字句的用法与普通话基本一致，不再赘述。

1. “把”字句

“把”字句主要分布在西南官话区鄂中小片、江淮官话区、赣语区等，安陆、崇阳方言除外。例如：

一大碗温热水把他一口喝完了。(武汉)

老屋把一把火烧得干干净净哒。(公安)

所有的书信都把火烧哒，一点儿剩的都没有。(仙桃)

钱把他用完了。(孝感)

钱把他赚跑了。(黄陂)

草把牛喫了。(咸宁)

小明把老师训了一餐。(阳新)

2. “把得/到”句

“把得/到”句主要分布在武汉、公安、长阳、江淮官话区、赣语区等，是崇阳方言被动句的主要形式。武汉方言也用“把到”句。例如：

饭把得我吃光了。(武汉)

自行车把到他骑走了。(武汉)

那本书把得别人借走哒，还没还来。(公安)

上课看小说，把得老师捉到哒吧？（长阳）

裤子把得他补好了。（孝感）

你老了老了把得别个去谈讲，你未定舒服啊？（安陆）

那本书把得伊落了。（咸宁）

毛衣把得墙上个钉挂了个眼。（崇阳）

3. “叫”字句

“叫”字句主要分布在西南官话区，是鄂西北地区被动句的主要形式之一。江淮官话区的黄陂方言也有。例如：

小明叫狗子咬了一口。（武汉）

他叫人打破头唠。（十堰）

那只草狗叫人打得都不能动了。（襄阳）

钱掉哒丢了不说，证件也叫她搞丢哒。（恩施）

园子的菜叫鸡吃光了。（黄陂）

4. “给”字句

“给”字句主要分布在西南官话区，是鄂西北地区被动句的主要形式之一。例如：

你怕给别人看见？（襄阳）

这次成绩冒考好，回屋里给大人骂了一顿。（武汉）

老陈的姑娘给他拐起跑哒，老陈哪里肯放过他啦？（公安）

给雷劈倒哒。（五峰）

5. “让”字句

湖北方言的“让”字被动句分布较为普遍，用法与普通话基本一致。例如：

钱包让别个偷走了。（武汉）

孵母鸡让黄鼠狼咬死了。（竹山）

老张让贼娃子给偷了钱包。（襄阳）

让他呼哒。（五峰）

6. “尽”字句

“尽”字句主要分布于西南官话区和江淮官话区，是安陆、宜都等方言被动句的主要形式。例如：

你不小心一点，钱尽别人偷光哒。（公安）

书尽他撕哒。（仙桃）

上街的时候儿包包儿尽强盗偷哒。（恩施）

尽老鼠子拖起走哒。（长阳）

园子里菜都尽鸡子啄哒。（宜都）

昨天不小心尽狗子咬了一口。（孝感）

他的屋里的狗子尽别个打死了。（安陆）

随么事只不能尽他看到了，看到他就要。（黄陂）

7. “着”字句

“着”字句主要分布于西南官话区和江淮官话区，是恩施、公安等方言被动句的常用形式。例如：

杯子着我打破哒。（恩施）

雀嘎子着你快整死哒。（五峰）

衣服着雨淋湿哒。（利川）

恁好的一口锅就着她砸哒。（公安）

他着他爸爸打阿一顿。（钟祥）

饭着他吃了。（竹山）

他的屋着他卖了。（安陆）

8. “等”字句

武汉、公安等方言还可以用“等”字句表被动。例如：

这件事千万莫等他晓得了咧。（武汉）

你等别个骗哒你就晓得哭啊的。（公安）

9. “拿”字句

利川方言还可以用“拿”字句表被动。例如：

拿他把我骂一顿。

拿他屋里的狗把我咬哒一口。

10. “整”字句

“整”字句是五峰方言被动句的主要形式。例如：

猪草整猪子拱翻哒。

我们哈整他呼哒。

三、比较句

比较句根据语义类型可以分为平比句和差比句两大类。

1. 平比句

湖北方言平比句用“跟/和/像/赶……一样/一般/样的”格式进行精确比较。例如：

他的工作时间几乎跟我一样。（武汉）

这娃子长得像她妈一样排场。（十堰）

学校的条件赶屋里一样好。（襄阳）

我儿子和他一样大，都读初二哒。（恩施）

他跑得跟我一般快。（公安）

苹果跟香蕉一样贵。（安陆）

割谷跟插秧样的，腰疼得很。（黄冈）

做爷箇跟做崽箇一样冇得取。（咸宁）

用“跟/和/赶……差不多……”“差不多”“有……这（么/样）/那（么/样）”“赶得倒/敌得倒”等格式进行模糊比较。例如：

你跟小明差不多高。（阳新）

你儿俩娃儿的成绩赶他儿的差不多儿。（襄阳）

他们两个人的个子差不多大。（安陆）

他的饭量有你们三个人这多。（武汉）

这个杯子有手掌恁闷大。（十堰）

那棵慈竹有碗口那门粗。（恩施）

我个工资有尔个工资伊样多。（崇阳）

李明成绩赶得倒王杰，但是身体赶不倒王杰。（武汉）

渠果个刁法子得，你敌得倒渠啊？（大冶）

2. **差比句**

（1）肯定差比句

湖北方言肯定差比句主要用“比”字句，也可以变换为“跟/和……相比”格式。例如：

小张比小王还长些。（武汉）

今年子比去年子热，去年子这个时候儿还要穿两件衣服。（恩施）

妹比姐胖什。（阳新）

跟小莲相比，艳艳贼一些。（安陆）

鄂西北地区还用“赶”字句。例如：

我的衣裳赶你的好看（些）。（襄阳）

小王赶小张胖。（十堰）

他赶你好。（丹江口）

安陆、黄冈等方言还有“跟”字句。例如：

我的饭量跟他的饭量大些。（安陆）

麦子跟谷哪个贵些嘞？（安陆）

看儿伢肯定跟看女伢强些。（黄冈）

黄冈方言还有“照”字句。例如：

他照往日懂事多了。

大冶方言还可以用“把”字句。例如：

冬天把热世界好过。

我把渠长，渠看到冇得几长。

湖北方言也用“甲＋A（得/哒/倒）＋乙＋数量”格式表示具体数量的差比，鄂西北、孝感等方言形容词后常加“得”，公安等方言加“哒”，黄冈方言加“倒”。大冶方言用“甲＋把＋乙＋A＋数量”格式表示。例如：

这次补贴我还多你几十块钱。（恩施）

他小我三岁。(安陆)

伊矮我两届。(咸宁)

苹果多得梨子一块钱。(孝感)

这个贵得三块钱。(丹江口)

男的大哒女的炮把岁。(公安)

我一个月多倒他十几块钱。(黄冈)

今年子个学费把去年子多八十。(大冶)

孝感、黄冈、阳新等方言还可以用“甲 + A + (得) 过 + 乙”格式表示差比，大冶方言用“甲 + A + 乙 + 个”格式表示差比。例如：

我高得过他。(孝感)

人心高过天，做了皇帝想成仙。(黄冈)

不信你蛮得过渠。(阳新)

我细渠个，大渠老弟个。(大冶)

(2) 否定差比句

湖北方言否定差比句用“不(得)比、不把、不赶、没(得)、冇(得)、不过、不倒、不如、不像、不胜、不敌、比不上、比不得、赶不上、赶不倒、敌不倒、跟不倒、不及如、当不得”等表示。例如：

屋里主卧不比客卧大蛮多。(武汉)

渠个年纪不把我细。(大冶)

他也不赶我学习好。(襄阳)

他不得比我大胆。(孝感)

我没你厉害。(十堰)

老大仔笨得很，没得老二机灵。(恩施)

你冒得他那贼。(武汉)

猪肉冇得鸡肉香。(安陆)

老大聪明不过老二。(孝感)

他年轻我不倒十岁。(孝感)

新箇不如旧箇好用。(阳新)

我的功课不像他那好。(武汉)

我混得不胜他。(十堰)

渠个份儿家,喫饭还不敌我,我一餐还能得喫几碗。(大冶)

今年的糯米比不上去年的,去年的产量高一些。(安陆)

我比不得尔个样有出息。(崇阳)

瘦的赶不上胖的好。(十堰)

这件衣服是便宜一些,不过质量赶不倒那一件。(恩施)

你屋里房子的面积敌不倒他屋里。(武汉)

学木匠跟不倒学砌匠,学砌匠赚钱些。(安陆)

我混得差些,总是觉得不及如人。(安陆)

千挖万挖,当不得老板嘴一喳。(黄冈)

(3)极比句

湖北方言极比句用"甲+比/把+乙(任指)+都+A""甲(任指)+都+比/把+乙+A""甲+最+A""没有(没得、冇得)+甲(任指)+比/把+乙+更/还+A""甲(任指)+都+没有/没得/冇得)+乙+A""甲(任指)+都+不如/比不上/赶不上/赶不倒/敌不倒+乙+A""没有(没得、冇得)+甲(任指)+比得上/赶得上/赶得倒/敌得倒+乙+A""没有(没得、冇得)+甲(任指)+有+乙+这(么)/那(么)+A"等格式表示。例如:

伊比哪个都喜欢打球。(崇阳)

连巴佬好好顺顺的比谜都好。(大冶)

武汉随哪块都比这里干净。(武汉)

几个伢儿,大的最勤快。(公安)

班上冒得哪个脸上的颜色比他还白卡了的。(武汉)

做带角个事再冇得哪个把渠效了。(大冶)

随哪个都冒得他这拐。(武汉)

他体力好得好,长跑哪个都不如他。(恩施)

我们屋里冒得哪个敌得倒他这啰连。(武汉)

这个单位再冒得哪个有他这活泛。（武汉）

（4）递比句

湖北方言递比句用“一＋量词＋比/赶/把＋一＋量词＋A”“一＋量词＋A（过/似）＋一＋量词”等格式表示。例如：

在床上睡哒一两年，身体一年比一年差。（恩施）

娃子一天赶一天大唠。（十堰）

带些年间进入一年把一年多了。（大冶）

小伢们的身高，一年高过一年。（武汉）

猪儿一天大一天，要加一点儿粥吃。（安陆）

天头一天短似一天。（黄冈）

老张的几个崽，一个差似一个。（阳新）

四、疑问句

湖北方言的疑问句分为特指问句、是非问句、选择问句和正反问句四类。

1. 特指问句

特指问句是用疑问词提问的疑问句，句尾可以加上“啊（呀、啦、耶）、嘞、吵、咧、舍、欸”等疑问语气词。湖北方言问人的疑问词有“谁、谁个儿、么人、哪、哪个、啥个”等。例如：

今天早上，么人到屋里来了吵？（武汉）

啥个在敲门啦？（仙桃）

你找哪个啊？（公安）

那个戴帽子的是谁个儿？（十堰）

上次是谁请的客？（五峰）

来的是么人？（孝感）

你跟哪个一路去？（咸宁）

问事物的疑问词有“么、么事、么子、么呢/呐、么西、昧、什么子、什个、啥、啥子、啥洪子、哪、哪些（子）、哪什、隐家/嗯家、某丫/某家”等。例如：

么事让你这么为难啊？（武汉）

搞隐家/嗯家去的呀？屋里来客哒，买滴咔菜去。（仙桃）

您哪姓某家？我姓王，您哪哩？（仙桃）

你买什个咧？（公安）

你喝么子咧？（公安）

啥洪子没见唠啊？（十堰）

你找他有么子事？（恩施）

在家里做什么子？（五峰）

手里拿的是么东西啊？（孝感）

你来做么事欸？（安陆）

么呢事情比看生孩子还重要？（咸宁）

你说昧啊？（阳新）

么西事比看孩子还要紧？（阳新）

尔在吃么呐啊？（崇阳）

问时间的疑问词有“几时、几咱、几蛮、几半天、几多时、几巴早、啥会儿、啥时候、什么时候、什时候、好时候、好盏子、哪时儿、哪一阵、哪蛮、么时候、么时际、么际、么攒、么命盏、几命盏”等。例如：

我们几时一起去看电影？（武汉）

这是几咱布置的任务？（武汉）

他们什时候去北京啊？（公安）

你好时候来的？（公安）

他几时说过这话？（荆州）

你好盏子来的呀？（钟祥）

你啥会儿走？啥时候回来？（十堰）

明天哪时儿过来？（恩施）

你什么时候去？我马上就去。（五峰）

你几半天做完？（孝感）

今日箇会要开到几巴早？（咸宁）

你哪蛮到武汉去嘞？（阳新）

今日箇会要开到么命盏？（阳新）

个回出差要几久啊？么（时）际/几时归啊？（崇阳）

问处所方向的疑问词有“哪儿、哪里、哪些、哪块、哪下/哈儿、哪闷儿、哪地、哪截、哪位子、哪呐、哪子呐、么地方、么定安”等。例如：

你住在哪块啊？（武汉）

在哪些学的普通话呀？（仙桃）

你住在哪截啊？（公安）

哪下儿的西瓜最好吃？（十堰）

他说的那种材料要到哪里去找？（恩施）

那到底在哪地？（五峰）

书在哪哈儿？（孝感）

你到哪里去？（咸宁）

在么定安学箇普通话？（阳新）

尔家呐想去哪呐/哪子呐戏啊？（崇阳）

问数量、程度的疑问词有“几、几多、多少、好、好多、好些”等。例如：

要好多才够啊？（仙桃）

你住的屋有好大咧？（公安）

肉要买好多斤？（恩施）

您好大年纪啊？（五峰）

他着能吃几多饭？（孝感）

你的屋里离到城里有几远嘞？（安陆）

你要几多蛋？（咸宁）

尔呐家一日要去几回菜场啊？（崇阳）

问方式、原因、状况等的疑问词有“么、么样、么回事、为/做么事、为/制/搞么、为某之（隐家/某丫）、咋、咋法儿、咋样、哪、哪样、哪么、哪门、怎么儿、怎么样、是何样、为昧”等。例如：

今天晚上，你么冒读书啊？（武汉）

他么样还冒到屋啊？（武汉）

这句话用仙桃话枪哪说啊？（仙桃）

你要哪么搞？（荆州）

迥种手机哪门用啊？（公安）

你为某之（隐家/某丫）还在这里呀？（仙桃）

你咋不吃咧？（钟祥）

这是咋法儿搞的吵？（十堰）

哪门恁门久没看到你？（恩施）

迥句话用五峰话哪么说？（五峰）

你脸上么样了的？（孝感）

落乜这大的雨，他是怎么儿来的耶？（安陆）

个件事情么样说？（咸宁）

今日为昧你勒鬼影子都看不见了嘞？（阳新）

尔个崽哪样/为么嘀/搞么嘀/制么嘀还冇睏啊？（崇阳）

问性状的疑问词有“么样、哪样、哪么样、哪门样、啥样、什个”等。例如：

我五十岁哒，你觉得要烫哪么样的头发合适些？（公安）

你欢喜搞什个工作？（公安）

你想要啥样的颜色？（十堰）

么样的颜色好看？（孝感）

尔觉得哪样个人尔才满意吵？（崇阳）

2. **是非问句**

是非问句是提出一个问题，要求作肯定或否定回答的问句。湖北方言的是非问句是用句尾语气词“啊（呀、啦）、吵、吗、么、舍、哒、噻”等来表示疑问。其中，武汉方言只用语气词“吵”表示是非问，只有黄陂方言用语气词“吗”表示是非问。例如：

你吃了吵？（武汉）

这么晚才回来呀？（仙桃）

你不买个新电脑啊？（公安）

他今日真的不来哒？（荆州）

你吃唠啊？（十堰）

他明天不来么？（恩施）

你最近身体还好舍？（孝感）

你老儿身体还扎实吵？（安陆）

他昨日去了的吗？（黄陂）

你屋箇人都还好噻？（阳新）

伊下个星期归去吵？（崇阳）

也可以不用语气词，在陈述句的基础上用略微上扬的句尾语调来表示疑问。例如：

你晚上冒吃饭？（武汉）

你们都是同学？看不出来咧。（仙桃）

老妈要来？（十堰）

你吃了的？（安陆）

这是你爷？（咸宁）

㖞话是你说箇？（阳新）

明日落雨？（崇阳）

3. **选择问句**

选择问句是列举几个问题，要求选择其中一个问题作出回答的问句。湖北方言的选择问句是用选择关系连词“是、还是”、连用形式“是……是、是……还是”等来表示，句中、句尾可以加“啊、呢、吵、嘞、舍、欸”等疑问语气词。例如：

你是么这冒得精神了，是冒吃好，还是冒睡好？（武汉）

坐到吃好，还是站到吃好啊？（仙桃）

你来是不来？（公安）

是今日去是明日去？（公安）

你是吃烟嘞，还是喝茶？（十堰）

你是装糊涂啊还是真的不晓得？（恩施）

迾朵花香还是不香？（五峰）

你是呼烟啊，是喝茶？（长阳）

是我先讲还是你先讲呢？（孝感）

是他去邮局，还是你去邮局欸？（安陆）

先喫还是先睏？（咸宁）

尔是话真个还是假个？（崇阳）

4. **正反问句**

正反问句是并列正反两个方面的问题，要求选择其中一个方面的问题作出回答的问句。湖北方言的正反问主要有“VP-neg-VP”式、“VP-neg”式、“V 得 CV 不 C”式和“AA”“AAB”重叠式等四种类型。

（1）“VP-neg-VP”式正反问句

湖北方言的“VP-neg-VP”式正反问句，可以根据谓词间否定副词的不同，分为“VP 不 VP”式和“VP 没 VP”式。VP 可以是动词、助动词和形容词的光杆形式，也可以是动宾、述补、状中等结构。问句句尾可以带上“啊、吵、嘞、咧、呢、舍、耶”等疑问语气词。

当 VP 为动词、助动词和形容词的光杆形式时，单音节用“A 不/没 A”式，复音节一般用“A 不/没 AB”式，有的方言同时也可以用“AB 不/没 AB”式进行询问。例如：

地上结冰了，路上滑不滑吵？（武汉）

热（闹）不热闹？（公安）

窗户关没关啊？（公安）

你相不相信我嘞？（十堰）

那女的长得排场不排场？（十堰）

他肯不肯？（恩施）

东西经不经用？（恩施）

迥些字你认得不认得/认不认得？（五峰）

你去不去呀？（孝感）

昨天你学习冇学习咯？（孝感）

她聪不聪明？（孝感）

你跟他谈朋友你的屋里同不同意耶？（安陆）

应该不应该啊？（浠水）

个件衣蛮灵醒，要不要？（咸宁）

菜场箇菜便不便宜？（咸宁）

还有饭，你喫不喫？（阳新）

㖞件事你勒商冇商量啊？（阳新）

当 VP 为动宾结构时，单音节动词用“A 不/没 A”式，复音节动词既可以用“A 不/没 AB”式，也可以用“AB 不/没 AB”式后面带上宾语进行询问。公安、宜都、长阳、孝感、红安等方言宾语还可以在前一个动词后或两个动词后同时出现。例如：

你喝不喝热水吵？（武汉）

你包里有不有钱啊？（公安）

你还吃饭不吃咧？（公安）

割麦子不割啊？（宜都）

你看不看电影？（十堰）

放学后打扫不打扫卫生吵？（十堰）

两个人闹不闹矛盾？（恩施）

看电影不看啊？（长阳）

你说实话，你骗我冇骗着？（孝感）

你上班骑不骑自行车？（孝感）

你上班骑自行车不骑自行车？（孝感）

小艳回屋里冇回屋里啊？（孝感）

看天道只怕要落雨哦！带不带把伞嘞？（安陆）

上武汉不上武汉啊？（浠水）

杨树开花不开？（红安）

听冇听伊说我箇拐话？（咸宁）

你带冇带衣裳去换啊？（阳新）

你听冇听说嘚这件事啊？（阳新）

尔认不认得陈老师啊？（崇阳）

尔昨日打冇打球啊？（崇阳）

当 VP 为表结果、趋向、可能、数量等的述补结构时，单音节动词用“A 不/没 A”式，复音节动词一般用“A 不/没 AB”式，有的方言同时也可以用“AB 不/没 AB”式进行询问。当 VP 为表程度、状态等的述补结构时，既可以对中心语，也可以对补语进行询问。中心语或补语是单音节用“A 不/没 A”式，是复音节一般用“A 不/没 AB”式，有的方言同时也可以用“AB 不/没 AB”式进行询问。例如：

这篇文章，你看不看得懂吵？（武汉）

你听冒听清楚吵？他刚才说话声音那小。（武汉）

衣服洗没洗干净啊？（公安）

她屋里的姑娘长得标不标致咧？（公安）

你的成绩上不上得去啊？（十堰）

屋子打扫得干净不干净吵？（十堰）

这种菇吃不吃得？（恩施）

装不装得下？（恩施）

考得好不好？（恩施）

你到底看清楚冇看清楚舍？（孝感）

衣服洗不洗得干净舍？（孝感）

和你比，他老实不老实得点儿呢？（孝感）

你着乜时候过得滋润不滋润舍？（孝感）

乜杯水我喝不喝得嘞？（安陆）

她们寝室的卫生做得干不干净嘞？（安陆）

长得标致不标致啊？（浠水）

我跟你说话，你听冇听到？（咸宁）

牛过冇过去呀？（咸宁）

你拿不拿得起？（咸宁）

嘚句话我说不说得？（阳新）

果这么多米袋子装不装得落啊？（阳新）

渠箇的字写得好不好？（阳新）

尔蹦不蹦得起呢？（崇阳）

我种个树长冇长高点子啊？（崇阳）

当 VP 为能愿动词、副词或介宾结构作状语构成的状中结构时，对状语进行询问，能愿动词、副词或介词是单音节用“A 不/没 A”式，是复音节一般用“A 不/没 AB”式，有的方言同时也可以用“AB 不/没 AB”式进行询问。孝感方言还可以对整个状中结构进行询问。例如：

你在没在屋的吃饭？（十堰）

因不因为这个事儿影响到他嘞？（十堰）

今天得不得下雨？（恩施）

你乜个月多不多把他点儿钱呢？（孝感）

杯子里头的水蛮烫不蛮烫啊？（孝感）

你愿不愿意来吵？冇得哪个勉强你的。（安陆）

猪肯吃不肯吃啊？（浠水）

渠在不在打牌？（阳新）

（2）“VP-neg”式正反问句

湖北方言的“VP-neg”式正反问句，根据否定副词的不同分为两类：一类是否定副词为“不”的“VP 不”式，一类是否定副词为“没（得/有）/冒/冇（得）”的“VP 没（得/有）/冒/冇（得）”式。例如：

你过早冒啊？（武汉）

你的毕业论文写完哒没得？（荆州）

食堂还有饭吃没得？（公安）

他的事儿你晓得不？（十堰）

外面还在下雨没？（十堰）

花红哒没得？（恩施）

迥些字你认得不？（五峰）

迥个有那个大没有？（五峰）

他昨天迟到了冇舍？（孝感）

价钱你谈妥了冇？（安陆）

好看不？（浠水）

吃饭没/冒/冒得？（浠水）

你怕鬼不？（红安）

你去不？（阳新）

你说我胖不？（阳新）

喫饭冇？（阳新）

你有空冇得？（阳新）

明日落雨，尔还上街不？（崇阳）

尔到国外去过冇？（崇阳）

“VP-neg”式正反问句句尾可以带上“啊、吵、嘞、咧、呢、舍、哦”等疑问语气词，一些方言“VP 不”式否定副词“不”和句尾语气词“啊”合音为“吧”，否定副词“冇”和句尾语气词“啊”合音为“吗”。例如：

你回屋里吧？（武汉）

你没去过上海啵？爹爹身体还好吧？（公安）

说去宜昌去哒没得啊？（宜都）

把他着累垮了冇呢？（孝感）

老师布置的作业你写了冇哦？（安陆）

你喝点儿茶不嘞？（红安）

你喫饭吧？（大冶）

——你喫吗？——我冇喫。（大冶）

尔话得当崇阳事不吵？（崇阳）

（3）“V 得 CV 不 C”式正反问句

当 VP 为带“得”的表可能述补结构时，大多数方言用“VP-neg-VP”式构成的正反问句“V 不 V 得 C”进行询问，也有少数方言同时用“V 得 CV 不 C”式正反问句进行询问。例如：

学得会学不会啊？（公安）

挑得起挑不起啊？（宜都）

你看得懂看不懂啊？（十堰）

爬得上去爬不上去啊？（浠水）

（4）“AA”“AAB”重叠式正反问句

仙桃、孝感、安陆、浠水等方言的正反问句多采用“AA”或“AAB”重叠式来表示，单音节动词（包括能愿动词）、形容词、介词用“AA”式，双音节词用“AAB”式。句尾可以带上“啊、欸、嘞、啦、耶”等疑问语气词。例如：

你走走的？（仙桃）

你去去呀？（孝感）

乜个盒子还要要欸？不要就丢了它。（安陆）

他人好好？（仙桃）

她漂漂亮？（孝感）

五号字小小欸？小就用四号字。（安陆）

你是是学生啦？（仙桃）

你喜喜欢我？（仙桃）

你吃吃饭的？（仙桃）

你上班骑骑自行车舍？（孝感）

小王晓晓得他的媳婆儿今朝要来耶？（安陆）

他到底愿愿意说？（仙桃）

我们能能晚一点儿来耶？我还有点儿事冇做完。（安陆）

你把把车骑起走地呀？（仙桃）

你跟跟我说实话的？（仙桃）

他好好打交道哇？（孝感）

你说乜话我说说得嘞？（安陆）

她长得好好看啦？（仙桃）

她们寝室的卫生做得干干净嘞？（安陆）

浠水方言动补结构“V 不 V 得 C”式正反问句，可以用重叠“VV 不 C”式表示。例如：

听不听得懂啊/挑不挑得起啊/进不进得去啊/爬不爬得上去啊？

听听不懂啊/挑挑不起啊/进进不去啊/爬爬不上去啊？

五、否定句

湖北方言的否定句根据有无否定词，分为有标记否定句和无标记否定句。其中，无标记否定句是没有否定词出现，但语义上表示否定的句子。湖北方言常见的无标记否定句主要有反问表否定、詈语表否定和特殊的固定格式如“懒得”“怪哦”等表否定等。例如：

你还来？不怕死。（仙桃）

你晓得个屁。（仙桃）

他的媳妇儿几好哦！见人就笑。——好个么事吵？一肚子坏水。（安陆）

我明明看见了他在屋里的。——看见了个屁，你就在喏儿光着他打马虎眼儿，以为我不晓得。（安陆）

我懒得话伊/我懒话伊得，话了也不听。（崇阳）

听到话尔老妹个际是公司老总啊？——怪哦！别个瞎话个。（崇阳）

湖北方言有标记否定句中常用的否定词有：不、冇/冒、冇/冒得、没、没有、没得、莫、白等。

1. 不

“不”的用法与普通话基本一致，主要用在动词、形容词或某些副词前，表示否定。例如：

眼睛有点不舒服，不看了，早点睡。（武汉）

他不出去打工。（公安）

这碗饭不能吃哒。（钟祥）

我不一定能来。（十堰）

他不跟我们一起来。（恩施）

迾个不能那样搞的。（五峰）

我不是孝感人。（孝感）

他不去，叫之叫不动。（黄陂）

我问了半天，伊就是不吱声。（咸宁）

我不得渠是做昧箇。（阳新）

老王今日不制生意了。（崇阳）

一些方言还可以用于谓词性结构后，构成“VP-neg”式正反问句。例如：

他的事儿你晓得不？（十堰）

迾些字你认得不？（五峰）

好看不？（浠水）

你去不？（阳新）

你说我胖不？（阳新）

明日落雨，尔还上街不？（崇阳）

西南官话区鄂中小片、成渝小片，江淮官话区，赣语区等一些方言中，“不”还可以用于禁止性否定，表示主观劝阻，相当于“别、不要”。例如：

不跑，慢些走。（武汉）

你不瞎搞。（公安）

不把钱包搞掉哒啊！（长阳）

我在看书，你着不吵！（孝感）

你不说。（安陆）

你不走，留下来歇一夜。（黄陂）

不开！我不想看到伊。（咸宁）

“不”可以与“消”“得”“须”“兴”等构成“不消”“不得”“不须”“不兴”等否定词，表示对主客观可能的否定。例如：

今天不把作业做完，你明天不消出去玩。（武汉）

现在都几点了，看来他不得来了。（武汉）

菜不得放坏的。（公安）

这事你不消再说得。（荆州）

他不得比你差。（荆州）

你不赶他走他不得走。（宜都）

你不消说的。（五峰）

不消找得，他自己要回来的。（长阳）

不兴这懑说。（长阳）

我是不得怕他的。（黄陂）

阁太雨，渠不得来了。（阳新）

时候还早，不须慌得。（阳新）

2. **冇/冒、冇/冒得**

“冇/冒”和“冇/冒得”相当于普通话的“没有”，主要分布于西南官话区鄂中小片、江淮官话区、赣语区等方言中。“冇/冒”是否定副词，既可以用在大多数动词结构（不包括判断动词和能愿动词）前表示否定，也可以用在大多数动词结构（不包括判断动词）后构成“VP-neg”式正反问句，主要否定动作行为、发展变化已经发生，或结果状态已经达成。例如：

这么晚了，他还冒来。（武汉）

我冇收到回信，他可能出差了。（孝感）

他一直坐在嗒儿得，冇说话。（安陆）

桂花还冇开。（咸宁）

渠冇出去。（阳新）

伊本书我还冇看完。（崇阳）

你过早冒啊？（武汉）

你剃了头冇？（安陆）

吃饭冒？（浠水）

喫饭冇？（阳新）

尔到国外去过冇？（崇阳）

黄陂方言读作mau[44]的“冇”是否定副词，读作mo[44]的“冇”，是与“有”相对的动词。例如：

他病了，一天冇吃冇喝。

越冇越谗，越冇越困。

咸宁方言“冇”还可以用在祈使句中，表示禁止性否定，相当于“别、不要”。例如：

冇吱声！

冇瞎说！看清楚了再说。

“冇/冒得”是与动词“有”相对的动词，主要后接名词、名词性短语或形容词性短语宾语，表示否定，在江淮官话区、赣语区一些方言中还可以跟在动词结构后构成“VP-neg”式正反问句。例如：

这个人冒得救了。（武汉）

我冇得多余的钱。（孝感）

她做事真是冇得深浅。（安陆）

班嘞冇得姓王的人。（咸宁）

我冇得你跑得快。（阳新）

个段时间冇得我喜欢个电影。（崇阳）

吃饭冒得？（浠水）

你有空冇得？（阳新）

3. **没、没有、没得**

“没得”是与动词“有”相对的动词，“没、没有”既可以作否定副词用，也可以作动词用，都能跟在动词结构后构成“VP-neg”式正反问句。主要分布于西南官话区，江淮官话区的一些方言也有使用。例如：

冰箱里没吃的哒。（公安）

我没他长得胖。（公安）

他还没得老婆。（公安）

有他也行，没他也行。（荆州）

学校也没有派哪个出面去解决问题。（荆州）

随哪个都拿他没得整。（荆州）

我昨天没有看电视。（仙桃）

我没得他有钱。（仙桃）

我从没说过这样的话。（十堰）

天没有黑。（十堰）

我有钱，你没得钱。（十堰）

好久没出太阳，东西都长霉哒。（恩施）

一点儿风都没得。（恩施）

没/没有把钱。（五峰）

没得意思。（五峰）

鱼捞完了，塘里没鱼了。（浠水）

你的毕业论文写完哒没得？（荆州）

食堂还有饭吃没得？（公安）

开学哒没得啊？（宜都）

外面还在下雨没？（十堰）

花红哒没得？（恩施）

迥个有那个大没有？（五峰）

吃饭没？（浠水）

4. **莫**

“莫”是表示禁止性否定的否定词，主要用于动词、形容词、代词前，表示禁止、提醒或担心。阳新方言可以单独使用。例如：

莫客气，小事哈。（武汉）

你站到，莫动！（荆州）

你莫再说哒，听得我烦死哒。（仙桃）

莫不伏人抬举。（宜都）

莫跑！照乎跌倒哒。（钟祥）

大方点，莫这样。（十堰）

听你妈的话，莫恁门犟。（恩施）

你见了他千万莫乱说话。（孝感）

百么事有人做，你就莫管。（安陆）

莫往前走，前面的水深的很。（浠水）

你嘱咐他叫他莫瞎来。（黄陂）

尔莫想到伊能来。（崇阳）

莫啊！（阳新）

5. **白**

鄂西北的一些方言也使用否定词“白”，表示禁止、提醒或担心。例如：

你白动。（十堰）

你们白这样。（十堰）

天可白下雨。（丹江口）

白废话！（丹江口）

六、可能句

可能句是表达动作行为或发展变化的可能性的句子。湖北方言的可能句主要有以下四种表达方式。

1. **能愿动词可能句**

这种可能句是由动词前加能愿动词构成，表示客观条件、情理下的可能、许可，主观能力、意愿下的能够、可以和主观认识上的可能、或许等三种语义。湖北方言可能句常用的能愿动词既有普通话常用的“能、能够、会、可以、可能、要、该、应该”等，还有较有特色的“得、要得、可得”等。例如：

我只怕明天早上才能到屋里。（武汉）

他该吃完哒吧？两三个小时哒。（仙桃）

五点电影得完。（公安）

——这哈儿可以泅水啵？——可得。（钟祥）

表现好的同学才得回去吃饭。（十堰）

他明天不得回来。（恩施）

明天要下雨的。（长阳）

她不得来的，你莫尽等。（孝感）

你莫搞错了胯子，他其实会说武汉话。（安陆）

——一百块钱一天要得吧？——要得。（浠水）

2. 副词可能句

这种可能句是由副词“一定、肯定、绝对、保证、保管、保准、大概、多半、八成、说不定、说不倒、不一定、搞不好、未必、不见得、怕、恐怕、怕是、莫是、兴”等充当状语构成，主要表示主观认识上的可能、或许等。例如：

他怕是睡着了咧，一点声音都冒得。（武汉）

搞不好我们又要迟到。（仙桃）

我找一下儿，不一定在屋里。（钟祥）

你一定是记错哒。（恩施）

迦件事他肯定知道。（五峰）

他怕/怕是/兴/搞不好/说不倒下雨不得来哦。（长阳）

他八成不来了。（孝感）

甲：饭，他绝对/保证/保准做的好。乙：未必。（浠水）

3. 动补结构“V得”可能句

湖北方言由动词性较强的“得”充当动词补语构成的动补结构“V得”可能句，表示客观条件、情理下的可能、许可和主观能力、意愿下的能够、可以等。否定形式为“V不得”。例如：

他弟弟才吃得苦，随么事都肯做。（武汉）

她蛮玩得，但也蛮干得。（荆州）

猪肉还吃得，鸡蛋坏哒吃不得哒。（公安）

他去得，你去不得。（十堰）

在屋里养哒几天，又动得哒。（恩施）

那个衣柜买得，价格蛮合适。（长阳）

他写得一笔好字。（孝感）

我做得就做，做不得就不做。（安陆）

他吃得饭，喝得酒，就是做不动重活。（黄陂）

人家的东西人家动得你动不得。（浠水）

个些果嘞喫不喫得？（咸宁）

㖿个生意做得你就做，做不得你就莫做。（阳新）

尔本来就高血压，还吃得个咸个东西？（崇阳）

4. 动补结构“V 得 C”可能句

湖北方言由助词“得”带上补语构成的动补结构“V 得 C”可能句，表示动作行为、发展变化或状态结果得以实现的可能性。补语既可以是形容词，也可以是动词“了、成、得、倒、起、住、动、完、开、赢、彻、拢”等或趋向动词。否定形式为“V 不 C”。例如：

他吃得饱的，食堂的饭菜还蛮好。（仙桃）

打得彻就打，打不彻就跑。（公安）

一大堆的事，别个忙得彻啊！（宜都）

菜还没坏，吃得得。（十堰）

他这个人说得出来，做得出来。（恩施）

他们那里分得清哦。（五峰）

有电哒，就看得成/拢电视哒。（长阳）

你争不争得他赢？（孝感）

今朝买的东西我一个人拿得了/拿不了。（安陆）

他学了驾照的，开得倒车子。（黄陂）

么儿的吵他也睏得着。（浠水）

说得伊赢。（咸宁）

勒批货还批发得倒。（阳新）

个事伊肯定办得了。（崇阳）

七、存现句

存现句是说明某人或某物存在、出现或消失的句子。湖北方言的存现句主要用以下六种格式表示。

1.“方所+有+O”格式

这种格式表示一种静态的存在，使用较为普遍。主语一般是由表示方位处所的名词性词语充当，宾语通常有数量短语修饰。例如：

桌子高头有几本书。（武汉）

厨屋里有烧苕。（仙桃）

涨水哒，河里有好多鱼。（恩施）

河坝里有蛮多岩头。（长阳）

墙角里有蛮大一堆垃圾。（孝感）

他的屋侧边有个窖屋儿。（安陆）

草里有蛇，细心呢。（浠水）

2.“方所+是+O”格式

这种格式表示一种静态的存在，使用较为普遍。例如：

头间是一个堂屋。（武汉）

河里是两只鸭子。（仙桃）

屋旁边就是一大块麦田。（恩施）

树底下是一张岩头桌子。（长阳）

床铎哈是一只大箱子。（孝感）

山边上是他的屋里的菜园。（安陆）

上头是张湾，下头是朱湾。（浠水）

3.“方所+V+着/到/哒/得+O”格式

这种格式表示一种持续存在的状态，动词一般具有持续性，“到、哒、得”等相当于普通话的“着”。有些方言还可以在句末加上助词“在”。例如：

屋顶高头绑着几根篙子。（武汉）

正当中摆到一个茶几在。（武汉）

碗里装到水在。（仙桃）

灶台高放哒一碗汤。（仙桃）

上头还漂哒一层油。（恩施）

沙发高头上坐得一个人。（长阳）

地哈躺到一个人在。（孝感）

门口徛到两个人在。（咸宁）

锅呐煮到一碗汤在。（崇阳）

殿突漏贴到两副对子。（大冶）

咸宁、崇阳方言这种存现句也可以把宾语提前，充当施事主语，句末可加“在”，也可不加。大冶方言也有“N（施/受）+V+在+处所”格式。例如：

两个兵徛在/到门口（在）。（咸宁）

主席团坐在/到台上（在）。（咸宁）

阿本书搁到桌子高底（在）。（崇阳）

番茄汤煮到锅呐在。（崇阳）

好多人徛在屋门口。（大冶）

两副对子贴在殿突里。（大冶）

4.“方所+V+了/哒+O”格式

这种格式既可以表示一种已经完成、实现了的存在状态，也可以表示某人、物的出现或消失。“哒”相当于普通话的“了”。例如：

沿转围了好多人。（武汉）

楼底下修了一个花园。（武汉）

堂屋里坐满哒客人。（仙桃）

村里走哒几个年青娃儿。（恩施）

对面单位死哒一个人。（长阳）

屋里来了一个客人。（孝感）

他的屋里死了三只鸡子。（安陆）

鸡笼里多了几个鸡。（浠水）

墙高垴挂了一张画。（咸宁）

昨日我屋呐来了闷多客。（崇阳）

安陆方言这种存现句末加上一个后置语法成分“得”，表示存在的状态正在持续；也可以在句末加上一个语气词“的”。例如：

门口跍了一个伢得。

后头屋里喂了猪得。

窗子高头贴了窗花的。

书皮高头写了名字的，别个捡到书会还回来的。

5．“方所＋V＋趋向动词＋O”格式

这种格式表示某处出现了某人或某物。例如：

房顶上飞来哒两只喜鹊。（仙桃）

教室里飞进来哒一只麻雀。（恩施）

阳台高头飞来哒一个鸟雀子。（长阳）

你看啰，对面跑过来一个财喜儿。（安陆）

6．“方所＋数量名短语”格式

这种格式的存现句由数量名短语充当谓语构成。例如：

地上一大摊血！（恩施）

阳台高头一长条花盆。（长阳）

床上一个老头儿，椅子高头一个小伢。（孝感）

衣裳上一块块的泥巴。（浠水）

八、双宾句

湖北方言的双宾句按照动词的语义可以分为四类：“给予”义双宾句、“取得”义双宾句、“告知”义双宾句、“称呼”义双宾句。

1. “给予”义双宾句

“给予”义双宾句主要有以下三种格式，其中，O_1 是间接宾语，O_2 是直接宾语。构成这些格式的动词有：把、给、送、还、卖、借、租、让、分、匀、退、补、批、发、交、付、奖、赔、献、赠、派、开、找、输、寄等。

(1) “$V+O_1+O_2$”格式

这种格式使用较为普遍。例如：

老头把我裤子。(武汉)

你总要给别个一个说法。(荆州)

我借唠他一百斤苞谷。(十堰)

等我赚哒钱，连本带利还你一万。(恩施)

赔哒她一百块钱。(长阳)

你应该找那个顾客十块钱！(孝感)

我做了两个月，老板只开了我一个月的工钱。(安陆)

退渠十块钱。(阳新)

分伊两支笔。(崇阳)

(2) “$V+O_2+O_1$”格式

这种格式主要分布在西南官话区鄂中小片、成渝小片、江淮官话区、赣语区等方言中。例如：

老头把十块钱我。(武汉)

我赔哒三百多块钱他。(荆州)

送一块肉他！(五峰)

匀点儿菜油我。(长阳)

学校奖了蛮大一套房子他。(孝感)

你莫把钱他，看他还赌不赌博。(安陆)

送两块钱伊。(咸宁)

我把件旧衣裳你。(大冶)

鄂西北方言没有“$V+O_2+O_1$”格式，但可以在后面加上动词，变为双宾、兼语混合句“$V_1+O_1+O_2+V_2$”，间接宾语同时是后面动词的主语。这种混合句式也出现在湖北其他地区。例如：

给口水我喝。（丹江口）

你借点钱他用。（十堰）

把点儿饼干我吃下。（安陆）

（3）“$V+O_2$+得/到/了$+O_1$”格式

这种格式在双宾语中间加上一个“得”“到”或“了”，主要分布在江淮官话区和赣语区方言中。例如：

你应该找十块钱得刚才那个买东西的顾客！（孝感）

给两个钱得他。（安陆）

你叫章儿把条扁担到你。（黄冈）

送两块钱得伊。（咸宁）

赔十块钱得你。（阳新）

不想卖个双鞋得伊。（崇阳）

派几个后生家了我，莫又搞几个不裸效个来。（大冶）

2.“取得”义双宾句

“取得”义双宾句一般用“$V+O_1+O_2$”格式表达，武汉方言还可以用“$V+O_2+O_1$”格式。构成这一格式的动词有：拿、要、买、收、偷、抢、骗、赢、赚、扣、罚、该（欠）、差、借、租等。例如：

小伢马上要开学了，我们买些文具他。（武汉）

你到底差人家好多钱。（荆州）

他抢唠我三个苹果。（十堰）

强盗偷哒他屋里两个猪子。（恩施）

收哒别个蛮多礼。（长阳）

乜笔生意他肯定赚了我着不少的钱。（孝感）

他的屋里该我们两万块钱。（安陆）

带个月个电费收了我十几两十块。（大冶）

我抢了我姐一条裙。（崇阳）

3. “告知”义双宾句

“告知”义双宾句一般用“$V + O_1 + O_2$”格式表达，武汉方言还可以用“$V + O_2 + O_1$”格式。构成这一格式的动词有：告诉、告、问、教、求、说、话、讲、答应、交待、吩咐、请教、拜托等，直接宾语 O_2 既可以是名词性词语，也可以是谓词性词语。例如：

我告个好法子你，保证管用。（武汉）

他爸爸讲哒他几句。（公安）

姐姐交待我看好家。（十堰）

我问你个事情。（恩施）

小张请教过我几个问题。（孝感）

他昨儿问我你的屋里几咱儿请客。（安陆）

拜托你一件事。（阳新）

渠答应我明儿去回。（大冶）

老师话伊冇用心。（崇阳）

4. “称呼”义双宾句

“称呼”义双宾句用“$V + O_1 + O_2$”格式表达。构成这一格式的动词有：叫、喊、昂、夸、骂、诀、称等。例如：

我们都喊他内行。（武汉）

伢子们都喊她二爹。（荆州）

我叫他小气包。（十堰）

他诀那个人神经病。（恩施）

按辈分，你该昂他爷爷。（孝感）

湾里人个个夸他好孩子。（安陆）

从今日起，我要叫你嫂子了。（阳新）

我要喊伊王医师吧？（崇阳）

九、动补句

1. 表结果的动补句

表结果的动补句是由动词或形容词直接跟在动词后充当补语的句子，表示动作行为所造成的结果。动词的受事或作为受事主语句的主语出现，或作为处置的对象用“把、给、叫”等在动词前引出，或作为宾语出现在补语后。例如：

你咋又喝醉酒唠嘞？（十堰）

两个人搞恶哒。（荆州）

我被他说烦哒。（仙桃）

汽车把电线杆子撞倒哒。（宜都）

娃儿没得几年就长大哒。（恩施）

看穿哒你这个人哒。（长阳）

衣裳尽刺刮破了一道口子。（安陆）

救活了地的几颗大椒。（黄陂）

锅烧红了。（浠水）

丢落锄头就是爬梳钉耙。（咸宁）

两个伢崽在屋欸闹翻了天。（阳新）

昨日打麻将伊把钱输刮了。（崇阳）

宜都方言结果补语前可以加上趋向动词“起”，安陆方言可以加上趋向动词“去”，构成趋向补语和结果补语结合的“V＋起/去＋结果补语”格式，结果补语只能是与趋向动词有关的“跑、走”等。例如：

东西尽人家偷起跑哒。（宜都）

把鸡子赶起走！（宜都）

他把他的舅爷气去跑了。（安陆）

他们把家具哈搬去走了。（安陆）

2. **表趋向的动补句**

表趋向的动补句是由趋向动词直接充当补语的句子，表示动作行为的趋向或性状变化。动词如果带有宾语，宾语可以放在补语后，也可以放在补语前。例如：

我想起来唠一个事儿。（十堰）

这个风俗，是宋玉过生传下来的。(荆州)

他跳下楼去哒。(仙桃)

他从武汉寄哒些东西来。(钟祥)

到时候儿把茶叶跟你寄起去。(恩施)

带屋里来。(五峰)

每年过年的时候，伢们的都要寄些钱回来。(安陆)

进来一个细伢。(黄陂)

外面太风，快进来！(阳新)

尔起去看下仔，外底是么声音啊？(崇阳)

宜都方言动词和趋向补语之间经常用助词“哒”联系。长阳方言趋向补语与动词之间要加上“哒”或“起”。例如：

我有钱该我！不是偷哒来的，不是抢哒来的，是凭本事挣哒来的！(宜都)

把衣服跟他带哒去。(宜都)

你把篮子带哒来没有啊？(长阳)

那滟多人你跑哒/起去搞什么子啊？(长阳)

3. **表状态的动补句**

表状态的动补句是由状态形容词或复杂的谓词性结构充当补语的句子，动词和补语之间必须加助词“得”，表示动作行为造成的状态。例如：

她的娃子个个养得白白胖胖的。(十堰)

一天到黑，搞得一家人不得安逸。(荆州)

风吹得飞飞声。(钟祥)

身上打得青一块紫一块。(宜都)

说得他都不好意思哒。(恩施)

他急得直出汗。(五峰)

哭得眼睛都红哒。(长阳)

他一家伙跶摔得仰个四天。(安陆)

山上的树长得青秀的。（黄陂）

睏得香。（咸宁）

渠一看见我就躲得远远得。（阳新）

4. **表可能的动补句**

湖北方言表可能的动补句主要有以下三种格式。

（1）V 得/不得

能性“得”直接充当动词的补语，表示客观条件、情理下的可能、许可等。否定形式为“V 不得”。例如：

他去得，你去不得。（十堰）

这张床睡得。（荆州）

这张钱用得。好好生生的，哪们用不得啊？（宜都）

这个事只怪得各人怪不得别个。（恩施）

——尝不尝得？——尝得。（五峰）

这个花摸不摸得？（长阳）

我做得就做，做不得就不做。（安陆）

他吃得、喝得，就是做不得事。（黄陂）

人家的东西人家动得你动不得。（浠水）

嘚这件衣裳不细小，还穿得。（阳新）

尔本来就高血压，还吃得个咸个东西？（崇阳）

（2）V 得得/不得

能性“得”带上能性补语标记“得”，充当动词的补语，表示动作行为的可能性。否定形式为“V 不得”。这种动补句主要分布在江淮官话区和西南官话区的一些方言中。例如：

这吃得得/不得。（丹江口）

乜件衣裳大小正合适，穿得得。（安陆）

（3）V 得 C/不 C

形容词、动词带上能性补语标记“得”充当动词的补语，表示动作行为得以实现的可能性。否定形式为“V 不 C”。动词的宾语一般跟在补语后，但公安、咸宁、崇阳等方言还可以放在补语前。例如：

好好吃饭，你肯定长得高。(十堰)

你搞得过他？搞不过他吵。(荆州)

他们合得来的，不要操心哒。(仙桃)

你还说得她赢？(公安)

小李来得成，他老汉儿今天有事情来不成。(恩施)

我还是听得出来。(五峰)

我找得到/找不到哪滤做肉糕。(长阳)

乜个事你要请得动他才能办成，请不动他就办不成。(安陆)

他学了驾照的，开得倒车子。(黄陂)

他连铁也啮得动。(浠水)

我打不赢伊/我打伊不赢。(咸宁)

上得了厅堂，下得了厨房。(阳新)

个崽还小，话不当事/话不事当。(崇阳)

当形容词作补语时，“V 得 A”既可以表可能，也可以表状态，一些方言通过“得”的不同语音形式加以区分。十堰、丹江口等方言能性补语标记“得”读为 · tɛ，宜都读为 · tə，长阳读为 · tɤ，状态补语标记“得”都读为 · ti。

5. 表程度的动补句

湖北方言表示程度深重的动补句是在动词后面用“得”，或带上由程度副词“很、极”或“死、伤、坏、透、慌、着、完、吼、要死、要命、出奇、古怪、不行、不过、不得了、不得结、过不得、没（有）得法（解）、吓死人、背不住、无交过、无天无法、不能得了、不能再 X 了”等词语充当的补语构成句子。例如：

没得滴尕名堂得，邪完哒。(荆州)

老人家喜死哒，嘴巴都笑得合不拢。(仙桃)

今儿热得不得了。(钟祥)

着他老汉儿一顿打着哒。(恩施)

哭得过不得。（长阳）

咧个伢苕得很。（黄陂）

伢儿要吃不过了。（浠水）

吵得不得结。（阳新）

把得别个捞去了几百块，心痛得要死。（崇阳）

公安、五峰、安陆方言中，“得”充当动词的补语构成“X 得”动补句，表示程度加强。公安、五峰方言“得”必须读得夸张拖长。安陆方言“X 得”结构后必须带上助词“了”。例如：

想小伢儿想得！（公安）

他们俩吵得。（五峰）

我简直气得了。（安陆）

6. 表数量的动补句

表数量的动补句是由数量短语直接充当补语的句子，表示动作行为的动量。动词的宾语放在数量补语前。例如：

我去找唠你三趟。（十堰）

孟姜女哭得死了几次。（荆州）

我踢哒他一脚。（仙桃）

我把他打哒一餐。（公安）

他到城里去了三埋儿。（安陆）

你要多看几遍。（黄陂）

伊把我骂了一顿。（崇阳）

动量词“一下”省略为“下”充当补语时，动词的宾语放在数量补语后。例如：

你去帮下他。（十堰）

有空就在屋里练下毛笔字吵。（安陆）

7. 表时间方所的动补句

表时间方所的动补句是由时间方所词语直接或由介词引进充当补语的句子，表示动作行为的时间方所。例如：

我看哒一小时电视。(仙桃)

她学过两年胡琴子。(公安)

躲得屋里不做声。(长阳)

他吃了中饭以后就一直睡在床上得。(安陆)

伢睡得个床边下，莫掉下来了哟。(黄陂)

她网瘾好大，一上上到天亮。(浠水)

伊制了一个小时个作业。(崇阳)

第三节　语法例句对照

所列“语法例句”来自张振兴先生提供的《汉语方言语法调查例句》，共有248条。序号后为调查例句，下面是5个代表点方言的对应说法，分别为西南官话的武汉方言、十堰方言、恩施方言，江淮官话的孝感方言，赣语的咸宁方言，分别用国际音标标注。

001 这句话用 XX 话怎么说?

武汉：这句话用武汉话么样说?

tsɤ^{35} tɕy^{35}xua^{35}ioŋ^{35}u^{42}xan^{35}xua^{35}mo^{42}iaŋ^{35}so^{213}?

十堰：这句话用十堰郧县话咋说?

tʂɤ^{31}tɕy^{312}xua^{312}yn^{312}ʂʅ^{53}iɛn^{312}yn^{53}ɕiɛn^{312}xua^{312}tsa^{443}ʂuo^{45}?

恩施：这句（个）话用恩施话哪门说?

lie^{35}tɕy^{35}（·kə） xua^{35}ioŋ^{35}ŋən^{55}ʂʅ^{55}xua^{35}la^{51} ·mən ʂuo^{22}?

孝感：乜$_{1}$ 句话用孝感话么样讲?

niɛ^{35}tʂʮ^{35}xua^{55}ioŋ^{55}ɕiau^{35}kan^{52}xua^{55}mo^{52}iaŋ^{55}tɕiaŋ^{52}?

咸宁：个句话用咸宁话么样说?

kə^{213}tɕy^{213}xuɑ^{42}iəŋ^{33}ɕiã^{31}niən^{31}xuɑ^{42}mo^{42}iõ^{33}ɕye^{55}?

002 你还会说别的地方的话吗?

武汉：你还会说别的地方的话呗？

ni^{42}xai^{35}xuei^{35}so^{213}pie^{213} ·ti ti^{35}faŋ^{55} ·ti xua^{35} ·pɤ?

十堰：你还会说别的点儿的话不？

ȵi^{443}xɛ^{53}xuei^{312}ʂuo^{45}pie^{53} ·ti tiər^{443} ·ti xua^{312} ·pu?

恩施：你说不说得来别个地方的话？

li^{51}ʂuo^{22} ·pu ʂuo^{22} ·te ·lai pie^{22} ·kə ti^{35}xuaŋ^{55} ·ti xua^{35}?

孝感：你还会不会讲别个岔儿的话？

n̩^{52}xai^{21}xuei^{55}pu$^{213-21}$xuei^{55}tɕiaŋ^{52}piɛ^{21} ·ko tʂʻar^{52} ·ti xua^{55}?

咸宁：你还会不会说其他地方箇话？

n̩^{42}xa^{31}fæ^{33}pu^{55}fæ^{33}ɕye^{55}tɕʻi^{31}tʻɑ^{44}tʻæ^{33}fõ^{44}kə^{33}xuɑ^{42}?

003 不会了，我从小就没出过门，只会说 XX 话。

武汉：不会，我从小就冒有出过门，只会说武汉话。

pu^{21}xuei^{35}，ŋo^{42}tsʻoŋ^{213}ɕiau^{42}tɕiou^{35}mau^{35} ·iou tɕʻy^{213}ko^{35}mən^{213}，tsɿ^{35}xuei^{35}so^{213}u^{42}xan^{35}xua^{35}。

十堰：不会唠，我从小就没出过门，只会说十堰话。

pu^{53}xuei^{312} ·lɔ，uo^{443}tsʻən^{53}ɕiɔ^{443}təu^{312}mei^{53}tʂʻu^{45} ·kuo mən^{53}，tʂʅ^{443}xɛ^{53}ʂuo^{45}ʂʅ^{53}iɛn^{312}xua^{312}。

恩施：说不来，我从小就没出过门，只说得来恩施话。

ʂuo^{22} ·pu ·lai，uo^{51}tsʻoŋ^{22}ɕiau^{51}tɕiəu^{35}mei^{55}tʂʻu^{22}kuo^{35}mən^{22}，tʂʅ^{22}ʂuo^{22} ·te ·lai ŋən^{55}ʂʅ^{55}xua^{35}。

孝感：不会了，我从小就冇出过门，只会说孝感话。

pu$^{213-21}$xuei^{55} ·iau，ŋo^{52}tsʻoŋ^{21}ɕiau^{52}tsəu^{55}mau^{55}tʂʻʮ^{213} ·ko mən^{21}，tʂʅ$^{213-21}$xuei^{55}ʂʮɛ^{213}ɕiau^{35}kan^{52}xua^{55}。

咸宁：不会，我从细就冇出过门，只会说咸宁话。

pu^{55}fæ^{33}，ŋə^{42}tsʻəŋ^{31}sæ^{213}tɕʻiɑu^{33}mo^{44}tɕʻy^{55}kuə^{213}mən^{31}，tsʻɿ^{55}fæ^{33}

çye^{55} çiɑ̃^{31} niən^{31} xuɑ^{42}。

004 会，还会说XX话，不过说得不怎么好。

武汉：会，还会说黄陂话，就是说得不么好。

xuei^{35}，xai^{35}xuei^{35}so^{213}xuaŋ^{213}pʻi^{213}xua^{35}，tɕiou^{35}sɿ^{35}so^{213} · tɤ pu^{213} · mo xau^{42}。

十堰：会，还会说丹江话、郧西话，不过说得不咋好。

xuei^{312}，xɛ^{53}xuei^{312}ʂuo^{45}tan^{45}tɕiaŋ^{45}xua^{312}、yn^{53}ɕi^{45}xua^{312}，pu^{53}kuo^{312}ʂuo^{45} · ti pu^{53}tsa^{443}xɔ^{443}。

恩施：说得来，像××话、××话我也说得来，就是说得不当好/不大像。

ʂuo^{22} · te · lai^{22}，tɕʻiaŋ^{35} × × xua^{35}、× × xua^{35}uo^{51}ie^{51}ʂuo^{22} · te · lai，tɕiəu^{35}ʂʅ^{55}ʂuo^{22} · te pu^{22}ta^{35}xau^{51}/ pu^{22}ta^{35}tɕʻiaŋ^{35}。

孝感：会，还会讲武汉话、宜昌话，不过讲得不么好。

xuei^{55}，xai^{21}xuei^{55}tɕiaŋ^{52}u^{52}xan^{35}xua^{55}、i^{21}tʂʻaŋ^{44}xua^{55}，pu^{213}ko^{52}tɕiaŋ^{52} · tɛ pu^{213} · mo xau^{52}。

咸宁：会，还会说通山话、武汉话，不过说得不么样好。

fæ^{33}，xa^{31}fæ^{33}çye^{55}tʻəŋ^{44}sɑ̃^{44}xuɑ^{42}、u^{42}xɔ̃^{213}xuɑ^{42}，pu^{55}kuə^{213}çye^{55}te^{55}pu^{55}mo^{42}iɔ̃^{33}xo^{42}。

005 会说普通话吗？

武汉：会说普通话呗？

xuei^{35}so^{213}pʻu^{213}toŋ^{55}xua^{35} · pɤ？

十堰：会说普通话不？

xuei^{312}ʂuo^{45}pʻu^{443}tʻəŋ^{45}xua^{312} · pu？

会不会说普通话？

xuei^{312}pu^{53}xuei^{312}ʂuo^{45}pʻu^{443}tʻəŋ^{45}xua^{312}？

恩施：你说不说得来普通话？

li^{51}ʂuo^{22} · pu ʂuo^{22} · te · lai pʻu^{51}tʻoŋ^{55}xua^{35}？

孝感：会不会讲普通话？

xuei^{55} · pu xuei^{55}tɕiaŋ^{52}pʻu^{52}tʻoŋ^{44}xua^{55}？

咸宁：会不会说普通话？

fæ^{33}pu^{55}fæ^{33}ɕye^{55}pʻu^{42}tʻəŋ^{44}xuɑ^{42}？

006 不会说，没有学过。

武汉：不会说，冒学过。

pu^{213}xuei^{35}so^{213}，mau^{35}ɕio^{213}ko^{35}。

十堰：不会说，没学过。

pu^{53}xuei^{312}ʂuo^{45}，mei^{53}ɕye^{53} · kuo。

恩施：说不来，没学过。

ʂuo^{22} · pu · lai，mei^{55}ɕio^{22}kuo^{35}。

孝感：不会讲，冇学过。

pu$^{213\text{-}21}$xuei^{55}tɕiaŋ^{52}，mau^{55}ɕio^{21} · ko。

咸宁：不会说，冇学过。

pu^{55}fæ^{33}ɕye^{55}，mo^{44}ɕiə^{33}kuə^{213}。

007 会说一点儿，不标准就是了。

武汉：会说一点，就是说得不标准。

xuei^{35}so^{213}i^{213}tie^{42}，tɕiou^{35}sɿ^{35}so^{213} · tɤ pu^{213}piau^{55}tɕyn^{42}。

十堰：会说一点儿，不标准就是唠。

xuei^{312}ʂuo^{45}i^{53}tiər^{443}，pu^{53}piɔ^{45}tʂuən^{443}təu^{312}ʂʅ^{312} · lɔ。

恩施：说得来点点儿，就是说得不大像。

ʂuo^{22} · te · lai tiɛn^{51} · tiər，tɕiəu^{35}ʂʅ^{55}ʂuo^{22} · te pu^{22}ta^{35}tɕʻiaŋ^{35}。

孝感：会讲一点儿，但不么标准。

xuei^{55}tɕiaŋ^{52}i^{213} ·tiər，tan^{55}pu^{213} ·mo piau^{44}tʂʮən^{52}。

咸宁：会说一点崽，不过不标准。

fæ^{33}ɕye^{55}i^{55}tiẽ^{42}tsʻa^{42}，pu^{55}kuə^{213}pu^{55}pie^{44}tɕyən^{42}。

008 在什么地方学的普通话？

武汉：在哪里学的普通话？

·tai na^{42} ·ni ɕio^{213} ·ti pʻu^{213}tʻoŋ^{55}xua^{35}？

十堰：在哪儿学的普通话？

tsɛ^{312}lar^{443}ɕye^{53}ti^{0} pʻu^{443}tʻən^{45}xua^{312}？

恩施：在哪节儿学的普通话？

tsʻai^{35}la^{51} ·tɕiər ɕio^{22} ·ti pʻu^{51}tʻoŋ^{55}xua^{35}？

孝感：在么地方学的普通话？

tai^{55}mo^{52}ti^{55} ·faŋ ɕio^{21} ·ti pʻu^{52}tʻoŋ^{44}xua^{55}？

咸宁：在么地方学箇普通话？

tsʻa^{33}mo^{42}tʻæ^{33}fõ^{44}ɕiə^{33}kə^{33}pʻu^{42}tʻəŋ^{44}xuɑ^{42}？

009 上小学中学都学普通话。

武汉：在小学、中学都学普通话。

·tai ɕiau^{42}ɕio^{213}、tsoŋ^{55}ɕio^{213}tou^{55}ɕio^{213}pʻu^{213}tʻoŋ^{55}xua^{35}。

十堰：上小学中学都学普通话。

ʂaŋ^{312}ɕiɔ^{443}ɕye^{53}tʂuən^{45}ɕye^{53}təu^{53}ɕye^{53}pʻu^{443}tʻən^{45}xua^{312}。

恩施：读小学读中学都学过普通话。

təu^{22}ɕiau^{51}ɕio^{22}təu^{22}tʂoŋ^{55}ɕio^{22}təu^{55}ɕio^{22}kuo^{35}pʻu^{51}tʻoŋ^{55}xua^{35}。

孝感：上小学中学哈学普通话。

ʂaŋ^{55}ɕiau^{52}ɕio^{21}tʂoŋ^{44}ɕio^{21}xa^{55}ɕio^{21}pʻu^{52}tʻoŋ^{44}xua^{55}。

咸宁：读小学中学都学普通话。

tʻɑu^{33}ɕie^{42}ɕiə^{33}tsʻəŋ^{44}ɕiə^{33}tɑu^{44}ɕiə^{33}pʻu^{42}tʻəŋ^{44}xuɑ^{42}。

010 谁呀？我是老王。

武汉：哪个？我是老王。

na^{42}ko^{35}？ŋo^{42}sʅ^{35}nau^{42}uaŋ^{213}。

十堰：谁个儿？我是老王。

ʂei^{45}kɤr^{31}？uo^{443}ʂʅ^{312}lɔ^{443}uaŋ^{53}。

恩施：哪个？我是老王。

la^{51}kuo^{35}？uo^{51}ʂʅ^{35}lau^{51}uaŋ^{22}。

孝感：哪个？我是老王。

na^{52} ·ko？ŋo^{52}ʂʅ^{55}nau^{52}uaŋ^{21}。

咸宁：哪个啊？我是老王。

nɑ^{213}kə^{213}ŋa^{44}？ŋə^{42}sʅ^{33}no^{42}uõ^{31}。

011 您贵姓？我姓王，您呢？

武汉：□贵姓？我姓王，□咧？

nia^{42}kuei^{35}ɕin^{35}，ŋo^{42}ɕin^{35}uaŋ^{213}，nia^{42} ·nie？

十堰：你老贵姓？我姓王，你老嘞？

ȵi^{443} ·lɔ kuei^{312}ɕin^{312}？uo^{443}ɕin^{312}uaŋ^{53}，ȵi^{443} ·lɔ ·lɛ？

恩施：您儿姓么子？我姓王，您儿啊？（您儿姓么子？）

liər^{51}ɕin^{35}muo^{51} ·tsʅ？uo^{51}ɕin^{35}uaŋ^{22}，liər^{51}ŋa^{55}？（liər^{51}ɕin^{35}muo^{51} ·tsʅ？）

孝感：您老儿贵姓哪？我姓王，您老儿呢？

n̩^{52} ·nor kuei^{35}ɕin^{35} ·na？ŋo^{52}ɕin^{35}uaŋ^{21}，n̩^{52} ·nor ·ne？

咸宁：你郎贵姓？我姓王，你郎呢？

n̩^{42}nã^{44}kuæ^{213}ɕiən^{213}？ŋə^{42}ɕiən^{213}uõ^{31}，n̩^{42}nã^{44}ne^{44}？

012 我也姓王，咱俩都姓王。

武汉：我也姓王，我们都姓王。

ŋo^{42} ie^{42} ɕin^{35} uaŋ^{213}，ŋo^{42} ·mən tou^{55} ɕin^{35} uaŋ^{213}。

十堰：我也姓王，我们俩都姓王。
uo^{443} ie^{443} ɕin^{312} uaŋ^{53}，uo^{443} ·mən lia^{443} təu^{53} ɕin^{312} uaŋ^{53}。

恩施：我也姓王，我们两个都姓王。（我跟您儿一个姓，也姓王）
uo^{51} ie^{51} ɕin^{35} uaŋ^{22}，uo^{51} ·mən liaŋ^{51} ·kə təu^{55} ɕin^{35} uaŋ^{22}。（uo^{51} kən^{55} liər^{51} i^{22} ·kə ɕin^{35}，ie^{51} ɕin^{35} uəŋ^{22}。）

孝感：我也姓王，我着两个哈姓王。
ŋo^{52} iɛ^{52} ɕin^{35} uaŋ^{21}，ŋo^{52} ·tʂo niaŋ^{52} ·ko xa^{55} ɕin^{35} uaŋ^{21}。

咸宁：我也姓王，我都都姓王。
ŋə^{42} iɑ^{42} ɕiən^{213} uõ^{31}，ŋə^{42} tɑu^{44} tɑu^{44} ɕiən^{213} uõ^{31}。

013 **巧了，他也姓王，本来是一家嘛。**

武汉：巧得很，他也姓王，原来是一家。
tɕʻiau^{213} ·tɤ xən^{42}，tʻa^{55} ie^{42} ɕin^{35} uaŋ^{213}，yuan^{35} nai^{213} sɿ^{35} i^{213} tɕia^{55}。

十堰：刚好，他也姓王，本来是一家子。
kaŋ^{45} xɔ^{443}，tʻa^{443} ie^{443} ɕin^{312} uaŋ^{53}，pən^{443} lɛ^{53} ʂʅ^{312} i^{53} tɕia^{45} ·tsɿ。

正巧，他也姓王，本来是一家门。
tʂən^{312} tɕʻiɔ^{443}，tʻa^{443} ie^{443} ɕin^{312} uaŋ^{53}，pən^{443} lɛ^{53} ʂʅ^{312} i^{53} tɕia^{45} mən^{53}。

恩施：巧哒，他也姓王，那我们还是家门儿呃。
tɕʻiau^{51} ·ta，tʻa^{55} ie^{51} ɕin^{35} uaŋ^{22}，la^{35} uo^{51} ·mən xai^{22} ʂʅ^{35} tɕia^{55} ·mər ·ŋe。

孝感：太巧了，他也姓王，原来哈是家门儿。
tʻai^{35} tɕʻiau^{52} ·uau，tʻa^{44} iɛ^{52} ɕin^{35} uaŋ^{21}，ɥan^{21} nai^{21} xa^{55} ʂʅ^{55} tɕia^{44} mər^{21}。

咸宁：巧事，伊也姓王，本来就是一家人。

tɕʻio^{42} sɿ^{33}，e^{42} iɑ^{42} ɕiən^{213} uõ^{31}，pən^{42} na^{31} tɕʻiɑu^{33} sɿ^{33} i^{55} kɑ^{44} zən^{31}。

014 **老张来了吗？说好他也来的！**

武汉：老张来了冒？说好他要来的！

nau^{42} tsaŋ^{55} nai^{213} ·niau mau^{35}，so^{213} xau^{42} tʻa^{55} iau^{35} nai^{213} ·ti！

十堰：老张来唠没？说好他也来的！

lɔ^{443} tʂaŋ^{45} lɛ^{53} ·lɔ·mei？ʂuo^{45} xɔ^{443} tʻa^{443} ie^{443} lɛ^{53} ·ti！

恩施：老张来哒没得？说好哒的他也要来的。

lau^{51} tʂaŋ^{55} lai^{22} ·ta mei^{55} ·te？ʂuo^{22} xau^{51} ·ta·ti tʻa^{55} ie^{51} iau^{35} lai^{22} ·ti。

孝感：老张来了冇？说好他也来的！

nau^{52} tʂaŋ^{44} nai^{21} ·iau mau^{55}？ʂɥɛ^{213} xau^{52} tʻa^{44} iɛ^{52} nai^{21} ·ti！

咸宁：老张来冇来？说好了伊也要来箇！

no^{42} tsõ^{44} na^{31} mo^{44} na^{31}？ɕye^{55} xo^{42} nɑ^{42} e^{42} iɑ^{42} ie^{213} na^{31} kə^{33}！

015 **他没来，还没到吧。**

武汉：他冒来，还冒到吧。

tʻa^{55} mau^{35} nai^{213}，xai^{213} mau^{35} tau^{35} ·pa。

十堰：他没来，还没到吧。

tʻa^{443} mei^{5} lɛ^{53}，xɛ^{53} mei^{53} tɔ^{312} ·pa。

恩施：他（还）没来，还没拢嘛。

tʻa^{55}（xai^{22}）mei^{55} lai^{22}，xai^{22} mei^{55} loŋ^{51} ·ma。

孝感：他冇来，还冇到吧。

tʻa^{44} mau^{55} nai^{21}，xai^{21} mau^{55} tau^{35} ·pa。

咸宁：伊冇来，可能还冇到。

e^{42} mo^{44} na^{31}，kʻə^{42} nəŋ^{31} xa^{31} mo^{44} to^{213}。

016 他上哪儿了？还在家里呢。

武汉：他到哪里去了？还在屋里。

t‘a^{55} tau^{35} na^{42} ·ni k‘ɯ^{35} ·niau？xai^{213} ·tai u^{213} ·ni。

十堰：他到哪儿去唠？还在屋的在。

t‘a^{443} tɔ^{312} lar^{443} k‘ɯ^{312} ·lɔ？xɛ^{53} tsɛ^{312} u^{53} ·ti·tsɛ。

他去哪儿唠？还在屋的在。

t‘a^{443} k‘ɯ^{312} lar^{443} ·lɔ？xɛ^{53} tsɛ^{312} u^{53} ·ti·tsɛ。

恩施：他到哪节儿/哪里哒？还在屋里没出门。

t‘a^{55} tau^{35} la^{51} tɕiər^{22} / la^{51} ·li·ta？xai^{22} ts‘ai^{35} u^{22} ·li mei^{55} tʂ‘u^{22} mən^{22}。

孝感：他在哪儿去了？还在屋里呀。

t‘a^{44} tai^{55} nar^{52} ·tɕ‘i·iau？xai^{21} tai^{55} u^{213} ·ni·ia。

咸宁：伊到哪里去了？还在屋嘞。

e^{42} to^{213} nɑ^{213} næ^{42} tɕ‘ie^{213} nɑ^{42}？xa^{31} ts‘a^{33} u^{55} ne^{44}。

017 在家做什么？在家吃饭呢。

武汉：在屋里做么事？在屋里吃饭。

·tai u^{213} ·ni tsou^{35} mo^{42} ·sɿ？tai^{35} u^{213} ·ni tɕ‘i^{213} fan^{35}。

十堰：在家做啥子？在家吃饭在。

tsɛ^{312} tɕia^{45} tsəu^{312} ʂa^{53} ·tsɿ？tsɛ^{312} tɕia^{45} tʂ‘ʅ^{45} fan^{312} ·tsɛ。

恩施：在屋里搞么子？在屋里吃饭啰。

tsai^{35} u^{22} ·li kau^{51} muo^{51} ·ts‘ɿ？ts‘ai^{35} u^{22} ·li tɕ‘i^{22} xuan^{35} ·luo。

孝感：在屋里搞么事？在屋里吃饭在。

tai^{55} u^{213} ·ni kau^{52} mo^{52} ·sɿ？tai^{55} u^{213} ·ni tɕ‘i$^{213-21}$ fan^{55} ·tai。

咸宁：在屋做么呢？在屋喫饭。

ts‘a^{33} u^{55} tsɑu^{213} mo^{42} næ^{31}？ts‘a^{33} u^{55} tɕ‘iɑ^{55} fɑ̃^{33}。

018 都几点了，怎么还没吃完？

武汉：都几点了，么样还冒吃完？

tou^{55} tɕi^{42} tiɛn^{42} · niau，mo^{42} iaŋ^{35} xai^{213} mau^{35} tɕʻi^{213} uan^{213} ？

十堰：都几点唠，咋还没吃完？

təu^{53} tɕi^{443} tiɛn^{443} · lɔ，tsa^{443} xɛ^{53} mei^{53} tʂʻʅ^{45} uan^{53} ？

恩施：都几点哒嘛，哪门还没吃完啰？

təu^{55} tɕi^{51} tiɛn^{51} · ta · ma，la^{51} · mən xai^{22} mei^{55} tɕʻi^{22} uan^{22} · luo？

孝感：都几点了哇，么样还有吃完？

təu^{44} tɕi^{52} tin^{52} · niau · ua，mo^{52} iaŋ^{55} xai^{21} mau^{55} tɕʻi^{213} uan^{21} ？

咸宁：都几点了，难适还冇喫站？

tɑu^{44} tɕi^{42} tiẽ^{42} nɑ^{42}，nɑ̃^{31} sɿ^{55} xa^{31} mo^{44} tɕʻiɑ^{55} tsʻɑ̃^{213} ？

019 还没有呢，再有一会儿就吃完了。

武汉：还冒，还有一下就吃完了。

xai^{213} mau^{35}，xai^{213} iou^{42} i^{213} xa^{35} tɕiou^{35} tɕʻi^{213} uan^{213} · niau。

十堰：还没有嘞，再有一会儿就吃完唠。

xɛ^{53} mei^{53} iəu^{443} · lɛ，tsɛ^{312} iəu^{443} i^{53} xuər^{31} təu^{312} tʂʻʅ^{45} uan^{53} · lɔ。

恩施：那还没有，还要一下下儿才吃得完。

la^{35} xai^{33} mei^{55} iəu^{55}，xai^{22} iau^{35} i^{22} xa^{51} · xər tsʻai^{22} tɕʻi^{22} · te uan^{22} 。

孝感：还有呢，还得一哈儿就吃完了。

xai^{21} mau^{55} · ue，xai^{21} tɛ^{213} i$^{213-21}$ · xar tsəu^{55} tɕʻi^{213} uan^{21} · niau。

咸宁：还冇，再过一刻崽就喫站了。

xa^{31} mo^{44}，tsʻa^{213} kuə^{213} i^{55} kʻe^{55} tsʻa^{42} tɕʻiɑu^{33} tɕʻiɑ^{55} tsʻɑ̃^{213} nɑ^{42} 。

020 他在哪儿吃的饭？

武汉：他在哪里吃的饭？

tʻa^{55} · tai na^{42} · ni tɕʻi^{213} · ti fan^{35} ？

十堰：他在哪儿吃的饭？
tʻa^{443} tsɛ^{312} lar^{443} tʂʻʅ^{45} · ti fan^{312} ？

恩施：他在哪节儿/ 哪里吃的饭？
tʻa^{55} tsai^{35} la^{51} tɕiər^{22} / la^{51} · li tɕʻi^{22} · ti xuan^{35} ？

孝感：他在哪儿哈儿吃的饭？
tʻa^{44} tai^{55} nar^{52} · xar tɕʻi^{213} · ti fan^{55} ？

咸宁：伊在哪里喫箇饭？
e^{42} tsʻa^{33} nɑ^{213} næ^{42} tɕʻiɑ^{55} kə^{33} fɑ̃^{33} ？

021 他是在我家吃的饭。

武汉：他在我屋里吃的饭。
tʻa^{55} · tai ŋo^{42} u^{213} · ni tɕʻi^{213} · ti fan^{35} 。

十堰：他是在我家吃的饭。
tʻa^{443} ʂʅ^{312} tsɛ^{312} uo^{443} tɕia^{45} tʂʻʅ^{45} · ti fan^{312} 。

恩施：他是在我屋里吃的饭。
tʻa^{55} ʂʅ^{35} tsʻai^{35} uo^{51} u^{22} · li tɕʻi^{22} · ti xuan^{35} 。

孝感：他是在我屋里吃的饭。
tʻa^{44} ʂʅ^{55} tai^{55} ŋo^{52} u^{213} · ni tɕʻi^{213} · ti fan^{55} 。

咸宁：伊是在我屋喫箇饭。
e^{42} sɿ^{33} tsʻa^{33} ŋə^{42} u^{55} tɕʻiɑ^{55} kə^{33} fɑ̃^{33} 。

022 真的吗？真的，他是在我家吃的饭。

武汉：真的？真的，他是在我屋里吃的饭。
tsən^{55} · ti？ tsən^{55} · ti， tʻa^{55} sɿ^{35} · tai ŋo^{42} u^{213} · ni tɕʻi^{213} · ti fan^{35} 。

十堰：真的呀？真的，他是在我家吃的饭。

tʂən^{45} ·ti·ia？tʂən^{45} ·ti，tʻa^{443} ʂʅ^{312} tsɛ^{312} uo^{443} tɕia^{45} tʂʻʅ^{45} ·ti fan^{312}。

恩施：真的么？真的，他是在我屋里吃的饭。

tʂən^{55} ·ti muo^{51}？tʂən^{55} ·ti，tʻa^{55} ʂʅ^{35} tsʻai^{35} uo^{51} u^{22} ·li tɕʻi^{22} ·ti xuan^{35}。

孝感：真的？真的，他是在我屋里吃的饭。

tʂən^{44} ·ti？tʂən^{44} ·ti，tʻa^{44} ʂʅ^{55} tai^{55} ŋo^{52} u^{213} ·ni tɕʻi^{213} ·ti fan^{55}。

咸宁：真箇啊？真箇，伊是在我屋喫箇饭。

tsʻən^{44} kə^{33} ŋɑ^{44}？tsʻən^{44} kə^{33}，e^{42} sʅ^{33} tsʻa^{33} ŋə^{42} u^{55} tɕʻiɑ^{55} kə^{33} fɑ̃^{33}。

023 先喝一杯茶再说吧！

武汉：先喝杯茶再说！

ɕiɛn^{55} xo^{213} pei^{55} tsʻa^{213} tsai^{35} so^{213}！

十堰：先喝杯茶再说！

ɕyɛn^{45} xɤ^{45} pei^{45} tʂʻa^{53} tsɛ^{312} ʂuo^{45}！

恩施：先喝口茶哒再说（嘛）！

ɕiɛn^{55} xuo^{55} kʻəu^{51} tʂʻa^{22} ·ta tsai^{35} ʂuo^{22}（·ma）！

孝感：先喝一杯茶着，一哈儿再说！

ɕin^{44} xo^{213} i^{213} pei^{44} tʂʻa^{21} ·tʂo，i$^{213-21}$ xar^{55} tsai^{35} ʂɥɛ^{213}！

咸宁：先喝一杯茶再说！

ɕiẽ^{44} xə^{55} i^{55} pæ^{44} tsʻɑ^{31} tsʻa^{213} ɕye^{55}！

024 说好了就走的，怎么半天了还不走？

武汉：说好了马上走的，么样半天了还不走？

so^{213} xau^{42} ·niau ma^{42} ·saŋ tsou^{42} ·ti，mo^{42} ·iaŋ pan^{35} tʻiɛn^{55} ·niau xai^{213} pu^{213} tsou^{42}？

十堰：说好唠就走的，咋半天唠还不走嘞？

ʂuo^{45} xɔ^{443} · lɔ təu^{312} tsəu^{443} · ti，tsa^{443} pan^{312} tʻiɛn^{45} · lɔ xɛ^{53} pu^{53} tsəu^{443} · lɛ？

恩施：说好哒就走的，哪门半天哒还不走哦？
ʂuo^{22} xau^{51} · ta tɕiəu^{35} tsəu^{51} · ti，la^{51} · mən pan^{35} tʻiɛn^{55} · ta xai^{22} pu^{22} tsəu^{51} · uo？

孝感：说好了就倒走的，么样半天了还不走？
ʂɥɛ^{213} xau^{52} · uau tsəu^{55} · tau tsəu^{52} · ti，mo^{52} iaŋ^{55} pan^{35} tʻin^{44} · niau xai^{21} pu^{213} tsəu^{52}？

咸宁：说好了就走箇，难适半天还不走？
ɕye^{55} xo^{42} nɑ^{42} tɕʻiɑu^{33} tse^{42} kə^{33}，nã^{31} sɿ^{55} põ^{213} tʻiẽ^{44} xa^{31} pu^{55} tse^{42}？

025 他磨磨蹭蹭的，做什么呢？

武汉：他拖拖拉拉的，做么事咧？
tʻa^{55} tʻo^{55} tʻo^{55} na^{55} na^{55} · ti，tsou^{35} mo^{42} · sɿ · nie？

十堰：他磨磨腾腾的，做啥子在？
tʻa^{443} muo^{53} · muo tʻən^{53} · tʻən · ti，tsəu^{312} ʂa^{53} · tsɿ · tsɛ？

恩施：他才摸啊，在搞么子（哦）？
tʻa^{55} tsʻai^{22} muo^{55} · ŋa，tsai^{35} kau^{51} muo^{51} · tsɿ（· uo）？

孝感：他磨磨蹭蹭的，在搞么事啥？
tʻa^{44} mo^{21} mo^{21} tsʻən^{35} tsʻən^{35} · ti，tai^{55} kau^{52} mo^{52} · sɿ · ʂɛ？

咸宁：伊懈得，在做么呢？
e^{42} xa^{44} te^{55}，tsʻa^{33} tsɑu^{213} mo^{42} næ^{31}？

026 他正在那儿跟一个朋友说话呢。

武汉：他在那里跟一个朋友说话。
tʻa^{55} · tai na^{35} · ni kən^{55} i^{213} · ko pʻoŋ^{213} · iou so^{213} xua^{35}。

十堰：他正在那儿跟一个朋友拍话在。

tʻa^{443} tʂən^{31} tsɛ^{312} lar^{31} kən^{45} i^{53} kɤ^{312} pʻən^{53} iəu^{443} pʻɛ^{45} xua^{312} · tsɛ。

恩施：他在那节儿跟一个伙计说么子。

tʻa^{55} tsai^{35} la^{35} tɕiər^{22} kən^{55} i^{22} · kə xuo^{51} · tɕi/ tɕie ʂuo^{22}muo^{51} · tsʻɿ。

孝感：他在那哈儿跟一个朋友说话在。

tʻa^{44} tai^{55} na^{55} · xar kən^{44} i$^{213\text{-}21}$ · ko pʻoŋ^{21} · iəu ʂʮɛ$^{213\text{-}21}$xua^{55} · tai。

咸宁：伊正在那着跟一个朋友说话。

e^{42} tsʻən^{213} tsʻa^{33} ne^{55} tso^{42} kẽ^{44} i^{55} kə^{213} pʻəŋ^{31} iɑu^{42} ɕye^{55} xuɑ^{42} 。

027 还没说完啊？催他快点儿！

武汉：还冒说完？催他快点！

xai^{213} mau^{35} so^{213} uan^{213} ？ tsʻei^{55} tʻa^{55} kʻuai^{35} tie^{42} ！

十堰：还没说完呀？催他快点儿！

xɛ^{53} mei^{53} ʂuo^{45} uan^{53} · ia？ tsʻei^{45} tʻa^{443} kʻuɛ^{312} tiər^{443} ！

恩施：还没说完么？喊他快点儿！

xai^{22} mei^{55} ʂuo^{22} uan^{22} · muo？ xan^{51} tʻa^{55} kʻuai^{35} tiər^{51} ！

孝感：还有说完哪？催他快点儿！

xai^{21} mau^{55} ʂʮɛ^{213} uan^{21} · na？ tsʻei^{44} tʻa^{44} kʻuai^{35} · tiər！

咸宁：还有说站啊？催伊快点！

xa^{31} mo^{44} ɕye^{55} tsʻɑ̃^{213} ŋa^{44} ？ tsʻæ^{44} e^{42} kʻua^{213} tiẽ^{42} ！

028 好，好，他就来了。

武汉：好，好，他马上来了。

xau^{42}，xau^{42}，tʻa^{55} ma^{42} · saŋ nai^{213} · niau。

十堰：好，好，他就来唠。

xɔ^{443}，xɔ^{443}，tʻa^{443} təu^{312} lɛ^{53} · lɔ。

恩施：要的，要的，他要来哒。

iau^{35} · te，iau^{35} · te，t'a^{55} iau^{35} lai^{22} · ta。

孝感：好，好，他就倒来的。

xau^{52}，xau^{52}，t'a^{44} tɕiəu^{55} · tau nai^{21} · ti。

咸宁：好，好，伊就来。

xo^{42}，xo^{42}，e^{42} tɕ'iɑu^{33} na^{31} 。

029 你上哪儿去？我上街去。

武汉：你到哪里去？我上街上去。

ni^{42} tau^{35} na^{42} · ni k'ɯ^{35} ？ŋo^{42} saŋ^{35} kai^{55} · saŋ k'ɯ^{35} 。

十堰：你到哪儿去？我上街去。

ȵi^{443} tɔ^{312} lar^{443} k'ɯ^{312} ？uo^{443} ʂaŋ^{312} kɛ^{45} k'ɯ^{312} 。

你去哪儿？我上街去。

ȵi^{443} k'ɯ^{312} lar^{443} ？uo^{443} ʂaŋ^{312} kɛ^{45} k'ɯ^{312} 。

恩施：你咋去？（我）上街去。

li^{51} tsa^{51} tɕ'ie^{35} ？（uo^{51} ）ʂaŋ^{35} kai^{55} tɕ'ie^{35} 。

孝感：你在哪里去？我街上去。

ȵ^{52} tai^{55} na^{52} · ni tɕ'i^{35} ？ŋo^{52} kai^{44} · ʂaŋ tɕ'i^{35} 。

咸宁：你到哪里去？我上街去。

ȵ^{42} to^{213} nɑ^{213} næ^{42} tɕ'ie^{213} ？ŋə^{42} sõ^{33} ka^{44} tɕ'ie^{213} 。

030 你多会儿去？我马上就去。

武汉：你几咱去？我马上就去。

ni^{42} tɕi^{42} · tsan k'ɯ^{35} ？ŋo^{42} ma^{42} · saŋ tɕiou^{35} k'ɯ^{35} 。

十堰：你啥时候去？我马上就去。

ȵi^{443} ʂa^{53} ʂʅ^{53} · xou k'ɯ^{312} ？uo^{443} ma^{443} · ʂaŋ təu^{312} k'ɯ^{312} 。

你啥时候去？我一会儿就去。

ȵi^{443} ʂa^{53} ʂʅ^{53} ·xou k'ɯ^{312}？uo^{443} i^{53} xuər^{31} təu^{312} k'ɯ^{312}。

恩施：你哪时儿去？我将才就去。

li^{51} la^{51} ʂʅər^{22} tɕ'ie^{35}？uo^{51} tɕiaŋ^{55} ts'ai^{22} tɕiəu^{35} tɕ'ie^{35}。

孝感：你么时候去？我就倒去的。

n̥^{52} mo^{52} ʂʅ^{21} ·xəu tɕ'i^{35}？ŋo^{52} tɕiəu^{55} ·tau tɕ'i^{35} ·ti。

咸宁：你几巴早去？我马上就去。

n̩^{42} tɕi^{42} pɑ^{44} tso^{42} tɕ'ie^{213}？ŋə^{42} mɑ^{42} sõ^{33} tɕ'iɑu^{33} tɕ'ie^{213}。

031 **做什么去呀？家里来客人了，买点儿菜去。**

武汉：做么事去咧？屋里来客了，买点菜去。

tsou^{35} mo^{42} ·sʅ k'ɯ^{35} ·nie？u^{213} ·ni nai^{213} k'ɤ^{213} ·niau，mai^{42} tie^{42} ts'ai^{35} k'ɯ^{35}。

十堰：做啥子去呀？家里来客唠，买点儿菜去。

tsəu^{312}ʂa^{53} ·tsʅ k'ɯ^{312} ·ia？tɕia^{45} ·li lɛ^{53}k'ɤ^{53} ·lɔ，mɛ^{443}tiər^{443} ts'ɛ^{312}k'ɯ^{312}。

恩施：搞么子去？屋里来客哒，去买点儿菜/ 买点儿菜去。

kau^{51}muo^{51} ·tsʅ tɕ'ie^{35}？u^{22} ·li lai^{22}k'e^{22} ·ta，tɕ'ie^{35}mai^{51}tiər^{51} ts'ai^{35}/ mai^{51}tiər^{51}ts'ai^{35}tɕ'ie^{35}。

孝感：去搞么事啊？屋里来了客人，去买点儿菜。

tɕ'i^{35}kau^{52}mo^{52} ·sʅ za？u^{213} ·ni nai^{21} ·iau k'ɛ^{213}zʅən^{21}，tɕ'i^{35}mai^{52} ·tiər ts'ai^{35}。

咸宁：去做么呢？屋里来人客了，去买点崽菜。

tɕ'ie^{213}tsɑu^{213}mo^{42}næ^{31}？u^{55}næ^{42}na^{31}zən^{31}k'ɑ^{55}nɑ^{42}，tɕ'ie^{213}ma^{42}tiẽ^{42} ts'a^{42}ts'a^{213}。

032 **你先去吧，我们一会儿再去。**

武汉：你先去吵，我们等一下再去。

ni^{42}ɕiɛn^{55}kʻɯ^{35} · sa，ŋo^{42} · mən tən^{42}i^{213}xa^{35}tsai^{35}kʻɯ^{35}。

十堰：你先去吧，我们一会儿再去。

ȵi^{443}ɕyɛn^{45}kʻɯ^{312} · pa，uo^{443} · mən i^{53}xuər^{31}tsɛ^{312}kʻɯ^{312}。

恩施：你先去嘛，我们晏下儿/ 捱下儿再去。

li^{51}ɕyɛn^{55}tɕʻie^{35} · ma，uo^{51} · mən ŋan^{35}xər^{55}/ ŋai^{22}xər^{55}tsai^{35}tɕʻie^{35}。

孝感：你先去吧，我着一哈儿再去。

n̩^{52}ɕin^{44}tɕʻi^{35} · pa，ŋo^{52} · tʂo i$^{213-21}$ · xar tsai^{35}tɕʻi^{35}。

咸宁：你先去，我都等一下崽再去。

n̩^{42}ɕiẽ^{44}tɕʻie^{213}，ŋə^{42}tɑu^{44}tiẽ^{42}i^{55}xɑ^{33}tsʻa^{42}tsʻa^{213}tɕʻie^{213}。

033 **好好儿走，别跑！小心摔跤了。**

武汉：好好走，莫跑！小心跶倒了。

xau^{42} · xau tsou^{42}，mo^{213}pʻau^{213}，ɕiau^{42}ɕin^{55}ta^{213} · tau · niau。

十堰：好好儿走，不要跑！小心跘跤唠。

xɔ^{443}xɔr^{443}tsəu^{443}，pu^{53}iɔ^{312}pʻɔ^{443}！ɕiɔ^{443}ɕin^{45}pan^{443}tɕiɔ^{45} · lɔ。

好好儿走，白跑！小心跘跤唠。

xɔ^{443}xɔr^{443}tsəu^{443}，pɛ^{53}pʻɔ^{443}！ɕiɔ^{443}ɕin^{45}pan^{443}tɕiɔ^{45} · lɔ。

好好儿走，莫跑！小心跘跤唠。

xɔ^{443}xɔr^{443}tsəu^{443}，muo^{53}pʻɔ^{443}！ɕiɔ^{443}ɕin^{45}pan^{443}tɕiɔ^{45} · lɔ。

好好儿走，麻跑！小心跘跤唠。

xɔ^{443}xɔr^{443}tsəu^{443}，ma^{53}pʻɔ^{443}！ɕiɔ^{443}ɕin^{45}pan^{443}tɕiɔ^{45} · lɔ。

好好儿走，麻要跑！小心跘跤唠。

xɔ^{443}xɔr^{443}tsəu^{443}，ma^{53}iɔ^{312}pʻɔ^{443}！ɕiɔ^{443}ɕin^{45}pan^{443}tɕiɔ^{45} · lɔ。

恩施：好神点儿走，莫跑！招呼打跟头。

xau^{51}ʂən^{22} · tiər tsʻəu^{51}，muo^{22}pau^{51}！tʂau^{55}xu^{55}ta^{22}kən^{55} · tʻəu。

孝感：好生地走，莫跑！招呼跶倒了。

xau^{52}sən^{44} · ti tsəu^{52}，mo^{213}p‘au^{21}！tʂau^{44} · xu ta^{213} · tau · uau。

咸宁：好生走，不要跑！过细点，冇跶了。

xo^{42}sã^{44}tse^{42}，pu^{55}ie^{213}p‘o^{42}！kuə^{213}sæ^{213}tiẽ^{42}，mo^{44}ta^{55}nɑ^{42}。

034 小心点儿，不然的话摔下去爬都爬不起来。

武汉：过细点，不然的话跶下去爬都爬不起来。

ko^{35}ɕi^{35}tie^{42}，pu^{213}nan^{213} · ti xua^{35}ta^{213}ɕia^{35}k‘ɯ^{35}p‘a^{213}tou^{55} p‘a^{213} pu^{213}tɕ‘i^{42}nai^{213}。

十堰：过细，不然的话跘下去爬都爬不起来。

kuo^{31}ɕi^{312}，pu^{5}zan^{53} · ti xua^{312}pan^{443}ɕia^{312} · k‘ɯ p‘a^{53}təu^{53}p‘a^{53}pu^{53} tɕ‘i^{443} · lɛ。

恩施：好神点儿，跶下去就□不起来哒/ 爬不起来哒。

xau^{51}ʂən^{22} · tiər，ta^{22}ɕia^{35} · tɕ‘ie tɕiəu^{35}pa^{55}pu^{22}tɕ‘i^{51} · lai · ta/ p‘a^{22}pu^{22}tɕ‘i^{51} · lai · ta。

孝感：招呼点儿，不然的话跶下去爬都爬不起来。

tʂau^{44} · xu · tiər，pu^{213}ɥan^{21} · ti xua^{55}ta^{213}ɕia^{55} · tɕ‘i p‘a^{21} təu^{44} p‘a^{21} · pu tɕ‘i^{52}nai^{21}。

咸宁：过点细，搞不好跶下去爬都爬不起来。

kuə^{213}tiẽ^{42}sæ^{213}，ko^{42}pu^{55}xo^{42}ta^{55}xɑ^{33}tɕ‘ie^{213}p‘ɑ^{31}tɑu^{44}p‘ɑ^{31}pu^{55}tɕ‘i^{42} na^{31}。

035 不早了，快去吧！

武汉：不早了，快去唦！

pu^{213}tsau^{42} · niau，k‘uai^{35}k‘ɯ^{35} · sa！

十堰：不早唠，快点儿去！

pu^{53}tsɔ^{443} · lɔ，k‘uɛ^{312}tiər^{443}k‘ɯ^{312}！

不早哱，麻里去！

pu^{53}tsɔ^{443} ·lɔ，ma^{53} ·ti kʻɯ^{312}！

不早哱，赶紧去！

pu^{53}tsɔ^{443} ·lɔ，kan^{443}tɕin^{443}kʻɯ^{312}！

不早哱，良门儿去！

pu^{53}tsɔ^{443} ·lɔ，liaŋ^{5}mər^{53}kʻɯ^{312}！

恩施：不早哒，快点儿去！

pu^{22}tsau^{51} ·ta，kuai^{35} ·tiər tɕʻie^{35}。

孝感：不早了，快点儿去吧！

pu^{213}tsau^{52} ·uau，kʻuai^{35} ·tiər tɕʻi^{35} ·pa！

咸宁：不早了，快点去！

pu^{55}tso^{42}nɑ^{42}，kʻua^{213}tiẽ^{42}tɕʻie^{213}！

036 这会儿还早呢，过一会儿再去吧。

武汉：这咱还早，过一下再去吵。

tsɤ^{35} ·tsan xai^{213}tsau^{42}，ko^{35}i^{213}xa^{35}tsai^{35}kʻɯ^{35} ·sa。

十堰：这会儿还早，过一会儿再去吧。

tʂɤ^{312}xuər^{31}xɛ^{53}tsɔ^{443}，kuo^{312}i^{53}xuər^{31}tsɛ^{312}kʻɯ^{312} ·pa。

恩施：这时儿还早，过下儿/ 晏下儿/ 捱下儿再去。

lie^{35}ʂər^{22}xai^{22}tsʻau^{51}，kuo^{35}xər^{55}/ ŋan^{35}xər^{55}/ ŋai^{22}xər^{55}tsai^{35}tɕʻie^{35}。

孝感：乜$_1$ 攒还早呢，过哈儿再去吧。

niɛ^{35} ·tsan xai^{21}tsau^{52} ·ue，ko^{52} ·xar tsai^{35}tɕʻi^{35} ·pa。

咸宁：个巴早还早，过一刻崽再去。

kə^{31}pɑ^{44}tso^{42}xa^{31}tso^{42}，kuə^{213}i^{55}kʻe^{55}tsʻa^{42}tsʻa^{213}tɕʻie^{213}。

037 吃了饭再去好不好？

武汉：吃了饭再去好不好？

tɕʻi^{213} · niau fan^{35}tsai^{35}kʻɯ^{35}xau^{42} · pu xau^{42}？

十堰：吃唠饭再去行不行？

tʂʅ^{45} · lɔ fan^{312}tsɛ^{312}kʻɯ^{312}ɕin^{53} · pu ɕin^{53}？

吃唠饭再去行不？

tʂʅ^{45} · lɔ fan^{312}tsɛ^{312}kʻɯ^{312}ɕin^{53} · pu？

恩施：吃哒饭哒再去要不要得？

tɕʻi^{22} · ta xuan^{35} · ta tsʻai^{35}tɕʻie^{35}iau^{35} · pu iau^{35} · te？

孝感：吃了饭再去好不好？

tɕʻi^{213} · iau fan^{55}tsai^{35}tɕʻi^{35}xau^{52} · pu xau^{52}？

咸宁：喫了饭再去行不行？

tɕʻiɑ^{55}nɑ^{42}fɑ̃^{33}tsʻa^{213}tɕʻie^{213}ɕiən^{31}pu^{55}ɕiən^{31}？

038 不行，那可就来不及了。

武汉：不行，那就来不及了。

pu^{213}ɕin^{213}，na^{35}tɕiou^{35}nai^{213}pu^{213}tɕi^{213} · niau。

十堰：不行，那可就来不及唠。

pu^{5}ɕin^{53}，la^{312}kʻɤ^{443}təu^{312}lɛ^{53} · pu tɕi^{53} · lɔ。

恩施：那不行，到时儿就搞不赢哒。

la^{35}pu^{22}ɕin^{22}，tau^{35}ʂər^{22}tɕiəu^{35}kau^{51} · pu in^{22} · ta。

孝感：不行，那就来不赢了。

pu^{213}ɕin^{21}，na^{55}tsəu^{55}nai^{21} · pu in^{21} · niau。

咸宁：不行，那就来不及了。

pu^{55}ɕiən^{31}，ne^{44}tɕʻiɑu^{33}na^{31}pu^{55}tɕʻi^{33}nɑ^{42}。

039 不管你去不去，反正我是要去的。

武汉：不管你去不去，反正我是要去的。

pu^{213}kuan^{42}ni^{42}kʻɯ^{35}pu^{213}kʻɯ^{35}，fan^{42}tsən^{35}ŋo^{42}sɿ^{35}iau^{35}kʻɯ^{35} · ti。

十堰：不管你去不去，反正我是要去的。

pu^{53}kuan^{443}ȵi^{443}kʻɯ^{312} · pu kʻɯ^{312}，fan^{443} · tʂən uo^{443} ʂʅ^{312}iɔ^{312}kʻɯ^{312} · ti。

恩施：管得你去不去，我横直是要去的/ 横直我是要去的。

kuan^{51} · te li^{51}tɕʻie^{35} · pu tɕʻie^{35}，uo^{51}xuən^{22}tʂʅ^{22}ʂʅ^{35}iau^{35}tɕʻie^{35} · ti/ xuən^{22}tʂʅ^{22}uo^{51}ʂʅ^{35}iau^{35}tɕʻie^{35} · ti。

孝感：管你去不去呀，反正我是要去的。

kuan^{52}n̥^{52}tɕʻi^{35} · pu tɕʻi^{35}，fan^{52}tʂən^{35}ŋo^{52}ʂʅ^{55}iau^{35}tɕʻi^{35} · ti。

咸宁：不管你去不去，反正我是要去箇。

pu^{55}kuõ^{42}n̩^{42}tɕʻie^{213}pu^{55}tɕʻie^{213}，fɑ̃^{42}tsʻən^{213}ŋə^{42}sʅ^{33}ie^{213}tɕʻie^{213}kə^{33}。

040 你爱去不去。你爱去就去，不爱去就不去。

武汉：你爱去不去。爱去就去，不爱去就不去。

ni^{42}ai^{35}kʻɯ^{35}pu^{213}kʻɯ^{35}。ai^{35}kʻɯ^{35}tɕiou^{35}kʻɯ^{35}，pu^{213}ai^{35}kʻɯ^{35}tɕiou^{35}pu^{213}kʻɯ^{35}。

十堰：你爱去不去。你想去就去，不想去就不去。

ȵi^{443}ɛ^{312}kʻɯ^{312}pu^{53}kʻɯ^{312}。ȵi^{443}ɕiaŋ^{443}kʻɯ^{312}təu^{312}kʻɯ^{312}，pu^{53}ɕiaŋ^{443}kʻɯ^{312}təu^{312}pu^{53}kʻɯ^{312}。

恩施：你想去就去，不去就算哒。

li^{51}ɕiaŋ^{51}tɕʻie^{35}tɕiəu^{35}tɕʻie^{35}，pu^{22}tɕʻie^{35}tɕiəu^{35}san^{35} · ta。

孝感：你想去就去，不想去就不去。

n̥^{52}ɕiaŋ^{52}tɕʻi^{35}tsəu^{55}tɕʻi^{35}，pu^{213}ɕiaŋ^{52}tɕʻi^{35}tsəu^{55}pu$^{213-21}$tɕʻi^{35}。

咸宁：随你去不去。你想去就去，不去就算了。

sæ^{31}n̩^{42}tɕʻie^{213}pu^{55}tɕʻie^{213}。n̩^{42}ɕiõ^{42}tɕʻie^{213}tɕʻiɑu^{33}tɕʻie^{213}，pu^{55}tɕʻie^{213}tɕʻiɑu^{33}sõ^{213}nɑ^{42}。

041 那我非去不可！

武汉：那我非去不可！

na^{35}ŋo^{42}fei^{55}k'ɯ^{35}pu^{213}k'o^{42}！

十堰：那我非去不可！

la^{312}uo^{443}fei^{45}k'ɯ^{312}pu^{53}k'ɤ^{443}！

恩施：那我是肯定要去的！／那我硬是要去！

la^{35}uo^{51}ʂʅ^{35}k'ən^{51}tin^{35}iau^{35}tɕ'ie^{35}·ti！／la^{35}uo^{51}ŋən^{35}ʂʅ^{35}iau^{35}tɕ'ie^{35}！

孝感：乜$_2$我非去不可！

na^{55}ŋo^{52}fei^{44}tɕ'i^{35}pu^{213}k'o^{52}！

咸宁：那我非去不可！

ne^{44}ŋə^{42}fæ^{44}tɕ'ie^{213}pu^{55}k'ə^{42}！

042 那个东西不在那儿，也不在这儿。

武汉：那个东西不在那里，也不在这里。

na^{35}·ko toŋ^{55}·ɕi pu^{213}·tai na^{35}·ni，ie^{42}pu^{213}·tai tsɤ^{35}·ni。

十堰：那个东西不在那儿，也不在这儿。

la^{312}·kɤ tən^{45}·ɕi pu^{53}tsɛ^{312}lar^{31}，ie^{443}pu^{53}tsɛ^{312}tʂɤr^{31}。

那个东西不在那下儿，也不在这下儿。

la^{312}·kɤ tən^{45}·ɕi pu^{53}tsɛ^{312}la^{312}·xar，ie^{443}pu^{53}tsɛ^{312}tʂɤ^{312}·xar。

恩施：那个东西不在那哈儿，也不在这哈儿。

la^{35}·kə toŋ^{55}·ɕi pu^{22}ts'ai^{35}la^{35}xər^{55}，ie^{51}pu^{22}tsai^{35}lie^{35}xər^{55}。

孝感：乜$_2$个东西不在那儿哈儿，也不在乜$_1$里。

niɛ^{55}·ko toŋ^{44}·ɕi pu^{213}tai^{55}nar^{55}·xar，iɛ^{52}pu$^{213-21}$tai^{55}niɛ^{35}·ni。

咸宁：那个东西不在那着，也不在个着。

ne^{55}kə^{213}təŋ^{44}sæ^{44}pu^{55}ts'a^{33}ne^{213}tso^{42}，iɑ^{42}pu^{55}ts'a^{33}kə^{213}tso^{42}。

043 那到底在哪儿？

武汉：那到底在哪里？

na^{35}tau^{35} · ti · tai na^{42} · ni？

十堰：那到底在哪儿？

la^{312}tɔ^{312}ti^{443}tsɛ^{312}lar^{443}？

那到底在哪下儿？

la^{312}tɔ^{312}ti^{443}tsɛ^{312}la^{443} · xar？

恩施：那到底在哪哈儿哦？

la^{35}tau^{35}ti^{51}tsai^{35}la^{35}xər^{55} · ŋə？

孝感：那到底在哪儿哈儿？

na^{55}tau^{35} · ti tai^{55}nar^{52} · xar？

咸宁：那到底在哪里？

ne^{44}to^{213}tæ^{42}tsʻa^{33}nɑ^{213}næ^{42}？

044 我也说不清楚，你问他去！

武汉：我也说不清楚，你问他去！

ŋo^{42}ie^{42}so^{213}pu^{213}tɕʻin^{55}tsʻou^{42}，ni^{42}uən^{35}tʻa^{55}kʻɯ^{35}！

十堰：我也说不清楚，你问他去！

uo^{443}ie^{443}ʂuo^{45}pu^{53}tɕʻin^{45}tʂʻəu^{53}，ȵi^{443}uən^{312}tʻa^{443}kʻɯ^{312}！

恩施：我也说不清白（清楚），你去问他！

uo^{51}ie^{51}ʂuo^{22} · pu tɕʻin^{55}pe^{22}（tɕʻin^{55}tsʻəu^{51}），li^{51}tɕʻie^{35}uən^{35}tʻa^{55}！

孝感：我也说不清，你去问他！

ŋo^{52}iɛ^{52}ʂɥɛ$^{213\text{-}13}$ · pu tɕʻin^{44}，ȵ^{52}tɕʻi^{35}uən^{55}tʻa^{44}！

咸宁：我也说不清，你去问伊！

ŋə^{42}iɑ^{42}ɕye^{55}pu^{55}tɕʻiən^{44}，n̩^{42}tɕʻie^{213}uən^{33}e^{42}！

045 怎么办呢？不是那么办，要这么办才对。

武汉：么样办咧？不是那样办，要这样办才对。

mo^{42} ·iaŋ pan^{35} ·nie？pu^{213} ·sɿ na^{35}iaŋ^{35}pan^{35}，iau^{35}tsɤ^{35}iaŋ^{35}pan^{35}ts‘ai^{213}tei^{35}。

十堰：咋办嘞？不是恁闷办，要阵闷办才对。

tsa^{443}pan^{312} ·lɛ？pu^{53}ʂʅ^{312}lən^{312} ·mən pan^{312}，iɔ^{312}tʂən^{312} ·mən pan^{312}ts‘ɛ^{53}tei^{312}。

恩施：哪门搞（呃）？不是那门搞的，要恁门搞才行。

la^{51} ·mən kau^{51}（·ŋe）？pu^{22}ʂʅ^{35}la^{35} ·mən kau^{51} ·ti，iau^{35}lən^{35} ·mən kau^{51}ts‘ai^{22}ɕin^{22}。

孝感：么样搞呢？不是乜$_2$样搞，要乜$_1$样搞才是对的。

mo^{52}iaŋ^{55}kau^{52} ·ue？pu$^{213-13}$ʂʅ^{55}niɛ^{55}iaŋ^{55}kau^{52}，iau^{35}niɛ^{35}iaŋ^{55}kau^{52}ts‘ai^{21}ʂʅ^{55}tei^{35} ·ti。

咸宁：难适得了？不是那样做，是个样做才行。

nã^{31}sɿ^{55}te^{55}nie^{42}？pu^{55}sɿ^{33}ne^{44}iõ^{33}tsɑu^{213}，sɿ^{33}kə^{31}iõ^{33}tsɑu^{213}ts‘a^{31}ɕiən^{31}。

046 要多少才够呢？

武汉：要几多才够咧？

iau^{35}tɕi^{42}to^{55}ts‘ai^{213}kou^{35} ·nie？

十堰：要好多才够嘞？

iɔ^{312}xɔ^{443}tuo^{45}ts‘ɛ^{53}kəu^{312} ·lɛ？

恩施：要好多才够？

iau^{35}xau^{51}tuo^{55}ts‘ai^{22}kəu^{35}？

孝感：要几多才够呢？

iau^{35}tɕi^{52}to^{44}ts‘ai^{21}kəu^{35} ·ue？

咸宁：要几多才有了？

ie^{213}tɕi^{42}tə^{44}tsʻa^{31}iɑu^{42}nɑ^{42}？

047 太多了，要不了那么多，只要这么多就够了。

武汉：太多了，要不了那多，只要这多就够了。

tʻai^{35}to^{55} · niau，iau^{35}pu^{213} · niau na^{35}to^{55}，tsɿ^{42}iau^{35}tsɤ^{35}to^{55} tɕiou^{35}kou^{35} · niau。

十堰：太多唠，要不了恁闷多，只要阵闷多就够唠。

tʻɛ^{312}tuo^{45} · lɔ，iɔ^{312} · pu liɔ^{443}lən^{312} · mən tuo^{45}，tʂʅ^{443}iɔ^{312}tʂən^{312} · mən tuo^{45}təu^{312}kəu^{312} · lɔ。

恩施：太多哒，要不倒那么多，只要恁门多就行哒。

tʻai^{35}tuo^{55} · ta，iau^{35} · pu^{22}tau^{51}la^{35} · mən tuo^{55}，tʂʅ^{22}iau^{35}lən^{35} · mən tuo^{55}tɕiəu^{35}ɕin^{22} · ta。

孝感：太多了，要不了乜$_2$多，只要乜$_1$多就有了。

tʻai^{35}to^{44} · niau，iau^{35}pu^{213} · niau niɛ^{55}to^{44}，tʂʅ^{213}iau^{35}niɛ^{35}to^{44} tsəu^{55}iəu^{52} · uau。

咸宁：太多了，要不了那多，只要个么多就够了。

tʻa^{213}tə^{44}nɑ^{42}，ie^{213}pu^{55}nie^{42}ne^{44}tə^{44}，tsʻɿ^{55}ie^{213}kə^{31}mo^{42}tə^{44}tɕʻiɑu^{33} ke^{213}nɑ^{42}。

048 不管怎么忙，也得好好儿学习。

武汉：不管么样忙，也要好好学习。

pu^{213}kuan^{42}mo^{42} · iaŋ maŋ^{213}，ie^{42}iau^{35}xau^{42} · xau ɕio^{213}ɕi^{213}。

十堰：不管咋忙，也得好好儿学习。

pu^{53}kuan^{443}tsa^{443}maŋ^{53}，ie^{443}tɛ^{45}xɔ^{443}xɔr^{443}ɕye^{53}ɕi^{53}。

恩施：不管哪门忙，学习还是要好神搞/也要好神学习。

pu^{22}kuan^{51}la^{51} · mən maŋ^{22}，ɕio^{22}ɕi^{22}xai^{22}ʂʅ^{35}iau^{35}xau^{51}ʂən^{22}kau^{51}/ ie^{51}iau^{35}xau^{51}ʂən^{22}ɕio^{22}ɕi^{22}。

孝感：不管么样忙，也得好好儿学习。

pu^{213}kuan^{52}mo^{52}iaŋ^{55}maŋ^{21}，iɛ^{52} ·tɛ xau^{52}xau$^{52\text{-}44}$ɕio^{21} ·ɕi。

咸宁：不管么样忙，也要好生学习。

pu^{55}kuõ^{42}mo^{42}iõ^{33}mõ^{31}，iɑ^{42}ie^{213}xo^{42}sã^{44}ɕiə^{33}sæ^{33}。

049 你闻闻这朵花香不香？

武汉：你闻下这朵花香不香？

ni^{42}uən^{213} ·xa tsɤ^{35}to^{42}xua^{55}ɕiaŋ^{55}pu^{213}ɕiaŋ^{55}？

十堰：你闻闻这朵花香不香？

ȵi^{443}uən^{53} ·uən tʂɤ^{312}tuo^{443}xua^{45}ɕiaŋ^{45} ·pu ɕiaŋ^{45}？

你闻下儿这朵花香不？

ȵi^{443}uən^{53} ·xar tʂɤ^{312}tuo^{443}xua^{45}ɕiaŋ^{45} ·pu?

恩施：你闻下看看儿这朵花香不香？

li^{51}uən^{22} ·xa kan^{35} ·kər lie^{35}tuo^{51}xua^{55}ɕiaŋ^{55} ·pu ɕiaŋ^{55}？

孝感：你闻哈儿乜$_{1}$朵花香不香？

n̩^{52}uən^{21} ·xar niɛ^{35}to^{52}xua^{44}ɕiaŋ^{44} ·pu ɕiaŋ^{44}？

咸宁：你嗅一下个朵花香不香？

n̩^{42}ɕiəŋ^{213}i^{55}xɑ^{33}kə^{213}tə^{42}xuɑ^{44}ɕiõ^{44}pu^{55}ɕiõ^{44}？

050 好香呀，是不是？

武汉：好香啊，是不是？

xau^{42}ɕiaŋ^{55} ·a，sɿ^{35}pu^{213}sɿ^{35}？

十堰：好香啊，是不？

xɔ^{443}ɕiaŋ^{45} ·ɣa，ʂʅ^{312} ·pu?

恩施：好香啊，是不是的？

xau^{51}ɕiaŋ^{55} ·ŋa，ʂʅ^{35} ·pu ʂʅ^{35} ·ti?

孝感：好香啊，舍？

xau^{52}ɕiaŋ^{44} · ŋa，· ʂɛ？

咸宁：真香，是不是箇啊？

ts‘ən^{44}ɕiõ^{44}，sɿ^{33}pu^{55}sɿ^{33}kə^{33}ŋa^{42}？

051 你是抽烟呢，还是喝茶？

武汉：你是抽烟咧，还是喝茶？

ni^{42}sɿ^{35}ts‘ou^{55}iɛn^{55} · nie，xai^{213}sɿ^{35}xo^{213}ts‘a^{213}？

十堰：你是吃烟嘞，还是喝茶？

ȵi^{443}ʂʅ^{312}tʂ‘ʅ^{45}iɛn^{45} · lɛ，xɛ^{53}ʂʅ^{312}xɤ^{45}tʂ‘a^{53}？

恩施：你喝烟还是喝茶？

li^{51}xuo^{55}iɛn^{55}xai^{22}ʂʅ^{35}xuo^{55}tʂ‘a^{22}？

孝感：你是抽烟呢，还是喝茶？

ȵ̩^{52}ʂʅ^{55}tʂ‘əu^{44}in^{44} · ne，xai^{21}ʂʅ^{55}xo^{213}tʂ‘a^{21}？

咸宁：你是嗍烟还是喝茶？

n̩^{42}sɿ^{33}sə^{55}iẽ^{44}xa^{31}sɿ^{33}xə^{55}ts‘ɑ^{31}。

052 烟也好，茶也好，我都不会。

武汉：烟也好，茶也好，我都不会。

iɛn^{55}ie^{42}xau^{42}，ts‘a^{213}ie^{42}xau^{42}，ŋo^{42}tou^{55}pu^{213}xuei^{35}。

十堰：烟也好，茶也好，我都不会。

iɛn^{45}ie^{443}xɔ^{443}，tʂ‘a^{53}ie^{443}xɔ^{443}，uo^{443}təu^{53}pu^{53}xuei^{312}。

恩施：烟、茶我都不喝/不要。

iɛn^{55}、tʂ‘a^{22}uo^{51}təu^{55}pu^{22}xuo^{55}/ pu^{22}iau^{35}。

孝感：烟也好，茶也好，我哈不会。

in^{44}iɛ^{52}xau^{52}，tʂ‘a^{21}iɛ^{52}xau^{52}，ŋo^{52}xa^{55}pu$^{213-21}$xuei^{55}。

咸宁：烟也好，茶也好，我都不会。

iẽ^{44}iɑ^{42}xo^{42}，ts‘ɑ^{31}iɑ^{42}xo^{42}，ŋə^{42}tɑu^{44}pu^{55}fæ^{33}。

053 医生叫你多睡一睡，抽烟喝茶都不行。

武汉：医生叫你多睡一下，抽烟喝茶都不行。

i^{55} sən^{55} tɕiau^{35} ni^{42} to^{55} suei^{35} i^{213} xa^{35}，ts'ou^{55} iɛn^{55} xo^{213} ts'a^{213} tou^{55} pu^{213} ɕin^{213}。

十堰：医生叫你多睡会儿，吃烟喝茶都不行。

i^{45} · ʂən tɕiɔ^{312} ȵi^{443} tuo^{45} ʂei^{312} xuər^{31}，tʂ'ʅ^{45} iɛn^{45} xɤ^{45} tʂ'a^{53} təu^{53} pu^{53} ɕin^{53}。

恩施：医生叫你多睡下儿，莫喝烟喝茶。

i^{55} sən^{55} tɕiau^{35} li^{51} tuo^{55} ʂuei^{35} xər^{55}，muo^{22} xuo^{55} iɛn^{55} xuo^{55} tʂ'a^{22}。

孝感：医生叫你多睡哈儿，吃烟喝茶哈不行。

i^{44} · sən tɕiau^{35} n̩^{52} to^{44} ʂʮei^{35} · xar，tɕ'i^{213} in^{44} xo^{213} tʂ'a^{21} xa^{55} pu^{213} ɕin^{21}。

咸宁：医生叫你多睏一下，嘣烟喝茶都不行。

i^{44} səŋ^{44} tɕie^{213} n̩^{42} tə^{44} k'uən^{213} i^{55} xɑ^{33}，sə^{55} iẽ^{44} xə^{55} ts'ɑ^{31} tɑu^{44} pu^{55} ɕiən^{31}。

054 咱们一边走一边说。

武汉：我们一路走一路说。

ŋo^{42} · mən i^{213} nou^{35} tsou^{42} i^{213} nou^{35} so^{213}。

十堰：我们一边儿走一边儿拍。

uo^{443} · mən i^{53} piɛr^{43} tsəu^{443} i^{53} piɛr^{43} p'ɛ^{45}。

恩施：我们边走边说。

uo^{51} · mən piɛn^{55} ts'əu^{51} piɛn^{55} ʂuo^{22}。

孝感：我着一路走一路儿说。

ŋo^{52} · tʂo i$^{213-21}$ nəu^{55} tsəu^{52} i$^{213-21}$ nəu^{55} ʂʮɛ^{213}。

咸宁：我都一边走一边说。

ŋə^{42} tɑu^{44} i^{55} piẽ^{44} tse^{42} i^{55} piẽ^{44} ɕye^{55}。

055 这个东西好是好，就是太贵了。

武汉：这个东西好是好，就是太贵了。

tsɤ^{35} ·ko toŋ^{55} ·ɕi xau^{42}sɿ^{35}xau^{42}，tɕiou^{35}sɿ^{35}tʻai^{35}kuei^{35} ·niau。

十堰：这个东西好是好，就是太贵唠。

tʂɤ^{312} ·kɤ tən^{45} ·ɕi xɔ^{443}ʂʅ^{312}xɔ^{443}，təu^{31}ʂʅ^{312}tʻɛ^{312}kuei^{312} ·lɔ。

恩施：东西是个好东西，就是太贵哒。

toŋ^{55} ·ɕi ʂʅ^{35} ·kə xau^{51}toŋ^{55} ·ɕi，tɕiəu^{35}ʂʅ^{35}tʻai^{35}kuei^{35} ·ta。

孝感：乜$_1$ 个东西好是好，就是太贵了。

niɛ^{35} ·ko toŋ^{44} ·ɕi xau^{52}ʂʅ^{55}xau^{52}，tsəu^{55}ʂʅ^{55}tʻai^{35}kuei^{35} ·iau。

咸宁：个个东西好是好，就是太贵了。

kə^{213}kə^{31}təŋ^{44}sæ^{44}xo^{42}sæ^{33}xo^{42}，tɕʻiɑu^{33}sɿ^{33}tʻa^{213}kuæ^{213}nɑ^{42}。

056 这个东西虽说贵了点儿，不过挺结实的。

武汉：这个东西虽说贵了点，不过蛮扎实的。

tsɤ^{35} ·ko toŋ^{55} ·ɕi sei^{55}so^{213}kuei^{35} ·niau tie^{42}，pu^{213}ko^{35}man^{213} tsa^{213}sɿ^{213} ·ti。

十堰：这个东西说是贵唠点儿，不过怪结实的。

tʂɤ^{312} ·kɤ tən^{45} ·ɕi ʂuo^{45}ʂʅ^{312}kuei^{312} ·lɔ tiər^{443}，pu^{53}kuo^{312}kuɛ^{312} tɕie^{45}ʂʅ^{53} ·ti。

恩施：这个东西贵是贵哒点儿，那扎还是扎实。

lie^{35} ·kə toŋ^{55} ·ɕi kuei^{35}ʂʅ^{35}kuei^{35} ·ta tiər^{51}，la^{35}tʂa^{22}xai^{22}ʂʅ^{35} tʂa^{22}ʂʅ^{22}。

孝感：乜$_1$ 个东西虽然贵了点儿，不过蛮结实的。

niɛ^{35} ·ko toŋ^{44} ·ɕi sei^{44}ɥan^{21}kuei^{35} ·iau ·tiər，pu^{213}ko^{52}man^{21} tɕiɛ$^{213-13}$ʂʅ^{213} ·ti。

咸宁：个个东西虽说贵了点，不过蛮扎实嘞。

kə^{213}kə^{31}təŋ^{44}sæ^{44}sæ^{44}ɕye^{55}kuæ^{213}nɑ^{42}tiẽ^{42}，pu^{55}kuə^{213}mɑ^{31}tsɑ^{55}sɿ^{33} ne^{44}。

057 他今年多大了？

武汉：他今年几大了？

t‘a^{55}tɕin^{55}niɛn^{213}tɕi^{42}ta^{35} · niau?

十堰：他今年好大唠？

t‘a^{443}tɕin^{45}ȵiɛn^{53}xɔ^{443}ta^{312} · lɔ?

恩施：他今年子好大哒？

t‘a^{55}tɕin^{55}liɛn^{22} · tsʅ xau^{51}ta^{35} · ta?

孝感：他今年有几大了？

t‘a^{44}tɕin^{44}nin^{21}iəu^{52}tɕi^{52}ta^{55} · iau?

咸宁：伊今年几大年纪？

e^{42}tɕiən^{44}niẽ^{31}tɕi^{42}t‘a^{33}niɛ^{31}tɕi^{42}？

058 也就是三十来岁吧。

武汉：也就三十多吧。

ie^{42}tɕiou^{35}san^{55}sɿ^{213}to^{55} · pa。

十堰：也就是三十来岁吧。

ie^{443}təu^{31}ʂʅ^{312}san^{45}ʂʅ^{53}lɛ^{53}sei^{312} · pa。

恩施：差不多三十左右的样子。

tʂ‘a^{5} · pu tuo^{55}san^{55}ʂʅ^{22}tsuo^{51}iəu^{35} · ti iaŋ^{35} · tsɿ。

孝感：也就是三十来岁吧。

iɛ^{52}tsəu^{55}ʂʅ^{35}san^{44}ʂʅ^{55}nai^{21}ɕi^{35} · pa。

咸宁：大概三十几岁。

t‘a^{33}k‘a^{213}sã^{44}sɿ^{33}tɕi^{42}sæ^{213}。

059 看上去不过三十多岁的样子。

武汉：看起来不过三十多岁的样子。

kʻan^{35}tɕʻi^{42}nai^{213}pu^{213}ko^{35}san^{55}sɿ^{213}to^{55}sei^{35} · ti iaŋ^{35} · tsɿ。

十堰：看上去不过三十多岁。

kʻan^{312}ʂaŋ^{31} · kʻɯ pu^{53}kuo^{312}san^{45}ʂʅ^{53}tuo^{45}sei^{312}。

恩施：看起来差不多三十达点儿的样子。

kʻan^{35}tɕʻi^{51} · lai tʂʻa^{55} · pu tuo^{55}san^{55}ʂʅ^{22}ta^{22}tiər^{51} · ti iaŋ^{35} · tsɿ。

孝感：看上去不过三十多岁的样子。

kʻan^{35}ʂaŋ^{55} · tɕʻi pu^{213}ko^{52}san^{44}ʂʅ^{21}to^{44}ɕi^{35} · ti iaŋ^{55} · tsɿ。

咸宁：看上去像得只有三十几岁。

kʻõ^{213}sõ^{33}tɕʻie^{213}tɕʻiõ^{213}te^{55}tsʻɿ^{55}iɑu^{42}sã^{44}sɿ^{33}tɕi^{42}sæ^{213}。

060 这个东西有多重呢？

武汉：这个东西有几重咧？

tsɤ^{35} · ko toŋ^{55} · ɕi iou^{42}tɕi^{42}tsoŋ^{35} · nie？

十堰：这个东西有好重？

tʂɤ^{312} · kɤ tən^{45} · ɕi iəu^{443}xɔ^{443}tʂuən^{312}？

恩施：这个东西有好重？

lie^{35} · kə toŋ^{55} · ɕi iəu^{51}xau^{51}tʂoŋ^{35}？

孝感：也$_1$ 个东西有几重呢？

niɛ^{35} · ko toŋ^{44} · ɕi iəu^{52}tɕi^{52}tʂoŋ^{55} · ŋe？

咸宁：个个东西有几重？

kə^{213}kə^{31}təŋ^{44}sæ^{44}iɑu^{42}tɕi^{42}tsʻəŋ^{33}？

061 怕有五十多斤吧。

武汉：怕有五十多斤吧。

pʻa^{35}iou^{42}u^{42}sɿ^{213}to^{55}tɕin^{55} · pa。

十堰：怕有五十多斤吧。

pʻa^{312}iəu^{443}u^{443}ʂʅ^{53}tuo^{45}tɕin^{45} · pa。

恩施：怕是有五十多斤啰。

pʻa^{35}ʂʅ^{35}iəu^{51}u^{51}ʂʅ^{22}tuo^{55}tɕin^{55} · luo。

孝感：只怕有五十几斤吧。

tʂʅ^{213}pʻa^{35}iəu^{52}u^{52}ʂʅ^{21}tɕi^{52}tɕin^{44} · pa。

咸宁：只怕有五十几斤。

tsʻɿ^{55}pʻɑ^{213}iɑu^{42}u^{42}sɿ^{33}tɕi^{42}tɕiən^{44}。

062 我五点半就起来了，你怎么七点了还不起来？

武汉：我五点半就起来了，你么样七点了还不起来？

ŋo^{42}u^{42}tiɛn^{42}pan^{35}tɕiou^{35}tɕʻi^{42}nai^{213} · niau，ni^{42}mo^{42} · iaŋ tɕʻi^{21} tiɛn^{42} · niau xai^{213}pu^{213}tɕʻi^{42}nai^{213}？

十堰：我五点半就起来唠，你咋七点唠还不起来？

uo^{443}u^{443}tiɛn^{443}pan^{312}təu^{312}tɕʻi^{443} · lɛ · lɔ，ȵi^{443}tsa^{443}tɕʻi^{53}tiɛn^{443} · lɔ xɛ^{53}pu^{53}tɕʻi^{443} · lɛ？

恩施：我五点半就起来哒，你哪门七点哒还不起来哟？

uo^{51}u^{51}tiɛn^{51}pan^{35}tɕiəu^{35}tɕʻi · lai · ta，li^{51}la^{51} · mən tɕʻi^{22}tiɛn^{51} · ta xai^{22}pu^{22}tɕʻi^{51} · lai · io？

孝感：我五点半就起来了，你么样七点了还不起来？

ŋo^{52}u^{52}tin^{52}pan^{35}tsəu^{55}tɕʻi^{52}nai^{21} · iau，n̩^{52}mo^{52}iaŋ^{55}tɕʻi^{213}tin^{52} · niau xai^{21}pu^{213}tɕʻi^{52}nai^{21}？

咸宁：我五点半就起来了，你难适七点了还冇起来？

ŋə^{42}u^{42}tiẽ^{42}põ^{213}tɕʻiɑu^{33}tɕʻi^{42}na^{31}nɑ^{42}，n̩^{42}nɑ̃^{31}sɿ^{55}tsʻæ^{55}tiẽ^{42}nɑ^{42}xa^{31} mo^{44}tɕʻi^{42}na^{31}？

063 三四个人盖一床被。一床被盖三四个人。

武汉：三四个人盖一床被卧。一床被卧三四个人盖。

san^{55}sɿ^{35} ·ko nən^{213}kai^{35}i^{213}tsʻuaŋ^{213}pei^{35} ·o。i^{213}tsʻuaŋ^{213}pei^{35} ·o san^{55}sɿ^{35} ·ko nən^{213}kai^{35}。

十堰：三四个人盖一床被子。一床被子盖三四个人。
san^{45}sɿ^{31}kɤ^{312}ʐən^{53}kɛ^{312}i^{5}tʂʻuaŋ^{53}pei^{312} ·tsɿ。i^{5}tʂʻuaŋ^{53}pei^{312} ·tsɿ kɛ^{312}san^{45}sɿ^{31}kɤ^{312}ʐən^{53}。

恩施：三四个人盖一床铺盖。一床铺盖盖三四个人。
san^{55}sɿ^{35} ·kə ʐən^{22}kai^{35}i^{22}tʂʻuaŋ^{22}pʻu^{55}kai^{35}。i^{22}tʂʻuaŋ^{22}pʻu^{55}kai^{35} kai^{35}san^{55}sɿ^{35} ·kə ʐən^{22}。

孝感：三四个人盖一床被窝。一床被窝盖三四个人。
san^{44}sɿ^{35} ·ko ʐən^{21}kai^{35}i^{213}tʂʮaŋ^{21}pi^{55} ·ŋo。i^{213}tʂʮaŋ^{21}pi^{55} ·ŋo kai^{35}san^{44}sɿ^{35} ·ko ʐən^{21}。

咸宁：三四个人盖一床被。一床被盖三四个人。
sã^{44}sɿ^{213}kə^{213}zən^{31}ka^{213}i^{55}tsʻõ^{31}pʻæ^{33}。i^{55}tsʻõ^{31}pʻæ^{33}ka^{213}sã^{44}sɿ^{213}kə^{213} zən^{31}。

064 一个大饼夹一根油条。一根油条外加一个大饼。

武汉：一个大饼子夹一根油条。一根油条外加一个大饼子。
i^{213} ·ko ta^{35}pin^{42} ·tsɿ tɕia^{213}i^{213}ken^{55}iou^{213}tʻiau^{213}。i^{213}ken^{55}iou^{213} tʻiau^{213}uai^{35}tɕia^{55}i^{213} ·ko ta^{35}pin^{42} ·tsɿ。

十堰：一个大饼夹一根油条。一根油条外加一个大饼。
i^{53}kɤ^{312}ta^{312}pin^{443}tɕia^{45}i^{53}kən^{45}iəu^{5}tʻiɔ^{53}。i^{53}kən^{45}iəu^{5}tʻiɔ^{53}uɛ^{312}tɕia^{45} i^{53}kɤ^{312}ta^{312}pin^{443}。

恩施：一个大饼夹根儿油条。一根儿油条（和）一个大饼。
i^{22} ·kə ta^{35}pin^{51}tɕia^{22}kər^{55}iəu^{22}tʻiau^{22}。i^{22}kər^{55}iəu^{22}tʻiau^{22}（xuo^{22}） i^{22} ·kə ta^{35}pin^{51}。

孝感：一个大饼子夹一根油条。一根油条再加一个大饼子。
i^{213} ·ko ta^{55}pin^{52} ·tsɿ tɕia^{213}i^{213}kən^{44}iəu^{21}tʻiau^{21}。i^{213}kən^{44}iəu^{21}

tʻiau^{21}tsai^{55}tɕia^{44}i^{213} ·ko ta^{55}pin^{52} ·tsɿ。

咸宁：一个大饼夹一根油条。一根油条外加一个大饼。
i^{55}kə^{213}tʻa^{33}piɑ̃^{42}kɑ^{55}i^{55}kə^{44}iɑu^{31}tʻie^{31}。i^{55}kẽ^{44}iɑu^{31}tʻie^{31}ua^{33}tɕiɑ^{44}i^{55}kə^{213}tʻa^{33}piɑ̃^{42}。

065 两个人坐一张凳子。一张凳子坐了两个人。

武汉：两个人坐一个板凳。一个板凳两个人坐。
niaŋ^{42} ·ko nən^{213}tso^{35}i^{213} ·ko pan^{42} ·tən。i^{213} ·ko pan^{42} ·tən niaŋ^{42} ·ko nən^{213}tso^{35}。

十堰：两个人坐一个凳子。一个凳子坐唠两个人。
liaŋ^{443}kɤ^{312}ʐən^{53}tsuo^{312}i^{53}kɤ^{312}tən^{312} ·tsɿ。i^{53}kɤ^{312}tən^{312} ·tsɿ tsuo^{312} ·lɔ liaŋ^{443}kɤ^{312}ʐən^{53}。

恩施：两个人坐一张凳子。一张凳子坐哒两个人。
liaŋ^{51} ·kə ʐən^{22}tsuo^{35}i^{22}tʂaŋ^{55}tən^{35} ·tsɿ。i^{22}tʂaŋ^{55}tən^{35} ·tsɿ tsuo^{35} ·ta liaŋ^{51} ·kə ʐən^{22}。

孝感：两个人坐一张凳子。一张凳子坐了两个人。
niaŋ^{52} ·ko ʐən^{21}tso^{55}i^{213}tʂaŋ^{44}tən^{35} ·tsɿ。i^{213}tʂaŋ^{44}tən^{35} ·tsɿ tso^{55} ·niau niaŋ^{52} ·ko ʐən^{21}。

咸宁：两个人坐一把凳。一把凳坐两个人。
niõ^{42}kə^{213}zən^{31}tsʻə^{33}i^{55}pɑ^{42}tiẽ^{213}。i^{55}pɑ^{213}tiẽ^{213}tsʻə^{33}niõ^{42}kə^{213}zən^{31}。

066 一辆车装三千斤麦子。三千斤麦子刚好够装一辆车。

武汉：一辆车装三千斤麦子。三千斤麦子刚好装满一辆车。
i^{213}niaŋ^{42}tsʻɤ^{55}tsuaŋ^{55}san^{55}tɕʻiɛn^{55}tɕin^{55}mɤ^{213} ·tsɿ。san^{55} tɕʻiɛn^{55}tɕin^{55}mɤ^{213} ·tsɿ kaŋ^{55}xau^{42}tsuaŋ^{55}man^{42}i^{213}niaŋ^{42}tsʻɤ^{55}。

十堰：一辆车装三千斤麦子。三千斤麦子刚好够装一辆车。
i^{53}liaŋ^{443}tʂʻɤ^{45}tʂuaŋ^{45}san^{45}tɕʻiɛn^{45}tɕin^{45}mɛ^{45} ·tsɿ。san^{45}tɕʻiɛn^{45}tɕin^{45}mɛ^{45} ·tsɿ kaŋ^{45}xɔ^{443}kəu^{312}tʂuaŋ^{45}i^{53}liaŋ^{443}tʂʻɤ^{45}。

恩施：一架车子装三千斤麦子。三千斤麦子刚好装满一架车子。
i^{22}tɕia^{35}tʂʻe^{55} · tsɿ tʂuaŋ^{55}san^{55}tɕʻiɛn^{55}tɕin^{55}me^{22} · tsɿ。san^{55}tɕʻiɛn^{55}tɕin^{55}me^{22} · tsɿ kaŋ^{55}xau^{51}tʂuaŋ^{55}man^{51}i^{22}tɕia^{35}tʂʻe^{55} · tsɿ。

孝感：一辆车装三千斤麦子。三千斤麦子将将够装一辆车。
i^{213}niaŋ^{52}tʂʻe^{44}tʂɥaŋ^{44}san^{44}tɕʻin^{44}tɕin^{44}mɛ^{213} · tsɿ。san^{44}tɕʻin^{44}tɕin^{44}mɛ^{213} · tsɿ tɕiaŋ^{44}tɕiaŋ^{44}kəu^{35}tʂɥaŋ^{44}i^{213}niaŋ^{52}tʂʻe^{44}。

咸宁：一乘车装三千斤麦。三千斤麦将好装一乘车。
i^{55}tsʻən^{31}tsʻɑ^{44}tsõ^{44}sɑ̃^{44}tɕʻiẽ^{44}tɕiən^{44}mɑ^{55}。sɑ̃^{44}tɕʻiẽ^{44}tɕiən^{44}mɑ^{55}tɕiõ^{44}xo^{42}tsõ^{44}i^{55}tsʻən^{31}tsʻɑ^{44}。

067 十个人吃一锅饭。一锅饭够吃十个人。

武汉：十个人吃一锅饭。一锅饭够十个人吃。
sɿ^{213} · ko nən^{213}tɕʻi^{213}i^{213}ko^{55}fan^{35}。i^{213}ko^{55}fan^{35}kou^{35}sɿ^{213} · ko nən^{213}tɕʻi^{213}。

十堰：十个人吃一锅饭。一锅饭够十个人吃。
ʂʅ^{53}kɤ^{312}ʐən^{53}tʂʻʅ^{45}i^{53}kuo^{45}fan^{312}。i^{53}kuo^{45}fan^{312}kəu^{312}ʂʅ^{53}kɤ^{312}ʐən^{53}tʂʻʅ^{45}。

恩施：十个人吃一锅饭。一锅饭够十个人吃/一锅饭十个人吃够哒。
ʂʅ^{22} · kə ʐən^{22}tɕʻi^{22}i^{22}kuo^{55}xuan^{35}。i^{22}kuo^{55}xuan^{35}kəu^{35}ʂʅ^{22} · kə ʐən^{22}tɕʻi^{22}/ i^{22}kuo^{55}xuan^{35}ʂʅ^{22} · kə ʐən^{22}tɕʻi^{22}kəu^{35} · ta。

孝感：十个人吃一锅饭。一锅饭够吃十个人。
ʂʅ^{21} · ko ʐən^{21}tɕʻi$^{213-13}$i^{213}ko^{44}fan^{55}。i^{213}ko^{44}fan^{55}kəu^{35}tɕʻi^{213}ʂʅ^{21} · ko ʐən^{21}。

咸宁：十个人喫一锅饭。一锅饭够十个人喫。
sɿ^{33}kə^{213}zən^{31}tɕʻiɑ^{55}i^{55}kuŋ^{44}fɑ̃^{33}。i^{55}kuə^{44}fɑ̃^{33}ke^{213}sɿ^{33}kə^{213}zən^{31}tɕʻiɑ^{55}。

068 十个人吃不了这锅饭。这锅饭吃不了十个人。

武汉：十个人吃不了这锅饭。这锅饭不够十个人吃。

sɿ^{213} ·ko nən^{213}tɕʻi^{213}pu^{213} ·niau tsɤ^{35}ko^{55}fan^{35}。tsɤ^{35}ko^{55} fan^{35} pu^{213}kou^{35}sɿ^{213} ·ko nən^{213}tɕʻi^{213}。

十堰：十个人吃不了这锅饭。这锅饭吃不了十个人。

ʂʅ^{53}kɤ^{312}ʐən^{53}tʂʻʅ^{45}pu^{53}liɔ^{443}tʂɤ^{312}kuo^{45}fan^{312}。tʂɤ^{312}kuo^{45}fan^{312}tʂʻʅ^{45} pu^{53}liɔ^{443}ʂʅ^{53}kɤ^{312}ʐən^{53}。

恩施：十个人吃不完这锅饭。这锅饭不够十个人吃。

ʂʅ^{22} ·kə ʐən^{22}tʂʻʅ^{22} ·pu uan^{22}lie^{35}kuo^{55}xuan^{35}。lie^{35}kuo^{55}xuan^{35} pu^{22}kəu^{35}ʂʅ^{22} ·kə ʐən^{22}tɕʻi^{22}。

孝感：十个人吃不了乜$_1$ 锅饭。乜$_1$ 锅饭够不倒十个人吃。

ʂʅ^{21} ·ko ʐən^{21}tɕʻi$^{213-13}$ ·pu niau^{52}niɛ^{35} ·ko^{44}fan^{55}。niɛ^{35}ko^{44}fan^{55} kəu^{35} ·pu tau^{52}ʂʅ^{21} ·ko ʐən^{21}tɕʻi^{213}。

咸宁：十个人喫不了个锅饭。个锅饭喫不了十个人。

sɿ^{33}kə^{213}zən^{31}tɕʻiɑ^{55}pu^{55}nie^{42}kə^{31}kuə^{44}fɑ̃^{33}。kə^{31}kuə^{44}fɑ̃^{33}tɕʻiɑ^{55}pu^{55} nie^{42}sɿ^{33}kə^{213}zən^{31}。

069 这个屋子住不下十个人。

武汉：这个房子住不下十个人。

tsɤ^{35} ·ko faŋ^{213} ·tsɿ tɕy^{35}pu^{213}ɕia^{35}sɿ^{213} ·ko nən^{213}。

十堰：这个屋子住不下十个人。

tʂɤ^{312} ·kɤ u^{53} ·tsɿ tʂu^{312}pu^{53}ɕia^{312}ʂʅ^{53}kɤ^{312}ʐən^{53}。

恩施：这个屋住不下十个人。

lie^{35} ·kəu^{22}u^{22}tʂu^{35} ·pu ɕia^{35}ʂʅ^{22} ·kə ʐən^{22}。

孝感：乜$_1$ 间屋住不下十个人。

niɛ^{35}kan^{44}u^{213}tʂʯ^{55}pu$^{213-21}$ɕia^{55}ʂʅ^{21} ·ko ʐən^{21}。

咸宁：个屋住不下十个人。

kə^{31}u^{55}tɕ'y^{33}pu^{55}xɑ^{33}sɿ^{33}kə^{213}zən^{31}。

070 小屋堆东西，大屋住人。

武汉：小房子堆东西，大房子住人。

ɕiau^{42}faŋ^{213} · tsɿ tei^{55}toŋ^{55} · ɕi，ta^{35}faŋ^{213} · tsɿ tɕy^{35}nən^{213}。

十堰：小屋堆东西，大屋住人。

ɕiɔ^{443}u^{53}tei^{45}tən^{45} · ɕi，ta^{312}u^{53}tʂu^{312}zʐən^{53}。

恩施：小屋里堆东西，大屋里住人。

ɕiau^{51}u^{22} · li tei^{55}toŋ^{55} · tɕi，ta^{35}u^{22} · li tʂu^{35}zʐən^{22}。

孝感：小屋堆东西，大屋住人。

ɕiau^{52}u^{213}ti^{44}toŋ^{44} · ɕi，ta^{55}u^{213}tʂʮ^{55}zʐən^{21}。

咸宁：细屋堆东西，大屋住人。

sæ^{213}u^{55}tæ^{44}təŋ^{44}sæ^{44}，t'a^{33}u^{55}tɕ'y^{33}zən^{31}。

071 他们几个人正说着话呢。

武汉：他们几个人在说话。

t'a^{55} · mən tɕi^{42} · ko nən^{213} · tai so^{213}xua^{35}。

十堰：他们几个人正拍话嘞。

t'a^{443} · mən tɕi^{443}kɤ^{312}zʐən^{53}tʂən^{312}p'ɛ^{45}xua^{312} · lɛ。

他们几个人正拍话在。

t'a^{443} · mən tɕi^{443}kɤ^{312}zʐən^{53}tʂən^{312}p'ɛ^{45}xua^{312} · tsɛ。

恩施：他们几个正在讲话。

t'a^{55} · mən tɕi^{51}kuo tʂən^{35}ts'ai^{35}tɕiaŋ^{51}xua^{35}。

孝感：他着几个人正在说话在。

t'a^{44} · tʂo tɕi^{52} · ko zʐən^{21}tʂən^{35} · tai ʂʮɛ$^{213-21}$xua^{55} · tai。

咸宁：伊都几个人正在说话。

e^{42}tɑu^{44}tɕi^{42}kə^{213}zən^{31}ts'ən^{213}ts'a^{33}ɕye^{55}xuɑ^{42}。

072 桌上放着一碗水，小心别碰倒了。

武汉：桌子高头放到一碗水在，过细莫撞泼了。

tso^{213} ·tsɿ kau^{55} ·tʻou faŋ^{35} ·tau i^{213}uan^{42}suei^{42} ·tai，ko^{35} ɕi^{35} mo^{213}tsʻuaŋ^{35}pʻo^{213} ·niau。

十堰：桌上放着一碗水，小心麻碰倒唠。

tʂuo^{45} ·ʂaŋ faŋ^{312} ·tʂɤ i^{53}uan^{443}ʂei^{443}，ɕiɔ^{443}ɕin^{45}ma^{53}pʻən^{312}tɔ^{443} ·lɔ。

桌上搁的一碗水，小心麻要碰倒唠。

tʂuo^{45} ·ʂaŋ kɤ^{53} ·ti i^{53}uan^{443}ʂei^{443}，ɕiɔ^{443}ɕin^{45}ma^{53}iɔ^{312}pʻən^{312}tɔ^{443} ·lɔ。

恩施：桌子高头凳哒一碗水，招呼搞泼哒。

tʂuo^{22} ·tsʻɿ kau^{55} ·tʻəu tən^{35} ·ta i^{22}uan^{22}ʂuei^{51}，tʂau^{55}xu^{55}kau^{51} pʻuo^{22} ·ta。

孝感：桌子高头放到一碗水在，招呼莫碰泼了。

tʂo^{213} ·tsɿ kau^{44} ·tʻəu faŋ^{35} ·taui^{213}uan^{52}ʂʯei^{52} ·tai，tʂau^{44} ·xu mo^{213}pʻoŋ^{35}pʻo^{213} ·niau。

咸宁：桌嘞放了一碗水，过点细，冇碰泼了。

tsʻə^{55}ne^{44}fõ^{213}nɑ^{42}i^{55}uõ^{42}ɕy^{42}，kuə^{213}tiẽ^{42}sæ^{213}，mo^{44}pʻəŋ^{213}pʻe^{55}nɑ^{42}。

073 门口站着一帮人，在说着什么。

武汉：门口站到一帮人在，在说么事。

mən^{213}kʻou^{42}tsan^{35} ·tau i^{213}paŋ^{55}nən^{213} ·tai，tai^{35}so^{213}mo^{42} ·sɿ。

十堰：门口站着一帮人，在拍啥子在。

mən^{53}kʻəu^{443}tʂan^{312} ·tʂɤ i^{53}paŋ^{45}ʐən^{53}，tsɛ^{312}pʻɛ^{45}ʂa^{53} ·tsɿ ·tsɛ。

门口站的一帮人，在拍啥子在。

mən^{53}kʻəu^{443}tʂan^{312} ·ti i^{53}paŋ^{45}ʐən^{53}，tsɛ^{312}pʻɛ^{45}ʂa^{53} ·tsɿ ·tsɛ。

恩施：一伙人站到门口在讲么子。

i^{22}xuo^{51}ʐən^{22}tʂan^{35}tau^{51}mən^{22}kʻəu^{51}tsai^{35}tɕiaŋ^{51}muo^{51} ·tsɿ。

孝感：门口站到一堆人，在说么事在。

mən^{21}kʻəu^{52}tʂan^{35} ·tau i^{213}ti^{44}ʐən^{21}，tai^{55}ʂʮɛ^{213}mo^{52} ·sɿ ·tai。

咸宁：门口站到一伙人在，正在说么呢。

mən^{31}kʻe^{42}tsʻɑ̃^{213}to^{42}i^{55}xə^{42}zən^{31}tsʻa^{33}，tsʻən^{213}tsʻa^{33}ɕye^{55}mo^{42}næ^{31}。

074 **坐着吃好，还是站着吃好？**

武汉：坐到吃好，还是站到吃好？

tso^{35} ·tau tɕʻi^{213}xau^{42}，xai^{213}sɿ^{35}tsan^{35} ·tau tɕʻi^{213}xau^{42}？

十堰：坐着吃好，还是站着吃好？

tsuo^{312} ·tʂɤ tʂʻʅ^{45}xɔ^{443}，xɛ^{53}ʂʅ^{312}tʂan^{312} ·tʂɤ tʂʻʅ^{45}xɔ^{443}？

坐那（下）儿吃好，还是站那（下）儿吃好？

tsuo^{312}lar^{31}（·xar） tʂʻʅ^{45}xɔ^{443}，xɛ^{53}ʂʅ^{312}tʂan^{312}lar^{31}（·xar）tʂʻʅ^{45}xɔ^{443}？

坐在那（下）儿吃好，还是站在那（下）儿吃好？

tsuo^{312} ·tsɿ lar^{31}（·xar）tʂʻʅ^{45}xɔ^{443}，xɛ^{53}ʂʅ^{312}tʂan^{312} ·tsɛ lar^{31}（·xar）tʂʻʅ^{45}xɔ^{443}？

坐到那（下）儿吃好，还是站到那（下）儿吃好？

tsuo^{312} ·tar lar^{31}（·xar）tʂʻʅ^{45}xɔ^{443}，xɛ^{53}ʂʅ^{312}tʂan^{312} ·tɔ lar^{31}（·xar）tʂʻʅ^{45}xɔ^{443}？

恩施：坐到起吃好还是站到起吃好？

tsuo^{35}tau^{51} ·tɕʻi tɕʻi^{22}xau^{51}xai^{22}ʂʅ^{35}tʂan^{35}tau^{51} ·tɕʻi tɕʻi^{22}xau^{51}？

孝感：坐到吃好，还是站到吃好？

tso^{55} ·tau tɕʻi^{213}xau^{52}，xai^{21}ʂʅ^{55}tʂan^{35} ·tau tɕʻi^{213}xau^{52}？

咸宁：坐到喫好，还是徛到喫好？

tsʻə^{33}to^{42}tɕʻiɑ^{55}xo^{42}，xa^{31}sɿ^{33}tɕʻi^{33}to^{42}tɕʻiɑ^{55}xo^{42}？

075 想着说，不要抢着说。

武汉：想到说，莫抢到说。

ɕiaŋ^{42} · tau so^{213}，mo^{213}tɕʻiaŋ^{42} · tau so^{213}。

十堰：想着说，麻要抢着说。

ɕiaŋ^{443} · tʂɤ ʂuo^{45}，ma^{53}iɔ^{312}tɕʻiaŋ^{443} · tʂɤ ʂuo^{45}。

想到说，麻抢到说。

ɕiaŋ^{443} · tɔ ʂuo^{45}，ma^{53}tɕʻiaŋ^{443} · tɔ ʂuo^{45}。

恩施：想到起说，莫抢到起说。

ɕiaŋ^{51}tau^{51} · tɕʻi ʂuo^{22}，muo^{22}tɕʻiaŋ^{51}tau^{51} · tɕʻi ʂuo^{22}。

孝感：想好了再说，莫抢到说。

ɕiaŋ^{52}xau^{52} · uau tsai^{35}ʂɥɛ^{213}，mo^{213}tɕʻiaŋ^{52} · tau ʂɥɛ^{213}。

咸宁：想了再说，不要抢到说。

ɕiõ^{42}nɑ^{42}tsʻa^{213}ɕye^{55}，pu^{55}ie^{213}tɕʻiõ^{42}to^{42}ɕye^{55}。

076 说着说着就笑起来了。

武汉：说到说到就笑起来了。

so^{213} · tau so^{213} · tau tɕiou^{35}ɕiau^{35}tɕʻi^{42}nai^{21} · niau。

十堰：说着说着就笑起来唠。

ʂuo^{45} · tʂɤ ʂuo^{45} · tʂɤ təu^{312}ɕiɔ^{312}tɕʻi^{443} · lɛ · lɔ。

说到说到就笑起来唠。

ʂuo^{45} · tɔ ʂuo^{45} · tɔ təu^{312}ɕiɔ^{312}tɕʻi^{443} · lɛ · lɔ。

恩施：说到说到就笑起来哒。

ʂuo^{22} · tau ʂuo^{22} · tau tɕiəu^{35}ɕiau^{35}tɕʻi^{51} · lai · ta。

孝感：说到说到就笑起来了。

ʂɥɛ^{213} · tau ʂɥɛ^{213} · tau tsʻu^{55}ɕiau^{35}tɕʻi^{52}nai^{21} · iau。

咸宁：一边说一边就笑起来了。

i^{55}piɛ^{44}ɕye^{55}i^{55}piẽ^{44}tɕʻiɑu^{33}ɕie^{213}tɕʻi^{42}na^{31}nɑ^{42}。

077 别怕！你大着胆子说吧。

武汉：莫怕！你大到胆子说。

mo^{213}pʻa^{35}！ni^{42}ta^{35} ·tau tan^{42} ·tsɿ so^{213}。

十堰：白怕！你大着胆子说吧。

pɛ^{53}pʻa^{312}！ȵi^{443}ta^{312} ·tʂɤ tan^{443} ·tsɿ ʂuo^{45} ·pa。

麻怕！你大到胆子说吧。

ma^{53}pʻa^{312}！ȵi^{443}ta^{312} ·tɔ tan^{443} ·tsɿ ʂuo^{45} ·pa。

恩施：莫怕！你大起胆子说就是的。

muo^{22}pʻa^{35}！li^{51}ta^{35}tɕʻi^{51}tan^{51} ·tsɿ ʂuo^{22}tɕiəu^{35}ʂʅ^{35} ·ti。

孝感：莫怕！你大到胆子说吧。

mo^{213}pʻa^{35}！n̩^{52}ta^{55} ·tau tan^{52} ·tsɿ ʂɥɛ^{213} ·pa。

咸宁：不要怕！你大点胆说。

pu^{55}ie^{213}pʻɑ^{213}n̩^{42}tʻa^{33}tiẽ^{42}tɑ̃^{42}ɕye^{55}。

078 这个东西重着呢，足有一百来斤。

武汉：这个东西重得很，有一百多斤。

tsɤ^{35} ·ko toŋ^{55} ·ɕi tsoŋ^{213} ·tə ·xən，iou^{42}i^{213}pɤ^{213}to^{55}tɕin^{55}。

十堰：这个东西很重，足有一百多斤。

tʂɤ^{312} ·kɤ tən^{45} ·ɕi xən^{443}tʂuən^{312}，tsəu^{53}iəu^{443}i^{53}pɛ^{45}tuo^{45}tɕin^{45}。

恩施：这个东西重得重，至少有百把多斤。

lie^{35} ·kə toŋ^{55} ·ɕi tʂoŋ^{35}te^{55}tʂoŋ^{35}，tʂʅ^{35}ʂau^{51}iəu^{51}pe^{22}pa^{51}tuo^{55} tɕin^{55}。

孝感：乜$_1$个东西重得很，足足有一百多斤。

niɛ^{35} ·ko toŋ^{44} ·ɕi tʂoŋ^{55} ·tɛ xən^{52}，tsəu^{213}tsəu^{213}iəu^{52}i$^{213-13}$pɛ^{213}

to^{44}tɕin^{44}。

咸宁：个个东西重呢，足有百把斤。

kə^{213}kə^{31}təŋ^{44}sæ^{44}tsʻəŋ^{33}næ^{31}，tsʻɑu^{55}iɑu^{42}pe^{55}pɑ^{42}tɕiən^{44}。

079 他对人可好着呢。

武汉：他对人蛮好。

tʻa^{55}tei^{35}nən^{213}man^{213}xau^{42}。

十堰：他对人可好唠。

tʻa^{443}tei^{312}ẓən^{53}kʻɤ^{53}xɔ^{443} ·lɔ。

恩施：他对人几多好/好得好。

tʻa^{55}tei^{35}ẓən^{22}tɕi^{51}tuo^{55}xau^{51}/ xau^{51}te^{55}xau^{51}。

孝感：他对人才好呢。

tʻa^{44}tei^{35}ẓən^{21}tsʻai^{21}xau^{52} ·uo。

咸宁：伊对偏人屋不晓得几好。

e^{42}tæ^{213}pʻiẽ^{44}zən^{31}u^{55}pu^{55}ɕie^{42}te^{55}tɕi^{42}xo^{42}。

080 这小伙子可有劲着呢。

武汉：这小伙子蛮有劲。

tsɤ^{35}ɕiau^{42}xo^{42} ·tsɿ man^{213}iou^{42}tɕin^{35}。

十堰：这小伙子可有劲嘞。

tṣɤ^{312}ɕiɔ^{443}xuo^{443} ·tsɿ kʻɤ^{53}iəu^{443}tɕin^{312} ·lɛ。

恩施：这个年青娃儿力气大得很 /好有力气哟。

lie^{35} ·kə liɛn^{22}tɕʻin^{55}uər^{22}li^{22}tɕʻi^{35}ta^{35}te^{22}xən^{51}/ xau^{51}iəu^{51}li^{22}tɕʻi^{35} ·io。

孝感：乜$_1$个儿子伢才有劲呢。

niɛ^{35} ·ko ɐr^{21} ·tsɿ ŋa^{21}tsʻai^{21}iəu^{52}tɕin^{35} ·ne。

咸宁：个男伢崽不晓得几有劲。

kə^{213}nɑ̃^{31} ŋa^{31}tsʻa^{42}pu^{55}ɕie^{42}te^{55}tɕi^{42}iɑu^{42}tɕiən^{213}。

081 别跑，你给我站着！

武汉：莫跑，你跟我站到！

mo^{213}pʻau^{213}，ni^{42}kən^{55}ŋo^{42}tsan^{35} ·tau！

十堰：麻跑，你给我站住！

ma^{53}pʻɔ^{443}，ȵi^{443}kɯ^{45} ·uo tʂan^{312} ·tʂu！

恩施：莫跑，你跟我站到起！

muo^{22}pʻau^{51}，li^{51}kən^{55}uo^{51}tʂan^{35}tau^{51} ·tɕʻi！

孝感：莫跑，你跟我站到！

mo^{213}pʻau^{21}，n̩^{52}kən^{44}ŋo^{52}tʂan^{35} ·tau！

咸宁：不要跑，你跟我站到！

pu^{55}ie^{213}pʻo^{42}，n̩^{42}kẽ^{44}ŋə^{42}tsʻɑ̃^{213}to^{42}！

082 下雨了，路上小心着！

武汉：下雨了，路上过细点！

ɕia^{35}y^{42} ·niau，nou^{35} ·saŋ ko^{35}ɕi^{35}tie^{42}！

十堰：下雨唠，路上小心点儿！

ɕia^{312}y^{443} ·lɔ，ləu^{312} ·ʂaŋ ɕiɔ^{443}ɕin^{45}tiər^{443}！

下雨唠，路上过点儿细！

ɕia^{312}y^{443} ·lɔ，ləu^{312} ·ʂaŋ kuo^{312}tiər^{443}ɕi^{312}！

恩施：下雨哒，路上好神点儿！

ɕia^{35}y^{51} ·ta，ləu^{35}ʂaŋ^{55}xau^{51}ʂən^{22} ·tiər！

孝感：落雨了，路上好生点儿啊！

no^{213}ɻ̩^{52} ·ɻau，nəu^{55} ·ʂaŋ xau^{52}sən^{44} ·tiər ·a！

咸宁：落雨了，路上过点细！

nə^{55}y^{42}nɑ^{42}，nɑu^{33}sõ^{33}kuə^{213}tiẽ^{42}sæ^{213}！

083 点着火了。着凉了。

武汉：火点着了。凉到了。

xo^{42}tiɛn^{42}tso^{213}niau。niaŋ^{213}tau·niau。

十堰：点着火唠。着凉唠。

tiɛn^{443}tʂuo^{53}xuo^{443}·lɔ。tʂuo^{53}liaŋ^{53}·lɔ。

恩施：火点燃哒。搞凉哒。

xuo^{51}tiɛn^{51}ʐan^{22}·ta。kau^{51}liaŋ^{22}·ta。

孝感：火点着了。受凉了。

xo^{52}tin^{52}tʂo^{21}·niau。ʂəu^{55}niaŋ^{21}·ŋau。

咸宁：火打燃了。冻了。

xə^{42}tɑ^{42}zẽ^{31}nɑ^{42}。təŋ^{213}nɑ^{42}。

084 甭着急，慢慢儿来。

武汉：莫着急，慢慢来。

mo^{213}tso^{213}tɕi^{213}，man^{35}·man nai^{213}。

十堰：白着急，慢慢儿来。

pɛ^{53}tʂuo^{5}tɕi^{53}，man^{312}mar^{31}lɛ^{53}。

麻着急，慢慢儿来。

ma^{53}tʂuo^{5}tɕi^{53}，man^{312}mar^{31}lɛ^{53}。

恩施：莫得急，慢慢儿来。

muo^{22}te^{22}tɕi^{22}，man^{35}mər^{55}lai^{22}。

孝感：莫着急，慢慢来。

mo^{213}tʂo^{21}tɕi^{213}，man^{55}man^{55}nai^{21}。

咸宁：不要着急，慢慢来。

pu^{55}ie^{213}tsʻə^{33}tɕi^{55}，mɑ̃^{33}mɑ̃^{33}na^{31}。

085 我正在这儿找着你，还没找着。

武汉：我正在这里找你，还没找到。

ŋo^{42}tsən^{35} ·tai tsɤ^{35} ·ni tsau^{42}ni^{42}，xai^{213}mau^{35}tsau^{42}tau^{35}。

十堰：我正在这儿找你，还没找到。

uo^{443}tʂən^{312}tsɛ^{312}tʂɤr^{31}tʂɔ^{443}ȵi^{443}，xɛ^{53}mei^{53}tʂɔ^{443} ·tɔ。

恩施：我正在这节儿找你没找到。

uo^{51}tʂən^{35}tsai^{35}lie^{35}tɕiər^{22}tʂau^{51}li^{51}mei^{55}tʂau^{51}tau^{51}。

孝感：我正在乜$_1$里找在，还有找到。

ŋo^{52}tʂən^{35}tai^{55}niɛ^{35} ·ni tʂau^{52} ·tai，xai^{21}mau^{55}tʂau^{52} ·tau。

咸宁：我正在个里找你，还有找到。

ŋə^{42}tsən^{213}tsʻa^{33}kə^{31}næ^{42}tso^{42}n̩^{42}，xa^{31}mo^{44}tsʻe^{213}to^{42}。

086 她呀，可厉害着呢！

武汉：她啊，蛮狠的！

tʻa^{55} ·a，man^{213}xən^{42} ·ti！

十堰：她呀，可厉害唠！

tʻa^{443} ·ia，kʻɤ^{53}li^{31}xɛ^{312} ·lɔ！

恩施：她呀，好火色哟！

tʻa^{55} ·ia，xau^{51}xuo^{51}se^{22} ·io！

孝感：她呀，厉害得很呢！

tʻa^{44} ·ia，ni^{55} ·xai ·tɛ xən^{52} ·ne！

咸宁：伊啊，厉害得很！

e^{42}ŋa^{42}，næ^{33}xa^{33}te^{55}xẽ^{42}！

087 这本书好看着呢。

武汉：这本书蛮好看。

tsɤ^{35}pən^{42}ɕy^{55}man^{213}xau^{42}kʻan^{35}。

十堰：这本书好看得很。

tʂɤ^{312} pən^{443} ʂu^{45} xɔ^{443} kʻan^{312} · ti xən^{443} 。

恩施：这本儿（个）书好得好看/好看得好看。

lie^{35} pər^{51}（· kə） ʂu^{55} xau^{51} te^{55} xau^{51} kʻan^{35}/ xau^{51} kʻan^{35} te^{55} xau^{51} kʻan^{35} 。

孝感：乜$_1$ 本书好看得很呢。

niɛ^{35} pən^{52} ʂʮ^{44} xau^{52} kʻan^{35} · tɛ xən^{52} · ne。

咸宁：个本书蛮好看呢。

kə^{213} pən^{42} ɕy^{44} mɑ^{31} xo^{42} kʻõ^{213} næ^{31} 。

088 饭好了，快来吃吧。

武汉：饭好了，快来吃。

fan^{35} xau^{42} · niau，kʻuai^{35} nai^{213} tɕʻi^{213} 。

十堰：饭好唠，快来吃吧。

fan^{312} xɔ^{443} · lɔ，kʻuɛ^{312} lɛ^{53} tʂʻʅ^{45} · pa。

恩施：饭熟哒，快点儿来吃。

xuan^{35} ʂu^{22} · ta，kʻuai^{35} tiər^{51} lai^{22} tɕʻi^{22} 。

孝感：饭舞好了，快点儿来吃吧。

fan^{55} u^{52} xau^{52} · uau，kʻuai^{35} · tiər nai^{21} tɕʻi^{213} · pa。

咸宁：饭熟了，快来喫。

fɑ̃^{33} sɑu^{33} nɑ^{42}，kʻua^{213} na^{31} tɕʻiɑ^{55} 。

089 锅里还有饭没有？你去看一看。

武汉：锅里还有冒得饭？你去看一下。

ko^{55} · ni xai^{213} iou^{42} mau^{35} tɤ^{213} fan^{35} ？ni^{42} kʻɯ^{35} kʻan^{35} i^{213} xa^{35} 。

十堰：锅的还有饭没？你去看（一）下儿。

kuo^{45} · ti xɛ^{53} iəu^{443} fan^{312} · mei？ȵi^{443} kʻɯ^{312} kʻan^{312}（i^{53}） · xar。

恩施：锅里还有饭没得？你去看看儿。

kuo^{55} ·li xai^{22} iəu^{51} xuan^{35} mei^{55} ·te？li^{51} tɕʻie^{35} kʻan^{35} ·kʻər。

孝感：锅里还有饭冇得？你去看哈儿。

ko^{44} ·ni xai^{21} iəu^{52} fan^{55} mau^{55} ·tɛ？ȵ̩^{52} tɕʻi^{35} kʻan^{35} ·xar^{55}。

咸宁：锅嘞还有冇得饭？你去看一下。

kuə^{44} ne^{44} xa^{31} iɑu^{42} mo^{44} te^{55} fɑ̃^{33}？n̩^{42} tɕʻie^{213} kʻõ^{213} i^{55} xɑ^{33}。

090 我去看了，没有饭了。

武汉：我去看了，冒得饭了。

ŋo^{42} kʻɯ^{35} kʻan^{35} ·niau，mau^{35} tɤ^{213} fan^{35} ·niau。

十堰：我去看唠，没得饭唠。

uo^{443} kʻɯ^{312} kʻan^{312} ·lɔ，mei^{5} ·tɛ fan^{312} ·lɔ。

恩施：我看哒，没得饭哒/饭没得哒

uo^{51} kʻan^{35} ·ta，mei^{55} ·te xuan^{35} ·ta/ xuan^{35} mei^{55} ·te ·ta。

孝感：我去看了的，冇得饭了。

ŋo^{52} tɕʻi^{35} kʻan^{35} ·niau ·ti，mau^{55} ·tɛ fan^{55} ·niau。

咸宁：我去看了，冇得饭了。

ŋə^{42} tɕʻie^{213} kʻõ^{213} nɑ^{42}，mo^{44} te^{55} fɑ̃^{33} nɑ^{42}。

091 就剩一点儿了，吃了得了。

武汉：就剩一点了，吃了算了。

tɕiou^{35} sən^{35} i^{213} tie^{42} ·niau，tɕʻi^{213} ·niau san^{35} ·niau。

十堰：就剩一点儿唠，吃唠算唠。

təu^{312} ʂən^{312} i^{53} tiər^{443} ·lɔ，tʂʻʅ^{45} ·lɔ san^{312} ·lɔ。

恩施：就剩点点儿哒，吃哒算哒。

tɕiəu^{35} ʂən^{35} tiɛn^{51} ·tiər ·ta，tɕʻi^{22} ·ta san^{35} ·ta。

孝感：就只一点儿了，吃了算了。

tsəu^{55} tʂʅ^{213} i^{213} ·tiər ·ʐau，tɕʻi^{213} ·iau san^{35} ·niau。

咸宁：只剩一点崽了，喫了算了。

tsʅ^{55} sən^{33} i^{55} tiẽ^{42} tsʻa^{42} nɑ^{42}，tɕʻiɑ^{55} nɑ^{42} sõ^{213} nɑ^{42}。

092 吃了饭要慢慢儿的走，别跑，小心肚子疼。

武汉：吃了饭要慢慢地走，莫跑，招呼肚子疼。

tɕʻi^{213} ·niau fan^{35} iau^{35} man^{35} ·man ·ti tsou^{42}，mo^{213} pʻau^{213}，tsau^{55} ·xu tou^{42} ·tsɿ tʻən^{213}。

十堰：吃唠饭要慢慢儿的走，麻跑，小心肚子疼。

tʂʻʅ^{45} ·lɔ fan^{312} iɔ^{312} man^{312} mar^{31} ·ti tsəu^{443}，ma^{53} pʻɔ^{443}，ɕiɔ^{443} ɕin^{45} təu^{312} ·tsɿ tʻən^{53}。

恩施：吃哒饭哒要慢慢儿走，莫跑，招呼肚子疼。

tɕʻi^{22} ·ta xuan^{35} ·ta iau^{35} man^{35} ·mər tsʻəu^{51}，muo^{22} pʻau^{51}，tʂau^{55} xu^{55} təu^{51} ·tsɿ tʻən^{22}。

孝感：吃了饭要慢慢走，莫跑，招呼肚子疼。

tɕʻi^{213} ·iau fan^{55} iau^{35} man^{55} man^{55} tsəu^{52}，mo^{213} pʻau^{21}，tʂau^{44} ·xu təu^{52} ·tsɿ tʻən^{21}。

咸宁：喫了饭要慢慢走，不要跑，好生点，有肚嘞痛。

tɕʻiɑ^{55} nɑ^{42} fɑ̃^{33} ie^{213} mɑ̃^{33} mɑ̃^{33} tse^{42}，pu^{55} ie^{213} pʻo^{42}，xo^{42} sɑ̃^{44} tiẽ^{42}，mo^{44} tɑu^{42} ne^{44} tʻəŋ^{213}。

093 他吃了饭了，你吃了饭没有呢？

武汉：他吃了饭，你吃了饭冒？

tʻa^{55} tɕʻi^{213} ·niau fan^{35}，ni^{42} tɕʻi^{213} ·niau fan^{35} mau^{35}？

十堰：他吃唠饭唠，你吃唠饭没？

tʻa^{443} tʂʻʅ^{45} ·lɔ fan^{312} ·lɔ，ȵi^{443} tʂʻʅ^{45} ·lɔ fan^{312} ·mei？

恩施：他吃哒饭哒，你吃哒没得？

tʻa^{55} tɕʻi^{22} ·ta xuan^{35} ·ta，li^{51} tɕʻi^{22} ·ta mei^{55} ·te？

孝感：他吃了饭的，你吃了饭冇呢？

tʻa^{44}tɕʻi^{213} · iau fan^{55} · ti，ȵ̩^{52}tɕʻi^{213} · iau mau^{55} · ue？

咸宁：伊喫了饭，你喫冇喫饭？

e^{42}tɕʻiɑ^{55}nɑ^{42}fɑ̃^{33}，ȵ̩^{42}tɕʻiɑ^{55}mo^{44}tɕʻiɑ^{55}fɑ̃^{33}？

094 我喝了茶还是渴。

武汉：我喝了茶还干。

ŋo^{42}xo^{213} · niau tsʻa^{213}xai^{213}kan^{55}。

十堰：我喝唠茶还是渴。

uo^{443}xɤ^{45} · lɔ tʂʻa^{53}xɛ^{53}ʂʅ^{312}kʻɤ^{45}。

恩施：我喝哒茶哒嘴巴还是干。

uo^{51}xuo^{55} · ta tʂʻa^{22} · ta tsei^{51} · pa xai^{22}ʂʅ^{35}kan^{55}。

孝感：我喝了茶还是渴不过。

ŋo^{52}xo^{213} · niau tʂʻa^{21}xai^{21}ʂʅ^{55}kʻo^{213} · pu · ko。

咸宁：我喝了茶还是口嘞干。

ŋə^{42}xə^{55}nɑ^{42}tsʻɑ^{31}xa^{31}sʅ^{33}kʻe^{42}ne^{44}kõ^{44}。

095 我吃了晚饭，出去溜达了一会儿，回来就睡下了，还做了个梦。

武汉：我吃了晚饭，出去转了一下，回来就睡了，还做了个梦。

ŋo^{42}tɕʻi^{213} · niau uan^{42}fan^{35}，tɕʻy^{213}kʻɯ^{35}tsuan^{42} · niau i^{213}xa^{35}，xuei^{213}nai^{213}tɕiou^{35}suei^{35} · niau，xai^{213}tsou^{35} · niau · ko moŋ^{213}。

十堰：我吃唠黑唠饭，出去转唠（一）会儿，回来就睡唠，还做唠个梦。

uo^{443}tʂʻʅ^{45} · lɔ xɯ^{45} · lɔ fan^{312}，tʂʻu^{45} · kʻɯ tʂuan^{312} · lɔ（i^{53}）xuər^{31}，xuei^{53} · lɛ təu^{312}ʂei^{312} · lɔ，xɛ^{53}tsəu^{312} · lɔ kɤ^{312}mən^{312}。

恩施：我吃哒夜饭之后，出去转哒下儿，回来就睡哒，还做哒个梦。

uo^{51}tɕʻi^{22} · ta ie^{35}xuan^{35}tʂʅ^{55}xəu^{35}，tʂʻu^{22}tɕʻie^{35}tʂuan^{35} · ta xər^{55}， xuei^{22} · lai tɕiəu^{35}ʂuei^{35} · ta，xai^{22}tsəu^{35} · ta · kə moŋ^{35}。

孝感：我吃了夜饭，出去转了哈儿，回来就睡了，还做了个梦。

ŋo^{52}tɕʻi^{213} · iau iɛ^{55}fan^{55}，tʂʻʮ$^{213-21}$ · tɕʻi tʂʮan^{35} · niau · xar，xuei^{21}nai^{21}tsəu^{55}ʂʮei^{35} · iau，xai^{21}tsəu^{35} · uau · ko moŋ^{55}。

咸宁：我喫了夜饭，出去玩一下崽，回来就睏了，还做了一个梦。

ŋə^{42}tɕʻiɑ^{55}nɑ^{42}iɑ^{33}fɑ̃^{33}，tɕʻy^{55}tɕʻie^{213}uɑ̃^{31}i^{55}xɑ^{33}tsʻa^{42}，fæ^{31}na^{31}tɕʻiɑu^{33}kʻuən^{213}nɑ^{42}，xa^{31}tsɑu^{213}nɑ^{42}i^{55}kə^{213}məŋ^{33}。

096 吃了这碗饭再说。

武汉：吃了这碗饭再说。

tɕʻi^{213} · niau tsɤ^{35}uan^{42}fan^{35}tsai^{35}so^{213}。

十堰：吃唠这碗饭再说。

tʂʻʅ^{45} · lɔ tʂɤ^{312}uan^{443}fan^{312}tsɛ^{312}ʂuo^{45}。

恩施：吃哒这碗饭再说。

tɕʻi^{22} · ta lie^{35}uan^{51}xuan^{35}tsai^{35}ʂuo^{22}。

孝感：吃了乜$_1$碗饭再说着。

tɕʻi^{213} · iau · niɛ^{35}uan^{52}fan^{55}tsai^{35}ʂʮɛ^{213} · tʂo。

咸宁：喫了个碗饭再说。

tɕʻiɑ^{55}nɑ^{42}kə^{31}uõ^{42}fɑ̃^{33}tsa^{213}ɕye^{55}。

097 我昨天照了像了。

武汉：我昨天照了个像。

ŋo^{42}tso^{213}tʻiɛn^{55}tsau^{35} · niau · ko ɕiaŋ^{35}。

十堰：我昨儿的照唠像唠。

uo^{443}tsuor^{53} · ti tʂɔ^{312} · lɔ ɕiaŋ^{312} · lɔ。

恩施：我昨天照哒个像。

uo^{51}tsuo^{22}tʻiɛn^{55}tʂau^{35} · ta · kə ɕiaŋ^{35}。

孝感：我昨天照了像的。

ŋo^{52}tso^{213}tʻin^{44}tʂau^{35} · uau ɕiaŋ^{35} · ti。

咸宁：我昨日照了像。

ŋə^{42}tsʻə^{33}zʅ^{55}tsʻe^{213}nɑ^{42}ɕiõ^{213}。

098 有了人，什么事都好办。

武汉：有了人，么事都好办。

iou^{42} · niau nən^{213}，mo^{42} · sʅ tou^{55}xau^{42}pan^{35}。

十堰：有唠人，啥事都好办。

iəu^{443} · lɔ ʐən^{53}，ʂa^{53}ʂʅ^{312}təu^{53}xɔ^{443}pan^{312}。

恩施：只要有人，么子事都好搞。

tʂʅ^{22}iau^{35}iəu^{51}ʐən^{22}，muo^{51} · tsʅ sʅ^{35}təu^{55}xau^{51}kau^{51}。

孝感：有了人，随么事哈好办。

iəu^{52} · uau ʐən^{21}，sei^{21}mo^{52} · sʅ xa^{55}xau^{52}pan^{55}。

咸宁：有了人，什么事都好办。

iɑu^{42}nɑ^{42}zən^{31}，sʅ^{33}mo^{42}sʅ^{33}tɑu^{44}xo^{42}pʻɑ̃^{33}。

099 不要把茶杯打碎了。

武汉：莫把茶杯打破了。

mo^{213}pa^{42}tsʻa^{213}pei^{55}ta^{42}pʻo^{35} · niau。

十堰：麻要把茶杯打碎唠。

ma^{53}iɔ^{312}pa^{312}tʂʻa^{53}pei^{45}ta^{443}sei^{312} · lɔ。

麻要叫茶杯打碎了。

ma^{53}iɔ^{312}tɕiɔ^{312}tʂʻa^{53}pei^{45}ta^{443}sei^{312} · lɔ。

恩施：莫把茶杯子打破哒。

muo^{22}pa^{51}tʂʻa^{22}pei^{55} · tsʅ ta^{22}pʻuo^{35} · ta。

孝感：莫把茶杯打破了。

mo^{213}pa^{52}tʂʻa^{21}pei^{44}ta^{52}pʻo^{35} · niau。

咸宁：不要把茶杯打破了。

pu^{55}ie^{213}pɑ^{213}tsʻɑ^{31}pæ^{44}tɑ^{42}pʻɔ^{213}nɑ^{42}。

100 你快把这碗饭吃了，饭都凉了。

武汉：你快把这碗饭吃它，饭都冷了。

ni^{42}kʻuai^{35}pa^{42}tsɤ^{35}uan^{42}fan^{35}tɕʻi^{213}tʻa^{55}，fan^{35}tou^{55}nən^{42} · niau。

十堰：你快把这碗饭吃唠，饭都凉唠。

ȵi^{443}kʻuɛ^{312}pa^{312}tʂɤ^{312}uan^{443}fan^{312}tʂʻʅ^{45} · lɔ，fan^{312}təu^{53}liaŋ^{53} · lɔ。

你快给这碗饭吃唠，饭都凉唠。

ȵi^{443}kʻuɛ^{312}kɯ^{45}tʂɤ^{312}uan^{443}fan^{312}tʂʻʅ^{45} · lɔ，fan^{312}təu^{53}liaŋ^{53} · lɔ。

恩施：你快点儿把这碗饭吃哒它，都冷哒。

li^{51}kʻuai^{35} · tiər pa^{51}lie^{35}uan^{51}xuan^{35}tɕʻi^{22} · ta · tʻa^{55}，təu^{55}lən^{51} · ta。

孝感：你快点儿把乜$_1$碗饭吃了它，饭哈冷了。

n̩^{52}kʻuai^{35} · tiər pa^{52}niɛ^{35}uan^{52}fan^{55}tɕʻi^{213} · iau · tʻa，fan^{55}xa^{55}nən^{52} · niau。

咸宁：你快点把个碗饭喫了，饭都冷了。

n̩^{42}kʻua^{213}tiẽ^{42}pɑ^{213}kə^{213}uõ^{42}fɑ̃^{33}tɕʻiɑ^{55}nɑ^{42}，fɑ̃^{33}tɑu^{44}nɑ̃^{42}nɑ^{42}。

101 下雨了。雨不下了，天晴开了。

武汉：下雨了。冒下雨了，天晴了。

ɕia^{35}y^{42} · niau。mau^{35}ɕia^{35}y^{42} · niau，tʻiɛn^{55}tɕʻin^{213} · niau。

十堰：下雨唠。雨不下唠，天晴唠。

ɕia^{312}y^{443} · lɔ。y^{443}pu^{53}ɕia^{312} · lɔ，tʻiɛn^{45}tɕʻin^{53} · lɔ。

恩施：下雨哒。雨住哒，天晴哒。

ɕia^{35}y^{51} · ta。y^{51}tʂu^{35} · ta，tʻiɛn^{55}tɕʻin^{22} · ta。

孝感：落雨了。雨住了，天晴了。

no^{213}ɥ^{52} ·ɥau。ɥ^{52}tʂɥ^{55} ·ɥau，tʻin^{44}tɕʻin^{21} ·niau。

咸宁：落雨了。雨不落了，天晴了。

nə^{55}y^{42}nɑ^{42}。y^{42}pu^{55}nə^{55}nɑ^{42}，tʻiẽ^{44}tɕʻiɑ̃^{31}nɑ^{42}。

102 打了一下。去了一趟。

武汉：打了一下。去了一趟。

ta^{42} ·niau i^{213}xa^{35}。kʻɯ^{35} ·niau i^{213}tʻaŋ^{35}。

十堰：打唠一下。去唠一趟。

ta^{443} ·lɔ i^{53}ɕia^{312}。kʻɯ^{312} ·lɔ i^{53}tʻaŋ^{312}。

恩施：打哒一下。去哒一趟。

ta^{51} ·ta i^{22}xa^{51}。tɕʻie^{35} ·ta i^{22}tʻaŋ^{35}。

孝感：打了一哈儿。去了一趟。

ta^{52} ·niau i$^{213\text{-}21}$ ·xar。tɕʻi^{35} ·iau i$^{213\text{-}21}$tʻaŋ^{35}。

咸宁：打了一下。去了一趟。

tɑ^{42}nɑ^{42}i^{55}xɑ^{33}。tɕʻie^{213}nɑ^{42}i^{55}tʻõ^{213}。

103 晚了就不好了，咱们快点儿走吧！

武汉：晚了就不好了，我们快点走吧！

uan^{42} ·niau tɕiou^{35}pu^{213}xau^{42} ·niau，o^{42} ·mən kʻuai^{35}tie^{42}tsou^{42} ·pa！

十堰：晚唠就不好唠，我们快点儿走吧！

uan^{443} ·lɔ təu^{312}pu^{53}xɔ^{443} ·lɔ，uo^{443} ·mən kʻuɛ^{312}tiər^{443}tsəu^{443} ·pa！

恩施：去迟哒不好，我们快点儿走！

tɕʻie^{35}tʂʅ^{22} ·ta pu^{22}xau^{51}，uo^{51} ·mən kʻuai^{35} ·tiər tsəu^{51}！

孝感：晏了就不好了，我着快点儿走吧！

ŋan^{35} ·niau tsəu^{55}pu^{213}xau^{52} ·uau，ŋo^{52} ·tʂo k'uai^{35} ·tiər tsəu^{52} ·pa！

咸宁：晏了就不好了，我都快点走！

ŋɑ̃^{213}nɑ^{42}tɕ'iɑu^{33}pu^{55}xo^{42}nɑ^{42}，ŋə^{42}tɑu^{44}k'ua^{213}tiẽ^{42}tse^{42}！

104 给你三天时间做得了做不了？

武汉：把你三天时间，做不做得完？

pa^{42}ni^{42}san^{55}t'iɛn^{55}sɿ^{213}tɕiɛn^{55}，tsou^{35}pu^{21}tsou^{35} ·tɤ uan^{213}？

十堰：给你三天时间做得了做不了？

kɯ^{45}ȵi^{443}san^{45}t'iɛn^{45}ʂʅ^{53} ·tɕiɛn tsəu^{312} ·tɛ liɔ^{443}tsəu^{312} ·pu liɔ^{443}？

恩施：跟你把三天时间搞不搞得完？

kən^{55}li^{51}pa^{51}san^{55}t'iɛn^{55}ʂʅ^{22}tɕiɛn^{55}kau^{51} ·pu kau^{51} ·te uan^{22}？

孝感：给你三天时间做得完做不完？

ke^{52}n̩^{52}san^{44}t'in^{44}ʂʅ^{21}tɕin^{44}tsəu^{35} ·pu tsəu^{35} ·tɛ uan^{21}？

咸宁：把三日时间你做不做得了？

pɑ^{42}sɑ̃^{44}zʅ^{55}sɿ^{31}tɕiɑ̃^{44}n̩^{42}tsɑu^{213}pu^{55}tsɑu^{213}te^{55}nie^{42}？

105 你做得了，我做不了。

武汉：你做得了，我做不了。

ni^{42}tsou^{35} ·tɤ ·niau，ŋo^{42}tsou^{35}pu^{213} ·niau。

十堰：你做得了，我做不了。

ȵi^{443}tsəu^{312} ·tɛ liɔ^{443}，uo^{443}tsəu^{312} ·pu liɔ^{443}。

恩施：你搞得好，我搞不好。

li^{51}kau^{51} ·te xau^{51}，uo^{51}kau^{51} ·pu^{22}xau^{51}。

孝感：你做得完，我做不完。

n̩^{52}tsəu^{35} ·tɛ uan^{21}，ŋo^{52}tsəu^{35} ·pu uan^{21}。

咸宁：你做得了，我做不了。

n̩^{42}tsɑu^{213}te^{55}nie^{42}，ŋə^{42}tsɑu^{213}pu^{55}nie^{42}。

106 你骗不了我。

武汉：你哄不倒我。

ni^{42}xoŋ^{42}pu^{213} · tau ŋo^{42}。

十堰：你骗不了我。

n̩i^{443}p'iɛn^{312} · pu liɔ^{443}uo^{443}。

恩施：你乎不倒我。

li^{51}xu^{55} · pu tau^{51}uo^{51}。

孝感：你货不倒我。

n̩^{52}xo^{35}pu^{213} · tau ŋo^{52}。

咸宁：你策不倒我。

n̩^{42}ts'e^{55}pu^{55}to^{213}ŋə^{42}。

107 了了这桩事情再说。

武汉：了了这件事再说。

niau^{42} · niau tsɤ^{35}tɕiɛn^{35} · sɿ tsai^{35}so^{213}。

十堰：了唠这件事儿再说。

liɔ^{443} · lɔ tʂɤ^{31}tɕiɛn^{312}ʂər^{31}tsɛ^{312}ʂuo^{45}。

恩施：把这个事搞清白/完哒再说。

pa^{51}lie^{35} · kə sɿ^{35}kau^{51}tɕ'in^{55}pe^{22}/ uan^{22} · ta tsai^{35}ʂuo^{22}。

孝感：了了乜$_1$ 桩事着。

niau^{52} · niau niɛ^{35}tʂɥaŋ^{44}sɿ^{55} · tʂo。

咸宁：把个件事情了了再说。

pɑ^{213}kə^{213}tɕ'iẽ^{33}sɿ^{33}tɕ'iən^{31}nie^{42}nɑ^{42}tsa^{213}ɕye^{55}。

108 这间房没住过人。

武汉：这个房冒住过人。

tsɤ^{35} · ko faŋ^{213} mau^{35} tɕy^{35} ko^{35} nən^{213}。

十堰：这间房子没住过人。

tʂʅ^{312} tɕiɛn^{45} faŋ^{53} · tsɿ mei^{53} tʂu^{312} · kuo zən^{53}。

恩施：这间儿屋没住过人。

lie^{35} kər^{55} u^{22} mei^{55} tʂu^{35} · kuo zən^{22}。

孝感：乜$_{1}$ 间房冇住过人。

niɛ^{35} kan^{44} faŋ^{21} mau^{55} tʂʮ^{55} · ko zən^{21}。

咸宁：个间屋冇住过人。

kə^{213} kɑ̃^{44} u^{55} mo^{44} tɕy^{33} kuə^{213} zən^{31}。

109 这牛拉过车，没骑过人。

武汉：这牛拉过车，冒骑过人。

tsɤ^{35} niou^{213} na^{55} ko^{35} ts'ɤ^{55}，mau^{35} tɕ'i^{213} ko^{35} nən^{213}。

十堰：这牛拉过车，没骑过人。

tʂɤ^{312} ȵiəu^{53} la^{45} · kuo tʂ'ɤ^{45}，mei^{53} tɕ'i^{53} · kuo zən^{53}。

恩施：这个牛拉过车子，没骑过人。

lie^{35} · kə liəu^{22} la^{55} · kuo tʂ'e^{55} · ts'ɿ，mei^{55} tɕ'i^{22} · kuo zən^{22}。

孝感：乜$_{1}$ 头牛拉过车，冇骑过人。

niɛ^{35} t'əu^{21} niəu^{21} tʂ'əu^{52} · ko tʂ'e^{44}，mau^{55} tɕ'i^{21} · ko zən^{21}。

咸宁：个只牛拉过车，冇骑过人。

kə^{213} ts'ɑ^{55} niɑu^{31} nɑ^{44} kuə^{213} ts'ɑ^{44}，mo^{44} tɕ'i^{31} kuə^{213} zən^{31}。

110 这小马还没骑过人，你小心点儿。

武汉：这小马还冒骑过人，你过细一点。

tsɤ^{35} ɕiau^{42} ma^{42} xai^{213} mau^{35} tɕ'i^{213} ko^{35} nən^{213}，ni^{42} ko^{35} ɕi^{35} i^{213} tie^{42}。

十堰：这小马还没骑过人，你过点儿细。

tʂɤ^{312} ɕiɔ^{443} ma^{443} xɛ^{53} mei^{53} tɕ'i^{53} · kuo zən^{53}，ȵi^{443} kuo^{312} tiər^{443} ɕi^{312}。

恩施：这个马娃儿还没骑过人，你要好神点儿。

lie^{35} · kə ma^{51}uər^{22}xai^{22}mei^{55}tɕʻi^{22} · kuo ʐən^{22}，li^{51}iau^{35}xau^{51}ʂən^{22} · tiər。

孝感：乜$_1$ 匹小马还冇骑过人，你招呼点儿。

niɛ^{35}pʻi^{21}ɕiau^{52}ma^{52}xai^{21}mau^{55}tɕʻi^{21} · ko ʐən^{21}，n̩^{52}tʂau^{44} · xu · tiər。

咸宁：个隻马崽还冇骑过人，你过点细。

kə^{213}tsɑ^{55}mɑ^{42}tsʻa^{42}xa^{31}mo^{44}tɕʻi^{31}kuə^{213}zən^{31}，n̩^{42}kuə^{213}tiẽ^{42}sæ^{213}。

111 以前我坐过船，可从来没骑过马。

武汉：以前我坐过船，但从来冒骑过马。

i^{42}tɕʻiɛn^{213}ŋo^{42}tso^{35}ko^{35}tsʻuan^{213}，tan^{35}tsʻoŋ^{213}nai^{213}mau^{35}tɕʻi^{213}ko^{35}ma^{42}。

十堰：往会儿我坐过船，可从来没骑过马。

uaŋ^{443}xuər^{31}uo^{443}tsuo^{312} · kuo tʂʻuan^{53}，kʻɤ^{443}tsʻən^{5}lɛ^{53}mei^{53}tɕʻi^{53} · kuo ma^{443}。

恩施：往常我坐过船，还从来没骑过马。

uaŋ^{51}tʂʻaŋ^{22}uo^{51}tsʻuo^{35} · kuo tʂʻuan^{22}，xai^{22}tsʻoŋ^{22}lai^{22}mei^{55}tɕʻi^{22} · kuo ma^{51}。

孝感：以前我坐过船，但从来冇骑过马。

i^{52}tɕʻin^{21}ŋo^{52}tso^{55} · ko tʂɥan^{21}，tan^{55}tsʻoŋ^{21}nai^{21}mau^{55}tɕʻi^{21} · ko ma^{52}。

咸宁：以前我坐过船，但从来冇骑过马。

i^{42}tɕʻiẽ^{31}ŋə^{42}tsʻə^{33}kuə^{213}tɕʻyẽ^{31}，tʻɑ̃^{33}tsʻəŋ^{31}na^{31}mo^{44}tɕʻi^{31}kuə^{213}mɑ^{42}。

112 丢在街上了。搁在桌上了。

武汉：掉到街上了。放到桌子高头了。

tiau^{35}tau^{35}kai^{55} · saŋ · niau。faŋ^{35}tau^{35}tso^{213} · tsɿ kau^{55} · tʻou · niau。

十堰：丢到街上唠。搁在桌子上唠。

tiəu^{45} · tɔ kɛ^{45} · ʂaŋ · lɔ。kɤ^{53}tsɛ^{312}tʂuo^{45} · tsɿ · ʂaŋ · lɔ。

恩施：掉到街上哒。□到桌子高头哒。

tiau^{35}tau^{51}kai^{55} · ʂaŋ^{35} · ta。ka^{35}tau^{51}tʂuo^{22} · tsʻʅ kau^{55} · tʻəu · ta。

孝感：丢在街上去了。放在桌上高头去了。

tiəu^{44}tai^{55}kai^{44} · ʂaŋ · tɕʻi · iau。faŋ^{35}tai^{55}tʂo^{213} · tsɿ kau^{44} · tʻəu · tɕʻi · iau。

咸宁：丢在街嘞。搁在桌嘞。

tiɑu^{44}tsʻa^{33}ka^{44}ne^{44}。kə^{55}tsʻa^{33}tsʻə^{55}ne^{44}。

113 掉到地上了，怎么都没找着。

武汉：掉到地上了，么样都找不到。

tiau^{35}tau^{35}ti^{35} · saŋ · niau，mo^{42} · iaŋ tou^{55}tsau^{42}pu^{213} · tau。

十堰：掉到地上唠，咋都没找到。

tiɔ^{312} · tɔ ti^{312} · ʂaŋ · lɔ，tsa^{443}təu^{53}mei^{53}tʂɔ^{443} · tɔ。

恩施：掉到地下哒，哪门找都没找到/找不到。

tiau^{35}tau^{51}ti^{35}ɕia^{55} · ta，la^{51} · mən tʂau^{51}təu^{55}mei^{55}tʂau^{51}tau^{51}/ tʂau^{51} · pu tau^{51}。

孝感：掉在地哈去了，么样都冇找到。

tiau^{35}tai^{55}ti^{55} · ɕia · tɕʻi · iau，mo^{52}iaŋ^{55}təu^{44}mau^{55}tʂau^{52}tau^{52}。

咸宁：落得地嘞去了，不管难适都找不到。

nə^{55}te^{55}tʻiɑ^{33}ne^{44}tɕʻie^{213}nɑ^{42}，pu^{55}kuõ^{42}nã^{31}sɿ^{55}tɑu^{44}tso^{42}pu^{55}to^{213}。

114 今晚别走了，就在我家住下吧！

武汉：今天晚上莫走了，就住在我屋里！

tɕin^{55} ·tiɛn uan^{42} ·saŋ mo^{213}tsou^{42} ·niau，tɕiou^{35}tɕy^{35} ·tai ŋo^{42} u^{213} ·ni！

十堰：今儿黑唠麻走唠，就在我家住吧！

tɕiər^{43}xɯ^{45} ·lɔ ma^{53}tsəu^{443} ·lɔ，təu^{312}tsɛ^{312}uo^{443}tɕia^{45}tʂu^{312} ·pa！

恩施：今天晚上莫走哒，就在我屋里歇！

tɕin^{55}tʻiɛn^{55}uan^{51} ·saŋ muo^{22}tsəu^{51} ·ta，tɕiəu^{35}tsai^{35}uo^{51}u^{22} ·li ɕie^{22}！

孝感：今喏儿黑了不走，就在我屋里歇！

tɕin^{44} ·nor xɛ^{213} ·niau pu^{213}tsəu^{52}，tsəu^{55}tai^{55}ŋo^{52}u^{213} ·ni ɕiɛ^{213}！

咸宁：今夜不走，就在我屋歇！

tɕiən^{44}iɑ^{33}pu^{55}tse^{42}，tɕʻiɑu^{33}tsʻa^{33}ŋə^{42}u^{55}ɕi^{55}！

115 这些果子吃得吃不得？

武汉：这些果子吃不吃得？

tsɤ^{35}ɕie^{55}kuo^{42} ·tsɿ tɕʻi^{213} ·pu tɕʻi^{213}tɤ^{213}？

十堰：这些果子吃得吃不得？

tʂɤ^{312}ɕie^{45}kuo^{443} ·tsɿ tʂʻʅ^{45}tɛ^{53}tʂʻʅ^{45} ·pu tɛ^{53}？

恩施：这些果果儿吃不吃得？

lie^{35}ɕie^{55}kuo^{51} ·kuər tɕʻi^{22} ·pu tɕʻi^{22} ·te？

孝感：乜$_1$ 些果子吃不吃得得？

niɛ^{35}ɕiɛ^{44}ko^{52} ·tsɿ tɕʻi^{213} ·pu tɕʻi$^{213-13}$ ·tɛ ·tɛ？

咸宁：个些果嘞喫不喫得？

kə^{213}sæ^{55}kuə^{42}ne^{44}tɕʻiɑ^{55}pu^{55}tɕʻiɑ^{55}te^{55}？

116 这是熟的，吃得。那是生的，吃不得。

武汉：这是熟的，吃得。那是生的，吃不得。

tsɤ^{35}sɿ^{35}sou^{213} · ti，tɕʻi^{213}tɤ^{213}。na^{35}sɿ^{35}sən^{55} · ti，tɕʻi^{213} · pu tɤ^{213}。

十堰：这是熟的，吃得。那是生的，吃不得。

tʂɤ^{31}ʂʅ^{312}ʂəu^{53} ·ti，tʂʻʅ^{45}tɛ^{53}。la^{31}ʂʅ^{312}ʂən^{45} ·ti，tʂʻʅ^{45} ·pu tɛ^{53}。

恩施：这个是熟的，吃得。那个是生的，吃不得。

lie^{35} ·kə ʂʅ^{35}ʂu^{22} ·ti，tɕʻi^{22} ·te。la^{35} ·kə ʂʅ^{35}sən^{55} ·ti，tɕʻi^{22} ·pu ·te。

孝感：乜$_1$是熟的，吃得得。乜$_2$是生的，吃不得。

niɛ^{35}ʂʅ^{55}ʂəu^{21} ·ti，tɕʻi$^{213\text{-}13}$ ·tɛ ·tɛ。niɛ^{55}ʂʅ^{55}sən^{44} ·ti，tɕʻi$^{213\text{-}13}$ ·pu tɛ^{213}。

咸宁：个是熟箇，喫得。那是生箇，喫不得。

kə^{213}sʅ^{33}sɑu^{33}kə^{33}，tɕʻiɑ^{55}te^{55}。ne^{55}sʅ^{33}sã^{44}kə^{33}，tɕʻiɑ^{55}pu^{55}te^{55}。

117 你们来得了来不了？

武汉：你们来不来得了？

ni^{42} ·mən nai^{213} ·pu nai^{213} ·tɤ ·niau？

十堰：你们来得了来不了？

ȵi^{443} ·mən lɛ^{53} ·tɛ liɔ^{443}lɛ^{53} ·pu liɔ^{443}？

你们来不来得了？

ȵi^{443} ·mən lɛ^{53} ·pu lɛ^{53} ·tɛ liɔ^{443}？

你们来得了不？

ȵi^{443} ·mən lɛ^{53} ·tɛ liɔ^{443} ·pu？

恩施：你们来不来得成？

li^{51} ·mən lai^{22} ·pu lai^{22} ·te tʂʻən^{35}？

孝感：你着来不来得成啊？

n̥^{52} ·tʂo nai^{21} ·pu nai^{21} ·tɛ tʂʻən^{21} ·na？

咸宁：你都来不来得了？

n̩^{42}tɑu^{44}na^{31}pu^{55}na^{31}te^{55}nie^{42}？

118 我没事，来得了，他太忙，来不了。

武汉：我冒得事，来得了，他太忙了，来不了。

ŋo^{42}mau^{35}tɤ^{213} · sɿ，nai^{213} · tɤ · niau，tʻa^{55}tʻai^{35}maŋ^{213} · niau，nai^{213}pu^{213} · niau。

十堰：我没得事，来得了，他太忙，来不了。

uo^{443}mei^{53} · tɛ ʂʅ^{312}，lɛ^{53} · tɛ liɔ^{443}，tʻa^{443}tʻɛ^{312}maŋ^{53}，lɛ^{53} · pu liɔ^{443}。

恩施：我没得么子事，来得成，他忙得忙，来不成。

uo^{51}mei^{55} · te muo^{51} · tsʻɿ sɿ^{35}，lai^{22} · te tʂʻən^{35}，tʻa^{55}maŋ^{22}te^{55}maŋ^{22}，lai^{22} · pu tʂʻən^{35}。

孝感：我冇得事，来得成，他蛮忙，来不成。

ŋo^{52}mau^{55} · tɛ sɿ^{55}，nai^{21} · tɛ tʂʻən^{21}，tʻa^{44}man^{21}maŋ^{21}，nai^{21} · pu tʂʻən^{21}。

咸宁：我冇得事，来得了，伊太忙，来不了。

ŋə^{42}mo^{44}te^{55}sɿ^{33}，na^{31}te^{55}nie^{42}，e^{42}tʻa^{213}mõ^{31}，na^{31}pu^{55}nie^{42}。

119 这个东西很重，拿得动拿不动？

武汉：这个东西重得很，拿不拿得动？

tsɤ^{35} · ko toŋ^{55} · ɕi tsoŋ^{35} · tə · xən，na^{213}pu^{213}na^{213} · tɤ toŋ^{35}？

十堰：这个东西怪重，拿得动拿不动？

tʂɤ^{312} · kɤ tən^{45} · ɕi kuɛ^{31}tʂuən^{312}，la^{53} · tɛ tən^{312}la^{53} · pu tən^{312}？

这个东西怪重，拿不拿得动？

tʂɤ^{312} · kɤ tən^{45} · ɕi kuɛ^{31}tʂuən^{312}，la^{53} · pu la^{53} · tɛ tən^{312}？

这个东西怪重，拿得动不？

tʂɤ^{312} · kɤ tən^{45} · ɕi kuɛ^{31}tʂuən^{312}，la^{53} · tɛ tən^{312} · pu?

恩施：这个东西重得很，拿不拿得起？

lie^{35} · kə toŋ^{55} · ɕi tʂoŋ^{35} · te xən^{51}，la^{22} · pu la^{22} · te tɕʻi^{51}？

孝感：乜$_1$个东西蛮重，拿得动拿不动？

niɛ^{35} · ko toŋ^{44} · ɕi man^{21}tʂoŋ^{55}，na^{21} · tɛ toŋ^{55}na^{21} · pu toŋ^{55}？

咸宁：个个东西蛮重，拿不拿得起？

kə^{213}kə^{31}təŋ^{44}sæ^{44}mã^{31}tsʻəŋ^{33}，nɑ^{31}pu^{55}nɑ^{31}te^{55}tɕʻi^{42}？

120 **我拿得动，他拿不动。**

武汉：我拿得动，他拿不动。

ŋo^{42}na^{213} · tɤ toŋ^{35}，tʻa^{55}na^{213}pu^{213}toŋ^{35}。

十堰：我拿得动，他拿不动。

uo^{443}la^{53} · tɛ tən^{312}，tʻa^{443}la^{53} · pu tən^{312}。

恩施：我拿得起，他拿不起。

uo^{51}la^{22} · te tɕʻi^{51}，tʻa^{55}la^{22} · pu tɕʻi^{51}。

孝感：我拿得动，他拿不动。

ŋo^{52}na^{21} · tɛ toŋ^{55}，tʻa^{44}na^{21} · pu toŋ^{55}。

咸宁：我拿得起，伊拿不起。

ŋə^{42}nɑ^{31}te^{55}tɕʻi^{42}，e^{42}nɑ^{31}pu^{55}tɕʻi^{42}。

121 **真不轻，重得连我都拿不动了。**

武汉：真的不轻，重得连我都拿不动。

tsən^{55} · ti pu^{213}tɕʻin^{55}，tsoŋ^{35} · tɤ niɛn^{213}ŋo^{42}tou^{55}na^{213}pu^{213}toŋ^{35}。

十堰：真不轻，重得连我都拿不动唠。

tʂən^{45}pu^{53}tɕʻin^{45}，tʂuən^{312} · ti liɛn^{53}uo^{443}təu^{53}la^{53} · pu tən^{312} · lɔ。

恩施：真的还有点儿重，连我都拿不起。

tʂən^{55} · ti xai^{22}iəu^{51} · tiər tʂoŋ^{35}，liɛn^{22}uo^{51}təu^{55}la^{22} · pu tɕʻi^{51}。

孝感：真是不轻，重得连我哈拿不动了。

tɕʻio^{213}ʂʅ^{55}pu^{213}tɕʻin^{44}，tʂoŋ^{55} · tɛ nin^{21}ŋo^{52}xa^{55}na^{21} · pu toŋ^{55} · ŋau。

咸宁：真不轻，重得连我都拿不起了。

tsʻən^{44}pu^{55}tɕʻiɑ̃^{44}，tsʻəŋ^{33}te^{55}niẽ^{31}ŋə^{42}tɑu^{44}nɑ^{31}pu^{55}tɕʻi^{42}nɑ^{42}。

122 他手巧，画得很好看。

武汉：他手巧，画得蛮好看。

tʻa^{55}sou^{42}tɕʻiau^{213}，xua^{35} · tɤ man^{213}xau^{42}kʻan^{35}。

十堰：他手巧，画得好好看。

tʻa^{443}ʂəu^{443}tɕʻiɔ^{443}，xua^{312} · ti xɔ^{443}xɔ^{443}kʻan^{312}。

恩施：他的手好巧哦，画的画儿好得好看。

tʻa^{55} · ti ʂəu^{51}xau^{51}tɕʻiau^{51} · uo，xua^{35} · ti xuər^{35}xau^{51}te^{55}xau^{51}kʻan^{35}。

孝感：他的手巧，画得蛮好看。

tʻa^{44} · ti ʂəu^{52}tɕʻiau^{52}，xua^{55} · tɛ man^{21}xau^{52}kʻan^{35}。

咸宁：伊手巧，画得蛮好看。

e^{42}sɑu^{42}tɕʻio^{42}，xuɑ^{42}te^{55}mɑ̃^{31}xo^{42}kʻõ^{213}。

123 他忙得很，忙得连吃过饭没有都忘了。

武汉：他忙得很，忙得连吃了饭冒都忘记了。

tʻa^{55}maŋ^{213} · tɤ · xən，maŋ^{213} · tɤ niɛn^{213}tɕʻi^{213} · niau fan^{35}mau^{35}tou^{55}uaŋ^{35}tɕi^{35} · niau。

十堰：他忙得很，忙得连吃过饭没都忘唠。

tʻa^{443}maŋ^{53} · ti xən^{443}，maŋ^{53} · ti liɛn^{53}tʂʅ^{45} · kuo fan^{312} · mei təu^{53}uaŋ^{312} · lɔ。

他忙得很，忙得连吃没吃过饭都忘唠。

tʻa^{443}maŋ^{53} ·ti xən^{443}，maŋ^{53} ·ti liɛn^{53}tʂʅ^{45} ·mei tʂʅ^{45} ·kuo fan^{312}təu^{53}uaŋ^{312} ·lɔ。

恩施：他忙得忙，忙得连吃哒饭没得都搞忘记哒。

tʻa^{55}maŋ^{22}te^{55}maŋ^{22}，maŋ^{22} ·te liɛn^{22}tɕʻi^{22} ·ta xuan^{35}mei^{55} ·te təu^{55}kau^{51}uaŋ^{35}tɕi^{55} ·ta。

孝感：他忙得很，忙得连吃了饭有吃哈忘记了。

tʻa^{44}maŋ^{21} ·tɛ xən^{52}，maŋ^{21} ·tɛ nin^{21}tɕʻi^{213} ·iau fan^{55}mau^{55}tɕʻi^{213} xa^{55}uaŋ^{55} ·tɕi ·iau。

咸宁：伊忙得很，忙得喫有喫饭都不记得了。

e^{42}mõ^{31}te^{55}xẽ^{42}，mõ^{31}te^{55}tɕʻiɑ^{55}mo^{44}tɕʻiɑ^{55}fɑ̃^{33}tɑu^{44}pu^{55}tɕi^{213}te^{55}nɑ^{42}。

124 你看他急得，急得脸都红了。

武汉：你看他急得，急得脸都红了。

ni^{42}kʻan^{35}tʻa^{55}tɕi^{213} ·tɤ，tɕi^{213} ·tɤ niɛn^{42}tou^{55}xoŋ^{213} ·niau。

十堰：你看他急得，急得脸都红唠。

ȵi^{443}kʻan^{312}tʻa^{443}tɕi^{53} ·ti，tɕi^{53} ·ti liɛn^{443}təu^{53}xuən^{53} ·lɔ。

恩施：你看他急得急，脸都急红哒。

li^{51}kʻan^{35}tʻa^{55}tɕi^{22}te^{55}tɕi^{22}，liɛn^{51}təu^{55}tɕi^{22}xoŋ^{22} ·ta。

孝感：你看他急得咯，急得脸哈红了。

ŋ̍^{52}kʻan^{35}tʻa^{44}tɕi^{213} ·tɛ ·no，tɕi^{213} ·tɛ nin^{52}xa^{55}xoŋ^{21} ·ŋau。

咸宁：你看伊急哦，急得脸都红了。

n̩^{42}kʻõ^{213}e^{42}tɕi^{55}ŋə^{44}，tɕi^{55}te^{55}niẽ^{42}tɑu^{44}fəŋ^{31}nɑ^{42}。

125 你说得很好，你还会说些什么呢？

武汉：你说得蛮好，你还会说些么事咧？

ni^{42}so^{213} ·tɤ man^{213}xau^{42}，ni^{42}xai^{35}xuei^{35}so^{213}ɕie^{55}mo^{42} ·sɿ ·nie？

十堰：你说得很好，你还会说些啥子嘞？

ȵi^{443}ʂuo^{45} ·ti xən^{443}xɔ^{443}，ȵi^{443}xɛ^{53}xuei^{312}ʂuo^{45}ɕie^{45}ʂa^{53} ·tsɿ ·lɛ?

恩施：你说得好得好，你还会说些么子？

li^{51}ʂuo^{22} ·te xau^{51}te^{55}xau^{51}，li^{51}xai^{22}xuei^{35}ʂuo^{22}ɕie^{22}muo^{51} ·tsɿ?

孝感：你说得蛮好，你还会说些么事呢？

ŋ̍^{52}ʂɥɛ^{213} ·tɛ man^{21}xau^{52}，ŋ̍^{52}xai^{21}xuei^{55}ʂɥɛ^{213}ɕiɛ^{44}mo^{52} ·sɿ ·ze?

咸宁：你说得蛮好，你还会说么呢呢？

n̩^{42}ɕye^{55}te^{55}mɑ^{31}xo^{42}，n̩^{42}xa^{31}fæ^{33}ɕye^{55}mo^{42}næ^{44}ne^{44}?

126 **说得到，做得了，真棒！**

武汉：说得到，做得到，真恶躁！

so^{21} ·tɤ tau^{35}，tsou^{35} ·tɤ tau^{35}，tsən^{55}ŋo^{213}tsau^{35}。

十堰：说得到，做得了，真厉害！

ʂuo^{45} ·tɛ tɔ^{312}，tsən^{312} ·tɛ liɔ^{443}，tʂən^{45}li^{31}xɛ^{312}！

恩施：说得到，做得到，好行啰！

ʂuo^{22} ·te tau^{35}，tsəu^{35} ·te tau^{35}，xau^{51}ɕin^{22} ·luo！

孝感：说得到，做得到，蛮不错！

ʂɥɛ^{213} ·tɛ tau^{35}，tsəu^{35} ·tɛ tau^{35}，man^{21}pu$^{213\text{-}21}$tsʻo^{35}！

咸宁：说得到，做得到，真不错！

ɕye^{55}te^{55}to^{213}，tsɑu^{213}te^{55}to^{213}，tsʻən^{44}pu^{55}tsʻə^{213}！

127 **这个事情说得说不得呀？**

武汉：这个事说不说得呀？

tsɤ^{35} ·kɤ ·sɿ so^{213}pu^{213}so^{213}tɤ^{213} ·ia?

十堰：这个事儿说得说不得呀？

tʂʅ^{312} ·kɤ ʂər^{31}ʂuo^{45}tɛ^{53}ʂuo^{45} ·pu tɛ^{53} ·ia?

这个事儿说不说得得呀？

tʂʅ^{312} ·kɤ ʂər^{31}ʂuo^{45} ·pu ʂuo^{45} ·tɛ tɛ^{53} ·ia?

这个事儿说得不？

tʂʅ^{312} ·kɤ ʂər^{31}ʂuo^{45}tɛ^{53} ·pu?

恩施：这个事说不说得？

lie^{35} ·kə sɿ^{35}ʂuo^{22} ·pu ʂuo^{22} ·te?

孝感：乜$_1$ 个事情说不说得得啊？

niɛ^{35} ·ko sɿ^{55}tɕʻin^{21}ʂʯɛ^{213} ·pu ʂʯɛ^{213} ·tɛ tɛ^{213} ·ia?

咸宁：个个事情说不说得？

kə^{213}kə^{31}sɿ^{33}tɕʻiən^{31}ɕye^{55}pu^{55}ɕye^{55}te^{55}？

128 他说得快不快？听清楚了吗？

武汉：他说得快不快？听清楚了冒？

tʻa^{55}so^{213} ·tɤ kʻuai^{35}pu^{213}kʻuai^{35}？tʻin^{55}tɕʻin^{55}tsʻou^{42} ·niau mau^{35}？

十堰：他说得快不快？听清楚唠没有？

tʻa^{443}ʂuo^{45} ·ti kʻuɛ^{312} ·pu kʻuɛ^{312}？tʻin^{45}tɕʻin^{45}tʂʻəu^{53} ·lɔ mei^{53} ·iəu?

他说得快不？听清楚了没？

tʻa^{443}ʂuo^{45} ·ti kʻuɛ^{312} ·pu? tʻin^{45}tɕʻin^{45}tʂʻəu^{53} ·lɔ ·mei?

恩施：他说得快不快？听清楚哒没得？

tʻa^{55}ʂuo^{22} ·te kʻuai^{35} ·pu kʻuai^{35}？tʻin^{55}tɕʻin^{55}tsʻəu^{51} ·ta mei^{55} ·te?

孝感：他说得快不快？听清楚了冇？

tʻa^{44}ʂʯɛ^{213} ·tɛ kʻuai^{35} ·pu kʻuai^{35}？tʻin^{35}tɕʻin^{44} ·tsʻəu ·uau mau^{55}？

咸宁：伊说得快不快？听冇听清楚？

e^{42}ɕye^{55}te^{55}kʻua^{213}pu^{55}kʻua^{213}？tʻiɑ̃^{213}mo^{44}tʻiɑ̃^{213}tɕʻiən^{44}tsʻɑu^{42}？

129 他说得快不快？只有五分钟时间了。

武汉：他说得快不快？只有五分钟时间了。

tʻa^{55}so^{213} · tɤ kʻuai^{35}pu^{213}kʻuai^{35}？ tsɿ^{213}iou^{42}u^{42}fən^{55}tsoŋ^{55}sɿ^{213}tɕiɛn^{55} · niau。

十堰：他说得快不快？只有五分钟时间唠。

tʻa^{443}ʂuo^{45} · ti kʻuɛ^{312} · pu kʻuɛ^{312}？ tʂʅ^{443}iəu^{443}u^{443}fən^{45}tʂuən^{45}ʂʅ^{53} · tɕiɛn · lɔ。

他说得快不？只有五分钟时间唠。

tʻa^{443}ʂuo^{45} · ti kʻuɛ^{312} · pu？ tʂʅ^{443}iəu^{443}u^{443}fən^{45}tʂuən^{45}ʂʅ^{53} · tɕiɛn · lɔ。

恩施：他说得快不快？只得五分钟哒。

tʻa^{55}ʂuo^{22} · te kʻuai^{35} · pu kʻuai^{35}？ tʂʅ^{22} · te u^{51}xuən^{55}tʂoŋ^{55} · ta。

孝感：他说得快不快？只有五分钟时间了。

tʻa^{44}ʂɥɛ^{213} · tɛ kʻuai^{35} · pu kʻuai^{35}？ tʂʅ^{213}iəu^{52}u^{52}fən^{44}tʂoŋ^{44}ʂʅ^{21}tʻin^{44} · niau。

咸宁：伊说得快不快？只有五分钟时间了。

e^{42}ɕye^{55}te^{55}kʻua^{213}pu^{55}kʻua^{213}？ tsʻɿ^{55}iɑu^{42}u^{42}fən^{44}tsʻəŋ^{44}sɿ^{31}tɕiɑ̃^{44}nɑ^{42}。

130 这是他的书。

武汉：这是他的书。

tsɤ^{35}sɿ^{35}tʻa^{55} · ti ɕy^{55}。

十堰：这是他的书。

tʂɤ^{31}ʂʅ^{312}tʻa^{443} · ti ʂu^{45}。

恩施：这是他的书。

lie^{35}ʂʅ^{35}tʻa^{55} · ti ʂu^{55}。

孝感：乜$_1$是他的书。

niɛ^{35}ʂʅ^{55}tʻa^{44} · ti ʂɥ^{44}。

咸宁：个是伊箇书。

kə^{213} sɿ^{33} e^{42} kə^{33} ɕy^{44}。

131 那本书是他哥哥的。

武汉：那本书是他哥哥的。

na^{35} pən^{42} ɕy^{55} sɿ^{35} tʻa^{55} ko^{55} · ko · ti。

十堰：那本书是他哥哥的。

la^{312} pən^{443} ʂu^{45} ʂʅ^{312} tʻa^{443} kɤ^{45} · kɤ · ti。

恩施：那本（个）书是他哥哥的。

la^{35} pən^{51}（· kə）ʂu^{55} ʂʅ^{35} tʻa^{55} kuo^{55} kuo^{55} · ti。

孝感：乜$_2$ 本书是他哥哥的。

niɛ^{55} pən^{52} ʂʮ^{44} ʂʅ^{55} tʻa^{44} ko^{44} · ko · ti。

咸宁：那本书是伊哥箇。

ne^{55} pən^{42} ɕy^{44} sɿ^{33} e^{42} kə^{44} kə^{33}。

132 桌子上的书是谁的？是老王的。

武汉：桌子高头的书是哪个的？是老王的。

tso^{213} · tsɿ kau^{55} · tʻou · ti ɕy^{55} sɿ^{35} na^{42} · ko · ti？ sɿ^{35} nau^{42} uaŋ^{213} · ti。

十堰：桌子上的书是谁个儿的？是老王的。

tʂuo^{45} · tsɿ · ʂaŋ · ti ʂu^{45} ʂʅ^{312} ʂei^{45} kɤr^{31} · ti？ ʂʅ^{312} lɔ^{443} uaŋ^{53} · ti。

桌子上的书是哪个的？是老王的。

tʂuo^{45} · tsɿ · ʂaŋ · ti ʂu^{45} ʂʅ^{312} la^{443} · kɤ · ti？ ʂʅ^{312} lɔ^{443} uaŋ^{53} · ti。

恩施：桌子高头的书是哪个的？是老王的。

tʂuo^{22} · tsʻɿ kau^{55} · tʻəu ti^{55} ʂu^{55} ʂʅ^{35} la^{51} · kə · ti？ ʂʅ^{35} lau^{51} uaŋ^{22} · ti。

孝感：桌子高头的书是哪个的？是老王的。

tʂo^{213} · tsɿ kau^{44} · tʻəu · ti ʂʮ^{44} ʂʅ^{55} na^{52} · ko · ti？ ʂʅ^{55} nau^{52} uaŋ^{21}

·ti。

咸宁：桌上箇书是哪个箇？是老王箇。

tsʻə^{55}sõ^{33}kə^{33}ɕy^{44}sɿ^{33}nɑ^{213}kə^{213}kə^{33}？sɿ^{33}no^{42}uõ^{31}kə^{33}。

133 屋子里坐着很多人，看书的看书，看报的看报，写字的写字。

武汉：屋里坐到蛮多人，看书的看书，看报的看报，写字的写字。

u^{213} ·ni tso^{35} ·tau man^{213}to^{55}nən^{213}，kʻan^{35}ɕy^{55} ·ti kʻan^{35}ɕy^{55}，kʻan^{35}pau^{35} ·ti kʻan^{35}pau^{35}，ɕie^{42}tsɿ^{35} ·ti ɕie^{42}tsɿ^{35}。

十堰：屋子的坐着好多人，看书的看书，看报的看报，写字的写字。

u^{53} ·tsɿ ·ti tsuo^{312} ·tʂɤ xɔ^{443}tuo^{45}zən^{53}，kʻan^{312}ʂu^{45} ·ti kʻan^{312}ʂu^{45}，kʻan^{312}pɔ^{312} ·ti kʻan^{312}pɔ^{312}，ɕie^{443}tsɿ^{312} ·ti ɕie^{443}tsɿ^{312}。

屋子的坐到好多人，看书的看书，看报的看报，写字的写字。

u^{53} ·tsɿ ·ti tsuo^{312} ·tɔ xɔ^{443}tuo^{45}zən^{53}，kʻan^{312}ʂu^{45} ·ti kʻan^{312}ʂu^{45}，kʻan^{312}pɔ^{312} ·ti kʻan^{312}pɔ^{312}，ɕie^{443}tsɿ^{312} ·ti ɕie^{443}tsɿ^{312}。

恩施：屋里坐哒好多人，看书的看书，看报纸的看报纸，写字的写字。

u^{22} ·li tsuo^{35} ·ta xau^{51}tuo^{55}zən^{22}，kʻan^{35}ʂu^{55} ·ti kʻan^{35}ʂu^{55}，kʻan^{35}pau^{35}tʂʅ^{51} ·ti kʻan^{35}pau^{35}tʂʅ^{51}，ɕie^{51}tsʻɿ^{35} ·ti ɕie^{51}tsʻɿ^{35}。

孝感：屋子里头坐了蛮多人在，看书的看书，看报的看报，写字的写字。

u^{213} ·tsɿ ni^{52} ·tʻəu tso^{55} ·niau man^{21}to^{44}zən^{21} ·tai，kʻan^{35}ʂʮ^{44} ·ti kʻan^{35}ʂʮ^{44}，kʻan^{35}pau^{35} ·ti kʻan^{35}pau^{35}，ɕiɛ^{52}tsɿ^{55} ·ti ɕiɛ^{52}tsɿ^{55}。

咸宁：屋嘞坐了蛮多人，看书箇看书，看报箇看报，写字箇写字。

u^{55}ne^{44}tsʻə^{33}nɑ^{42}mɑ̃^{31}tə^{44}zən^{31}，kʻõ^{213}ɕy^{44}kə^{33}kʻõ^{213}ɕy^{44}，kʻõ^{213}po^{213}kə^{33}kʻõ^{213}po^{213}，ɕiɑ^{42}tsʻɿ^{33}kə^{33}ɕiɑ^{42}tsʻɿ^{33}。

134 要说他的好话，不要说他的坏话。

武汉：要说他的好话，莫说他的坏话。

iau^{35}so^{213}tʻa^{55} · ti xau^{42}xua^{35}，mo^{213}so^{213}tʻa^{55} · ti xuai^{35}xua^{35}。

十堰：要说他的好话，麻说他的拐话。

iɔ^{312}ʂuo^{45}tʻa^{443} · ti xɔ^{443}xua^{312}，ma^{53}ʂuo^{45}tʻa^{443} · ti kuɛ^{443}xua^{312}。

恩施：要说他的好话，莫说他的坏话。

iau^{35}ʂuo^{22}tʻa^{55} · ti xau^{51}xua^{35}，muo^{22}ʂuo^{22}tʻa^{55} · ti xuai^{35}xua^{35}。

孝感：要说他的好话，莫说他的拐话。

iau^{35}ʂɥɛ^{213}tʻa^{44} · ti xau^{52}xua^{55}，mo^{213}ʂɥɛ^{213}tʻa^{44} · ti kuai^{52}xua^{55}。

咸宁：要说伊箇好话，不要说伊箇拐话。

ie^{213}ɕye^{55}e^{42}kə^{33}xo^{42}xuɑ^{42}，pu^{55}ie^{213}ɕye^{55}e^{42}kə^{33}kua^{42}xuɑ^{42}。

135 **上次是谁请的客？是我请的。**

武汉：上次是哪个请的客？是我请的。

saŋ^{35}tsʻɿ^{35}sɿ^{35}na^{42} · ko tɕʻin^{42} · ti kʻɤ^{213}？sɿ^{35}ŋo^{42}tɕʻin^{42} · ti。

十堰：上次是谁个儿请的客？是我请的。

ʂaŋ^{31}tsʻɿ^{312}ʂʅ^{312}ʂei^{45}kɤr^{31}tɕʻin^{443} · ti kʻɤ^{53}？ʂʅ^{312}uo^{443}tɕʻin^{443} · ti。

上次是哪个请的客？是我请的。

ʂaŋ^{31}tsʻɿ^{312}ʂʅ^{312}la^{443} · kɤ tɕʻin^{443} · ti kʻɤ^{53}？ʂʅ^{312}uo^{443}tɕʻin^{443} · ti。

恩施：上回是哪个请的客？是我请的。

ʂaŋ^{35}xuei^{22}ʂʅ^{35}la^{51} · kə tɕʻin^{51} · ti kʻe^{22}？ʂʅ^{35}uo^{51}tɕʻin^{51} · ti。

孝感：上次是哪个请的客？是我请的。

ʂaŋ^{55}tsʻɿ^{35}ʂʅ^{55}na^{52} · ko tɕʻin^{52} · ti kʻɛ^{213}？ʂʅ^{55}ŋo^{52}tɕʻin^{52} · ti。

咸宁：上次是哪个请箇客？是我请箇。

sõ^{33}tsʻɿ^{213}sɿ^{33}nɑ^{213}kə^{213}tɕʻiã^{42}kə^{33}kʻɑ^{55}？sɿ^{33}ŋə^{42}tɕʻiã^{42}kə^{33}。

136 **你是哪年来的？**

武汉：你是哪年来的？

$ni^{42}sɿ^{35}na^{42}$ ·niɛn nai^{213} ·ti?

十堰：你是哪年来的？

$ȵi^{443}ʂʅ^{312}la^{443}ȵiɛn^{53}lɛ^{53}$ ·ti?

恩施：你是哪年子来的？

$li^{51}ʂʅ^{35}la^{51}liɛn^{22}$ ·tsɿ lai^{22} ·ti?

孝感：你是哪年来的？

$ȵ^{52}ʂʅ^{55}na^{52}nin^{21}nai^{21}$ ·ti?

咸宁：你是哪年来箇？

$ṇ^{42}sɿ^{33}nɑ^{213}niẽ^{31}na^{31}kə^{33}$？

137 **我是前年到的北京。**

武汉：我是前年到北京的。

$ŋo^{42}sɿ^{35}tɕʻiɛn^{213}$ ·niɛn $tau^{35}pɤ^{213}tʻin^{55}$ ·ti。

十堰：我是前年到的北京。

$uo^{443}ʂʅ^{312}tɕʻiɛn^{53}ȵiɛn^{53}tɔ^{312}$ ·ti $pɛ^{53}tɕin^{45}$。

我是前年到北京的。

$uo^{443}ʂʅ^{312}tɕʻiɛn^{53}ȵiɛn^{53}tɔ^{312}pɛ^{53}tɕin^{45}$ ·ti。

恩施：我是前年子到北京来的。

$uo^{51}ʂʅ^{35}tɕʻiɛn^{22}liɛn^{22}$ ·tsʻɿ $tau^{35}pe^{22}tɕin^{55}lai^{22}$ ·ti。

孝感：我是前年到的北京。

$ŋo^{52}ʂʅ^{55}tɕʻin^{21}nin^{21}tau^{35}$ ·ti $pɛ^{213}tɕin^{44}$。

咸宁：我是前年来北京箇。

$ŋə^{42}sɿ^{33}tɕʻiẽ^{31}niẽ^{31}na^{31}pe^{55}tɕiən^{44}kə^{33}$。

138 **你说的是谁？**

武汉：你说的是哪个？

$ni^{42}so^{213}$ ·ti $sɿ^{35}na^{42}$ ·ko?

十堰：你说的是谁个儿？

ȵi^{443}ʂuo^{45} · ti ʂʅ^{312}ʂei^{45}kɤr^{31}？

你说的是哪个？

ȵi^{443}ʂuo^{45} · ti ʂʅ^{312}la^{443} · kɤ？

恩施：你说的是哪个？

li^{51}ʂuo^{22} · ti ʂʅ^{35}la^{51} · kə？

孝感：你说的是哪个？

n̩^{52}ʂɥɛ^{213} · ti ʂʅ^{55}na^{52} · ko？

咸宁：你说箇是哪个？

n̩^{42}ɕye^{55}kə^{33}sɿ^{33}nɑ^{213}kə^{213}？

139 我反正不是说的你。

武汉：我反正不是说的你。

ŋo^{42}fan^{42}tsən^{35}pu^{213} · sɿ so^{213} · ti ni^{42}。

十堰：我反正不是说的你。

uo^{443}fan^{443} · tʂən pu^{53}ʂʅ^{312}ʂuo^{45} · ti ȵi^{443}。

反正我不是说你的。

fan^{443} · tʂən uo^{443}pu^{53}ʂʅ^{312}ʂuo^{45}ȵi^{443} · ti。

反正我说的不是你。

fan^{443} · tʂən uo^{443}ʂuo^{45} · ti pu^{53}ʂʅ^{312}ȵi^{443}。

恩施：我横直说的不是你/我说的横直不是你。

uo^{51}xuən^{22}tʂʅ^{22}ʂuo^{22} · ti pu^{22}ʂʅ^{35}li^{51}/ uo^{51}ʂuo^{22} · ti xuən^{22}tʂʅ^{22}pu^{22}ʂʅ^{35}li^{51}。

孝感：我反正不是说的你。

ŋo^{52}fan^{52} · tʂən pu$^{213-12}$ʂʅ^{55}ʂɥɛ^{213} · ti n̩^{52}。

咸宁：我反正不是说你。

ŋə^{42}fɑ̃^{42}ts'ən^{213}pu^{55}sɿ^{33}ɕye^{55}n̩^{42}。

140 他那天是见的老张，不是见的老王。

武汉：他那天见的是老张，不是见的老王。

t'a^{55}na^{35}t'iɛn^{55}tɕiɛn^{35} · ti sɿ^{35}nau^{42}tsaŋ^{55}，pu^{213}sɿ^{35}tɕiɛn^{35} · ti nau^{42} uaŋ^{213}。

十堰：他那天是见的老张，不是见的老王。

t'a^{443}la^{312}t'iɛn^{45}ʂʅ^{312}tɕiɛn^{312} · ti lɔ^{443}tʂaŋ^{45}，pu^{53}ʂʅ^{312}tɕiɛn^{312} · ti lɔ^{443}uaŋ^{53}。

他那天见的是老张，不是见的老王。

t'a^{443}la^{312}t'iɛn^{45}tɕiɛn^{312} · ti ʂʅ^{312}lɔ^{443}tʂaŋ^{45}，pu^{53}ʂʅ^{312}tɕiɛn^{312} · ti lɔ^{443}uaŋ^{53}。

恩施：他那天是看的老张，不是看的老王。

t'a^{55}la^{35}t'iɛn^{55}ʂʅ^{35}k'an^{35} · ti lau^{51}tʂaŋ^{55}，pu^{22}ʂʅ^{35}k'an^{35} · ti lau^{51} uaŋ^{22}。

孝感：他乜$_2$天是见的老张，不是见的老王。

t'a^{44}niɛ^{55}t'in^{44}ʂʅ^{55}t'in^{35} · ti nau^{52}tʂaŋ^{44}，pu$^{213\text{-}21}$ʂʅ^{55}tɕin^{35} · ti nau^{52} uaŋ^{21}。

咸宁：伊那日看箇是老张，不是看老王。

e^{42}ne^{55}zɿ^{55}k'õ^{213}kə^{44}sɿ^{33}no^{42}tsõ^{44}，pu^{55}sɿ^{33}k'õ^{213}no^{42}uõ^{31}。

141 只要他肯来，我就没的说了。

武汉：只要他肯来，我就冒得么事说了。

tsɿ^{42}iau^{35}t'a^{55}k'ən^{42}nai^{213}，ŋo^{42}tɕiou^{35}mau^{35}tɤ^{213}mo^{42} · sɿ so^{213} · niau。

十堰：只要他肯来，我就没得说的。

tʂʅ^{443}iɔ^{312}t'a^{443}k'ən^{443}lɛ^{53}，uo^{443}təu^{312}mei^{53} · tɛ ʂuo^{45} · ti。

恩施：只要他肯来，我就不说么子哒/我就没得么子说的哒。

tʂʅ^{22}iau^{35}tʻa^{55}kʻən^{51}lai^{22}，uo^{51}tɕiəu^{35}pu^{22}ʂuo^{22}muo^{51} ·tsʻɿ ·ta/ uo^{51} tɕiəu^{35}mei^{55} ·te muo^{51} ·tsʻɿ ʂuo^{22} ·ti·ta。

孝感：只要他肯来，我就冇得么事说的了。

tʂʅ^{213}iau^{35}tʻa^{44}kʻən^{52}nai^{21}，ŋo^{52}tsəu^{55}mau^{55} ·tɛ mo^{52} ·sɿ ʂʮɛ^{213} ·ti ·iau。

咸宁：只要伊肯来，我就冇得话说。

tsʻɿ^{55}ie^{213}e^{42}kʻẽ^{42}na^{31}，ŋə^{42}tɕʻiɑu^{33}mo^{44}te^{55}xuɑ^{42}ɕye^{55}。

142 **以前是有的做，没的吃。**

武汉：以前有做的，冒得吃的。

i^{42}tɕʻiɛn^{213}iou^{42}tsou^{35} ·ti，mau^{35}tɤ^{213}tɕʻi^{213} ·ti。

十堰：往会儿是有得做的，没得吃的。

uaŋ^{443}xuər^{31}ʂʅ^{312}iəu^{443} ·tɛ tsəu^{312} ·ti，mei^{53} ·tɛ tʂʻʅ^{45} ·ti。

以前是有做的，没吃的。

i^{5}tɕʻiɛn^{53}ʂʅ^{312}iəu^{443}tsən^{312} ·ti，mei^{53}tʂʻʅ^{45} ·ti。

恩施：往常是有你做的，没得你吃的。

uaŋ^{51}tʂʻaŋ^{22}ʂʅ^{35}iəu^{51}li^{51}tsəu^{35} ·ti，mei^{55} ·te li^{51}tɕʻi^{22} ·ti。

孝感：以前是有做的，冇得吃的。

i^{52}tɕʻin^{21}ʂʅ^{55}iəu^{52}tsʻu^{35} ·ti，mau^{55} ·tɛ tɕʻi^{213} ·ti。

咸宁：以前是有做箇，冇得喫箇。

i^{42}tɕʻiẽ^{31}sɿ^{33}iɑu^{42}tsɑu^{213}kə^{33}，mo^{44}te^{55}tɕʻiɑ^{55}kə^{33}。

143 **现在是有的做，也有的吃。**

武汉：现在是有做的，也有吃的。

ɕiɛn^{35}tsai^{35}sɿ^{35}iou^{42}tsou^{35} ·ti，ie^{42}iou^{42}tɕʻi^{213} ·ti。

十堰：正这儿是有得做的，也有得吃的。

tʂən^{312}tʂɤr^{31}ʂʅ^{312}iəu^{443} · tɛ tsəu^{312} · ti，ie^{443}iəu^{443} · tɛ tʂʻʅ^{45} · ti。

现在是有做的，也有吃的。

ɕiɛn^{31}tsɛ^{312}ʂʅ^{312}iəu^{443}tsəu^{312} · ti，ie^{443}iəu^{443}tʂʻʅ^{45} · ti。

恩施：现在是有你做的，也有你吃的。

ɕiɛn^{35}tsai^{55}ʂʅ^{35}iəu^{51}li^{51}tsəu^{35} · ti，ie^{51}iəu^{51}li^{51}tɕʻi^{22} · ti。

孝感：现在是有做的，也有吃的。

ɕin^{55}tsai^{55}ʂʅ^{55}iəu^{52}tsəu^{35} · ti，iɛ^{52}iəu^{52}tɕʻi^{213} · ti。

咸宁：如今是有做箇，也有喫箇。

y^{31}tɕiən^{44}sʅ^{33}iɑu^{42}tsɑu^{213}kə^{33}，iɑ^{42}iɑu^{42}tɕʻiɑ^{55}kə^{33}。

144 上街买个蒜啊葱的，也方便。

武汉：上街买蒜买葱，都方便。

saŋ^{35}kai^{55}mai^{42}san^{35}mai^{42}tsʻoŋ^{55}，tou^{55}faŋ^{55}piɛn^{35}。

十堰：上街买个蒜啊葱的，也怪方便。

ʂaŋ^{312}kɛ^{45}mɛ^{44} · kɤ san^{312} · ɣa tsʻən^{45} · ti，ie^{443}kuɛ^{312}faŋ^{45} · piɛn。

恩施：上街买个蒜啊葱啊么子的，也方便。

ʂaŋ^{35}kai^{55}mai^{51} · kə san^{35}la^{55}tsʻoŋ^{55}ŋa^{55}muo^{51} · tsʅ · ti，ie^{51}xuaŋ^{55}piɛn^{35}。

孝感：上街买个蒜啊葱啊，也方便。

ʂaŋ^{55}kai^{44}mai^{52} · ko san^{35} · na tsʻoŋ^{44} · ŋa，iɛ^{52}faŋ^{44}pin^{55}。

咸宁：上街买点崽葱蒜，也方便。

sõ^{33}ka^{44}ma^{42}tiẽ^{42}tsʻa^{42}tsʻəŋ^{44}sõ^{213}，iɑ^{42}fõ^{44}pʻiẽ^{33}。

145 柴米油盐什么的，都有的是。

武汉：柴米油盐么事的，都有。

tsʻai^{213}mi^{42}iou^{213}iɛn^{213}mo^{42} · sʅ · ti，tou^{55}iou^{42}。

十堰：柴米油盐啥子的，都有的是。

tʂ'ɛ^{53}mi^{443}iəu^{53}iɛn^{53}ʂa^{53} ·tsɿ ·ti，təu^{53}iəu^{443} ·ti ʂʅ^{312}。

恩施：像柴米油盐这些子，都有的是。

tɕ'iaŋ^{35}tʂ'ai^{22}mi^{51}iəu^{22}iɛn^{22}lie^{35}ɕie^{55} ·ts'ɿ，təu^{55}iəu^{51} ·ti ʂʅ^{35}。

孝感：柴米油盐么事的，哈有的是。

ts'ai^{21}mi^{52}iəu^{21}in^{21}mo^{52} ·sɿ ·ti，xa^{55}iəu^{52} ·ti ʂʅ^{55}。

咸宁：柴米油盐个些东西，都有。

ts'a^{31}mæ^{42}iɑu^{31}iẽ^{31}kə^{213}sæ^{55}təŋ^{44}sæ^{44}，tɑu^{44}iɑu^{42}。

146 写字算账什么的，他都能行。

武汉：写字算账么事的，他都可以。

ɕie^{42}tsɿ^{35}san^{35}tsaŋ^{35}mo^{42} ·sɿ ·ti，t'a^{55}tou^{55}k'o^{42}i^{42}。

十堰：写字算账啥子的，他都能行。

ɕie^{443}tsɿ^{312}san^{31}tʂaŋ^{312}ʂa^{53} ·tsɿ ·ti，t'a^{443}təu^{5}lən^{53}ɕin^{53}。

恩施：像写字算账这些子，他都搞得。

tɕ'iaŋ^{35}ɕie^{51}tsɿ^{35}san^{35}tʂaŋ^{35}lie^{35}ɕie^{55} ·tsɿ，t'a^{55}təu^{55}kau^{51} ·te。

孝感：写字算账么事的，他哈能行。

ɕiɛ^{52}tsɿ^{55}san^{35}tʂaŋ^{35}mo^{52} ·sɿ ·ti，t'a^{44}xa^{55}nən^{21}ɕin^{21}。

咸宁：写字算帐个些东西，伊都行。

ɕiɑ^{42}ts'ɿ^{33}sõ^{213}ts'õ^{213}kə^{213}sæ^{55}təŋ^{44}sæ^{44}，e^{42}tɑu^{44}ɕiən^{31}。

147 把那个东西递给我。

武汉：把那个东西递把我。

pa^{42}na^{35} ·ko toŋ^{55} ·ɕi ti^{35}pa^{42}ŋo^{42}。

十堰：把那个东西递给我。

pa^{312}la^{312} ·kɤ tən^{45} ·ɕi ti^{312}kɯ^{45}uo^{443}。

给那个东西递给我。

kɯ^{45}la^{312} ·kɤ tən^{45} ·ɕi ti^{312}kɯ^{45}uo^{443}。

叫那个东西递给我。

tɕiɔ^{312}la^{312} ·kɤ tən^{45} ·ɕi ti^{312}kɯ^{45}uo^{443}。

恩施：把那个东西把到我。

pa^{51}la^{35} ·kə toŋ^{55}ɕi^{55}pa^{51} ·tau uo^{51}。

孝感：把乜$_2$个东西递得我。

pa^{52}niɛ^{55} ·ko toŋ^{44} ·ɕi ti^{55} ·tɛ ŋo^{52}。

咸宁：把那个东西递得我。

pɑ^{213}ne^{55}kə^{213}təŋ^{44}sæ^{44}tæ^{213}te^{55}ŋə^{42}。

148 是他把那个杯子打碎了。

武汉：是他把那个杯子打破了。

sɿ^{35}tʻa^{55}pa^{42}na^{35} ·ko pei^{55} ·tsɿ ta^{213}pʻo^{35} ·niau。

十堰：是他把那个杯子打碎唠。

ʂʅ^{35}tʻa^{443}pa^{312}la^{312} ·kɤ pei^{55} ·tsɿ ta^{443}sei^{312} ·lɔ。

是他给那个杯子打碎唠。

ʂʅ^{35}tʻa^{443}kɯ^{45}la^{312} ·kɤ pei^{45} ·tsɿ ta^{443}sei^{312} ·lɔ。

是他叫那个杯子打碎唠。

ʂʅ^{35}tʻa^{443}tɕiɔ^{312}la^{312} ·kɤ pei^{45} ·tsɿ ta^{443}sei^{312} ·lɔ。

恩施：是他把那个杯杯儿打破的。

ʂʅ^{35}tʻa^{55}pa^{51}la^{35} ·kə pei^{55}pər^{55}ta^{51}pʻuo^{35} ·ti。

孝感：是他把乜$_2$个杯子打破了。

ʂʅ^{55}tʻa^{44}pa^{52}niɛ^{55} ·ko pei^{44} ·tsɿ ta^{52}pʻo^{35} ·niau。

咸宁：是伊把那个杯打破了。

sɿ^{33}e^{42}pɑ^{42}ne^{55}kə^{213}pæ^{44}tɑ^{42}pʻə^{213}nɑ^{42}。

149 把人家脑袋都打出血了，你还笑！

武汉：把别个脑壳都打出血了，你还笑！

pa^{42}pie^{213} · ko nau^{42}kʻo^{213}tou^{55}ta^{42}tɕʻy^{213}ɕie^{213} · niau，ni^{42} xai^{213} ɕiau^{35}！

十堰：把人家脑壳都打出血唠，你还笑！

pa^{312}zən^{53} · tɕia lɔ^{443} · kʻuo təu^{53}ta^{443}tʂʻu^{45}ɕie^{45} · lɔ，ȵi^{443} xɛ^{53} ɕiɔ^{312}！

给人家脑壳都打出血唠，你还笑！

kɯ^{45}zən^{53} · tɕia lɔ^{443} · kʻuo təu^{53}ta^{443}tʂʻu^{45}ɕie^{45} · lɔ，ȵi^{443} xɛ^{53} ɕiɔ^{312}！

恩施：把别个脑壳都打流血哒，你还笑！

pa^{51}pie^{22} · kə lau^{51}kʻuo^{22}təu^{55}ta^{51}liəu^{22}ɕye^{22} · ta，li^{51}xai^{22}ɕiau^{35}！

孝感：把别个脑壳哈打出血了，你还笑！

pa^{52}piɛ^{21} · ko nau^{52} · kʻo xa^{55}ta^{52}tʂʻʮ^{213}ɕiɛ^{213} · niau，ȵ^{52} xai^{21} ɕiau^{35}！

咸宁：把人家屋脑壳都打出血了，你还笑！

pɑ^{213}zən^{31}kɑ^{44}u^{55}no^{42}kʻə^{55}tɑu^{44}tɑ^{42}tɕʻy^{55}ɕi^{55}nɑ^{42}，n̩^{42}xa^{31}ɕie^{213}！

150 **快去把书还给他。**

武汉：快把书还把他。

kʻuai^{35}pa^{42}ɕy^{55}xuan^{213}pa^{42}tʻa^{55}。

十堰：快去把书还给他。

kʻuɛ^{31}kʻɯ^{312}pa^{312}ʂu^{45}xuan^{53}kɯ^{45}tʻa^{443}。

快去叫书还给他。

kʻuɛ^{31}kʻɯ^{312}tɕiɔ^{312}ʂu^{45}xuan^{53}kɯ^{45}tʻa^{443}。

恩施：快点儿去把书还倒他。

kʻuai^{35} · tiər tɕʻie^{35}pa^{51}ʂu^{55}xuan^{22}tau^{51}tʻa^{55}。

孝感：快去把书还得他。

kʻuai^{35} · tɕʻi pa^{52} ʂʯ^{44} xuan^{21} · tɛ tʻa^{44}。

咸宁：快去把书还得伊。

kʻua^{213} tɕʻie^{213} pɑ^{213} ɕy^{44} fɑ̃^{31} te^{55} e^{42}。

151 我真后悔当时没把他留住。

武汉：我好后悔当时冒把他留到。

ŋo^{42} xau^{42} xou^{35} xuei^{42} taŋ^{55} sɿ^{213} mau^{35} pa^{42} tʻa^{55} niou^{213} · tau。

十堰：我真后悔当时没把他留住。

uo^{443} tʂən^{45} xəu^{312} xuei^{443} taŋ^{45} ʂʅ^{53} mei^{53} pa^{312} tʻa^{443} liəu^{53} · tʂu。

我真后悔当时没给他留住。

uo^{443} tʂən^{45} xəu^{312} xuei^{443} taŋ^{45} ʂʅ^{53} mei^{53} kɯ^{45} tʻa^{443} liəu^{53} · tʂu。

恩施：我失悔着哒那时儿没把他留下来。

uo^{51} ʂʅ^{22} xuei^{51} tʂau^{22} · ta la^{35} ʂər^{22} mei^{55} pa^{51} tʻa^{55} liəu^{22} ɕia^{35} · lai。

孝感：我蛮失悔当时冇把他留住。

ŋo^{52} man^{21} ʂʅ^{213} xuei^{52} taŋ^{44} ʂʅ^{21} mau^{55} pa^{52} tʻa^{44} niəu^{21} tʂʯ^{55}。

咸宁：我真失悔那时候冇把伊留到。

ŋə^{42} tsən^{44} sɿ^{55} fæ^{42} ne^{55} sɿ^{31} xe^{33} mo^{44} pɑ^{42} e^{42} niɑu^{31} to^{42}。

152 你怎么能不把人当人呢？

武汉：你么样能不把人当人看咧？

ni^{42} mo^{42} · iaŋ nən^{213} pu^{213} pa^{42} nən^{213} taŋ^{55} nən^{213} kʻan^{35} · nie？

十堰：你咋能不把人当人嘞？

ȵi^{443} tsa^{443} lən^{53} pu^{53} pa^{312} ʐən^{53} taŋ^{45} ʐən^{53} · lɛ？

你咋能不叫人当人嘞？

ȵi^{443} tsa^{443} lən^{53} pu^{53} tɕiɔ^{312} ʐən^{53} taŋ^{45} ʐən^{53} · lɛ？

恩施：你哪门不把人当人呢？

li^{51} la^{51} · mən pu^{22} pa^{51} ʐən^{22} taŋ^{35} ʐən^{22} · le^{55}？

孝感：你么样能把人不当人呢?

ȵ̩^{52}mo^{52}iaŋ^{55}nən^{21}pa^{52}ʐən^{21}pu^{213}taŋ^{44}ʐən^{21} ·ne?

咸宁：你难样把人不当人啊?

n̩^{42}nɑ̃^{31}iõ^{33}pɑ^{213}zən^{31}pu^{55}tõ^{213}zən^{31}ŋa^{44}?

153 **有的地方管太阳叫日头。**

武汉：有的地方把太阳叫日头。

iou^{42} ·ti ti^{35}faŋ^{55}pa^{42}t'ai^{35}iaŋ^{35}tɕiau^{35}ɯ^{213} ·t'ou。

十堰：有的地方管太阳叫日头。

iəu^{443} ·ti ti^{312} ·faŋ kuan^{443}t'ɛ^{312} ·iaŋ tɕiɔ^{312}ʐʅ^{53} ·t'əu。

恩施：有的地方把太阳说成日头。

iəu^{51} ·ti ti^{35}xuaŋ^{55}pa^{51}t'ai^{35}iaŋ^{22}ʂuo^{22}tʂ'ən^{22}ʐʅ^{22} ·t'əu。

孝感：有的地方把太阳叫日头。

iəu^{52} ·ti ti^{55} ·faŋ pa^{52}t'ai^{35}iaŋ^{21}tɕiau^{35}ɐr^{213} ·t'əu。

咸宁：有些地方把太阳叫日头。

iɑu^{42}sæ^{55}t'æ^{33}fõ^{44}pɑ^{213}t'a^{213}iõ^{31}tɕie^{213}zʅ^{55}t'e^{31}。

154 **什么? 她管你叫爸爸!**

武汉：么事啊? 她把你叫爸爸!

mo^{42} ·sʅ ·a? t'a^{55}pa^{42}ni^{42}tɕiau^{35}pa^{213} ·pa!

十堰：啥子呀? 她管你叫爸爸!

ʂa^{53} ·tsʅ ·ia? t'a^{443}kuan^{443}ȵi^{443}tɕiɔ^{312}pa^{45} ·pa!

啥扎? 她管你叫爹!

ʂa^{53}tsa^{45}? t'a^{443}kuan^{443}ȵi^{443}tɕiɔ^{312}tie^{45}!

恩施：么子啊? 她跟你喊爸爸呀!

muo^{51}tsa^{55}? t'a^{55}kən^{55}li^{51}xan^{51}pa^{22} ·pa ia^{51}!

孝感：么事呀? 她昂你昂爸爸!

mo^{52} ·sʅ ·za? tʻa^{44}ŋaŋ^{44}ȵ̍^{52}ŋaŋ^{44}pa^{213} ·pa!

咸宁：么呢？伊喊你箇爷！

mo^{42}næ^{31}？ e^{42}xɑ̃^{42}n̩^{42}kə^{33}iɑ^{31}！

155 你拿什么都当真的，我看没必要。

武汉：你把么事都当真的，我看冒得必要。

ni^{42}pa^{42}mo^{42} ·sʅ tou^{55}taŋ^{35}tsən^{55} ·ti，ŋo^{42}kʻan^{35}mau^{35}tɤ^{213}pi^{213}iau^{35}。

十堰：你拿啥子都当真的，我看没得必要。

ȵi^{443}la^{53}ʂa^{53} ·tsʅ təu^{53}taŋ^{45}tʂən^{45} ·ti，uo^{443}kʻan^{312}mei^{53} ·tɛ pi^{53}iɔ^{312}。

恩施：你把么子都当真，我看没得那个必要。

li^{51}pa^{51}muo^{51} ·tsʻʅ təu^{55}taŋ^{55}tʐən^{55}，uo^{51}kʻan^{35}mei^{55} ·te la^{35} ·kə pi^{22}iau^{35}。

孝感：你拿么事哈当真的，我觉得冇得必要。

ȵ̍^{52}na^{21}mo^{52} ·sʅ xa^{55}taŋ^{44}tʐən^{44} ·ti，ŋo^{52}tɕio$^{213-13}$ ·tɛ mau^{55} ·tɛ pi$^{213-21}$iau^{35}。

咸宁：你拿么呢都当真箇，我觉得冇得必要。

n̩^{42}nɑ^{31}mo^{42}næ^{31}tɑu^{44}tõ^{213}tsʻən^{44}kə^{33}，ŋə^{42}tɕiə^{55}te^{55}mo^{44}te^{55}pæ^{55}ie^{213}。

156 真拿他没办法，烦死我了。

武汉：真把他冒得办法，烦死我了。

tsən^{55}pa^{42}tʻa^{55}mau^{35}tɤ^{213}pan^{35}fa^{213}，fan^{213}sʅ^{42}ŋo^{42} ·niau。

十堰：真拿他没得办法，烦死我唠。

tʂən^{45}la^{53}tʻa^{443}mei^{53} ·tɛ pan^{312} ·fa，fan^{53}sʅ^{443}uo^{443} ·lɔ。

恩施：拿他没得整，我烦死哒。

la^{22}tʻa^{55}mei^{55} · te tʂən^{51}，uo^{51}xuan^{22}sɿ^{51} · ta。

孝感：真是把他冇得办法，烦死我了。

tʂən^{44}ʂʅ^{55}pa^{52}tʻa^{44}mau^{55} · tɛ pan^{55} · fa，fan^{21}sɿ^{52}ŋo^{52} · niau。

咸宁：真把伊冇得法，把我人烦煞了。

tsən^{44}pɑ^{213}e^{42}mo^{44}te^{55}fɑ^{55}，pɑ^{213}ŋə^{42}zən^{31}fɑ̃^{31}sa^{55}nɑ^{42}。

157 看你现在拿什么还人家。

武汉：看你这们咱拿么事还别个。

kʻan^{35}ni^{42}tsɤ^{35} · mən · tsan na^{213}mo^{42} · sɿ xuan^{213}pie^{213} · ko。

十堰：看你正这儿拿啥子还人家。

kʻan^{312}ȵi^{443}tʂən^{312}tʂɤr^{31}la^{53}ʂa^{53} · tsɿ xuan^{53}ʐən^{53} · tɕia。

恩施：看你这时儿拿么子还倒别个。

kʻan^{35}li^{51}lie^{35}ʂər^{22}la^{22}muo^{51} · tsʻɿ xuan^{22} · tau pie^{22} · kə。

孝感：看你现在拿么事还得人家。

kʻan^{35}n̩^{52}ɕin^{55}tsai^{55}na^{21}mo^{52} · sɿ xuan^{21} · tɛ ʐən^{21} · ka。

咸宁：看你现在拿么呢还得人家。

kʻõ^{213}n̩^{42}ɕiẽ^{33}tsʻa^{33}nɑ^{31}mo^{42}næ^{31}fɑ̃^{31}te^{55}zən^{31}kɑ^{44}。

158 他被妈妈说哭了。

武汉：他把姆妈说哭了。

tʻa^{55}pa^{42}m̩^{42} · ma so^{213}kʻu^{213} · niau。

十堰：他被妈妈说哭唠。

tʻa^{443}pei^{312}ma^{45} · ma ʂuo^{45}kʻu^{45} · lɔ。

他让妈妈说哭唠。

tʻa^{443}ʐaŋ^{312}ma^{45} · ma ʂuo^{45}kʻu^{45} · lɔ。

恩施：他着他妈说哭哒。

tʻa^{55}tʂuo^{22}tʻa^{55}ma^{55}suo^{22}kʻu^{22} · ta。

孝感：他把得妈妈说哭了。

tʻa^{44}pa^{52} · tɛ ma^{44} · ma ʂɥɛ$^{213\text{-}13}$kʻu^{213} · uau。

咸宁：伊把伊娘说哭了。

e^{42}pɑ^{213}e^{213}niõ^{31}ɕye^{55}kʻu^{55}nɑ^{42}。

159 所有的书信都被火烧了，一点儿剩的都没有。

武汉：所有的信都把火烧了，一点剩的都冒得。

so^{42}iou^{42} · ti ɕin^{35}tou^{55}pa^{42}xo^{42}sau^{55} · niau，i^{213}tie^{42}sən^{35} · ti tou^{55}mau^{35}tɤ^{213}。

十堰：所有的书信都被火烧唠，一点儿剩的都没得。

suo^{443}iəu^{443} · ti ʂu^{45}ɕin^{312}təu^{53}pei^{312}xuo^{443}ʂɔ^{45} · lɔ，i^{53}tiər^{443}ʂən^{312} · ti təu^{53}mei^{53} · tɛ。

恩施：所有的信都着火烧哒，一点儿都没剩。

suo^{51}iəu^{51} · ti ɕin^{35}təu^{55}tʂuo^{22}xuo^{51}ʂau^{55} · ta，i^{22} · tiər təu^{55}mei^{55}ʂən^{35}。

孝感：所有的书信哈把火烧了，一点儿哈冇剩。

so^{52}iəu^{52} · ti ʂɥ^{44}ɕin^{35}xa^{55}pa^{52}xo^{52}ʂau^{44} · uau，i^{213} · tiər xa^{55}mau^{55}ʂən^{55}。

咸宁：所有箇书信都把火烧了，一点崽都冇留下来。

sə^{42}iɑu^{42}kə^{33}ɕy^{44}ɕiən^{213}tɑu^{44}pɑ^{213}xə^{42}se^{44}nɑ^{42}，i^{55}tiẽ^{42}tsʻa^{42}tɑu^{44}mo^{44}niɑu^{31}xɑ^{33}na^{31}。

160 被他缠了一下午，什么都没做成。

武汉：把他缠了一下午，么事都冒做。

pa^{42}tʻa^{55}tsʻan^{213} · niau i^{213}ɕia^{35}u^{42}，mo^{42} · sɿ tou^{55}mau^{35}tsou^{35}。

十堰：被他缠唠一下午，啥子都没做成。

pei^{312}tʻa^{443}tʂʻan^{53} · lɔ i^{53}ɕia^{312} · u，ʂa^{53} · tsɿ təu^{53}mei^{53}tsəu^{312}tʂʻən^{53}。

叫他缠唠一下午，啥子都没做成。

tɕiɔ^{312}tʻa^{443}tʂʻan^{53} · lɔ i^{53}ɕia^{312} · u，ʂa^{53} · tsɿ təu^{53}mei^{53}tsəu^{312} tʂʻən^{53}。

让他缠唠一下午，啥子都没做成。

ʐaŋ^{312}tʻa^{443}tʂʻan^{53} · lɔ i^{53}ɕia^{312} · u，ʂa^{53} · tsɿ təu^{53}mei^{53}tsəu^{312} tʂʻən^{53}。

恩施：着他缠哒一下午，么子都没搞成。

tʂuo^{22}tʻa^{55}tʂʻan^{22} · ta i^{22}ɕia^{35}u^{51}，muo^{51} · tsʻɿ təu^{55}mei^{55}kau^{51} tʂʻən^{22}。

孝感：被他缠了一下午，么事都冇做成。

pei^{55}tʻa^{44}tʂʻan^{21} · niau i$^{213-21}$ɕia^{55}u^{52}，mo^{52} · sɿ təu^{44}mau^{55}tsəu^{35} tʂʻən^{21}。

咸宁：把伊缠了一下昼，什么事情都冇做成。

pɑ^{213}e^{42}tsʻẽ^{31}nɑ^{42}i^{55}xɑ^{33}tsɑu^{213}，sɿ^{33}mo^{42}sɿ^{33}tɕʻiən^{31}tɑu^{44}mo^{44}tsɑu^{213} tsʻən^{31}。

161 让人给打懵了，一下子没明白过来。

武汉：让人打岔了，一下冒明白过来。

naŋ^{35}nən^{213}ta^{42}tsʻa^{35} · niau，i^{213}xa^{35}mau^{35}min^{213} · pɤ ko^{35}nai^{213}。

十堰：让人给打蒙唠，一下子没明白过来。

ʐaŋ^{312}ʐən^{53}kɯ^{45}ta^{443}mən^{45} · lɔ，i^{53}ɕia^{312} · tsɿ mei^{53}min^{53}pɛ^{53}kuo^{312} lɛ^{53}。

叫人给打蒙唠，一下子没明白过来。

tɕiɔ^{312}ʐən^{53}kɯ^{45}ta^{443}mən^{45} · lɔ，i^{53}ɕia^{312} · tsɿ mei^{53}min^{53}pɛ^{53}kuo^{312} lɛ^{53}。

恩施：着别个打哈哒，一下没回过神过来。

tʂuo^{22}pie^{22} · kə ta^{51}xa^{51} · ta，i^{22}xa^{51}mei^{55}xuei^{35}kuo^{35}ʂən^{22} · lai。

孝感：把得别个打懵了，一哈子冇明白过来。

pa^{52} · tɛ piɛ^{21} · ko ta^{52}moŋ^{44} · ŋau，i$^{213\text{-}21}$ · xa · tsɿ mau^{55}min^{21} pɛ^{21}ko^{52}nai^{21}。

咸宁：把人家屋打懵了，一下崽还冇明白过来。

pɑ^{213}zən^{31}kɑ^{44}u^{55}tɑ^{42}məŋ^{42}nɑ^{42}，i^{55}xɑ^{33}tsʻa^{42}xa^{31}mo^{44}miən^{31}pʻe^{33} kuə^{213}na^{31}。

162 给雨淋了个浑身湿透。

武汉：被雨□得浑身透湿。

pei^{35}y^{42}tsua^{213} · tɤ xuən^{35}sən^{55}tʻou^{213}sɿ^{213}。

十堰：给雨□唠个浑身湿透。

kɯ^{45}y^{443}tʂʻua^{53} · lɔ · kɤ xuən^{53}ʂən^{45}ʂʅ^{45}tʻəu^{312}。

叫雨□唠个浑身湿透。

tɕiɔ^{312}y^{443}tʂʻua^{53} · lɔ · kɤ xuən^{53}ʂən^{45}ʂʅ^{45}tʻəu^{312}。

恩施：浑身打得□湿。

xuən^{22}ʂən^{55}ta^{51} · te tɕʻye^{55}ʂʅ^{22}。

孝感：把雨淋了个浑身透湿。

pa^{52}ʮ^{52}nin^{21} · niau · ko xuən^{21}ʂən^{44}tʻəu^{35}ʂʅ^{213}。

咸宁：把雨把浑身都淋湿透了。

pɑ^{213}y^{42}pɑ^{213}fən^{44}sən^{44}tɑu^{44}niən^{31}sɿ^{55}tʻe^{213}nɑ^{42}。

163 给我一本书。给他三本书。

武汉：把我一本书。把他三本书。

pa^{42}ŋo^{42}i^{213}pən^{42}ɕy^{55}。pa^{42}tʻa^{55}san^{55}pən^{42}ɕy^{55}。

十堰：给我一本书。给他三本书。

kɯ^{45}uo^{443}i^{53}pən^{443}ʂu^{45}。kɯ^{45}tʻa^{443}san^{45}pən^{443}ʂu^{45}。

恩施：跟我把一本书。跟他把三本书。

kən^{55} uo^{51} pa^{51} i^{22} pən^{51} ʂu^{55}。kən^{55} t‘a^{55} pa^{51} san^{55} pən^{51} ʂu^{55}。

孝感：把一本书（得）我。把三本书（得）他。

pa^{52} i^{213} pən^{52} ʂɥ^{44}（·tɛ）ŋo^{52}。pa^{52} san^{44} pən^{52} ʂɥ^{44}（·tɛ）t‘a^{44}。

咸宁：把一本书得我。把三本书伊。

pɑ^{42} i^{55} pən^{42} ɕy^{44} te^{55} e^{42}。pɑ^{42} sɑ̃^{44} pən^{42} ɕy^{44} e^{42}。

164 这里没有书，书在那里。

武汉：这里冒得书，书在那里。

tsɤ^{35} ·ni mau^{35} tɤ^{213} ɕy^{55}，ɕy^{55} ·tai na^{35} ·ni。

十堰：这儿没得书，书在那儿。

tʂɤr^{31} mei^{53} ·tɛ ʂu^{45}，ʂu^{45} tsɛ^{312} lar^{31}。

这下儿没得书，书在那下儿。

tʂɤ^{312} ·xar mei^{53} ·tɛ ʂu^{45}，ʂu^{45} tsɛ^{312} la^{312} ·xar。

这个点儿没得书，书在那个点儿。

tʂɤ^{312} ·kɤ tiər^{443} mei^{53} ·tɛ ʂu^{45}，ʂu^{45} tsɛ^{312} la^{312} ·kɤ tiər^{443}。

恩施：这里没得书，书在那里。

lie^{35} ·li^{51} mei^{55} ·te ʂu^{55}，ʂu^{55} tsai^{35} la^{35} ·li^{51}。

孝感：乜$_1$里冇得书，书在乜$_2$里。

niɛ^{35} ·ni mau^{55} tɛ^{213} ʂɥ^{44}，ʂɥ^{44} tai^{55} niɛ^{55} ·ni。

咸宁：个里冇得书，书在那里。

kə^{31} næ^{42} mo^{44} te^{55} ɕy^{44}，ɕy^{44} ts‘a^{33} ne^{44} næ^{42}。

165 叫他快来找我。

武汉：叫他快点来找我。

tɕiau^{35} t‘a^{55} k‘uai^{35} tie^{42} nai^{213} tsau^{42} ŋo^{42}。

十堰：叫他快点儿来找我。

tɕiɔ^{312} t‘a^{443} k‘uɛ^{312} tiər^{443} lɛ^{53} tʂɔ^{443} uo^{443}。

恩施：喊他快点儿来找我。

xan^{51}tʻa^{55}kʻuai^{35} ·tiər lai^{22}tʂau^{51}uo^{51}。

孝感：叫他快来找我。

tɕiau^{35}tʻa^{44}kʻuai^{35}nai^{21}tʂau^{52}ŋo^{52}。

咸宁：叫伊快点来找我。

tɕie^{213}e^{42}kʻua^{213}tiẽ^{42}na^{31}tso^{42}ŋə^{42}。

166 赶快把他请来。

武汉：赶快把他请来。

kan^{42}kʻuai^{35}pa^{42}tʻa^{55}tɕʻin^{42}nai^{213}。

十堰：赶快把他请来。

kan^{443}kʻuɛ^{312}pa^{312}tʻa^{443}tɕʻin^{443}lɛ^{53}。

赶紧给他请来。

kan^{443}tɕin^{443}kɯ^{45}tʻa^{443}tɕʻin^{443}lɛ^{53}。

恩施：赶忙把他请起来。

kan^{51}maŋ^{22}pa^{51}tʻa^{55}tɕʻin^{51}tɕʻi^{51} ·lai。

孝感：赶快把他请得来。

kan^{52}kʻuai^{35}pa^{52}tʻa^{44}tɕʻin^{52} ·tɛ nai^{21}。

咸宁：赶紧把伊请来。

kõ^{42}tɕiən^{42}pɑ^{213}e^{42}tɕʻiɑ̃^{42}na^{31}。

167 我写了条子请病假。

武汉：我写了条子请病假。

ŋo^{42}ɕie^{42} ·niau tʻiau^{213} ·tsɿ tɕʻin^{42}pin^{35}tɕia^{42}。

十堰：我写唠条子请病假。

uo^{443}ɕie^{443} ·lɔ tʻiɔ^{53} ·tsɿ tɕʻin^{443}pin^{312}tɕia^{53}。

恩施：我写哒个条子请个病假。

uo^{51} ɕie^{51} ·ta·kə tʻiau^{22} ·tsʻɿ tɕʻin^{51} ·kə pin^{35}tɕia^{51}。

孝感：我写了条子请病假。

ŋo^{52}ɕiɛ^{52} ·niau tʻiau^{21} ·tsɿ tɕʻin^{52}pin^{55}tɕia^{52}。

咸宁：我写了条请病假。

ŋə^{42}ɕiɑ^{42}nɑ^{42}tʻie^{31}tɕʻiɑ̃^{42}pʻiɑ̃^{33}tɕiɑ^{42}。

168 **我上街买了份报纸看。**

武汉：我上街买了份报纸看。

ŋo^{42}saŋ^{35}kai^{55}mai^{42} ·niau fən^{35}pau^{35}tsɿ^{42}kʻan^{35}。

十堰：我上街买唠份报纸看。

uo^{443}ʂaŋ^{312}kɛ^{45}mɛ^{443} ·lɔ fən^{312}pɔ^{312}tʂʅ^{443}kʻan^{312}。

恩施：我上街买哒张报纸看。

uo^{51}ʂaŋ^{35}kai^{55}mai^{51} ·ta tʂaŋ^{55}pau^{35}tʂʅ^{51}kʻan^{35}。

孝感：我上街买了份报纸看。

ŋo^{52}ʂaŋ^{55}kai^{44}mai^{52} ·iau fən^{55}pau^{35}tʂʅ^{52}kʻan^{35}。

咸宁：我上街买份报看。

ŋə^{42}sõ^{33}ka^{44}ma^{42}fən^{33}po^{213}kʻõ^{213}。

169 **我笑着躲开了他。**

武汉：我笑到躲开了。

ŋo^{42}ɕiau^{35} ·tau tʻo^{42}kʻai^{55} ·niau。

十堰：我笑着躲开唠他。

uo^{443}ɕiɔ^{312} ·tʂɤ tuo^{443}kʻɛ^{45} ·lɔ tʻa^{443}。

我笑到躲开唠他。

uo^{443}ɕiɔ^{312} ·tɔ tuo^{443}kʻɛ^{45} ·lɔ tʻa^{443}。

恩施：我笑到起把他躲过哒。

uo^{51}ɕiau^{35}tau^{51} ·tɕʻi pa^{51}tʻa^{55}tuo^{51}kuo^{35} ·ta。

孝感：我笑到躲开了他。

ŋo^{52}ɕiau^{35} ·tau to^{52}kʻai^{44} ·iau tʻa^{44}。

咸宁：我一边笑一边躲到伊。

ŋə^{42}i^{55}piẽ^{44}ɕie^{213}i^{55}piẽ^{44}tə^{42}to^{42}e^{42}。

170 我抬起头笑了一下。

武汉：我抬头笑了一下。

ŋo^{42}tʻai^{213}tʻou^{213}ɕiau^{35} ·niau i^{213}xa^{35}。

十堰：我抬起头笑唠一下。

uo^{443}tʻɛ^{53} ·tɕʻi tʻəu^{53}ɕiɔ^{312} ·lɔ i^{53}ɕia^{312}。

恩施：我把脑壳抬起来笑哒一下。

uo^{51}pa^{51}lau^{51}kʻuo^{22}tʻai^{22}tɕʻi^{51} ·lai ɕiau^{35} ·ta i^{22} ·xa。

孝感：我抬起头笑了一哈儿。

ŋo^{52}tʻai^{21}tɕʻi^{52}təu^{21}ɕiau^{35} ·uau i^{213} ·xar。

咸宁：我赘起头笑了一下。

ŋə^{42}ŋo^{44}tɕʻi^{42}tʻe^{31}ɕie^{213}nɑ^{42}i^{55}xɑ^{33}。

171 我就是坐着不动，看你能把我怎么着。

武汉：我就是坐到不动，看你能把我么样。

ŋo^{42}tɕiou^{35}sɿ^{35}tso^{35} ·tau pu^{213}toŋ^{35}，kʻan^{35}ni^{42}nən^{213}pa^{42}ŋo^{42}mo^{42} ·iaŋ。

十堰：我就是坐着不动，看你能把我咋法儿。

uo^{443}təu^{31}ʂʅ^{312}tsuo^{312} ·tʂɤ pu^{53}tən^{312}，kʻan^{312}ȵi^{443}lən^{53}pa^{312}uo^{443}tsa^{443}far^{53}。

我就是坐到不动，看你能把我咋搞。

uo^{443}təu^{31}ʂʅ^{312}tsuo^{312} ·tɔ pu^{53}tən^{312}，kʻan^{312}ȵi^{443}lən^{53}pa^{312}uo^{443}tsa^{443}kɔ^{443}。

恩施：我就是坐到起不动，看你把我哪门搞。

uo^{51}tɕiəu^{35}ʂʅ^{35}tsuo^{35}tau^{51} · tɕʻi pu^{22}toŋ^{35}，kʻan^{35}li^{51}pa^{51}uo^{51} la^{51} · mən kau^{51}。

孝感：我就是坐到不动，看你能把我么样。

ŋo^{52}tsəu^{55}ʂʅ^{55}tso^{55} · tau pu$^{213\text{-}21}$toŋ^{55}，kʻan^{35}n̩^{52}nən^{21}pa^{52}ŋo^{52}mo^{52} iaŋ^{55}。

咸宁：我就是坐到不蠕，看你能把我么样。

ŋə^{42}tɕʻiɑu^{33}sʅ^{33}tsʻə^{33}to^{42}pu^{55}niəŋ^{213}，kʻõ^{213}n̩^{42}nəŋ^{31}pɑ^{213}ŋə^{42}mo^{42} iõ^{33}。

172 **她照顾病人很细心。**

武汉：她招呼病人蛮过细。

tʻa^{55}tsau^{55} · xu pin^{35}nən^{213}man^{213}ko^{35}ɕi^{35}。

十堰：她招呼病人很过细。

tʻa^{443}tʂɔ^{45} · xu pin^{312} · zən xən^{443}kuo^{31}ɕi^{312}。

恩施：她招呼病人过得过细。

tʻa^{55}tʂau^{55}xu^{55}pin^{35}zən^{22}kuo^{35}te^{55}kuo^{35}ɕi^{35}。

孝感：她招呼病人蛮过细。

tʻa^{44}tʂau^{44} · xu pin^{55}zən^{21}man^{21}ko^{52}ɕi^{35}。

咸宁：伊照顾病人蛮过细。

e^{42}tsʻe^{213}ku^{213}pʻiɑ̃^{33}zən^{31}mɑ̃^{31}kuə^{213}sæ^{213}。

173 **他接过苹果就咬了一口。**

武汉：他接到苹果就咬了一口。

tʻa^{55}tɕie^{213}tau^{42}pʻin^{213}kuo^{42}tɕiou^{35}au^{42} · niau i^{213}kʻou^{42}。

十堰：他一接过苹果就咬唠一口。

tʻa^{443}i^{53}tɕie^{45} · kuo pʻin^{443} · kuo təu^{312}iɔ^{443} · lɔ i^{53}kʻəu^{443}。

恩施：他把苹果接过来就咬哒一口。

tʻa^{55} pa^{51} pʻin^{22} kuo^{51} tɕie^{22} kuo^{35} · lai tɕiəu^{35} ŋau^{51} · ta i^{22} kʻəu^{51}。

孝感：他接到苹果就咬了一口。

tʻa^{44} tɕiɛ^{213} · tau pʻin^{21} ko^{52} tsəu^{55} ŋau^{52} · uau i^{213} kʻəu^{52}。

咸宁：伊接了苹果就噣了一口。

e^{42} tɕi^{55} nɑ^{42} pʻiən^{31} kuə^{42} tɕʻiɑu^{33} ŋa^{55} nɑ^{42} i^{55} kʻe^{42}。

174 他的一番话使在场的所有人都流了眼泪。

武汉：他的一番话让在场的所有人都流了眼泪。

tʻa^{55} · ti i^{213} fan^{55} xua^{35} naŋ^{35} · tai tsʻaŋ^{213} · ti so^{42} iou^{42} nən^{213} tou^{55} niou^{213} · niau iɛn^{42} nei^{35}。

十堰：他的一席话使在场的所有人都流唠眼泪。

tʻa^{443} · ti i^{53} ɕi^{53} xua^{312} ʂʅ^{443} tsɛ^{312} tʂʻaŋ^{443} · ti suo^{443} iəu^{443} ʐən^{53} təu^{53} liəu^{53} · lɔ iɛn^{443} lei^{312}。

恩施：他的这些话在场的人听哒都哭哒/眼流水儿都流出来哒。

tʻa^{55} · ti lie^{35} ɕie^{55} xua^{35} tsai^{35} tʂʻaŋ^{51} · ti ʐən^{22} tʻin^{55} · ta təu^{55} kʻu^{22} · ta / iɛn^{51} liəu^{22} ʂuər^{51} təu^{55} liəu^{22} tʻəu^{22} · lai · ta。

孝感：他的乜$_1$ 些话叫在场的所有人哈流了眼泪。

tʻa^{44} · ti niɛ^{35} ɕiɛ^{44} xua^{55} tɕiau^{35} tai^{55} tʂʻaŋ^{52} · ti so^{52} iəu^{52} ʐən^{21} xa^{55} niəu^{21} · uau in^{52} · ni。

咸宁：伊箇几句话把在场箇个些人说得落了眼泪。

e^{42} kə^{33} tɕi^{42} tɕy^{213} xuɑ^{42} pɑ^{213} tsʻa^{33} tsʻõ^{42} kə^{33} kə^{213} sæ^{55} zən^{31} ɕye^{55} te^{55} nə^{55} nɑ^{42} ŋã^{42} næ^{33}。

175 我们请他唱了一首歌。

武汉：我们请他唱了一首歌。

ŋo^{42} · mən tɕʻin^{42} tʻa^{55} tsʻaŋ^{35} · niau i^{213} sou^{42} ko^{55}。

十堰：我们请他唱唠一首歌。

uo^{443} ·mən tɕʻin^{443}tʻa^{443}tʂʻaŋ^{312} ·lɔ i^{53}ʂəu^{443}kɤ^{45}。

恩施：我们请他唱哒个歌儿。

uo^{51} ·mən tɕʻin^{51}tʻa^{55}tʂʻaŋ^{35} ·ta·kə kuər^{55}。

孝感：我者请他唱了一首歌。

ŋo^{52} ·tʂo tɕʻin^{52}tʻa^{44}tʂʻaŋ^{35} ·ŋau i^{213}ʂəu^{52}kor^{44}。

咸宁：我都请伊唱了一首歌。

ŋə^{42}tɑu^{44}tɕʻiɑ̃^{42}e^{42}tsʻõ^{213}nɑ^{42}i^{55}sɑu^{42}kə^{44}。

176 我有几个亲戚在外地做工。

武汉：我有几个亲戚在外地做工。

ŋo^{42}iou^{42}tɕi^{42} ·ko tɕʻin^{55} ·tɕʻi·tai uai^{35}ti^{35}tsou^{35}koŋ^{55}。

十堰：我有几个亲戚在外地做工。

uo^{443}iəu^{443}tɕi^{443}kɤ^{312}tɕʻin^{45} ·tɕʻi tsɛ^{312}uɛ^{31}ti^{312}tsəu^{312}kuən^{45}。

恩施：我有几个亲戚在外头打工。

uo^{51}iəu^{51}tɕi^{51} ·kə tɕʻin^{55}tɕʻi^{22}tsai^{35}uai^{35} ·tʻəu ta^{51}koŋ^{55}。

孝感：我有几个亲戚在外地做工。

ŋo^{52}iəu^{52}tɕi^{52} ·ko tɕʻin^{44} ·tɕʻi tai^{55}uai^{55}ti^{55}tsəu^{35}koŋ^{44}。

咸宁：我有几个亲戚在外地做工。

ŋə^{42}iɑu^{42}tɕi^{42}kə^{213}tɕʻiən^{44}tsʻæ^{55}tsʻa^{33}ua^{33}tʻæ^{33}tsʻɑu^{42}kuəŋ^{44}。

177 他整天都陪着我说话。

武汉：他成天陪到我说话。

tʻa^{55}tsʻən^{213}tʻiɛn^{55}pʻei^{213} ·tau ŋo^{42}so^{213}xua^{35}。

十堰：他整天都陪着我拍话。

tʻa^{443}tʂən^{443}tʻiɛn^{45}təu^{53}pʻei^{53} ·tʂɤ uo^{443}pʻɛ^{45}xua^{312}。

他整天都陪到我拍话。

tʻa^{443}tʂən^{443}tʻiɛn^{45}təu^{53}pʻei^{53} ·tɔ uo^{443}pʻɛ^{45}xua^{312}。

恩施：他一亘天都在陪到我说话。

tʻa^{55} i^{22} kən^{51} tʻiɛn^{55} təu^{55} tsai^{35} pʻei^{22} tau^{51} uo^{51} ʂuo^{22} xua^{35} 。

孝感：他一天到黑哈陪到我说话。

tʻa^{44} i^{213} tʻin^{44} tau^{35} xɛ^{213} xa^{55} pʻei^{21} ·tau ŋo^{52} ʂɥɛ^{213} xua^{55} 。

咸宁：伊整日都陪到我说话。

e^{42} tsʻən^{42} zɿ^{55} tɑu^{44} pʻæ^{31} to^{42} ŋə^{42} ɕye^{55} xuɑ^{42} 。

178 我骂他是个大笨蛋，他居然不恼火。

武汉：我骂他是个大笨蛋，他居然不发火。

ŋo^{42} ma^{35} tʻa^{55} sɿ^{35} ·ko ta^{35} pen^{35} tan^{35}，tʻa^{55} tɕy^{55} nan^{213} pu^{213} fa^{213} xo^{42} 。

十堰：我嘅他是个大笨蛋，他居然不发脾气。

uo^{443} tɕye^{45} tʻa^{443} ʂʅ^{312} ·kɤ ta^{312} pən^{31} tan^{312}，tʻa^{443} tɕy^{45} ʐan^{53} pu^{53} fa^{45} pʻi^{53} tɕʻi^{312} 。

恩施：我诀他是个哈脓包，他也不恼火。

uo^{51} tɕye^{22} tʻa^{55} ʂʅ^{35} ·kə xa^{51} loŋ^{22} pau^{55}，tʻa^{55} ie^{51} pu^{22} lau^{51} xuo^{51} 。

孝感：我骂他是个大笨蛋，他居然不恼火。

ŋo^{52} ma^{55} tʻa^{52} ʂʅ^{55} ·ko ta^{55} pən^{55} tan^{55}，tʻa^{44} tʂɥ^{44} ɥan^{21} pu$^{213\text{-}13}$ nau^{52} xo^{52} 。

咸宁：我骂伊是大笨蛋，伊都不发脾气。

ŋə^{42} mɑ^{33} e^{42} sɿ^{33} tʻa^{33} pʻən^{33} tʻɑ̃^{33}，e^{42} tɑu^{44} pu^{55} fa^{55} pʻæ^{31} tɕʻi^{213} 。

179 他把钱一扔，二话不说，转身就走。

武汉：他把钱一丢，二话不说，转身就走。

tʻa^{55} pa^{42} tɕʻiɛn^{213} i^{213} tiou^{55}，ɯ^{35} xua^{35} pu^{213} so^{213}，tsuan^{42} sən^{55} tɕiou^{35} tsou^{42} 。

十堰：他把钱一□，二话不说，扭身就走。

tʻa^{443} pa^{312} tɕʻiɛn^{53} i^{53} pan^{443}，ər^{31} xua^{312} pu^{53} ʂuo^{45}，ȵiəu^{443} ʂən^{45} təu^{312}

tsəu^{443}。

恩施：他把钱一摔，二话不说，车过来就走哒。

t‘a^{55}pa^{51}tɕ‘iɛn^{22}i^{22}ʂuai^{51}，ər^{35}xua^{35}pu^{22}ʂuo^{22}，tʂ‘e^{55}kuo^{35} · lai tɕiəu^{35} tsəu^{51} · ta。

孝感：他把钱一丢，二话不说，𩠐头就走。

t‘a^{44}pa^{52}tɕ‘in^{21}i^{213}tiəu^{44}，ɐr^{55}xua^{55}pu$^{213-13}$ʂʮɛ^{213}，t‘iau^{52} · t‘əu tsəu^{55} tsəu^{52}。

咸宁：伊把钱一扔，二话冇说，转身就走了。

e^{42}pɑ^{213}tɕ‘iẽ^{31}i^{55}yɑ̃^{44}，zʅ^{33}xuɑ^{42}mo^{44}ɕye^{55}，tɕyẽ^{42}sən^{44}tɕ‘iɑu^{33}tse^{42} nɑ^{33}。

180 我该不该来呢？

武汉：我该不该来咧？

ŋo^{42}kai^{55} · pu kai^{55}nai^{213} · nie？

十堰：我该不该来嘞？

uo^{443}kɛ^{45} · pu kɛ^{45}lɛ^{53} · lɛ？

恩施：我该不该来呢？

uo^{51}kai^{55} · pu kai^{55}lai^{22} · le？

孝感：我该不该来呢？

ŋo^{52}kai^{44} · pu kai^{44}nai^{21} · ie？

咸宁：我该不该来呢？

ŋə^{42}ka^{44}pu^{55}ka^{44}na^{31}næ^{31}？

181 你来也行，不来也行。

武汉：你来可以，不来也可以。

ni^{42}nai^{213}k‘o^{42}i^{42}，pu^{213}nai^{213}ie^{42}k‘o^{42}i^{42}。

十堰：你来也行，不来也行。

ȵi^{443} lɛ^{53} ie^{443} ɕin^{53}，pu^{53} lɛ^{53} ie^{443} ɕin^{53}。

恩施：你想来就来，不来也行。

li^{51} ɕiaŋ^{51} lai^{22} tɕiəu^{35} lai^{22}，pu^{22} lai^{22} ie^{51} ɕin^{22}。

孝感：你来也行，不来也行。

n̩^{52} nai^{21} iɛ^{52} ɕin^{21}，pu^{213} nai^{21} iɛ^{52} ɕin^{21}。

咸宁：你来也行，不来也行。

n̩^{42} na^{31} iɑ^{42} ɕiən^{31}，pu^{55} na^{31} iɑ^{42} ɕiən^{31}。

182 要我说，你就不应该来。

武汉：要我说，你就不该来。

iau^{35} ŋo^{42} so^{213}，ni^{42} tɕiou^{35} pu^{213} kai^{55} nai^{213}。

十堰：要我说，你就不该来。

iɔ^{312} uo^{443} ʂuo^{45}，ȵi^{443} təu^{312} pu^{53} kɛ^{45} lɛ^{53}。

恩施：要我说，你就不该来。

iau^{35} uo^{51} ʂuo^{22}，li^{51} tɕiəu^{35} pu^{22} kai^{55} lai^{22}。

孝感：要我说，你就不应该来。

iau^{35} ŋo^{52} ʂʮɛ^{213}，n̩^{52} tsəu^{55} pu$^{213-12}$ in^{35} kai^{44} nai^{21}。

咸宁：要我说，你就不该来。

ie^{213} ŋə^{42} ɕye^{55}，n̩^{42} tɕʻiɑu^{33} pu^{55} ka^{44} na^{31}。

183 你能不能来？

武汉：你能不能来？

ni^{42} nən^{213} ·pu nən^{213} nai^{213}？

十堰：你能不能来？

ȵi^{443} lən^{53} ·pu lən^{53} lɛ^{53}？

你能来不？

ȵi^{443} lən^{53} lɛ^{53} ·pu？

恩施：你来不来得成？
li^{51} lai^{22} · pu lai^{22} · te tʂʻən^{22}？

孝感：你能不能来？
ŋ̩^{52} nən^{21} · pu nən^{21} nai^{21}？

咸宁：你能不能来？
ŋ̍^{42} nəŋ^{31} pu^{55} nəŋ^{31} na^{31}？

184 **看看吧，现在说不准。**

武汉：看下子着，现在说不定。
kʻan^{35} xa^{35} · tsɿ · tso，ɕiɛn^{35} tsai^{35} so^{213} pu^{213} tin^{35}。

十堰：看下儿吧，正这儿说不准。
kʻan^{312} · xar · pa，tʂən^{312} tʂɤr^{31} ʂuo^{45} · pu tʂuən^{443}。

恩施：看下儿着，这时儿还说不倒。
kʻaŋ^{35} xər^{55} · tʂuo，lie^{35} ʂər^{22} xai^{22} ʂuo^{22} · pu tau^{51}。

孝感：看哈儿着，现在说不准。
kʻan^{35} xar^{55} · tʂo，ɕin^{55} tsai^{55} ʂɥɛ$^{213-13}$ · pu tʂɥən^{52}。

咸宁：迈看，现在说不准。
ma^{55} kʻõ^{213}，ɕiẽ^{33} tsʻa^{33} ɕye^{55} pu^{55} tɕyən^{42}。

185 **能来就来，不能来就不来。**

武汉：能来就来，不能来就不来。
nən^{213} nai^{213} tɕiou^{35} nai^{213}，pu^{213} nən^{213} nai^{213} tɕiou^{35} pu^{213} nai^{213}。

十堰：能来就来，不能来就不来。
lən^{53} lɛ^{53} təu^{312} lɛ^{53}，pu^{53} lən^{53} lɛ^{53} təu^{312} pu^{53} lɛ^{53}。

恩施：来得成就来，来不成就不来。
lai^{22} · te tʂʻən^{22} tɕiəu^{35} lai^{22}，lai^{22} · pu tʂʻən^{22} tɕiəu^{35} pu^{22} lai^{22}。

孝感：能来就来，不能来就不来。

nən^{21} nai^{21} tsəu^{55} nai^{21} , pu^{213} nən^{21} nai^{21} tsəu^{55} pu^{213} nai^{21} 。

咸宁：能来就来，不能来就不来。

nəŋ^{31} na^{31} tɕʻiɑu^{33} na^{31} , pu^{55} nəŋ^{31} na^{31} tɕʻiɑu^{33} pu^{55} na^{31} 。

186 你打算不打算去?

武汉：你打不打算去?

ni^{42} ta^{42} · pu ta^{42} san^{35} kʻɯ^{35} ?

十堰：你打算不打算去?

ȵi^{443} ta^{443} · san · pu ta^{443} · san kʻɯ^{312} ?

你打不打算去?

ȵi^{443} ta^{443} · pu ta^{443} · san kʻɯ^{312} ?

你打算去不?

ȵi^{443} ta^{443} · san kʻɯ^{312} · pu?

恩施：你准不准备去?

li^{51} tʂuən^{51} · pu tʂuən^{51} pei^{35} tɕʻie^{35} ?

孝感：你打不打算去?

ȵ̩^{52} ta^{52} · pu ta^{52} san^{35} tɕʻi^{35} ?

咸宁：你打不打算去?

ȵ̩^{42} tɑ^{42} pu^{55} tɑ^{42} sõ^{213} tɕʻie^{213} ?

187 去呀！谁说我不打算去?

武汉：去啊！哪个说我不打算去?

kʻɯ^{35} · a！ na^{42} · ko so^{213} ŋo^{42} pu^{213} ta^{42} san^{35} kʻɯ^{35} ?

十堰：去呀！谁说我不打算去?

kʻɯ^{312} · ia！ ʂei^{45} ʂuo^{45} uo^{443} pu^{53} ta^{443} · san kʻɯ^{312} ?

恩施：去！哪个说我不准备去?

tɕʻie^{35}！ la^{51} · kə ʂuo^{22} uo^{51} pu^{22} tʂuən^{51} pei^{35} tɕʻie^{35} ?

孝感：去呀！哪个说我不打算去？

tɕʻi^{35} ·ia！na^{52} ·ko ʂɥɛ^{213}ŋo^{52}pu$^{213-12}$ta^{52}san^{35}tɕʻi^{35}？

咸宁：去啊！哪个说我不打算去？

tɕʻie^{213}ŋa^{44}！nɑ^{213}kə^{31}ɕye^{55}ŋə^{42}pu^{55}tɑ^{42}sõ^{213}tɕʻie^{213}？

188 他一个人敢去吗？

武汉：他一个人敢去咩？

tʻa^{55}i^{213} ·ko nən^{213}kan^{42}kʻɯ^{35} ·mie？

十堰：他一个人敢去不？

tʻa^{443}i^{53}kɤ^{312}ʐən^{53}kan^{443}kʻɯ^{312} ·pu？

恩施：他一个人敢不敢去？

tʻa^{55}i^{22}kuo^{35}ʐən^{22}kan^{51} ·pu kan^{51}tɕʻie^{35}？

孝感：他一个人敢不敢去？

tʻa^{44}i$^{213-21}$ ·ko ʐən^{21}kan^{52} ·pu kan^{52}tɕʻi^{35}？

咸宁：伊一个人敢不敢去？

e^{42}i^{55}kə^{213}zən^{31}kõ^{42}pu^{55}kõ^{42}tɕʻie^{213}？

189 敢！那有什么不敢的？

武汉：敢！那有么事不敢的？

kan^{42}！na^{35}iou^{42}mo^{42} ·sɿ pu^{213}kan^{42} ·ti？

十堰：敢！那有啥不敢的？

kan^{443}！la^{312}iəu^{443}ʂa^{53}pu^{53}kan^{443} ·ti？

恩施：敢！那有么子不敢的哟？

kan^{51}！la^{35}iəu^{51}muo^{51} ·tsʻɿ pu^{22}kan^{51} ·ti ·io？

孝感：敢！乜$_2$有么事不敢的？

kan^{52}！niɛ^{55}iəu^{52}mo^{52} ·sɿ pu^{213}kan^{52} ·ti？

咸宁：敢！有么呢不敢？

kõ^{42}！iɑu^{42}mo^{42}næ^{31}pu^{55}kõ^{42}？

190 他到底愿不愿意说？

武汉：他到底愿不愿意说？

tʻa^{55}tau^{35}ti^{42}yuan^{35} · pu yuan^{35}i^{35}so^{213}？

十堰：他到底愿不愿意说？

tʻa^{443}tɔ^{312} · ti yɛn^{312} · pu yɛn^{312} · i ʂuo^{45}？

他到底愿意说不？

tʻa^{443}tɔ^{312} · ti yɛn^{312} · i ʂuo^{45} · pu？

他到底愿意说不愿意说？

tʻa^{443}tɔ^{312} · ti yɛn^{312} · i ʂuo^{45} · pu yɛn^{312} · i ʂuo^{45}？

恩施：他到底想不想说？

tʻa^{55}tau^{35}ti^{51}ɕiaŋ^{51} · pu ɕiaŋ^{51}ʂuo^{22}？

孝感：他到底愿不愿意说？

tʻa^{44}tau^{35}ti^{52}ɥan^{55}pu^{213}ɥan^{55} · i ʂɥɛ^{213}？

咸宁：伊到底愿不愿意说？

e^{42}to^{213}tæ^{42}yẽ^{33}pu^{55}yẽ^{33}i^{213}ɕye^{55}？

191 谁知道他愿意不愿意说？

武汉：哪个晓得他愿不愿意说？

na^{42} · ko ɕiau^{42} · tɤ tʻa^{55}yuan^{35} · pu yuan^{35}i^{35}so^{213}？

十堰：谁知道他愿意不愿意说？

ʂei^{45}tʂʅ^{53} · tɔ tʻa^{443}yɛn^{312} · i · pu yɛn^{312} · i ʂuo^{45}？

谁知道他愿不愿意说？

ʂei^{45}tʂʅ^{53} · tɔ tʻa^{443}yɛn^{312} · pu yɛn^{312} · i ʂuo^{45}？

谁知道他愿意说不？

ʂei^{45}tʂʅ^{53} · tɔ tʻa^{443}yɛn^{312} · i ʂuo^{45} · pu？

恩施：哪个晓得他想不想说哟？

la^{51} ·kə ɕiau^{51} ·te tʻa^{55}ɕiaŋ^{51} ·pu ɕiaŋ^{51}ʂuo^{22} ·io?

孝感：哪个晓得他愿不愿意说？

na^{52} ·ko ɕiau^{52} ·tɛ tʻa^{44}ɥan^{55} ·pu ɥan^{55} ·i ʂɥɛ^{213}？

咸宁：哪个晓得伊愿不愿意说？

nɑ^{213}kə^{213}ɕie^{42}te^{55}e^{42}yẽ^{33}pu^{55}yẽ^{33}i^{213}ɕye^{55}？

192 愿意说得说，不愿意说也得说。

武汉：愿意说得说，不愿意说也得说。

yuan^{35}i^{35}so^{213}tɤ^{213}so^{213}，pu^{213}yuan^{35}i^{35}so^{213}ie^{42}tɤ^{213}so^{213}。

十堰：愿意说得说，不愿意说也得说。

yɛn^{312} ·i ʂuo^{45}tɛ^{45}ʂuo^{45}，pu^{53}yɛn^{312} ·i ʂuo^{45}ie^{443}tɛ^{45}ʂuo^{45}。

恩施：想说也要说，不想说也要说。

ɕiaŋ^{51}ʂuo^{22}ie^{51}iau^{35}ʂuo^{22}，pu^{22}ɕiaŋ^{51}ʂuo^{22}ie^{51}iau^{35}ʂuo^{22}。

孝感：愿意说得说，不愿意说也得说。

ɥan^{55} ·i ʂɥɛ^{213}tɛ^{213}ʂɥɛ^{213}，pu$^{213-21}$ɥan^{55}i^{35}ʂɥɛ^{213}iɛ^{52}tɛ^{213}ʂɥɛ^{213}。

咸宁：愿意说要说，不愿意说也要说。

yẽ^{33}i^{213}ɕye^{55}ie^{213}ɕye^{55}，pu^{55}yẽ^{33}i^{213}ɕye^{55}iɑ^{42}ie^{213}ɕye^{55}。

193 反正我得让他说，不说不行。

武汉：反正我要他说，不说不行。

fan^{42}tsən^{35}ŋo^{42}iau^{35}tʻa^{55}so^{213}，pu^{213}so^{213}pu^{213}ɕin^{213}。

十堰：反正我得让他说，不说不行。

fan^{443} ·tʂən uo^{443}tɛ^{45}ʐaŋ^{312}tʻa^{443}ʂuo^{45}，pu^{53}ʂuo^{45}pu^{5}ɕin^{53}。

恩施：横直我要他说，不说不行。

xuən^{22}tʂʅ^{22}uo^{51}iau^{35}tʻa^{55}ʂuo^{22}，pu^{22}ʂuo^{22}pu^{22}ɕin^{22}。

孝感：反正我得让他说，不说不行。

fan^{52}tʂən^{35}ŋo^{52}tɛ^{213}ʐaŋ^{55}tʻa^{44}ʂʮɛ^{213}，pu$^{213-13}$ʂʮɛ^{213}pu^{213}ɕin^{21}。

咸宁：反正我要让伊说，不说不行。
fɑ̃^{42}tsʻən^{213}ŋə^{42}ie^{213}zõ^{33}e^{42}ɕye^{55}，pu^{55}ɕye^{55}pu^{55}ɕiən^{31}。

194 还有没有饭吃？

武汉：还有冒得饭吃？
xai^{213}iou^{42}mau^{35}tɤ^{213}fan^{35}tɕʻi^{213}？

十堰：还有没有饭吃？
xɛ^{53}iəu^{443}mei^{53}iəu^{443}fan^{312}tʂʻʅ^{45}？

还有饭吃没？
xɛ^{53}iəu^{443}fan^{312}tʂʻʅ^{45} ·mei？

恩施：还有饭吃没得？
xai^{22}iəu^{51}xuan^{35}tɕʻi^{22}mei^{55} ·te？

孝感：还有不有饭吃？
xai^{21}iəu^{52} ·pu·iəu^{52}fan^{55}tɕʻi^{213}？

咸宁：还有冇得饭喫？
xa^{31}iɑu^{42}mo^{44}te^{55}fɑ̃^{33}tɕʻiɑ^{55}？

195 有，刚吃呢（咧）。

武汉：有，才吃。
iou^{42}，tsʻai^{213}tɕʻi^{213}。

十堰：有，刚才吃。
iəu^{443}，kaŋ^{45}tsʻɛ^{53}tʂʻʅ^{45}。

恩施：有，我们才开始吃。
iəu^{51}，uo^{51} ·mən tsʻai^{22}kʻai^{55}ʂʅ^{51}tɕʻi^{22}。

孝感：有，刚吃呢。
iəu^{52}，tɕiaŋ^{44}tɕʻi^{213} ·ie。

咸宁：有，将噢。

iɑu^{42}，tɕiõ^{44}tɕʻiɑ^{55}。

196 没有了，谁叫你不早来！

武汉：冒得了，哪个叫你不早点来。

mau^{35}tɤ^{213}·niau，na^{42}·ko tɕiau^{35}ni^{42}pu^{213}tsau^{42}tie^{42}nai^{213}。

十堰：没得唠，谁叫你不早点来！

mei^{53}·tɛ·lɔ，ʂei^{45}tɕiɔ^{312}ȵi^{443}pu^{53}tsɔ^{443}tiɛn^{443}lɛ^{53}！

恩施：没得哒，哪个叫你不早点儿来的？

mei^{55}·te·ta，la^{51}·kə tɕiau^{35}li^{51}pu^{22}tsau^{51}·tiər lai^{22}·ti？

孝感：冇得了，哪个叫你不早点儿来的！

mau^{55}·tɛ·niau，na^{52}·ko tɕiau^{35}ȵ̍^{52}pu^{213}tsau^{52}·tiər nai^{21}·ti！

咸宁：冇得了，哪个叫你不早点来！

mo^{44}te^{55}nɑ^{42}，nɑ^{213}kə^{213}tɕie^{213}n̩^{42}pu^{55}tso^{42}tiẽ^{42}na^{31}！

197 你去过北京吗？我没去过。

武汉：你去过北京冒？我冒去过。

ni^{42}kʻɯ^{35}ko^{35}pɤ^{213}tɕin^{55}mau^{35}？ŋo^{42}mau^{35}kʻɯ^{35}ko^{35}。

十堰：你去过北京没？我没去过。

ȵi^{443}kʻɯ^{312}·kuo pɛ^{53}tɕin^{45}·mei？uo^{443}mei^{53}kʻɯ^{312}·kuo。

你去没去过北京？我没去过。

ȵi^{443}kʻɯ^{312}·mei kʻɯ^{312}·kuo pɛ^{53}tɕin^{45}？uo^{443}mei^{53}kʻɯ^{312}·kuo。

恩施：你到北京去过哒没得？我没去过。

li^{51}tau^{35}pe^{22}tɕin^{55}tɕʻie^{35}kuo^{35}·ta mei^{55}·te？uo^{51}mei^{55}tɕʻie^{35}kuo^{35}。

孝感：你去过北京冇？我冇去过。

ȵ̍^{52}tɕʻi^{35}·ko pɛ^{213}tɕin^{44}mau^{55}？ŋo^{52}mau^{55}tɕʻi^{35}ko^{52}。

咸宁：你去冇去过北京啊？我冇去过。

n̩^{42}tɕʻie^{213}mo^{44}tɕʻie^{213}kuə^{213}pe^{55}tɕiən^{44}ŋa^{44}？ ŋə^{42}mo^{44}tɕʻie^{213}kuə^{213}。

198 **我十几年前去过，可没怎么玩，都没印象了。**

武汉：我十几年前去过，冒玩么事，都冒得印象了。

ŋo^{42}sɿ^{213}tɕi^{42}niɛn^{213}tɕʻiɛn^{213}kʻɯ^{35}ko^{35}，mau^{35}uan^{213}mo^{42} · sɿ，tou^{55} mau^{35}tɤ^{213}in^{35}ɕiaŋ^{35} · niau。

十堰：我十几年前去过，可没咋玩，都没得印象唠。

uo^{443}ʂʅ^{53} · tɕi ȵiɛn^{5}tɕʻiɛn^{53}kʻɯ^{312} · kuo，kʻɤ^{443}mei^{53}tsa^{443}uan^{53}， təu^{53}mei^{53} · tɛ in^{31}ɕiaŋ^{312} · lɔ。

恩施：我十几年以前去过哒的，没哪门玩，都没得么子印象哒。

uo^{51}ʂʅ^{22}tɕi^{51}liɛn^{22}i^{51}tɕʻiɛn^{22}tɕʻie^{35}kuo^{35} · ta · ti，mei^{55}la^{51} · mən uan^{22}，təu^{55}mei^{55} · te muo^{51} · tsʻɿ in^{35}ɕiaŋ^{35} · ta。

孝感：我十几年前去过，有么样玩，哈有得印象了。

ŋo^{52}ʂʅ^{21}tɕi^{52}nin^{21}tɕʻin^{21}tɕʻi^{35} · ko，mau^{55}mo^{52}iaŋ^{55}uan^{21}，xa^{55}mau^{55} · tɛ in^{35}ɕiaŋ^{55} · ŋau。

咸宁：我十几年前去过，有么样玩，都有得印象了。

ŋə^{42}sɿ^{33}tɕi^{42}niẽ^{31}tɕʻiẽ^{31}tɕʻie^{213}kuə^{213}，mo^{44}mo^{42}iõ^{33}uɑ̃^{31}，tɑu^{44}mo^{44} te^{55}iən^{213}ɕiõ^{33}nɑ^{42}。

199 **这件事他知道不知道？**

武汉：这件事他晓不晓得？

tsɤ^{35}tɕiɛn^{35}sɿ^{35}tʻa^{55}ɕiau^{42} · pu ɕiau^{42} · tɤ？

十堰：这件事儿他知道不知道？

tʂɤ^{31}tɕiɛn^{312}ʂər^{31}tʻa^{443}tʂʅ^{53} · tɔ · pu tʂʅ^{53} · tɔ？

这件事儿他知不知道？

tʂɤ^{31}tɕiɛn^{312}ʂər^{31}tʻa^{443}tʂʅ^{53} · pu tʂʅ^{53} · tɔ？

这件事儿他知道不？

tʂɤ^{31}tɕiɛn^{312}ʂər^{31}tʻa^{443}tʂʅ^{53} ·tɔ·pu?

恩施：这个事他晓不晓得？
lie^{35} ·kə sʅ^{35}tʻa^{55}ɕiau^{51} ·pu ɕiau^{51}te^{22}？

孝感：乜$_{1}$件事他晓不晓得？
niɛ^{35}tɕin^{55}sʅ^{55}tʻa^{44}ɕiau^{52} ·pu ɕiau^{52} ·tɛ?

咸宁：个件事伊晓不晓得？
kə^{31}tɕʻiẽ^{33}sʅ^{33}e^{42}ɕie^{42}pu^{55}ɕie^{42}te^{55}？

200 这件事他肯定知道。

武汉：这件事他肯定晓得。
tsɤ^{35}tɕiɛn^{35}sʅ^{35}tʻa^{55}kʻən^{42}tin^{35}ɕiau^{42} ·tɤ。

十堰：这件事儿他肯定知道。
tʂɤ^{31}tɕiɛn^{312}ʂər^{31}tʻa^{443}kʻən^{443}tin^{312}tʂʅ^{53} ·tɔ。

恩施：这个事他肯定晓得。
lie^{35} ·kə sʅ^{35}tʻa^{55}kʻən^{51}tin^{35}ɕiau^{51}te^{22}。

孝感：乜$_{1}$件事他肯定晓得。
niɛ^{35}tɕin^{55}sʅ^{55}tʻa^{44}kʻən^{52}tin^{55}ɕiau^{52} ·tɛ。

咸宁：个件事伊肯定晓得。
kə^{31}tɕʻiẽ^{33}sʅ^{33}e^{42}kʻẽ^{42}tʻiən^{33}ɕie^{42}te^{55}。

201 据我了解，他好像不知道。

武汉：据我了解，他好像不晓得。
tɕy^{35}ŋo^{42}niau^{42}kai^{213}，tʻa^{55}xau^{42}ɕiaŋ^{35}pu^{213}ɕiau^{42} ·tɤ。

十堰：据我了解，他好像不知道。
tɕy^{312}uo^{443}liɔ^{443}kɛ^{443}，tʻa^{443}xɔ^{443}ɕiaŋ^{312}pu^{53}tʂʅ^{53} ·tɔ。

恩施：我听说他好像找不到。
uo^{51}tʻin^{55}ʂuo^{22}tʻa^{55}xau^{51}tɕʻiaŋ^{35}tʂau^{51} ·pu tau^{51}。

孝感：据我了解，他好像不晓得。

tʂʮ̩^{35}ŋo^{52}niau^{52}kai^{52}，tʻa^{44}xau^{52}ɕiaŋ^{55}pu^{213}ɕiau^{52} · tɛ。

咸宁：根据我箇了解，伊好像不晓得。

kẽ^{44}tɕy^{213}ŋə^{42}kə^{33}nie^{42}ka^{42}，e^{42}xo^{42}tɕʻiõ^{33}pu^{55}ɕie^{42}te^{55}。

202 这些字你认得不认得？

武汉：这些字你认不认得？

tsɤ^{35}ɕie^{55}tsɿ^{35}ni^{42}nən^{35} · pu nən^{35} · tɤ？

十堰：这些字你认得不认得？

tʂɤ^{312}ɕie^{45}tsɿ^{312}ȵi^{443}ʐən^{312}tɛ^{53} · pu ʐən^{312}tɛ^{53}？

这些字你认得得认不得？

tʂɤ^{312}ɕie^{45}tsɿ^{312}ȵi^{443}ʐən^{312} · tɛ tɛ^{53}ʐən^{312} · pu tɛ^{53}？

这些字你认不认得？

tʂɤ^{312}ɕie^{45}tsɿ^{312}ȵi^{443}ʐən^{312} · pu ʐən^{312}tɛ^{53}？

这些字你认得不？

tʂɤ^{312}ɕie^{45}tsɿ^{312}ȵi^{443}ʐən^{312}tɛ^{53} · pu？

恩施：这些字你认不认得倒？

lie^{35}ɕie^{55}tsɿ^{35}li^{51}ʐən^{35} · pu ʐən^{35} · te tau^{51}？

孝感：乜$_{1}$ 些字你认不认得倒？

niɛ^{35}ɕiɛ^{44}tsɿ^{55}n̩^{52}ʐən^{55} · pu ʐən^{55} · tɛ · tau？

咸宁：个些字你认不认得？

kə^{213}sæ^{55}tsʻɿ^{33}n̩^{42}zən^{33}pu^{55}zən^{33}te^{55}？

203 我一个大字也不认得。

武汉：我一个大字也不认得。

ŋo^{42}i^{213}ko^{35}ta^{35}tsɿ^{35}ie^{42}pu^{213}nən^{35} · tɤ。

十堰：我一个大字也不认得。

uo^{443}i^{53}kɤ^{312}ta^{31}tsɿ^{312}ie^{443}pu^{53}ʐən^{312}tɛ^{53}。

我一个大字也认不得。

uo^{443}i^{53}kɤ^{312}ta^{31}tsɿ^{312}ie^{443}ʐən^{312} ·pu tɛ^{53}。

恩施：我大字认不倒一个。

uo^{51}ta^{35}tsɿ^{35}ʐən^{35} ·pu tau^{51}i^{22}kuo^{35}。

孝感：我一个大字也认不倒。

ŋo^{52}i$^{213-21}$ ·ko ta^{55}tsɿ^{55}ie^{52}ʐən^{55} ·pu ·tau。

咸宁：我一个大字都不认得。

ŋə^{42}i^{55}kə^{213}tʻa^{33}tsʻɿ^{33}tɑu^{44}pu^{55}zən^{33}te^{55}。

204 只有这个字我不认得，其他字都认得。

武汉：只有这个字我不认得，其他的字都认得。

tsɿ^{42}iou^{42}tsɤ^{35} ·ko tsɿ^{35}ŋo^{42}pu^{213}nən^{35} ·tɤ，tɕʻi^{213}tʻa^{55} ·ti tsɿ^{35}tou^{55} nən^{35} ·tɤ。

十堰：只有这个字我不认得，其他字都认得。

tʂʅ^{443}iəu^{443}tʂɤ^{312} ·kɤ tsɿ^{312}uo^{443}pu^{53}ʐən^{312}tɛ^{53}，tɕʻi^{53}tʻa^{443}tsɿ^{312}təu^{53} ʐən^{312}tɛ^{53}。

只有这个字我认不得，其他字都认得。

tʂʅ^{443}iəu^{443}tʂɤ^{312} ·kɤ tsɿ^{312}uo^{443}ʐən^{312} ·pu tɛ^{53}，tɕʻi^{53}tʻa^{443}tsɿ^{312} təu^{53}ʐən^{312}tɛ^{53}。

恩施：只有这个字我认不倒，别的字都认得倒。

tʂʅ^{22}iəu^{51}lie^{35} ·kə tsɿ^{35}uo^{51}ʐən^{35} ·pu tau^{51}，pie^{22} ·ti tsɿ^{35}təu^{55} ʐən^{35} ·te tau^{51}。

孝感：只有乜$_1$个字我认不倒，别的字哈认得倒。

tʂʅ^{213}iəu^{52}niɛ^{35} ·ko tsɿ^{55}ŋo^{52}ʐən^{55} ·pu · tau，piɛ^{21} ·ti tsɿ^{55}xa^{55} ʐən^{55} ·tɛ · tau。

咸宁：只有个个字我不认得，其他箇字都认得。

tsʅ^{55} iɑu^{42} kə^{213} kə^{31} tsʅ^{33} ŋə^{42} pu^{55} zən^{33} te^{55}，tɕʻi^{31} tʻɑ^{44} kə^{33} tsʅ^{33} tɑu^{44} zən^{33} te^{55}。

205 你还记得不记得我了？

武汉：你还记不记得我啊？

ni^{42} xai^{213} tɕi^{35} · pu tɕi^{35} · tɤ ŋo^{42} · a？

十堰：你还记得不记得我唠？

ȵi^{443} xɛ^{53} tɕi^{312} · tɛ · pu tɕi^{312} · tɛ uo^{443} · lɔ？

你还记不记得我唠？

ȵi^{443} xɛ^{53} tɕi^{312} · pu tɕi^{312} · tɛ uo^{443} · lɔ？

恩施：你还认不认得倒我？

li^{51} xai^{22} zən^{35} · pu zən^{35} · te tau^{51} uo^{51}？

孝感：你还记不记得我啊？

ȵ^{52} xai^{21} tɕi^{35} · pu tɕi^{35} · tɛ ŋo^{52} ia？

咸宁：你还记不记得我？

ȵ^{42} xa^{31} tɕi^{213} pu^{55} tɕi^{213} te^{55} ŋə^{42}？

206 记得，怎么能不记得！

武汉：记得，么不记得咧！

tɕi^{35} · tɤ，mo^{42} pu^{213} tɕi^{35} · tɤ · nie！

十堰：记得，咋能不记得！

tɕi^{312} · tɛ，tsa^{443} lən^{53} pu^{53} tɕi^{312} · tɛ！

记来得，咋能不记得！

tɕi^{312} · lɛ · tɛ，tsa^{443} lən^{53} pu^{53} tɕi^{312} · tɛ！

恩施：认得倒，哪门认不倒呃！

zən^{35} · te tau^{51}，la^{51} · mən zən^{35} · pu tau^{51} · ue！

孝感：记得，么样能不记得呢！

tɕi^{35} · tɛ，mo^{52}iaŋ^{55}nən^{21}pu$^{213-21}$tɕi^{35} · tɛ · ne！

咸宁：记得，怎么可能不记得！

tɕi^{213}te^{55}，tsən^{42}mo^{42}k'ə^{42}nəŋ^{31}pu^{55}tɕi^{213}te^{55}！

207 **我忘了，一点都不记得了。**

武汉：我忘了，一点都不记得了。

ŋo^{42}uaŋ^{35} · niau，i^{212}tie^{42}tou^{55}pu^{213}tɕi^{35} · tɤ · niau。

十堰：我忘唠，一点儿都不记得唠。

uo^{443}uaŋ^{312} · lɔ，i^{53}tiər^{443}təu^{53}pu^{53}tɕi^{312} · tɛ · lɔ。

我忘唠，一点儿都记不得唠。

uo^{443}uaŋ^{312} · lɔ，i^{53}tiər^{443}təu^{53}tɕi^{312} · pu · tɛ · lɔ。

恩施：我搞忘记哒，一点儿都认不倒哒。

uo^{51}kau^{51}uaŋ^{35}tɕi^{55} · ta，i^{22} · tiər təu^{55}zən^{35} · pu tau^{51} · ta。

孝感：我忘了，一点儿都不记得了。

ŋo^{52}uaŋ^{55} · ŋau，i^{213} · tiər təu^{44}pu$^{213-21}$tɕi^{35} · tɛ · niau。

咸宁：我忘记了，一点崽都不记得了。

ŋə^{42}u^{33}tɕi^{213}nɑ^{42}，i^{55}tiẽ^{42}ts'a^{42}tɑu^{44}pu^{55}tɕi^{213}te^{55}nɑ^{42}。

208 **你在前边走，我在后边走。**

武汉：你在前头走，我在后头走。

ni^{42} · tai tɕiɛn^{213} · t'ou tsou^{42}，ŋo^{42} · tai xou^{35} · t'ou tsou^{42}。

十堰：你在前边走，我在后边走。

ȵi^{443}tsɛ^{312}tɕ'iɛn^{53} · piɛn tsəu^{443}，uo^{443}tsɛ^{312}xəu^{312} · piɛn tsəu^{443}。

恩施：你在前头走，我在后头走。

li^{51}tsai^{35}tɕ'iɛn^{22} · t'əu tsəu^{51}，uo^{51}tsai^{35}xəu^{35} · t'əu tsəu^{51}。

孝感：你在前头走，我在后头走。

ȵ̩^{52}tai^{55}tɕʻin^{21}təu^{21}tsəu^{52}，ŋo^{52}tai^{55}xəu^{55}təu^{21}tsəu^{52}。

咸宁：你在前面走，我在后面走。

n̩^{42}tsʻa^{33}tɕʻiẽ^{31}miẽ^{33}tse^{42}，ŋə^{42}tsʻa^{33}xe^{33}miẽ^{33}tse^{42}。

209 我告诉他了，你不用再说了。

武汉：我告信他了，你不用再说了。

ŋo^{42}kau^{55} ·ɕin tʻa^{55} ·niau，ni^{42}pu^{213}ioŋ^{35}tsai^{35}so^{213} ·niau。

十堰：我告诉他唠，你不用再说唠。

uo^{443}kɔ^{312} ·səu tʻa^{443} ·lɔ，ṇi^{443}pu^{53}yn^{312}tsɛ^{312}ʂuo^{45} ·lɔ。

我给他说唠，你不用再说唠。

uo^{443}kɯ^{45}tʻa^{443}ʂuo^{45} ·lɔ，ṇi^{443}pu^{53}yn^{312}tsɛ^{312}ʂuo^{45} ·lɔ。

恩施：我跟他说哒，你就莫再讲哒。

uo^{51}kən^{55}tʻa^{55}ʂuo^{22} ·ta，li^{51}tɕiəu^{35}muo^{22}tsai^{35}tɕiaŋ^{51} ·ta。

孝感：我告诉他了，你不消再说得了。

ŋo^{52}kau^{35} ·səu tʻa^{44} ·niau，ȵ̩^{52} ·pu ɕiau^{44}tsai^{35}ʂɥɛ^{213} ·tɛ ·niau。

咸宁：我跟伊说了，你不用再说了。

ŋə^{42}kẽ^{44}e^{42}ɕye^{55}nɑ^{42}，n̩^{42}pu^{55}iəŋ^{33}tsʻa^{213}ɕye^{55}nɑ^{42}。

210 这个大，那个小，你看哪个好？

武汉：这个大，那个小，你看哪个好？

tsɤ^{35} ·ko ta^{35}，na^{35} ·ko ɕiau^{42}，ni^{42}kʻan^{35}na^{42} ·ko xau^{42}？

十堰：这个大，那个小，你看哪个好？

tʂɤ^{312} ·kɤ ta^{312}，la^{312} ·kɤ ɕiɔ^{443}，ṇi^{443}kʻan^{312}la^{443} ·kɤ xɔ^{443}？

恩施：这个大，那个小，你看哪个好些？

lie^{35}kuo^{35}ta^{35}，la^{35}kuo^{35}ɕiau^{51}，li^{51}kʻan^{35}la^{51}kuo^{35}xau^{51}ɕie^{55}？

孝感：乜$_1$ 个大，那个小，你看哪个好？

niɛ^{35} ·ko ta^{55}，na^{55} ·ko ɕiau^{52}，ȵ̩^{52}kʻan^{35}na^{52} ·ko xau^{52}？

咸宁：个个大，那个细，你看哪个好？

kə^{213}kə^{31}t‘a^{33}，ne^{55}kə^{213}sæ^{213}，n̩^{42}k‘õ^{213}nɑ^{213}kə^{213}xo^{42}？

211 这个比那个好。

武汉：这个比那个好。

tsɤ^{35} · ko pi^{42}na^{35} · ko xau^{42}。

十堰：这个比那个好。

tʂɤ^{312} · kɤ pi^{443}la^{312} · kɤ xɔ^{443}。

这个赶那个好。

tʂɤ^{312} · kɤ kan^{443}la^{312} · kɤ xɔ^{443}。

恩施：这个比那个好些。

lie^{35}kuo^{35}pi^{51}la^{35}kuo^{35}xau^{51}ɕie^{55}。

孝感：乜$_1$ 个比乜$_2$ 个好些。

niɛ^{35} · ko pi^{52}niɛ^{55} · ko xau^{52}ɕiɛ^{44}。

咸宁：个个比那个好。

kə^{213}kə^{31}pæ^{42}ne^{55}kə^{213}xo^{42}。

212 那个没有这个好，差多了。

武汉：那个冒得这个好，差多了。

na^{35} · ko mau^{35}tɤ^{213}tsɤ^{35} · ko xau^{42}，ts‘a^{55}to^{55} · niau。

十堰：那个没得这个好，差多唠。

la^{312} · kɤ mei^{53} · tɛ tʂɤ^{312} · kɤ xɔ^{443}，tʂ‘a^{45}tuo^{45} · lɔ。

那个不胜这个，差多唠。

la^{312} · kɤ pu^{31}ʂən^{312}tʂɤ^{312} · kɤ，tʂ‘a^{45}tuo^{45} · lɔ。

恩施：那个没得这个好，那个□多哒。

la^{35}kuo^{35}mei^{55} · te lie^{35}kuo^{35}xau^{51}，la^{35}kuo^{35}p‘ie^{55}tuo^{55} · ta。

孝感：乜$_2$ 个冇得乜$_1$ 个好，差多了。

niɛ^{55} · ko mau^{55} · tɛ niɛ^{35} · ko xau^{52}，tʂʻa^{44}to^{44} · niau。

咸宁：那个冇得个个好，差不少。

ne^{55}kə^{213}mo^{44}te^{55}kə^{213}kə^{31}xo^{42}，tsʻɑ^{44}pu^{55}se^{42}。

213 要我说这两个都好。

武汉：要我说这两个都好。

iau^{35}ŋo^{42}so^{213}tsɤ^{35}niaŋ^{42} · ko tou^{55}xau^{42}。

十堰：要我说这两个都好。

iɔ^{312}uo^{443}ʂuo^{45}tʂɤ^{312}liaŋ^{443}kɤ^{312}təu^{53}xɔ^{443}。

恩施：要我说这两个都好。

iau^{35}uo^{51}ʂuo^{22}lie^{35}liaŋ^{51}kuo^{35}təu^{55}xau^{51}。

孝感：要我说乜$_1$两个哈好。

iau^{35}ŋo^{52}ʂɥɛ^{213}niɛ^{35}niaŋ^{52} · ko xa^{55}xau^{52}。

咸宁：要我说个两个都好。

ie^{213}ŋə^{42}ɕye^{55}kə^{213}niõ^{42}kə^{213}tɑu^{44}xo^{42}。

214 其实这个比那个好多了。

武汉：其实这个比那个好多了。

tɕʻi^{213}sɿ^{213}tsɤ^{35} · ko pi^{42}na^{35} · ko xau^{42}to^{55} · niau。

十堰：其实这个比那个好多唠。

tɕʻi^{5}ʂʅ^{53}tʂɤ^{312} · kɤ pi^{443}la^{312} · kɤ xɔ^{443}tuo^{45} · lɔ。

其实这个赶那个好多唠。

tɕʻi^{5}ʂʅ^{53}tʂɤ^{312} · kɤ kan^{443}la^{312} · kɤ xɔ^{443}tuo^{45} · lɔ。

恩施：其实这个比那个好多哒。

tɕʻi^{22}ʂʅ^{22}lie^{35}kuo^{35}pi^{51}la^{35}kuo^{35}xau^{51}tuo^{55} · ta。

孝感：其实乜$_1$个比乜$_2$个好多了。

tɕʻi^{21}ʂʅ^{213}niɛ^{35} · ko pi^{52}niɛ^{55} · ko xau^{52}to^{44} · niau。

咸宁：其实个个比那个好不少。

tɕʻi^{31} sʅ^{33} kə^{213} kə^{31} pæ^{42} ne^{55} kə^{213} xo^{42} pu^{55} se^{42}。

215 今天的天气没有昨天好。

武汉：今天的天气冒得昨天好。

tɕin^{55} tʻiɛn^{55} ·ti tʻiɛn^{55} tɕʻi^{35} mau^{35} tɤ^{213} tso^{213} tʻiɛn^{55} xau^{42}。

十堰：今儿的天气没得昨天好。

tɕiər^{43} ·ti tʻiɛn^{45} ·tɕʻi mei^{53} ·tɛ tsuo^{53} tʻiɛn^{45} xɔ^{443}。

恩施：今天的天气没得昨天好。

tɕin^{55} tʻiɛn^{55} ·ti tʻiɛn^{55} tɕʻi^{35} mei^{55} ·te tsuo^{22} tʻiɛn^{55} xau^{51}。

孝感：今喏儿的天道冇得昨儿的好。

tɕin^{44} ·nor ·ti tʻin^{44} ·tau mau^{55} ·tɛ tsor^{213} ·ti xau^{52}。

咸宁：今日箇天气冇得昨日箇好。

tɕiən^{44} zʅ^{55} kə^{33} tʻiẽ^{44} tɕʻi^{213} mo^{44} te^{55} tsʻə^{33} zʅ^{55} kə^{33} xo^{42}。

216 昨天的天气比今天好多了。

武汉：昨天的天气比今天好多了。

tso^{213} tʻiɛn^{55} ·ti tʻiɛn^{55} tɕʻi^{35} pi^{42} tɕin^{55} tʻiɛn^{55} xau^{42} to^{55} ·niau。

十堰：昨儿的天气比今儿的好得多。

tsuor^{53} ·ti tʻiɛn^{45} ·tɕʻi pi^{443} tɕiər^{43} ·ti xɔ^{443} ·ti tuo^{45}。

恩施：昨天的天气比今天好多哒。

tsuo^{22} tʻiɛn^{55} ·ti tʻiɛn^{55} tɕʻi^{35} pi^{51} tɕin^{55} tʻiɛn^{55} xau^{51} tuo^{55} ·ta。

孝感：昨儿的天道比今喏儿好多了。

tsor^{213} ·ti tʻin^{44} ·tau pi^{52} tɕin^{44} ·nor xau^{52} to^{44} ·niau。

咸宁：昨日箇天气比今日好多了。

tsʻə^{33} zʅ^{55} kə^{33} tʻiẽ^{44} tɕʻi^{213} pæ^{42} tɕiən^{44} zʅ^{55} xo^{42} tə^{44} nɑ^{42}。

217 明天的天气肯定比今天好。

武汉：明天的天气肯定比今天好。

min^{213}tʻiɛn^{55} · ti tʻiɛn^{55}tɕʻi^{35}kʻən^{42}tin^{35}pi^{42}tɕin^{55}tʻiɛn^{55}xau^{42}。

十堰：明儿的天气肯定比今儿的好。

mər^{53} · ti tʻiɛn^{45} · tɕʻi kʻən^{443}tin^{312}pi^{443}tɕiər^{43} · ti xɔ^{443}。

恩施：明天的天气肯定比今天好。

mən^{22}tʻiɛn^{55} · ti tʻiɛn^{55}tɕʻi^{35}kʻən^{51}tin^{35}pi^{51}tɕin^{55}tʻiɛn^{55}xau^{51}。

孝感：门喏儿的天道肯定比今喏儿好。

mən^{21} · nor · ti tʻin^{44} · tau kʻən^{52}tin^{55}pi^{52}tɕin^{44} · nor xau^{52}。

咸宁：明日箇天气肯定比今日好。

miɑ̃^{31}zʅ^{55}kə^{33}tʻiẽ^{44}tɕʻi^{213}kʻẽ^{42}tʻiən^{33}pæ^{42}tɕiən^{44}zʅ^{55}xo^{42}。

218 那个房子没有这个房子好。

武汉：那个房子冒得这个房子好。

na^{35} · ko faŋ^{213} · tsʅ mau^{35}tɤ^{213}tsɤ^{35} · ko faŋ^{213} · tsʅ xau^{42}。

十堰：那个房子没得这个房子好。

la^{312} · kɤ faŋ^{53} · tsʅ mei^{53} · tɛ tʂɤ^{312} · kɤ faŋ^{53} · tsʅ xɔ^{443}。

恩施：那个屋没得这个屋好。

la^{35} · kə u^{22}mei^{55} · te lie^{35} · kə u^{22}xau^{51}。

孝感：乜$_2$ 个房子冇得乜$_1$ 个房子好。

niɛ^{55} · ko faŋ^{21} · tsʅ mau^{55} · tɛ niɛ^{35} · ko faŋ^{21} · tsʅ xau^{52}。

咸宁：那个屋冇得个个屋好。

ne^{55}kə^{213}u^{55}mo^{44}te^{55}kə^{213}kə^{31}u^{55}xo^{42}。

219 这些房子不如那些房子好。

武汉：这些房子不如那些房子好。

tsɤ^{35}ɕie^{55}faŋ^{213} · tsʅ pu^{213}y^{213}na^{35}ɕie^{55}faŋ^{213} · tsʅ xau^{42}。

十堰：这些房子比不上那些房子好。

tʂɤ^{312}ɕie^{45}faŋ^{53} ·tsʅ pi^{443}pu^{53}ʂaŋ^{312}la^{312}ɕie^{45}faŋ^{53} ·tsʅ xɔ^{443}。

这些房子没得那些房子好。

tʂɤ^{312}ɕie^{45}faŋ^{53} ·tsʅ mei^{53} ·tɛ ^{1}a^{312}ɕie^{45}faŋ^{53} ·tsʅ xɔ^{443}。

恩施：这些屋没得那些屋好。

lie^{35}ɕie^{55}u^{22}mei^{55} ·te la^{35}ɕie^{55}u^{22}xau^{51}。

孝感：乜$_1$些房子不如乜$_2$些房子好。

niɛ^{35}ɕiɛ^{44}faŋ^{21} ·tsʅ pu$^{213\text{-}13}$ʮ^{213}niɛ^{55}ɕiɛ^{44}faŋ^{21} ·tsʅ xau^{52}。

咸宁：个些房屋冇得那些房屋好。

kə^{213}sæ^{55}fõ^{31}u^{55}mo^{44}te^{55}ne^{44}sæ^{55}fõ^{31}u^{55}xo^{42}。

220 这个有那个大没有?

武汉：这个有那个大冒?

tsɤ^{35} ·ko iou^{42}na^{35} ·ko ta^{35}mau^{35}?

十堰：这个有那个大没?

tʂɤ^{312} ·kɤ iəu^{443}la^{312} ·kɤ ta^{312} ·mei?

这个有没得那个大?

tʂɤ^{312} ·kɤ iəu^{443}mei^{53} ·tɛ la^{312} ·kɤ ta^{312}?

恩施：这个有没得那个大? /这个有那个大没得?

lie^{35}kuo^{35}iəu^{51}mei^{55} ·te la^{35}kuo^{35}ta^{35}? / lie^{35}kuo^{35}iəu^{51}la^{35}kuo^{35} ta^{35}mei^{55} ·te?

孝感：乜$_1$个有冇得乜$_2$个大?

niɛ^{35} ·ko iəu^{52}mau^{55} ·tɛ niɛ^{55} ·ko ·ta^{55}?

咸宁：个个有冇得那个大?

kə^{213}kə^{31}iɑu^{42}mo^{44}te^{55}ne^{55}kə^{213}tʻa^{33}?

221 这个跟那个一般大。

武汉：这个跟那个一样大。

tsɤ^{35} ·ko kən^{55}na^{35} ·ko i^{213}iaŋ^{35}ta^{35}。

十堰：这个跟那个一样大。

tʂɤ^{312} ·kɤ kən^{45}la^{312} ·kɤ i^{53}iaŋ^{312}ta^{312}。

恩施：这个跟那个般般儿大/一样大。

lie^{35}kuo^{35}kən^{55}la^{35}kuo^{35}pan^{55}pər^{55}ta^{35}/ i^{22}iaŋ^{35}ta^{35}。

孝感：乜$_1$ 个跟乜$_2$ 个一般大。

niɛ^{35} ·ko kən^{44}niɛ^{55} ·ko i^{213}pan^{44}ta^{55}。

咸宁：个个跟那个一样大。

kɔ^{213}kɔ^{31}kẽ^{44}ne^{55}kɔ^{213}i^{55}iõ^{33}tʻa^{33}。

222 这个比那个小了一点点儿，不怎么看得出来。

武汉：这个比那个小了一点点，不么看得出来。

tsɤ^{35} ·ko pi^{42}na^{35} ·ko ɕiau^{42} ·niau i^{213}tie^{42} ·tie，pu^{213}mo^{42}kʻan^{35} ·tɤ tɕʻy^{213}nai^{213}。

十堰：这个比那个小唠一点点儿，不咋看得出来。

tʂɤ^{312} ·kɤ pi^{443}la^{312} ·kɤ ɕiɔ^{443} ·lɔ i^{53}tiɛn^{443}tiər^{443}，pu^{53}tsa^{443} kʻan^{312} ·tɛ tʂʻu^{45} ·lɛ。

恩施：这个比那个小滴滴儿，不大看得出来。

lie^{35}kuo^{35}pi^{51}la^{35}kuo^{35}ɕiau^{51}ti^{55}tiər^{55}，pu^{22}ta^{35}kʻan^{35} ·te tʂʻu^{22} ·lai。

孝感：乜$_1$ 个比乜$_2$ 个小得一点儿，不大么看得出来。

niɛ^{35} ·ko pi^{52}niɛ^{55} ·ko ɕiau^{52} ·tɛ i^{213} ·tiər，pu$^{213-21}$ta^{55} ·mo kʻan^{35} ·tɛ tʂʻʮ^{213}nai^{21}。

咸宁：个个比那个细一点崽，看不么出来。

kə^{213}kə^{31}pæ^{42}ne^{55}kə^{213}sæ^{213}i^{55}tiẽ^{42}tsʻa^{42}，kʻõ^{213}pu^{55}mo^{42}tɕʻy^{55}na^{31}。

223 这个大，那个小，两个不一般大。

武汉：这个大，那个小，两个不一样大。

tsɤ^{35} ·ko ta^{35}，na^{35} ·ko ɕiau^{42}，niaŋ^{42} ·ko pu^{213}i^{213}iaŋ^{35}ta^{35}。

十堰：这个大，那个小，两个不一样大。

tʂɤ^{312} ·kɤ ta^{312}，la^{312} ·kɤ ɕiɔ^{443}，liaŋ^{443}kə^{312}pu^{53}i^{53}iaŋ^{312}ta^{312}。

恩施：这个大，那个小，两个不一样大。

lie^{35}kuo^{35}ta^{35}，la^{35}kuo^{35}ɕiau^{51}，liaŋ^{51}kuo^{35}pu^{22}i^{22}iaŋ^{35}ta^{35}。

孝感：乜$_1$ 个大，乜$_2$ 个小，两个不一般大。

niɛ^{35} ·ko ta^{55}，niɛ^{55} ·ko ɕiau^{52}，niaŋ^{52} ·ko pu^{213} ·i pan^{44}ta^{55}。

咸宁：个个大，那个细，两个不是一样大。

kə^{213}kə^{31}tʻa^{33}，ne^{55}kə^{213}sæ^{213}，niõ^{42}kə^{213}pu^{55}sɿ^{33}i^{55}iõ^{33}tʻa^{33}。

224 这个跟那个大小一样，分不出来。

武汉：这个跟那个大小一样，分不出来。

tsɤ^{35} ·ko kən^{55}na^{35} ·ko ta^{35}ɕiau^{42}i^{213}iaŋ^{35}，fən^{55}pu^{213}tɕʻy^{213}nai^{213}。

十堰：这个跟那个大小一样，分不出来。

tʂɤ^{312} ·kɤ kən^{45}la^{312} ·kɤ ta^{312}ɕiɔ^{443}i^{53}iaŋ^{312}，fən^{45}pu^{53}tʂʻu^{45} ·lɛ。

恩施：这个跟那个大小差不多/般般儿大，分不出来。

lie^{35}kuo^{35}kən^{55}la^{35}kuo^{35}ta^{35}ɕiau^{51}tʂʻa^{55} ·pu tuo^{55}/ pan^{55}pər^{55}ta^{35}，xuən^{55} ·pu tʂʻu^{22} ·lai。

孝感：乜$_1$ 个跟乜$_2$ 个大小一样，分不出来。

niɛ^{35} ·ko kən^{44}niɛ^{55} ·ko ta^{55} ·ɕiau^{52}i$^{213-21}$iaŋ^{55}，fən^{44}pu$^{213-21}$tʂʻʮ^{213}nai^{21}。

咸宁：个个跟那个大细一样，分不出来。

kə^{213}kə^{31}kẽ^{44}ne^{55}kə^{213}tʻa^{33}sæ^{213}i^{55}iõ^{33}，fən^{44}pu^{55}tɕʻy^{55}na^{31}。

225 这个人比那个人高。

武汉：这个人比那个人高。

tsɤ^{35} ·ko nən^{213}pi^{42}na^{35} ·ko nən^{213}kau^{55}。

十堰：这个人比那个人高。

tʂɤ^{312} ·kɤ ʐən^{53}pi^{443}la^{312} ·kɤ ʐən^{53}kɔ^{45}。

这个人赶那个人高。

tʂɤ^{312} ·kɤ ʐən^{53}kan^{443}la^{312} ·kɤ ʐən^{53}kɔ^{45}。

恩施：这个人比那个人高。

lie^{35} ·kə ʐən^{22}pi^{51}la^{35} ·kə ʐən^{22}kau^{55}。

孝感：乜$_{1}$ 个人比乜$_{2}$ 个人高。

niɛ^{35} ·ko ʐən^{21}pi^{52}niɛ^{55} ·ko ʐən^{21}kau^{44}。

咸宁：个个人比那个人高。

kə^{213}kə^{31}zən^{31}pæ^{42}ne^{55}kə^{213}zən^{31}ko^{44}。

226 是高一点儿，可是没有那个人胖。

武汉：是高一点，但是冒得那个人胖。

sɿ^{35}kau^{55}i^{213}tie^{42}，tan^{35}sɿ^{35}mau^{35}tɤ^{213}na^{35} ·ko nən^{213}p'aŋ^{35}。

十堰：是高一点儿，可是没得那个人胖。

ʂʅ^{312}kɔ^{45}i^{53}tiər^{443}，k'ɤ^{443}ʂʅ^{312}mei^{53} ·tɛ la^{312} ·kɤ ʐən^{53}p'aŋ^{312}。

恩施：是高得倒一点儿，就是没得那个人胖。

ʂʅ^{35}kau^{55} ·te tau^{51}i^{22} ·tiər，tɕiəu^{35}ʂʅ^{55}mei^{55} ·te la^{35} ·kə ʐən^{22} p'aŋ^{35}。

孝感：是高一点儿，但有得乜$_{2}$ 个人胖。

ʂʅ^{55}kau^{44}i^{213} ·tiər，tan^{55}mau^{55} ·tɛ niɛ^{55} ·ko ʐən^{21}p'aŋ^{35}。

咸宁：是高一点崽，但是有得那个人肉。

sɿ^{33}ko^{44}i^{55}tiẽ^{42}ts'a^{42}，t'ɑ̃^{33}sɿ^{33}mo^{44}te^{55}ne^{55}kə^{213}zən^{31}zɑu^{55}。

227 他们一般高，我看不出谁高谁矮。

武汉：他们一样高，我看不出哪个高哪个矮。

t'a^{55} ·mən i^{213}iaŋ^{35}kau^{55}，ŋo^{42}k'an^{35}pu^{213}tɕ'y^{213}na^{42} ·ko kau^{55}na^{42}

· ko ai^{42}。

十堰：他们一样高，我看不出来谁高谁矮。

tʻa^{443} · mən i^{53} iaŋ^{312} kɔ^{45}，uo^{443} kʻan^{312} · pu tʂʻu^{45} · lɛ ʂei^{45} kɔ^{45} ʂei^{45} ɣɛ^{443}。

恩施：他们一般般儿高，我看不出哪个高哪个矮。

tʻa^{55} · mən i^{22} pan^{55} pər^{55} kau^{55}，uo^{51} kʻan^{35} · pu tʂʻu^{22} la^{51} · kə kau^{55} la^{51} · kə ŋai^{51}。

孝感：他着一般高，我看不出哪个高哪个矮。

tʻa^{44} · tʂo i^{213} pan^{44} kau^{44}，ŋo^{52} kʻan^{35} pu$^{213\text{-}13}$ tʂʻɥ^{213} na^{52} · ko kau^{44} · na^{52} · ko ŋai^{52}。

咸宁：伊都一样高，我看不出哪个高哪个矮。

e^{42} tɑu^{44} i^{55} iõ^{33} ko^{44}，ŋə^{42} kʻõ^{213} pu^{55} tɕʻy^{55} nɑ^{213} kə^{213} ko^{44} nɑ^{213} kə^{213} ŋa^{42}。

228 胖的好还是瘦的好？

武汉：胖的好还是瘦的好？

pʻaŋ^{35} · ti xau^{42} xai^{213} sɿ^{35} sou^{35} · ti xau^{42}？

十堰：胖的好还是瘦的好？

pʻaŋ^{312} · ti xɔ^{443} xɛ^{53} ʂʅ^{312} ʂəu^{312} · ti xɔ^{443}？

恩施：是胖好些还是瘦好些？

ʂʅ^{35} pʻaŋ^{35} xau^{51} ɕie^{55} xai^{22} ʂʅ^{35} səu^{35} xau^{51} ɕie^{55}？

孝感：胖的好还是瘦的好？

pʻaŋ^{35} · ti xau^{52} xai^{21} ʂʅ^{55} səu^{35} · ti xau^{52}？

咸宁：肉箇好还是瘦箇好？

zɑu^{55} kə^{33} xo^{42} xa^{31} sɿ^{33} se^{213} kə^{33} xo^{42}？

229 瘦的比胖的好。

武汉：瘦的比胖的好。

sou^{35} · ti pi^{42}p'aŋ^{35} · ti xau^{42}。

十堰：瘦的比胖的好。

ʂəu^{312} · ti pi^{443}p'aŋ^{312} · ti xɔ^{443}。

瘦的赶胖的好。

ʂəu^{312} · ti kan^{443}p'aŋ^{312} · ti xɔ^{443}。

恩施：瘦的比胖的好。

səu^{35} · ti pi^{51}p'aŋ^{35} · ti xau^{51}。

孝感：瘦的比胖的好。

səu^{35} · ti pi^{52}p'aŋ^{35} · ti xau^{52}。

咸宁：瘦箇比肉箇好。

se^{213}kə^{33}pæ^{42}zɑu^{55}kə^{33}xo^{42}。

230 瘦的胖的都不好，不瘦不胖最好。

武汉：瘦的胖的都不好，不胖不瘦好。

sou^{35} · ti p'aŋ^{35} · ti tou^{55}pu^{213}xau^{42}，pu^{213}p'aŋ^{35}pu^{213}sou^{35}xau^{42}。

十堰：瘦的胖的都不好，不瘦不胖最好。

ʂəu^{312} · ti p'aŋ^{312} · ti təu^{53}pu^{53}xɔ^{443}，pu^{53}ʂəu^{312}pu^{53}p'aŋ^{312}tsei^{312} xɔ^{443}。

恩施：瘦的胖的都不好，不瘦不胖最好。

səu^{35} · ti p'aŋ^{35} · ti təu^{55}pu^{22}xau^{51}，pu^{22}səu^{35}pu^{22}p'aŋ^{35}tsei^{35}xau^{51}。

孝感：瘦的胖的哈不好，不瘦不胖最好。

səu^{35} · ti p'aŋ^{35} · ti xa^{55}pu^{213}xau^{52}，pu^{213}səu^{35}pu^{213}p'aŋ^{35}tsei^{35} xau^{52}。

咸宁：瘦箇肉箇都不好，不瘦不肉最好。

se^{213}kə^{33}zɑu^{55}kə^{33}tɑu^{44}pu^{55}xo^{42}，pu^{55}se^{213}pu^{55}zɑu^{55}ts'æ^{213}xo^{42}。

231 这个东西没有那个东西好用。

武汉：这个东西冒得那个东西好用。

tsɿ^{35} ·ko toŋ^{55} ·ɕi mau^{35}tɤ^{213}na^{35} ·ko toŋ^{55} ·ɕi xau^{42}ioŋ^{35}。

十堰：这个东西没得那个东西好用。

tʂɤ^{312} ·kɤ tən^{45} ·ɕi mei^{53} ·tɛ la^{312} ·kɤ tən^{45} ·ɕi xɔ^{443}yn^{312}。

恩施：这个东西没得那个东西好用。

lie^{35} ·kə toŋ^{55} ·ɕi mei^{55} ·te la^{35} ·kə toŋ^{55} ·ɕi xau^{51}ioŋ^{35}。

孝感：乜$_1$ 个东西冇得乜$_2$ 个东西好用。

niɛ^{35} ·ko toŋ^{44} ·ɕi mau^{55} ·tɛ niɛ^{55} ·ko toŋ^{44} ·ɕi xau^{52}ioŋ^{55}。

咸宁：个个东西冇得那个东西好用。

kə^{213}kə^{31}təŋ^{44}sæ^{44}mo^{44}te^{55}ne^{55}kə^{213}təŋ^{44}sæ^{44}xo^{42}iəŋ^{33}。

232 **这两种颜色一样吗？**

武汉：这两种颜色一样□？

tsɤ^{35}niaŋ^{42}tsoŋ^{42}iɛn^{213}se^{213}i^{213}iaŋ^{35} ·mie？

十堰：这两种颜色一不一样？

tʂɤ^{312}liaŋ^{443}tʂuən^{443}iɛn^{53} ·ʂɤ i^{53} ·pu i^{53}iaŋ^{312}？

这两种颜色一样不？

tʂɤ^{312}liaŋ^{443}tʂuən^{443}iɛn^{53} ·ʂɤ i^{53}iaŋ^{312} ·pu？

恩施：这两种颜色是不是一样的？

lie^{35}liaŋ^{51}tʂoŋ^{51}iɛn^{22}se^{22}ʂɿ^{35} ·pu ʂɿ^{35}i^{22}iaŋ^{35} ·ti？

孝感：乜$_1$ 两种颜色是不是一样？

niɛ^{35}niaŋ^{52}tʂoŋ^{52}in^{21}sɛ^{213}ʂɿ^{55} ·pu ʂɿ^{55}i^{213}iaŋ^{55}？

咸宁：个两样颜色是不是一样箇？

kə^{213}niõ^{42}iõ^{33}iɑ̃^{31}se^{55}sɿ^{33}pu^{55}sɿ^{33}i^{55}iõ^{33}kə^{33}？

233 **不一样，一种色淡，一种色浓。**

武汉：不一样，一种颜色淡，一种颜色深。

pu^{213} i^{213} iaŋ^{35}，i^{213} tsoŋ^{42} iɛn^{213} se^{213} tan^{35}，i^{213} tsoŋ^{42} iɛn^{213} se^{213} sən^{55}。

十堰：不一样，一种颜色淡，一种颜色浓。

pu^{53} i^{53} iaŋ^{312}，i^{53} tʂuən^{443} iɛn^{53} · ʂɤ tan^{312}，i^{53} tʂuən^{443} iɛn^{53} · ʂɤ lən^{53}。

恩施：不一样，一种颜色浅，一种颜色深。

pu^{22} i^{22} iaŋ^{35}，i^{22} tʂoŋ^{51} iɛn^{22} se^{22} tɕʻiɛn^{51}，i^{22} tʂoŋ^{51} iɛn^{22} se^{22} ʂən^{55}。

孝感：不一样，一种颜色浅，一种颜色深。

pu^{213} i$^{213-21}$ iaŋ^{55}，i^{213} tʂoŋ^{52} in^{21} sɛ^{213} tɕʻin^{52}，i^{213} tʂoŋ^{52} in^{21} sɛ^{213} ʂən^{44}。

咸宁：不一样，一种色浅，一种色深。

pu^{55} i^{55} iõ^{33}，i^{55} tsʻəŋ^{213} se^{55} tɕʻiẽ^{42}，i^{55} tsʻəŋ^{213} se^{55} sən^{44}。

234 这种颜色比那种颜色淡多了，你都看不出来？

武汉：这种颜色比那种颜色淡多了，你都看不出来？

tsɤ^{35} tsoŋ^{42} iɛn^{213} se^{213} pi^{42} na^{35} tsoŋ^{42} iɛn^{213} se^{213} tan^{35} to^{55} · niau，ni^{42} tou^{55} kʻan^{35} pu^{213} tɕʻy^{213} nai^{213}？

十堰：这种颜色比那种颜色淡多唠，你都看不出来？

tʂɤ^{312} tʂuən^{443} iɛn^{53} · ʂɤ pi^{443} la^{312} tʂuən^{443} iɛn^{53} · ʂɤ tan^{312} tuo^{45} · lɔ，ȵi^{443} təu^{53} kʻan^{312} · pu tʂʻu^{45} · lɛ？

这种颜色比那种颜色淡得多，你都看不出来？

tʂɤ^{312} tʂuən^{443} iɛn^{53} · ʂɤ pi^{443} la^{312} tʂuən^{443} iɛn^{53} · ʂɤ tan^{312} · ti tuo^{45}，ȵi^{443} təu^{53} kʻan^{312} · pu tʂʻu^{45} · lɛ？

恩施：这种颜色比那种颜色浅多哒，你都看不出来么？

lie^{35} tʂoŋ^{51} iɛn^{22} se^{22} pi^{51} la^{35} tʂoŋ^{51} iɛn^{22} se^{22} tɕʻiɛn^{51} tuo^{55} · ta，li^{51} təu^{55} kʻan^{35} · pu tʂʻu^{22} · lai · muo？

孝感：乜$_1$ 种颜色比乜$_2$ 种颜色浅多了，你哈看不出来？

niɛ^{35} tʂoŋ^{52} in^{21} sɛ^{213} pi^{52} niɛ^{55} tʂoŋ^{52} in^{21} sɛ^{213} tɕʻin^{52} to^{44} · niau，ŋ̍^{52} xa^{55}

kʻan^{35}pu$^{213\text{-}13}$tʂʻɥ^{213}nai^{21}？

咸宁：个种颜色比那种颜色浅不少，你都有看出来？

kə^{213}tsʻəŋ^{213}iɑ̃^{31}se^{55}pæ^{42}ne^{55}tsʻəŋ^{213}iɑ̃^{31}se^{55}tɕʻiẽ^{42}pu^{55}se^{42}，n̩^{42}tɑu^{44} mo^{44}kʻõ^{213}tɕy^{55}na^{31}？

235 你看看现在，现在的日子比过去强多了。

武汉：你看看现在，现在的日子比以前强多了。

ni^{42}kʻan^{35} · kʻan ɕiɛn^{35}tsai^{35}，ɕiɛn^{35}tsai^{35} · ti ɯ^{213} · tsɿ pi^{42} i^{42} tɕʻiɛn^{213}tɕʻiaŋ^{213}to^{55} · niau。

十堰：你看下儿正这儿，正这儿的日子比过去强多唠。

ȵi^{443}kʻan^{312} · xar tʂən^{312}tʂə^{31}，tʂən^{312}tʂɤr^{31} · ti ʐʅ^{53} · tsɿ pi^{443} kuo^{312}tɕʻy^{312}tɕʻiaŋ^{53}tuo^{45} · lɔ。

你看下儿正这儿，正这儿的日子比过去强得多。

ȵi^{443}kʻan^{312} · xar tʂən^{312}tʂɤr^{31}，tʂən^{312}tʂɤr^{31} · ti ʐʅ^{53} · tsɿ pi^{443} kuo^{312}tɕʻy^{312}tɕʻiaŋ^{53} · ti tuo^{45}。

恩施：你看看儿现在，现在的日子比往常强多哒。

li^{51}kʻan^{35} · kʻər ɕiɛn^{35}tsai^{35}，ɕiɛn^{35}tsai^{35} · ti ʐʅ^{22} · tsʻɿ pi^{51} uaŋ^{51} tʂʻaŋ^{22}tɕʻiaŋ^{22}tuo^{55} · ta。

孝感：你看哈儿正昝，正昝的日子比往日强多了。

n̩^{52}kʻan^{35}xar^{55}tsən^{35} · tsan，tsən^{35}tsan^{52} · ti ɐr^{213} · tsɿ pi^{52} uaŋ^{52} · ɐr tɕʻiaŋ^{21}to^{44} · niau。

咸宁：你看一下如是今，如是今箇日子比过去强多了。

n̩^{42}kʻõ^{213}i^{55}xɑ^{33}y^{31}sɿ^{33}tɕiən^{44}，y^{31}sɿ^{33}tɕiən^{44}kə^{33}zɿ^{55}tsʻɿ^{42}pæ^{42}kuə^{213} tɕʻy^{213}tɕʻiõ^{31}tə^{44}nɑ^{42}。

236 以后的日子比现在更好。

武汉：以后的日子比现在更好。

i^{42}xou^{35} · ti ɯ^{213} · tsɿ pi^{42}ɕiɛn^{35}tsai^{35}kən^{35}xau^{42}。

十堰：往后的日子比正这儿更好。

uaŋ^{443}xəu^{312} · ti ʐʅ^{53} · tsɿ pi^{443}tʂən^{312}tʂɤr^{31}kən^{312}xɔ^{443}。

恩施：以后的日子比现在还要好。

i^{51}xəu^{35} · ti ʐʅ^{22} · tsɿ pi^{51}ɕiɛn^{35}tsai^{35}xai^{22}iau^{35}xau^{51}。

孝感：以后的日子比正昝越色好。

i^{52}xəu^{55} · ti ɐr^{213} · tsɿ pi^{52}tsən^{35} · tsan ɥɛ^{213} · sɛ xau^{52}。

咸宁：以后箇日子比现在更好。

i^{42}xe^{33}kə^{44}zɿ^{55}tsʿɿ^{42}pæ^{42}ɕiẽ^{33}tsʻa^{33}kẽ^{213}xo^{42}。

237 好好干吧，这日子一天比一天好。

武汉：好好做吧，这日子一天比一天好。

xau^{42} · xau tsou^{35} · pa，tsɤ^{35}ɯ^{213} · tsɿ i^{213}tʻiɛn^{55}pi^{42}i^{213}tʻiɛn^{55}xau^{42}。

十堰：好好干吧，这日子一天比一天好。

xɔ^{443}xɔ^{443}kan^{312} · pa，tʂɤ^{312}ʐʅ^{53}tsɿ i^{53}tʻiɛn^{45}pi^{443}i^{53}tʻiɛn^{45}xɔ^{443}。

恩施：好神搞，日子一天比一天好。

xau^{51}ʂən^{22}kau^{51}，ʐʅ^{22} · tsʿɿ i^{22}tʻiɛn^{55}pi^{51}i^{22}tʻiɛn^{55}xau^{51}。

孝感：好好儿搞，生活一天比一天好。

xau^{52}xaur$^{52-44}$kau^{52}，sən^{44}xo^{21}i^{213}tʻin^{44}pi^{52}i^{213}tʻin^{44}xau^{52}。

咸宁：好生做，日子一日比一日好。

xo^{42}sã^{44}tsɑu^{213}，zɿ^{55}tsʿɿ^{42}i^{55}zɿ^{55}pæ^{42}i^{55}zɿ^{55}xo^{42}。

238 这些年的生活一年比一年好，越来越好。

武汉：这些年的生活一年比一年好，越来越好。

tsɤ^{35}ɕie^{55}niɛn^{213} · ti sən^{55}xo^{213}i^{213}niɛn^{213}pi^{42}i^{213}niɛn^{213}xau^{42}，ye^{213} nai^{21}ye^{213}xau^{42}。

十堰：这些年的生活一年比一年好，越来越好。

tʂɤ^{312}ɕie^{45}ȵiɛn^{53} · ti ʂən^{45}xuo^{53}i^{53}ȵiɛn^{53}pi^{443}i^{53}ȵiɛn^{53}xɔ^{443}，ye^{53}lɛ^{53}

ye^{53}xɔ^{443}。

恩施：这些年的生活一年比一年好，越来越好哒。

lie^{35}ɕie^{55}liɛn^{22} · ti sən^{55}xuo^{22}i^{22}liɛn^{22}pi^{51}i^{22}liɛn^{22}xau^{51}，ye^{22}lai^{22} ye^{22}xau^{51} · ta。

孝感：乜$_1$些年的生活一年比一年好，越来越好。

niɛ^{35}ɕiɛ^{44}nin^{21} · ti sən^{44}xo^{21}i^{213}nin^{21}pi^{52}i^{213}nin^{21}xau^{52}，ɥɛ^{213}nai^{21} ɥɛ^{213}xau^{52}。

咸宁：个些年箇生活一年比一年好，越来越好。

kə^{213}sæ^{55}nẽ^{31}kə^{33}səŋ^{44}xue^{33}i^{55}niẽ^{31}pæ^{42}i^{55}niẽ^{31}xo^{42}，ye^{55}na^{31}ye^{55} xo^{42}。

239 **咱兄弟俩比一比谁跑得快。**

武汉：我们兄弟两个比一下哪个跑得快。

ŋo^{42} · mən ɕioŋ^{55} · ti niaŋ^{42} · ko pi^{42}i^{213}xa^{35}na^{42} · ko pʻau^{213} · tɤ kʻuai^{35}。

十堰：我们兄弟俩比一下儿谁跑得快。

uo^{443} · mən ɕyn^{45}ti^{312}lia^{443}pi^{443}i^{53} · xar ʂei^{45}pʻɔ^{443} · ti kʻuɛ^{312}。

恩施：我们兄弟俩个比一下，看哪个跑得快些。

uo^{51} · mən ɕioŋ^{55}ti^{35}liaŋ^{35}kuo^{35}pi^{51}i^{22}xa^{35}，kʻan^{35}la^{51}kuo^{35}pʻau^{51} · te kʻuai^{35}ɕie^{55}。

孝感：我着兄弟两个来比哈儿，看哪个跑得快。

ŋo^{52} · tʂo^{21}ɕioŋ^{44} · ti niaŋ^{52} · ko nai^{21}pi^{52} · xar，kʻan^{35} · na^{52} · ko pʻau^{21} · tɛ kʻuai^{35}。

咸宁：偎都两弟兄比一下哪个跑得赢。

uæ^{213}tɑu^{44}niõ^{42}tʻæ^{33}ɕiəŋ^{44}pæ^{42}i^{55}xɑ^{33}nɑ^{213}kə^{213}pʻo^{42}te^{55}iɑ̃^{31}。

240 **我比不上你，你跑得比我快。**

武汉：我比不上你，你跑得比我快。
ŋo^{42}pi^{42}pu^{213}saŋ^{35}ni^{42}，ni^{42}pʻau^{213} ·tɤ pi^{42}ŋo^{42}kʻuai^{35}。

十堰：我比不上你，你跑得比我快。
uo^{443}pi^{443} ·pu ʂaŋ^{312}ȵi^{443}，ȵi^{443}pʻɔ^{443} ·ti pi^{443}uo^{443}kʻuɛ^{312}。

我撵不上你，你跑得比我快。
uo^{443}ȵiɛn^{443} ·pu ʂaŋ^{312}ȵi^{443}，ȵi^{443}pʻɔ^{443} ·ti pi^{443}uo^{443}kʻuɛ^{312}。

恩施：我跑不赢你，你跑得比我快。
uo^{51}pʻau^{51} ·pu in^{22}li^{51}，li^{51}pʻau^{51} ·te pi^{51}uo^{51}kʻuai^{35}。

孝感：我比不你赢，你跑得比我快。
ŋo^{52}pi^{52} ·pu n̥^{52}in^{21}，n̥^{52}pʻau^{21} ·tɛ pi^{52} ·ŋo^{52}kʻuai^{35}。

咸宁：我比不赢你，你跑得比我快。
ŋə^{42}pæ^{42}pu^{55}iɑ̃^{31}n̩^{42}，n̩^{42}pʻo^{42}te^{55}pæ^{42}ŋə^{42}kʻua^{213}。

241 他跑得比我还快，一个比一个跑得快。

武汉：他跑得比我还快，一个比一个跑得快。
tʻa^{55}pʻau^{213} ·tɤ pi^{42}ŋo^{42}xai^{35}kʻuai^{35}，i^{213} ·ko pi^{42}i^{213} ·ko pʻau^{213} ·tɤ kʻuai^{35}。

十堰：他跑得比我还快，一个比一个跑得快。
tʻa^{443}pʻɔ^{443} ·ti pi^{443}uo^{443}xɛ^{53}kʻuɛ^{312}，i^{53}kɤ^{312}pi^{443}i^{53}kɤ^{312}pʻɔ^{443} ·ti kʻuɛ^{312}。

恩施：他跑得比我还要快，一个比一个跑得快。
tʻa^{55}pʻau^{51} ·te pi^{51}uo^{51}xai^{22}iau^{35}kʻuai^{35}，i^{22}kuo^{35}pi^{51}i^{22}kuo^{35}pʻau^{51} ·te kʻuai^{35}。

孝感：他跑得比我还快，一个比一个跑得快。
tʻa^{44}pʻau^{21} ·tɛ^{213}pi^{52}ŋo^{52}xai^{21}kʻuai^{35}，i^{213} ·ko pi^{52}i^{213} ·ko pʻau^{21} ·tɛ kʻuai^{35}。

咸宁：伊跑得比我还快，一个比一个跑得快。

e⁴² p'o⁴² te⁵⁵ pæ⁴² ŋə⁴² xa³¹ k'ua²¹³，i⁵⁵ kə²¹³ pæ⁴² i⁵⁵ kə²¹³ p'o⁴² te⁵⁵ k'ua²¹³。

242 他比我吃得多，干得也多。

武汉：他比我吃得多，做得也多。

t'a⁵⁵ pi⁴² ŋo⁴² tɕ'i²¹³ · tɤ to⁵⁵，tsou³⁵ · tɤ ie⁴² to⁵⁵。

十堰：他比我吃得多，干得也多。

t'a⁴⁴³ pi⁴⁴³ uo⁴⁴³ tʂ'ʅ⁴⁵ · ti tuo⁴⁵，kan³¹² · ti ie⁴⁴³ tuo⁴⁵。

恩施：他比我吃得多，做得也多。

t'a⁵⁵ pi⁵¹ uo⁵¹ tɕ'i²² · te tuo⁵⁵，tsəu³⁵ · te ie⁵¹ tuo⁵⁵。

孝感：他比我吃得多，干得也多。

t'a⁴⁴ pi⁵² ŋo⁵² tɕ'i²¹³⁻¹³ · tɛ to⁴⁴，tsəu³⁵ · tɛ iɛ⁵² to⁴⁴。

咸宁：伊比我喫得多，做得也多。

e⁴² pæ⁴² ŋə⁴² tɕ'iɑ⁵⁵ te⁵⁵ tə⁴⁴，tsɑu²¹³ te⁵⁵ iɑ⁴² tə⁴⁴。

243 他干起活来，比谁都快。

武汉：他做起事来，比哪个都快。

t'a⁵⁵ tsou³⁵ tɕ'i⁴² sɿ³⁵ nai²¹³，pi⁴² na⁴² · ko tou⁵⁵ k'uai³⁵。

十堰：他做起活来，比谁都快。

t'a⁴⁴³ tsəu³¹² tɕ'i⁴⁴³ xuo⁵³ · lɛ，pi⁴⁴³ ʂei⁴⁵ təu⁵³ k'uɛ³¹²。

恩施：他搞起事来比哪个都快。

t'a⁵⁵ kau⁵¹ tɕ'i⁵¹ sɿ³⁵ · lai pi⁵¹ la⁵¹ kuo³⁵ təu⁵⁵ k'uai³⁵。

孝感：他做起事来，比哪个哈快。

t'a⁴⁴ tsəu³⁵ tɕ'i⁵² sɿ⁵⁵ nai²¹，pi⁵² na⁵² · ko xa⁵⁵ k'uai³⁵。

咸宁：伊做起事来，比哪个都快。

e⁴² tsɑu²¹³ tɕ'i⁴² sɿ³³ na³¹，pæ⁴² nɑ²¹³ kə²¹³ tɑu⁴⁴ k'ua²¹³。

244 说了一遍，又说一遍，不知说了多少遍。

武汉：说了一遍又一遍，不晓得说了几多遍。

so^{213} · niau i^{213}piɛn^{55}iou^{35}i^{213}piɛn^{55}，pu^{213}ɕiau^{42} · tɤ so^{213} · niau tɕi^{42}to^{55}piɛn^{35}。

十堰：说唠一遍，又说一遍，不知说唠多少遍。

ʂuo^{45} · lɔ i^{53}piɛn^{312}，iəu^{312}ʂuo^{45}i^{53}piɛn^{312}，pu^{53}tʂʅ^{45}ʂuo^{45} · lɔ tuo^{45} ʂɔ^{443}piɛn^{312}。

恩施：说哒一遍又一遍，不晓得说哒好多遍。

ʂuo^{22} · ta i^{22}piɛn^{35}iəu^{35}i^{22}piɛn^{35}，pu^{22}ɕiau^{51} · te ʂuo^{22} · ta xau^{51} tuo^{55}piɛn^{35}。

孝感：说了一遍，又说一遍，不晓得说了几多遍。

ʂʮɛ^{213} · niau i$^{213-21}$pin^{35}，iəu^{55}ʂʮɛ^{213}i^{213}pin^{35}，pu^{213}ɕiau^{52} · tɛ ʂʮɛ^{213} · niau tɕi^{52}to^{44}pin^{35}。

咸宁：说了一遍，又说一遍，不晓得说了几多遍。

ɕye^{55}nɑ^{42}i^{55}pʻiẽ^{213}，iɑu^{33}ɕye^{55}i^{55}pʻiẽ^{213}，pu^{55}ɕie^{42}te^{55}ɕye^{55}nɑ^{42}tɕi^{42} tə^{44}pʻiẽ^{213}。

245 我嘴笨，怎么也说不过他。

武汉：我嘴笨，么样也说不过他。

ŋo^{42}tsei^{42}pen^{35}，mo^{42}iaŋ^{35}ie^{42}so^{213}pu^{213}ko^{35}tʻa^{55}。

十堰：我嘴笨，咋也说不过他。

uo^{443}tsei^{443}pən^{312}，tsa^{443}ie^{443}ʂuo^{45} · pu kuo^{312}tʻa^{443}。

恩施：我嘴巴不会说，不管哪门都说不赢他。

uo^{51}tsei^{51} · pa pu^{22}xuei^{35}ʂuo^{22}，pu^{22}kuan^{51}la^{51} · mən təu^{55}ʂuo^{22} · pu in^{22}tʻa^{55}。

孝感：我嘴巴笨，么样也说他不过。

ŋo^{52}tɕi^{52}pa^{44}pən^{55}，mo^{52}iaŋ^{55}iɛ^{52}ʂʮɛ^{213}tʻa^{44} · pu · ko。

咸宁：我嘴笨，么样也说不赢伊。

ŋə^{42}tsʻæ^{42}pʻən^{33}，mo^{42}iõ^{33}iɑ^{42}ɕye^{55}pu^{55}iã^{31}e^{42}。

246 他走得越来越快，我都跟不上了。

武汉：他越走越快，我都跟不上了。

tʻa^{55}ye^{213}tsou^{42}ye^{213}kʻuai^{35}，ŋo^{42}tou^{55}kən^{55}pu^{213}saŋ^{35}·niau。

十堰：他走得越来越快，我都跟不上唠。

tʻa^{443}tsəu^{443}·ti ye^{53}lɛ^{53}ye^{53}kʻuɛ^{312}，uo^{443}təu^{53}kən^{45}·pu ʂaŋ^{312}·lɔ。

他走得越来越快，我都撵不上唠。

tʻa^{443}tsəu^{443}·ti ye^{53}lɛ^{53}ye^{53}kʻuɛ^{312}，uo^{443}təu^{53}ȵiɛn^{443}·pu ʂaŋ^{312}·lɔ。

恩施：他越走越快，我都撵不赢他。

tʻa^{55}ye^{22}tsəu^{51}ye^{22}kʻuai^{35}，uo^{51}təu^{55}liɛn^{51}·pu in^{22}tʻa^{55}。

孝感：他走得越来越快，我跟都跟不上了。

tʻa^{44}tsəu^{52}·tɛ ɥɛ^{213}nai^{21}ɥɛ$^{213-21}$kʻuai^{35}，ŋo^{52}kən^{44}təu^{44}kən^{44}·pu·ʂaŋ·niau。

咸宁：伊走得越来越快，我都跟不上了。

e^{42}tse^{42}te^{55}ye^{55}na^{31}ye^{55}kʻua^{213}，ŋə^{42}tɑu^{44}kẽ^{44}pu^{55}sõ^{33}nɑ^{42}。

247 越走越快，越说越快。

武汉：越走越快，越说越快。

ye^{213}tsou^{42}ye^{213}kʻuai^{35}，ye^{213}so^{213}ye^{213}kʻuai^{35}。

十堰：越走越快，越说越快。

ye^{53}tsəu^{443}ye^{53}kʻuɛ^{312}，ye^{53}ʂuo^{45}ye^{53}kʻuɛ^{312}。

恩施：越走越快，越说越快。

ye^{22}tsəu^{51}ye^{22}kʻuai^{35}，ye^{22}ʂuo^{22}ye^{22}kʻuai^{35}。

孝感：越走越快，越说越快。

ɥɛ^{213}tsəu^{52}ɥɛ$^{213-21}$k'uai^{35}，ɥɛ$^{213-13}$ʂɥɛ^{213}ɥɛ$^{213-21}$k'uai^{35}。

咸宁：越走越快，越说越快。

ye^{55}tse^{42}ye^{55}k'ua^{213}，ye^{55}ɕye^{55}ye^{55}k'ua^{213}。

248 慢慢说，一句一句地说。

武汉：慢慢说，一句一句地说。

man^{35} · man so^{213}，i^{213}tɕy^{35}i^{213}tɕy^{35} · ti so^{213}。

十堰：慢慢儿说，一句一句地说。

man^{312}mar^{31}ʂuo^{45}，i^{53}tɕy^{312}i^{53}tɕy^{312} · ti ʂuo^{45}。

恩施：慢慢儿说，句呀句地说。

man^{35}mər^{55}ʂuo^{22}，tɕy^{35} · ia tɕy^{35} · ti ʂuo^{22}。

孝感：慢慢说，一句一句地说。

man^{55}man^{55}ʂɥɛ^{213}，i$^{213-21}$tʂɿ^{35}i$^{213-21}$tʂɿ^{35} · ti ʂɥɛ^{213}。

咸宁：慢点说，一句一句箇说。

mã^{33}tiẽ^{42}ɕye^{55}，i^{55}tɕy^{213}i^{55}tɕy^{213}kə^{33}ɕye^{55}。

主要参考文献

1. 陈淑梅. 湖北英山方言形容词的重叠式［J］. 方言，1994（1）：64－67.
2. 戴军平. 湖北京山方言中的“AA 声”［J］. 语文知识，2011（4）：30－33.
3. 郭攀，夏凤梅. 浠水方言研究［M］. 武汉：华中师范大学出版社，2016.
4. 何洪峰. 黄冈方言的比较句［J］. 语言研究，2001（4）：28－38.
5. 胡茜. 黄石方言的程度表达［J］. 湖北教育学院学报，2006（7）：46－48＋65.
6. 黄群建. 阳新方言研究［M］. 武汉：华中师范大学出版社，2016.
7. 黄树先. 黄陂方言研究［M］. 武汉：华中师范大学出版社，2021.
8. 金小栋，赵修. 利川（谋道）方言的介词［J］. 三峡论坛，2019（1）：51－55.
9. 李崇兴. 宜都方言研究［M］. 武汉：华中师范大学出版社，2014.
10. 刘海章. 荆门方言研究［M］. 武汉：华中师范大学出版社，2017.
11. 阮桂君. 五峰方言研究［M］. 武汉：华中师范大学出版社，2014.

12. 邵则遂. 天门方言研究［M］. 武汉：华中师范大学出版社，1991.

13. 盛银花. 安陆方言研究［M］. 武汉：华中师范大学出版社，2015.

14. 苏俊波. 郧县方言研究［M］. 武汉：华中师范大学出版社，2016.

15. 苏俊波. 丹江方言语法研究［M］. 北京：中国社会科学出版社，2021.

16. 谈微姣. 鄂州方言里程度语义的表达形式考查［J］. 湖北科技学院学报，2017（3）：52－56.

17. 陶立军. 荆门方言的重叠式［J］. 荆楚学刊，2016（5）：24－29＋39.

18. 汪国胜. 湖北大冶方言的语缀［J］. 方言，1993（3）：218－227.

19. 汪国胜. 大冶方言语法研究［M］. 武汉：湖北教育出版社，1994.

20. 汪国胜. 湖北方言的“在”和“在里”［J］. 方言，1999（2）：104－111.

21. 汪国胜. 大冶方言的双宾句［J］. 语言研究，2000（3）：88－98.

22. 汪国胜. 湖北大冶方言的比较句［J］. 方言，2000（3）：211－221.

23. 汪国胜. 湖北大冶方言人称代词的变调［J］. 中国语文，2003（6）：505－510.

24. 汪国胜. 湖北大冶方言两种特殊的问句［J］. 方言，2011（1）：9－13.

25. 汪化云. 黄冈方言的指示代词［J］. 语言研究，2000（4）：88－96.

26. 王丹荣. 襄樊方言被动句和处置句探析［J］. 孝感学院学报，2006（5）：48－52.

27. 王宏佳. 咸宁方言研究［M］. 武汉：华中师范大学出版社，2015.

28. 王求是. 孝感方言研究［M］. 武汉：华中师范大学出版社，2016.

29. 王群生，王彩豫. 荆州方言研究［M］. 武汉：华中师范大学出版社，2018.

30. 王树瑛. 阳新方言研究［M］. 武汉：华中师范大学出版社，2017.

31. 项菊. 湖北黄冈方言的差比句［J］. 黄冈师范学院学报，2004（5）：62－66.

32. 项菊. 湖北红安方言的反复问句［J］. 黄冈师范学院学报，2006（5）：56－59.

33. 袁海霞. 公安方言研究［M］. 武汉：华中师范大学出版社，2017.

34. 张义. 钟祥方言研究［M］. 武汉：华中师范大学出版社，2016.

35. 张鹏飞. 竹山方言的被动表达［J］. 汉语学报，2020（2）：84－90.

36. 周卫华，杨锦如. 宜昌方言中的体标记［J］. 三峡大学学报，2009（4）：61－64.

37. 朱莹. 湖北襄阳方言中表比较义的介词“赶”［J］. 湖北文理学院学报，2014

(4)：24 – 27.

38. 朱建颂，张静. 武汉方言研究［M］. 武汉：华中师范大学出版社，2021.

39. 祝敏. 崇阳方言研究［M］. 武汉：华中师范大学出版社，2020.

第五章　湖北方言发展

研究湖北方言的发展，最好的办法是将早期的研究成果与当代的研究成果进行对比，从中观察变化。本世纪以来，关于湖北方言的两次大的调查（湖北方言重点调查、“中国语言资源保护工程”湖北方言调查）对当代湖北方言的语音、词汇、语法面貌做了比较全面的整理，但早期湖北方言的研究文献较少，而且零散，难以形成较为系统的比较框架。陈士元《俗用杂字》（1597）、杨传松《松滋县志·方言》（1933）、黄侃《蕲春语》（1935）、王祖佑《浠水所存〈方言〉词考》（1949）等自不必说，就是赵元任等《湖北方言调查报告》（1948），因较少涉及词汇与语法，可以利用的词汇、语法材料也不多。本章的撰写主要参考汪国胜教授主编的《湖北方言研究丛书》（2014—2023）及一些单篇论文，也参考了《湖北方言调查报告》的相关内容。本章并不是系统考察湖北方言的发展，而是依据现有材料，选择若干有代表性的方言点，考察它们在语音、词汇、语法方面的某些变化，力求以点见面，从不同侧面反映湖北方言的发展。

第一节　语音的发展

一、声母的发展

1. 武汉方言（朱建颂，1988）

（1）十九世纪下半叶，声母n、l并存，中古来母字读l，如“辣来兰郎劳类伦楼离良聊列连流林罗龙略”等，中古泥母字读n、l不定，如“拿乃南泥娘捏年牛宁挪”等，这是n、l开始相混的过渡现象。二十世纪上半叶，声母n、l的全部字，包括中古泥来母字，合并为n。二十世纪下半叶，n的音值变为鼻化边音l̃。

（2）十九世纪下半叶，声母ʐ的字较多，包括中古大部分日母字，如“饶柔染然仍任人让肉枘蚋”和中古以母字“锐睿”等。二十世纪上半叶，声母ʐ的大部分字，包括大部分日母字，合并为n，不过“芮枘蚋锐睿”等字仍读ʐ。二十世纪下半叶，声母ʐ的字恢复到十九世纪下半叶的情况。

（3）二十世纪下半叶，声母ŋ变为零声母，如“鹅额哀熬藕安恩昂”等。

2. **咸宁方言（王宏佳，2015）**

（1）近百年来，咸宁方言声母数量变化不大，主要体现在ȵ的有无上。老派咸宁方言有20个声母，ȵ声母比较明显；中年人说咸宁方言，ȵ与n处于自由变读状态；青年人说咸宁方言，ȵ已合并到n中来，声母数量为19个。

（2）随着社会的发展，新词新语不断出现，咸宁方言文读音增多，使部分字的声母有变化。如“牙膏”中的“牙”，白读ŋ声母，文读ø声母；“约束”中的“束”，白读ts‘声母，文读s声母；“艺术”中的“艺”，白读n声母，文读ø声母。

（3）受北京话影响，x与f互混局面有所改变。老派咸宁方言中，晓匣合口洪音跟非敷奉互混，在宕摄都读x，在其他各摄都读f，但主要是x混入f，如：虎＝府f｜灰＝飞f｜昏＝分f｜湖f｜话f｜活f｜滑f｜换f｜方x｜放x。中青年人说咸宁方言，互混已成为单向的x混入f，f不再混入x，且x混入f的数量有所减少，如：方f｜放f｜话x｜活x｜滑x。

（4）受北京话影响，不送气音字有所增加。老派咸宁方言中，古全浊声母字今读塞音、塞擦音时，不论平仄，一般读为送气清音，如：导t‘｜但t‘｜笛t‘｜坐ts‘｜赵ts‘｜助ts‘｜植ts‘。中青年人说咸宁方言，有些原本读送气音的开始读不送气音，如：导t｜但t｜笛t。有些古全浊声母字和古全清声母字，老派咸宁方言原本读送气音的，在中青年人特别是青年一代中，也开始出现与不送气音并存的局面，如：达t‘/t｜蝶t‘/t｜奏ts‘/

tsᶦ 歼tɕʻ/tɕ。

（5）受北京话影响，零声母字有所增减。如：日母字“入日”老派咸宁话都读z声母，中青年人则“入”读ø声母，“日”读z声母；日母字“绒茸”老派咸宁话都读ø声母，中青年人则都读z声母；以母字“容溶榕蓉”老派咸宁话都读ø声母，中青年人则都读z声母。

3. 崇阳方言（祝敏，2020）

（1）ŋ和ȵ与齐齿呼韵母相拼时的混读。中古疑母细音字，如“严验”二字，老派崇阳方言只读ŋ声母，新派读法就没有严格区分到底是ŋ声母还是ȵ声母，认为均可。

（2）零声母拼合口呼韵母时唇齿碰擦程度的区别。老派崇阳方言在零声母拼合口呼韵母时，唇齿碰擦程度明显，而以年轻人为代表的新派崇阳方言则无所谓唇齿相碰，甚至更倾向于无擦碰。崇阳方言的合口呼本来也不是严格意义上的合口呼，u的发音圆唇度也不够，这也是导致发音时唇齿可能相碰的原因，现在有些年轻人受北京话的影响，u的圆唇度明显高于老派崇阳方言，发音时唇齿就几乎不会有擦碰了。

（3）h声母发音部位前移。赵元任等（1936）记录崇阳方言口腔后部擦音为喉擦音h，不是舌面后擦音x。现代老派崇阳方言也是喉擦音h。现代新派崇阳方言的喉擦音已经不是典型的h了，有逐渐向北京话的x靠拢的趋势。

4. 荆门方言（刘海章，2017）

（1）唇齿音f与舌根音x的分混逐渐消失。荆门方言北片不存在f、x混读的现象，而南片有相当一部分地区存在f、x混读现象。钟祥的冷水、石牌、旧口沿汉水南下到天门、潜江的一部分地方f、x混读。荆门方言区f、x混读，大多数是f混入x，沙洋沈集“飞粉方风”都读为x；也有x混入f的，钟祥旧口、京山永隆“胡虎黄魂”都读为f。今荆门方言中，f、x混读的现象已经消失。沙洋沈集的中青年人中，已经基本上没有人将“飞粉方风”读为x的了；钟祥旧口以及京山永隆的中青年人中，也基本上没有人将“胡虎黄魂”读为f的了。

二、韵母的发展

1．武汉方言（朱建颂，1988）

（1）十九世纪下半叶，韵母ɚ包括中古止摄开口的日母字，如“儿尔二贰而耳饵”等，以及质韵日母字“日”等。二十世纪上半叶，韵母ɚ变为ɯ。

（2）十九世纪下半叶，韵母uo（只有零声母）包括中古果摄一等疑影母字，如“鹅我饿阿窝讹卧”等；山摄开口一等影母入声字，如“遏”等；宕摄开口一等疑影母入声字，如“鄂恶”等；江摄开口二等影母入声字，如“握”等；通摄合口一等影母入声字，如“沃”等。二十世纪上半叶，韵母uo（零声母）变为o，并分化为零声母和ŋ声母，如“涡莴窝倭卧”等读o，“蛾鹅讹恶凶～我饿遏鄂”等读ŋo。

2．咸宁方言（王宏佳，2015）

（1）从数量来看，咸宁方言韵母由最初的46个演变为现在的44个，减少了2个，韵母系统有合并简化的趋势。这主要表现为e、ie与eø、ieø（《湖北方言调查报告》所记）或ø、iø（《鄂南方言志略》所记）的合并。从《鄂南方言志略》来看，“典型的e主要是入声字”，也就是说入声字归e，而非入声字归ø或eø，这显然不符合语言的经济原则。e和ø仅存在不圆唇和圆唇的差别，区分度不够大。这些因素导致e、ie与eø、ieø或ø、iø合并。

（2）韵尾i的脱落。《湖北方言调查报告》记载咸宁方言有ei、uei、yei三个韵母；《咸宁市咸安区方言志》和《鄂南方言志略》等文献记载咸宁方言有ai、uai、yai三个韵母。而根据《咸宁方言词汇研究》的记载，韵尾i已经脱落，进一步突出了咸宁方言单元音多的特点。

（3）某些领字较少的韵母，如ia（解谐蟹），yã（扔晅），有进一步萎缩甚至消失的趋势，年轻人已经不太会读这些韵母了。例如很多人只知道“解”读ka^{42}，而不知道可以读$tɕia^{42}$，很多人甚至看到“和谐”$xə^{31}ɕia^{31}$一词时，不知道该怎么读。

（4）受北京话影响，有些韵组内部出现混读现象。例如“棵科课”，老派咸宁方言读成合口韵uə：棵$k^{h}uə^{44}$、科$k^{h}uə^{44}$、课$k^{h}uə^{213}$，而青年人也读成开口韵ə：棵$k^{h}ə^{44}$、科$k^{h}ə^{44}$、课$k^{h}ə^{213}$；“或活获”，老派咸宁方言读成开口韵e：或fe^{33}、活fe^{33}、获fe^{33}，而青年人也读成合口韵ue：或xue^{33}、活xue^{33}、获xue^{33}；“划画猾话滑”老派咸宁方言读成开口韵ɑ：划$fɑ^{31}$、画$fɑ^{33}$、猾$fɑ^{31}$、话$fɑ^{33}$、滑$fɑ^{31}$，而青年人也读成合口韵uɑ：划$xuɑ^{31}$、画$xuɑ^{33}$、猾$xuɑ^{31}$、话$xuɑ^{33}$、滑$xuɑ^{31}$。

3．崇阳方言（祝敏，2020）

（1）赵元任等（1948）记录崇阳方言有ã、uã、iɛ̃、yɛ̃四个鼻化韵，现在已经都变成了纯阴声韵。但老派读法中仍有部分保留了鼻化韵，如“山”，老派读ã韵，新派读æ韵。

（2）赵元任等（1948）记录崇阳方言有yɛ、yin、yɛ̃、yĩ四个撮口呼韵母，现在yin、yɛ̃、yĩ三个撮口呼韵已经消失了，但是yɛ韵母还存在。老派读法yɛ韵母的发音偏唇齿化，接近viɛ音节；新派发音唇齿触碰几乎没有，虽然也没有达到很标准的圆唇，但相比老派发音，新派的圆唇度稍高，更接近yɛ。

4．孝感方言（王求是，2014）

孝感方言韵母发展的一个突出表现是产生了iɛn韵母。地道的孝感话没有iɛn韵母，北京话、武汉话以及孝感周边方言（云梦、孝昌除外）都有iɛn韵母，北京话iɛn韵母在孝感话归入in韵母，这是孝感音系的一个特点。如：边pin^{44} = 宾pin^{44} | 盐in^{21} = 银in^{21} | 浅$tɕ^{h}in^{52}$ = 寝$tɕ^{h}in^{52}$ | 现$ɕin^{45}$ = 讯$ɕin^{45}$ | 电tin^{55} = 定tin^{55} | 面min^{55} = 命min^{55}。但是现在新派孝感话已出现iɛn韵母，并有进一步发展的趋势。

5．荆门方言（刘海章，2017）

（1）鼻音韵尾n、ŋ的分混趋于规范。20 世纪 50 年代，荆门方言iŋ和in往往不分，“英因”一律念in。沿 207 国道愈往南，ŋ混入n的程度愈大。钟祥的双河到沙洋的十里铺，不仅iŋ混入in，而且əŋ混入ən，“庚根”一律念ən。沙洋的拾回桥、纪山往南到荆州，不仅iŋ混入in、əŋ混入ən，而且ɑŋ混入an、iɑŋ混入iɛn、uɑŋ混入uan，“旁盘”念an，“枪遣”念iɛn，“往晚”念uan。今荆门方言中，虽仍然不能分辨iŋ和in，“英因”一律念in，大多数人也不能分辨əŋ和ən，“庚根”一律念ən，但ɑŋ混入an、iɑŋ混入iɛn、uɑŋ混入uan的现象，却已经基本消失。

（2）颤音r有弱化的倾向。荆门和周边的钟祥、沙洋、江陵、当阳、宜城等县市方言有颤音，这种颤音是舌尖浊辅音，自成音节。现在的荆门年轻人言语中也带颤音，但与老年人相比，特别是与农村中很少出远门的老年人相比，颤音不十分响亮，有弱化的倾向。

6. 郧县方言（苏俊波，2016）

（1）通摄阳声韵字由后鼻韵尾转为前鼻韵尾。杨时逢1936年记音显示，郧县话通摄阳声韵字读ʌŋ、uʌŋ、yʌŋ韵，但是现在的郧县话通摄阳声韵字已经改为读ən、uən、yn韵。

（2）咸山摄阳声韵字由鼻韵尾弱化转为元音鼻化。杨时逢1936年记音显示，郧县话咸山摄阳声韵字读an、ien、uan、yen韵，且“n的鼻音很弱”。现在的郧县话咸山摄阳声韵字不仅鼻音很弱，元音还带有鼻化。

7. 钟祥方言（张义，2016）

（1）韵母iai消失。赵元任《钟祥方言记》记载，20世纪30年代钟祥方言“介解皆”等字的文读音韵母为iai。现在钟祥话中已不见iai的踪迹，“介解皆”等字的文读音韵母发作ie，与普通话一致，也与《钟祥方言记》“姐野别篾碟裂”等字韵母一致。

（2）韵母uə变为uo。赵元任《钟祥方言记》记载，20世纪30年代钟祥方言“辍拙国或惑获”等字的韵母为uə。现在钟祥话中“辍拙国或惑获”等字的韵母已读为uo，与普通话一致。

三、声调的发展

1. 武汉方言（朱建颂，1988）

十九世纪下半叶，入声自成调类，包括中古多数入声字（不分清浊），如“执答擦七昨学墨历”等。但有例外字，如“拉摸（以上读阴平），抹~灰撒~种霎瘪（以上读上声），窒饰式拭轼划诺错~杂屐亿忆臆薏翼翌翊幕玉尉~迟（以上读去声）”等。另有一些中古去声字读成入声，如“爸赀鸷帜炽缢懿”等。据《汉音集字》序言，当时的入声，跟阳平有些相混。这是入声开始消失的过渡现象。参考邻县新洲、黄陂、孝感、汉川、汉阳、武昌今方言中全浊入声归阳平的现象，可以推测武汉入声的消失当是从全浊字开始的。二十世纪上半叶，古入声字不分清浊多数归阳平，如“答执擦七昨学墨历”等。前面提到的有些中古入声字如“拉摸抹~灰撒~种霎瘪窒饰式拭轼划诺错~杂屐亿忆臆薏翼翌翊幕玉尉~迟”等也读阳平、上声、去声；还有“只”读阴平。此外，有些中古去声字如“爸赀鸷帜炽缢懿”等原读入声的，也读阳平；还有“蜘指~甲（手指）只~有”等也读阳平。

2. 咸宁方言（王宏佳，2015）

（1）从调类来看，近百年来，咸宁方言始终保持6个单字调系统。《湖北方言调查报告》《鄂南方言志略》《湖北方言概况（初稿）》《中国咸宁咸安区方言词典》《咸宁市志》《鄂东南方音辨正》《咸宁方言词汇研究》《咸宁市咸安区方言志》等都认为咸宁方言有6个单字调，即平声和去声分阴阳，古上声主要归今上声，保留有入声。惟有《湖北省志·方言》认为咸宁方言只有5个单字调，即去声不分阴阳。根据我们的调查研究，《湖北省志·方言》的记载不符合咸宁方言事实。从调值来看，咸宁方言各调类的调值比较稳定，特别是阴平、阳去和入声。阳平可读成21或31，一般记成31；上声可读成53或42，一般记成42；阴去可读成312、313或213，一般记成213；入声短急高促，一般记成55。

（2）从具体调类来看，入声塞尾-ʔ在老派咸宁方言中有所表现，并逐步脱落，中青年人读咸宁方言，已无明显塞尾-ʔ。入声虽然自成调类，且特征明显，但转到非入声的字有增多的趋势。

3. 崇阳方言（祝敏，2020）

崇阳方言的入声调，老派发音明显高且短促，新派发音高则高矣，收音却明显没那么急促了，比较舒长。

4. 孝感方言（王求是，2014）

（1）阴去和阳去合流。老派孝感话阴去和阳去的对立很清楚，这是孝感声调的一个特点。但新派孝感话出现了阴去和阳去合流的现象，这种合流的现象目前还处在开始阶段，主要表现为少数字阴去和阳去出现了混读。这种合流的趋势相当明显。孝感话阴去读 35 调，阳去读 55 调，合流的趋势是阳去归入阴去。孝感话与强势的西南官话接壤，武汉话属西南官话，去声不分阴阳，去声读 35 调，孝感话阳去 55 调归入阴去 35 调应该与武汉话的影响有关。如：变pin^{45} ≠ 便方～pin^{55} | 到tau^{45} ≠ 稻tau^{55} | 爱ŋai^{45} ≠ 艾ŋai^{55} | 试ʂʅ^{45} ≠ 是ʂʅ^{55} | 四sɿ^{45} ≠ 似sɿ^{55} | 细ɕi^{45} ≠ 系～列ɕi^{55} | 汉xan^{45} ≠ 汗xan^{55} | 著tʂʮ^{45} ≠ 柱tʂʮ^{55} | 见tɕin^{45} ≠ 渐tɕin^{55} | 附fu^{45} ≠ 妇fu^{55}。

（2）入声舒化现象还在持续。孝感话浊声母入声字很早就出现了部分分化（归阳平），70 多年前的《湖北方言调查报告》已经反映了这种现象。但今天的孝感话清声母入声字也出现了分化，如：憋～劲piɛ^{44} | 豁～嘴xo^{44} | 匹—～马pʻi^{21} | 察tʂʻa^{21} | 撒～种sa^{52} | 郝xau^{52} | 别～扭piɛ^{45} | 室tʂʅ^{45} | 式ʂʅ^{45} | 汽tɕʻi^{45} | 泄ɕiɛ^{45} | 栅tsa^{45} | 喝～彩xo^{55} | 戳tsʻo^{55}。有些入声字出现了舒入两读。如：择文读，选～tsɛ^{213}/tsɛ^{21} | 核～心xɛ^{213}/xɛ^{21} | 撇～开pʻiɛ^{213}/pʻiɛ^{44} | 截tɕiɛ^{213}/tɕiɛ^{21} | 窃tɕʻiɛ^{213}/tɕʻiɛ^{45} | 屑ɕiɛ^{213}/ɕiɛ^{45} | 液文读iɛ^{213}/iɛ^{45} | 晔iɛ^{213}/iɛ^{45} | 诺no^{213}/no^{55} | 豁～然xo^{213}/xo^{55} | 直～达tʂʅ^{213}/tʂʅ^{21} | 释ʂʅ^{213}/ʂʅ^{45} | 觅mi^{213}/mi^{55} | 笛ti^{213}/ti^{21} | 匿ni^{213}/ni^{45} | 迄tɕʻi^{213}/tɕʻi^{45} | 溢i^{213}/i^{55} | 逸i^{213}/i^{55} | 驿i^{213}/i^{55} | 屹i^{213}/i^{55} | 穆mu^{213}/mu^{55} | 忽xu^{213}/xu^{44} | 惚xu^{213}/xu^{44} | 述ʂʮ^{213}/ʂʮ^{55} | 欲文读ʮ^{213}/ʮ^{55} | 浴文读ʮ^{213}/ʮ^{55} | 独təu^{213}/təu^{21} | 筹tʂʻəu^{213}/tʂʻəu^{21} | 育iəu^{213}/iəu^{55}。

5. 公安方言（袁海霞，2017）

公安方言入声向阳平转变趋势明显。老派公安方言读为入声的字，有许多在新派公安方言中读成了阳平，如“拔乏筏踏夺踱学白直侄宅毒读碟决绝”等。

四、语音其他方面的发展

1. 武汉方言（朱建颂，1988）

（1）十九世纪下半叶跟以后相比较，有些字的读音特殊，举例如下（斜线前的读音是文读，斜线后的读音是白读，下同）：窒tsʅ꜄ | 栅tsa꜄/tsʻaɤ꜆ | 播po꜄ | 颇꜀pʻo/꜂pʻo | 阿꜀o/꜀uo | 厕tsʻɤ꜆/tsʅ꜄ | 泽tsʻɤ꜆ | 讣阜fou꜄ | 埠fou꜄/pʻu꜄ | 没muŋ꜆ | 絮婿ɕi꜄/ɕy꜄ | 吸恤ɕi꜆ | 雪薛穴ɕie꜆/ɕye꜆ | 猫꜁miau | 泉全꜁tɕʻien | 选鲜少癣꜂ɕien/꜂ɕyen | 盟꜁min | 旬巡循荀询殉꜁ɕin | 葡pʻu꜆ | 父꜂fu/fu꜄ | 乎꜀xu/꜁xu | 蜗꜀ua | 绥虽蕤尿꜀suei | 随隋꜁suei | 岁碎祟遂suei꜄ | 忘꜁uaŋ | 女꜂ny/꜂ly | 吕꜂ly | 去tɕʻy꜄ | 弦꜁ɕyen | 铅꜁yen | 琼꜁tɕʻyin | 唇꜁ɕyin | 盾꜂ɕyin。

（2）二十世纪上半叶跟以前相比较，有些字的读音发生了变化，举例如下：脂꜂tsʅ | 翅tsʅ꜄ | 栅tsa꜄/꜀san | 颇꜂pʻo | 说꜁so/꜁suɤ | 阿蜗꜀o | 择꜁tsɤ | 宅꜁tsʻɤ | 祟虽尿꜀sei | 随隋꜁sei | 岁碎绥sei꜄ | 吸꜁tɕi/꜁ɕi | 絮婿遂ɕi꜄ | 下ɕia꜄/xa꜄ | 雪薛꜁ɕie | 猫꜁miau狸～换太子/꜀mau～子 | 悼tiau꜄ | 间一～房꜀tɕien/꜀kan | 间～断tɕien꜄/kan꜄ | 鲜～鱼꜀ɕien/꜀ɕyen | 鹹꜁ɕien/꜁xan | 选鲜少癣꜂ɕien | 馅陷ɕien꜄/xan꜄ | 淹꜀ien/꜀ŋan | 晏雁ien꜄/ŋan꜄ | 琼꜁tɕʻioŋ秦～卖马/꜁tɕʻyin | 埠pu꜄ | 葡·pu | 父讣阜fu꜄ | 乎꜁xu | 蕤ʐuei꜄ | 忘꜁uaŋ/uaŋ꜄ | 女꜂ny/꜂y | 锯动词tɕy꜄/kɤ꜄ | 去tɕʻy꜄/kʻɯ꜄ | 吕꜂y | 茄꜁tɕʻye | 铅꜁yen/꜁kʻan | 唇꜁tɕʻyin | 盾꜂ɕyin/꜂tən。

（3）二十世纪下半叶跟以前相比较，有些字的读音发生了变化，举例如下：窒tsʅ꜄ | 播꜀po | 说꜁so | 阿꜀o～胶/꜀a～姨 | 宅泽꜁tsɤ | 厕꜁tsʻɤ | 猫꜀mau | 悼tau꜄ | 遂sei꜄未～/ɕi꜄顺～、就～ | 盾tən꜄ | 盟꜁moŋ | 没꜁moŋ/꜁mei | 吸꜁ɕi | 茄꜁tɕʻie | 铅꜀tɕʻien | 鲜～鱼꜀ɕien | 弦꜁ɕien | 选鲜少癣꜂ɕien/꜂ɕyen | 乎꜀xu | 女吕꜂ly | 恤꜁ɕy。

（4）二十世纪下半叶꜁tɕʻien分化为꜁tɕʻien和꜁tɕʻyen，如“钱黔钤钳前潜乾～坤”等读꜁tɕʻien，“全痊诠泉悛”等读꜁tɕʻyen。

（5）二十世纪下半叶ɕin分化为ɕin和ɕyn，如“形刑型行～走信幸姓性兴复～、高～杏衅”等读ɕin，“旬荀询殉巡循汛迅讯”等读ɕyn。

2. **孝感方言（王求是，2014）**

文读音逐渐取代白读音。现代孝感话文白异读相当普遍，文读音是受北京音影响的后起音，其使用范围一直在扩大。大部分文读和白读目前处于共存状态，但文读音取代白读音的趋势明显，口语中文读音越来越普遍，而有些白读音已经出现消亡的迹象，使用范围越来越小。下面的例子中，横线前为白读音，横线后为文读音：说fɛ^{213}—ʂɥɛ^{213}｜水fei^{52}—ʂɥei^{52}｜睡fei^{45}—ʂɥei^{45}｜税fei^{45}—ʂɥei^{45}｜床ts'aŋ^{21}—tʂɥaŋ^{21}｜窗ts'aŋ^{44}—tʂ'ɥaŋ^{44}｜疮ts'aŋ^{44}—tʂ'ɥaŋ^{44}｜欲浴iəu^{55}—ɥ^{213}｜永泳咏ɥən^{52}—ʐoŋ^{52}｜牛ioŋ^{21}—niəu^{21}｜妹姊～mi^{55}—mei^{55}｜虽～然ɕi^{44}—sei^{44}。上述的白读音现在已经很少说了。

3. **安陆方言（盛银花，2015）**

（1）白读字的使用频率逐渐降低，在日常口语中碰到文白读字时，多倾向于选择文读。例如程度副词“很”，白读xə^{51}，文读xən^{51}，现在文读音更常见；近指代词白读niɛ^{45}，远指代词白读niɛ^{55}，现在一些安陆人在比较正式的场合都选择文读音tʂɛ^{45}和na^{55}；“睡了一觉”中的“觉”白读kau^{45}，但是现在文读音tɕiau^{45}更常见。

（2）某些音读音有变化，典型的是元音ɛ，在“说ʂɥɛ^{24}”这个音节里，发音的开口度大于ɛ，有点接近a，安陆城关人的读音在这方面比较突出。

（3）安陆方言的儿化一般只表示小称或爱称，现在也用在人名、地名上了。单音节人名直接儿化，如“云儿、春儿、芬儿、涛儿、辉儿”；双音节人名只第二个音节儿化，如“光兵儿、智明儿、智英儿、广汉儿”；地名的第二个音节多儿化，如“高庙儿、孛畈儿、陈店儿、雷庵儿、陈巷儿”等。

4. **公安方言（袁海霞，2017）**

（1）老派公安方言t、t'、n不与uan拼合，只与an拼合。但新派公安方言中，“缀断端段短锻团暖乱卵”的读音跟普通话一致，韵母读为uan。

（2）受普通话影响，老派公安方言t、tʻ、n与əu拼合的字，新派韵母读为u，如“独读毒赌堵肚渡土图涂兔突徒露芦炉绿卤”等。

（3）受普通话影响，老派公安方言t、tʻ、n、ts、tsʻ、s与ən拼合的字，新派韵母读为uən，如“盾顿吨炖吞囤屯轮论纶尊遵准村寸存孙损笋”等。

（4）部分字音的声母老派读为送气音，新派读为不送气音，如“跪庇撞造秩泽”等。

（5）部分字音的韵母老派读为ei，新派读为i，如“批砒披闭”等。

5. 郧县方言（苏俊波，2016）

郧县话部分止摄合口章组字由合口呼转读为开口呼。如“谁水睡”等字，杨时逢1936年记音读合口韵母uei，现在读开口韵母ei。

第二节　词汇的发展

1. 武汉方言（朱建颂，1988）

（1）十九世纪，武汉方言所特有的某些词语，在以后消失了，如：头门守巷门者｜外班行栈抬货者｜局班屠户、菜佣聚集而唱｜端元宝正月饮酒用元宝杯｜麻雀头一种食品，用腐皮包咸菜，卷如春饼｜腊八米十二月初，僧道各率其众上街化米，用以煮腊八粥｜甩磨旗赛龙舟时，正中一人手执长柄令旗，左右指挥、叫喊，以节众人迟速｜飞纸索债账目｜胖头一种女发型｜弓鞋一种鞋，刳木如桥，缀于鞋底｜老西俗呼山、陕人｜四百二无赖之徒，以四百廿钱挂名充作差役，借以生事｜湖南钱湖南所铸的小钱｜飘行俗呼剃头者。

（2）二十世纪上半叶，这时期武汉方言的某些词语，有的现在已经完全消失，仅见于文献之中，或者保存在老年人的记忆之中，如：司命菩萨灶神｜火公菩萨火神｜雷公菩萨雷神｜过阴女巫请神｜下马男巫请神｜请灶马买祭灶用品｜安鲁板传说中的泥木工安放危害房主的装置｜八字不好命运不济｜头佬工头｜甲头乞丐把头｜叉鸡佬偷鸡贼｜马娘老鸨子｜小媳妇童养媳｜小堂客小老婆｜大堂客大老婆｜蒿佬好汉｜贵果子娇惯的孩子｜心肝系最心爱的人｜槐金斧丑人、技术差的人｜诈金标诈骗者、威胁者｜犟官脾气犟的人｜榨房榨油坊｜染房染布坊｜马道子赛马场｜官学公立学校｜民学私塾｜升子量具｜扁桶盛杂物的椭圆形木桶｜柳簸盛杂物的柳条簸子｜围桶马桶｜金柜放马桶的柜子｜包头老年妇女用的一种纱质头巾｜扯脸妇女用线铰去脸上的寒毛｜狗枷小孩带的项圈｜铜角子铜板｜逼宝搜求宝物｜扣头回扣｜打头抽头｜点水告密｜掉线跟踪｜扛码头在码头干扛活｜书子请帖、婚书｜昆腔走板拿腔拿调。有的已经被别的形式的词语所代替，如：白撮子［骗子］｜摇班［罢工］｜吃拼［受欺］｜先生［老师、医生］｜洋扈扈［柏油］｜洋苕［土豆］｜洋油［煤油］｜洋火［火柴］｜洋船［轮船］｜洋话［外国话］｜洋婆子［外国妇女］｜巴得油巴得，英 butter［黄油］｜番茄梭司梭司，英 sauce［番茄酱］｜三梅子英 sandwich［三明治］｜叽司英 cheese［奶酪］｜味之素日“味の素”［味精］｜米斯英 miss［失误］｜挥手英 whistle［裁判］｜鞑子［蒙古族人］｜苗子［苗族人］｜回子［回族人］｜旗人［满族人］｜捡生婆［接生员］｜电灯匠［电工］｜剃头的［理发员］｜跑堂的［服务员］｜皮绊［姘头］｜继父老子［继父］｜姑娘婆婆妇女［妇联的］｜水猫子［潜水员］｜荒货铺［废品站］｜剃头铺［理发店］｜炭圆铺［煤店］｜杂货铺［副食品店］｜广货铺［百货店］｜米铺［粮店］｜药铺中药店［药店］｜药房西药店［药店］｜匹头号［绸布店］｜烧腊馆［卤制品店］｜戏园子［剧场］｜影戏［电影］｜评子戏［皮影戏］｜木人戏［木偶戏］｜机器戏［留声机］｜幼稚园［幼儿园］｜电棒［电筒］｜打屁车［摩托车］｜手笼子［手套子］｜信壳子［信封］｜靛笔［钢笔］｜靛水［墨水］｜原子笔［圆珠笔］｜印蓝纸［复写纸］｜黑牌［黑板］｜上堂［上课］｜下堂［下课］｜官布［细布］｜油绞［油条］｜面粑［面包］｜馍馍［馒头］｜卷子［花卷］｜春饼［春卷］｜冰烛［棒冰］｜南酒［白酒］｜兵船［军舰］｜电枪［机关枪］｜厘金［税］｜云帚拂尘［掸子］。有的已经转了意义，成为另一个词语，如：鸡杂原指特务，“稽查”的谐音；现指用做食物的鸡的肫、肝、心等内脏｜奶奶原指下人称呼太太；现指祖母或跟祖母辈分相同或年纪相仿的妇女｜先生原指老师、医生、算命的人；现指对成年男子的尊称｜妈妈原指女佣；现指母亲｜老板原指丈夫；现指私营工商业的财产所有者｜家务原指妻子；现指家庭事务｜姊妹原指妻称死夫；现指姐妹｜包车原指装饰豪华的人力车；现指定期租用车辆或定期租用的车辆｜书包原指夹放鞋样、丝线等的本子；现指学生上学时装书籍、文具用的袋子｜粉条原指粉笔；现指用绿豆、白薯等的淀粉制成的细条状食品｜颜色原指颜料或染料；现指由物体发射、反射或透过的光波通过视觉所产生的印象｜大红袍原指带皮的油炸花生米；现指一种茶叶。

2. 咸宁方言（王宏佳，2015）

近百年来，咸宁方言词汇的发展变化呈现以下面貌。

（1）新旧词语交替。随着咸宁经济社会的不断发展，一大批新词语不断进入咸宁方言词汇系统。例如：电灯、电话、收音机、电视机、电影、冰棒、雪糕、牙膏、牙刷、麻将、扑克、打工、汽车、火车、电脑、手机、开发区、股票，等等。与之相对应的是，一大批旧词语慢慢退出历史舞台，例如：生产队、工分、公社、合作社、洋火火柴、洋布、读书箇男孩子、做花箇女孩子、郎中、书生学生、秀才有学问的人、学堂、红叶媒人、晒簟用竹篾制成的可供垫晒东西的器具、风车使谷物等与细碎叶片等分离的器具、围桶木制尿桶，等等。

（2）双音节化有所加强。咸宁方言单音节词所占比重较大，很多北京话里的双音节词语在咸宁方言里都是单音节词语。近百年来，咸宁方言双音节化有所加强。表现在咸宁方言，一些常用的单音节词语开始和双音合成词混用，例如：灰｜灰尘、衣｜衣服、壁｜墙壁、屋｜房屋、生｜生日，等等。也表现在咸宁方言中开始出现“子”缀词语，例如：格子窗户、珠子、狮子、滚子轮子，个别单音节词还和“子”缀词混用，例如：沙｜沙子。咸宁方言还产生了一个与名词后缀“子”相当的后缀“嘞”，北京话里的“子”缀词一般可以与咸宁方言的“嘞”缀词来对应，呈现出单音节词与“嘞”缀词混用的局面，例如：桌子：桌｜桌嘞、椅子：椅｜椅嘞、金子：金｜金嘞、银子：银｜银嘞、燕子：燕｜燕嘞、鸽子：鸽｜鸽嘞、钉子：钉｜钉嘞、鞋子：鞋｜鞋嘞、袜子：袜｜袜嘞、蚊子：蚊｜蚊嘞，等等。咸宁方言还有一个比较特殊的“儿”缀词“猫儿猫”，这在北京话和其他方言中没有或少见。

（3）向北京话靠拢的趋势增强。受周边强势方言武汉方言以及北京话推广的影响，咸宁方言词语向普通话靠拢的趋势日益明显。表现在语音上，就是文读音不断产生；表现在词形上，就是咸宁方言某些固有的说法被北京话的说法所取代，有以下几种情况。

①古语词被北京话词语取代或处于混用中。咸宁方言词汇保留古语词较多，受北京话影响，有些古语词被北京话词语取代或处于混用中。例如：老者｜老人、驾驷｜开始、炙火｜烤火、红叶｜媒人、出阁｜出嫁、袱｜毛巾、晏｜晚。

②同素逆序词开始向北京话靠拢，呈现混用局面。例如：欢喜｜喜欢、鸡公｜公鸡、闹热｜热闹、弟兄｜兄弟、人客｜客人、宵夜｜夜宵、气力｜力气、去回｜回去、鱼鳝｜鳝鱼、鞋拖｜拖鞋。老年人倾向于用前者，而中青年人较多地使用后者。

③一些日常生活中的基本词开始受到北京话的侵蚀。例如：日头｜太阳、茅厕｜厕所、格子｜窗户、难问｜谢谢、诊病｜看病、围颈｜围巾、藏蛋｜盐蛋、做嘴｜亲嘴、解手｜上厕所、徛｜站、冤｜蜷缩、蛮｜很、灵醒｜漂亮、山应｜回声、灰面｜面粉、帽笠｜草帽、屋里｜老婆，等等。就连具有较强保守性的亲属称谓词语，也受到了北京话的侵蚀，例如：爷爷、奶奶，这种称谓方式越来越普及，其对应的说法“爹、妈”的生存空间受到挤压。

④少数常用的方言后缀也受到了北京话的影响。例如“煞”，往往可以用“死”来替代：急煞｜急死、气煞｜气死、想煞｜想死、饿煞｜饿死、痛煞｜痛死、热煞｜热死、冻煞｜冻死，等等。又如“首”，往往可以用“头”来代替：看首｜看头、说首｜说头、做首｜做头、搞首｜搞头、想首｜想头、喫首｜喫头，等等。

3. 孝感方言（王求是，2014）

（1）新词的产生。新事物的产生是新词产生的重要途径，如：麻木儿ma^{21} · mur用来营运的小型三轮车｜水货ʂɥei^{52} · xo伪劣产品｜拳打脚踢tʂʻɥ^{21} ta^{213}tɕio^{213}tʻi^{213}新近兴起的一种麻将玩法。现代社会不再是一个封闭的社会，这

种方式产生的新词一般具有通用性，如“电脑”等，上述具有孝感地方特色的词语并不多。孝感话词汇系统中，一个地道的孝感话词语，往往有一个或多个同义的词语并存，这些同义词语往往是后起的，它们是词汇的历时发展在共时平面上的表现，如：窦里təu^{55} · ni——里面ni^{52} min^{55} | 凌nin^{55}——冰pin^{44} | 架势ka^{45} · ʂʅ——开始k'ai^{44} ʂ$ʅ^{52}$。还有些地道的孝感话词语与北京话词语同时在使用，如：跍k'u^{21}——蹲tən^{44} | 款k'uan^{52}——挎胳膊弯起来挂住东西 | 把pa^{52}——给ke^{52} ~一块钱我。地道的孝感话词语使用范围有限，与孝感现代社会的发展不相适应，因此需要增加一些与地道孝感话同义而又使用广泛的通用词语（包括北京话词语），这是孝感方言词汇发展的重要表现。由于表达的需要，孝感话也不断产生一些新的表达方式，类似新起的俚语，如：不存在pu^{213} ts'ən^{21} $tsai^{44}$表示情况并非如此：（甲）小孩读书的事情您多费心。（乙）您莫客气，~ | 洗了睡ɕi^{52} · iau ʂʮei^{45}表示对对方言行的不满意：你莫再烦我，去~ | 掉得大$tiau^{45}$ · tɛ ta^{55}表示很不好的结果：我今着钱包被偷了，真是~ | 八万pa^{213} uan^{55}形容傲慢：他拽得像个~ | 挂眼科kua^{45} in^{52} ko^{44}形容只看不买 | 信了你的邪ɕin^{45} · niau ni^{52} · ti ɕi$ɛ^{21}$表示对对方的言行表示意外、吃惊。

（2）旧词的消亡。旧词消亡的重要原因是旧事物的消失，如：麦黄雀m$ɛ^{213}$ xua$ŋ^{21}$ tɕ'io^{213}旧时农村农忙时集中各户小儿临时办的教学识字班 | 炭圆儿t'an^{45} ʮər^{21}煤球 | 摇窝亲iau^{21} · ŋo tɕ'in^{44}娃娃亲 | 和钱xo^{21} tɕ'in^{21}铜钱。也有的旧词语是因为表达方式的改变而消失的，如：洋油ia$ŋ^{21}$ iəu^{21}煤油 | 洋灰ia$ŋ^{21}$ $xuei^{44}$水泥 | 博士po^{213} s$ɿ^{55}$木匠 | 包手帕的pau^{44} ʂəu^{52} p'a^{21} · ti妇女 | 线车ɕin^{45} tʂ'e^{44}自行车的旧称 | 残废ts'an^{21} · fei残疾人。

（3）词义的变化。词义的变化发展还体现在词义的变化上，如：女伢$ʮ^{52}$ ŋa^{21}本指女孩，后特指年轻的女服务员 | 小姐ɕiau^{52} tɕi$ɛ^{52}$本是对女性的称呼，后特指卖淫女 | 姑爷ku^{44} i$ɛ^{21}$本指姑父，现在也可用来指女婿 | 鼻子pi^{21} · tsɿ本指鼻涕，后也可指嗅觉器官（鼻哥儿） | 指甲tʂ$ʅ^{213}$ · ka本指手指，后也可指指甲盖儿（指甲壳儿）。

4．安陆方言（盛银花，2015）

（1）某些单音节词逐渐转向双音节，如“嘴——嘴巴”“绊——绊彪折腾”。

（2）某些过于土俗的词语在逐渐消亡，如“才条子牙齿、顺风猪耳朵、高客老鼠、刺女子刺猬、亮光虫萤火虫、癞狗包癞蛤蟆”等。

5. 荆门方言（刘海章，2017）

荆门方言词汇的发展，主要表现在以下三个方面。

（1）新词增加。与社会政治文化背景有关的新词，如“开放、搞活、责任田”等；反映社会经济状况和生产的新词，如“外向型、第三产业、绿色食品”等；反映文化教育科技进步方面的新词，如“茶文化、校园文化、宇宙飞船”等；流传于群众口头的口语化新词，如“走后门、关系户、铁饭碗、妻管严”等。

（2）原有词增加意义或改变意义。①现在使用的意义与原义不同：“检讨”，以前指对某个问题或学说的检查研讨，而现在指严格的自我批评；“信心”，原指对宗教的信仰，现在指一个人的自信心。②原义之外又增加了新义：“坦白”，原来指人的胸襟坦荡无私，是“坦率”的意思，用为形容词。现在把说出自己的思想或行为的真实情况叫坦白，用为动词。“坦白”一词原用为形容词，现在又增加了动词用法。

（3）旧词消失。在我们生活中消失得比较快的词，主要是那种已经过时的词和不符合时代精神面貌的词。如在旧的生产关系情况下，荆门方言中有“田户子”“课田”“看课”“收课”等，这些词已逐渐废弃不用了。还有“说婆子”“送小媳妇子”“拿八字”“择期”“过礼”“过道路”“卷帐”等反映旧的婚姻关系的一些词语，也已经消失了。

6. 郧县方言（苏俊波，2016）

郧县话因为语言内部的竞争、共同语的推广、社会文化的进步、思想观念的改变、认知的深化等原因而处于不断变化之中。郧县方言词汇变化具体表现为：新词新语不断涌现，词语的意义用法发生变化。

（1）随着科学技术迅猛发展，新事物、新观念不断涌现，郧县人民的生活面貌发生了翻天覆地的变化，随之产生了大量的新鲜词语。例如：

电脑、网络、信息、软件、硬件、程序、多媒体、登录、宽带、互联网、手机、电信、无线上网、微信、微博、充电、影碟、光盘、抗体、磁疗、电疗、微创、减肥、老公、小三、追星、走红、打工、待业、营销、公关、投资、运作、策划、创意、保险、家教、超市、连锁店、影院、社区、隐私、曝光、自助餐、非礼、写字楼、影楼、星探、发烧友、家私、环保、污染、法人、休闲、廉政、钉子户、菜篮子，等等。一大批普通话词汇进入到郧县方言中，要么与原有词语共存，例如：太阳、月亮与太阳爷儿、月亮爷儿，上面、下面与上头、下头、底下，农村与乡的，上午、下午与前半儿、后半儿共存；有的甚至逐渐取代了原有方言词语。其他方言的一些词语也进入郧县话中。例如：来自粤语的靓、拍拖、抢手、炒鱿鱼、爆满、跳槽、大排档、作秀、埋单、爆冷、爆料、拍档、炒楼、爽、搞掂等；来自北京话的盖、帅、大款、大腕、小蜜、铁、情儿、托儿、撮一顿、蹦迪、溜达等。

（2）一些原有的方言词语的语义发生了较大改变。例如：麻木，原指肢体感觉障碍，现在多用来指一种载人的电动三轮车。小姐，原是对未婚女子或少女的尊称，现在特指从事色情服务的女性。宰，原指宰杀牲畜、家禽等，现在多指向消费者索取不合理的高价。火，原指火焰，现在多指流行、火爆等。

7. 钟祥方言（张义，2016）

（1）古旧词语的消亡。一些反映旧时风俗习惯和记录旧时物品名称的词语正从钟祥方言中快速消亡，如“拿八字”（旧时订婚时女方把生辰八字交给男方）、“吃老米”（女子在娘家招亲）、“犁辕”（旧时农民犁地的弯材）、“仰桩”（旧时牛车夹牲口颈项的两个小木桩）、“寿木”（旧时的棺材）等。

（2）新式词语的出现。反映新事物的新词语大量进入了钟祥方言词汇，如“一国两制、商品房、纳米、超短裙、餐巾纸、网友”等。

第三节 语法的发展

1. 武汉方言（朱建颂，1988）

（1）宾语与可能补语共现时的位置。汉语表示可能的述补结构与宾语共现时，大致有三种格式：①述语＋得/不＋补语＋宾语，如“拉不住他”；②述语＋宾语＋得/不＋补语，如“拉他不住”；③述语＋得/不＋宾语＋补语，如“拉不他住”。

二十世纪上半叶的武汉话主要使用格式③，如：听得话懂/听不话懂｜赶得车倒/赶不车倒｜叫得名子出来/叫不名子出来｜跳得这道沟过/跳不这道沟过｜拉得他住/拉不他住｜哪能瞒得我过/哪能瞒不我过｜放得心下/放不心下｜挨得霉起/挨不霉起挨霉，受气｜找得马倒/找不马倒｜挡得他住/挡不他住｜吃得饭成/吃不饭成｜打得老虎死/打不老虎死｜比得老张赢/比不老张赢｜欺负得他了/欺负不他了。大体上说，格式③在二十世纪五十年代以前占优势，此后逐渐跟格式①并用，目前格式③已居劣势，仅保留在部分老年居民的口语中。

（2）把字句后加不加“它”。在表示对于人或物的某种处置时，通常在句子里用介词“把”引出对象，再在句子末尾加上“它”［· t'a］来强调。如：你帮忙把渣滓垃圾倒它｜把汤趁热喝了它｜等我把这几页看完它（就去睡）｜把这口箱子搬起走它（房里就宽展些）｜你还不把这东西丢了它（再买一个）｜把这个人打发走它（再跟你说）｜我恨不得把他赶了它。大体上说，这种说法在二十世纪五十年代以前是唯一的格式，此后不用助词“它”的格式逐渐多了起来，目前两者正处于一种对等的状况。

（3）比较句用不用介词“比”。武汉话以前辨别同类事物的异同或高下都不用介词“比”，一般有两种格式：①甲＋形容词＋（不）过＋乙，如：你猾机灵不过他｜凳子多过了椅子｜你们都傲高明不过小李｜老大强过了老二。②甲＋形容词＋乙＋数量词，如：我矮他一个头｜袄子长褂子一大截｜张龙大李明五岁｜今天高昨天两三度。目前，武汉话用介词“比”的情况占优势，跟北京话一致，如：凳子比椅子多｜你们都不比老张傲｜袄子比褂子长一大截｜今天比昨天高两三度。

（4）否定词“冒”和“冒得”的分混。武汉话相当于北京话“没（有）”的词有两个。①冒（有）/□［ᶜmiou］。这是副词，表示已然或者曾经的否定，相当于文言“未（曾）”。如：小李、老郑还～回｜天还～黑｜他去年～回来过｜银行昨天～开门。②冒得。这是动词，表示领有或者存在的否定，相当于文言“无”。如：我～票｜你～理｜屋里头～人｜今天还～哪个来｜你～他高｜来了～三天就要走。这种区分在早年武汉话中一直很明确。近年以来，有一部分青少年在口语里开始把这两个词合成一个“冒得”了，在以上例句中用的都是“冒得”。这种情况很可能是受了北京话的影响，因为北京话里只有一个“没（有）”，既是副词，也是动词，副词与动词共有一个形式。

2. 咸宁方言（王宏佳，2015）

语法的发展相对较慢，目前研究文献提供的材料较少，这里谈的主要是针对老中青三代人进行调查所得的认识。

（1）词法的发展。①重叠式有所发展。名词受北京话影响，有些亲属称谓词语可以重叠使用，例如：爷爷、奶奶、姐姐，不光小字辈这么喊，老年人也跟着这么用。例如：爷爷，我要买气球。｜桃桃，你爷爷今日不在屋啊？｜姐姐，你教我写字好不好？｜你要跟姐姐学习哦。有时候，单音节动词也可以“AA”式出现，目前来看，还有些勉强，可接受性远不如“A一下”。例如：你打我看看！——你打我看一下！｜你说了听听。——你说了听一下。②个别语缀功能增强。在咸宁方言中，一般不说“小”，凡言“小”，一般用“细”代替，或在名词后附“崽”缀称小，例如：细蛇（小蛇）、大细（大小）、过点细（小心）、细伢崽（小孩子）、牛崽（小牛）。与“老”缀相比附，有“老王”之类的说法，在咸宁方言中慢慢出现北京话中常见的“小王”之类的说法，“小”成为咸宁方言的类语缀。咸宁方言后缀“首”可以附着在动词性语素或形容词性语素后，构成抽象名词，表示值得、合算等意思，例如：看首、想首、说首、做首、可怜首，北京话对应的后缀为“头”。近些年来，咸宁方言“X头”和“X首”呈现并存的局面，且有“X头”取代“X首”的趋势，这表明“头”缀功能进一步增强。“子”是北京话名词后缀。北京话里绝大多数的“子”缀词语在咸宁方言里都是零缀词语，也可以用“嘞”缀来表示，咸宁方言“嘞”缀词语的增多其实是咸宁方言词汇由单音化向双音化发展的一种具体表现形式。此外，咸宁方言也有个别“子”缀词语，如：狮子、珠子、厨子。还有些非名词性语素缀上“子”后也变成名词，如：尖子、老子、矮子、骗子、贩子、滚子轮子、个子，这也是咸宁方言词汇发展并向北京话词汇靠近的一种具体表现形式。③数量名组合更加紧密。在老派咸宁方言中，当数词为“一”时，可以省略，只出现“量名”结构，但年轻人说咸宁方言，一般倾向于加上“一”。例如：捉隻鸡得伊喫。（中老年人）——捉一隻鸡得伊喫。（青年人）④程度副词“很”使用范围扩大。咸宁方言表示程度的副词主要有：蛮、几、好、很、最、太。最能体现咸宁方言特色的当是“蛮”。受北京话影响，“很”的使用范围逐步扩大，凡是可以用“蛮”的都可以用“很”，有些年轻人甚至不怎么用“蛮”。这表明“蛮”开始弱化。此外，“非常”也开始渗透进入咸宁方言。⑤方所词语的变化。咸宁方言方所词语“上头、下头、里头、外头、前头、后头”常见于老派口语中，受北京话的影响，以上词语中的“头”可以换成“面”，年轻人一般说“上面、下面、里面、外面、前面、后面”。

（2）句法的发展。①使动用法日趋萎缩。古代汉语使动用法非常普遍，演变到现代汉语中来，使动用法往往被动补结构后接宾语的方式和致使句所取代。与北京话相比，咸宁方言保留的使动用法相对要多一些，但是这些使动用法也日趋萎缩，老派咸宁方言一般用使动用法，青年人则一般不用。例如：你蛮嫌人。（老年人）——你很讨人嫌。/你蛮让人烦不过。/你真是嫌死人。（中青年）｜伊做事懈拖拉得，真急人。（老年人）——伊做事懈得，真叫人着急。/伊做事懈得，真让人急不过。/伊做事懈得，真是急煞死人。（中青年）｜你说话太气人。（老年人）——你说话气煞人。（中青年）②双宾语位置变化。咸宁方言双宾句中，一般是直接宾语在前，间接宾语在后，这和北京话正好相反，近年来，这种宾语位置正在悄悄发生变化，老派咸宁方言直接宾语在前，间接宾语在后，而中青年人对宾语的位置，要求不太严格，可以互换。例如：老者老人人蛮好，把给两本书我。/老者人蛮好，把两本书得我。（老年人）——老者人蛮好，把两本书我。/老者人蛮好，把两本书得我。/老者人蛮好，把我两本书。（中青年）｜借五块钱我。/借五块钱得我。（老年人）——借五块钱我。/借五块钱得我。/借我五块钱。（中青年）③动补句宾语位置。北京话动补句宾语一般放在补语后，而咸宁方言宾语一般放在补语前。受北京话影响，这种差别正在日益缩小，呈现混用局面。例如：说你不赢。（老年人）——说你不赢。/说不赢你。（中青年）｜打你不死。（老年人）——打你不死。/打不死你。（中青年）｜策骗我不倒。（老年人）——策我不倒。/策不倒我。（中青年）

3. 孝感方言（王求是，2014）

一些北京话语法要素进入孝感话中，形成了北京话和孝感话语法现象并存的局面。

（1）句法格式的并存。①双宾语句：我给一本书他——我给他一本书。②比较句：我打不赢他——我打他不赢。③“被”字句：钱被他用完了——钱把得他用完了。

（2）词法成分的并存。①表复数的“们”“着”并存：我们——我着｜你们——你着｜他们——他着。②指示代词并存：乜$_1$——这｜乜$_2$——那。③虚词的并存：哈——都（他们哈回来了——他们都回来了）｜蛮——很（小王蛮用心——小王很多钱）｜把——被（钱把他用完了——钱被他用完了）。

（3）语法手段的并存。现代孝感语法受北京话影响，出现了一些新的语法手段，如重叠。孝感话动词本来没有北京话的AA式、ABAB式重叠方式，但现代孝感话这种重叠方式也逐渐出现了。如：看哈儿——看

看 | 学习哈儿——学习学习。

4. 郧县方言（苏俊波，2016）

语法构造是语言各要素中相对稳定的部分，但也在不断地发生变化。近些年来，郧县方言受到普通话的影响，语法方面出现了一些变化，特别是在年轻人当中。

（1）词法方面。①郧县方言第二人称的敬称是在第二人称代词“你”后面加上一个轻声音节“老”构成“你老”，多用来表示对年长者的尊敬。有时，也用全式“你老人家”。现在的年轻人几乎不这么用了，第二人称敬称说“您”。②郧县方言持续体表达方式比较丰富，既可以用持续体标记“着、的、到、在”，也可以用副词“在、紧”，还可以用语法化了的表达式“在那儿 V、V 到那儿、V 那儿、V 那儿下”等来表示。现在的年轻人多随普通话用持续体标记“着”和副词“在”。

（2）句法方面。①郧县方言的处置句有“把”字句、“叫”字句和“给”字句三种形式，有些地方比如东南部地区只用“叫”字句和“给”字句。现在的年轻人，包括东南部地区的年轻人，越来越多的使用“把”字句。②郧县方言肯定差比句用“比”字句、“赶”字句表示。现在的年轻人多用与普通话相同的“比”字句，少用“赶”字句。③郧县方言的正反问分为“不”和“没（得）”两类。“没（得）”类正反问有两种格式：“VP 没”式和“有（得）……没（得）”式。其中“有（得）……没（得）”式，现在的年轻人多说“有……没有”，少说“有……没得”。④郧县方言的可能句用能愿动词“得”，表示客观条件情理下的可能、主观能力意愿下的能够、主观认识上的可能等三种语义。现在的年轻人更多地是用“能、能够、会、可以、可能”等与普通话相同的能愿动词。

5. 钟祥方言（张义，2016）

（1）过去钟祥方言口语中，关系复句之间往往没有明显的、典型的关联词或关联结构，多半是普通的意合复句，但是现在随着教育的普及，越来越多的关联词和关联结构进入了方言口语中。如“你没时间，我帮你送过去（老说法）——你要是没时间，我就帮你送过去（新说法）”、“我要他来，他不来（老说法）——我要他来，但是他不来（新说法）”。

（2）表示给予义的动词“把$_1$”已经在年轻人中呈现出逐渐消亡的态势，取而代之的是普通话动词“给”。如“你把我一本书看一下儿（老说法）——你给我一本书看一下儿（新说法）”、“你把钱别个哒啵？（老说法）——你给钱别个哒啵？（新说法）”。

（3）表示被动义的介词“着”正逐渐消失，取代它的是普通话介词“被”。如“他着他爸爸打阿一顿（老说法）——他被他爸爸打阿一顿（新说法）”、“屋里的牛也着他卖哒（老说法）——屋里的牛也被他卖哒（新说法）”。

主要参考文献

1. 黄群建. 湖北方言文献疏证［M］. 武汉：湖北教育出版社，1999.
2. 刘海章. 荆门方言研究［M］. 武汉：华中师范大学出版社，2017.
3. 盛银花. 安陆方言研究［M］. 武汉：华中师范大学出版社，2015.
4. 苏俊波. 郧县方言研究［M］. 武汉：华中师范大学出版社，2016.
5. 王宏佳. 咸宁方言研究［M］. 武汉：华中师范大学出版社，2015.
6. 王求是. 孝感方言研究［M］. 武汉：华中师范大学出版社，2014.
7. 袁海霞. 公安方言研究［M］. 武汉：华中师范大学出版社，2017.
8. 张义. 钟祥方言研究［M］. 武汉：华中师范大学出版社，2016.
9. 赵元任. 钟祥方言记［M］. 北京：商务印书馆，1939.
10. 赵元任，等. 湖北方言调查报告［M］. 北京：商务印书馆，1948.
11. 朱建颂. 武汉方言的演变［J］. 方言，1988（2）：92－99.
12. 祝敏. 崇阳方言研究［M］. 武汉：华中师范大学出版社，2020.

第六章　湖北方言文化

方言与文化相生相伴，互为因果，密不可分，方言记载文化，文化反映方言。荆楚文化源远流长，博大精深。湖北作为荆楚文化的发祥地，具有丰厚的文化积淀、悠远的历史底蕴和鲜明的地域性特征，荆楚儿女在历史发展的长河中创造了丰富而宝贵的民俗文化。方言是地方文化的“活化石”，是民俗文化的载体和传承的媒介，一个地域的文化可以通过方言词语来反映。湖北方言文化是湖北地方传统文化的重要组成部分，对它的研究能够为湖北文化建设及经济社会发展提供宝贵的文化资源和精神财富。本章主要从婚俗、丧葬、节庆、农耕、饮食、宗教、地名、戏曲等方面来考察湖北方言词汇所蕴含的民俗文化。

第一节　婚俗文化

婚礼乃人生大事，是人生角色转变的重要过渡礼仪，故而婚嫁多以仪式隆重、礼节繁缛为特色。婚俗文化是中国传统文化的重要组成部分，反映了特定地域的经济、社会及历史发展情况。湖北地区的婚俗多遵古礼，蕴含浓厚的荆楚风韵，富有鲜明的地域特色。

1. **说媒**

又称“说媳妇”。过去的婚姻遵照“父母之命，媒妁之言”，所以基本上很少有自由恋爱，婚姻大事主要由父母包办、媒人介绍。媒人根据对男女双方家庭、地位、经济、人品、相貌的了解，进行撮合，促成婚姻关系。媒人在婚姻大事上扮演重要角色，俗有“不怕不成对，只怕不请媒”“天上无云不下雨，地上无媒不成亲”之说。媒人有男女之分，一般称女性媒人为“媒婆”“红娘”，男性媒人为“红爷”。

2. **相亲**

在媒人的引荐下，男女双方见面，以作进一步了解。相亲时，双方会观察彼此的仪表、谈吐、性格特征，了解其父母、兄弟姐妹、经济基础、生活环境、邻里关系等情况。

3. **合八字**

又称“发八字”。“八字”又称“庚帖”“庚书”“红笺”“喜书”等，指用天干地支来表示一个人出生年、月、日、时的八个字。男方先备上礼品，请媒人去女方家，向女方父母讨取女子的生辰八字，即“讨八字”或“讨红庚”。女方一般将八字写在一张红纸条上，俗称“庚帖”。然后男方将双方的生辰八字请算命先生加以推算占卜，审定八字是否相配、五行是否和谐、命相阴阳是否相合。合者则为大吉，可成婚配；相克者则为不吉，或取消婚事，或请算命先生支招寻求消解方法。

4. **订婚**

男女双方定下亲事后，选择吉日举行订亲仪式。订婚时，一般将男女双方的八字填写两份，两家各存一份，作为订亲凭证。在鄂州一带，订婚时还要将女方八字抄入男方家谱，意为承认她的家族地位。订婚是婚事中至关重要的一环，除媒人到场外，还要请当地德高望重的长辈或男女双方都信得过的人主持。订婚酒一般由男方操办，同时男方还要送给女方聘礼和聘金。

5. **报期**

男方请人推算吉日，定下婚期并征得女家同意后，男家用红笺书写男女生庚、嫁娶日期时辰，送到女家，名曰“报期”，又称“报日”“送日子”“传期”“催亲”等。报期时，男方要给女方送去食品、首饰、衣料等礼物。

6. **过礼**

在报期之后、迎娶之前，男方需送给女方首饰、服饰等礼物，称为“过礼”。不同地域的礼品不同，宜昌、松滋等地的礼品中常有一只鹅，这大概与古时以大雁为聘礼有关。利川等地的土家人过礼，男方所送礼品为宴席酒菜，由女方宴请亲友所用。男方过礼，女方要还礼，称为

“送陪嫁”，陪嫁物主要有衣服、被絮、桌椅、餐具等。

7. **铺床**

过礼前后，男方家请“铺床娘子”为新人铺床，将床褥、床单、龙凤被、鸳鸯枕等床上用品铺于床上，并在床单下撒上花生、瓜子、红枣、桂圆、核桃等吉祥之物，寓意多子多福。“铺床娘子”多由父母健在、儿女双全、家庭和睦的妇人担任。铺床后还有“压床”的习俗，如新洲、襄阳等地挑选俊秀健壮的男童于新床上过夜，以求早生贵子的好兆头。

8. **哭嫁**

即新娘出嫁前泣别家人。哭嫁习俗在湖北境内流行甚广，以土家族为盛，民间有“不哭不发，越哭越发”之说。哭嫁以唱“哭嫁歌”为主，内容广泛，以哭爹娘养育之恩、兄弟姐妹之情为主，也有哭祖宗、骂媒人者。哭嫁歌形式多样，跌宕起伏，感情真切，催人泪下。在阳新，还有“哭血堂”之说：在女子出嫁前49天之夜，陪哭者拥嫁女坐于床前踏板，母亲坐在床沿，领女儿踩踏板十下后便开始哭。对于土家人来说，哭嫁是一门传统技艺，女儿从十一二岁起就开始学唱哭嫁歌。

9. **开脸**

女方出嫁前一天晚上，由有福气的妇人用红绿丝线刮净脸上的绒毛，使皮肤看起来更白净，谓之“开脸”或“开面”。据陶立军（2018）描述，阳新人在开脸时还会念开脸辞：“左弹一线生贵子，右弹一线产娇男。一连三线弹得稳，小姐脱胎产麒麟。眉毛扯得弯月样，状元榜眼探花郎。我们今天恭喜你，恭喜贺喜做新娘。”

10. **陪十姊妹**

鄂西南地区有“陪十姊妹”之说。“陪十姊妹”是指女方出嫁前一天晚上，其父母、兄嫂邀请新娘的九位平辈未婚女伴前来作陪，与新娘通宵饮酒歌唱。相应于“陪十姊妹”，还有“陪十弟兄”之说，是指男方在迎亲的前一天晚上举行成年礼，邀请未婚男青年九人，与新郎围坐在一起唱歌、行酒令等，以示祝贺。

11．暖媒

即在娶亲前一天晚上，办一桌酒席暖一暖媒人心，好让其第二天卖命工作。暖媒时，由新郎带队，锣鼓开道，到媒人家放鞭炮，一路吹吹打打将媒人接入家中，请到上席就坐，待以好酒好菜。

12．迎亲

新郎迎娶新娘是婚礼中最隆重的仪式之一。迎亲时，有的是新郎亲迎，有的由媒人及男家至亲代为迎娶。迎娶时间，或清晨，或正午，或晚上，其俗不一。迎亲工具，多为轿、马车等。鄂州一带，新郎乘绿轿，新娘乘红轿，一路唢呐、锣鼓、鞭炮之声不绝于耳。江汉平原地区，迎亲队伍极其庞大，新娘花轿行于最后，两侧各有女宾相随。新郎和两位媒人各乘一轿走在前面，新郎轿居中，旁有身着礼服、手提礼壶的后生相随。

13．闭门送彩

迎亲队伍抵达女方家门口时，有的地方有闭门送彩之俗。在鄂州，女方闭门后，男方在外三呼“财门开！喜门开！”方可进门。在郧县，“女家大门虚掩，迎亲人员于门外鸣放鞭炮，敲锣打鼓，连续三遍，女方方肯开门”①。

14．催嫁

按湖北习俗，新娘不能立即上轿，得拿拿架子，反复拖延，由迎亲之人三请四接，再三催促，以示自己今日为大，否则会被人笑话“不怕羞”“没良心”。迎亲之人催嫁时，新娘及家人可故意刁难，否则拒不上轿。

15．上轿

俗称“发亲”，同男方“迎亲”相配。新娘上轿前，更衣理妆，蒙上红盖头，一些富贵人家则身着凤冠霞帔、百叶红裙上轿，看起来珠光宝气、光彩照人。孝感一带流行“夜嫁”风俗，新娘上轿的时间一般为

① 湖北省地方志编纂委员会：《湖北省志·民俗》，湖北人民出版社，1996年，第170页。

二更天，以四更天到达男方家里为宜。之所以夜晚上轿，据说是因为夜晚行人稀少，没有闲人窥轿，以保持新娘贞操。

16. **跨七星灯**

鄂西南地区，在新娘进婆家门前，须由“铺床娘子”搀扶着从大门口门槛内侧的米筛上跨过，米筛下放着青油，青油里点着由七根灯草组成的灯，俗称“七星灯”①。被新娘跨过的“七星灯”要置于新郎新娘床底下，据说只有这样新婚夫妇才能和睦相处。

17. **拜堂**

拜堂是确定婚姻关系的最后一道程序，又称“拜天地”“圆亲”。拜堂习俗有三拜和四拜之说，三拜即拜天地、拜父母、夫妻对拜，四拜则加拜亲友。拜堂之际，堂上红烛高照，张灯结彩，鸣炮奏乐，十分热闹。

18. **闹新房**

婚礼之夜，各地都有闹新房习俗，又称“闹房”“戏新娘”，是参加婚礼的亲朋好友与新郎新娘嬉戏打闹的仪式，可增强婚礼的喜庆气氛。民间有“越闹越发”“闹房闹房，越闹越旺”的说法，闹房的人越多，主人就越高兴，无人闹房是最忌讳的。闹房者一般无年龄、尊卑的限制，男女老少均可，素有“新婚三日不分大小”之说。闹房的花样很多，比如，同啃一个用红线拴起的苹果，同吃一块糖果，同过独木桥，新郎从新娘嘴中吃瓜子等。

19. **听洞房**

听洞房实为闹新房的延续。闹新房结束后，新婚夫妇关门就寝，闹房者转至屋外窗前，窃听屋内的言语和动静。有的则藏于新人床下，待二人睡熟后，将棉被偷出门外，高高挂起，并鸣放鞭炮。家人惊醒，非但不怪，反而要请“偷”者吃糖喝酒。

20. **拜堂茶**

---

① 王树瑛：《鄂西南三省（市）过渡地带方言文化研究》，中国社会科学出版社，2021 年，第 320 页。

新婚第二天清早，新娘备办茶碗、茶盅、红枣、花生米等，用开水一冲，恭敬地走到公婆面前，请二老喝茶，祝二老万福。公婆会给一个红纸包，当作茶礼，有恭贺新娘早生贵子之意。敬完公婆后，开始敬叔婶哥嫂弟妹等亲戚朋友。喝拜堂茶的人无论大小，都要给新娘茶礼。

21. 回门

新娘婚后第一次回娘家，谓之“回门”。回门时，有的是新婚夫妇同往，有的是新娘独往。安陆有“双回门”的说法，意为新婚夫妇成双成对一起回门。关于回门时间，各地差异较大。新洲、建始、襄阳、大冶等地多于婚后第三天回门，黄梅有婚后八天回门者，鄂州有婚后六、九日回门者。襄阳地区有“三天不空房”的习俗，新婚夫妇回门当天须返回自己家中，不可在娘家过夜。

22. 谢媒

婚姻告成，各地有谢媒传统。由于媒人的特殊地位和作用，婚后男女双方要酬谢媒人。酬谢的方式不一，有的送礼，有的摆宴席，谓之“谢媒酒”。鄂西南谢媒，新婚夫妇挑选吉日，持猪头、猪尾巴、糖、酒、面条等礼物去感谢媒人，意在媒人做媒有头有尾，婚事圆满。媒人也总是乐意接受礼物，并祝愿新郎新娘相亲相爱、美满幸福。

第二节 丧葬文化

丧葬是一项重要的仪礼活动。中国自古有“侍死如侍生”的传统，相信人死后灵魂升入天国，因此设置了许多祈祷、祭奠仪式，丧葬礼仪较为繁琐，讲究重殓厚葬。上古巫风盛行，各地皆然，而楚地尤盛，湖北作为巫楚文化的发源地，有信鬼崇巫之风，后来受到儒、佛、道教的影响，酝酿出独特的丧葬文化。

1. 送终

老人病重弥留之际，其亲属子女要日夜守候在床前，听取遗言，敬老送终，直至老人断气。

2. **烧落气纸**

人死为“落气”或“落地”，落气后要烧落气纸。民间认为，在通往阴曹地府的路上，有无常、判官等各种关卡，烧纸通融后方可顺利通过。恩施土家族在烧落气纸的过程中还会放落气炮，意在宣告老人去世。

3. **小殓**

人死后亲属要给亡者洗浴、更衣、理发、塞“含口钱”。在罗田，由长子身穿死者寿衣，提泥壶到河里灌满水回家烧热，为死者擦抹。在新洲，孝子或孝女身穿孝衣或披孝布，去外姓人村的河中取一碗水，给死者擦身，一般胸前抹三下，背后擦四下。在建始，孝子要为死者擦“五心”，即顶命心（头顶）、太阳心（太阳穴）、心口窝（前胸）、手心、脚板心（脚心），然后帮其穿衣戴帽。

4. **下榻**

即将小殓后的尸体放置在门板上，等候外地亲属奔丧。孝感一带，门板架于木凳之上，安放在堂屋左下角，且不得越过屋顶中梁，有“人死不过梁”① 之说。门板下点有清油灯，作用是照亮通往地府之路。在松滋地区，下榻时要在死者手中放一块粑粑，以备黄泉路上打狗所用。

5. **入殓**

又称“入棺”“入柩”“入木”“入材”等，“殓”即将死者遗体殓入棺木。入棺之前，鄂西南的人们会请道士择日、诵经，谓之“开路”或“冥路”。入殓日期，各地有所不同，有的停尸一日，有的停尸两三日，有的待亲人到齐后方可入殓，还有的则依据道士推算的时间。死者入棺后，一些地区有“看老”习俗，众亲友围棺走一圈，瞻仰仪容，行跪拜之礼。

6. **报丧**

家中一旦有人去世，就要立刻将噩耗公之于众，谓之“报丧”，也叫“放信”“报信”“把信”等。入殓时，丧家要派人及时将死讯遍告亲

---

① 李德复、陈金安主编：《湖北民俗志》，湖北人民出版社，2002 年，第 413 页。

友，同时和帮忙的人一起安排丧葬事宜。报丧时，忌言“死”字，可用“没了”“过世了”“享福去了”等词语代替。亲友、邻居听到消息后会主动前来帮忙安排丧葬事宜。

7. **哭丧**

报丧后，亲友立即上门哭丧，所携礼品多为鞭炮、纸钱、香烛等祭祀用品，俗称“赶礼”。哭丧人将至门前时，孝家以锣鼓声、唢呐声、鞭炮声迎接。女客在灵柩前嚎啕大哭，男客烧纸祭奠，孝子叩首谢礼。

8. **灵堂**

即停棺吊唁之处，一般置于堂屋之中，谓之“寿终正寝”。供桌上陈放灵牌、香炉、蜡烛、供品等，俗称“归位”。在鄂东地区，棺下放斗，斗内点七盏油灯，称“七灯”或“长明灯”，并杀公鸡给死者“爬路”。夜里，孝男孝女轮流守护在灵柩左右，名曰“守灵”，以表离别之情。

9. **请道士**

鄂东地区在停棺期间有请道士看坟山、坟墓的习俗。道士进门后洗手、烧香，用皮纸给亡者封包袱、写表文、上三牲供品、唱读荐亡书、宣读祭文等。

10. **跳丧**

“跳丧”又叫“跳撒叶儿嗬”“跳丧鼓”，是土家族特有的悼念死者的习俗，流行于清江流域的土家族聚居区，主要特点是丧事当喜事办。亲人去世，邻里齐聚，唱丧歌，打丧鼓，追祀亡灵，歌舞以祭。唱腔高昂，舞姿粗犷，场面欢快，气氛热烈，体现了土家人豁达、积极的生死观和宇宙观。

11. **出殡**

抬棺出屋叫“出殡”，又称“出堂”“出灵”“出宅”“出棺”“上山”等。出棺时辰一到，掀开棺盖，让亲朋好友最后一次瞻仰遗容，做最后的诀别。至亲嚎啕大哭，甚是凄切。抬棺一般由 8 个壮汉完成，人们称之为“八大金刚”。出殡时，多是孝子持引路幡，抱灵牌、遗像走在前面，其他人按照长幼尊卑、亲疏关系尾随。送葬途中，经过十字路口、桥梁、城门等都要扬撒“买路钱”，意在给死者在阴间打点关系。

12. **打井**

挖穴多称“打井”或“发井”，一般由风水先生选好墓井，由专人挖掘。襄阳一带，发井是在下葬前一天，由死者子女寻四位不同姓的男子挖穴，一小时后家属为发井的人们送去一盒肉类吃食，但不送筷子，由发井的人自己寻找木棍来当筷子。

13. **下葬**

暖井之后即可下葬，将棺材置于井中掩埋，让死者入土为安。在新洲，入土之前，须将准备好的谷和米撒入井中，并在井中烧钱以打点土地太岁。在松滋，棺木入穴后，须由阴阳先生用罗盘校准方位，点燃文书，念经。在建始，棺材入墓前，道士要做一场法事，一边说吉利话，一边将大米撒给孝子，代表继承了祖辈福禄。

14. **回煞**

在鄂西南，有“润七回煞”之俗。“润七”指从人死后那天算起，每过七天就要去坟地点灯、烧纸钱、放鞭炮，共 49 天，即润七个七。“回煞”是风水先生根据死者生辰和忌日推算出来的死者第一次回家的日期。

15. **祭祀**

人死后，每过七日为一期，逢七便行祭祀，焚香化纸，上坟凭吊，共持续四十九日，届时圆七。七期中，以头七、五七、满七三日为重。

16. **吃大肉**

葬礼期间，丧家设宴招待，以表答谢，俗称“吃大肉”。在鄂东地区，客人问主家要大肉给家里孩子吃，以保孩子无病无灾，长命百岁。

第三节　节庆文化

湖北是楚文化的发祥地，也是多民族聚居的地区，形成了诸多别具特色的传统佳节庆祝习俗。每逢重要节日，湖北人以各种方式隆重地开展庆祝活动，呈现出独特的节日韵味，形成了独特的“湖北符号”。

1. **团年**

团年又称“吃团年饭”。除夕这天，凡出门在外的人，若无特殊情况，都要赶回家与家人团聚，在一起“团年”。各地吃团年饭有不同的讲究，如咸宁人吃饭时要紧闭大门且不能大声说话，有闭门生财之意，鄂西南地区在吃饭前要先“叫饭”，以缅怀祖先。团年饭是一年中最丰盛的佳肴，且不能一次吃完，其中鱼是不可缺少的，而且要吃好几天，每餐象征性吃一点，寓意“年年有余”“天天有余”。此外，饭桌上还有芋圆（寓意“遇缘”）、鲫鱼（寓意“吉利”）、青菜豆腐（寓意“一清二白”）等菜品。在神农架林区，吃团年饭时，还有盛佳肴喂牛让牛吃饱的习俗，因为牛为农家之宝，辛苦了一年，要好好酬谢。

2. **赶年**

过赶年是土家族最隆重的节日。所谓“赶年”，就是比汉族提前一天过年，月大过腊月二十九，月小过腊月二十八。土家族过赶年有打糍粑、磨豆腐、祭祀、送亮、抢年等习俗。

3. **守岁**

除夕之夜，事情忙完之后，一家人坐在一起烤火、喝茶、唠家常，守岁到零点。新年的钟声开始敲响之时，人们便打开大门鸣放鞭炮，辞旧迎新。“守岁”又叫“守天门”，传说古时候天帝看到百姓日子贫苦，便决定在迎接新年之际打开天门，把金银财宝撒向人间，百姓为了捡到财宝，便有了“守岁”习俗。

4. **出天行**

又叫“出天方”。守岁之后，各家各户的当家人手端祭品、香、纸钱、鞭炮等，带着全家老小，一边开门，一边说：“财门大敞开，元宝滚进来，滚进不滚出，滚满一堂屋。”出门后，朝着“财神”方向，烧纸磕头，祭天地，敬祖人，祈求财源广进、安康幸福。

5. **拜年**

出天行结束后，关上大门，请长辈至中堂正坐，晚辈开始向长辈行礼，恭祝老人健康长寿，长辈要给晚辈发“压岁钱”，祝福晚辈健康成长、事业有成。天明，人们开始走亲访友，互贺新年。拜年的时间为正月初一到正月十五，持续半月之久。鄂西土家族有“送粑粑拜年”的习俗，有“拜年拜年，粑粑上前”之说。

6. **元宵节**

农历正月十五为元宵节，又称“灯节”“元夜”“上元节”，有张灯、赏灯、猜灯谜、舞狮、吃元宵等活动。

（1）张灯赏灯。节前，市场上有各种花灯出售，也有人自己制作花灯。元宵节当日，人们在家门口、屋子里悬挂各式各样的花灯，在街上、广场上、公园里举行赏灯会、赛灯会。家家灯火通明，街头流光溢彩，颇有节日氛围。其中洗马花灯会是浠水县洗马镇在元宵节期间举行的大型民俗活动，规模宏大，历史悠久，每年都吸引大批游客前来观赏。

（2）猜灯谜。又称“打灯谜”，是一种文字游戏。将谜面贴在花灯上供人竞猜，既启迪智慧，又活跃节日气氛。

（3）舞狮。舞狮是中国优秀的传统民间艺术，每逢元宵佳节，民间都以舞狮来助兴。狮子雄伟威武，有“百兽之尊”之誉，人们常把它当作勇敢和力量的象征，认为它能驱邪避鬼，保人平安。

（4）吃元宵。家家户户吃元宵是元宵节自古至今的重要习俗，取一家人团圆和睦、生活甜蜜之意。元宵又叫“汤圆”“圆子”“汤团”，由糯米制成，或实心，或带馅，馅有豆沙、白糖、黑芝麻、山楂等，可煎、煮、蒸、炸。

（5）吃月半粑。安陆的元宵节又称“过月半”，有吃月半粑的习俗。做法是：将大米磨成粉，炒熟，再加水拌和，把萝卜、肉、油豆腐等剁成末炒熟，最后包在面粉里入锅蒸熟。

（6）举行庙会。荆州关帝庙在元宵节这天要举行大型庙会，届时，荆州人开展烧香拜福、舞龙舞狮、戏曲表演、玩龙灯、划采莲船等活动，十分热闹。

7. **花朝节**

农历二月十五前后是花朝节，也称“花神节”，是百花的生日。民间多选此日婚嫁，取花好月圆、良辰美景为吉庆。这一天，湖北多通过举办喝花酒、看画展、祭祀花神、花神比赛、汉服走秀、汉婚演绎等活动来庆祝。在公安农村，花朝节有给女孩穿耳洞、吃地米菜（荠菜）、煮鸡蛋的习俗。

8. **清明节**

清明节是中国最重要的祭祀节日，民间有踏青郊游、扫墓祭祖等风俗。节日期间，家家户户都要到亲人坟前除草固坟、焚香烧纸。武汉有“挂纸”习俗，“以五色彩纸制作灯笼和幡标，挂于祖坟上，并鸣鞭炮、供祭品”①。宜昌有一种特色的风俗，叫“赶堆子”②：人们在清明这天拿着清明吊，挑着食物上坟，先在坟头插“清明吊”，祭奠亡者，之后席地而坐，开始野餐，若有人前来，便可应邀入席，一起就餐。

9. **牛王节**

牛王节是湖北土家族、苗族特有的节日，于每年农历四月初八或十八举行。牛王节源于一个传说：土家先民在一次战斗中失败了，退到一条河边，被洪水拦住了去路，正在这时，一头水牛游过来救了他们。为了感谢水牛的救命之恩，每到这一天，人们杀鸡宰猪、打粑粑、接姑娘回家，同时让牛休息一天，给其喂养精制的饲料。

10. **端午节**

农历五月初五为端午节，又叫“端阳节”“重午节”“重五节”等。在湖北，有小端阳（五月初五）、大端阳（五月十五）、末端阳（五月二十五）之分。赛龙舟、吃粽子、饮雄黄酒、插艾蒿、戴香囊等民俗活动十分盛行，意在镇压邪魔、免灾避祸。

（1）赛龙舟。龙舟为装饰如龙的船只，赛龙舟活动在湖北比较盛

---

① 吴华：《传统节庆活动中的“湖北符号”》，《档案记忆》，2020年第1期，第48页。

② 萧放：《荆山楚水的民俗与旅游》，旅游教育出版社，1995年，第154－155页。

行。秭归是屈原故里，每到端午这天，都会举行隆重的龙舟比赛。马家潭赛龙舟已有近600年的历史，被列入湖北非物质文化遗产。

（2）吃粽子。每到端午节，家家户户都要浸糯米、洗粽叶、包粽子。粽子种类多样，有鲜肉粽、豆沙粽、红豆粽、红枣粽等。端午节包粽子，除自家食用外，还会互赠亲友。除粽子外，鄂东南地区还要吃糯米饭、糍粑、麦面馍等。江汉平原地区还兴吃芝麻糕、绿豆糕、鳝鱼等。

（3）插艾。端午节当天，人们会在院门前和房檐下挂艾草，用以驱虫避病。

（4）点雄黄酒。雄黄是一种药材，据说能治虫毒。所以在端午节时，人们会将雄黄泡在酒中，在小孩的耳朵、鼻子、脑门、手腕、脚腕等处抹上雄黄酒，以防止蚊子、蛇、蝎、蜈蚣、壁虎、蜘蛛等上身。

（5）佩香囊。端午节人们有佩戴香囊的习俗。香囊用碎布或绸缎制成，内包雄黄、朱砂、香料，外包丝布，再以五色丝线弦扣成索。佩在胸前，清香扑鼻，有驱毒虫、散浊气之效。

11. **女儿会**

又名“恩施土家女儿会”，是恩施土家族特有的节日之一，被誉为“东方情人节”或“土家情人节”，时间在农历七月十二。是日，未婚男女青年都来赶会。未婚女子个个盛装出席，佩戴自己最好的金银首饰。姑娘们将用背篓装的土产、山货摆在道路两旁，等待男子前来选购，小伙子则斜挎一只空背篓，假装购物，看中哪位姑娘就前去搭讪。若两人看对眼了，就到丛林中对歌，互通心曲，以定终身。

12. **月半节**

农历七月十五为月半节，也称“中元节”“鬼节”。传说这一天是鬼魂赶会之日，所以老人不让小孩晚上出门，以躲鬼避邪。人们的主要活动是准备香、纸钱、蜡烛等祭祀用品，迎接祖宗回家过节。鄂西北地区有唱“待尸歌”的传统，孝家聘请专业的歌师，以通宵唱孝歌的方式来慰藉亡灵、寄托哀思，歌师所演奏的歌曲被称为“待尸歌”。

13. **中秋节**

农历八月十五为中秋节，又称“团圆节”，湖北有赏月、摸秋、吃月饼等习俗。

(1) 赏月。中秋佳节，月亮又圆又亮，正是赏月的最好时光。民间赏月形式多样，有的把桌子摆到外面，备月饼、糕点等，边吃边赏月，有的邀亲朋好友登山观月或泛舟赏月。咸宁地区称“赏月”为“守月华”，一家老小坐在月下仰望桂树，吃桂花月饼，饮桂花酒，食桂花糕。

(2) 摸秋。即“偷秋”，是中秋节一个有趣而美好的习俗。中秋之夜，人们吃过团圆饭后，去田里“偷”摘瓜果和蔬菜，谓之“摸秋”。有人将瓜果置于无子家门前，传说可使其生贵子。失瓜果的主人不视该行为为“偷”，反而会祝福摸秋人。

(3) 吃月饼。中秋之日，人们会买上可口的月饼与家人共赏，以求团圆美满。湖北人吃月饼时要喝热茶，以帮助消化。

14. 重阳节

农历九月初九为重阳节，也叫“老人节”“敬老节”“茱萸节”“登高节”。是日，人们有佩戴茱萸、外出登高、饮菊花酒、吃重阳糕等习俗。

(1) 佩茱萸。茱萸香气浓烈，有驱虫除湿、避除恶气之功效，人们出游、登高会将红色布囊佩戴在身上，以驱邪避疾。

(2) 登高。金秋十月，天高气爽。每逢重阳，恰是秋游的好时节，人们纷纷爬山岗、登高楼、饮酒作乐。

(3) 饮菊花酒。农历九月正值菊花怒放，人们在观赏菊花的同时可以品尝菊花酒，有散风清热、平肝明目之功效。

(4) 吃重阳糕。重阳糕亦称“花糕”，因在重阳节食用而得名，是重阳节传统节令食品。湖北有些地区多平原，故借与“高”同音的“糕”来解决登高之难，吃糕以示“登高”。

15. 腊八节

农历腊月初八谓之“腊八”，湖北这天有吃腊八粥的习俗，意在愿来年五谷丰登。五谷杂粮掺在一起煮的粥为“腊八粥”，最早的腊八粥只是用大米、红豆等制作而成，现在的材料日益丰富，有糯米、红枣、薏仁、莲子、松子、桂圆等。

第四节 农耕文化

千湖之省，鱼米之乡，湖北作为农业大省，历来是我国重要的农产品生产基地。湖北人在劳动生产中形成了异彩纷呈的农耕文化。

1. 农耕词语

（1）烧荒。“庄稼一枝花，全靠肥当家。”备足肥料，农作物才能高产。湖北一些农村地区流传“烧荒”习俗，农民在荒地放火燃烧草木荆棘之类，使之成为肥料，再种植农作物。

（2）鞭春牛。立春日清晨，英山、浠水等地兴“鞭牛打春”，象征春耕开始，以示丰兆，策励农耕。

（3）粪坑沤肥。在一些肥料缺乏的地区，农民一般把猪粪、鸡粪、牛粪等积入粪坑，让其沤一段时间成为肥料，再给水稻、棉花等农作物施肥。

（4）饼肥。湖北各地农村有施饼肥的习惯，将黄豆、棉籽等榨油之后的渣滓压成圆饼，用作肥料。饼肥的肥效甚高，既可施作底肥，又可作追肥施用。

（5）塘泥肥。塘泥作肥料，也是湖北很多地区的积肥习惯。在一些塘多的乡村，冬季干塘捕鱼之后，有的将塘泥挖起来堆积成堆，待耕种时取用，有的直接挑到田地中用作肥料。

（6）吊包[①]。水稻催芽，湖北农民有自己的一套方法，那就是用稻草裹谷种，吊在河、塘边使其出芽。民间有“二月清明不用忙，三月清明早下秧”之说，惊蛰一过，农民便开始准备稻耕之事。先将谷种消毒，再用稻草编成的草包装严密，用草绳捆绑，吊在水里，一般5—7天将吊包打开，再把谷种撒入田中。

---

① 柯小杰：《湖北民俗》，甘肃人民出版社，2008年，第14页。

（7）开秧门。鄂西、荆州、浠水、赤壁、黄冈等农村地区盛行“开秧门”的习俗，把第一次下田扯秧称为“开秧门”。

（8）喝栽秧酒。当阳、黄冈、宜昌、兴山等地在插秧时有“喝栽秧酒”的习俗。在插秧期间，请女儿、女婿、亲戚朋友来喝插秧酒。“参加插秧的人，从早到晚招待7餐，即早茶、早餐、喝小酒、中餐、幺中、晚餐、宵夜”①。

（9）嫁毛虫。罗田、巴东等地流行“嫁毛虫”习俗。每年的四月初八，相传为佛祖生日，人们用两条黄纸写上“佛生四月八，毛虫今日嫁，嫁出青山外，永世不归家”，将其贴于门外墙上，祈祷驱虫消灾。

（10）射虫。鄂西一带农村有“射虫”习俗。农民在地下画灰，呈弓箭状，借其来射杀害虫。

2. 农业特产

（1）洪山菜薹。武汉洪山特产，属于紫菜薹的珍稀品种，茎肥叶嫩，色香味美，在唐代已是著名的蔬菜，历来是湖北地方向皇帝进贡的土特产，有“金殿玉菜”的封号，与武昌鱼齐名。洪山菜薹味道清爽鲜甜，营养丰富，深受市民喜爱。

（2）房县香菇木耳。房县香菇以清香可口、味道鲜美而闻名于世，是中外名菜不可缺少的佐味佳品，有“菌星”“菇中之王”“素菜之荤”“营养元素之宝库”等美誉。其色鲜、肉厚，富含蛋白质、氨基酸、维生素和一些微量元素，具有抗癌、美容之功效。房县还是黑木耳的生产基地和驰名中外的“黑木耳之乡”，当地生产的黑木耳色鲜、肉厚、朵大、质优、营养丰富，有“房耳”的美称。

（3）襄阳大头菜。襄阳特产、中国四大名腌菜之一，经过选料、初晒、拌料、复晒、加料、密封和腌制等工序加工而成。入口生脆鲜爽、生津开胃、酱香浓郁，具有下气消食、利尿除湿、解毒消肿之功效。

（4）安陆白花菜。安陆白花菜为安陆特产，不能鲜食，腌制后方可

① 李德复、陈金安主编：《湖北民俗志》，湖北人民出版社，2002年，第19页。

食用。腌制后可熟食，可生食，熟食可搭配肉、菜爆炒，生食可加酱油、香油、辣椒等调拌。

（5）恩施凤头姜。凤头姜因其形似凤头而得名，是恩施土家族苗族自治州名品，具有无筋脆嫩、皮薄色鲜、富硒多汁、营养丰富、风味醇美等特点，能够祛湿御寒、止咳祛痰、提神活血。

（6）红安花生。红安县为湖北最大的花生生产县，这里生产的花生具有粒小、籽实、饱满、香脆等特点。盐脆花生、花生酥心糖、花生油、花生酱等花生制品也享誉全国。

（7）建始魔芋。魔芋是建始县的特色农产品，多种植在海拔1000米以上的乡镇，是一种对人体有益的碱性食品，与酸性食物搭配，能够起到酸碱平衡的作用。

（8）洪湖莲子。莲子为滋补佳品，可止血、益肾、健脾、安神。洪湖莲子是洪湖市特产，具有颗大粒圆、皮薄肉厚、口感香甜的特点，可用于制茶、煮粥、炒菜等。

（9）京山桥米。因产于京山县孙桥镇而得名，曾是朝贡皇帝的御米。其颗粒细长，光洁透明，松软可口，喷香味美，是水稻中的稀有珍品。

（10）罗田板栗。罗田是“中国板栗第一县”和闻名全国的“板栗之乡”，其独特的地理气候条件和松散透气的土壤特别适宜板栗的种植。这里生产的板栗果大壳薄，甜脆香糯，色泽亮丽，营养丰富。

第五节　饮食文化

湖北饮食文化源远流长，伴随荆楚文化的崛起而兴旺发达，生动反映了荆楚地区的饮食风貌，加之湖北地处中国东西交接、南北过渡的中部地带，地理位置优越，各地风味相互交融，其饮食文化呈现出南北调和、兼容并蓄的包容性，形成自成一派的“楚菜”。

1. 特色菜肴

（1）清蒸武昌鱼。湖北享有“千湖之省”之盛名，湖中盛产鲜鱼，尤以武昌鱼最为肥美。武昌鱼，学名“团头鲂”，是鳊鱼的一种，肉质鲜美，口感滑嫩，脂肪丰腴，可用多种方法烹制，如红烧、油焖、糖醋、风干等，但尤以清蒸为最。清蒸时选用两斤左右的武昌鱼，辅以生姜、香葱、生抽、冬笋等即可入笼蒸。蒸熟之后点缀上红、黄、绿各色菜丝，看上去色彩鲜丽，尝起来肥美细嫩，有“鄂菜之冠”“楚天第一菜”的美誉。

（2）排骨藕汤。这是湖北人接待客人的必备菜品之一，主要原料为湖北本地的莲藕和排骨。排骨焯水控干，入锅翻炒至变色，然后盛入瓦罐煮至六成熟后加入削好的老藕，待肉烂藕粉后，加入葱花、胡椒粉即成。特色是藕块口感粉糯，汤汁香浓鲜美，藕香与肉香完美交融。

（3）黄州东坡肉。东坡肉相传是苏轼被贬黄州时发明的一道佳肴，现是鄂东地区宴席上不可缺少的菜品。以五花肉为主料，辅以葱、姜、胡椒粉、酱油、黄酒等调料，先用旺火烧，再用小火煨。其特色是色泽鲜红，肉质酥烂，汤肉交融，肥而不腻。

（4）石首鸡茸鱼肚。这道菜最难得的原料是石首笔架鱼肚，所谓“此物唯独石首有，走遍天下无二家”。长江流域的鮰鱼在石首境内长得尤为肥美，鱼鳔肥大肉厚，外形像石首的笔架山，故名“笔架鱼肚”。鸡茸鱼肚以笔架鱼肚和母鸡脯肉为主料，味美可口，营养丰富。

（5）荆州鱼糕。荆州传统名菜，以吃鱼不见鱼、鱼含肉味、肉有鱼香而受到赞誉。将肥大鲜鱼宰杀洗净后，加入肥肉丁，剁成肉泥，再加入葱、姜、盐、蛋清、鸡精等调料，拌匀后上锅蒸熟即成。

（6）洪湖红烧野鸭。洪湖野鸭素以个大、肉肥、味鲜著称，有多种做法，但都比不上红烧味美。以洪湖盛产的野鸭为主要原料，辅以白糖、猪油、香葱、蒜白、蚝油、精盐、酒等佐料，旺火炒制、慢火焖制而成。

（7）应山滑肉。湖北应山（今广水）的特色名菜，当地宴席上的头道菜。选用五花肉切块浸泡后，沥干水分，以面粉勾芡，加入蛋清、葱、姜等十余种配料调拌，经过炸、溜、烩，即成一道颜色金黄、形似豆腐、滑而不腻的佳肴。

（8）钟祥蟠龙菜。湖北钟祥有“无龙不成席”之说，蟠龙菜是当地宴席上必不可少的一道菜肴，据说是明朝时期的宫廷御菜。以猪肉、鱼肉、鸡蛋清、淀粉、胡椒、葱白、姜末、食盐等为原料，将肉剁馅，再用纱布过滤，佐料拌和，蛋皮包裹，然后入笼蒸制，最后切片时以盘龙造型。

（9）瓦罐鸡汤。瓦罐鸡汤是湖北特色名菜，香味浓郁，口感酥鲜，营养丰富，有祛寒滋阳的功效，是冬令食补的佳肴。做瓦罐鸡汤时一定要选用家养老母鸡，焯水洗净后，与葱、姜爆炒至黄色，加入盐、鸡精后盛进瓦罐内，加水煮至汤汁浓稠即成。

（10）荆门万寿羹。又名“龟鹤延年汤”，是用龟肉和鸡肉合烹的汤菜，菜名吉祥且营养价值极高。主要原料为荆门出产的断板龟和老母鸡，汤面黄亮，汤汁乳白，汤味甘鲜，食后口留余香。

2. 风味小吃

（1）武汉热干面。吃早餐，在湖北叫“过早”。湖北各地过早的美食各有特色，如热干面、豆皮、汤包、牛肉面、面窝等，其中我国五大名面之一的热干面是最具代表性的过早美食。最初只在武汉流行，后来逐渐受到湖北各地的喜爱。热干面既不同于凉面，又不同于汤面，风味独特，做法简单：将面煮至八成捞出晾干，浇上芝麻酱、酱油，撒上盐、葱花、辣椒、胡椒、鸡精等调料拌匀食用。在湖北地区，“蔡林记热干面”独具特色，享誉四方。

（2）武汉四季美汤包。四季美汤包是武汉著名小吃，是在苏式汤包做法的基础上不断改进而成，具有皮薄、汤多、馅嫩、味鲜的风味特色，有虾仁汤包、香菇汤包、蟹黄汤包、鸡茸汤包、什锦汤包等种类，花样繁多，风味独特。

（3）沔阳三蒸。沔阳（今仙桃）的传统名菜之一，当地有“无菜不蒸”的食俗，被称为“蒸菜之乡”。以水产类、禽畜类、蔬菜类为主要食材，以粉蒸为主要技法，多种蒸菜技法并用。取材方便，用料简单，肉类嫩而不腥，菜类淡而不寡，原汁原味，符合现代养生理念。

（4）老通城豆皮。名噪全国的老通城豆皮是湖北各地街头的常见早点，皮薄色艳，松嫩爽口、油而不腻，多作为早餐供应。先将大米和绿豆混合磨浆摊成薄皮，再加上鸡蛋液和蒸熟的糯米，撒上葱花、肉丁、盐、胡萝卜丁、虾仁等配料，最后用油煎炸至金黄。

（5）襄阳牛肉面。一碗牛肉面，开启了襄阳人的一天。襄阳牛肉面的特色是一辣二麻三鲜。浓郁的牛油配上新鲜的牛肉牛杂，滚滚热汤浇在有弹性的碱面上，再用豆芽打底，味道鲜辣可口，酱香浓郁，回味无穷。

（6）孝感麻糖。麻糖是湖北有名的地方小吃，以孝感麻糖最为有名，有白如霜、扑鼻香、薄脆响、风味长的特点。以精制糯米、优质芝麻、绵白糖等为主要原料，配以桂花、花生、金钱橘饼等，经过 12 道工艺、32 个环节制作而成。成品呈梳子形，口感酥脆细腻、醇正甘甜。

（7）鄂州东坡饼。东坡饼是鄂州的传统名点小吃，其命名来源于苏东坡游西山。此饼用精白面粉、鸡蛋等精制而成，讲究圆、黄、酥、脆，食之香酥爽口，油而不腻，透出淡淡幽香。

（8）公安锅盔。锅盔是公安地方小吃，由面粉、肉末、芝麻、辣椒等制作而成，分为鲜肉锅盔、牛肉锅盔、梅干菜锅盔、白糖锅盔等。制作锅盔需两人协作，一人称白案，负责在案板上揉面、搓团、醒面；一人称红案，负责添加糖、盐、辣椒、芝麻等佐料，将醒好的面团抻宽拉长并放进炉子烤制。两三分钟后，用钳子取出，此时的成品外焦里嫩、松软可口。

第六节　宗教文化

湖北是我国多民族多宗教聚集区，宗教信仰源远流长，佛教、道教、基督教、天主教、伊斯兰教五教俱全。这里主要介绍佛教和道教的有关活动[①]。

1. **佛教**

佛教自汉代传入湖北，历史悠久，影响深远，底蕴深厚。湖北各市县几乎都有寺庙，如武汉的归元寺、宝通寺、莲溪寺、古德寺，黄梅的四祖寺、五祖寺，襄阳的鹿门寺、广德寺，广水的宝林寺、乾明寺，当阳的玉泉寺、龙泉寺，通山的北台寺，大悟的龙泉寺，沙洋的纪山寺，鄂州的古灵泉寺，黄石的弘化禅寺，恩施的仙佛寺，枝江的米陀寺，荆州的章华寺，谷城的承恩寺，随州的海会寺，天门的白龙寺等。在佛教仪式的渗透下，湖北民间形成了一些佛教信仰习俗。

（1）做会。各地寺庙每年定期举行祭神活动，民间商会、行会及信教大户参与做会，民众赶去看会，烧香念经，求神拜佛，抽签卜卦。

（2）庙会。庙会是寺庙为神灵或佛身而举行的祭祀活动。每逢庙会，民众前来赶会烧香，顶礼膜拜，许愿还愿。木兰庙会是武汉市黄陂区一年一度的宗教文化活动，时间为农历的八月初一至八月底。每年八月，数万游客赶来朝拜烧香，以祈求来年风调雨顺、身体健康。

（3）浴佛节。浴佛节是佛诞日，即释迦牟尼佛祖诞辰的节日，也是佛教最隆重的节日之一，时间为每年农历四月初八。浴佛节来源于古印度的神话传说，据说释迦牟尼在无忧树下降生时，脚踩莲花，一手指天，一手指地，说“天上天下，唯我独尊”，于是大地为之震动，九龙吐水为之浴身，后来佛教徒为庆祝和纪念佛祖诞辰就沿用此形式。是日，湖北一些地方会举行浴佛法会，以花供佛，舀汤浴佛，赞佛诵经，旨在提醒众生应时刻保持一颗清净内心。

（4）放生会。放生为信佛教徒积德行善的行为。鄂州放生会集中在古灵泉寺、华光禅林和佛教会举行。是日，善男善女将收购的大量甲鱼、乌龟、鳝鱼等送至会场，置于法坛之下，再由和尚敲打法器，礼拜诵经，

---

① 宗教文化部分主要参考湖北省地方志编纂委员会：《湖北省志·民俗》，湖北人民出版社，1996年，第289－305页。

求佛祖为其超度，接着用小船将动物送至江中任其游走。武汉归元寺内设有放生池，专供佛教信徒放生使用。

（5）放焰口。焰口是古印度传说中饿鬼的名字，因他口吐火焰而得名。人们请和尚、道士诵经念咒，向焰口施食，令其受法食，叫“放焰口”。民间七月十五烧纸祭祖正是此俗的留存。

（6）水陆法会。又称“水陆会”“水陆道场”，是佛教中最隆重而盛大的一种法事。坛场分为内坛和外坛，其中内坛是法会的主轴核心。法会的时间较长，少则 7 天，多则 49 天，有结界洒净、请上堂、供上堂、请下堂、供下堂等法事内容。

（7）许愿还愿。许愿也称“起愿”，还愿是实践诺言的活动。人们为了祈福免灾、求官求子等，烧香拜佛，向神佛求助。为了表达诚意，许愿人会作出予以报答的许诺，如供奉香火钱、重塑金身、重修庙宇等。湖北钟祥是中国长寿之乡，有“三月三许愿，九月九还愿”的传统。

2. **道教**

湖北是道教的盛行地区之一，其中十堰的武当山和武汉的长春观是著名的道教圣地。各地都会开展一些道教活动。

（1）玉帝诞辰。玉帝为道教的最高神，也是中国民间敬畏信仰之神，其诞辰相传为农历正月初九。是日，道观举行隆重的祭祀活动，尤以武当山、长春观为盛。恩施土家族地区称这天为“上九日”，各家各户都准备丰盛的酒宴，给玉皇大帝祝寿。

（2）老君诞辰。老君即老子，是道家的创始人，相传二月十五为他的诞辰。道观于是日作道场，诵《道德真经》，民众云集道场，参与祭祀活动。

（3）吕祖诞辰。吕祖为吕洞宾，相传农历四月十四为他的诞辰，人们在这一天会举行斋醮仪式，以示纪念。湖北荆门的白云观是为纪念吕洞宾而修建，相传吕洞宾曾驾鹤到此地的太平洞修炼，为了纪念他，荆门人在原有洞穴的基础上，修建了白云观。每年四月十四，观内要举行盛大的斋醮活动，善男信女云集于此，进香明烛，燃放鞭炮，祈求神灵赐予平安吉祥。

（4）朝山进香。朝山进香是指善男信女到圣地名山朝拜烧香、祈福许愿的习俗。湖北武当山是朝拜真武大帝的圣地，前来朝山进香的海内外香客络绎不绝。武当进香有两种方式，一是进散香，即以家庭为单位的个体朝山进香；二是香会进香，指以香会为组织的集体朝山进香。

（5）火居道。“火居道”流传于罗田，是中国道教“灵宝教”中“正乙派”根据当地农村祭葬老人的习俗而形成的一种民俗活动，宣扬将逝去多年的亲属的灵魂救出地狱、再度重生，为活着的人祈福消灾、保佑平安。主要内容有儒家走礼、放河灯、放路烛、过奈何桥、唱葬花词等。

第七节　地名文化

地名是人们对地域的称谓或命名，它不仅是特殊的文化符号，还是地方文化的载体和人类社会发展的写照，反映了人们对特定地域自然面貌和社会环境的认知，与自然地理、军事战争、历史发展、神话传说等有密切关系。湖北，因地处洞庭湖之北，故名“湖北”。湖北的地名展现了地理、历史、人文等丰富的区域特色，承载着厚重的地域文化内涵。下面例举几类地名，由此可以看到地名所承载的深厚的地域文化。

1. 地形类地名

湖北地形地貌多样，有山地、丘陵、平原、盆地、岗地等，省内地名多包含山、坪、岗、坡、冲等字眼。湖北多山，很多县市因山而得名。比如：京山因境内京山而得名；天门因境内天门山而得名；石首因境内石首山而得名；大悟因境内大悟山而得名；英山因境内英山而得名；神农架因境内神农山而得名；赤壁因境内赤壁山而得名；阳新原名“阳辛”，因境内阳辛山而得名；五峰因县城西南五座山峰并立而得名。因其他地貌得名的地名有：襄阳的郑岗、陈家岗、胡坡、朱坡、大冲、小冲、下李洼、胡家洼，新洲的袁家岗、黄泥岗、火石岗、楼子洼、黄土坡、汪家坡、徐家山坡，松滋的陶家冲、三岔岭、中心岭、桃岭、姊妹坡、老林坡，宜昌的六眼冲、毛湖埫等。

2. 水文类地名

湖北省水系发达，河流纵横，水网密集，在长期的历史积淀中形成了独具特色的水文类地名景观，省内很多地名直接或间接地与长江、汉江及其他水系支流有关。比如：长阳因境内长杨溪而得名；潜江因境内有河道分流汉水入长江，取“汉出为潜”意，故得此名；枝江因长江至此分枝为诸洲而得名；浠水原名希水县，因纵贯境内的希水而得名；丹江口因位于丹江、汉江交汇处，临丹江水库坝下，故而得名；老河口因地处汉江故道之口而得名；襄阳因位于襄水之阳而得名；南漳因境内有漳水而得名；洪湖因境内湖泊洪湖而得名；竹溪因境内有竹溪河而得名；汉川因汉水横贯市境而得名。市县之内以水为名的地名也很多，比如，武汉的江汉路、东湖路、水果湖、长堤街、陈家湖，新洲的铁屋河、喻家河、金家湖、泗万湖、潘塘、清水塘、洪家大塘，宜昌的平湖大道、清水溪，咸宁的西凉湖、斧头湖、白岩泉、高桥河等。

3. 古封国村镇类地名

湖北一些县市区的命名与古代封国、村镇的名称相关，如下所述。

（1）荆州。荆州为古“九州”之一。《尚书·禹贡》：“荆及衡阳惟荆州。”可见荆州之古地域，北及荆州，南及衡山之阳。

（2）谷城。周代时叫“谷国”，后改为“谷城县”。《水经注》：“沔水东泾谷城南，而不径其东矣。城在谷城山上，《春秋》谷伯绥之邑也。”

（3）松滋。因古松滋县而得名。《今县释名增补》：“东晋咸康中，以庐江郡松滋县流民，避兵至此，乃侨置此县。”

（4）随州。因古随国而得名。《今县释名增补》：“故随国，《左传》‘汉东之国，随为大’者也。其后楚灭之以为县，西魏为随州，民国元年复为县。”

（5）枣阳。因古枣阳村而得名。《元和郡县志》：“隋初废郡，寻避太子讳，改广昌县曰枣阳县，因枣阳村以为名也。”

（6）武昌。因武昌郡而得名。《今县释名增补》：“孙策破黄祖得此，霸功始立，因置武昌郡。”

（7）云梦。因其地为古云梦泽而得名，唐代诗人孟浩然留下了“气蒸云梦泽，波撼岳阳城”的千古名句。

4. 历史人物事件或神话传说类地名

湖北一些市县因历史人物、历史事件或民间神话传说而得名。如罗田取巴蛮酋长田光兴、文小罗两人名姓；公安取左公（刘备）安营扎寨之意；秭归为屈原故乡，得名于“屈原贤姊”之说；来凤源于翔凤山常有凤凰聚集歌唱的传说；孝感因东汉孝子董永卖身葬父的行孝之举而得名。市县内因历史人物、事件等而得名的地名有武汉的古琴台、张公堤、失马港、中山大道、起义门、首义路，秭归的屈原镇、屈原祠，新洲的孔子河、孔叹桥，枝江的关庙山、仙女镇，神农架林区的老君山、神农洞，当阳的长坂坡、关陵庙，浠水的凤栖山、飞泉寺，英山的洞宾河，兴山的昭君镇，远安的鸣凤山，荆门的陆夫子祠等。

5. 寄寓类地名

有些地名是命名者主观愿望的投射，寄寓着人们对美好生活的希望。比如：宜昌取“宜于昌盛”之意；远安取“永远平安”之意；恩施取“雍正皇帝恩赐于施县”之意；咸丰取“咸庆丰收”之意；钟祥取“钟聚祥瑞”之意；宣恩取“宣扬皇恩”之意，大冶取“大兴炉冶”之意。此外还有武汉的快活岭、宝善街、满春路，新洲的人和集、团福塆、福禄港、普达集，建始的兴隆寺、安乐井，老河口的高升门、仁义街，松滋的和平街，宜昌的康庄路、同心桥、福善场，襄阳的泰安路等。

第八节　戏曲文化

湖北素有“戏剧大省”的美称，底蕴深厚的楚文化孕育了汉剧、楚剧、黄梅戏等诸多具有浓厚地方特色的中国传统戏曲。[①]

1. **汉剧**

湖北传统戏曲剧种之一，旧称“楚腔”“楚调”“汉调”，民国初年改称为“汉剧”，流行于湖北长江、汉水流域以及毗邻的四川、河南、湖南、陕西等省的部分地区。声腔以西皮、二黄为主，角色可分为十大行当：末、净、生、旦、丑、外、小、贴、夫、杂。

2. **楚剧**

湖北地方主要剧种之一，发源、流行于黄陂、孝感一带，形成于清道光年间，旧称“哦呵腔”“黄孝花鼓”“西路花鼓”，1926 年改名为“楚剧”。作为湖北地区具有广泛影响的地方剧种，流行于湖北中部、北部以及东南部的广大地区。迓腔、悲腔、仙腔、应山腔、四平、十枝梅等是其主要的唱腔类型，其中迓腔是基本腔调。[②]

3. **黄梅戏**

旧称“黄梅调”“黄梅腔”“采茶戏”等，发源于黄梅采茶歌，后来传入以怀宁为中心的安庆地区，经当地民间艺人不断完善和改进，并与当地民间艺术相结合，发展成在全国具有广泛影响的黄梅戏，现流播于长江中下游的湖北、安徽、江苏、江西等地。唱腔属板式变化体，有花腔、彩腔、主调三大腔系，具有淳朴的乡土气息和地方特色。

4. **荆州花鼓戏**

作为湖北四大地方戏曲剧种之一，荆州花鼓戏是植根于江汉平原民间音乐土壤之中的地方戏曲，形成于天门、仙桃一带。由高腔、圻水腔、打锣腔、四平腔四大主腔和丰富的小调组成。

5. **襄阳花鼓戏**

前身是流传于襄阳地区的民歌小调和其他说唱艺术形式，腔调有桃腔、汉腔、四平、彩腔，声腔既高亢粗犷、激情热烈，又委婉细腻、明

---

① 戏曲部分主要参考李德复、陈金安主编：《湖北民俗志》，湖北人民出版社，2002 年，第 1118 – 1138 页。

② 参考陈庚：《湖北楚剧的传承与发展》，华中师范大学硕士学位论文，2017 年，第 1 页。

快活泼。

6. 阳新采茶戏

黄梅采茶戏传入阳新后，与当地民歌相结合，便逐步形成了阳新采茶戏，主要流传于通山、阳新一带。音乐由正腔、彩腔、击乐三大部分组成，属板腔体音乐，板式变化多，表现力强。

7. 提琴戏

提琴戏是湖北崇阳的地方戏曲剧种，也是鄂南地区特有的戏曲类型，因以提琴为主奏乐器而得名。原是湖南岳阳一带的花鼓戏，约于清末流传到湖北崇阳、通城等地，改称“提琴戏”。唱腔音乐分为琴腔和小调两部分，琴腔为主腔，由当地花鼓或民间小调组成。

8. 灯戏

俗称“唱灯（儿）”，在花灯歌舞的基础上发展而成，流行于恩施州所属的恩施市、利川市、宣恩县、来凤县及建始县等广大农村，尤以“羊角灯戏”最具代表性。声腔主要由正腔和小调两类组成，以恩施流行的花锣鼓和称之为“大筒子”的胡琴伴奏。

主要参考文献

1. 陈庚. 湖北楚剧的传承与发展［D］. 武汉：华中师范大学，2017.

2. 陈中文，胡可益，李茂林. 黄冈非物质文化遗产大观［M］. 武汉：武汉大学出版社，2020.

3. 桂胜，张友云. 荆楚民间风俗［M］. 武汉：武汉出版社，2014.

4. 湖北人民出版社. 湖北风物志［M］. 武汉：湖北人民出版社，1985.

5. 湖北省地方志编纂委员会. 湖北省志·民俗方言［M］. 武汉：湖北人民出版社，1996.

6. 湖北省地方志编纂委员会 . 湖北市县概况［M］. 武汉：湖北省地方志编纂委员会，1984.

7. 柯小杰. 湖北民俗［M］. 甘肃：甘肃人民出版社，2008.

8. 李德复，陈金安. 湖北民俗志［M］. 武汉：湖北人民出版社，2002.

9. 李开寿. 风味湖北［M］. 武汉：湖北人民出版社，2018.

10. 李远思. 湖北恩施土家族民间丧葬仪式规范问题研究［D］. 重庆：重庆师范大学，2017.

11. 廖赟熳. 襄阳方言词汇研究［D］. 武汉：华中师范大学，2021.

12. 毛雨松. 湖北省市县地名文化探究［J］. 中国地名，2017（7）：20－23.

13. 牛汝辰. 中国文化地名学［M］. 北京：中国科学技术出版社，2018.

14. 任永信. 湖北地名由来［M］. 北京：中国文史出版社，2017.

15. 盛银花. 安陆方言与民俗文化［J］. 华中学术，2018（3）：157－162.

16. 陶立军. 阳新方言词中的婚俗文化［J］. 华中学术，2018（1）：134－143.

17. 王宏佳. 咸宁方言研究［M］. 武汉：华中师范大学出版社，2015.

18. 王树瑛. 恩施方言研究［M］. 武汉：华中师范大学出版社，2017.

19. 王树瑛. 鄂西南三省（市）过渡地带方言文化研究［M］. 北京：中国社会科学出版社，2021.

20. 吴华. 传统节庆活动中的"湖北符号"［J］. 档案记忆，2020（1）：47－49.

21. 项菊. 从一些民俗词语看鄂东丧葬习俗［J］. 湖北社会科学，2009（9）：196－198.

22. 萧放. 荆山楚水的民俗与旅游［M］. 北京：旅游教育出版社，1995.

23. 姚伟钧，郑玉东. 荆楚社会生活［M］. 武汉：武汉出版社，2013.

24. 袁海霞. 公安方言研究［M］. 武汉：华中师范大学出版社，2017.

25. 袁露，田华. 湖北旅游资源概况［M］. 天津：天津大学出版社，2012.

26. 张梦娜. 湖北新洲方言词汇和地域文化研究［D］. 武汉：华中师范大学，2018.

27. 张明义. 湖北丧葬习俗与伦理作用初探［J］. 湖北社会科学，2009（4）：185－188.

28. 张清华，王璐. 今县释名增补［M］. 北京：中国社会出版社，2015.

附录　湖北方言研究文献

说　明

本附录辑录了迄今为止关于湖北方言研究的主要文献，分著作和论文两个部分。为节省篇幅，文献只提供了主要信息：著作包括作者、书名、出版地、出版社及年份；论文包括作者、篇名、期刊、年份及期数，两类文献分别按作者音序排列，同一作者的多种文献则按出版或发表年份排列。同一著作修订后由另一出版社出版，则分别列出。

需要特别说明的是，2010 年前的文献主要依据的是张振兴、李琦、聂建民三位先生辑录的《中国分省区汉语方言研究文献目录（稿）》，借此机会特向三位先生表示衷心的感谢。硕士生吴涛和范思琪帮助做了大量工作，在此也表示感谢。由于文献涉及的时间跨度大，搜集时难免会有遗漏，待有机会修订时再做补充。又由于文献数量多，有些文献还是转录的，我们没有时间和能力一一进行核对，在此深感遗憾。本文献可为湖北方言的进一步研究提供信息和参考。

（一）著作类

1. ［日］江矜夫. 漢口語自佐［M］. 漢口日日新聞社，1921.

2. 安陆市地方志编纂委员会. 安陆县志·卷二十八 第十一章 第一节 方言［M］. 武汉：武汉出版社，1993.

3. 陈淑梅. 湖北英山方言志［M］. 武汉：华中师范大学出版社，1989.

4. 陈淑梅. 鄂东方言语法研究［M］. 南京：江苏教育出版社，

2001.

5. 陈淑梅. 鄂东方言量范畴研究［M］. 北京：中国社会科学出版社，2012.

6. 陈有恒. 蒲圻方言［M］. 武汉：华中师范大学出版社，1989.

7. 陈有恒. 鄂南方言志略［M］. 咸宁：咸宁地区方志办内印，1991.

8. 鄂东方言词汇编写组. 鄂东方言词汇［M］. 内部资料，1989.

9. 鄂州市地方志编纂委员会. 鄂州市志·第二十九篇 第二章 方言［M］. 北京：中华书局，2000.

10. 郭攀，夏凤梅. 浠水方言研究［M］. 武汉：华中师范大学出版社，2016.

11. 红安县县志编纂委员会. 红安县志·卷三十三 方言［M］. 上海：上海人民出版社，1992.

12. 湖北省武穴市地方志编纂委员会. 武穴县志·卷二十七 方言［M］. 上海：汉语大词典出版社，1994.

13. 湖北省方言调查指导组. 湖北方言概况（油印本）［M］. 1960.

14. 黄冈县志编纂委员会. 黄冈县志·社会篇 第三章 方言［M］. 武汉：武汉大学出版社，1990.

15. 黄群建. 通山方言志［M］. 武汉：武汉大学出版社，1994.

16. 黄群建. 阳新方言志［M］. 北京：中国三峡出版社，1995.

17. 黄群建. 湖北方言文献疏证［M］. 武汉：湖北教育出版社，1999.

18. 黄群建. 鄂东南方言音汇［M］. 武汉：华中师范大学出版社，2002.

19. 黄群建. 阳新方言研究［M］. 武汉：华中师范大学出版社，2016.

20. 黄树先. 黄陂方言研究［M］. 武汉：华中师范大学出版社，2021.

21. 李崇兴. 宜都方言研究［M］. 武汉：华中师范大学出版社，2014.

22. 刘国斌. 通城方言［M］. 北京：中国文史出版社，1991.

23. 刘国斌，黎立夏. 通城县文化系列丛书·方言词典［M］. 武汉：长江出版社，2015.

24. 刘海章. 荆楚方言研究［M］. 武汉：华中师范大学出版社，1992.

25. 刘海章. 荆门方言研究［M］. 武汉：华中师范大学出版社，2017.

26. 刘启宇，史纪，卢源斌. 广济方言志［M］. 广济：湖北省广济县县志编察委员会办公室，1984.

27. 刘兴策. 宜昌方言研究［M］. 武汉：华中师范大学出版社，1994.

28. 刘兴策，向平. 武汉话音档［M］. 上海：上海教育出版社，1997.

29. 麻城市地方志编纂委员会. 麻城县志·乡风、方言（二）方言［M］. 北京：红旗出版社，1993.

30. 潘攀，熊一民. 普通话口语与武汉方言［M］. 武汉：武汉出版社，1998.

31. 蕲春县地方志编纂委员会. 蕲春县志·卷二十七民俗、方言［M］. 武汉：湖北科学技术出版社，1997.

32. 阮桂君. 五峰方言研究［M］. 武汉：华中师范大学出版社，2014.

33. 邵则遂. 天门方言研究［M］. 武汉：华中师范大学出版社，1991.

34. 盛银花. 安陆方言研究［M］. 武汉：湖北人民出版社，2007.

35. 盛银花. 安陆方言语法研究［M］. 武汉：华中师范大学出版社，2010.

36. 盛银花. 安陆方言研究［M］. 武汉：华中师范大学出版社，2015.

37. 盛银花. 安陆方言语法研究［M］. 北京：中国社会科学出版社，2022.

38. 苏俊波. 丹江方言语法研究［M］. 武汉：华中师范大学出版社，2012.

39. 苏俊波. 郧县方言研究［M］. 武汉：华中师范大学出版社，2016.

40. 苏俊波. 丹江方言语法研究［M］. 北京：中国社会科学出版社，2021.

41. 汪国胜. 大冶方言语法研究［M］. 武汉：湖北教育出版社，1994.

42. 汪国胜. 大冶方言语法研究［M］. 北京：中国社会科学出版社，2023.

43. 汪化云. 鄂东方言研究［M］. 成都：巴蜀书社，2004.

44. 汪化云. 黄孝方言语法研究［M］. 北京：语文出版社，2016.

45. 王定国. 黄梅方言志［M］. 武汉：华中师范大学出版社，2016.

46. 王宏佳. 咸宁方言词汇研究［M］. 武汉：华中师范大学出版社，2009.

47. 王宏佳. 咸宁方言研究［M］. 武汉：华中师范大学出版社，2015.

48. 王宏佳. 鄂东南方言研究［M］. 武汉：湖北人民出版社，2019.

49. 王求是. 孝感方言研究［M］. 武汉：华中师范大学出版社，2014.

50. 王群生. 湖北荆沙方言［M］. 武汉：武汉大学出版社，1994.

51. 王群生，王彩豫. 荆州方言研究［M］. 武汉：华中师范大学出版社，2018.

52. 王树瑛. 恩施方言研究［M］. 武汉：华中师范大学出版社，2017.

53. 王作新. 三峡方言研究［M］. 武汉：武汉出版社，2003.

54. 王作新. 三峡峡口方言词汇与民俗［M］. 北京：社会科学文献出版社，2009.

55. 芜崧. 湖北江陵方言［M］. 长春：东北师范大学出版社，2008.

56. 芜崧. 荆楚方言语法研究［M］. 武汉：武汉大学出版社，2014.

57. 芜崧. 荆楚方言词汇研究［M］. 武汉：湖北人民出版社，2017.

58. 咸宁市咸安区地方志办公室. 咸安区方言志［M］. 武汉：崇文书局，2012.

59. 孝感市地方志编纂委员会. 孝感市志·卷二十五（七）方言［M］. 北京：新华出版社，1992.

60. 徐英. 罗田方言语法研究［M］. 北京：中国社会科学出版社，2022.

61. 袁海霞. 公安方言研究［M］. 武汉：华中师范大学出版社，2017.

62. 詹伯慧. 浠水方言纪要［M］. 东京：龙溪书舍，1981.

63. 张义. 钟祥方言研究［M］. 武汉：华中师范大学出版社，2016.

64. 赵葵欣. 武汉方言语法研究［M］. 武汉：武汉大学出版社，2012.

65. 赵葵欣. 武汉方言语法研究［M］. 北京：中国社会科学出版社，2022.

66. 赵彤. 战国楚方言音系［M］. 北京：中国戏剧出版社，2006.

67. 赵元任，等. 湖北方言调查报告［M］. 北京：商务印书馆，1948.

68. 周建民. 武汉方言900句［M］. 武汉：武汉出版社，2018.

69. 朱建颂. 武汉方言研究［M］. 武汉：武汉出版社，1992.

70. 朱建颂. 武汉方言词典［M］. 南京：江苏教育出版社，1995.

71. 朱建颂. 武汉俗语纵横谈［M］. 北京：中国档案出版社，2002.

72. 朱建颂. 武汉方言概要［M］. 武汉：华中师范大学出版社，2009.

73. 朱建颂. 武汉方言词典［M］. 武汉：崇文书局，2018.

74. 朱建颂，张静. 武汉方言研究［M］. 武汉：华中师范大学出版社，2021.

75. 祝敏. 崇阳方言研究［M］. 武汉：华中师范大学出版社，2020.

76. 祝敏. 崇阳方言语法研究［M］. 北京：中国社会科学出版社，2022.

（二）论文类

1. ［日］荒基. 漢口語に就いて［J］. 支那語学報，1935（1）：6－22.

2. ［日］慶谷寿信. 音節構成と音韻変化——湖北方言における入声韻尾消失の過程［J］. 名古屋大学文学部研究論集，1967（43）：17－49.

3. ［日］竹治貞夫. 楚辞の方言性［J］. 德島大學學藝紀要（人文科學），1965（14）：1－10.

4. 白衣庵. 兴山土话的省思［J］.（台北）湖北文献，1986（79）：68－74.

5. 鲍红. 黄梅戏舞台方言的语音变异考察［J］. 戏曲艺术，2017（4）：68－71＋105.

6. 毕晟. 武汉方言中的“VV神”［J］. 高等函授学报，2000（5）：58－59.

7. 毕献平. 几个颇有襄樊特色的方言词［J］. 襄樊学院学报，2008（6）：82－84.

8. 蔡克烂，王欣怡. 阳新方言古去声促化现象初探［J］. 湖北第二师范学院学报，2018（6）：18－22.

9. 曹文安. 方言研究述略——兼说《长阳方言志》［J］. 宜昌师专学报，1994（4）：49－51.

10. 曹文安. 宜昌方言字考古［J］. 三峡大学学报，2003（1）：31－35.

11. 曹文安. 宜昌话“ABB”式论析［J］. 三峡大学学报，2003（5）：38－40＋57.

12. 曹文安. 宜昌话“AA神”式论析［J］. 三峡大学学报，2004（6）：60－62.

13. 曹志耘. 湖北通城方言的语音特点［J］. 语言研究，2011（1）：106－112.

14. 陈翠. 湖北应城方言中的“X＋流＋了＋的”结构式研究［D］. 长沙：湖南师范大学，2016.

15. 陈大银. 咸宁方言的特殊称谓语［J］. 湖北科技学院学报，2017（2）：5－7＋24.

16. 陈汉清. 孝感方言的韵母变读［J］. 语言研究，1984（1）：168－180.

17. 陈激悟. 谈北京音与武汉音的差异［J］. 语文知识，1955（9）：36－38.

18. 陈江英. 阳新方言特色副词例析［J］. 品位经典，2020（10）：21－23.

19. 陈洁，杨慧. 丹江口方言语音系统［J］. 郧阳师范高等专科学校学报，2013（4）：62－65.

20. 陈洁. 基于有声数据库调查的房县方言老青对比［J］. 汉江师范学院学报，2020（5）：86－90.

21. 陈娟. 关于汉口方言的历史演变［J］. 文学教育，2007（5）：150.

22. 陈立中. 论扬雄《方言》中南楚方言与楚方言的关系［J］. 湘潭大学社会科学学报，2001（5）：60－63＋135.

23. 陈立中. 论汉代南楚方言与吴越方言的关联性［J］. 中南大学学报，2004（2）：264－268.

24. 陈立中. 论湘鄂赣边界地区赣语中的浊音走廊［J］. 汉语学报，2004（2）：82－88＋96.

25. 陈萌. 湖北五峰汉语方言词汇调查研究［D］. 昆明：云南师范大学，2014.

26. 陈诗卉. 襄阳方言女性称呼语研究［J］. 文学教育，2016（1）：56－58.

27. 陈淑梅. 英山方言的“冇”和普通话的“没”“没有”［C］//陈恩泉. 双语双方言（二）. 香港：彩虹出版社，1992：32－38.

28. 陈淑梅. 湖北英山方言形容词的重叠式［J］. 方言，1994（1）：64－67.

29. 陈淑梅. 湖北英山方言“式”字的用法［J］. 方言，1996（1）：64－67.

30. 陈淑梅. 湖北英山方言的“X儿的”［J］. 方言，1997（3）：228－232.

31. 陈淑梅. 鄂东方言“箇”字的用法［J］. 方言，1999（1）：56－63.

32. 陈淑梅. 鄂东方言语气助词“得”构成的几种句式［J］. 语文研究增刊，2000：77－81.

33. 陈淑梅. 鄂东方言中表状态的结构助词“得”［J］. 黄冈师范学院学报，2000（4）：73－76.

34. 陈淑梅. 鄂东方言的“V 得得”［J］. 方言，2000（3）：222－227.

35. 陈淑梅. 鄂东方言“VP 是不 VP 的”格式［J］. 方言，2001（3）：217－221.

36. 陈淑梅. 鄂东方言的“数＋量＋O”的结构［J］. 方言，2003（2）：165－170.

37. 陈淑梅. 鄂东方言“把得”被动句［J］. 湖北师范学院学报，2005（4）：48－51＋81.

38. 陈淑梅. 鄂东方言的副词“把”［J］. 汉语学报，2006（1）：39－43.

39. 陈淑梅. 鄂东方言俗语中的量范畴［J］. 语言研究，2006（1）：27－29.

40. 陈淑梅. 鄂东方言量词重叠与主观量［J］. 语言研究，2007（4）：42－46.

41. 陈淑梅. 鄂东英山方言的满意程度量［J］. 方言，2008（1）：52－56.

42. 陈淑梅，夏慧. 楚语区黄梅方言的持续体标记“倒”［J］. 理论月刊，2011（11）：71－73.

43. 陈淑梅. 湖北英山方言的主观大量［J］. 方言，2013（2）：132－136.

44. 陈淑梅. 鄂东方言的小称与主观小量［J］. 江汉学术，2014（4）：123－128.

45. 陈淑梅. 从认知的角度看湖北英山方言的长时量［J］. 语言研究，2015（2）：78－84.

46. 陈淑梅. 鄂东方言的“把”字四用［C］//中国语言学会《中国语言学报》编委会. 中国语言学报：第十八期，北京：商务印书馆，

2018：104－115.

47. 陈淑梅. 湖北英山方言的特殊处置式“数＋动量＋把＋VP＋了”［J］. 方言，2019（1）：45－73.

48. 陈淑梅. 从主观低满意量看湖北英山方言中“V也V得”格式［J］. 语言研究，2019（3）：45－51.

49. 陈淑梅. 从主观性看湖北英山方言中的“V是不V的”格式［J］. 中国方言学报，2019（8）：169－175.

50. 陈爽. 保康方言中的后缀［J］. 语文教学与研究，2005（16）：20－22.

51. 陈天俐. 湖北老河口方言称谓语研究［D］. 昆明：云南师范大学，2023.

52. 陈翕贤. 黄石方言“果”的语法化［J］. 荆楚学术，2018（22）：131－136.

53. 陈显锋. 略论“三言二拍”所录与鄂东方言的吻合情况［J］. 九江学院学报，2020（1）：46－50.

54. 陈晓云. 阳新方言的有标记被动句［J］. 语文学刊，2008（10）：155－157.

55. 陈晓云. 阳新方言被动标记“把”的发展和形成分析［J］. 语文学刊，2008（24）：150－151.

56. 陈晓云. 鄂东南方言称谓词使用情况考察［J］. 湖北经济学院学报，2014（5）：99－100.

57. 陈孝玲. 钟祥方言胡集土语词汇的重叠式［J］. 广西民族学院学报，2004（2）：195－197.

58. 陈秀. 湖北仙桃方言的动态助词［J］. 湖北经济学院学报，2015（7）：115－117.

59. 陈秀. 湖北仙桃方言的重叠现象［J］. 铜仁学院学报，2015（2）：77－81.

60. 陈秀. 湖北仙桃方言研究［D］. 武汉：华中师范大学，2015.

61. 陈应远. 荆门方言熟语详释［J］. 荆门职业技术学院学报，2002（1）：42－48＋96.

62. 陈有恒. 咸宁话声调与古话、普通话声调的关系［J］. 咸宁师专学报，1979（1）：25－33.

63. 陈有恒. 鄂东南方言的特征［J］. 教学参考，1979（2）：30－39.

64. 陈有恒. 鄂南方言里的“AA 甚”［J］. 咸宁师专学报，1982（1）：73.

65. 陈有恒. 鄂南方言里的“把”“到”“在”［J］. 武汉师院咸宁分院学报，1982（2）：106－109.

66. 陈有恒. 咸宁口语拾零［J］. 咸宁师专学报，1984（1）：116－125.

67. 陈有恒. 蒲圻方音与古音的关系［J］. 咸宁师专学报，1984（3）：107－117.

68. 陈有恒，李元授. 蒲圻口语词考释［J］. 咸宁师专学报，1985（1）：104－113.

69. 陈有恒. 蒲圻口语词考释［J］. 咸宁师专学报，1985（2）：109－117.

70. 陈有恒. 武汉话——普通话字音对应表［J］. 咸宁师专学报，1986（1）：75－85.

71. 陈有恒. 鄂东南的活古话［J］. 咸宁师专学报，1986（1）：90.

72. 陈有恒，刘兴策. 鄂东南方言的内部分歧与外部联系［J］. 咸宁师专学报，1986（3）：100－116.

73. 陈有恒. 蒲圻方音与普通话语音的对应关系［J］. 咸宁师专学报，1987（1）：34－43.

74. 陈有恒. 鄂南方言的词汇特点［J］. 咸宁师专学报，1989（1）：61－65.

75. 陈有恒．鄂南方言的几个语法现象［J］．咸宁师专学报，1990（1）：69－77．

76. 陈有恒．湖北蒲圻话的人称代词［J］．方言，1990（3）：213－214．

77. 陈有恒．湖北方言里的十个词语现象［J］．咸宁师专学报，1991（2）：118－119．

78. 陈有恒．湖北方音说略［J］．咸宁师专学报，1994（3）：39－43．

79. 陈俞蓉．湖北咸丰方言中的“得”［J］．语文学刊，2014（10）：47－48＋51．

80. 陈玉琴．鄂西利川方言“个”的多功能用法及其比较研究［J］．郑州航空工业管理学院学报，2021（4）：96－102．

81. 陈渊．建始（高坪）方言词法研究［D］．恩施：湖北民族大学，2022．

82. 陈振寰，刘村汉．襄阳捻语［J］．广西师范大学学报，1984（3）：86－93．

83. 陈振亚．湖北孝感专区江北九县方音与北京音的对应规律［J］．方言与普通话集刊（第七本），1959：39－42．

84. 程从荣．浠水方言的人称代词［J］．语言研究，1997（2）：97－98．

85. 程从荣．浠水话双宾语句的特点［J］．中南民族学院学报，1998（1）：119－121．

86. 程芳．湖北公安毛家港镇湘方言岛语言接触研究［D］．长沙：湖南师范大学，2013．

87. 程画婷．湖北红安永佳河镇方言语音研究［D］．福州：福建师范大学，2018．

88. 程时用．湖北阳新方言中“到”字的用法［J］．现代语文，2008（10）：111－112．

89. 崔仁杰. 湖北（京山）坪坝方言中的语气助词研究［D］. 西安：西北大学，2021.

90. 戴军平. 湖北京山方言中的“AA 声”［J］. 汉字汉语研究，2011（4）：30－33.

91. 邓清. 大悟方言语音研究［D］. 上海：上海师范大学，2014.

92. 丁爱玲. 宜昌方言“尽（儘）”表被动探源［J］. 湖北第二师范学院学报，2019（3）：36－40.

93. 丁可. 认知语言学视角下孝感方言的概念隐喻研究［D］. 哈尔滨：黑龙江大学，2023.

94. 丁媛. 京山方言的“倒”［J］. 现代交际，2011（11）：54－56.

95. 丁沾沾. 豫鄂陕交界处汉语方言曾梗摄入声韵的今读与演变［J］. 安康学院学报，2016（3）：20－25.

96. 丁沾沾. 鄂西北竹山（宝丰镇）方言音韵特点及归属［J］. 安康学院学报，2017（1）：77－81.

97. 丁沾沾. 豫鄂陕交界区域汉语方言的调值分韵现象［J］. 汉江师范学院学报，2019（2）：24－28.

98. 丁子琳. 麻城市自然村落名的语言文化考察［D］. 武汉：华中师范大学，2021.

99. 董福升. 普通话与武汉方言接触状况调查［J］. 赤峰学院学报，2008（12）：68－71.

100. 董建辉，宋晓琪. 枝城方言词缀浅析［J］. 三峡论坛，2018（3）：27－30＋53.

101. 董俊芳. 湖北荆门话中的“一个 V”［J］. 荆楚学刊，2014（4）：79－82.

102. 都林. 古楚方言词语拾诂［D］. 武汉：中南民族大学，2015.

103. 段琰. “顶”的语法化及在湖北方言中的特殊用法［J］. 现代语文，2017（2）：79－81.

104．樊琳丽．湖北方言的地域特点及形成原因［J］．文化学刊，2018（5）：182－184．

105．范常喜．上古楚方言名物词新证五则［J］．语言科学，2016（2）：188－193．

106．范景行．武汉方言的“V 一下”［J］．新纪实，2021（1）：88－90．

107．范新干．湖北通山方言的“把得”被动句［C］//邢福义．汉语被动表述问题研究新拓展．武汉：华中师范大学出版社，2003：115－118．

108．范新干．湖北通山方言的动词“把得”句［C］//汪国胜．汉语方言语法研究．武汉：华中师范大学出版社，2007：114－117．

109．范新干．湖北通山方言的语素变调［J］．方言，2007（2）：116－118．

110．范新干，梁洁．鄂东南通山方言一组本字及其音韵特点［J］．华中学术，2016（4）：197－202．

111．范耀斌．湖北鹤峰方言舌根音声母/ŋ/丢失现象及社会成因分析［J］．淮南师范学院学报，2005（5）：64－65．

112．方舒婷．湖北安陆方言中的几种有标记祈使句［J］．现代交际，2017（3）：65－67．

113．方懿林．襄阳方言本字书写［J］．湖北文理学院学报，2012（12）：27－32．

114．方懿林．湖北宜城方言本字例考［J］．湖北科技学院学报，2013（1）：63－66．

115．冯志华．孝南方言与普通话的语音对应规律［J］．湖北职业技术学院学报，2006（4）：31－34．

116．冯志华．湖北孝南方言的语音特点［J］．湖北职业技术学院学报，2007（1）：37－39．

117．冯志华，张亚玲．湖北孝南方言的语流音变［J］．现代语文，

2007（11）：77－78.

118. 冯志华. 现代湖北孝南方言语音与中古音的比较［J］. 湖北职业技术学院学报，2008（1）：46－55.

119. 付梅梅，熊英. 鹤峰方言“儿”类现象探析［J］. 三峡论坛，2019（5）：11－15.

120. 付乔. 湖北恩施咸丰方言音系记略［J］. 天水师范学院学报，2012（1）：109－110.

121. 甘紫丹. 鄂南方言研究综述［J］. 长江大学学报，2013（11）：75－77.

122. 高杜. 新洲方言语法研究［D］. 南京：南京师范大学，2016.

123. 高娟. 荆门方言中的“子”［J］. 湖北第二师范学院学报，2016（10）：16－18.

124. 高娟. 荆门方言否定范畴考察［J］. 湖北第二师范学院学报，2018（1）：22－25.

125. 高志明. 仙桃方言“和”类连词“两个”的语法化动因［J］. 湖北文理学院学报，2020（4）：44－49.

126. 郭家翔. 湖北省西南官话特色介词（一）［J］. 湖北经济学院学报，2018（9）：126－128.

127. 郭家翔. 湖北省西南官话特色介词（二）［J］. 湖北经济学院学报，2018（10）：119－121.

128. 郭丽. 孝感方言音韵研究［D］. 西安：陕西师范大学，2006.

129. 郭丽. 西南官话鄂北片入声韵带i介音现象探析［J］. 汉语学报，2008（1）：33－39＋95－96.

130. 郭丽. 湖北西南官话音韵研究［D］. 上海：复旦大学，2009.

131. 郭丽. 湖北黄孝方言鱼虞韵的历史层次［J］. 语言科学，2009（6）：660－666.

132. 郭丽. 孝感方言的介词“过”［J］. 华中学术，2016（1）：174－179.

133. 郭攀. 丹江口方言“狠的”的复叠形式［J］. 方言，2002（3）：236－238.

134. 郭攀. 浠水方言中的“够冒”［J］. 语文研究，2003（1）：10.

135. 郭攀. 湖北浠水方言中的叠合式正反问［J］. 中国语文，2003（3）：273.

136. 郭万明. 恩施话里形容词动词的一种重叠式［J］. 湖北民族学院学报，1995（1）：78－80.

137. 郭晓茜. 试比较襄阳话与南阳话的语音异同［J］. 现代语文，2014（3）：21－24.

138. 郭友鹏. 湖北十堰市普通话与方言的使用情况［J］. 中国语文，1990（6）：427－432.

139. 郭忠. 天门方言的“两个”［J］. 语言研究，1995（1）：166－167.

140. 郭忠. 天门话的“XX 哩”格式［J］. 沙洋师范高等专科学校学报，1999（1）：39－41.

141. 郭子淞，郭翀. 武汉方言词“mao 冇”的研究［J］. 汉字文化，2022（3）：14－15＋23.

142. 韩凝，张艳辉. 荆楚方言中的楚文化解读［J］. 武汉职业技术学院学报，2011（5）：12－15.

143. 郝文华，谭文勇. 十堰方言中“谓词＋得＋看”式结构［J］. 理论月刊，2004（10）：81－82＋101.

144. 何洪峰，程明安. 黄冈方言的“把”字句［J］. 语言研究，1996（2）：81－87.

145. 何洪峰. 丹江方言的三个程度副词［J］. 郧阳师范高等专科学校学报，1998（1）：23－27＋94.

146. 何洪峰. 黄冈方言的比较句［J］. 语言研究，2001（4）：28－38.

147. 何洪峰，黎立夏. 通城方言名词性标记“者”［J］. 语言研究，2017（3）：37－43.

148. 何洪峰. 上巴河方言的反复体［J］. 长江学术，2018（3）：122－128.

149. 何天贞. 阳新三溪话的小称形式［J］. 语言研究，1982（2）：203－207.

150. 何亚萍. 湖北天门话程度副词研究［D］. 武汉：华中师范大学，2009.

151. 何烨. 湖北阳新方言中的“父亲”称呼研究［J］. 文学教育，2009（12）：12－131.

152. 何越鸿. 湖北利川方言的语气词“哈”［J］. 湖北师范学院学报，2009（5）：54－57.

153. 何越鸿. 湖北利川方言音系［J］. 湖北师范学院学报，2012（5）：71－75.

154. 何岳球，石荷露. 鄂东南通城方言中“女性称谓”缺失的原因初探［J］. 咸宁学院学报，2010（9）：62－65.

155. 何岳球. 湖北咸宁市通城县人名中的“球”字溯源及文化思考［J］. 湖北科技学院学报，2019（4）：13－16.

156. 鸿鸣. 五峰话的“您”和“您们”［J］. 中国语文天地，1986（6）：25.

157. 洪远瑶. 黄石方言指示代词“果”的研究［D］. 黄石：湖北师范大学，2016.

158. 侯芳，许菊. 武汉方言声调及连续变调的优选论分析［J］. 湖北第二师范学院学报，2012（12）：34－38.

159. 侯凤超，余磊. 古楚方言词“揞”“搴”“逞”探微［J］. 黄冈师范学院学报，2014（5）：107－111.

160. 胡邦岳. 基于CAS理论的恩施土家族方言文化分析［J］. 湖北理工学院学报，2015（5）：47－54.

161. 胡丹青. 湖北大冶方言中的颜色词探究［J］. 文学教育，2009（2）：128－129.

162. 胡丰彧. 湖北长阳方言的时间副词“混子”和“冇”［J］. 艺术科技，2016（12）：398＋404＋406.

163. 胡海. 宜昌市方言的儿化现象［J］. 宜昌师专学报，1994（1）：60－65.

164. 胡海. 宜昌方言儿化现象初探［J］. 华中师范大学学报，1994（4）：108－114.

165. 胡海. 宜昌方言“X 人”结构的分析［J］. 三峡大学学报，2002（2）：46－50.

166. 胡海琼. 英山话中的“tʂʻa”之本字考［J］. 语言研究，2002 年特刊：264－265.

167. 胡海琼. 英山话的“NP_1＋让＋NP_2＋VP＋它”句式［J］. 黄冈师范学院学报，2006（2）：77－81.

168. 胡海琼. 英山方言中的古楚语词举例［J］. 黄冈师范学院学报，2015（1）：70－71.

169. 胡海琼. 湖北英山杨柳方言知系字的舌叶性和唇齿化［J］. 方言，2017（4）：412－417.

170. 胡昊. 湖北黄梅分路方言的体貌［J］. 现代交际，2020（15）：68－69＋67.

171. 胡慧斌.《武汉方言词典》简介［J］. 方言，1995（2）：110.

172. 胡杰. 松滋话语音［kɤ］本字考［J］. 武汉理工大学学报，2002（4）：426－428.

173. 胡婕. 湖北英山方言形容词研究［D］. 黄石：湖北师范大学，2020.

174. 胡靖偲. 湖北恩施话中的动态助词“哒”［J］. 湖北民族学院学报，2013（1）：143－145＋157.

175. 胡琪. 武汉方言特色副词［J］. 科教文汇，2008（7）：246.

176. 胡茜. 黄石方言的程度表达［J］. 湖北教育学院学报，2006（7）：46－48＋65.

177. 胡茜. 黄石矿冶文学作品方言现象研究［J］. 湖北理工学院学报，2017（2）：70－78.

178. 胡维新. 湖北广济方音和北京语音［J］. 方言与普通话集刊（第三本），1958：86－93.

179. 胡伟. 宜城方言基调及变调语音实验报告［J］. 中南民族大学学报，2007（S1）：140－141.

180. 胡伟，刘新红. 湖北宜城方言“子”颤音的实验语音学分析［J］. 湖南工业大学学报，2019（6）：103－110＋117.

181. 胡伟，刘新红. 湖北宜城方言变韵探究［J］. 湖南工业大学学报，2020（6）：103－110.

182. 胡晓玲，谭玉龙. 宜昌方言中“待诏”一词的历史渊源［J］. 黑龙江史志，2015（7）：308.

183. 胡炎炎. 湖北随州方言小称词缀“娃儿”“娃子”［J］. 湖北文理学院学报，2021（1）：56－60＋67.

184. 胡炎炎. 随县方言词汇及其归属研究［D］. 厦门：集美大学，2021.

185. 胡正华. 也谈湖北话［J］.（台北）湖北文献，1977（45）：74－77.

186. 华娇. 通山方言中“得”的几种用法［J］. 文教资料，2011（8）：20－21.

187. 黄宾主. 黄梅方言“入派”调查［J］. 湖北师范学院学报，2006（2）：60－61＋115.

188. 黄兵，张馨丹. 湖北恩施方言“逮”的语义及语值研究［J］. 广西民族大学学报，2018（3）：187－192.

189. 黄持刚. 略谈湖北方言中的亲属称呼［J］. 孝感师专学报，1986（1）：71－74.

190. 黄翠. 湖北红安方言词汇研究［D］. 武汉：华中师范大学，2023.

191. 黄发恭. 楚人的成语和成语中的楚人［J］. 湖北社会科学，2005（1）：154－157.

192. 黄芳. 湖北仙桃方言尊称复数标记“们侟［sou¹］”［J］. 湖北师范大学学报，2018（6）：11－18.

193. 黄婧. 湖北巴东方言“到”的多功能性及其语法化［J］. 荆楚学刊，2016（5）：30－33.

194. 黄婧. 巴东方言中的被动标记研究［J］. 绵阳师范学院学报，2017（9）：84－89.

195. 黄均凤. 武汉报纸新闻标题中方言词语的选用及选用策略［J］. 湖北文理学院学报，2015（7）：70－73.

196. 黄开洲. 英山方言中先时类连接成分“箇的”［J］. 汉字文化，2022（8）：23－25.

197. 黄群建. 阳新方言说略［J］. 湖北师范学院学报，1989（2）：85－98.

198. 黄群建. 通山方言的语音特征［J］. 湖北师范学院学报，1990（4）：91－97.

199. 黄群建. 大冶方言考［J］. 湖北师范学院学报，1993（1）：74－78.

200. 黄群建. 湖北阳新方言的小称音变［J］. 方言，1993（1）：59－64.

201. 黄群建. 黄石方言语音记略［J］. 湖北师范学院学报，1995（5）：96－102.

202. 黄群建. 阳新方言古牙喉音及泥母对韵母的影响［J］. 湖北师范学院学报，1997（5）：89－92.

203. 黄群建. 一部方言研究的力作——评《宜昌方言研究》［J］. 华中师范大学学报，1997（6）：124－126.

204. 黄群建，孙杰. 黄侃《蕲春语》疏证选例［J］. 湖北师范学院学报，1999（1）：89－92.

205. 黄群建，徐红. 黄侃《蕲春语》音系的语音特点［J］. 湖北师范学院学报，1999（1）：86－88.

206. 黄群建. 湖北阳新方言的代词［J］. 湖北师范学院学报，2002（2）：33－37.

207. 黄树先. 古楚语释词［J］. 语言研究，1989（2）：109－117＋45.

208. 黄树先，钱萌萌. 黄陂话中的扑克牌［J］. 语言研究，2019（4）：37－44.

209. 黄树先. 湖北黄陂方言的新词和旧词［J］. 语言历史论丛，2020（1）：23－42.

210. 黄树先. 黄陂话音变构词例释——核心词裂变的一个样本［J］. 东方语言学，2020（1）：1－29.

211. 黄双全. 论英山方言中的特殊词［J］. 新纪实，2021（5）：83－87.

212. 黄喜. 黄梅方言词汇研究［D］. 武汉：华中师范大学，2013.

213. 黄晓东. 浙江安吉县官话方言岛研究［D］. 北京：北京语言大学，2004.

214. 黄晓东. 浙江安吉县的湖北方言岛［J］. 湖州师范学院学报，2007（4）：39－42.

215. 黄晓东. 浙江安吉县的三种官话方言岛［J］. 浙江师范大学学报，2007（3）：57－61.

216. 黄晓南. 浅议荆州方言的演变［J］. 安徽文学，2008（11）：289.

217. 黄亚兰. 湖北天门方言里几种特殊的“了”字用法［J］. 才智，2008（4）：179.

218. 黄志明. 湖北汉川话的虚词“倒”［J］. 语言研究，2002

(S1)：259－263.

219. 忌浮. 明末湖北京山方言音系：读郝敬《读书通》[J]. 语言研究，2005 (4)：9－11.

220. 贾红霞. 湖北丹江口方言的情态标记“得[te]”[J]. 广播电视大学学报，2009 (1)：60－63.

221. 贾慧灵. 宜昌方言词汇特点探析[J]. 汉字文化，2022 (15)：11－13.

222. 贾君芳. 湖北襄樊方言“V＋起个＋N”格式[J]. 现代语文，2007 (1)：93－94.

223. 江佳慧. 湖北恩施方言词“白”[J]. 现代语文，2013 (4)：30－32＋161.

224. 江佳慧. 恩施方言语汇中蕴含的土家族婚恋习俗[J]. 民族论坛，2013 (8)：68－71.

225. 江琦. 汉口方言声调问题新探[J]. 武汉教育学院学报，1987 (2)：59－66.

226. 江晓雯. “汉味小说”中的武汉方言及文化研究[D]. 武汉：湖北大学，2019.

227. 江远胜. 湖北红安方言农具类名物词解析[J]. 湖北职业技术学院学报，2021 (4)：82－87.

228. 姜亚凤. 湖北方言中的“苕”[J]. 湖北师范大学学报，2017 (5)：17－20.

229. 姜迎春，甘于恩. 湖北武穴方言指示代词三分型研究[J]. 语言研究，2021 (3)：25－31.

230. 姜玉蝶. 襄阳方言的调查[J]. 旅游纵览，2014 (2)：348.

231. 蒋静. 湖北建始方言中名词的叠音现象[J]. 现代语文，2007 (7)：68－69.

232. 蒋静. 湖北建始方言词汇拾零[J]. 黔南民族师范学院学报，2014 (4)：34－41.

233. 蒋静. 湖北建始方言中“哪门”的语用分析［J］. 吕梁学院学报，2014（5）：17－19.

234. 蒋静. 湖北建始方言词汇中的文化特征［J］. 绥化学院学报，2014（11）：108－111.

235. 蒋静. 湖北建始（城关）方言词汇重叠式［J］. 四川民族学院学报，2015（2）：77－81.

236. 蒋静. 湖北建始方言中的动态助词“倒”［J］. 岭南师范学院学报，2015（5）：86－88.

237. 蒋静. 湖北建始方言颜色词概述［J］. 现代语文，2016（8）：44－46.

238. 蒋静. 湖北建始方言的“不得”［J］. 华中学术，2019（2）：144－147.

239. 金鸿玉. 保康城关方言中的“多”［J］. 湖北文理学院学报，2022（9）：25－30.

240. 金莎. 湖北省罗田县三里畈方言语音研究［D］. 贵阳：贵州大学，2020.

241. 金小栋，赵修. 湖北恩施方言中表程度的两种特殊结构［J］. 现代语文，2010（4）：98－99.

242. 金小栋，赵修. 利川（谋道）方言的介词［J］. 三峡论坛，2019（1）：51－55.

243. 金艳芳. 湖北阳新方言“是何”研究——以兴国镇（县城）为例［J］. 现代语文，2019（4）：66－71.

244. 居锦文. 武穴方言称呼与普通话称呼之比较［J］. 荆门大学学报，1996（4）：56－57.

245. 居锦文. 武穴方言名词与普通话名词之比较——武穴方言研究之二［J］. 荆门大学学报，1997（1）：51－53.

246. 居锦文. 武穴方言动词与普通话动词之比较——武穴方言研究之三［J］. 荆门大学学报，1997（2）：53－54.

247. 康贝贝. 湖北江陵方言语音研究［D］. 荆州：长江大学，2023.

248. 柯西钢. 汉江上游鄂北片方言的地理格局及混合型特征［J］. 方言，2010（1）：80－87.

249. 柯西钢. 汉水流域语言与文化研究［J］. 陕西师范大学学报，2018（3）：70－75.

250. 柯移顺. 三峡工程库区移民语言研究综述［J］. 三峡论坛，2012（6）：112－116.

251. 匡鹏飞. 武汉方言中的长音式状态形容词及其与ABB式状态形容词的关系［C］//陈恩泉. 双语双方言（八）. 香港：汉学出版社，2005：184－195.

252. 匡鹏飞. 武汉方言中的用事成分标记词“过”和“架”［C］//陈恩泉. 双语双方言（九）. 香港：汉学出版社，2006：103.

253. 雷昌蛟. 建始官店话中所见元明白话词汇［J］. 遵义师专学报，1994（1）：22－25.

254. 雷昌蛟. 建始（官店）方言中所见元明白话词语［J］. 古汉语研究，2000（3）：80－81.

255. 雷昌蛟. 建始官店方言本字考［J］. 遵义师范学院学报，2002（3）：29－32.

256. 雷凤珍，殷凌燕. 通城话和普通话声母之比较［J］. 咸宁师专学报，2000（5）：79－81.

257. 雷俊平. 鄂州（城区）方音与普通话语音对析［J］. 鄂州大学学报，1996（2）：11－15.

258. 冷遇春. 郧县方言［J］. 郧阳师范高等专科学校学报，1990（2）：35－63.

259. 黎立夏，何洪峰. 通城方言研究综观与展望［J］. 湖北科技学院学报，2016（7）：5－8.

260. 黎立夏. 通城方言双名词词缀中的前词缀［J］. 语文教学通

讯，2018（3）：63－65.

261. 黎立夏. 通城方言名词性标记“伪”［J］. 华中学术，2019（4）：138－147.

262. 黎汪婷. 现代汉语及黄冈方言中的管字句考察［J］. 文学教育，2013（3）：46－47.

263. 李爱国. 通城话与普通话韵母之比较［J］. 咸宁师专学报，2002（5）：60－62.

264. 李爱国. 湖北嘉鱼方言本字考［J］. 咸宁学院学报，2004（1）：114－118.

265. 李爱国. 湖北嘉鱼方言形容词本字考［J］. 咸宁学院学报，2006（1）：77－78.

266. 李爱国. 湖北嘉鱼方言本字考证［J］. 咸宁学院学报，2008（2）：74－75＋97.

267. 李崇兴. 武汉人怎样识别入声字［J］. 中学语文，1979（5）：27－29.

268. 李崇兴. 宜都话的两种状态形容词［J］. 方言，1986（3）：222－230.

269. 李崇兴. 宜都话的疑问代词［J］. 语言研究，1989（1）：94－96.

270. 李崇兴. 湖北宜都方言助词“在”的用法和来源［J］. 方言，1996（1）：61－63.

271. 李崇兴，刘晓玲. 安陆方言中的“X得X”［J］. 南阳师范学院学报，2004（4）：52－54.

272. 李崇兴，胡颖. 武汉方言中由“V＋他”形成的祈使句［J］. 江汉大学学报，2006（6）：71－73.

273. 李崇兴. 宜都话见系二等开口字的读音［J］. 语言研究，2011（2）88－90.

274. 李红华. 湖北红安方言语音研究［D］. 泉州：华侨大学，

2021.

275. 李华斌. 武天片去声的分化和历史层次［J］. 黔南民族师范学院学报，2016（2）：35－39＋44.

276. 李辉. 湖北保康方言中的助词“起”［J］. 湖北文理学院学报，2019（4）19－22.

277. 李辉. 保康方言的体［D］. 西安：陕西师范大学，2020.

278. 李辉望，汪化云. 黄冈方言在青年学生中的变异［C］//陈恩泉. 双语双方言（七）. 香港：汉学出版社，2001：71－79.

279. 李佳. 武汉方言的句法程度表示法［J］. 文学教育，2007（2）144－145.

280. 李佳. 武汉方言程度表示法［D］. 武汉：华中师范大学，2007.

281. 李佳. 鄂东南方言蟹假果摄的主要元音及相关问题［J］. 方言，2010（2）：156－164.

282. 李建校. 通城（麦市）话群母溪母字的读音［J］. 晋中学院学报，2005（5）：1－4.

283. 李江帆. 湖北蕲春方言语音研究［D］. 泉州：华侨大学，2012.

284. 李娟. 宜昌方言“说”类话语标记研究［D］. 武汉：华中师范大学，2023.

285. 李军. 明代湖北罗田方言语音的若干特征［J］. 语言科学，2012（2）：184－196.

286. 李腊花. 论武汉青年学生对武汉方言、普通话和英语的态度［J］. 理工高教研究，2007（6）：122－125.

287. 李莉，杨宗红. 恩施方言与民族文学［J］. 湖北民族学院学报，2011（2）：64－68.

288. 李莉亚. 湘鄂交界地带常鹤片方言声调的类型和演变——兼论常鹤片方言的混合性和过渡性［J］. 方言，2017（4）：418－426.

289. 李林. 鄂西利川方言被动句探赜［J］. 湖北科技学院学报，2016（9）：40－45.

290. 李林. 鄂西利川方言话题句的多方面考察［J］. 湖北科技学院学报，2016（11）：38－43.

291. 李林. 鄂西利川方言le^{24}类与la^{24}类指示代词［J］. 龙岩学院学报，2017（1）：59－67.

292. 李林. 鄂西利川方言表可能性的“得”字结构疑问小句研究［J］. 红河学院学报，2017（2）：59－63.

293. 李林. 古疑、影、喻母字在鄂西利川方言中的今读音研究［J］. 济源职业技术学院学报，2017（3）：99－106.

294. 李林. 从构成形式、句法功能和韵律特征探析鄂西利川方言重叠式词语［J］. 重庆电子工程职业学院学报，2017（4）：102－107.

295. 李林. 鄂西利川方言表程度的构式［J］. 龙岩学院学报，2017（4）：34－41.

296. 李林，孙萌，杨伟苹. 论鄂西利川方言重叠式词语的色彩意义和语法意义［J］. 绥化学院学报，2017（11）：75－79.

297. 李林. 鄂西利川方言位移动词研究［D］. 昆明：云南师范大学，2018.

298. 李曼. 罗田方言中的复数标记“伙的”分析［J］. 品位经典，2021（1）：48－49.

299. 李梦晗. 武汉方言中的“外地人”称谓语［J］. 现代语文，2015（4）：126－128.

300. 李水海. “不穀”新解——《老子》用楚语考论之一［J］. 西安石油大学学报，1986（2）：102－105.

301. 李水海. 上古楚语历时考释［J］. 无锡教育学院学报，1998（3）：1－6.

302. 李思琪. 湖北方志方言词研究［D］. 成都：西南交通大学，2019.

303．李婉．湖北当阳方言的一些语法特点［D］．北京：中国社会科学院研究生院，2013．

304．李婉．湖北潜江方言语音及其地理语言学研究［D］．长沙：湖南师范大学，2016．

305．李文娟．湖北天门方言声母特点研究［J］．长治学院学报，2013（5）：80－83．

306．李文娟．湖北天门方言特殊亲属称谓例析［J］．环球人文地理，2014（12）：129．

307．李霞，成文露．湖北麻城方言的亲属称谓词研究［J］．黄冈师范学院学报，2016（1）：56－60．

308．李小凡．鄂东南方言研究的第一部专著——读《蒲圻方言》［J］．咸宁学院学报，1992（4）：338－339．

309．李星辉，胡花尼．涟源三峡移民方言与当地方言特点比较［J］．中南大学学报，2007（1）：108－111．

310．李旭，郭沈青．湖北郧西（上津）方言音系研究［J］．安康学院学报，2016（4）：63－72．

311．李旭，刘新中．湖北郧西“西乡语”的语音特征与归属［J］．南方语言学，2021（1）：68－74．

312．李旭，刘新中．鄂西北无撮口呼方言的来源与归属［J］．南方语言学，2021（2）：143－152．

313．李汛，肖国政．钟祥方言本字考［J］．华中师院学报，1984（5）：126－129＋132．

314．李亚竹．何祚欢作品中武汉方言修辞研究［D］．武汉：中南民族大学，2016．

315．李亚竹，冯广艺．论何祚欢作品的武汉方言词特色［J］．三峡大学学报，2017（5）：113－116．

316．李盈．武汉方言新、老派词汇比较研究［D］．武汉：华中师范大学，2012．

317. 李友益. 三峡方言难字考［J］. 三峡论坛，2013（1）：140－143＋150.

318. 李宇明. 鄂豫方言中的颤音［J］. 华中师院学报，1984（5）：121－125.

319. 李裕民. 楚方言的初探［J］. 山西大学学报，1986（2）：62－67＋69.

320. 李祖林. 宜昌方言“AA神”的语法特点［J］. 宜昌师专学报，1993（4）：76－77.

321. 栗华益. 试析湖北通城方言的入声韵尾［J］. 语言研究，2013（3）：111－116.

322. 廖侃. 洪湖话的常用语气词［D］. 武汉：华中师范大学，2014.

323. 廖雅琴. 武汉方言的比喻研究［D］. 武汉：华中科技大学，2015.

324. 廖賓熳. 襄阳方言词汇研究［D］. 武汉：华中师范大学，2022.

325. 林莲仙.《楚辞》韵与现代汉语方言在古调研究中的交互作用［J］.（台湾）. 崇基学报，1968（2）：177－186.

326. 林苑. 黄冈方言的“把”［J］. 山西青年，2018（23）：256－257.

327. 林苑. 蕲春方言双及物结构动词研究［J］. 青年文学家，2020（15）：170－171.

328. 刘宝俊. 湖北崇阳方言音系及特点［J］. 中南民族学院学报，1988（5）：105－111＋95.

329. 刘宝俊. 崇阳方言本字考［J］. 语言研究，1993（1）：128－135.

330. 刘宝俊. 湖北崇阳方言流、臻、曾开口一等字读细音［J］. 中国语文，1993（3）：224.

331．刘宝俊．汉语方言研究的又一丰硕成果——读刘兴策教授新著《宜昌方言研究》［J］．韩山师范学院学报，1997（1）：131－133.

332．刘畅．湖北公安方言中的颜色词研究［J］．语文教学与研究，2011（29）：84－85.

333．刘传富．襄樊方言声调与普通话声调对应规律研究——襄樊方言音系研究之一：声调特点［J］．襄樊职业技术学院学报，2009（6）：65－67.

334．刘传富．襄樊方言音系与普通话对应——襄樊方言音系之二：古入声字派生特点［J］．襄樊职业技术学院学报，2010（4）：65－67.

335．刘传富．襄阳方言音系与普通话对应——襄阳方言音系之三：声母特点［J］．襄樊职业技术学院学报，2011（3）：48－50.

336．刘传清．描写考议 雅俗共适：读王作新教授新著《三峡方言研究——宜昌方言语词及文字汇释考议》［J］．三峡大学学报，2004（6）：99－100.

337．刘春华．湖北恩施方言的非完全体研究［J］．现代语文，2014（4）：76－78.

338．刘春华．湖北恩施方言的亲属称谓［J］．三峡大学学报，2014（36）：61－64.

339．刘春华，张振羽．湖北巴东方言的持续体标记［J］．沈阳大学学报，2021（1）：58－63.

340．刘村汉．随州方言代词四指［J］．中国语言学报［C］，1995（7）：156－162

341．刘存雨．庄延龄《汉口方言》所记十九世纪七十年代的汉口方音［J］．方言，2018（4）：437－442.

342．刘海章．湖北荆门话中的“V人子”［J］．语言研究，1989（1）：96－97.

343．刘欢．武穴方言语法特点研究［D］．南昌：南昌大学，2017.

344．刘金桥．第三人称敬称初探——以钟祥方言“他您”为例

[J]. 文史博览, 2016 (11): 37 - 38 + 44.

345. 刘俊. 湖北竹溪方言单音节动词的重叠形式及语法意义研究 [J]. 青年文学家, 2017 (6): 178 - 179.

346. 刘丽. 湖北公安方言入声分析 [J]. 广西民族师范学院学报, 2014 (6): 56 - 58.

347. 刘丽沙. 襄阳方言词汇考释举隅 [J]. 襄阳职业技术学院学报, 2017 (4): 7 - 9 + 14.

348. 刘丽沙, 刘望冬. 襄阳方言中的"X 屎子" [J]. 湖北文理学院学报, 2017 (6): 21 - 24 + 50.

349. 刘丽沙. 襄阳方言程度表示法 [D]. 武汉: 华中师范大学, 2018.

350. 刘琴. 湖北恩施方言词汇调查 [J]. 青年文学家, 2018 (36): 178 - 180.

351. 刘群. 襄樊方言"VV 看"格式的特点 [J]. 襄樊职业技术学院学报, 2006 (1): 114 - 115.

352. 刘群. 湖北襄樊方言在聊天室里的偏离 [J]. 现代语文, 2010 (6): 88 - 89.

353. 刘群. 襄樊方言的特殊量词研究 [J]. 襄樊学院学报, 2010 (12): 64 - 67.

354. 刘然. 恩施方言研究的民族语用学观 [J]. 文学教育, 2016 (8): 136 - 137.

355. 刘瑞明. 武汉方言词理据的讨论与欣赏 [J]. 华中师范大学学报, 1998 (5): 125 - 126.

356. 刘瑞明. 武汉方言的谐音隐实示虚趣难词 [J]. 陇东学院学报, 2006 (2): 8 - 14.

357. 刘瑞琦. 恩施地区方言语气词研究 [D]. 武汉: 华中师范大学, 2017.

358. 刘胜莲. 关于武汉人亲属称谓扩展使用情况的调查 [J]. 湖北

经济学院学报，2007（9）：151－152.

359. 刘统令. 松滋方言“把”字句研究［D］. 上海：华东师范大学，2017.

360. 刘雯. 监利方言的“倒”［J］. 群文天地，2011（21）：215－296.

361. 刘文攀. 湖北鄂州市区方言词汇调查［J］. 文学教育，2014（3）：61－62.

362. 刘晓然. 黄冈方言的后加成分“和你”［J］. 中国语文，2002（3）：277.

363. 刘晓然. 黄冈方言的疑问代词［J］. 湖北师范学院学报，2002（4）：66－71.

364. 刘晓然. 黄冈方言的中指代词［J］. 海南师范学院学报，2002（5）：128－131.

365. 刘晓然. 黄冈方言人称代词的形态变化［J］. 湖北师范学院学报，2003（4）：106－109.

366. 刘晓艳. 湖北阳新方言研究综述［J］. 现代语文. 2014（8）：23－25.

367. 刘晓玥. 湖北方志方言语音研究［D］. 成都：西南交通大学，2022.

368. 刘鑫仪. 武穴方言词法研究［D］. 武汉：湖北师范大学，2019.

369. 刘心怡，周艳丽. 襄阳方言词汇构词理据研究［J］. 文学教育，2022（1）：41－43.

370. 刘兴策，朱建颂. 略谈武汉方言词汇的特点［J］. 武汉师范学院学报，1980（Z1）：126－130.

371. 刘兴策. 蒲圻话中的文白异读［J］. 华中师院学报，1982（4）：50－53.

372. 刘兴策. 宜昌方言记略［J］. 咸宁师专学报，1988（1）：55－

65.

373. 刘兴策. 试论“楚语”的归属［J］. 华中师范大学学报，1988（4）：104－111.

374. 刘兴策. 关于鄂南方言的几本著作［J］. 咸宁师专学报，1993（3）：85.

375. 刘兴策. 蕲春语和蕲春方言［C］//中国海峡两岸黄侃学术研讨会筹备委员会. 中国海峡两岸黄侃学术研讨会论文集. 武汉：华中师范大学出版社，1993：126－129.

376. 刘兴策，刘坚，盛银花. 湖北安陆方言词汇（一）［J］. 方言，1994（4）：308－313.

377. 刘兴策. 现代宜昌音与中古音的比较［J］. 华中师范大学学报，1994（6）：108－115.

378. 刘兴策，刘坚，盛银花. 湖北安陆方言词汇（二）［J］. 方言，1995（1）：74－80.

379. 刘兴策. 近百年来湖北省汉语方言研究综述［J］. 方言，1998（3）：174－177.

380. 刘兴策. 再论近20年的湖北方言研究［J］. 沙洋师范高等专科学校学报，2001（1）：42－47.

381. 刘兴策. 对湖北省境内汉语方言分区的几点意见［J］. 方言，2005（3）：287－288.

382. 刘艳丽. 湖北松滋（新江日）方言音系［J］. 湖北教育学院学报，2007（3）：41－43.

383. 刘一梦. 清代韵书《谐音摘要字母》声母系统——兼论近两百年孝感声母系统演变［J］. 古汉语研究，2016（3）：27－37.

384. 刘雨晴. 湖北公安方言的亲属称谓［J］. 汉字文化，2020（S2）：24－25.

385. 刘韫怡. 荆门方言的“AA声”重叠式［J］. 汉字文化，2021（6）：23－24.

386. 刘赜. 楚语拾遗［J］. 武汉大学文哲季刊，1930（1）：141－172.

387. 刘赜. 再答王楚屏先生问浠水方言［J］. 武汉大学人文科学学报，1957（2）：137－138.

388. 刘赜. 广济方言之调类与调值［J］. 武汉大学学报，1958（1）：83－87.

389. 刘赜. 广济方言［J］. 武汉大学学报，1963（1）：81－86.

390. 刘铮. 明《万密斋医学全书》中诗词用韵研究与现代罗田方言［D］. 武汉：中南民族大学，2012.

391. 柳媛. 浅析湖北赤壁方言中的颜色词［J］. 现代语文，2010（5）：98－100.

392. 龙泉. 洪湖方言的状态形容词［J］. 湖北经济学院学报，2007（3）：150－152.

393. 龙文正，麻荣远. 苗语与楚语——兼答夏剑钦同志［J］. 学术月刊，1983（7）：45－52＋65.

394. 龙涯. 鹤峰方言词汇研究［D］. 重庆：重庆师范大学，2013.

395. 龙庄伟. 湖北恩施话中的一个土家语成分［J］. 民族语文，1988（6）：68－69.

396. 卢刚. 湖北大冶金牛方言语音及其比较研究［D］. 长沙：湖南师范大学，2017.

397. 卢红艳. 天门方言疑问句研究［D］. 武汉：华中师范大学，2009.

398. 卢烈红. 湖北黄梅话的人称代词［J］. 湖北大学学报，2001（3）：66－70.

399. 卢烈红. 湖北黄梅话的指示代词［J］. 方言，2002（4）：322－330.

400. 卢烈红. 近代汉语书面文献与现代方言词语的考释：以黄梅方言为例［J］. 湖北大学学报，2009（6）：86－89.

401. 卢烈红. 从黄梅方言与近代汉语文献互证看辞书相关条目［J］. 合肥师范学院学报，2010（2）：21－22.

402. 卢烈红. 黄梅方言中的“妈妈”和“老板”［J］. 民俗典籍文字研究，2014（2）：171－179＋238－239.

403. 卢烈红，周婷. 广水方言的持续体标记“倒”和“得”［J］. 长江学术，2022（2）：112－128.

404. 鲁国尧. “抢占前沿”和“新二重证据法”、“结合论”——由赵彤《战国楚方言音系》引发的思考［J］. 湖北大学学报，2006（5）：532－535.

405. 鲁娜. 咸宁方言语气词“呃”的考察［J］. 语文学刊，2011（9）：96－97.

406. 鲁娜. 咸宁方言叹词、语气词及其呼应关系研究［D］. 武汉：华中师范大学，2012.

407. 罗彬，王作新. 长阳方言动词“把”字试论［J］. 三峡论坛，2013（3）：120－123.

408. 罗建军. 大冶陈贵方言口语中的合音词［J］. 湖北师范学院学报，2006（4）：78－81＋132.

409. 罗江文. 谈两周金文合韵的性质——兼及上古“楚音”［J］. 楚雄师专学报，1999（4）：73－77.

410. 罗进军，谈书勤. 宜昌方言 BBA 式形容词的理据探寻［J］. 荆楚理工学院学报，2023（1）：23－30.

411. 罗庆云. 新洲方音考察报告［J］. 江汉大学学报，2000（5）：55－59.

412. 罗庆云. 新洲话的动态助词“倒”和动结式第二成分的“倒”［J］. 江汉大学学报，2005（2）：58－61.

413. 罗庆云. 新洲方言的入声［J］. 江汉大学学报，2007（5）：49－53.

414. 罗庆云. 《说文》中所见今新洲方言本字考略［J］. 江汉学

术，2010（6）：85－88.

415. 罗庆云. 湖北新洲方言的儿化［J］. 湖北工程学院学报，2012（5）：77－80.

416. 罗庆云，金燕丽. 湖北新洲方言词语考释十三则［J］. 江汉学术，2012（5）：69－71.

417. 罗姝芳. 恩施地区汉语方言中的土家族词语［J］. 边疆经济与文化，2007（8）：69－72.

418. 罗姝芳. 恩施方言中特殊的形容词重叠式［J］. 湖北师范学院学报，2007（6）：60－64.

419. 罗姝芳. 土家语与恩施州方言中鼻韵尾弱化或脱落现象［J］. 边疆经济与文化，2008（10）：77－79.

420. 罗姝芳. 鄂西南方言中“各（人）”一词的模糊性［J］. 湖北师范学院学报，2014（4）：11－15.

421. 罗姝芳. 恩施州建始县陇里话两字组连读变调分析［J］. 湖北师范大学学报，2021（6）：58－63.

422. 罗自群. 襄樊方言“AA 神”式特点和性质探微［J］. 语言研究，1995（2）：186－189.

423. 罗自群. 从《湖北方言调查报告》看湖北方言的声调特点［J］. 语言研究，2002（S1）：226－230.

424. 罗自群. 襄樊方言的重叠式［J］. 方言，2002（1）：82－90.

425. 罗自群. 襄樊话“倒”和北京话“着”之比较［J］. 语言科学，2004（6）：101－107.

426. 罗自群. 襄樊方言的“在”字句［J］. 汉语学报，2005（1）：31－37＋95.

427. 骆鸿凯. 楚辞章句征引楚语考［J］. 师大国学丛刊，1931（2）：17－20.

428. 吕行. 恩施方言的名词性前导式歇后语［J］. 华中学术，2021（1）：175－185.

429. 吕行，刘根辉．恩施“土老司/师”类方言歇后语中的宗教及土司文化印记——兼论文化和语言的交互影响［J］．湖北社会科学，2021（3）：129－133.

430. 马晨希．武汉方言修辞造词现象［D］．武汉：华中师范大学，2020.

431. 马敏．湖北荆州方言声韵调特点［J］．长江大学学报，2013（5）：93－94.

432. 马平．湖北枣阳方言“拐”的意义及其演变［J］．汉字文化，2013（5）：35－38.

433. 马平．枣阳七方镇方言语音研究［D］．西安：陕西师范大学，2014.

434. 马婷婷．襄阳方言女性亲属称谓语调查研究［J］．现代语文，2015（12）：120－122.

435. 马婷婷．襄阳方言特色女性称呼语的构形理据探究——以“俩娃儿、嬢儿和嫲嫲”为例［J］．湖北文理学院学报，2015（12）：15－18.

436. 马婷婷．襄阳市女性社会称呼语生活现状研究［J］．襄阳职业技术学院学报，2016（2）：10－13.

437. 马艺萌，邵则遂．古楚方言词“豭、牯”［J］．语言研究，2017（4）：100－105.

438. 马芝兰，黄群建．黄石方言语法札记［J］．湖北师范学院学报，2001（4）：42－45.

439. 毛文静．汉语第二人称敬称代词的类型学考察——从湖北天门方言敬称代词“你那”的来源谈起［J］．语言科学，2019（2）：176－189.

440. 毛哲诗．武汉方言中的长音后置词——“流”［C］//陈恩泉．双语双方言（九）．香港：汉学出版社，2006：223－229.

441. 梅先芬．试论襄樊话与普通话声调的对应规律［J］．襄阳师专

学报，1984（1）：73－77.

442. 梅祖麟. 古代楚方言中“夕𥻘”字的词义和语源［J］. 方言，1981（3）：215－218.

443. 孟修祥. 荆楚方言的文化透视——读王群生《湖北荆沙方言》［J］. 荆州师专学报，1996（3）：89－91.

444. 眸子. 方言语法研究的思考——兼评陈淑梅《鄂东方言语法研究》［J］. 方言，2002（1）：90－93.

445. 南安. 蕲春县青石镇樟树村方言儿化现象浅谈［J］. 湖北师范学院学报，1998（5）：123－126.

446. 倪纯珍. 湖北口语常用字例说［J］. 湖北教育，1980（1）：39.

447. 聂环. 崇阳方言中的动词重叠式“VV 神”［J］. 科教文汇，2017（8）：147－148.

448. 聂依丽. 湖北咸宁通城方言词汇构词研究［J］. 文教资料，2015（34）：38－40.

449. 牛慧芳. 黄季刚方言学理论及实践研究［J］. 湖北社会科学，2018（12）：130－137.

450. 欧巧. 湘潭楠竹山镇湖北方言岛江南话研究［D］. 长沙：湖南师范大学，2018.

451. 欧阳澜. 浅析咸宁市温泉镇方言突变现象产生的原因［J］. 咸宁学院学报，2009（4）：80－81.

452. 欧阳思靖. 湖北洪湖方言副词研究［D］. 石家庄：河北师范大学，2020.

453. 潘丽竹. 宜都梆鼓中的方言现象研究［D］. 宜昌：三峡大学，2019.

454. 潘攀. 汉口方言“倒”及其相关的句子格式［J］. 江汉大学学报，1990（2）：90－93.

455. 潘攀. 汉口方言的nia［J］. 江汉大学学报，1994（1）：60－

63.
456. 潘攀. 汉口方言句末的“在”[J]. 武汉教育学院学报，1994(1)：76－79.
457. 潘攀. 黄陂话几种生动式形容词[J]. 江汉大学学报，2001(5)：38－43.
458. 潘世松. 池莉小说词语的汉味特征[J]. 湖北科技学院学报，2010(2)：50－52.
459. 潘长胜. 武汉方言研究的开山之作——评《武汉方言研究》[J]. 学习与实践，1994(5)：64.
460. 彭冠男，李燕. 小论黄州方言中的被动句[J]. 安徽文学，2006(9)：66－67.
461. 彭吉军. 试析安陆话里“P的N”中“的”的强制性[J]. 黄冈师范学院学报，2010(1)：81－84.
462. 皮婕. 恩施方言句末疑问语气词研究[D]. 北京：中央民族大学，2011.
463. 漆盈. 黄冈方言儿化实验研究[D]. 南京：南京师范大学，2017.
464. 漆盈. 黄冈黄州方言单字调实验研究[J]. 文教资料，2017(10)：22－24.
465. 秦炯灵. 《广济方言词汇》的凡例和样稿[J]. 中国语文，1965(6)：483－491.
466. 秦炯灵. 广济方言词本字考零拾[J]. 中国语文，1986(2)：112.
467. 秦炯灵. “钩口藕”等字在广济方言的读音[J]. 中国语文，1987(2)：100.
468. 邱磊. 鄂东北江淮官话研究[D]. 天津：南开大学，2010.
469. 邱磊. 黄冈(贺坳)方言知庄章组的演变[J]. 南开语言学刊，2011(2)：51－57＋185－186.

470. 屈梦丹. 武汉新洲方言否定词研究［J］. 现代语文，2016（6）：72－73.

471. 屈哨兵. 湖北宣恩话中一种特殊的语词重叠格式［J］. 湖北大学学报，1992（2）：57－58.

472. 屈哨兵. 湖北宣恩话语法札记［J］. 中国语文，1993（6）：442－444.

473. 屈哨兵. 湖北宣恩话“V 下 V 下的”动词重叠及相关问题［J］. 方言，2001（2）：183－192.

474. 饶玲. 武穴方言与阳新方言称呼语的比较［J］. 齐齐哈尔大学学报，2016（4）：105－107.

475. 荣华，邵则遂.《英华字典》与二十世纪初的汉口话［J］. 三峡大学学报，2019（2）：105－108.

476. 阮桂君，毛文静. 湖北五峰方言音系［J］. 长江学术，2011（4）：112－120.

477. 阮秀娟. 襄阳方言词“球”的本体和应用研究［J］. 湖北师范大学学报，2018（1）：20－26.

478. 阮秀娟. 襄阳方言句末助词“吵”的多功能研究［J］. 南方语言学，2021（1）：196－203.

479. 阮秀娟. 襄阳方言副词“儘”的话语关联和语义情态［J］. 南方语言学，2021（2）：122－131.

480. 邵则遂.《说文》中的荆州方言词［J］. 湖北教育学院学报，1989（1）：66－69.

481. 邵则遂.《楚辞》楚语今证［J］. 古汉语研究，1994（1）：62－64.

482. 邵则遂. 汉语方言语法研究的可喜收获——汪国胜《大冶方言语法研究》读后［J］. 汉语学习，1996（5）：59－60.

483. 邵则遂. 陈士元《俗用杂字》中的应城方言词［J］. 语言研究，2008（4）：89－93.

484. 邵则遂. 古楚方言词历时研究［D］. 武汉：武汉大学，2011.

485. 邵则遂. 古楚方言同源词“圆”［J］. 语言研究，2013（1）：96－99.

486. 邵则遂. 楚方言同源词“溇”［J］. 汉语学报，2015（2）：29－35＋95.

487. 邵则遂. 古楚方言词“粔敉”和“沈沈”［J］. 汉语学报，2018（2）：49－57＋96.

488. 盛银花. 安陆方言的助词“了”［J］. 孝感师专学报，1994（1）：63－66.

489. 盛银花. 安陆方言的词缀“字、儿、娃儿”［J］. 培训与研究（湖北教育学院学报），1999（6）：17－18＋28.

490. 盛银花. 安陆方言物量词比较研究［J］. 中南民族大学学报，2005（1）：167－170.

491. 盛银花. 安陆方言的程度补语考察［J］. 语言研究，2006（3）：57－59.

492. 盛银花. 安陆方言的句末助词“得”和“着［J］. 语文教学与研究，2006（26）：74－75.

493. 盛银花. 安陆方言的特殊正反问格式“有不有”［C］//陈恩泉. 双语双方言（九）. 香港：汉学出版社，2006：247－253.

494. 盛银花. 安陆方言的特殊正反问格式“有不有”［J］. 孝感学院学报，2007（1）：69－72.

495. 盛银花. 安陆方言的状态形容词［J］. 咸宁学院学报，2007（2）：64－66.

496. 盛银花. 湖北安陆方言的否定词和否定式［J］. 方言，2007（2）：131－136.

497. 盛银花. 安陆方言的指示代词［J］. 汉语学报，2007（4）：52－58.

498. 盛银花. 语气词“吵“及其类型学意义［J］. 湖北教育学院

学报，2007（5）：18－21.

499. 盛银花. 湖北安陆方言的比较句［J］. 湖北第二师范学院学报，2010（12）：40－44.

500. 盛银花. 湖北安陆方言的两种正反问句［J］. 方言，2011（2）：70－77.

501. 盛银花. 湖北安陆方言的祈使句［J］. 湖北第二师范学院学报，2011（11）：16－19.

502. 盛银花. 湖北安陆方言的双宾句［J］. 湖北第二师范学院学报，2012（9）：24－26.

503. 盛银花. 湖北安陆方言的音变现象［J］. 中国方言学报，2015（5）：74－80.

504. 盛银花. 竹山竹溪方言的撮口呼读音及其价值［J］. 湖北第二师范学院学报，2016（1）：21－24.

505. 盛银花. 安陆方言与民俗文化［J］. 华中学术，2018（3）：157－162.

506. 石桂芳. 通山方言的代词［D］. 武汉：华中师范大学，2008.

507. 石桂芳. 通山方言的人称代词［J］. 语文教学与研究，2008（19）：48－49.

508. 石玉利. 浅析湖北崇阳方言的几种特殊句式［J］. 湖北科技学院学报，2015（9）：200－201.

509. 时秀娟，向柠. 武汉话语音的鼻化度考察［J］. 语言研究，2010（2）：49－54.

510. 史琪. 竹山方言时间副词考察［D］. 武汉：华中师范大学，2017.

511. 史秀菊，王惠敏. 湖北监利西南部赣语人称代词的典型特征［J］. 中北大学学报，2016（5）：1－6.

512. 舒怀. 鄂东方言词语探源举例［J］. 湖北大学学报，1987（2）：50－52.

513. 舒文琪. 沔阳花鼓戏音韵研究［D］. 武汉：湖北大学，2018.

514. 苏俊波. 丹江话中的“X 得 Y 得 Y”重叠式［J］. 华中科技大学学报，2005（6）：84－88.

515. 苏俊波. 丹江方言的句尾“的”［C］//陈恩泉. 双语双方言（九）. 香港：汉学出版社，2006：275－289.

516. 苏俊波. 丹江方言语法研究［D］. 武汉：华中师范大学，2007.

517. 苏俊波. 丹江方言的持续体标记“的”［J］. 汉语学报，2010（4）：50－58＋96.

518. 苏俊波. 丹江方言的性质和归属［J］. 长江学术，2011（1）：115－122.

519. 苏俊波. 十堰方言“看叫 NPV/A 得看”句式［J］. 华中师范大学学报，2011（5）：82－88.

520. 苏俊波. 鄂西北方言的句尾成分“再”［J］. 汉语学报，2017（2）：42－50＋96.

521. 苏俊波. 再谈湖北方言的颤音［J］. 方言，2019（2）：228－232.

522. 孙福婷. 湖北枣阳方言中的持续性标记“斗”和“在”［J］. 宜春学院学报，2019（5）：81－85.

523. 孙心略. 巴东方言词汇研究［D］. 贵阳：贵州大学，2018.

524. 孙玉文. 试释湖北黄冈话中“模母暮木”等字读［moŋ］的现象——兼谈汉语史上的阴阳对转问题［J］. 长江学术，2007（1）：132－138.

525. 孙玉文. 考“苕”［J］. 长江学术，2014（1）：103－110.

526. 孙玉文. 谈谈方言史研究中的考本字和求源词——主要以湖北黄冈话为例［J］. 文献语言学，2016（1）：66－86.

527. 孙玉文. 湖北黄冈话的“茅针儿”［J］. 长江学术，2017（4）：96－98.

528. 谈彬. 孝感方言体标记的研究［D］. 武汉：华中师范大学，2016.

529. 谈方圆. 松滋方言词汇研究［D］. 武汉：华中师范大学，2021.

530. 谈微姣. 鄂州方言里程度语义的表达形式考查［J］. 湖北科技学院学报，2017（3）：52－56.

531. 谈微姣. 鄂州方言的代词［J］. 科教文汇，2018（3）：158－159.

532. 谭飞. 仙桃方言里的变调构词［J］. 汉字文化，2013（4）：41－43.

533. 谭家斌，宋浪浪. 屈赋楚语的秭归方言探赜［J］. 三峡大学学报，2018（4）：6－8.

534. 谭麟，王群生. 湖北方言里有颤音r［J］. 荆州师专学报，1984（1）：14－20.

535. 谭四华. 三峡移民方言中的重叠式名词［J］. 现代语文，2007（7）：70－71.

536. 谭停. 襄阳方言名词儿化研究［J］. 湖北文理学院学报，2016（3）：9－15.

537. 谭雄. 湖北宜都土语“得”字结构探究［J］. 现代语文，2007（6）：77－79.

538. 汤漳平. 姜亮夫先生与楚语研究［J］. 辽东学院学报，2008（6）：107－112.

539. 唐映雪. 麻城方言的程度表达［D］. 武汉：华中师范大学，2018.

540. 唐运芳. 鄂西南方言异读现象分析［J］. 理论观察，2022（2）：166－170.

541. 陶立军. 荆门方言与普通话词语比较［J］. 荆楚学刊，2014（4）：83－88.

542. 陶立军，邬美芳. 十堰方言亲属称谓词考察［J］. 郧阳师范高等专科学校学报，2016（1）：24－29.

543. 陶立军. 荆门方言的重叠式［J］. 荆楚学刊，2016（5）：24－29＋39.

544. 陶立军. 阳新方言词中的婚俗文化［J］. 华中学术，2018（1）：134－143.

545. 田恒金，曹庆改. 湖北巴东话的量词“个”［J］. 语文研究，2017（3）：134－143.

546. 田凯黎. 湖北长阳资丘方言两字连续变调研究［J］. 汉字文化，2020（11）：15－16.

547. 田未名. 湖北巴东方言语音研究［D］. 石家庄：河北师范大学，2020.

548. 田祥胜. 湖北蕲春（大同）话“数＋动量＋宾语”结构的成因［J］. 方言，2021（4）：453－459.

549. 田小英. 湖北省来凤县方言音系［J］. 湖北师范学院学报，2010（1）：67－69.

550. 田玉隆，丰城，龙伯亚. 楚语和苗语词汇音义对照举隅［J］. 贵州民族研究，1994（3）：163－165＋183.

551. 田祚申. 巴东方言中的儿化［J］. 湖北大学学报，1989（5）：68－73.

552. 童健. 黄冈方言特殊代词“莫”研究［J］. 江汉大学学报，2006（4）：81－83.

553. 童琴.《说文解字》和鄂州方言本字考［J］. 现代语文，2007（2）：115－116.

554. 童琴. 从地方志看鄂州岁时民俗词语变化［J］. 湖北第二师范学院学报，2017（11）：13－18.

555. 童琴. 鄂州方言研究综述［J］. 湖北第二师范学院学报，2018（5）：10－15.

556. 童雅云. 湖北省当阳城关方言语音调查与研究［J］. 文史博览，2016（10）：26－29.

557. 屠欣欣. 阳新方言的“箇样”［D］. 武汉：华中师范大学，2019.

558. 万君柳. 荆州（观音垱镇）话音韵研究［D］. 西安：陕西师范大学，2013.

559. 万双双. 湖北巴东方言的变调与韵律层级［D］. 长沙：湖南师范大学，2020.

560. 万献初.《论语》词语在现代咸宁口语中的反映［J］. 咸宁师专学报，1990（4）：83－88.

561. 万献初. 鄂南地名志中的地名俗字评议［J］. 咸宁师专学报，1994（3）：34－38.

562. 万献初. 咸宁方言中的人体动作类俗字探微［J］. 咸宁师专学报，1997（1）：25－29.

563. 万献初. 湖北通城方言的量词“隻”［J］. 方言，2003（2）：187－191.

564. 万献初. 咸宁—武汉方言亲属称谓词的接触与变异——以“女称男化”的消变为例［J］. 长江学术，2009（3）：108－117.

565. 万献初. 咸宁—武汉方言接触中声母tɕ、tɕʻ、ɕ的变异［J］. 长江学术，2012（1）：142－150.

566. 万小双. 湖北广水方言亲属称谓研究［D］. 长沙：湖南师范大学，2018.

567. 万晓玥，张道俊. 保康方言的特殊方位结构“N＋F（儿）起”［J］. 湖北文理学院学报，2016（12）：21－25.

568. 万幼斌. 鄂州方言词语举例［J］. 方言，1987（2）：148－157.

569. 万幼斌. 鄂州方言的儿化［J］. 方言，1990（2）：103－108.

570. 万幼斌. 鄂州方言析异［J］. 鄂州大学学报，1996（2）：9－

10 + 8.

571. 汪次云. 鹤峰方言语音系统分析［J］. 语文学刊, 2012 (14): 24 - 25.

572. 汪次云. 鹤峰方言助词“的”及相关成分语用分析［J］. 文学教育, 2013 (1): 51 - 52.

573. 汪次云. 湖北鹤峰方言虚词调查研究［D］. 昆明: 云南师范大学, 2013.

574. 汪锋. 应山话小称词缀演变规律初探［C］//北京大学中文系《语言论丛》编委会. 语言学论丛（第二十四辑）. 北京: 商务印书馆, 2001: 132 - 143.

575. 汪锋. 应山方言的 ts/t 变异研究［C］//北京大学中文系《语言论丛》编委会. 语言学论丛（第二十八辑）. 北京: 商务印书馆, 2003: 264 - 287.

576. 汪高原. 三峡库区的方言对其民歌调式的影响［J］. 重庆职业技术学院学报, 2002 (1): 68 - 69.

577. 汪高原. 三峡库区方言语音声调对民歌典型音调的影响［J］. 重庆三峡学院学报, 2003 (3): 12 - 14.

578. 汪国胜. 湖北大冶（金湖）方言音系［J］. 华中师范大学研究生学报, 1989 (2): 46 - 52.

579. 汪国胜. 当阳方言的语法特点［J］. 华中师范大学学报, 1990 (5): 80 - 84.

580. 汪国胜. 大冶金湖话的“的”和“的个”［J］. 中国语文, 1991 (3): 211 - 215.

581. 汪国胜. 大冶方言的程度副词“闷”［J］. 方言, 1992 (2): 149 - 150.

582. 汪国胜. 大冶话的“倒”字及其相关句式［J］. 华中师范大学学报, 1992 (5): 88 - 93.

583. 汪国胜. 湖北大冶方言的语缀［J］. 方言, 1993 (3): 218 -

227.

584. 汪国胜. 大冶方言的物量词［J］. 语言研究，1993（2）：114－121.

585. 汪国胜. 大冶方言语法札记［J］. 华中师范大学学报，1994（2）：115－120.

586. 汪国胜. 大冶话里的状态形容词［J］. 湖北师范学院学报，1994（2）：81－89＋93.

587. 汪国胜. 湖北大冶话的语气词［J］. 方言，1995（2）：138－150.

588. 汪国胜. 湖北大冶话的情意变调［J］. 中国语文，1996（5）：355－360.

589. 汪国胜. 大冶话做补语的“倒”和后附成分“倒”［C］//胡明扬. 汉语方言体貌论文集. 南京：江苏教育出版社，1996：149－171.

590. 汪国胜. 湖北方言的“在”和“在里［J］. 方言，1999（2）：104－111.

591. 汪国胜. 大冶方言表示可能的“得”字句［C］//张晓山. 立说传薪风雨人——庆祝詹伯慧教授从教45周年. 广州：暨南大学出版社，1999：224－232.

592. 汪国胜. 大冶方言的双宾句［J］. 语言研究，2000（3）：88－98.

593. 汪国胜. 湖北大冶方言的比较句［J］. 方言，2000（3）：211－221.

594. 汪国胜. 大冶方言的“把”字句［J］. 中国语言学报［C］，2001：146－160.

595. 汪国胜. 湖北大冶方言人称代词的变调［J］. 中国语文，2003（6）：505－510.

596. 汪国胜. 湖北大冶方言两种特殊的问句［J］. 方言，2011（1）：9－13.

597. 汪国胜. 大冶方言的有定成分“a” [J]. 语言研究，2012（2）：108 – 110.

598. 汪国胜，赵爱武. 从地域文化看武汉方言 [J]. 汉语学报，2016（4）：59 – 70.

599. 汪国胜. 大冶方言的“在里”和“过来” [J]. 华中学术，2016（4）：170 – 175.

600. 汪国胜. 湖北方言说略 [J]. 华中学术，2017（4）：170 – 176.

601. 汪国胜. 湖北口头文化的采录与整理 [J]. 华中学术，2021（4）：147 – 155.

602. 汪航，葛平平. 湖北崇阳方言现象初探 [J]. 湖北科技学院学报，2018（4）：82 – 86.

603. 汪化云. 黄冈话的几种形态变化 [J]. 黄冈师专学报，1987（2）：45 – 49.

604. 汪化云，郭水泉. 鄂东方言的把字句 [J]. 黄冈师专学报，1988（1）：36 – 40.

605. 汪化云. 鄂东方言入声记略 [J]. 黄冈师专学报，1990（1）：61 – 65.

606. 汪化云. 黄冈话的文白异读 [J]. 黄冈师专学报，1990（4）：59 – 64.

607. 汪化云. 黄冈话语序琐议 [J]. 黄冈师专学报，1991（1）：74 – 78.

608. 汪化云. 黄州话阳去同阴去声合流的征兆 [J]. 黄冈师专学报，1992（2）：65 – 69.

609. 汪化云. 黄州话的“得”[J]. 黄冈师专学报，1994（2）：77 – 80.

610. 汪化云. 鄂东北方言中的父母称谓词考辨 [J]. 黄冈师专学报，1996（1）：57 – 60.

611. 汪化云. 黄冈方言量词的单用［J］. 语言研究，1996（2）：74－80.

612. 汪化云. 黄冈方言札记二则［J］. 黄冈师专学报，1997（2）：53－55.

613. 汪化云. 黄冈方言没有入声韵［J］. 黄冈师专学报，1997（3）：62－64＋81.

614. 汪化云. 黄州话形容词的生动形式［J］. 黄冈师专学报，1999（1）：75－78.

615. 汪化云. 团风方言三身代词的入声形式［J］. 黄冈师范学院学报，1999（5）：65－68.

616. 汪化云. 团风方言的儿尾［J］. 方言，1999（4）：277－281.

617. 汪化云. 武汉方言中残存的白读与黄冈方音［J］. 湖北师范学院学报，2000（3）：66－71.

618. 汪化云，余俊卿. 古入声字在团风方言中的调类演变［J］. 中南民族学院学报，2000（4）：89－92.

619. 汪化云. 黄冈方言的指示代词［J］. 语言研究，2000（4）：88－96.

620. 汪化云. 团风方言入声研究［J］. 黄冈师范学院学报，2000（2）：58－64.

621. 汪化云. 晋宋时代的“阿堵”与黄梅方言的“堵”［J］. 汉字文化，2001（1）：56－21.

622. 汪化云. 团风方言变调构词现象初探［J］. 中南民族学院学报，2001（4）：95－99.

623. 汪化云，李辉望. 黄冈方言中的学生方音［J］. 语言文字应用，2002（2）：67－72.

624. 汪化云，夏元明. 废名小说中的黄梅方言成分［J］. 黄冈师范学院学报，2002（5）：31－36.

625. 汪化云. 黄冈方言中的类双宾句［J］. 黄冈师范学院学报，

2003 (1)：72 - 74 + 85.

626. 汪化云."句法向"对"语义价"的反作用：以黄冈方言双宾句为例 [J]. 语言研究，2005 (3)：39 - 43.

627. 汪化云. 关于"江淮官话黄孝片"的两点意见 [J]. 方言，2005 (4)：379.

628. 汪化云. 武汉新洲方言的归属 [J]. 方言，2008 (4)：369 - 372.

629. 汪化云. 团风方言中的"轻声读阴去"现象 [C] //北京大学中国语言学研究中心《语言学论丛》编委会. 语言学论丛（第四十七辑）. 北京：商务印书馆，2013：149 - 158.

630. 汪化云. 黄孝方言的经历体助词 [C] //北京大学中国语言学研究中心《语言学论丛》编委会. 语言学论丛（第五十二辑）. 北京：商务印书馆，2015：87 - 107.

631. 汪化云. 黄孝方言 NP 后的"两个" [J]. 黄冈师范学院学报，2016 (2)：66 - 70.

632. 汪化云. 黄孝方言的"在"类词研究 [J]. 语言研究，2016 (4)：35 - 44.

633. 汪化云. 黄孝方言中"等"的语法化 [J]. 方言，2017 (2)：210 - 215.

634. 汪化云，肖擎柱. 黄孝方言中的"叫莫" [J]. 语言科学，2018 (3)：281 - 289.

635. 汪化云. 黄孝方言的母亲称谓 [J]. 励耘语言学刊，2018 (2)：281 - 289.

636. 汪化云，姜淑珍. 黄孝方言中"着"的再认识 [C] //北京大学中国语言学研究中心《语言学论丛》编委会. 语言学论丛（第六十辑）. 北京：商务印书馆，2019：147 - 163.

637. 汪平. 湖北省西南官活的重叠式 [J]. 方言，1987 (1)：24 - 26.

638. 汪平. 大冶（陈贵）方言的音系特点［J］. 中国语言学报（六）. 商务印书馆，1995：242－254.

639. 王彩豫. 湖北方言 AAB 式词语探索［J］. 华中人文论丛，2010（1）：83－91.

640. 王彩豫. 湖北松滋方言音系及其入声演变的途径［J］. 语言研究集刊，2011：208－228＋326.

641. 王彩豫. 湖北考生"上声调失分"的探索和对策［J］. 湖北社会科学，2012（9）：121－123.

642. 王彩豫. 湖北松滋方言的假声［J］. 语言研究，2013（4）：12－19.

643. 王彩豫，朱晓农. 湖北监利张先村赣语的三域十声系统［J］. 方言，2015（5）：111－121.

644. 王丹. 荆门方言体标记浅析［J］. 大众文艺，2010（8）：103＋106.

645. 王丹荣. 襄樊方言名词、动词、形容词重叠初探［J］. 襄樊学院学报，2005（3）：69－73.

646. 王丹荣. 襄樊方言"给"类句［D］. 武汉：华中科技大学，2005.

647. 王丹荣. 从"给"字看襄樊话的方言类型［J］. 襄樊学院学报，2005（6）：76－80.

648. 王丹荣. 襄樊方言被动句和处置句探析［J］. 孝感学院学报，2006（5）：48－52.

649. 王丹荣. 论被动句在襄樊方言中的用法及其发展探源［J］. 襄樊学院学报，2007（9）：57－60.

650. 王冬芝. 鄂西南方言拷贝式程度表达"X 得 X"的性质及表意机制［J］. 语文学刊，2020（2）：25－31.

651. 王凤娇. 荆门地名的语言文化探析［D］. 南宁：广西民族大学，2013.

652. 王耿. 湖北保康方言中的俚语助词“毬” [J]. 文学教育, 2007 (9): 48-50.

653. 王功平. 湖北阳新三溪赣语人称代词的变音 [J]. 方言, 2007 (4): 348-352.

654. 王果. 利川方言程度表达方式研究 [D]. 武汉: 华中师范大学, 2022.

655. 王宏佳. 湖北咸宁方言的调值和调类——兼介绍《桌上语音工作室》软件 [J]. 咸宁学院学报, 2003 (2): 55-60.

656. 王宏佳. 湖北咸宁方言的语缀 [J]. 咸宁学院学报, 2006 (2): 59-63.

657. 王宏佳. 湖北咸宁方言词汇研究 [D]. 武汉: 华中师范大学, 2007.

658. 王宏佳. 湖北咸宁方言的文白异读 [J]. 咸宁学院学报, 2008 (2): 71-73.

659. 王宏佳. 咸宁方言常用词考本字与溯源 [J]. 咸宁学院学报, 2010 (1): 56-60.

660. 王宏佳, 汪国胜. 江汉平原方言语音的几个特点 [J]. 方言, 2011 (3): 247-251.

661. 王宏佳. 论鄂南文化的特色——方言视角下的管窥 [J]. 西华大学学报, 2011 (6): 27-30.

662. 王宏佳. 论鄂南方言的特色和价值 [J]. 嘉应学院学报, 2011 (12): 73-76.

663. 王宏佳. 论咸宁方言词汇的特色 [J]. 湖北师范学院学报, 2015 (1): 52-55.

664. 王宏佳. 鄂东南方言研究综述 [J]. 华中学术, 2019 (1): 222-231.

665. 王宏佳. 咸宁（王畈）方言同音字汇 [J]. 汉语学报, 2022 (1): 80-92.

666. 王欢. 崇阳方言的程度副词“猛” [J]. 大众文艺，2016（12）：211 +134.

667. 王欢. 崇阳方言语缀研究［D］. 武汉：华中师范大学，2017.

668. 王欢，邵则遂. 古吴楚语地名词“浦”“步”“埠”探析［J］. 河北工程大学学报，2017（1）：84 -86 +104.

669. 王欢，邵则遂. 探析古楚方言词“飵”［J］. 绍兴文理学院学报，2017（2）：96 -98.

670. 王惠敏. 语言接触视角下的湖北监利方言语音内部分化研究［D］. 太原：山西大学，2017.

671. 王慧琳. 湖北天门方言动态助词研究［J］. 广西职业技术学院学报，2014（3）：53 -56.

672. 王慧琳. 浅析湖北天门方言的词缀［J］. 广西职业技术学院学报，2014（4）：69 -72.

673. 王进. 丹江方言与《元曲选》释词［J］. 郧阳师范高等专科学校学报，2009（1）：38 -39.

674. 王俊. 黄石方言中的“果”［J］. 科教文汇，2007（10）：200 +202.

675. 王磊奇. 宜昌方言助词“哒”的音变形式与意义［J］. 巢湖学院学报，2016（4）：123 -126.

676. 王立. 汉口话［ŋ］声母字读音变异及其原因探析［J］. 语言文字应用，2004（1）：40 -46.

677. 王立. 汉口话表人体动作词语变异及其走向探析［J］. 语言文字应用，2007（2）：34 -40.

678. 王梦荣. 湖北枝城方言词汇调查研究［D］. 武汉：华中科技大学，2017.

679. 王梦莹，李几昊. 声学实验下的湖北襄阳樊城区方言单字调浅探［J］. 湖北文理学院学报，2020（1）：26 -32.

680. 王平夷. 论湖北竹溪方言的归属［J］. 方言，2020（3）：365 -

372.

681. 王平夷. 从“V人”到“V人子”——由竹溪话的“V人子”说起［J］. 常熟理工学院学报，2021（3）：23－30＋52.

682. 王琪.《凡诲书》与嘉鱼方音［J］. 语言研究，2008（4）：47－49.

683. 王钱花. 钟祥方言的构词特点［J］. 语文学刊，2014（11）：28－30＋34.

684. 王求是. 孝感方言的入声［J］. 方言，1996（2）：143－145.

685. 王求是. 孝感入声的紧元音性质［J］. 孝感学院学报，1997（2）：84－88.

686. 王求是. 孝南话的人称代词和指示代词［J］. 孝感师专学报，1999（2）：31－34.

687. 王求是. 孝感方言与普通话同音同形词的意义比较［J］. 孝感学院学报，2001（5）：81－84.

688. 王求是. 明清白话小说中的孝感方言词语［J］. 孝感学院学报，2002（4）：57－59.

689. 王求是. 孝感（孝南）话语气词“了”和“的”的连用［J］. 孝感学院学报，2003（5）：56－59.

690. 王求是. 孝感话语气词“了”和“的”的连用［J］. 语文教学与研究，2004（23）：86－87.

691. 王求是. 孝感方言的X，XV格式［C］//汪国胜. 汉语方言语法研究. 武汉：华中师范大学出版社，2007：353－359.

692. 王求是. 孝感方言的语气助词“在”［J］. 孝感学院学报，2007（5）：10－12＋85.

693. 王求是. 孝感（孝南）入声字分化的原因［J］. 湖北职业技术学院学报，2008（3）：55－57.

694. 王求是. 孝感方言的儿化［J］. 孝感学院学报，2009（4）：16－18＋83.

695. 王求是. 孝感方言的“得”字句［J］. 湖北工程学院学报，2018（4）：50－54.

696. 王群生. 谈荆州话里的“AA 声”［J］. 荆州师专学报，1985（3）：83－88.

697. 王群生. 湖北方言的颤音［J］. 语言研究，1987（2）：116－122.

698. 王群生. 湖北中部地区方言分区的商榷——兼谈方言分区的语感问题［J］. 荆州师专学报，1988（1）：66－68.

699. 王群生. 潜江方言述略［J］. 荆州师专学院，1989（4）：50－54.

700. 王群生，吴菘. 江陵话中的“破”字句［J］. 荆州师专学报，1991（3）：60.

701. 王群生. 荆沙方言的语法特点［J］. 荆州师专学院，1992（1）：40－47.

702. 王群生. 荆州“东边腔”语音的历史演变［C］//陈恩泉. 双语双方言（二）. 香港：彩虹出版社，1992：161－173.

703. 王群生. 荆州城的“东边腔”［J］. 语言研究，1992（2）：78－82.

704. 王群生. 江陵方言古语词举隅［J］. 荆州师专学报，1993（1）：38－39.

705. 王群生. 荆沙方言中的“不过”补语句［J］. 中国语文，1993（2）：141－142.

706. 王群生.《楚辞》中的荆沙方言词［J］. 荆州师专学院，1993（3）：39－40.

707. 王群生.《楚辞》中荆沙方言词例略［J］. 武汉大学学报，1993（4）：112－113.

708. 王群生. 荆沙方言中的两种特殊语言现象［J］. 荆州师专学报，1994（1）：53－56.

709. 王群生. 汉语“腔调”探析——兼谈湖北西北部方言归属的几个问题［J］. 荆州师范学院学报，1996（3）：74－77.

710. 王群生. 湖北双方言临界带入声消逝的轨迹［J］. 湖北大学学报，1999（4）：66－68.

711. 王书贵. 武汉方音辨正［J］. 武汉师范学院学报，1978（4）：65－70.

712. 王树瑛. 恩施方言中的“倒”和“起”［J］. 华中学术，2017（1）：190－200.

713. 王树瑛. 恩施方言的被动标记“着”［J］. 汉语学报，2017（2）：34－41＋96.

714. 王思. 武汉方言蔡甸奓山话浅论［J］. 湖北科技学院学报，2016（4）：111－114.

715. 王婷. 武汉方言亲属称谓研究［D］. 绵阳：西南科技大学，2013.

716. 王晓薇. 鄂城方言中的“V/A 个死［J］. 现代语文，2009（2）：88－89.

717. 王雅娟. 湖北白浪镇方言名词及名词性短语研究［D］. 长沙：湖南师范大学，2018.

718. 王亚玲. 利川方言词汇研究［D］. 武汉：华中师范大学，2016.

719. 王亚男，邵则遂. 古楚方言词“桯”源流探析［J］. 湖北社会科学，2014（11）：130－134.

720. 王彦琳. 禅宗文献所见蕲春方俗词语考释——以《祖堂集》《景德传灯录》为例［D］. 武汉：武汉大学，2021.

721. 王燕. 英山方言本字考［J］. 北方文学，2011（9）：162－163.

722. 王一冰. 赤壁方言语音研究［D］. 北京：北京外国语大学，2018.

723. 王玉. 咸宁方言差比句式特点及语用价值［J］. 武汉科技大学学报，2007（2）：218－220.

724. 王玉. 鄂湘赣三界方言亲属称谓语比较研究［J］. 现代语文，2016（1）：127－129.

725. 王玉霞. 郧县方言语音研究［D］. 上海：上海师范大学，2009.

726. 王曌. 宜昌方言入声实验研究［D］. 昆明：云南大学，2018.

727. 王志方. 湖北方言口语中的几种否定形式［J］. 孝感师专学报，1983（3）：76－79.

728. 王志方. 湖北方言中的几种语法形式［J］. 孝感师专学报，1984（2）：60－65.

729. 王志方. 湖北境内西南官话语法拾零［J］. 孝感师专学报，1987（1）：59.

730. 王志芳. 蔡甸方音考察报告（摘登）［J］. 江汉大学学报，1999（4）：71－73.

731. 王志芳. 松滋方言的入声［J］. 江汉大学学报，2001（S1）：26－27.

732. 王志芳. 松滋方言的轻声［J］. 江汉大学学报，2004（2）：42－44.

733. 王作新. 宜昌方言词及其文化意义［J］. 三峡大学学报，2002（2）：41－45.

734. 王作新. 方言词语的雅与俗：宜昌方言词零拾［J］. 三峡大学学报，2002（6）：22－25.

735. 王作新. 宜昌方言语词的结构组合与语法特征谭要［J］. 三峡大学学报，2003（3）：18－23.

736. 王作新，刘传清. 方言字的考察与确定：以宜昌方言词的书写符号为例［J］. 荆州师范学院学报，2003（6）：96－99＋108.

737. 王作新，毕丽艳. 三峡峡口方言词汇的构成来源［J］. 三峡大学学报，2004（6）：56－59.

738. 王作新. 三峡峡口区的方言语汇与民俗——构词理据的文化心理观照［J］. 三峡大学学报，2006（3）：51－55.

739. 王作新. 宜昌方言词汇的地方色彩简识［J］. 三峡大学学报，2013（6）：47－50.

740. 王作新，李方春. 宜昌方言熟语述略（上）［J］. 三峡大学学报，2014（4）：54－57.

741. 王作新，张友丽. 宜昌方言词汇的构词方式和特殊词语概说［J］. 三峡大学学报，2018（3）：102－106.

742. 王作新. 宜昌市方言词汇集（一、二、三、四、五、六）［J］. 三峡论坛，2018（1－6）.

743. 王作新. 宜昌市方言词汇集（七、八、九、十、十一、十二）［J］. 三峡论坛，2019（1－6）.

744. 王作新. 宜昌市方言词汇集（十三、十四、十五）［J］. 三峡论坛，2020（1－3）.

745. 魏艳. 湖北石首东升镇湘方言岛语音及接触研究［D］. 长沙：湖南师范大学，2015.

746. 魏艳. 析湖北襄阳方言“儘”［J］. 湖北文理学院学报，2020（7）：22－25.

747. 魏兆惠. 襄樊方言特殊的处置式——“给”字句和“叫”字句［J］. 培训与研究（湖北教育学院学报），2004（4）：9－10.

748. 闻鸣. 湖北钟祥方言中的词缀“神”［J］. 现代语文，2010（12）：73－74.

749. 闻鸣. 钟祥方言的颤音［J］. 语文知识，2011（2）：81－82.

750. 芜崧. 荆楚方言中的“好 A 子”句式［J］. 荆门职业技术学院学报，2000（5）：72－75.

751. 芜崧. 古籍中的荆楚方言词语［J］. 荆门职业技术学院学报，2003（1）：68－70.

752. 芜崧. 古籍中的荆楚方言单音节词［J］. 沙洋师范高等专科学校学报，2005（1）：56－58.

753. 芜崧. 湖北老江陵话的语音特点［J］. 长江大学学报，2007（3）：89－90.

754. 芜崧. 荆楚方言古语词选释［J］. 沙洋师范高等专科学校学报，2008（1）：58－61.

755. 芜崧. 第三批荆楚方言词语选释［J］. 荆门职业技术学院学报，2009（1）：66－69.

756. 芜崧. 荆楚方言中的词缀［J］. 荆楚理工学院学报，2010（3）：53－56.

757. 芜崧. 荆楚方言词汇的特点［J］. 荆楚理工学院学报，2011（1）：36－41.

758. 芜崧. 荆楚方言中动词和形容词的三种复用格式［J］. 长江大学学报，2011（7）：99－102.

759. 芜崧. 荆楚方言的拷贝式格式［J］. 荆楚理工学院学报，2011（10）：44－49.

760. 芜崧. 荆楚方言的疑问系统［J］. 荆楚理工学院学报，2011（12）：34－40.

761. 芜崧. 荆楚方言中的性状程度大量［J］. 长江大学学报，2012（8）：68－69＋159.

762. 芜崧. 荆楚方言中的助词系统［J］. 长江大学学报，2013（2）：4－6.

763. 芜崧. 荆楚方言中的否定格式［J］. 长江大学学报，2013（10）：93－94.

764. 芜崧. 荆楚方言中的反语格式［J］. 长江大学学报，2014（3）：102－104.

765. 芜崧. 荆楚方言造词原理漫论［J］. 荆楚学刊，2015（5）：68－72.

766. 芜崧. 荆楚惯用语研究 [J]. 荆楚学刊，2016 (6)：15 - 19.

767. 芜崧. 荆楚方言中的“打”及“打”族词 [J]. 长江大学学报，2016 (12)：56 - 61.

768. 芜崧. 荆楚方言中的动词“搞” [J]. 荆楚学刊，2017 (1)：21 - 26.

769. 芜崧. 荆楚俗谚研究 [J]. 长江大学学报，2017 (3)：32 - 37.

770. 芜崧. 试论荆楚方言中四字格词语的特点 [J]. 长江大学学报，2018 (4)：83 - 88.

771. 芜崧，褚天青. 荆楚童谣的文化风情与语言特色 [J]. 长江大学学报，2020 (6)：53 - 58.

772. 芜崧. 试论荆楚方言中的“鬼”族词 [J]. 长江大学学报，2022 (3)：102 - 106.

773. 吴昌兴. 湖北五峰方言比较句研究 [D]. 天津：天津师范大学，2016.

774. 吴风华. 武汉话的程度副词“几” [J]. 华中师范大学学报，1995 (5)：82 - 84.

775. 吴继光. 武汉语的“吵”与普通话的“啊”和“嘛” [C] // 陈恩泉. 双语双方言 (四). 香港：汉学出版社，1996：227 - 236.

776. 吴良远. 荆楚方言词语杂释 [J]. 荆州师范学院学报，1997 (6)：56 - 58.

777. 吴良远. 荆楚方言多义字例释 [J]. 荆州师范学院学报，1998 (3)：63 - 64.

778. 吴伶. 武汉方言的助词“在” [J]. 华中师范大学学报，1998 (2)：193 - 194.

779. 吴明，黄群建. 湖北方言文献疏证 [J]. 湖北师范学院学报，1999 (3)：24.

780. 吴翩翩. 武汉方言语气词研究 [D]. 武汉：华中师范大学，

2009.

781. 吴秋元. 监利方言词汇的代际差异［D］. 武汉：湖北大学，2016.

782. 吴小奕. 监利方言古阴平字声调的特殊表现［J］. 语言研究，2011（2）：96－101.

783. 吴秀菊. 湖北小茅坡营苗语孤岛调查研究［J］. 铜仁学院学报，2020（5）：85－94.

784. 吴振国. 武汉话中的类儿化音变［J］. 华中师范大学学报，1999（5）：99－102＋159.

785. 吴志伟. 湖北方言里的一些音系现象［J］. 湖北成人教育学院学报，2008（5）：92－93.

786. 武娜. 湖北枣阳方言儿化音变现象研究［J］. 文学教育，2014（5）：126－127.

787. 武娜. 湖北枣阳方言"很"类程度副词语法特色研究［J］. 现代语文，2015（6）：78－79.

788. 夏凤梅. 武汉方言本字考［J］. 人文论谭，2014：27－31.

789. 夏君. 仙桃方言中的三个"起去"［J］. 湖北师范学院学报，2015（4）：39－41.

790. 夏中华. 在麻城方言里"在"表示进行体时的特殊格式［J］. 黄冈职业技术学院学报，2010（3）：86－89.

791. 夏中华. 麻城方言调查报告［D］. 南宁：广西民族大学，2011.

792. 鲜于名名. 天门方言中古合口韵摄在精知庄章中的演变［J］. 现代语文，2018（2）：34－38.

793. 鲜于名名. 天门方言的体貌系统［D］. 西宁：青海师范大学，2019.

794. 项菊. 湖北英山方言的体成分"倒"［J］. 黄冈师范学院学报，2000（1）：68－71.

795. 项菊. 湖北黄冈方言的差比句［J］. 黄冈师范学院学报，2004（5）：62－66.

796. 项菊. 湖北英山方言的儿化［C］//陈恩泉. 双语双方言（八）. 香港：汉学出版社，2005：334－341.

797. 项菊. 黄冈方言的“VP－neg?”及其相关句式［J］. 黄冈师范学院学报，2005（2）：70－73.

798. 项菊. 湖北红安方言的反复问句［J］. 黄冈师范学院学报，2006（5）：56－59.

799. 项菊. 英山方言的“VP－neg”及其相关句式［C］//陈恩泉. 双语双方言（九）. 香港：汉学出版社，2006：307－313.

800. 项菊. 英山话的“了［$liau^{34}$］”字句［J］. 汉语学报，2006（4）：35－39＋95－96.

801. 项菊. 湖北英山方言的重叠形式“X得儿X”［J］. 语文研究，2012（1）：52－56.

802. 项菊. 湖北英山方言“在”的用法及相关问题［J］. 方言，2012（3）：266－273.

803. 项菊. 湖北英山方言的“VP有”和“VP不”［J］. 中国方言学报，2016：119－132.

804. 向嵘. 恩施方言的重叠式初探［J］. 科教文汇，2007（9）：207－208.

805. 向夏.《离骚》篇楚语方言词音证.（台湾）. 大陆杂志，1967（3）：5－8.

806. 向夏. 屈原赋《九歌》《天问》《九章》楚语方言词音证.（台湾）. 大陆杂志，1967（11）：7－11.

807. 肖国政，邢福义，刘兴策. 钟祥方言的动态二则［J］. 华中师范学院研究生学报，1984（5－6）：142－147.

808. 萧国政. 武汉方言助词“左”［C］//胡明扬. 汉语方言体貌论文集. 南京：江苏教育出版社，1996：67－85.

809. 萧国政. 武汉方言"着"字与"着"字句［J］. 方言，2000（1）：55－60.

810. 萧红，徐英. 试论湖北境内江汉流域方言格局的历史演变与历代移民潮的关系［J］. 长江学术，2013（1）：87－94.

811. 萧红，杨欣烨. 湖北荆沙方言中的否定词与反复问句［J］. 长江学术，2014（2）：124－128.

812. 谢璐雪. 襄阳方言儿化现象［J］. 襄阳职业技术学院学报，2014（2）：28－32.

813. 谢荣娥. 上古楚语研究述评［J］. 长江大学学报，2005（4）：10－13.

814. 谢荣娥. 秦汉楚方言区文献中的脂部与微部［J］. 长江大学学报，2007（3）：31－34.

815. 谢荣娥. 论秦汉时期楚方言区文献中的声调［J］. 长江大学学报，2009（1）：69－74.

816. 谢荣娥. 秦汉时期楚方言区文献中的东部与冬部［J］. 武汉大学学报，2009（6）：753－757.

817. 谢荣娥. 秦汉楚方言区文献中的支部与歌部［J］. 湖北社会科学，2011（6）：138－140.

818. 谢文芳. 古知照系字在嘉鱼方言中的流变及其与普通话的对应关系［J］. 咸宁师专学报，1998（1）：59－60.

819. 谢文芳. 嘉鱼方言中的程度语义范畴［J］. 咸宁学院学报，2007（1）：80－82.

820. 谢文芳. 嘉鱼方言鼻音尾韵母的历史流变及其与普通话的对应关系［J］. 咸宁学院学报，2008（5）：119－120.

821. 谢文芳. 嘉鱼方言双宾句的配价研究及认知分析［J］. 咸宁学院学报，2010（3）：68－71.

822. 谢文芳. 嘉鱼方言中的方位词及相关句式［J］. 湖北科技学院学报，2019（5）：94－97.

823. 辛建，刘云. 湖北宜都方言中的“得得V”［J］. 湖北成人教育学院学报，2013（4）：180－182.

824. 辛建. 宜都方言中助词“哒”的考察［J］. 湖北第二师范学院学报，2013（12）：38－40.

825. 辛亚宁，汪化云. 鄂西北方言的“叫他/你莫”［J］. 中国语言文学研究，2018（1）：31－36.

826. 辛亚宁. 谷城方言的音系及特点［J］. 湖北文理学院学报，2020（12）：12－18.

827. 邢福义. 一本描写武汉俗语的好书［J］. 语文教学与研究，2000（13）：13.

828. 邢福义，汪国胜. 关于湖北方言研究［J］. 汉语学报，2015（3）：31－32.

829. 邢璇. 鹤峰方言词汇与民俗文化研究［D］. 武汉：中南民族大学，2010.

830. 熊桂芬. 释鄂东南方言来母和透定母的特殊读音［J］. 长江学术，2010（1）：96－101.

831. 熊桂芬，汪璞赟. 从语言接触看嘉鱼县马鞍山话的语音层次［J］. 长江学术，2011（1）：107－114＋163.

832. 熊岭. 黄冈方言量名单用现象调查［J］. 黄冈师范学院学报，2015（2）：60－65＋98.

833. 熊顺喜. 新洲方言研究［D］. 桂林：广西师范大学，2010.

834. 熊顺喜. 新洲方言中表被动的“把”及其扩展形式“把得”探析［J］. 文教资料，2013（30）：34－36.

835. 熊朔. 浅谈恩施方言中的语气词“么”［J］. 湖北广播电视大学学报，2014（1）：112－113.

836. 熊朔. 基于系统功能语言学的恩施方言句末语气词研究［D］. 武汉：华中师范大学，2014.

837. 熊雯. 地域文化与大冶方言词汇［J］. 华中学术，2017（2）：

141－146.

838. 熊一民. 武汉方言两字组连读变调［J］. 武汉教育学院学报，1998（1）：43－47.

839. 熊一民. 武汉方言的重叠式“VV神”［J］. 江汉大学学报，2001（4）：25－29.

840. 熊一民. 武汉方言的长音结构［J］. 长江学术，2007（4）：129－135.

841. 熊一民. 从武汉湖泗话、黄陂话的阴去看汉语的去声［J］. 理论月刊，2010（8）：73－75.

842. 熊一雄. 武汉新洲方言中的女性亲属称谓词［J］. 现代语文，2015（4）：58－60.

843. 徐红，张春泉. 黄侃《蕲春语》音系同音字汇［J］. 湖北师范学院学报，1998（5）：116－122.

844. 徐娟. 浅析宜城方言后缀“娃儿”［J］. 开封教育学院学报，2017（1）：69－70.

845. 徐丽丽. 浠水方言中程度副词“死”的句法功能及语用效果［J］. 文学教育，2015（4）：148－149.

846. 徐璐. 八十年来鹤峰方言语音演变［D］. 武汉：华中科技大学，2020.

847. 徐明庭. 《武汉俗语纵横谈》谈得好［J］. 武汉文史资料，2004（9）：59.

848. 徐琦. 湖北崇阳方言语法札记［J］. 科教文汇，2008（1）：165.

849. 徐英，萧红. 罗田方言乡村绰号语言学研究［J］. 湖北社会科学，2014（9）：194－198.

850. 徐英. 湖北罗田方言中的是非问句［J］. 现代语文，2015（3）：39－40.

851. 徐英. 汉语方言“驮”字被动句的特征及其生成机制——以

罗田方言为例［J］．武汉理工大学学报，2016（6）：1233－1237．

852．徐英．罗田方言的“尽”字被动句［J］．华中学术，2017（4）：184－192．

853．徐英，关琳千．潜江方言疑问句研究［J］．三峡论坛，2019（1）：56－62．

854．徐英，李宏娇．罗田方言介宾补语式的介引成分“得”［J］．三峡大学学报，2020（5）：105－111．

855．徐英．湖北罗田方言的重叠式反复问句［J］．中国语言文学研究，2021（1）：11－18．

856．徐英．罗田方言句末疑问词“嘅”和“吗”［J］．华中学术，2021（1）：169－174．

857．徐英．湖北罗田方言的无宾“把”字句［J］．方言，2021（2）：202－206．

858．徐英，王姊林．湖北罗田方言把［ma^{21}］字被动句［J］．湖北科技学院学报，2021（6）：46－51．

859．徐英，卢峰玉．鄂东方言语素“么、貌、门”的来源［J］．语言研究，2024（1）：71－77．

860．许之所，宋葳．从社会语言学角度看武汉方言说唱乐的诞生及其语言特点［J］．武汉科技大学学报，2007（2）：213－217．

861．鄢柏龄．郧阳方言的时间词［J］．汉江师范学院学报，2019（5）：6－11．

862．鄢柏龄．郧阳方言副词研究［D］．黄石：湖北师范大学，2020．

863．闫楠楠，李治平．黄石市区划地名的文化语言学研究［J］．湖北理工学院学报，2019（6）：58－63．

864．杨崇君．湖北宜昌方言语音特点探析［J］．三峡论坛，2012（5）：90－91＋149．

865．杨崇君．宜昌方言语音与普通话语音之比较及正音策略研究

［J］. 三峡大学学报，2012（6）：104－106.

866. 杨春霞. 武汉话合口呼韵母 uan 的语音变异研究［J］. 重庆科技学院学报，2014（2）：97－99.

867. 杨发兴. 湖北长阳方言名词和动词的重叠式［J］. 方言，1987（3）：204.

868. 杨辉映. 潜江话中全浊声母的归趋［J］. 长江大学学报，1992（1）：48－50.

869. 杨佳璐. 恩施方言特色量词［J］. 语文学刊，2014（10）：49－51.

870. 杨佳璐. 咸丰方言"VV 的"［J］. 现代语文，2017（5）：60－64.

871. 杨佳璐. 咸丰方言体貌研究［D］. 武汉：华中师范大学，2018.

872. 杨建忠. 上古楚方言性质考论［J］. 湖南师范大学社会科学学报，2009（2）：121－124.

873. 杨江桥. 湖北省宜昌市宜都方言声调实验研究［D］. 石家庄：河北师范大学，2016.

874. 杨江桥. 湖北省枝江市善溪窑方言宗亲亲属称谓词研究［J］. 武汉职业技术学院学报，2016（1）：5－9.

875. 杨洁. 恩施方言否定式差比句考察［J］. 语言研究，2005（4）：72－74.

876. 杨捷. 《楚辞》楚语楚声说质疑［J］. 沈阳师范学院学报，1997（3）：6.

877. 杨军会. 湖北当阳方言本字考［J］. 三峡大学学报，2008（1）：75－77.

878. 杨凯. 黄冈方言中的特殊副词"乜"［J］. 黄石教育学院学报，2002（3）：11－15.

879. 杨凯，黄晋. 折射文化与社会变迁的武汉方言流行词汇［J］.

高等函授学报，2007（4）：12－13＋42.

880. 杨凯. 湖北蕲春方言的进行体［J］. 方言，2008（4）：329－332.

881. 杨凯. 鄂东方言的“体”助词［J］. 湖北社会科学，2011（2）：136－138.

882. 杨凯，陈淑梅. 从主观认知的角度看蕲春方言的程度量范畴［J］. 语言研究，2022（4）：19－25.

883. 杨凯，黄鹂.《蕲春语》与通语及蕲春方言系联研究［J］. 黄冈师范学院学报，2022（5）：123－128.

884. 杨琳. 湖北襄樊方言中的“倒”字［J］. 现代语文，2006（7）：86－87.

885. 杨琳. 湖北襄樊话中的语气助词“球”［J］. 现代语文，2007（5）：81－82.

886. 杨琳. 谈襄阳方言中的“搞”［J］. 语文学刊，2011（13）：33－34＋45.

887. 杨琳. 浅析襄阳方言称呼语“俩娃儿”［J］. 语文学刊，2015（15）：14－15.

888. 杨琳. 浅析襄阳方言语气词“撒”［J］. 语文学刊，2016（10）：11－12＋30.

889. 杨琳. 浅析襄阳方言的名词性小称［J］. 现代语文，2017（11）：132－134.

890. 杨琳. 宜城方言儿化初探［J］. 品位经典，2020（5）：32－34.

891. 杨玲. 洪湖方言构词法研究［D］. 昆明：云南师范大学，2017.

892. 杨玲玲，程瑜. 襄阳方言的伯父叔父和伯母叔母称谓分析［J］. 汉字文化，2019（24）：5－6.

893. 杨秋玲. 小河镇方言语音研究［D］. 上海：上海师范大学，

2016.

894. 杨秋琼. 宣恩方言“把”的多功能用法及语义演变［J］. 郑州航空工业管理学院学报，2021（1）：82－90.

895. 杨秋琼. 湖北宣恩方言介词研究［D］. 重庆：西南大学，2022.

896. 杨荣祥. 荆州方言词语考释札记［J］. 荆州师专学报，1988（3）：65－67.

897. 杨守静.《楚辞》的“些”“兮”与今湘鄂方言的“唦”“嘿”［J］. 语文教学与研究，1985（8）：17－18.

898. 杨蔚. 试析湖北天门话中声母的特点［J］. 荆州师专学报，1993（1）：40－42.

899. 杨欣烨. 湖北荆沙方言中的“不得”［J］. 长江大学学报，2013（4）：4－6.

900. 杨雪梅. 湖北鹤峰方言语音研究［D］. 长沙：湖南大学，2011.

901. 杨义容. 从武汉方言中的饮食词汇看武汉文化［J］. 郑州航空工业管理学院学报，2008（1）：87－89.

902. 姚秋芬，肖晗. 湖北松滋方言中的亲属称谓词［J］. 现代语文，2014（8）：50－53.

903. 姚秋芬，肖晗. 松滋方言中的三种标记被动句［J］. 文学教育，2014（9）：135－137.

904. 姚秋芬. 松滋方言的文白异读［J］. 现代语文，2014（4）：151－153.

905. 姚怡. 建始方言中的疑问句研究［J］. 文化产业，2021（4）：60－61.

906. 叶丹. 黄石方言量词研究［D］. 福州：福建师范大学，2010.

907. 叶楼高. 黄冈方言的后加成分“着”［J］. 沙洋师范高等专科学校学报，2003（1）：15－16.

908. 叶小双. 竹山柳林话语气词研究［D］. 武汉：华中师范大学，2020.

909. 叶玉英. 楚系出土文献所见*n－、*l－不分现象及其源流与成因考［J］. 中国语文，2020（4）：481－493＋512.

910. 易洪川. 武汉话"给给他"探源及其他［J］. 语文建设，1988（1）：39－40.

911. 易洪川. 武汉话"规范冲突"现象论析［J］. 语言文字应用，1996（4）：42－47.

912. 易琪琪. 湖北公安甘家厂方言词汇研究［D］. 武汉：华中科技大学，2018.

913. 易哲超. 湖北来凤方言亲属称谓的语用特点研究［J］. 青年文学家，2017（18）：168－169.

914. 殷何辉. 孝感方言中带句尾成分"它"的主观意愿句［J］. 汉语学报，2010（3）：51－59＋96.

915. 殷凌燕. 从中古音看嘉鱼话与普通话声母的关系［J］. 咸宁师专学报，2002（5）：63－65.

916. 殷祯岑. 武汉方言进行体标记"在"的语法意义［J］. 湖北科技学院学报，2013（4）：104－107.

917. 尹笛. 随州花鼓戏音韵研究［D］. 武汉：湖北大学，2020.

918. 尤翠云. 从中古音看咸宁话与普通话声调差异及对应关系［J］. 咸宁师专学报，2002（4）：85－87.

919. 游红明. 湖北恩施话里的助词"得"［J］. 社会科学家，2005（S2）：335－337.

920. 余江英，侯怡雪. 西南官话和中原官话的个体量词比较——以利川方言和费县方言为例［J］. 文教资料，2018（24）：14－15＋75.

921. 余鹏. 黄孝方言古全浊声母的今读［C］//北京大学中国语言学研究中心《语言学论丛》编委会. 语言学论丛（第六十辑）. 北京：商务印书馆，2019：188－211.

922. 余志凯. 鄂东团风方言与普通话时间语汇意义对比分析 [J]. 黄冈师范学院学报，2017 (1)：76－79.

923. 尉迟治平. 黄侃《蕲春语》音注 [J]. 南京大学学报，1986年增刊：43.

924. 喻黎. 仙桃方言亲属称谓语之“同形异指”和“异形同指”初探 [J]. 时代教育，2008 (10)：96.

925. 喻莲，李芳. 恩施方言部分词语本字考 [J]. 法制与社会，2008 (16)：227.

926. 喻楠. 湖北公安方言语气词研究 [D]. 南京：南京大学，2019.

927. 喻遂生. 两周金文韵文和先秦“楚音” [J]. 西南师范大学学报，1993 (2)：105－109.

928. 元丁. 汉口方音和北京语音的对应规律 [C] //文字改革出版社. 方言与普通话集刊（第三本）. 北京：文字改革出版社，1958：79－85.

929. 园中李. 湖北的方言 [J]. 现代语文，2007 (11)：78.

930. 袁海霞. “A 不比 BW”的语义及其方言分化形式 [J]. 长江学术，2010 (2)：109－117.

931. 袁慧明. 大冶方言的传承现状及保护路径研究 [J]. 文化创新比较研究，2019 (9)：99－100.

932. 袁金平，孙蕾. 方言词“过早”探析 [J]. 三峡论坛，2014 (6)：99－100.

933. 袁盼，李华平，芫崧. 略论江汉平原水乡风情的荆楚方言词汇 [J]. 长江大学学报，2019 (1)：89－93.

934. 袁盼. 湖北天门方言研究综述 [J]. 湖北科技学院学报，2019 (5)：88－93.

935. 袁盼. 湖北天门方言词汇研究 [D]. 荆州：长江大学，2020.

936. 袁庆述.《楚群》越语札释十例 [J]. 求索，1983 (1)：85－

91.

937. 袁媛. 神农架锣鼓词中的方言语法现象［J］. 长江师范学院学报，2012（3）：101－104＋140.

938. 袁媛. 荆门话的焦点标记词“呀”［J］. 长江学术，2012（4）：159－162.

939. 袁媛. 荆门方言的完成体助词“起”［J］. 荆楚理工学院学报，2012（12）：40－43.

940. 袁卓. 枣阳方言特色语气副词探析［J］. 襄阳职业技术学院学报，2020（5）：11－14＋18.

941. 袁卓. 湖北襄阳方言研究综述［J］. 湖北文理学院学报，2020（10）：15－21.

942. 袁卓. 湖北枣阳王城方言副词研究［D］. 武汉：湖北大学，2021.

943. 詹伯慧. 广济方音和北京语音的比较［J］. 武汉大学学报，1959（6）：32－55.

944. 詹伯慧. 浠水话动词“体”的表现方式［J］. 中国语文，1962（8、9）：409－410.

945. 詹伯慧，李元授. 鄂南蒲圻话的语音特点（蒲圻方言研究之一）［J］. 武汉大学学报，1964（1）：111－132.

946. 詹伯慧. 郧县方音记要［C］//湖北省语言学会. 江汉语言学丛刊. 武汉：湖北省语言学会，1979：58－126.

947. 詹伯慧，李元授. 鄂南蒲圻话的词汇语法特点［J］. 武汉大学学报，1987（5）：98－103.

948. 张春红. 大冶金牛方言入声分析［J］. 湖北师范学院学报，2016（4）：34－39.

949. 张道俊. 崇阳（天城）方言声系分析［J］. 湖北师范学院学报，2006（2）：55－59.

950. 张道俊. 仙桃（姚嘴）方言动词本字考［J］. 湖北师范学院

学报，2008（4）：19－21.

951. 张道俊. 崇阳方言声系中的几个上古音特征［J］. 湖北师范学院学报，2009（2）：56－59.

952. 张道俊. 崇阳方言文白异读分析［J］. 遵义师范学院学报，2011（2）：50－52.

953. 张国. 湖北洪湖方言声韵调探析［J］. 荆楚学术，2018（22）：140－143.

954. 张汉卿. 恩施东乡方言的几个特殊声母［J］. 湖北民族学院学报，1991（4）：44－45.

955. 张吉妮，段思羽. 武汉话与黄陂话声调研究报告［J］. 文学教育，2015（8）：114－115.

956. 张家异. 黄梅小池方言语音研究［D］. 漳州：漳州师范学院，2012.

957. 张晶. 襄阳方言"走"字句［J］. 安徽文学，2016（4）：111－112.

958. 张敬. 评《钟祥方言记》（赵元任）［J］. 图书季刊，1940（3）：416－419.

959. 张蕾. 武汉方言否定表达的多角度分析［D］. 桂林：广西师范大学，2015.

960. 张良斌. 恩施方言与普通话声母 j、q、x 的对比研究［J］. 湖北教育学院学报，2006（4）：23－24＋29.

961. 张良斌. 恩施方言的声母系统［J］. 湖北教育学院学报，2007（9）：21－22.

962. 张良斌. 恩施方言疑问句研究［D］. 合肥：安徽大学，2010.

963. 张梦娜. 湖北新洲方言词汇和地域文化研究［D］. 武汉：华中师范大学，2018.

964. 张鹏，刘宇. 论湖北恩施城区方言的声调特征——基于恩施城区方言单字调声学的实验研究［J］. 西华大学学报，2016（5）：31－

36.

965. 张鹏，刘宇. 湖北恩施（城区）方言同音字汇［J］. 绵阳师范学院学报，2017（9）：75－83＋113.

966. 张鹏飞. 竹山方言的被动表达［J］. 汉语学报，2020（2）：84－90.

967. 张萍. 湖北恩施民歌中的方言魅力——以建始县民歌《黄四姐》为例［J］. 艺术大观，2022（29）：8－10.

968. 张邱林.《武汉方言词典》释义的特色［J］. 湖北师范学院学报，2002（2）：38－41.

969. 张少云. 咸宁方言亲属称谓研究［J］. 湖北科技学院学报，2021（2）：60－64.

970. 张诗妍. 武汉方言中的程度副词“这”［J］. 大众文艺，2009（2）：50.

971. 张伟然. 楚语的演替与湖北历史时期的方言区域［J］. 复旦学报，1999（2）：109－115＋142.

972. 张霞. 清末民初域外汉口方言文献（四种）研究［D］. 武汉：中南民族大学，2020.

973. 张小艳. 湖北省洪湖方言音系［J］. 语文学刊，2011（2）：24－25.

974. 张小艳. 湖北省洪湖方言语音特点研究［D］. 上海：上海师范大学，2011.

975. 张晓红. 湖北公安方言词“哒”的考查［J］. 语文学刊，2011（16）：55－56.

976. 张雅娟. 大悟、广水方言语法略记［J］. 孝感师专学报，1999（1）：38－40.

977. 张亚明. 湖北郧西话的体［J］. 郧阳师范高等专科学校学报，2014（2）：61－63.

978. 张彦林. 襄阳话与普通话音系比较［J］. 襄樊学院学报，1999

(6)：52－57.

979. 张燕. 从历史文化角度看荆州方言的变迁［J］. 文教资料，2006（21）：115－116.

980. 张义. 武汉话的“V得X”［C］//陈恩泉. 双语双方言（八）. 香港：汉学出版社，2005：380－386.

981. 张义. 武汉方言的否定句［D］. 武汉：华中师范大学，2005.

982. 张义. 武汉话中的“不”、“莫”、“冒（得）”否定句［C］//陈恩泉. 双语双方言（九）. 香港：汉学出版社，2006：406－412.

983. 张义. 钟祥方言研究［D］. 武汉：华中师范大学，2014.

984. 张义. 钟祥方言语音记略［J］. 华中学术，2015（1）：316－327.

985. 张吟雪. 洪湖方言常用补语标记研究［D］. 武汉：华中师范大学，2021.

986. 张银婷. 湖北阳新方言词缀研究［D］. 云南师范大学，2021.

987. 张颖. 浠水方言中的俗词语［D］. 黄石：湖北师范学院，2014.

988. 张勇生. 鄂东南通山方言古全浊声母的今读类型［J］. 语言研究，2011（4）：115－120.

989. 张勇生. 鄂东南通城方言入声韵尾演变研究［J］. 语言科学，2012（6）：628－634.

990. 张勇生. 鄂东南赣语v声母的来源及其分布［J］. 中国方言学报，2013（3）：82－88.

991. 张友丽. 湖北宜昌方言熟语研究——基于《中国民俗志·湖北宜昌市卷》［D］. 宜昌：三峡大学，2019.

992. 张玉苹. 宜昌方言中的“哒”［J］. 三峡大学学报，2008（S1）：72－74.

993. 张云.《说文解字》中遗留的钟祥方言本字考［J］. 牡丹江师范学院学报，2015（2）：91－94.

994. 张兆明. 武当方言语法之概说 [J]. 郧阳师范高等专科学校学报，2004 (6)：132 - 134.

995. 张珍. 郧阳方言词汇研究 [D]. 福州：福建师范大学，2017.

996. 张志华. 湖北罗田方言中的“差”字句 [J]. 黄冈师范学院学报，2004 (2)：54 - 58.

997. 张志华. 湖北罗田方言中“差”的重叠形式 [J]. 汉语学报，2005 (3)：37 - 44 + 95.

998. 张志华. 湖北罗田方言的体标记连用格式 [J]. 方言，2014 (3)：261 - 269.

999. 张志华. 湖北罗田方言的能可义“倒”字句 [J]. 方言，2016 (3)：358 - 367.

1000. 张志华，聂晨曦. 罗田方言叹词“嗟” [J]. 黄冈师范学院学报，2018 (1)：81 - 83.

1001. 张梓宁，张剑平. 仙桃方言词“哒”的研究 [J]. 湖北工业大学学报，2018 (6)：76 - 79.

1002. 赵爱武. 湖北罗田 (大河岸) 方言同音字汇 [J]. 方言，2021 (1)：90 - 99.

1003. 赵爱武. 罗田方言中的“现世”与“现世报” [J]. 华中学术，2021 (2)：137 - 143.

1004. 赵晨. 应城方言中的“得”字研究 [D]. 武汉：华中师范大学，2018.

1005. 赵发明，刘鹏. 大冶方言否定词研究 [J]. 牡丹江师范学院学报，2013 (3)：106 - 107.

1006. 赵馥洁. 《老子》研究的新成果——评《老子 <道德经> 楚语考论》[J]. 人文杂志，1991 (1)：131.

1007. 赵和平. 荆门方言的“没得” [J]. 沙洋师范专科学校学报，1999 (1)：34 - 38.

1008. 赵洁. 监利方言古语词研究 [D]. 武汉：中南民族大学，

2016.

1009. 赵洁. 监利方言亲属称谓词选释 [J]. 文学教育, 2016 (6): 190 - 191.

1010. 赵静怡.《湖北天门熊氏契约文书》方言词汇研究 [D]. 湘潭: 湘潭大学, 2018.

1011. 赵葵欣. 武汉方言中的两种问句 [J]. 汉语学习, 1993 (6): 51 - 52 + 48.

1012. 赵葵欣, 陈前瑞. 武汉方言的"在" [J]. 江汉大学学报, 1996 (2): 32 - 34.

1013. 赵乔翔, 覃金玉. 简析长阳方言中的基本语气词及其用法 [J]. 三峡大学学报, 2008 (5): 68 - 70.

1014. 赵晓丽. 湖北竹溪方言与普通话的差异分析 [J]. 现代语文, 2012 (2): 14 - 16.

1015. 赵元任, 等. 湖北方言调查报告·特字表 [J]. 方言, 1991 (3): 161 - 163.

1016. 赵元任. 钟祥方言的助词 [J]. 方言, 1992 (2): 81 - 82.

1017. 赵祯祯. 湖北公安章庄铺话语音研究 [D]. 深圳: 深圳大学, 2017.

1018. 曾庆祝. 湖北宜城方言语音调查研究 [D]. 成都: 四川师范大学, 2019.

1019. 曾晓雨. 湖北京山方言中的"V个X把两X"构式 [J]. 语文教学与研究, 2022 (6): 89 - 91.

1020. 曾昭聪, 黄侃.《通俗编》笺识. 引蕲春方言词类释 [J]. 伊犁师范学院学报, 2017 (4): 95 - 100.

1021. 郑莼子. 钟祥方言语气词研究 [D]. 武汉: 华中师范大学, 2022.

1022. 郑弘洁. 十堰方言前后鼻音韵尾字发音情况的社会语言学调查 [J]. 遵义师范学院学报, 2020 (6): 96 - 99.

1023. 郑弘洁. 湖北十堰方言语音研究［D］. 贵州大学，2021.

1024. 郑婧. 湖北当阳方言中的“哒”［J］. 现代语文，2007（4）：71－72.

1025. 郑妞. 湖北方言中日母字的几类特殊读音［J］. 长江学术，2015（2）：116－123.

1026. 郑婷. 皖、鄂、赣交界区域三片方言的音韵比较研究［D］. 南京：南京师范大学，2015.

1027. 郑伟. 古代楚方言（羽能）字的来源［J］. 中国语文，2007（4）：378－381.

1028. 郑雪. 安陆方言中“V 去走”结构［J］. 荆楚学术，2017（7）：27－30.

1029. 周大璞. 天门话的疑问代词［J］. 武汉大学学报，1959（10）：58－60.

1030. 周及徐. 从语音特征看四川重庆“湖广话”的来源——成渝方言与湖北官话代表点音系特点比较［J］. 四川师范大学学报，2012（3）：94－101.

1031. 周继圣. 襄阳话中的颤音声化音节——“子”［J］. 中山大学研究生学刊，1981（1）：85.

1032. 周继圣. 宜城话中的成音节颤音［J］. 中山大学学报，1984（1）：137－142.

1033. 周建民. 武汉话动词后表语法意义的“它”［J］. 武汉教育学院学报，1986（2）：70.

1034. 周建民，周筱娟. 武汉方言中“汉敬、汉骂”与武汉城市文明和文化软实力［J］. 江汉学术，2021（6）：58－63.

1035. 周娟. 论襄樊方言中的词缀［J］. 武汉工程职业技术学院学报，2007（3）：53－55.

1036. 周丽娜. 湖北京山方言词汇研究［D］. 曲阜：曲阜师范大学，2014.

1037. 周同燕. 试析宜昌话里的“啊”［J］. 南阳理工学院学报，2009（5）：19－22.

1038. 周卫华，杨锦如. 宜昌方言中的体标记［J］. 三峡大学学报，2009（4）：61－64.

1039. 周卫华，杨艾熹. 浅析利川方言重叠式词语的构词法［J］. 三峡论坛，2018（6）：48－53.

1040. 周文. 鄂州方言本字考略［J］. 鄂州大学学报，2004（3）：51－54.

1041. 周文. 鄂州方言脚部动词辑考［J］. 鄂州大学学报，2005（5）：69－71.

1042. 周先义. 湖北道县（小甲）土话同音字汇［J］. 方言，1994（3）：201－207.

1043. 周筱娟. 武汉方言中的“洋盘”［J］. 汉语学报，2011（4）：49－53＋96.

1044. 周筱娟. 武汉话中的“他你家”［J］. 汉语学报，2015（1）：74－80.

1045. 周艳丽. 谷城方言“给”的语法化及其演变机制——兼论“给语助＋给动/给介＋X＋给语助”句式［J］. 凯里学院学报，2015（1）93－97.

1046. 周以嵘，周以岗. 浅析“兮”之上古楚音［J］. 教学与管理，2006（21）：85.

1047. 周莹萍. 潜江方言词汇研究［D］. 广州：暨南大学，2011.

1048. 周莹萍. 潜江方言熟语的韵律特点［J］. 赤峰学院学报，2011（10）：131－133.

1049. 周祖谟. 骞公《楚辞音》之协韵说与楚音［J］. 辅仁学志，1940（2）：117－124.

1050. 朱传迪. 楚俗与楚音［J］. 中国音乐学，1993（2）：51－58.

1051. 朱冠明. 湖北公安方言的几个语法现象［J］. 方言，2005

(3)：253－257.

1052. 朱怀. 湖北仙桃方言的“A 都 A（B）句”［J］. 方言，2011（3）：275－283.

1053. 朱建颂. 武汉方言单音词汇释（上、下）［J］. 方言，1980（1－2）：75－80；144－146.

1054. 朱建颂，刘兴策. 武汉方言词汇（一、二、三）［J］. 方言，1981（1－3）：73－80；156－160；225－240.

1055. 朱建颂. 武汉方言本字试考［J］. 华中师院学报，1982（4）：40－49.

1056. 朱建颂. 武汉方言浅谈［J］. 武汉春秋，1984（1）：48－50.

1057. 朱建颂. 武汉方言词语拾零［J］. 武汉春秋，1984（6）：60.

1058. 朱建颂. 解放以来武汉方言词汇的发展［J］. 华中师院学报，1985（1）：82－88.

1059. 朱建颂. 湖北方音特点比较表［J］. 普通话，1985（2）：65.

1060. 朱建颂. 武汉的指示代词也是三分的［J］. 中国语文，1986（6）：469.

1061. 朱建颂. 武汉方言词语的一些特点［J］. 武汉教育学院学报，1986（2）：63.

1062. 朱建颂. 武汉方言的重叠式［J］. 方言，1987（1）：23－24.

1063. 朱建颂. 关于《武汉方言词典》的编纂［J］. 辞书研究，1987（5）：54－62.

1064. 朱建颂. 武汉方言词语拾趣［J］. 武汉春秋，1987（2）：48－49.

1065. 朱建颂. 汉口方言有入声吗？［J］. 武汉教育学院学报，1988（1）：77－78.

1066. 朱建颂. 武汉方言的演变［J］. 方言，1988（2）：92－99.

1067. 朱建颂. 一部具有创新意义与实用价值的研究成果——评《蒲圻话·普通话字音对应表》[J]. 咸宁师专学报，1992（4）：340－341.

1068. 朱建颂. 武汉新俚语举隅 [J]. 语言研究，2000（2）：90－94.

1069. 朱建颂. 保护武汉方言 [J]. 武汉文史资料，2006（9）：61－63.

1070. 朱丽师. 从语音学角度看竹山方言的归属问题 [J]. 郧阳师范高等专科学校学报，2015（2）：71－75.

1071. 朱庆仪. 武汉的指示代词不是三分的 [J]. 中国语文，1988（5）：397.

1072. 朱伟林. 湖北枣阳方言的比较句 [J]. 湖北文理学院学报，2020（10）：22－28.

1073. 朱文涛，陈淑梅. 咸安方言特殊"把"字句"把＋NP＋VP＋上"探讨 [J]. 黄冈师范学院学报，2010（1）：85－88.

1074. 朱艳华. 建始方言量词研究 [D]. 武汉：华中师范大学，2020.

1075. 朱莹. 湖北襄阳方言中表比较义的介词"赶" [J]. 湖北文理学院学报，2014（4）：24－27.

1076. 朱莹. 宜城方言词汇研究 [D]. 重庆：西南大学，2015.

1077. 朱芸. 建始地名的语言文化探析 [J]. 华中学术，2015（1）：340－350.

1078. 朱芸. 湖北建始方言词汇研究 [D]. 武汉：华中师范大学，2015.

1079. 祝敏. "把得"在崇阳方言中的语法化动因和演变机制 [J]. 湖北科技学院学报，2017（1）：30－33.

1080. 祝敏. 崇阳方言的"把得"被动句 [J]. 华中学术，2018（1）：126－133.

1081. 祝敏. 崇阳方言的程度补语 [J]. 湖北科技学院学报，2022 (2)：50-54.

1082. 祝敏鸿，尤翠云. 从中古音看咸宁话与普通话的声母差异及对应关系 [J]. 咸宁师专学报，2000 (1)：63-68.

1083. 祝敏鸿，尤翠云. 从中古音看咸宁话与普通话的韵母差异及对应关系 [J]. 咸宁师专学报，2001 (4)：78-81.

1084. 祝敏鸿. 通城方言入声的特点 [J]. 语言研究，2002 (1)：266-268.

1085. 祝敏鸿. 通城方言语音分析 [J]. 咸宁师专学报，2002 (4)：88-90.

1086. 祝敏鸿. 鄂东南方言东片山咸摄舒声字 [J]. 咸宁学院学报，2004 (2)：86-88.

1087. 祝敏鸿. 咸宁方言俗语词火部本字 [J]. 咸宁学院学报，2005 (4)：83-84.

1088. 宗丽. 长阳方言语法研究 [D]. 武汉：华中科技大学，2012.

1089. 宗丽. 长阳方言中的数量词 [J]. 语文学刊，2012 (5)：43-44.

1090. 宗丽. 长阳方言中的框式结构 [J]. 语文学刊，2012 (7)：10-11+19.

1091. 宗丽. 长阳方言的助词“得” [J]. 湖北科技学院学报，2012 (8)：51-53.

1092. 宗丽. 长阳方言的重叠和小称 [J]. 江汉学术，2013 (1)：98-101.

1093. 宗丽. 湖北长阳方言的助词“倒”和“起” [J]. 湖北师范学院学报，2013 (1)：44-48.

1094. 宗丽. 长阳方言的疑问词系统 [J]. 湖北科技学院学报，2013 (10)：109-111.

1095. 邹德雄. 湖北天门方言的助词“起”和“哈”［J］. 荆州师范学院学报，2000（6）：98-101.

1096. 邹礼超. 浅谈汉川话中的入声［J］. 湖北职业技术学院学报，2007（3）：56-59.

1097. 邹正利. 新洲方言里的形容词词尾［J］. 中国语文，1980（4）：301.

1098. 左林俊. 蕲春方言程度表示法［D］. 武汉：华中师范大学，2016.

1099. 左林霞. 孝感方言本字考［J］. 孝感学院学报，1998（2）：80-83.

1100. 左林霞. 孝感话“把”与普通话的对应形式［C］//陈恩泉. 双语双方言（七）. 香港：汉学出版社，2001：272-280.

1101. 左林霞. 孝感话的“把”字句［J］. 孝感学院学报，2001（5）：77-80.

1102. 左林霞. 孝感方言的人称代词［J］. 培训与研究（湖北教育学院学报），2003（6）：14-18.

1103. 左林霞. 孝感方言的标记被动句［J］. 语言研究，2004（2）：29-33.